Pohlmann
Verfahrensrecht der Gemeinschaftsmarke

D1732476

Verfahrensrecht der Gemeinschaftsmarke

Die Verfahren vor dem Harmonisierungsamt für den Binnenmarkt (HABM) und dem Gerichtshof der Europäischen Union (EuG/EuGH)

Mit Mustern und Checklisten

von

Dr. André Pohlmann, LL. M.

Harmonisierungsamt für den Binnenmarkt
(Marken, Muster und Modelle)
Alicante

Verlag C.H. Beck München 2012

www.beck.de

ISBN 978 3 406 62955 6

© 2012 Verlag C.H. Beck oHG
Wilhelmstraße 9, 80801 München

Druck und Bindung: Nomos Verlagsgesellschaft
In den Lissen 12, 76547 Sinzheim

Satz: Textservice Zink, Schwarzach

Gedruckt auf säurefreiem, alterungsbeständigem Papier
(hergestellt aus chlorfrei gebleichtem Zellstoff)

Vorwort

Das materielle Markenrecht ist mit der Umsetzung der Markenrichtlinie in den Ländern der Europäischen Union weitgehend angeglichen worden. Über die Interpretation zentraler Begriffe wie Unterscheidungskraft, Verwechslungsgefahr oder die ernsthafte Benutzung einer Marke herrscht inzwischen überwiegend Einigkeit. Zu dieser erfreulichen Entwicklung haben die zahlreichen, in den letzten 15 Jahren ergangenen Urteile des Europäischen Gerichtshofs ganz wesentlich beigetragen.

Etwas anders sieht die Situation im Bereich des Verfahrensrechts aus: Bereits aus dem sechsten Erwägungsgrund der Markenrichtlinie ergibt sich, dass der Gesetzgeber nicht beabsichtigte, auch die markenrechtlichen Verfahrensbestimmungen anzugleichen. Vielmehr wurde den Mitgliedstaaten der EU ein weiter Spielraum eingeräumt, um die Verfahrensvorschriften für die Eintragung und den Untergang von Marken eigenständig zu gestalten. Dies führt dazu, dass das Eintragungsverfahren in den Ländern der Europäischen Union zum Teil sehr unterschiedlich verläuft.

Zweck dieses Handbuchs ist, den Benutzern die Besonderheiten des Verfahrens der Gemeinschaftsmarke zu erläutern. Dies ist wichtig, da das Verfahren in Alicante sich von dem Eintragungsverfahren in Deutschland zum Teil erheblich unterscheidet. Von vielen Markeninhabern wird das Verfahren vor dem HABM als sehr formalistisch empfunden. Tatsächlich wird beispielsweise ein beträchtlicher Teil der Widersprüche aus formellen Gründen zurückgewiesen. Mir ist allerdings kein Rechtsstreit bekannt, in dem sich der Vertreter des Anmelders nach Zurückweisung des Widerspruchs über eine allzu formalistische Sichtweise beschwert hätte. Wer die Eigentümlichkeiten und „Fallstricke" des Verfahrens vor dem HABM kennt, vermeidet also nicht nur eigene Fehler, sondern kann auch mögliche Verfahrensfehler der Gegenseite aufspüren und davon profitieren.

Das Buch umfasst alle Stufen des Verfahrens von der Markenanmeldung bis zur Klage vor dem EuGH. Es wendet sich insbesondere an Patent- und Rechtsanwälte, Unternehmensjuristen, Patentanwaltsfachangestellte und Mitarbeiter von Patent- und Rechtsabteilungen. Zahlreiche Schaubilder, Checklisten und Musterschriftsätze sollen denjenigen, die nur hin und wieder ein Verfahren vor dem HABM oder dem Gerichtshof der Europäischen Union führen, den Überblick erleichtern. Das Manuskript wurde im Oktober 2011 abgeschlossen.

Anregungen und Ergänzungsvorschläge nehme ich jederzeit dankbar entgegen. Sie können an folgende E-Mail-Adresse geschickt werden: gemeinschaftsmarke@hotmail.de.

Es bleibt mir noch die angenehme Pflicht, mich bei allen zu bedanken, die zu diesem Buch – direkt oder indirekt – beigetragen haben: Dazu zählen zunächst Verena von Bomhard und Andreas Renck (beide Partner der Kanzlei Hogan Lovells), mit denen zusammenzuarbeiten ich das Privileg hatte. Bedanken möchte ich mich auch bei den Kolleginnen und Kollegen des HABM, insbesondere bei meinem langjährigen „Büronachbarn" Normunds Lamsters und bei Philipp von Kapff (Beschwerdekammern). Die Ergebnisse vieler Diskussionen und Gespräche mit ihnen sind in dieses Buch eingeflossen. Besonderer Dank gebührt meiner Kollegin Sabine Stamm, die weite Teile des Manuskripts durchgesehen und mir wertvolle Anregungen gegeben hat. Vor allem aber bedanke ich mich bei meiner Frau Amparo. Ohne ihre Unterstützung hätte ich dieses Werk nicht vollenden können.

Die Ausführungen in diesem Buch spiegeln meine persönliche Auffassung wider und müssen nicht notwendigerweise mit derjenigen des Amtes übereinstimmen.

Alicante, Dezember 2011 André Pohlmann

Inhaltsverzeichnis

Verzeichnis der Schaubilder

Verzeichnis der Checklisten

Abkürzungsverzeichnis

a.A. . . . .   anderer Ansicht
Abs. . . . .   Absatz
ABl. . . . .   Amtsblatt
a.E. . . . .   am Ende
AEUV . . . .   Vertrag über die Arbeitsweise der Europäischen Union
a.F. . . . .   alte Fassung
Alt. . . . .   Alternative
Art. . . . .   Artikel
Aufl. . . . .   Auflage
ausf. . . . .   ausführlich

Bd. . . . .   Band
betr. . . . .   betreffend
BGBl. . . . .   Bundesgesetzblatt
BGH . . . .   Bundesgerichtshof
BK . . . .   Beschwerdekammer des Harmonisierungsamtes für den Binnenmarkt
BPatG . . . .   Bundespatentgericht
Bsp. . . . .   Beispiel
bzgl. . . . .   bezüglich

ders. . . . .   derselbe
d.h. . . . .   das heißt
dies. . . . .   dieselbe/n
DPMA . . . .   Deutsches Patent- und Markenamt

EG . . . .   Europäische Gemeinschaft
Einf. . . . .   Einführung
Einl. . . . .   Einleitung
EU . . . .   Europäische Union
EuG . . . .   Gericht der Europäischen Union
EuGH . . . .   Gerichtshof der Europäischen Union
EuGVÜ . . . .   Europäisches Gerichtsstands- und Vollstreckungsübereinkommen (jetzt
                          EuGVVO)
EuGVVO . . . .   Verordnung (EG) Nr 44/2001 des Rates über die gerichtliche Zuständigkeit
                          und die Anerkennung und Vollstreckung von Entscheidungen in Zivil- und
                          Handelssachen
EUV . . . .   Vertrag über die Europäische Union

f., ff. . . . .   folgende, fortfolgende
FG . . . .   Festgabe
Fn. . . . .   Fußnote
FS . . . .   Festschrift

GAO . . . .   Gemeinsame Ausführungsordnung zum Madrider Abkommen über die
                          internationale Registrierung von Marken und zum Protokoll zu diesem
                          Abkommen
gem. . . . .   gemäß
ggf. . . . .   gegebenenfalls

GMDV	Durchführungsverordnung (Gemeinschaftsmarke)
GMGebV	Gebührenverordnung (Gemeinschaftsmarke)
GMV	Gemeinschaftsmarkenverordnung
grds.	grundsätzlich
GRUR	Gewerblicher Rechtsschutz und Urheberrecht
GRUR Int.	Gewerblicher Rechtsschutz und Urheberrecht Internationaler Teil
GRUR-Prax	Gewerblicher Rechtsschutz und Urheberrecht Praxis im Immaterialgüter- und Wettbewerbsrecht
HABM	Harmonisierungsamt für den Binnenmarkt (Marken, Muster und Modelle)
HABM-BK	Beschwerdekammer des Harmonisierungsamtes für den Binnenmarkt
HABM-NA	Nichtigkeitsabteilung des Harmonisierungsamtes für den Binnenmarkt
Halbs.	Halbsatz
Hdb.	Handbuch
h.M.	herrschende Meinung
i.d.F.	in der Fassung
i.d.R.	in der Regel
i.d.S.	in diesem Sinne
insb.	insbesondere
IR-Marke	international registrierte Marke
i.S.d.	im Sinne des
i.S.v.	im Sinne von
i.V.m.	in Verbindung mit
Kap.	Kapitel
KG	Kommanditgesellschaft
krit.	kritisch
lit.	Litera (Buchstabe)
MarkenG	Markengesetz
MarkenR	Zeitschrift für deutsches, europäisches u. internationales Kennzeichenrecht
MarkenRL	Markenrichtlinie
MarkenV	Markenverordnung
Mitt.	Mitteilungen der deutschen Patentanwälte
MMA	Madrider Markenabkommen
m.w.N.	mit weiteren Nachweisen
Nr.	Nummer
n.F.	neue Fassung
PMMA	Protokoll zum Madrider Markenabkommen
PVÜ	Pariser Verbandsübereinkunft zum Schutz des gewerblichen Eigentums
RL	Richtlinie (EG bzw. EU)
Rn., Rdn.	Randnummer
Rspr.	Rechtsprechung
S.	Seite; Satz
s.	siehe
s.a.	siehe auch
s.o.	siehe oben
str.	strittig
s.u.	siehe unten
TRIPS	Trade Related Aspects of Intellectual Property Rights

XVIII

u.a. . . . .   unter anderem
u.U. . . . .   unter Umständen

vgl. . . . .   vergleiche
VO . . . .   Verordnung

WIPO . . . .   World Intellectual Property Organisation
WRP . . . .   Wettbewerb in Recht und Praxis
WTO . . . .   World Trade Organization

zzt. . . . .   zurzeit

Literaturverzeichnis

Bender	Europäisches Markenrecht, Köln 2008
Bray (Hrsg.)	Procedural Law of the European Union, 2. Aufl., London 2006
Büscher/Dittmeyer/ Schiwy (Hrsg.)	Gewerblicher Rechtsschutz Urheberrecht Medienrecht, 2. Aufl., Köln 2010
Eisenführ/Schennen . .	Gemeinschaftsmarkenverordnung, Kommentar, 3. Aufl., Köln 2010
Ekey/Klippel (Hrsg.) .	Heidelberger Kommentar zum Markenrecht, Heidelberg 2003 (2. Aufl., 2009, Bd. 1: MarkenG)
Erdmann/Rojahn/ Sosnitza	Handbuch des Fachanwalts Gewerblicher Rechtsschutz, 2. Aufl., Köln 2011
Fezer	Markenrecht, Kommentar, 4. Aufl., München 2009
ders.	Handbuch der Markenpraxis, Band I, Markenverfahrensrecht, München 2007
Hildebrandt	Harmonisiertes Markenrecht in Europa, 2. Aufl., Köln 2008
Hoffmann/Kleespies (Hrsg.)	Formular-Kommentar Markenrecht, 2. Aufl., Köln 2011
Ingerl/Rohnke	Markengesetz, Kommentar, 3. Aufl., München 2010
Kucsko (Hrsg.)	Markenschutz, Kommentar, Wien 2006
Lange	Internationales Handbuch des Marken- und Kennzeichenrechts, München 2009
Maniatis/Botis	Trade Marks in Europe: A practical jurisprudence, 2. Aufl., London 2009
Marx	Deutsches, europäisches und internationales Markenrecht, 2. Aufl., Köln 2007
von Mühlendahl/Ohlgart/ von Bomhard	Die Gemeinschaftsmarke, München 1998
Schricker/Bastian/ Knaak	Gemeinschaftsmarke und Recht der EU-Mitgliedstaaten, München 2006
Ströbele/Hacker	Markengesetz, Kommentar, 9. Aufl., Köln 2009
Thorning/Finnanger . .	Trademark Protection in the European Union, Kopenhagen 2010
Wägenbaur	EuGH VerfO, Kommentar, München 2008

Einleitung

1. Die Gemeinschaftsmarke als Gegenstand des Verfahrens. Schrifttum: *Eisenführ,* Die Koexistenz von nationaler und supranationaler Markeneintragung für dieselbe Marke, FS v. Mühlendahl, 2005, S. 341; *Humphreys,* Territoriality in Community Trade Mark Matters: The British Problem, EIPR 2000, 405; *Knaak,* Grundzüge des Gemeinschaftsmarkenrechts und Unterschiede zum nationalen Markenrecht, GRUR Int. 2001, 665; *v. Mühlendahl,* Territorialität und Einheitlichkeit im europäischen Markenrecht, FS Schricker, 2005, S. 853; *ders.,* Ko-Existenz und Einheitlichkeit im europäischen Markenrecht, GRUR Int. 1976, 27; *Sosnitza,* Der Grundsatz der Einheitlichkeit im Verletzungsverfahren der Gemeinschaftsmarke, GRUR 2011, 465.

Die Gemeinschaftsmarke ist ein **supranationales Schutzrecht**. Sie zeichnet sich da- **E 1** durch aus, dass sie in der gesamten Europäischen Union gültig ist. Die Gemeinschaftsmarke ist einheitlich (Art. 1 Abs. 2 S. 1 GMV). Erwerb, Übertragung, Fortbestand und Erlöschen der Gemeinschaftsmarke sind nur mit Wirkung für das gesamte Gebiet der EU möglich. Auch dingliche Rechte, Zwangsvollstreckungsmaßnahmen und Konkursverfahren erfassen die Gemeinschaftsmarke als einheitlichen Gegenstand des Vermögens und lassen sich nicht auf bestimmte Mitgliedstaaten der EU begrenzen. Lediglich die Lizenz kann für einen Teil der EU eingetragen werden (Art. 22 Abs. 1 GMV).[1] Ebenso ist die Durchsetzung der Gemeinschaftsmarke EU-weit möglich.

Der **Grundsatz der Einheitlichkeit** wirkt sich auf die Verfahren vor dem Amt aus. So **E 2** kann die Gemeinschaftsmarkenanmeldung insgesamt nicht eingetragen werden, auch wenn sie nur in einem Teil der EU einem absoluten Eintragungshindernis unterliegt (vgl. Art. 7 Abs. 2 GMV). Ein auf ein nationales Recht gestützter Widerspruch führt bei seiner Stattgabe zur Zurückweisung der Gemeinschaftsmarkenanmeldung als ganzes. Ebenso richten sich Nichtigkeitsanträge, die sich auf relative Nichtigkeitsgründe stützen, auf die Löschung der Gemeinschaftsmarke insgesamt. In all diesen Fällen bleibt dem Inhaber der angemeldeten oder eingetragenen Gemeinschaftsmarke nur der Ausweg der Umwandlung seiner Gemeinschaftsmarke in nationale Anmeldungen unter den Voraussetzungen der Art. 112–114 GMV.[2]

Neben dem Grundsatz der Einheitlichkeit gilt für das Gemeinschaftsmarkensystem der **E 3** **Grundsatz der Koexistenz**: Gemeinschaftsmarken, nationale Marken und andere Kennzeichenrechte existieren in der Europäischen Union nebeneinander. Markeninhaber haben die Wahl, ob sie den Schutz ihrer Zeichen auf der Basis nationaler Marken, internationaler Registrierungen, Gemeinschaftsmarken oder einer Kombination dieser drei Schutzsysteme erreichen wollen. Zum Prinzip der Koexistenz gehört auch der Grundsatz, dass nationale Marken und Gemeinschaftsmarken gleichwertig sind. Ebenso wie ältere nationale Marken im Verfahren vor dem Amt gegen eine Gemeinschaftsmarke ins Feld geführt werden können,

---

[1] Weitere Ausnahmen vom Prinzip der Einheitlichkeit finden sich in Art. 110 GMV (Untersagung der Benutzung), Art. 111 GMV (ältere Rechte von örtlicher Bedeutung) und Art. 165 GMV (Durchsetzung der Gemeinschaftsmarke in neuen EU-Mitgliedstaaten), dazu ausführlich Eisenführ/*Schennen,* GMV, Art. 1 Rn. 34–40.

[2] Siehe unten § 4 Rdn. 132–199.

kann auch ein Widerspruchs- oder Nichtigkeitsverfahren gegen eine nationale Marke auf einer älteren Gemeinschaftsmarke basieren. Die Gleichwertigkeit von nationalen Marken und Gemeinschaftsmarken zeigt sich ferner beim Benutzungszwang und der Verwirkung durch Duldung.

E 4   Schließlich gilt für das Gemeinschaftsmarkenrecht der **Grundatz der Autonomie**: Dies bedeutet, dass das Recht der Gemeinschaftsmarke unabhängig von dem nationalen Markenrecht der Mitgliedstaaten der EU ist. So beurteilt sich die Eintragungsfähigkeit einer Gemeinschaftsmarke allein nach der Gemeinschaftsmarkenverordnung. Urteile und Entscheidungen nationaler Gerichte und Behörden binden das Amt grundsätzlich nicht. Andererseits wird das Gemeinschaftsmarkenrecht insbesondere in Verfahren, die die Verletzung einer Gemeinschaftsmarke betreffen, von nationalen Vorschriften ergänzt.

E 5   In **zeitlicher** Hinsicht gilt die Gemeinschaftsmarke zehn Jahre ab dem Tag der Anmeldung (Art. 46 S. 1 GMV). Der Schutz kann anschließend unbeschränkt jeweils um weitere zehn Jahre verlängert werden (Art. 46 S. 2 GMV).

E 6   Ein weiteres Kennzeichen der Gemeinschaftsmarke ist, dass sie einem **einheitlichen Eintragungsverfahren** vor dem Amt unterliegt. Um den Schutz in zurzeit 27 Mitgliedstaaten zu erlangen, muss also nur eine Anmeldung eingereicht werden, die von dem HABM in einem Verfahren eingetragen und verwaltet wird. Es ist zu erwarten, dass Kroatien im Jahr 2013 der Europäischen Union beitritt.[3] Wie bereits bei den **EU-Erweiterungen** am 1.5. 2004 und 1.1. 2007 erstrecken sich bei einer künftigen Erweiterung der Europäischen Union alle eingetragenen oder angemeldeten Gemeinschaftsmarken automatisch auf die neuen Mitgliedstaaten. Zusätzliche Anträge oder Gebührenzahlungen sind nicht erforderlich.[4] Eine zum Zeitpunkt der EU-Erweiterung bereits angemeldete Gemeinschaftsmarke darf nicht wegen eines absoluten Schutzhindernisses abgelehnt werden, das durch den Beitritt des neuen Mitgliedstaats entstanden ist (vgl. Art. 165 Abs. 2 GMV). Ein Zeitfenster für Widersprüche auf der Basis von gutgläubig erworbenen, älteren Rechten des neuen Mitgliedstaats existiert für den Zeitraum von **sechs Monaten vor dem Erweiterungsdatum** (vgl. Art. 165 Abs. 3 GMV). Gegen eine Gemeinschaftsmarke, die bereits mehr als sechs Monate vor dem Beitrittstag angemeldet wurde, kann auf der Basis älterer Rechte des neuen Mitgliedstaates weder Widerspruch erhoben noch eine Nichtigkeitserklärung beantragt werden. Allerdings kann in diesem Fall die Benutzung der Gemeinschaftsmarke unter den Voraussetzungen des Art. 165 Abs. 5 GMV auf dem Gebiet des neuen Mitgliedstaats untersagt werden.

E 7   **2. Rechtsgrundlagen.** Das Verfahrensrecht der Gemeinschaftsmarke ergibt sich aus den folgenden **Verordnungen**:

- Verordnung (EG) Nr. 207/2009 des Rates vom 26.2. 2009 über die Gemeinschaftsmarke (GMV)
- Verordnung (EG) Nr. 2868/95 der Kommission vom 13.12. 1995 zur Durchführung der Verordnung (EG) Nr. 40/94 des Rates über die Gemeinschaftsmarke (GMDV)

---

[3] Am 24.6. 2011 haben die Staats- und Regierungschefs der EU auf Vorschlag der EU-Kommission einer Aufnahme Kroatiens in die EU zugestimmt. Voraussichtlicher Beitrittstermin ist der 1.7. 2013, siehe MEMO/11/397 vom 10.6. 2011.

[4] Vgl. dazu *Folliard-Monguiral/Rogers*, The Community Trade Marks and Designs System and the Enlargement of the European Union, EIPR 2004, 48; *Herzog*, Die Erstreckung von Gemeinschaftsmarken und Gemeinschaftsgeschmacksmustern auf die neuen Mitgliedstaaten der EU, MarkenR 2003, 181.

– Verordnung (EG) Nr. 2869/95 der Kommission vom 13.12. 1995 über die an das Harmonisierungsamt für den Binnenmarkt (Marken, Muster und Modelle) zu entrichtenden Gebühren (GMGebV)

– Verordnung (EG) Nr. 216/96 der Kommission vom 5.2. 1996 über die Verfahrensordnung vor den Beschwerdekammern des Harmonisierungsamts für den Binnenmarkt (Marken, Muster und Modelle) (VerfO BK)

Einzelheiten des Verfahrensrechts sind außerdem in **Entscheidungen des Präsidenten** E 8 des HABM geregelt, die der Präsident trifft, wenn dies in den Verordnungen vorgesehen ist. Der Präsident veröffentlicht auch **Mitteilungen**, die Angelegenheiten behandeln, die für die Nutzer des Systems von Interesse sind.

Das Amt hat darüber hinaus **Richtlinien** veröffentlicht, die als allgemeine Anweisungen E 9 die Verfahrenspraxis des Amtes erläutern. Die Richtlinien sind keine Rechtsvorschriften. Die Richtlinien existieren in den fünf offiziellen Sprachen des Amtes und werden vor deren Änderung dem Verwaltungsrat zwecks Stellungnahme vorgelegt (vgl. Art. 126 Abs. 4 GMV). Auf der Basis der bestehenden Richtlinien gibt das Amt zudem ein „**Handbuch des HABM zur Markenpraxis**" heraus, das neben dem offiziellen Text der Richtlinien auch aktuelle Änderungen oder Ergänzungen zur Amtspraxis erhält. Das Handbuch des HABM zur Markenpraxis ist nur auf Englisch erhältlich.

Schließlich wird das Verfahrensrecht der Gemeinschaftsmarke wesentlich von den Urtei- E 10 len des Gerichtshofs der Europäischen Union (EuG und EuGH) geprägt.

Die oben genannten Verordnungen wurden in den vergangenen 18 Jahren **mehrfach ge-** E 11 **ändert**. Die wichtigste Änderung erfuhr die **Gemeinschaftsmarkenverordnung** durch die am 10.3. 2004 in Kraft getretene Verordnung Nr. 422/2004. In verfahrensrechtlicher Sicht sind insbesondere folgende Änderungen von Bedeutung: Die Unabhängigkeit der Anmeldeberechtigung von der Staatsangehörigkeit oder vom Wohnsitz (Art. 5 GMV), die Möglichkeit der Teilung von Gemeinschaftsmarkenanmeldungen und -eintragungen (Art. 44 und 49 GMV), die ausdrückliche Zulassung von EU-Rechten als Basis eines Widerspruchs oder Nichtigkeitsantrags (Art. 8 Abs. 4 und 53 Abs. 2 GMV), die Einführung des Rechtsbehelfs der Weiterbehandlung bei Fristversäumnissen (Art. 82 GMV) oder die Möglichkeit des Widerrufs oder der Löschung unrichtiger Entscheidungen bzw. Registereinträge (Art. 80 GMV). Hervorzuheben ist auch die am 1.10. 2004 in Kraft getretene Verordnung Nr. 1992/2003, die den Beitritt der damaligen Europäischen Gemeinschaft zum Madrider Protokoll umsetzte. Im Februar 2009 wurde schließlich eine kodifizierte Fassung der Gemeinschaftsmarkenordnung erlassen (Verordnung Nr. 2007/2009), die die Artikel der Verordnung ohne inhaltliche Änderung des existierenden Normtextes neu nummerierte.[4a]

Die wichtigste Änderung der **Durchführungsverordnung** erfolgte mit der Verordnung E 12 Nr. 1041/2005 vom 29.6. 2005, die zum einen Änderungen der Verordnung Nr. 422/2004 umsetzte und zum anderen das Verfahrensrecht änderte. Diese Änderungen betrafen insbesondere die Neuregelung des Widerspruchsverfahrens sowie neue Regeln über Fristen und Zustellungen.

Die Gebührensenkungen in den Jahren 2005 und 2009 machten zudem Änderungen der E 13 Gemeinschaftsmarkengebührenverordnung notwendig.[5]

[4a] Eine Entsprechungstabelle ist im Anhang III dieses Buches abgedruckt.

[5] Siehe Verordnung Nr. 1687/2005 vom 14.10. 2005 und Verordnung Nr. 355/2009 vom 31.3. 2009.

E 14   Im Juli 2009 veröffentlichte die Europäische Kommission eine Ausschreibung für eine **Studie über das Gesamtfunktionieren des Markensystems in Europa**. Mit dieser Studie wurde das Max-Planck-Institut für Geistiges Eigentum, Wettbewerbs- und Steuerrecht in München beauftragt. Das Max-Planck-Institut gab interessierten Personen und Markenverbänden die Möglichkeit zur Stellungnahme und ließ eine Umfrage unter Benutzern des Gemeinschaftsmarkensystems durchführen. Auch das HABM und verschiedene nationale Markenämter reichten Stellungnahmen ein. Am 8.3. 2011 legte das Max-Planck-Institut die Ergebnisse der Studie über das Gesamtfunktionieren des Europäischen Markensystems vor.[6] Die Studie behandelt folgende Themenbereiche: Die Koexistenz und Harmonisierung der Markensysteme in der Europäischen Union, die Überprüfung des Gemeinschaftsmarkensystems und die Verwendung der Verlängerungsgebühren für Gemeinschaftsmarken. Auch verfahrensrechtliche Aspekte werden in der Studie angesprochen, so die Ausgestaltung und Beschleunigung der Verfahren vor dem Amt, Fragen der Klassifikation von Marken oder die Gebührenstruktur.

E 15   Es ist davon auszugehen, dass die Europäische Kommission auf der Grundlage dieser Studie in Kürze einen Reformvorschlag zur Änderung der Gemeinschaftsmarkenverordnung unterbreiten wird.

E 16   **3. Überblick über die Verfahren.** Das Verfahren der Gemeinschaftsmarke lässt sich in folgende Abschnitte einteilen:

E 17   *a) Prüfung und Veröffentlichung der Anmeldung.* Die Gemeinschaftsmarkenanmeldung wird – in der Regel elektronisch – **eingereicht**. In dem Anmeldeformular sind insbesondere Name und Anschrift des Anmelders, die erste und zweite Sprache der Anmeldung und ein Verzeichnis der von der Marke umfassten Waren und Dienstleistungen anzugeben. Außerdem muss das Zeichen wiedergegeben werden und die Gebühren bezahlt werden. Schließlich ist die Anmeldung zu unterschreiben (durch Angabe des Namens in der elektronischen Anmeldung). Gegebenenfalls können mit der Anmeldung oder innerhalb von zwei Monaten danach Priorität oder Seniorität älterer Marken beansprucht werden. Die Beanspruchung der Seniorität ist danach erst wieder nach Eintragung der Gemeinschaftsmarke möglich.

E 18   Das **Prüfungsverfahren** beginnt mit der Zuweisung des Anmeldetags, die an verschiedene Voraussetzungen geknüpft ist (Name und Anschrift des Anmelders, eine Wiedergabe der Marke, ein Verzeichnis der Waren und Dienstleistungen sowie die Zahlung der Grundgebühr). Danach überprüft das Amt die formellen Voraussetzungen der Anmeldung und die Klassifizierung der Waren oder Dienstleistungen. Anschließend wird die Anmeldung auf das Vorliegen absoluter Eintragungshindernisse nach Art. 7 GMV überprüft.

E 19   Stellt das Amt bei der Prüfung der Anmeldung Mängel fest, wird dem Anmelder ein entsprechendes **Beanstandungsschreiben** geschickt. Der Anmelder erhält in der Regel eine Frist von zwei Monaten, um den Mangel zu beheben oder zu der Beanstandung Stellung zu nehmen. Wird der Mangel nicht behoben oder überzeugen die Argumente des Anmelders das Amt nicht, wird die Anmeldung ganz oder teilweise zurückgewiesen. Gegen den Zurückweisungsbescheid kann der Anmelder Beschwerde einlegen.

---

[6] Die Studie ist auf der Internetseite des Max-Planck-Instituts abrufbar (auf Englisch), http://www.ip.mpg.de.

Nach Festlegung des Anmeldetags erstellt das Amt einen gebührenfreien **Gemein-** E 20
schaftsmarkenrecherchenbericht. Der Bericht zeigt alle identischen oder ähnlichen älteren Gemeinschaftsmarken (einschließlich EU-Erstreckungen internationaler Registrierungen). Außerdem werden nach Veröffentlichung der Anmeldung die in dem Bericht genannten Eigentümer der älteren Marken über die Anmeldung unterrichtet. Darüber hinaus werden nationale Recherchenberichte nur auf Antrag des Anmelders und nach Zahlung einer Gebühr erstellt. Nur ein Teil der Mitgliedstaaten der EU führt nationale Markenrecherchen durch. Wird ein nationaler Recherchenbericht beantragt, so wird dieser Bericht automatisch von allen Ämtern erstellt, die nationale Recherchen durchführen.

Zurückgewiesene Anmeldungen werden nicht veröffentlicht. Wurde die Anmeldung vom E 21
Amt akzeptiert, wird sie in Teil A des Blatts für Gemeinschaftsmarken veröffentlicht, sobald die Übersetzungen des Waren- oder Dienstleistungsverzeichnisses in alle Amtssprachen der EU vorliegen. **Dritte** können nach Veröffentlichung der Anmeldung **Bemerkungen** mit der Begründung einreichen, dass die Anmeldung von Amts wegen und insbesondere wegen des Vorliegens absoluter Eintragungshindernisse von der Eintragung auszuschließen ist.

b) Widerspruchsverfahren. Die Veröffentlichung löst die **dreimonatige Frist** für die Ein- E 22
legung eines Widerspruchs aus. Wird während dieses Zeitraums kein Widerspruch eingelegt, so wird die Anmeldung eingetragen.

Jedermann kann innerhalb der genannten Frist gegen eine Gemeinschaftsmarkenanmel- E 23
dung mit der Begründung Widerspruch einlegen, dass die Marke wegen **Bestehens relativer Eintragungshindernisse** nach Art. 8 GMV auszuschließen ist. Das Amt prüft zunächst, ob der Widerspruch zulässig ist. Ist der Widerspruch zumindest in Bezug auf ein älteres Recht zulässig, wird den Parteien dies mitgeteilt. In derselben Mitteilung informiert das Amt die Parteien auch über den Beginn der „Cooling-off"-Frist und den Ablauf der ersten Stellungnahmefristen. Die „Cooling-off"-Frist dient dazu, den Parteien die Zeit zu geben, eine gütliche Einigung des Konflikts zu erreichen. Die „Cooling-off"-Frist kann auf insgesamt 24 Monate verlängert werden. Lassen die Beteiligten die „Cooling-off"-Frist verstreichen, beginnt nach deren Ablauf der streitige Teil des Verfahrens. Innerhalb von zwei Monaten nach Ablauf der „Cooling-off"-Frist muss der Widersprechende seinen Widerspruch begründen und alle für die Begründung notwendigen Tatsachen und Beweismittel in der Verfahrenssprache vorlegen. Das Amt reicht die Stellungnahme des Widersprechenden an den Anmelder weiter. Stellt das Amt fest, dass der Widerspruch nicht ausreichend substantiiert wurde, weist es den Widerspruch direkt zurück. Anderenfalls gibt es dem Anmelder die Möglichkeit, innerhalb einer zweimonatigen Frist einen Schriftsatz einzureichen und gegebenenfalls einen Antrag auf Nachweis der rechtserhaltenden Benutzung der Marke(n) zu stellen. Anschließend erhält der Widersprechende eine weitere Stellungnahmefrist. Das Amt kann die Parteien auffordern, weitere Schriftsätze einzureichen. Danach ergeht eine Entscheidung des Amtes.

c) Eintragung und Veröffentlichung der Eintragung. Die Anmeldung wird **eingetragen**, E 24
wenn sie von Amts wegen keinen Anlass zur Beanstandung gibt und entweder kein Widerspruch eingelegt oder ein Widerspruch eingelegt, dieser aber entweder zurückgenommen oder zurückgewiesen wurde. Das Amt sendet dem Markeninhaber einen Internet-Link für das Herunterladen der Registrierungsurkunde im pdf-Format zu.

Die eingetragene Marke wird in Teil B des Blatts für Gemeinschaftsmarken **veröffent-** E 25
licht. Mit dem Zeitpunkt der Veröffentlichung der Eintragung können die Rechte aus der Gemeinschaftsmarke Dritten gegenüber entgegengehalten werden.

E 26   *d) Änderungen am Register für Gemeinschaftsmarken.* Das Register nimmt **Änderungen** in eingetragene Gemeinschaftsmarken auf.[7] Diese Änderungen umfassen insbesondere folgende Vorgänge: Übertragung der Gemeinschaftsmarke, Verzichtserklärungen, Änderungen des Namens oder der Anschrift des Inhabers bzw. seines Vertreters, Wechsel, Bestellung oder Löschung des Vertreters, Einschränkungen des Waren- oder Dienstleistungsverzeichnisses, Senioritäten, Umwandlungen, Teilungen, Lizenzen, dingliche Rechte, Insolvenzverfahren und Zwangsvollstreckungsverfahren. Änderungen im Register werden im Blatt für Gemeinschaftsmarken veröffentlicht.[8]

E 27   *e) Anträge auf Erklärung des Verfalls oder der Nichtigkeit.* Die **Zuständigkeit** für die Löschung einer eingetragenen Gemeinschaftsmarke aufgrund eines Verfalls- oder Nichtigkeitsverfahrens liegt beim Amt.[9]

E 28   Der Verfallsantrag richtet sich darauf, die Gemeinschaftsmarke **für verfallen zu erklären**, weil die Marke innerhalb eines ununterbrochenen Zeitraums von fünf Jahren nach der Eintragung nicht ernsthaft benutzt wurde oder weil die Marke zur gebräuchlichen Bezeichnung für die eingetragenen Waren oder Dienstleistungen geworden ist oder weil die Marke geeignet ist, das Publikum irrezuführen.[10]

E 29   Der **Antrag auf Nichtigerklärung** der Gemeinschaftsmarke kann auf absoluten oder relativen Nichtigkeitsgründen beruhen. Eine Gemeinschaftsmarke kann wegen absoluter Nichtigkeitsgründe für nichtig erklärt werden, wenn sie trotz Vorliegens absoluter Eintragungshindernisse im Sinne von Artikel 7 GMV eingetragen wurde oder wenn der Anmelder bei der Anmeldung bösgläubig war. Relative Nichtigkeitsgründe liegen vor, wenn die Voraussetzungen des Art. 8 GMV erfüllt sind oder sonstige ältere Rechte bestehen, zu denen das Namensrecht, das Recht an der eigenen Abbildung, das Urheberrecht und andere gewerbliche Schutzrechte zählen.

E 30   *f) Beschwerdeverfahren.* Die Beschwerde steht jedem an einem Verfahren vor dem Amt Beteiligten zu, soweit er durch die erstinstanzliche Entscheidung des Amtes beschwert ist.

E 31   Die Beschwerdeschrift muss innerhalb von **zwei Monaten** nach Zustellung der angefochtenen Entscheidung eingereicht werden. Außerdem muss innerhalb von vier Monaten nach Zustellung der angefochtenen Entscheidung die Beschwerde schriftlich begründet werden. Nach Eingang der Beschwerdebegründung erhält die Stelle, deren Entscheidung angefochten wird, die Möglichkeit, der Beschwerde abzuhelfen. Geschieht dies nicht, wird die Zulässigkeit der Beschwerde überprüft. In einseitigen Verfahren wird nach Feststellung der Zulässigkeit die Beschwerde von der Beschwerdekammer geprüft und eine Entscheidung erlassen. In mehrseitigen Verfahren hat der Beschwerdegegner das Recht, eine Stellungnahme einzureichen und gegebenenfalls eine Anschlussbeschwerde einzulegen.

---

[7] Änderungen von Gemeinschaftsmarkenanmeldungen werden in der Anmeldeakte vermerkt.

[8] Änderungen einer Anmeldung werden nur dann veröffentlicht, wenn auch die Anmeldung bereits veröffentlicht wurde.

[9] Daneben kann ein Gemeinschaftsmarkengericht eine Gemeinschaftsmarke für verfallen oder nichtig erklären, wenn dies im Rahmen einer Widerklage in einem auf einer Gemeinschaftsmarke beruhenden Verletzungsverfahren beantragt wird (Art. 100 GMV).

[10] Siehe unten § 4 Rdn. 20–24.

g) Klage vor dem EuG. Innerhalb von **zwei Monaten** nach Zustellung der Entscheidung   E 32
der Beschwerdekammer kann eine Partei des Beschwerdeverfahrens – soweit sie durch die
Entscheidung beschwert ist – Klage beim EuG einreichen. Für das Verfahren vor dem EuG
gilt **Anwaltszwang**. Die Klageschrift muss innerhalb der genannten Zweimonatsfrist (zuzüglich einer zehntägigen Entfernungsfrist) beim EuG eingehen. Ist die Klageschrift formell
zulässig, wird sie dem Amt als Beklagter sowie in mehrseitigen Verfahren der anderen Partei
des Beschwerdeverfahrens als potentieller Streithelferin zugestellt. Das Amt und gegebenenfalls die Streithelferin können eine Klagebeantwortung einreichen. Eine mündliche Verhandlung findet nur dann statt, wenn eine der Parteien innerhalb eines Monats nach entsprechender Mitteilung des Gerichts einen Antrag auf mündliche Verhandlung stellt. Das
Gerichtsverfahren endet mit einem **Urteil**, das in öffentlicher Sitzung verkündet wird. Wird
das Verfahren vorher eingestellt, entscheidet das Gericht nur über die Kosten. Durch **Beschluss** kann das Gericht entscheiden, wenn es für die Klage offensichtlich unzuständig ist
oder eine Klage offensichtlich unzulässig ist oder ihr offensichtlich jede rechtliche Grundlage
fehlt.

h) Rechtsmittel vor dem EuGH. Gegen das Urteil des EuG kann innerhalb von **zwei Mo-**   E 33
naten nach Zustellung des Urteils Rechtsmittel beim Europäischen Gerichtshof eingelegt
werden. Wie vor dem EuG besteht auch für das Verfahren vor dem EuGH Anwaltszwang.
Das Rechtsmittel ist auf Rechtsfragen beschränkt. Sprache des Verfahrens vor dem EuGH ist
die Sprache, in der das Urteil des EuG ergangen ist. Während das Amt in dem Verfahren vor
dem EuG immer Beklagte ist, kann es vor dem EuGH auch als Klägerin auftreten. Der Gerichtshof stellt die Klageschrift den anderen Parteien zu, die innerhalb einer Frist von zwei
Monaten zur Klage erwidern können. Oft ergeht das Urteil des EuGH ohne mündliche Verhandlung. Der Gerichtshof entscheidet durch Urteil oder – insbesondere wenn das Rechtsmittel offensichtlich unzulässig oder unbegründet ist – durch Beschluss.

i) Verfahrensdauer. Das Amt hat in den letzten Jahren bei seinen Bemühungen, die Dauer   E 34
der Verfahren zu verkürzen, erhebliche Fortschritte erzielt. Gemeinschaftsmarken, gegen die
kein Widerspruch eingegangen ist und für die kein nationaler Recherchenbericht beantragt
wurde, werden in aller Regel in weniger als 25 Wochen eingetragen. Die Dauer von der Anmeldung bis zur Veröffentlichung beträgt im Schnitt weniger als 11 Wochen. Die Dauer der
Widerspruchsverfahren vom Ende des kontradiktorischen Teils des Verfahrens bis zur Zustellung der Entscheidung beträgt in 88% aller Verfahren weniger als 10 Wochen. Auch die
Dauer der Beschwerden ist verkürzt worden: 87% aller mehrseitigen Beschwerdeverfahren
dauern weniger als sechs Monate vom Eingang der Beschwerdeschrift bis zur Entscheidung.
In *ex parte* Verfahren ergehen die Entscheidungen innerhalb dieses Zeitraums in 94% aller
Beschwerdeverfahren.[11]

---

[11] 2. Quartal 2011. Einzelheiten sind der Dienstleistungscharta des Amtes zu entnehmen:
www.oami.europa.eu: Home > Qualität Plus > Dienstleistungscharta.

E 35   *Schaubild 1: Verfahren der Gemeinschaftsmarke*

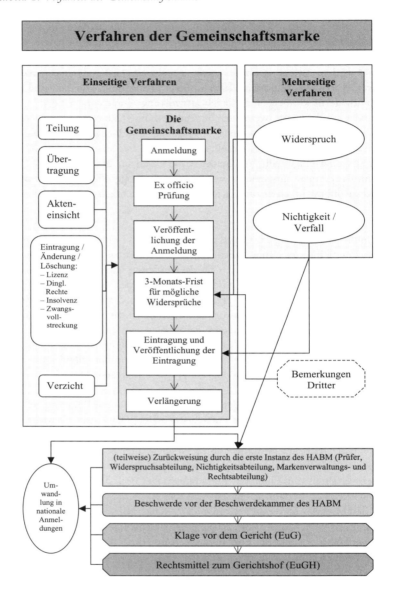

E 36   **4. Das Harmonisierungsamt.** Die Eintragung und Verwaltung der Gemeinschaftsmarken obliegt dem Harmonisierungsamt für den Binnenmarkt (HABM) mit Sitz in Alicante, Spanien.[12] Das Amt nahm am 1.9. 1994 seine Arbeit auf. Stichtag für die Einreichung der

---

[12] Ausführlich zur Organisation des HABM, s. Fezer/*v. Kapff*, Hdb. Markenpraxis, Bd. I, 2. Teil, Rn. 143–242.

ersten Gemeinschaftsmarken war der 1.4. 1996. Das Amt ist eine **Agentur der Europäischen Union** und besitzt Rechtspersönlichkeit (vgl. Art. 115 GMV). Das Amt ist also als juristische Person des öffentlichen Rechts in jedem Mitgliedstaat der EU rechtsfähig, unterliegt ggf. einer vertraglichen oder außervertraglichen Haftung (vgl. Art. 118 GMV), kann Vermögen erwerben und klagen bzw. verklagt werden. Im Übrigen ist das Amt fachlich unabhängig und rechtlich, organisatorisch und finanziell selbständig (vgl. 12. Erwägungsgrund der Präambel der GMV). Die Europäische Kommission hat keine Fachaufsicht, sondern lediglich eine Rechtsaufsicht, die auf Handlungen des Präsidenten des Amtes und des vom Amt eingesetzten Haushaltsausschusses beschränkt ist (vgl. Art. 122 GMV).

Das Amt beschäftigte 2010 rund 700 Mitarbeiter aus allen Mitgliedstaaten der Europäischen Union.[13] Die jährlichen Einnahmen lagen 2010 bei mehr als € 180 Millionen. **E 37**

Seit März 2002 ist das Amt auch für die Eintragung von Gemeinschaftsgeschmacksmustern zuständig. Darüber hinaus ist zu erwarten, dass das Amt in Kürze neue Kompetenzen übernehmen wird. So hat die Europäische Kommission im Mai 2011 einen Vorschlag für eine Verordnung veröffentlicht, nach der das Amt Aufgaben bei der Bekämpfung der Produktpiraterie wahrnehmen und die Europäische Beobachtungsstelle für Marken- und Produktpiraterie übernehmen soll.[14] Außerdem hat das Amt vor kurzem eine „Akademie" gegründet, die der internen und externen Fort- und Weiterbildung auf dem Gebiet des Gewerblichen Rechtsschutzes dienen soll. **E 38**

5. Elektronische Dienstleistungen des Amtes (E-Business). Schrifttum: *Bock*, Die elektronische Anmeldung von Marken, MarkenR 2003, 98.

In den letzten Jahren hat das Amt eine Reihe von **elektronischen Dienstleistungen** eingeführt. Dazu zählen insbesondere **E 39**

– die elektronische Anmeldung und Verlängerung von Gemeinschaftsmarken,
– die elektronische Einlegung von Widersprüchen,
– das personalisierte Online-Portal MYPAGE, das auch elektronische Kommunikation zulässt (MAILBOX),
– der elektronische Aktenzugang,
– der elektronische Akteneinsichtsantrag,
– CTM-Watch, mit dem sich der Status von Gemeinschaftsmarkenanmeldungen und beim Amt geführten internationalen Registrierungen verfolgen lässt,
– die elektronische Generierung beglaubigter Abschriften von Anmeldungen und Eintragungsurkunden.

Die **elektronische Anmeldung und Verlängerung** von Gemeinschaftsmarken erfordert keine vorherige Registrierung, ist schnell und einfach zu benutzen und gegenüber der herkömmlichen Anmeldung und Verlängerung preisgünstiger: So beträgt die Grundgebühr der elektronischen Anmeldung € 150,– weniger als eine Anmeldung per Telefax oder Post. Auch die elektronische Verlängerung einer einzelnen Gemeinschaftsmarke bietet einen Preisvorteil von € 150,–. Nicht zuletzt aus diesem Grund haben sich die Anmeldungen und Verlängerungen auf elektronischem Wege längst durchgesetzt: So werden inzwischen 95 **E 40**

---

[13] Vgl. Jahresbericht 2010, im Internet unter www.oami.europa.eu abrufbar: Home > Über das HABM > Veröffentlichungen des HABM.
[14] COM(2011) 288.

Prozent aller Gemeinschaftsmarken elektronisch eingereicht. Nach erfolgter Einreichung der Anmeldung erhält der Anmelder sofort eine GM-Anmeldenummer.

E 41 Mit Hilfe des kostenlosen Systems **MYPAGE** erhält der Benutzer über das Internet direkten Zugang zu den elektronischen Dokumenten und Dienstleistungen des Amtes. MYPAGE ist ein elektronisches Portal, das dem Benutzer einen personalisierten Zugang zu bestimmten elektronischen Anwendungen und Informationen ermöglicht. Um MYPAGE nutzen zu können, ist eine vorherige Anmeldung erforderlich. Dazu benötigt der Benutzer eine ID-Nummer, die er erhält, sobald er eine Gemeinschaftsmarke anmeldet. Insbesondere hat MYPAGE folgende Funktionen:

– Das System ermöglicht den Zugang zu den persönlichen Angaben des Benutzers und der Auflistung seiner Akten.
– Aktiviert der Benutzer die „**MAILBOX**", so werden alle in elektronischem Format verfügbaren amtlichen Mitteilungen über die „MAILBOX" verschickt. Der Benutzer kann auch über die Antwortfunktion der „MAILBOX" auf Dokumente antworten.
– Das Instrument „**CTM Renewal Manager**" erleichtert dem Benutzer die Verlängerung und Verwaltung von Verlängerungen.
– Die Funktion „**CTM Watch**" überwacht vom Benutzer ausgewählte Anmeldungen oder Eintragungen und teilt ihm Statusänderungen hinsichtlich dieser Marken automatisch mit. Mit diesem Werkzeug lassen sich die eigenen Marken und Marken anderer Unternehmen überwachen. Der Service umfasst die Überwachung von Gemeinschaftsmarken oder IR-Marken, die vom HABM geführt werden. Der Benutzer wählt eine Gemeinschaftsmarke oder IR-Marke und den betreffenden Status aus. Sobald der Status erreicht ist, informiert das System den Benutzer per E-Mail. Möchte ein Benutzer also z. B. erfahren, wann eine Gemeinschaftsmarke eines Dritten veröffentlicht wird, so wählt er in dem System die Marke und den Status „Anmeldung der Gemeinschaftsmarke veröffentlicht" aus. Der Benutzer wird informiert, sobald dieser Status der gewählten Marke erreicht ist.
– Dem Benutzer von MYPAGE werden Gemeinschaftsrecherchenberichte und ggf. nationale Recherchenberichte online übermittelt. Außerdem hat der Benutzer direkten Zugang auf die elektronischen Büro-Tools des Amtes (elektronische Anmeldung und Verlängerung von Marken, Zugriff auf elektronische Akten [„online access zu file-OAF])"[15] etc.).

E 42 In Kürze wird das Amt seinen Nutzern weitere elektronische Dienstleistungen anbieten. Dazu gehört eine elektronische Plattform für Widerspruchsverfahren und ein Angebot für elektronische Eintragungen, mit dessen Hilfe Änderungen von Vertretern, Eigentumsübertragungen und Änderungen persönlicher Daten erleichtert werden sollen. Zurzeit wird zudem eine neue Rechercheplattform (**„eSearch plus"**) getestet, die die bisherigen Datenbanken ersetzen soll.

E 43 In Zusammenarbeit mit den nationalen Markenämtern hat das Amt zudem **„TMview"** und **„Euroclass"** entwickelt. Auf der Datenbank „TMview" lassen sich Informationen von nationalen und internationalen Marken sowie Gemeinschaftsmarken von zurzeit insgesamt 14 Markenämtern (Stand: September 2011) abrufen.[15a] Die Datenbank ist kostenlos und eignet sich insbesondere dazu, sich vor Anmeldung einer Gemeinschaftsmarke einen Überblick

---

[15] Dazu unten § 1 Rdn. 217, 224.
[15a] www.tmview.europa.eu.

zu verschaffen, ob ältere ähnliche oder identische Marken in der EU bereits existieren. „Euroclass" ist seit 2006 in Betrieb und ermöglicht den Zugriff auf die Klassifikationsdaten von zurzeit 20 Markenämtern (Stand: Oktober 2011).

6. Praktische Hinweise zu wichtigen Informationsquellen. Der bekannte Grund- **E 44** satz, dass ein Jurist „nicht alles wissen muss, sondern nur, wo es steht", gilt umso mehr in Zeiten des Internets. Die Internetseiten des Amtes und des Gerichtshofs der Europäischen Union bieten eine Fülle von Informationen und Hinweisen zum Ablauf des Verfahrens. So ist auf der Internetseite des Amtes eine Reihe von Datenbanken und elektronische und nicht elektronische Formulare abrufbar:

Datenbanken: **E 45**

– Suche nach einer Gemeinschaftsmarke
– Suche nach einer Marke in der EU (TMview)
– Echtheit einer beglaubigten Abschrift prüfen
– Klassifizierungs-Tools für Marken
– Suche nach Vertretern (FindRep)

Formulare: **E 46**

– **Elektronische** Formulare:
  – Anmeldung einer Gemeinschaftsmarke
  – Verlängerung einer Gemeinschaftsmarke
  – Einlegung eines Widerspruchs
– **Nicht elektronische** Formulare:
  – Anmeldung einer Gemeinschaftsmarke
  – Widerspruch
  – Verlängerung von Gemeinschaftsmarken
  – Sonstige Eintragung
  – Änderung des Namens und/oder der Anschrift eines Inhabers/eines Vertreters
  – Wechsel/Bestellung oder Löschung eines Vertreters
  – Antrag auf Erklärung der Nichtigkeit einer Gemeinschaftsmarke
  – Antrag auf Erklärung des Verfalls einer Gemeinschaftsmarke
  – Beschwerde
  – Umwandlungsantrag
  – Umwandlung einer internationalen Registrierung, in der die EU benannt wurde
  – Akteneinsicht

- Antrag auf Eintragung in die Liste der zugelassenen Vertreter in Markenangelegenheiten beim Amt gemäß Art. 93 GMV
- Vollmacht
- Antrags- und Erklärungsformular für ein laufendes Konto
- Formblätter für die internationale Anmeldung

E 47 Sämtliche nicht elektronischen Formulare lassen sich direkt am Computer ausfüllen und enthalten zahlreiche begleitende Hinweise.

E 48 Außerdem bietet die Internetseite des Amtes Zugang zu allen Entscheidungen, Urteilen und Gesetzestexten:

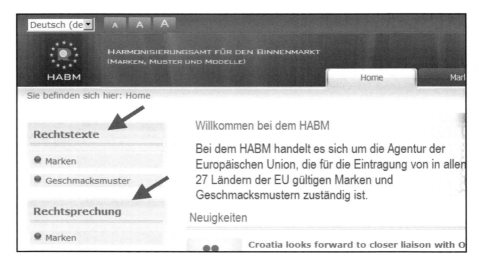

E 49 Rechtstexte

- Verordnungen
- Beschlüsse und Mitteilungen des Präsidenten
- Verfahrens-Richtlinien und Handbuch über die Praxis des Amtes
- Beschlüsse des Präsidiums der Beschwerdekammern
- Internationale Verträge
- Vorschriften in Bezug auf die Durchsetzung der Rechte des geistigen Eigentums

E 50 Entscheidungsdatenbanken:

- Zurückgewiesene Marken
- Entscheidungen der Widerspruchsentscheidungen, Nichtigkeitsabteilungen und Beschwerdekammern
- Urteile des Gerichts (EuG) und des Europäischen Gerichtshofs (EuGH)[15b]
- Urteile der Gemeinschaftsmarkengerichte

[15b] Die Urteile des Gerichtshofs sind auch auf dessen Internetseite abrufbar: www.curia.europa.eu: Home > De > Rechtsprechung > Suchformular.

Alle in diesem Handbuch zitierten Entscheidungen und Urteile sind in einer der ge- **E 51** nannten Datenbanken auf der Internetseite des Amtes abrufbar.

Im Übrigen hat das Amt ein **Informationszentrum** eingerichtet, das allgemeine **E 52** Auskünfte über die Anmeldung von Gemeinschaftsmarken oder Verfahrensfragen telefonisch oder per E-Mail (information@oami.europa.eu) beantwortet. Bei technischen Problemen mit elektronischen Anwendungen des Amtes (elektronische Anmeldungen, MYPAGE, Datenbanken etc.) kann sich der Benutzer auch telefonisch oder per E-Mail (e-businesshelp@oami.europa.eu) an das Amt wenden. Auch Beschwerden zu laufenden Verfahren können telefonisch oder per E-Mail (complaintsunit@oami.europa.eu) eingereicht werden. Das Amt verpflichtet sich, Beschwerden innerhalb von 15 Arbeitstagen nach Eingang abschließend zu beantworten. Einzelheiten sind der Internetseite des Amtes zu entnehmen.

1. Kapitel. Die Verfahren vor dem HABM

§ 1 Allgemeine Verfahrensbestimmungen

Der erste Abschnitt erläutert allgemeine Verfahrensvorschriften, die für alle Verfahren vor **1** dem Amt gelten. Dazu zählen die Bestimmungen zur Zustellung von Mitteilungen, die Fristen- und Sprachenregelung, die Vorschriften zu Aussetzung, Unterbrechung und Verbindung von Verfahren, die Beweisaufnahme, die Gebühren- und Kostenregelung und Akteneinsichtsanträge. Auf die Besonderheiten der einzelnen Verfahren wird in den darauf folgenden Abschnitten (§ 2 bis § 5) eingegangen.

I. Verfahrensgrundsätze

Schrifttum: *Jüngst/Schork*, Der Anspruch auf rechtliches Gehör im Gemeinschaftsmarkenrecht, Mitt. 2006, 109; *Ströbele*, Die strenge und vollständige Prüfung – „Libertel" und seine Umsetzung in Deutschland, GRUR 2005, 93; *ders.*, Bedeutung von Vorentscheidungen im markenrechtlichen Eintragungsverfahren, FS 50 Jahre VPP, 2005, S. 439; *Würtenberger*, Rechtliches Gehör, Begründungszwang und Präklusion im gemeinschaftsrechtlichen Markeneintragungsverfahren, MarkenR 2003, 215.

1. Bindung an die Vorschriften des Gemeinschaftsrechts. Der zwölfte Erwägungs- **2** grund der Präambel der Gemeinschaftsmarkenverordnung stellt klar, dass das Harmonisierungsamt seine Tätigkeit gemäß den ihm „in dieser Verordnung zugewiesenen Ausführungsbefugnissen im Rahmen des Gemeinschaftsrechts und unbeschadet der von den Organen der Gemeinschaft wahrgenommenen Befugnisse ausübt". Wie jede andere Einrichtung der Europäischen Union ist auch das Amt nicht nur an alle Vorschriften des Gemeinschaftsrechts gebunden, sondern muss auch die Rechtsprechung des EuG und des EuGH beachten.[1]

Das Amt ist verpflichtet, das **geltende Gemeinschaftsrecht anzuwenden**.[2] Die Nicht- **3** befolgung der Verordnungen betreffend die Gemeinschaftsmarke würde den Grundsatz der Rechtmäßigkeitsvermutung verletzen, wonach die Gemeinschaftsregelung so lange voll wirksam bleibt, wie ihre Rechtswidrigkeit nicht durch ein zuständiges Gericht festgestellt worden ist.[3] Die erste Instanz oder die Beschwerdekammern des Amtes sind dagegen nicht befugt, die Rechtmäßigkeit bestimmter Vorschriften des Gesetzes zu überprüfen, weil diese z. B. gegen den Verhältnismäßigkeitsgrundsatz verstoßen könnten.[4]

Andererseits hat das Amt die Eintragungsfähigkeit einer Marke **allein auf der Grundlage** **4** **der Gemeinschaftsregelung** und nicht anhand seiner vorherigen Entscheidungspraxis zu beurteilen.[5] Auch die Tatsache, dass eine Marke in einem Mitgliedstaat für bestimmte Waren

---

[1] Eisenführ/*Schennen*, GMV, Art. 2 Rn. 8 u. Art. 136 Rn. 14.
[2] Vgl. Beschluss Nr. ADM-00-37 des Präsidenten des Amtes vom 9. 7. 2001.
[3] EuG GRUR Int. 2009, 417 (Nr. 54) – *Neurim Pharmaceuticals*; vgl. EuG MarkenR 2001, 327 (Nr. 55) – *Kik*.
[4] EuG GRUR Int. 2009, 417 (Nr. 52) – *Neurim Pharmaceuticals*.
[5] EuGH MarkenR 2008, 160 (Nr. 43–44) – *Hairtransfer*; EuGH GRUR 2006, 229 (Nr. 47–51) – *BioID*; EuGH GRUR 2006, 233 (Nr. 48) – *Standbeutel*.

oder Dienstleistungen eingetragen wurde, kann keinen Einfluss auf die Frage haben, ob eine ähnliche Marke, deren Eintragung als Gemeinschaftsmarke für ähnliche Waren oder Dienstleistungen beantragt wird, unter eines der Eintragungshindernisse des Art. 7 GMV fällt.[6] Auch identische Voreintragungen entfalten keine Bindungswirkung.[7] Zwar muss das Amt im Rahmen der Prüfung einer Anmeldung, soweit es in dieser Hinsicht über Informationen verfügt, die zu ähnlichen Anmeldungen ergangenen Entscheidungen berücksichtigen und besonderes Augenmerk auf die Frage richten, ob im gleichen Sinne zu entscheiden ist oder nicht.[8] Doch ist das Amt nicht an diese Entscheidungen gebunden. In jedem Fall muss der **Gleichbehandlungsgrundsatz** in Einklang gebracht werden mit dem **Gebot rechtmäßigen Handelns**. Daraus folgt, dass sich niemand auf eine fehlerhafte Rechtsanwendung zugunsten eines anderen berufen kann, um eine identische Entscheidung zu erlangen.[9] Daher kann sich ein Verfahrensbeteiligter vor dem Amt nicht zu seinen Gunsten auf eine Entscheidungspraxis berufen, die den gesetzlichen Anforderungen entgegensteht oder dazu führen würde, dass die Entscheidung des Amtes rechtswidrig wäre.

5   Diese Grundsätze gelten auch in **mehrseitigen Verfahren**. Vorentscheidungen nationaler Behörden oder Gerichte zur Verwechslungsgefahr bestimmter Zeichen binden das Amt nicht.[10] Dies gilt selbst dann, wenn die Vorentscheidung identische Marken und dasselbe für die Verwechslungsgefahr maßgebliche Gebiet betraf.[11] Folglich braucht das Amt in seiner Entscheidung generell nicht auf (angeblich) ähnlich gelagerte Entscheidungen eingehen, wenn das Amt in seiner Begründung zumindest implizit erkennen lässt, aus welchen Gründen die vorgebrachten Entscheidungen nicht einschlägig sind oder vom Amt nicht berücksichtigt wurden.[12] Andererseits darf das Amt relevante Vorentscheidungen auch nicht vollkommen ignorieren, da die dort getroffenen Feststellungen dem Amt wertvolle Hinweise liefern können, beispielsweise zu der Frage, ob und wie bestimmte Markenelemente von den angesprochenen Verkehrskreisen eines bestimmten Mitgliedstaats verstanden werden.[13]

6   Aus dem Grundsatz der ordnungsgemäßen Verwaltung (und dem Gebot der Rechtssicherheit) folgt zudem, dass die Prüfung jeder Anmeldung **streng und umfassend** sein muss, um eine ungerechtfertigte Eintragung von Marken zu verhindern.[14] Diese Prüfung muss in jedem Einzelfall erfolgen. Die Eintragung eines Zeichens als Marke hängt von besonderen, im Rahmen der tatsächlichen Umstände des Einzelfalls anwendbaren Kriterien ab, anhand deren ermittelt werden soll, ob das Zeichen eintragungsfähig ist.[15]

7   **2. Begründungspflicht.** Gemäß Art. 75 S. 1 GMV sind die Entscheidungen des Amtes mit Gründen zu versehen. Die Verpflichtung zur Begründung von Entscheidungen dient

---

[6] Vgl. in diesem Sinne EuGH GRUR 2004, 674 (Nr. 42–44) – *Postkantoor*.

[7] EuGH GRUR 2004, 428 (Nr. 61–63) – *Henkel*.

[8] EuGH, 10.3. 2011, C-51/10 P (Nr. 74) – 1000; EuGH MarkenR 2009, 201 (Nr. 17) – *Volks-Marken*.

[9] EuGH, 10.3. 2011, C-51/10 P (Nr. 76) – 1000; EuGH MarkenR 2009, 201 (Nr. 18) – *Volks-Marken*.

[10] EuG, 30.11. 2006, T-43/05 (Nr. 92–95) – *Brothers by Camper*; GRUR Int. 2005, 604 (Nr. 30) – *Ruffles*.

[11] HABM-BK, 14.1. 2010, R 1054/2008-4 – *Vitasia/Vinotasia*.

[12] EuG, 3.2. 2011, T-299/09 u. T-300/09 (Nr. 19) – *Farbkombination*; EuG GRUR Int. 2009, 410 (Nr. 55–56) – *Mozart*.

[13] HABM-BK, 8.7. 2010, R 1188/2009-1 – *NOIR/CAFÉ NOIR*.

[14] EuGH, 10.3. 2011, C-51/10 P (Nr. 77) – *1000*; 9.9. 2010, C-265/09P (Nr. 45) – *Buchstabe α*; GRUR 2004, 1027 (Nr. 45) – *Das Prinzip der Bequemlichkeit*.

[15] EuGH, 10.3. 2011, C-51/10 P (Nr. 77) – 1000.

zwei Zielen: Zum einen sollen die Verfahrensbeteiligten die Gründe für die erlassene Entscheidung erfahren, um so ggf. ihre Rechte verteidigen zu können. Zum anderen ermöglicht nur eine hinreichend begründete Entscheidung der nächsten Instanz, die Rechtmäßigkeit der Entscheidung zu überprüfen.[16] Die Frage, ob die Begründung einer Entscheidung diesen Anforderungen genügt, ist umfassend zu beurteilen, wobei nicht nur der Wortlaut der Entscheidung berücksichtigt werden soll, sondern auch ihr Kontext und sämtliche Rechtsvorschriften, die das betreffende Gebiet regeln.[17]

Wenn das Amt die Eintragung eines Zeichens als Gemeinschaftsmarke ablehnt, muss es zur **8** Begründung seiner Entscheidung das dieser Eintragung entgegenstehende absolute oder relative Schutzhindernis und die einschlägige Rechtsvorschrift angeben und darlegen, welchen Sachverhalt es als erwiesen zugrunde gelegt hat, der seiner Auffassung nach die Anwendung der herangezogenen Bestimmung rechtfertigt. Eine solche Begründung ist grundsätzlich ausreichend, um der Begründungspflicht gerecht zu werden.[18]

Der Kontext, in dem eine Entscheidung erlassen wird, wird insbesondere durch den **9** Meinungsaustausch zwischen dem Amt und den Verfahrensbeteiligten geprägt. Je nach den Umständen des Einzelfalles können die Anforderungen an die Begründung der Entscheidung erhöht sein. So kann das Amt z.B. verpflichtet sein, zu Hinweisen eines der Verfahrensbeteiligten auf Entscheidungen in ähnlich gelagerten Sachen spezifisch Stellung zu nehmen.[19]

Vom Amt kann nicht verlangt werden, dass es in der Entscheidung alle von den Beteiligten **10** vorgetragenen Argumente bis in das kleinste Detail behandelt. Die Begründung kann auch **implizit** erfolgen, sofern sie den Verfahrensbeteiligten ermöglicht, die Gründe für die Entscheidung zu erkennen, und der nächsten Instanz ausreichende Angaben für die Wahrnehmung seiner Kontrollaufgabe an die Hand gibt.[20]

3. Der Grundsatz des rechtlichen Gehörs. Gemäß Art. 75 S. 2 GMV dürfen die Ent- **11** scheidungen des Amtes nur auf Gründe gestützt werden, zu denen sich die Parteien äußern konnten. Diese Bestimmung gewährleistet im Rahmen des Gemeinschaftsmarkenrechts den allgemeinen Grundsatz des Schutzes der Verteidigungsrechte.[21] Nach diesem allgemeinen Grundsatz des Gemeinschaftsrechts muss der Adressat einer amtlichen Entscheidung, die seine Interessen spürbar berührt, Gelegenheit erhalten, seinen Standpunkt gebührend darzulegen.[22] Der Anspruch auf rechtliches Gehör erstreckt sich auf alle tatsächlichen oder rechtlichen Gesichtspunkte, die die Grundlage für die Entscheidungsfindung bilden, nicht aber auf den endgültigen Standpunkt, den die Verwaltung einnehmen will.[23]

---

[16] EuG, 13.4.2011, T-262/09 (Nr. 90) – *First Defense II*; GRUR Int. 2004, 660 (Nr. 72–73) – *Vitataste*.

[17] EuG, 3.2.2011, T-299/09 u. T-300/09 (Nr. 16) – *Farbkombination*; GRUR Int. 2004, 660 (Nr. 72–73) – *Vitataste*, und die dort angeführte Rechtsprechung.

[18] EuG, 3.2.2011, T-299/09 u. T-300/09 (Nr. 17) – *Farbkombination*; GRUR Int. 2009, 410 (Nr. 46) – *Mozart*.

[19] EuG, 3.2.2011, T-299/09 u. T-300/09 (Nr. 18) – *Farbkombination*; GRUR Int. 2009, 410 (Nr. 54) – *Mozart*.

[20] EuG, 13.4.2011, T-262/09 (Nr. 92) – *First Defense II*.

[21] EuG, 13.4.2011, T-262/09 (Nr. 79) – *First Defense II*.

[22] EuG, 13.4.2011, T-262/09 (Nr. 79) – *First Defense II*; 25.3.2009, T-402/07 (Nr. 55) – *Kaul II*; MarkenR 2002, 88 (Nr. 21) – *Eurocool*.

[23] EuG, 13.4.2011, T-262/09 (Nr. 80) – *First Defense II*; 25.3.2009, T-402/07 (Nr. 55) – *Kaul II*.

12 Eine Verletzung des Anspruchs auf rechtliches Gehör liegt z. B. vor, wenn das Amt eine Gemeinschaftsmarkenanmeldung zurückweist, ohne dem Anmelder die Gelegenheit zu geben, zu der Zurückweisung Stellung zu nehmen.[24]

13 Beruht die Entscheidung auf tatsächlichen und rechtlichen Gesichtspunkten, zu denen die Verfahrensbeteiligten sich im Laufe des Verfahrens geäußert haben, liegt keine Verletzung des Anspruchs auf rechtliches Gehör vor.

14 **4. Amtsermittlungsgrundsatz (Art. 76 Abs. 1 GMV).** Gemäß Art. 76 Abs. 1 GMV ermittelt das Amt in dem Verfahren den Sachverhalt von Amts wegen. Soweit es sich jedoch um Verfahren bezüglich **relativer Eintragungshindernisse** handelt, ist das Amt bei dieser Ermittlung auf **das Vorbringen und die Anträge der Beteiligten beschränkt**. Art. 76 Abs. 2 dieser Verordnung bestimmt, dass das Amt Tatsachen und Beweismittel, die von den Beteiligten verspätet vorgebracht werden, nicht zu berücksichtigen braucht.

Bei der Ermittlung des Sachverhalts fordert das Amt die Beteiligten so oft wie erforderlich auf, innerhalb einer von ihm zu bestimmenden Frist Stellungnahmen einzureichen (vgl. Art. 37 Abs. 3, Art. 42 Abs. 1, Art. 57 Abs. 1, Art. 63 Abs. 2 GMV). Art. 78 GMV ermächtigt das Amt zur Durchführung einer Beweisaufnahme.[25] Zu den zulässigen Beweismitteln zählen insbesondere die Einholung von Auskünften, die Vorlegung von Urkunden, Beweisen und eidesstattlichen Versicherungen.

15 Bei der Ermittlung des Sachverhalts darf das Amt seine Beurteilung auf **allgemein bekannte** Tatsachen stützen, die der allgemeinen praktischen Erfahrung im Umgang mit Massenkonsumgütern entspringen. Solche allgemein bekannten Tatsachen muss das Amt nicht belegen.[26] Bestreitet der Verfahrensbeteiligte diese Tatsachen, obliegt es ihm, entsprechende Nachforschungen anzustellen und das Gegenteil zu beweisen.[27] Nicht alles, was im **Internet** steht, ist auch allgemein bekannt. Stellt das Amt von sich aus Nachforschungen im Internet zu sehr speziellen und technischen Aspekten an, so darf es diese Fakten nicht einfach in der Entscheidung verwerten.[28] Zumindest müssen die Parteien vorher dazu Stellung nehmen können.

16 Art. 76 Abs. 1 S. 2 GMV schränkt den Amtsermittlungsgrundsatz ein: Danach ist das Amt im Verfahren bezüglich **relativer Eintragungshindernisse** bei der Ermittlung des Sachverhalts auf das Vorbringen und die Anträge der Beteiligten beschränkt. Diese Bestimmung betrifft insbesondere die tatsächliche Grundlage der Entscheidungen des Amtes, also die Tatsachen und Beweise, auf die diese Entscheidungen wirksam gestützt werden können. So darf die Beschwerdekammer ihre Entscheidung über eine Beschwerde, mit der eine das Widerspruchsverfahren abschließende Entscheidung angefochten wird, nur auf die von den Verfahrensbeteiligten vorgetragenen Tatsachen und beigebrachten Beweise stützen. Die Beschränkung der tatsächlichen Grundlage der Prüfung durch die Beschwerdekammer schließt jedoch nicht aus, dass diese neben den von den Beteiligten des Widerspruchsverfahrens ausdrücklich vorgetragenen Tatsachen **offenkundige Tatsachen** berücksichtigt, d.h. Tatsachen, die jeder kennen kann oder die allgemein zugänglichen Quellen entnommen werden

---

[24] HABM-BK, 29.4. 2010, R 1475/2009-1 – *Farbmarke.*

[25] Siehe unten Rdn. 141–258.

[26] Siehe unten Rdn. 148.

[27] EuG, 3.2. 2011, T-299/09 u. T-300/09 (Nr. 37) – *Farbkombination;* GRUR Int. 2006, 413 (Nr. 21) – *Develey.*

[28] EuG, 9.2. 2011, T-222/09 (Nr. 31–32) – *Alpharen.*

können.[29] Die Beschränkung des Art. 76 Abs. 1 S. 2 GMV betrifft außerdem nicht die **rechtliche Würdigung** eines Sachverhalts: Selbst wenn beide Parteien einen Punkt übereinstimmend rechtlich bewerten, darf das Amt davon abweichen.[30]

5. Verpflichtung zur Neutralität. In allen Verfahren einschließlich der Beschwerde- **17** verfahren ist das Amt zur **Neutralität** verpflichtet. Die Verpflichtung zur Neutralität gebietet, dass die zuständige Stelle während des gesamten Verfahrens unparteiisch bleibt. Insbesondere darf die zuständige Dienststelle nicht durch Verfahrenshandlungen, die keine Rechtsgrundlage haben, einen Beteiligten zum Nachteil eines anderen in eine bessere Verfahrensposition bringen. Ein Verstoß gegen das Gebot der Neutralität ist ein wesentlicher Verfahrensfehler.[31]

Um die Neutralität der Amtsentscheidungen sicherzustellen, sieht Art. 137 GMV die **18** **Ausschließung** eines Mitglieds oder die **Ablehnung** wegen Besorgnis der Befangenheit vor: Hat ein Mitglied der zuständigen Abteilung an einer Sache ein persönliches Interesse oder war es vorher in dieser Angelegenheit als Vertreter eines Beteiligten tätig, so darf es nicht an der Erledigung der Sache mitwirken (Art. 137 Abs. 1 S. 1 GMV).[32] Glaubt ein Mitglied, dass es ein persönliches Interesse hat oder dass ein anderer in Art. 137 Abs. 1 GMV genannter Ausschließungsgrund vorliegt, muss es die zuständige Abteilung oder Beschwerdekammer informieren (Art. 137 Abs. 2 GMV). Die Verfahrensbeteiligten können ein Mitglied wegen Besorgnis der Befangenheit ablehnen, wenn ein Ausschließungsgrund nach Art. 137 Abs. 1 GMV vorliegt (Art. 137 Abs. 3 GMV). In beiden Fällen entscheidet die Abteilung bzw. Beschwerdekammer dann über die Ausschließung ohne Mitwirkung des betroffenen Mitglieds (Art. 137 Abs. 4 GMV).[33]

6. Schriftliches Verfahren. Grundsätzlich sind alle Verfahren vor dem Amt **aus-** **19** **schließlich schriftlich**. Zwar sieht Art. 77 Abs. 1 GMV die Durchführung einer mündlichen Verhandlung vor. Ob eine mündliche Verhandlung notwendig ist, liegt allerdings im Ermessen des Amtes.[34] In der Regel macht das Amt von der Möglichkeit, mündliche Verhandlungen einzuberaumen, keinen Gebrauch.

Anträge der Parteien sind schriftlich einzureichen. Auch die Entscheidungen des Amtes **20** werden schriftlich abgefasst und begründet (Regel 52 Abs. 1 S. 1 GMDV). Kann die Entscheidung mit einer Beschwerde angefochten werden,[35] ist sie mit einer schriftlichen Rechtsbehelfsbelehrung zu versehen (Regel 52 Abs. 2 GMDV). Außerdem müssen alle Entscheidungen und Mitteilungen des Amtes die Dienststelle und den Namen des zuständigen Bediensteten angeben. Der Bedienstete hat die Entscheidung oder Mitteilung entweder zu unterschreiben oder mit einem amtlichen Dienstsiegel zu versehen (Regel 55 Abs. 1 GMDV).

---

[29] EuG, 9.2. 2011, T-222/09 (Nr. 29) – *Alpharen*; 24.9. 2008, T-179/07 (Nr. 71) – *Aprile*; GRUR Int. 2004, 850 (Nr. 28–29) – *Picaro*.

[30] HABM-BK, 30.11. 2009, R 64/2008-4 – *SASOL/CAPOL*.

[31] HABM-BK, 12.5. 2010, R 1023/2009-1 – *BUDIVENT/budiair*.

[32] Weitere Ausschließungsgründe sieht Art. 137 Abs. 1 S. 2–4 GMV vor, wenn ein Mitglied in einem relevanten Vorverfahren mitgewirkt hat.

[33] Vgl. HABM-BK, 9.2. 2005, R 856/2004-1 – *Lego-Baustein*.

[34] EuG, 3.2. 2011, T-299/09 u. T-300/09 (Nr. 34) – *Farbkombination*; GRUR Int. 2005, 254 (Nr. 30) – *Ahlers*.

[35] Dazu unten § 5 Rdn. 20–25.

II. Formen der Kommunikation mit dem Amt

21 Bei der Kommunikation mit dem Amt ist zwischen der Zustellung von Mitteilungen und Entscheidungen des Amtes an den oder die Verfahrensbeteiligten einerseits und die an das Amt gerichteten Anträge und Schriftsätze der Parteien zu unterscheiden.

22 **1. Zustellungen des Amtes an die Verfahrensbeteiligten.** Das Amt stellt seine Entscheidungen und Mitteilungen dem oder den Verfahrensbeteiligten zu. In mehrseitigen Verfahren sind die von einer Partei eingereichten Schriftstücke, Anträge oder Erklärungen den anderen Beteiligten von Amts wegen zuzustellen; von der Zustellung kann lediglich dann abgesehen werden, wenn das von einem Beteiligten eingereichte Schriftstück kein neues Vorbringen enthält und die Sache entscheidungsreif ist (Regel 69 S. 2 GMDV).

23 Die Zustellung erfolgt durch die Post, durch eigenhändige Übergabe, durch Hinterlegung im Abholfach beim Amt, durch Fernkopierer oder andere technische Kommunikationsmittel oder durch öffentliche Zustellung. Hat der Verfahrensbeteiligte seine Telefaxnummer angegeben oder sich mit einer elektronischen Übermittlung amtlicher Schriftstücke einverstanden erklärt (MAILBOX bzw. MYPAGE), so kann das Amt zwischen diesen Mitteln und der Postzustellung wählen. Diese Kommunikationsmittel sind **gleichwertig**. Aus Regel 62 Abs. 1 GMDV folgt also nicht, dass alle von dieser Vorschrift umfassten Mitteilungen und Entscheidungen durch die Post zugestellt werden *müssen*. So kann das Amt eine Entscheidung, durch die eine Beschwerdefrist in Gang gesetzt wird, auch per Telefax (oder elektronisch) übermitteln.[36] In der Praxis werden die meisten Mitteilungen und Entscheidungen des Amtes noch per Telefax zugestellt. Allerdings gewinnt die elektronische Zustellung über das System MAILBOX eine immer größere Bedeutung.

24 Ist ein **Vertreter** bestellt worden, erfolgen die Zustellungen an den Vertreter. Haben mehrere Personen eine Gemeinschaftsmarke angemeldet oder einen Widerspruch oder Verfalls- oder Nichtigkeitsantrag eingereicht und keinen gemeinsamen Vertreter bestellt, so werden Schriftstücke des Amtes an den zuerst genannten Anmelder als gemeinsamen Vertreter iSd Regel 75 Abs. 1 GMDV zugestellt (Regel 67 Abs. 1 GMDV). Wurde ein gemeinsamer Vertreter bestellt, erfolgt die Zustellung an ihn (Regel 67 Abs. 3 GMDV). Bei mehreren Vertretern genügt die Zustellung an einen von ihnen (Regel 67 Abs. 2 GMDV). Schickt das Amt trotz Bestellung eines Vertreters Mitteilungen direkt an den Anmelder, so sind diese Mitteilungen unwirksam.[37]

25 *a) Zustellung durch die Post.* Entscheidet sich das Amt für eine Zustellung durch die Post, so hat es Entscheidungen, durch die eine Beschwerdefrist in Gang gesetzt wird, durch eingeschriebenen Brief mit Rückschein zuzustellen (Regel 62 Abs. 1 S. 1 GMDV). Die Zustellung aller anderen Schriftstücke erfolgt durch gewöhnlichen Brief (Regel 62 Abs. 1 S. 2 GMDV). Werden Entscheidungen, durch die eine Beschwerdefrist in Gang gesetzt wird, durch einen **privaten Kurierdienst** übermittelt, der nicht zur Zustellung von Einschreiben befugt ist, so liegt nach Auffassung des EuGH keine Zustellung i. S. d. Regel 62 Abs. 1 S. 1 GMDV vor.[38]

---

[36] So bereits zu Regel 62 GMDV a. F.: EuG GRUR Int. 2005, 680 (Nr. 61) – *Pan & Co.*
[37] HABM-BK, 14.12. 2009, R 1269/2009-4 – GOLDSMITH GROUP.
[38] EuGH, 2.10. 2008, C-144/07 P (Nr. 22) – *K-Swiss*; a.A. Eisenführ/*Schennen*, GMV, Art. 79 Rn. 21.

Hat der Empfänger des Schriftstückes seinen Wohnsitz oder Sitz bzw. seine Niederlassung **26** nicht in der EU und wurde ein gemäß Art. 92 Abs. 2 GMV notwendiger Vertreter (noch) nicht bestellt, so bewirkt das Amt die Zustellung dadurch, dass das Schriftstück als gewöhnlicher Brief unter der dem Amt bekannten letzten Anschrift des Empfängers zur Post gegeben wird (Regel 62 Abs. 2 GMDV). Meldet der nicht in der EU ansässige Anmelder z.B. eine Gemeinschaftsmarke an, ohne eine Telefaxnummer anzugeben, so wird die erste amtliche Mitteilung an die in der Anmeldung angegebene Adresse durch gewöhnlichen Brief zugestellt.

Bei der Zustellung durch eingeschriebenen Brief mit oder ohne Rückschein gilt der Brief **27** gemäß Regel 62 Abs. 3 GMDV mit dem **zehnten Tag nach der Aufgabe zur Post** als zugestellt. Wurde der Brief per Einschreiben aufgegeben, so gilt die Zustellung allerdings als nicht erfolgt, wenn das Schriftstück nicht oder an einem späteren Tag eingegangen ist. Im Zweifel hat das Amt den Zugang des Schriftstücks und gegebenenfalls den Tag des Zugangs nachzuweisen. Die Zustellung gilt auch dann als bewirkt, wenn der Empfänger die Annahme des Briefes verweigert (Regel 62 Abs. 4 GMDV).

Für die Zustellung gewöhnlicher Briefe beschränkt sich Regel 62 Abs. 5 n.F. GMDV auf **28** die Vermutung, dass der Brief mit dem zehnten Tag nach der Aufgabe zur Post als zugestellt gilt.[38a] Ein Verweis auf die für Einschreiben geltenden Beweisregeln fehlt und macht auch keinen Sinn, weil sich im Regelfall nicht nachweisen lässt, ob und wann ein gewöhnlicher Brief beim Empfänger eingegangen ist. Andererseits sollten die erleichterten Beweisregeln der Regel 62 Abs. 3 GMDV erst recht zugunsten des Empfängers eines gewöhnlichen Briefes gelten, da die Gefahr, dass ein gewöhnlicher Brief im europäischen Briefverkehr verloren geht oder an die falsche Adresse zugestellt wird, viel höher ist als bei einem Einschreiben. Macht der Empfänger geltend, dass er den Brief nicht erhalten habe, so bleibt dem Amt kaum eine andere Wahl, als die Mitteilung erneut zuzustellen und gegebenenfalls neue Fristen zu setzen. Will das Amt sicherstellen, dass der Brief auch beim Empfänger eingeht, kann es das Schriftstück per Einschreiben aufgeben. Aus Regel 62 Abs. 1 S. 2 GMDV, nach der alle anderen Zustellungen durch gewöhnlichen Brief erfolgen, ist keine Verpflichtung des Amtes abzuleiten, diese Zustellungsart zu wählen. Vielmehr kann das Amt jederzeit die sicherere Zustellung per Einschreiben wählen.[39]

b) Zustellung durch Telefax. Eine durch **Fernkopierer** gesendete Mitteilung gilt als an **29** dem Tag zugestellt, an dem sie auf dem Fernkopierer des Empfängers eingetroffen ist (Regel 65 Abs. 1 S. 2 GMDV).

c) Elektronische Zustellung. Regel 65 Abs. 2 GMDV sieht vor, dass die Zustellung durch **30** **andere technische Kommunikationsmittel** vom Präsidenten des Amtes geregelt wird.[40] Alle Beteiligten eines Verfahrens vor dem Amt sowie deren nach Art. 93 GMV zugelassene Vertreter können beim Amt beantragen, dass ihnen ein personenbezogener Zugang zu den Übermittlungen und Informationen über das Internet gewährt wird (MYPAGE). MYPAGE bietet über das Internet direkten elektronischen Zugang zu den Dokumenten und Dienst-

---

[38a] Siehe Eisenführ/*Schennen*, GMV, Art. 79 Rn. 27.
[39] Aus gutem Grund sieht das deutsche Verwaltungszustellungsgesetz keine Zustellung durch gewöhnlichen Brief (oder Einwurfeinschreiben) vor, s. VwZG vom 12.8. 2005 (BGBl. I S. 2354), zuletzt geändert durch Art. 3 des Gesetzes vom 28.4. 2011 (BGBl. I S. 666).
[40] Beschluss Nr. EX-11-3 des Präsidenten des Amtes vom 18.4. 2011.

leistungen des Amtes. Über die Plattform MYPAGE kann der Benutzer auch den Zugang zu dem Untersystem „Übermittlungen" beantragen, die eine elektronische Zustellung ermöglicht (MAILBOX). Der Benutzer weist durch seinen Antrag auf Zugang zur MAILBOX das Amt an, nach seiner Zulassung zum System alle in elektronischem Format verfügbaren amtlichen Zustellungen ausschließlich über die MAILBOX zu verschicken. Sobald der Benutzer die MAILBOX aktiviert hat, erfolgen **alle** in elektronischer Form verfügbaren amtlichen Zustellungen vom Amt an den Benutzer über die MAILBOX und nicht mehr über andere Kommunikationsmittel.[41]

> **Praxishinweis:** Der Benutzer muss sich darüber im Klaren sein, dass er sich mit der Aktivierung der MAILBOX damit einverstanden erklärt, sämtliche Mitteilungen des Amtes in **allen laufenden und zukünftigen Verfahren** über die MAILBOX zu erhalten. Auch wenn der Benutzer in einem Verfahren bislang per Telefax mit dem Amt kommuniziert hat, wird das Amt ihn nach erfolgreichem Antrag auf Zugang zur MAILBOX ausschließlich über dieses System kontaktieren. Der Benutzer ist also verpflichtet, nach Aktivierung der MAILBOX sein elektronisches Postfach regelmäßig auf neue Mitteilungen des Amtes zu überprüfen.

31   Der Benutzer kann beantragen, per E-Mail informiert zu werden, sobald eine Mitteilung an seine MAILBOX zugestellt wird. Die E-Mail-Nachricht selbst stellt allerdings keine förmliche Zustellung dar.[42] Eine Zustellung eines Schriftstücks auf elektronischem Wege liegt vor, wenn das Dokument vom Amt auf dem MAILBOX-System hinterlegt wird.[43] Die Zustellung gilt am **fünften Kalendertag** nach dem Tag als erfolgt, an dem das Dokument von dem System des Amtes generiert wurde.[44]

32   *d) Öffentliche Zustellung.* Ist die Anschrift des Empfängers nicht feststellbar oder hat sich eine Zustellung durch die Post nach wenigstens einem Versuch des Amtes als unmöglich erwiesen, so wird die Mitteilung **öffentlich zugestellt** (Regel 66 Abs. 1 GMDV). Das Schriftstück gilt nach Ablauf der Frist von **einem Monat** nach der öffentlichen Bekanntmachung auf der Internetseite des Amtes[45] als zugestellt.[46] Die öffentliche Bekanntmachung auf der Internetseite des Amtes erfolgt in der Sprache des Verfahrens, auf das sich die Bekanntmachung bezieht.[47]

33   *e) Zustellungsmängel.* Gemäß Regel 68 GMDV gilt für den Fall, dass der Adressat das Schriftstück erhalten hat, ohne dass das Amt nachweisen kann, dass dieses ordnungsgemäß zugestellt wurde, oder ohne dass die Zustellungsvorschriften befolgt wurden, das Schriftstück als an dem Tag zugestellt, den das Amt als Tag des Zugangs nachweist. Unter den Voraussetzungen dieser Bestimmung werden die rechtlichen Wirkungen an den Nachweis des tatsäch-

---

[41] Art. 1 Abs. 4 und Art. 7 Abs. 1 des Beschlusses Nr. EX-11-3 des Präsidenten des Amtes vom 18.4. 2011.

[42] Art. 1 Abs. 5 des Beschlusses Nr. EX-11-3 des Präsidenten des Amtes vom 18.4. 2011.

[43] Art. 7 Abs. 2 des Beschlusses Nr. EX-11-3 des Präsidenten des Amtes vom 18.4. 2011.

[44] Art. 7 Abs. 4 des Beschlusses Nr. EX-11-3 des Präsidenten des Amtes vom 18.4. 2011.

[45] Abrufbar unter www.oami.europa.eu: Home > Marken > Öffentliche Zustellungen.

[46] Art. 3 des Beschlusses Nr. EX-05-6 des Präsidenten des Amtes vom 27.7. 2005.

[47] Art. 4 des Beschlusses Nr. EX-05-6 des Präsidenten des Amtes vom 27.7. 2005.

lichen Erhalts des Schriftstücks und nicht an den Nachweis einer ordnungsgemäßen Zustellung geknüpft. Der **Nachweis des tatsächlichen Erhalts** gemäß Regel 68 GMDV kann auch durch Übersendung per Telefax erbracht werden.[48] Auch wenn die Zustellung durch das Amt mangelhaft ist, weil die Zustellungsvorschriften nicht befolgt wurden, gilt das Schriftstück nach Regel 68 GMDV als an dem Tag zugestellt, an dem die Entscheidung der betroffenen Partei tatsächlich zugegangen ist. Die in Regel 62 Abs. 3 u. Abs. 5 GMDV aufgestellte Vermutung, nach der bei der Zustellung durch die Post der Brief mit dem zehnten Tag als zugestellt gilt, greift nach Auffassung des EuGH nicht, wenn der Zugang innerhalb der zehn Tage nach der Absendung nachgewiesen wird.[49]

Beispiel: Der Prüfer gibt einen Zurückweisungsbescheid durch eingeschriebenen Brief mit Rückschein am 29.7. 2011 zur Post auf. Der Anmelder gesteht zu, dass er den Bescheid bereits am 1.8. 2011 erhalten habe. Die am 4.10. 2011 eingelegte Beschwerde ist verspätet. Die in Regel 62 Abs. 3 GMDV niedergelegte Vermutung gilt nicht, da das Amt nachweisen kann, dass der Anmelder den Zurückweisungsbescheid bereits vor Ablauf der zehn Tage vor Absendung erhalten hat.

2. Übermittlungen der Verfahrensbeteiligten an das Amt. Sämtliche Schriftstücke eines Verfahrensbeteiligten an das Amt sind durch Einreichung des unterzeichneten Originalschriftstücks beim Amt (durch die Post, eigenhändige Übergabe etc.), durch Einsendung des Dokuments per Telefax oder durch Übermittlung auf elektronischem Wege nach den Vorgaben des Beschlusses Nr. EX-11-3 des Präsidenten des Amtes vom 18.4. 2011 zu übermitteln[50] (vgl. Regel 79 GMDV). Ordnungsgemäß **unterzeichnet** ist das durch Telefax übermittelte Schriftstück, wenn die Wiedergabe der Unterschrift auf der Telefaxkopie erscheint (Regel 80 Abs. 3 S. 1 GMDV). Bei elektronischen Übermittlungen gilt die Namensangabe des Absenders als Unterschrift (Regel 80 Abs. 3 S. 2 GMDV). **34**

Praxishinweis: Alle eingehenden Schriftsätze werden zentral eingescannt und danach der jeweiligen elektronischen Akte zugeordnet. Die Verfahrensbeteiligten sollten daher die Nummer der Anmeldung oder das Aktenzeichen des Verfahrens (z.B. Widerspruchsnummer oder Nummer des Löschungsverfahren) hervorgehoben in der Betreffzeile kennzeichnen und vor Absendung nochmals überprüfen, ob die Nummer korrekt ist.

In mehrseitigen Verfahren sind alle eingereichten Originalschriftstücke in **so vielen Exemplaren** vorzulegen, wie es **Verfahrensbeteiligte** gibt (Regel 79a GMDV). Für das Widerspruchsverfahren hat der Präsident des Amtes klargestellt, dass Originaldokumente, für die keine Kopien zur Verfügung gestellt werden und die nicht per Telefax übermittelt wurden bzw. nicht aus losen Blättern bestehen, nicht berücksichtigt werden.[51] **35**

Verweist der Verfahrensbeteiligte auf **in Parallelverfahren eingereichte Unterlagen**, so muss er die Dokumente präzise benennen (Aktenzeichen des Parallelverfahrens, Titel und **36**

---

[48] EuG GRUR Int. 2005, 680 (Nr. 65) – *Pan & Co.*
[49] EuGH, 2.10. 2008, C-144/07 P (Nr. 23–25) – *K-Swiss.*
[50] Dazu oben Rdn. 30.
[51] Mitteilung Nr. 5/07 des Präsidenten des Amtes vom 12.9. 2007. Siehe unten § 3 Rdn. 76,

Seitenzahl des Dokuments, Datum der Einreichung). Allgemeine Verweise auf in anderen Verfahren eingereichte Schriftsätze oder Unterlagen werden nicht berücksichtigt.[52]

37 Das Amt schickt von Parteien eingereichte Originalunterlagen nicht zurück. Entsprechende Anträge werden abgelehnt.[53]

38 Ist eine durch Fernkopierer erhaltene Mitteilung unvollständig oder unleserlich oder hat das Amt ernste Zweifel in Bezug auf die Richtigkeit der Übermittlung, so bestimmt **Regel 80 Abs. 2 GMDV**, dass das Amt dies dem Absender mitteilt und ihn auffordert, innerhalb einer vom Amt festgelegten Frist das Originalschriftstück durch Fernkopierer nochmals zu übermitteln oder das Originalschriftstück gemäß Regel 79 lit. a GMDV vorzulegen. Liegen die Voraussetzungen der Regel 80 Abs. 2 GMDV vor und fordert das Amt die Partei nicht zur nochmaligen Übermittlung der Dokumente auf, begeht es einen erheblichen Verfahrensfehler.[54] Wird dieser Aufforderung fristgemäß nachgekommen, so gilt der Tag des Eingangs der nochmaligen Übermittlung oder des Originalschriftstücks als der Tag des Eingangs der ursprünglichen Mitteilung, wobei jedoch die Vorschriften über den Anmeldetag angewandt werden, wenn der Mangel die Zuerkennung eines Anmeldetags betrifft. Wird der Aufforderung nicht fristgemäß nachgekommen, so gilt die Mitteilung als nicht eingegangen. Regel 80 Abs. 2 GMDV ist auch anwendbar, wenn der Absender das Original **auf eigene Initiative** nachreicht, ohne auf die Mitteilung des Amtes zu warten.[55]

39 Regel 80 Abs. 2 GMDV zielt darauf ab, den Absendern von Fax-Mitteilungen an das Amt die Möglichkeit zu geben, diesem nach Ablauf der Frist ihre Unterlagen nochmals zu übermitteln oder die Originalschriftstücke vorzulegen, wenn eine der von dieser Regel erfassten Situationen vorliegt, damit sie die entsprechenden Mängel beheben können.[56] Die Vorschrift bezieht sich also auf Fälle, in denen ein objektives Element, das mit besonderen oder anormalen technischen Umständen zusammenhängt, die nicht dem Willen des fraglichen Beteiligten unterliegen, diesen daran hindert, die Unterlagen in zufrieden stellender Weise durch Fernkopierer zu übermitteln.[57] Dagegen umfasst Regel 80 Abs. 2 GMDV nicht die Situation, dass die Unvollständigkeit oder Unleserlichkeit der Faxmitteilung allein auf dem Willen des Absenders beruht, der eine vollständige und lesbare Übermittlung absichtlich nicht vornimmt, obwohl er hierzu technisch in der Lage wäre.[58]

40 Das Wort „nochmals" in Regel 80 Abs. 2 GMDV bestätigt, dass diese Bestimmung eine grundsätzliche Identität zwischen den unvollständig oder unleserlich durch Fernkopierer übermittelten Unterlagen und den schließlich im Original oder durch Fernkopie auf Aufforderung des Amtes übermittelten Unterlagen voraussetzt und somit jeder Korrektur, Änderung oder Hinzufügung neuer Elemente bei dieser Gelegenheit entgegensteht. Anderenfalls könnten die an einem Verfahren vor dem Amt Beteiligten die ihnen gesetzten Fristen umgehen, was von Regel 80 Abs. 2 GMDV offenkundig nicht bezweckt wird.[59]

---

[52] Widerspruchsrichtlinien des HABM, Teil 1 (Verfahrensfragen), C.IV.4.

[53] Mitteilung Nr. 8/99 des Präsidenten des Amtes vom 8.11. 1999.

[54] Vgl. HABM-BK, 17.1. 2008, R 88/2007-1 – *Gold/GOLD* (dort ging es um die unvollständige Telefax-Übermittlung eines Romarin-Auszugs).

[55] EuG, 15.5. 2007, T-239/05, T-240/05, T-245-247/05, T-255/05, T-274-280/05 (Nr. 64) – *Elektrowerkzeug*.

[56] EuG, 15.3. 2011, T-50/09 (Nr. 43) – *Dada & Co. kids*; 15.5. 2007, T-239/05, T-240/05, T-245/ 05 bis T-247/05, T-255/05 und T-274/05 bis T-280/05 (Nr. 60) – *Elektrowerkzeug*.

[57] EuG, 15.3. 2011, T-50/09 (Nr. 44) – *Dada & Co. kids*.

[58] EuG, 15.3. 2011, T-50/09 (Nr. 45) – *Dada & Co. kids*.

[59] EuG, 15.3. 2011, T-50/09 (Nr. 46) – *Dada & Co. kids*.

Nicht „unvollständig" i.S.d. Regel 80 Abs. 2 GMDV ist das Telefax, wenn der Absender **41** nur den **Schriftsatz** per Fax sendet und die Anlagen per Post schickt. Die Möglichkeit der nachträglichen Einreichung der Anlagen, wie sie für das Verfahren vor dem EuG Art. 43 § 6 VerfO EuG vorsieht, ist in den Verfahren vor dem Amt nicht gegeben. Gehen die per Post gesendeten Anlagen erst nach Fristablauf ein, sind sie verspätet.[60] Hat die betroffene Partei nur ein Schreiben, in dem alle Beweisstücke aufgezählt werden, durch Fernkopierer übermitteln wollen und diese dann als Anlage zum auf dem Postweg versendeten Original dieses Schreibens verschickt, kann sie sich nicht auf Regel 80 Abs. 2 GMDV berufen.[61]

Praxishinweis: Ist gegen Ende der Frist bereits abzusehen, dass die Unterlagen nicht rechtzeitig ankommen und können die Dokumente auch nicht per Fax geschickt werden (z. B. weil sie zu umfangreich sind), sollte die Partei vor Fristablauf „sicherheitshalber" eine Fristverlängerung beantragen (dazu unten Rdn. 52 ff.).

III. Fristen

Schrifttum: *Schennen*, Fristen und Wiedereinsetzung im Verfahren vor dem HABM, Mitt. 1999, 258.

1. Fristberechnung. Die Fristen in den Verfahren vor dem Amt werden nach vollen **42** Jahren, Monaten, Wochen oder Tagen berechnet (Regel 70 Abs. 1 GMDV).

Regel 70 Abs. 2 GMDV regelt den **Beginn** einer Frist. Danach wird bei der Fristberech- **43** nung mit dem Tag begonnen, der auf den Tag folgt, an dem das fristauslösende Ereignis eingetreten ist. Wichtig ist, dass Regel 70 Abs. 2 GMDV für die Berechnung des **Ablaufs** einer Frist **irrelevant** ist.[62] Gemäß Regel 70 Abs. 4 GMDV endet eine Frist von einem oder mehreren Monaten an dem Tag, der durch seine Zahl dem Tag entspricht, an dem das Ereignis eingetreten ist.

Beispiel: Die Entscheidung der Widerspruchsabteilung wird dem Widersprechenden am 3.3. 2011 per Fax zugestellt. Das Fax gilt gemäß Regel 65 Abs. 1 an dem Tag als zugestellt, an dem das Fax auf dem Faxgerät des Widersprechenden eingetroffen ist. Die Beschwerdefrist endet gemäß Regel 70 Abs. 4 GMDV am 3.5. 2011. Regel 70 Abs. 2 GMDV spielt bei der Berechnung des Fristendes keine Rolle.

So wird der **Beginn** der Einmonatsfrist für die Übersetzung von Dokumenten (Regel 96 **44** Abs. 1 GMDV) gemäß Regel 70 Abs. 2 GMDV bestimmt. Danach ist das maßgebliche Ereignis für den Fristbeginn der Zugang des zugestellten Schriftstücks (Regel 70 Abs. 2 S. 2 GMDV). Wird das Originalschriftstück per Fax geschickt, ist das Ereignis, das den Fristlauf

---

[60] A.A. HABM-BK, 14.6. 2007, R 706/2006-1 – MAPPOINT/MAP Ministerio para las Administraciones Públicas. Ist die Verspätung allerdings unerheblich, kann das Amt die Unterlagen unter Umständen bei der nach Art. 76 Abs. 2 gebotenen Ermessensausübung berücksichtigen, siehe unten Rdn. 57 ff.

[61] EuG, 15.3. 2011, T-50/09 (Nr. 48) – *Dada & Co. kids*.

[62] HABM-BK, 4.9. 2009, R 312/2009-4 – Q/quadrata (bestätigt durch EuG, 17.3. 2011, T-455/09 (Nr. 30–31)); Eisenführ/*Schennen*, GMV, Art. 81 Rn. 165–166.

auslöst, der Eingang des Fax beim Amt, und zwar unabhängig davon, ob der Eingangstag auf einen Feiertag fällt.[63]

> **Beispiel:** In einem Widerspruchsverfahren reicht der Anmelder seinen Schriftsatz in einer anderen Sprache als der Verfahrenssprache am 1.2. 2011 per Telefax ein. Die Einmonatsfrist für die Einreichung der Übersetzung endet gemäß Regel 96 Abs. 1 GMDV am 1.3. 2011, und zwar unabhängig davon ob der 1.2. 2011 ein Samstag, Sonntag oder Feiertag war.

45 Bei der Berechung des **Fristendes** ist danach zu unterscheiden, ob es sich um eine Jahres-, Monats- oder Wochenfrist handelt. Ist als Frist ein **Jahr** oder eine Anzahl von Jahren bestimmt, so endet die Frist in dem maßgeblichen folgenden Jahr in dem Monat und an dem Tag, die durch ihre Benennung oder Zahl dem Monat oder Tag entsprechen, an denen das Ereignis eingetreten ist; hat der betreffende nachfolgende Monat keinen Tag mit der entsprechenden Zahl, so läuft die Frist am letzten Tag dieses Monats ab.

> **Beispiel:** Eine Gemeinschaftsmarkenanmeldung wurde am 29.2. 2008 angemeldet. Die Schutzdauer endet nach zehn Jahren, gerechnet vom Tag der Anmeldung an (Art. 46 S. 1 GMV). Da der Monat Februar im Jahr 2018 keinen Tag mit der entsprechenden Zahl hat, läuft die Eintragung am 28.2. 2018 ab.

46 Ist als Frist ein **Monat** oder eine Anzahl von Monaten bestimmt, so endet die Frist in dem maßgeblichen folgenden Monat an dem Tag, der durch seine Zahl dem Tag entspricht, an dem das Ereignis eingetreten ist. War der Tag, an dem das Ereignis eingetreten ist, der letzte Tag des Monats oder hat der betreffende nachfolgende Monat keinen Tag mit der entsprechenden Zahl, so läuft die Frist am letzten Tag dieses Monats ab.

> **Beispiel:** Dem Anmelder wird eine zweimonatige Frist gewährt, um zu einer Beanstandung Stellung zu nehmen. Der Beanstandungsbescheid wird am 30.6. 2010 per Fax zugestellt. Da dieser Tag der letzte Tag des Monats war, endet die Frist am 31.8. 2010.

47 Ist als Frist eine **Woche** oder eine Anzahl von Wochen bestimmt, so endet die Frist in der maßgeblichen Woche an dem Tag, der durch seine Benennung dem Tag entspricht, an dem das Ereignis eingetreten ist.

48 **2. Fristdauer.** Ist in der Gemeinschaftsmarkenverordnung oder in der Durchführungsverordnung eine Frist vorgesehen, die vom Amt festzulegen ist, so beträgt diese Frist, wenn der Beteiligte seinen Wohnsitz oder seinen Hauptgeschäftssitz oder eine Niederlassung in der EU hat, nicht weniger als einen Monat, oder, wenn diese Bedingungen nicht vorliegen, nicht weniger als zwei Monate und nicht mehr als sechs Monate. In der Regel setzt das Amt den Beteiligten Fristen von **zwei Monaten**.

---

[63] EuG GRUR Int. 2009, 417 (Nr. 66) – *Neurim Pharmaceuticals.*

3. Fristablauf in besonderen Fällen. Vor Beginn eines jeden Kalenderjahres legt der **49** Präsident des Amtes eine Reihe von Tagen fest, an denen das Amt zur Entgegennahme von Schriftstücken nicht geöffnet ist oder an dem gewöhnliche Postsendungen am Sitz des Amtes nicht zugestellt werden.[64] Zu den Tagen, an denen das Amt nicht für die Öffentlichkeit geöffnet ist, zählen Samstage und Sonntage.[65] Läuft an diesen Tagen eine Frist ab, so erstreckt sich die Frist auf den nächstfolgenden Tag, an dem das Amt zur Entgegennahme von Schriftstücken geöffnet ist und an dem gewöhnliche Postsendungen zugestellt werden.

Beispiel: In einem Widerspruchsverfahren endet die Stellungnahmefrist für den Widersprechenden am 23.12.2011. Vom 23.12. bis zum 30.12.2011 ist das Amt nicht zur Entgegennahme von Schriftstücken geöffnet. 31.12.2011 ist ein Samstag, der 1.1.2012 fällt auf einen Sonntag. Die Frist läuft also am Montag, den 2.1.2012 ab.

Im Ausnahmefall kann es vorkommen, dass die Postzustellung in Spanien unterbrochen ist **50** oder der Zugang des Amtes zu den elektronischen Kommunikationsmitteln gestört ist. Läuft in dieser Zeit eine Frist ab, so erstreckt diese sich auf den ersten Tag nach Beendigung der **Unterbrechung oder Störung**, an dem das Amt wieder Schriftstücke entgegennimmt und an dem gewöhnliche Postsendungen zugestellt werden. Der Präsident des Amtes stellt die Dauer der Unterbrechung oder Störung fest.[66]

Wird die Kommunikation zwischen den Verfahrensbeteiligten und dem Amt durch ein **51** **nicht vorhersehbares Ereignis**, zum Beispiel eine Naturkatastrophe oder einen Streik, unterbrochen oder gestört, kann der Präsident des Amtes für die Beteiligten, die in dem betreffenden Staat ihren Wohnsitz oder Sitz haben oder einen Vertreter mit Geschäftssitz in diesem Staat bestellt haben, alle normalerweise am oder nach dem Tag des von ihm festgestellten Ereigniseintritts ablaufenden Fristen bis zu einem von ihm festzulegenden Tag verlängern. Ist der Sitz des Amtes von dem Ereignis betroffen, stellt der Präsident fest, dass die Fristverlängerung für alle Verfahrensbeteiligten gilt. Eine derartige Fristverlängerung ordnete der Präsident des Amtes beispielsweise nach dem Erdbeben in Japan im März 2011[67] oder nach dem Ausbruch des Vulkans Eyjafjallajökull auf Island im April 2010[68] an. Im April 2009 wurde die Widerspruchsfrist um einen Monat verlängert, weil den Nutzern aufgrund der Einführung einer neuen Software für die interne Verwaltung von Gemeinschaftsmarken aktualisierte Informationen zu veröffentlichten Anmeldungen nicht zur Verfügung standen.[69]

4. Fristverlängerung. Das Amt kann, wenn dies unter den gegebenen Umständen angezeigt ist, eine bestimmte Frist verlängern, wenn der Beteiligte dies beantragt und der betreffende Antrag vor Ablauf der ursprünglichen Frist gestellt wird. **52**

Gesetzliche Fristen können **nicht** verlängert werden. Dazu zählen beispielsweise die **53** Frist für die Abgabe der Prioritätserklärung (Regel 6 Abs. 2 GMDV), die Frist zur Einrei-

---

[64] Siehe z.B. Beschluss Nr. EX-10-4 des Präsidenten des Amtes vom 14.12.2010.
[65] Beschluss Nr. ADM-95-23 des Präsidenten des Amtes vom 22.12.1995.
[66] Siehe z.B. Mitteilung Nr. 8/02 des Präsidenten des Amtes vom 17.6.2002.
[67] Beschluss Nr. EX-11-2 des Präsidenten des Amtes vom 17.3.2011.
[68] Beschluss Nr. EX-10-1 des Präsidenten des Amtes vom 23.4.2010.
[69] Beschluss Nr. EX-09-1 des Präsidenten des Amtes vom 30.4.2009.

chung des Widerspruchs (Art. 41 Abs. 1 GMV) sowie zur Zahlung der Widerspruchsgebühr (Art. 41 Abs. 3 GMV), die Frist zur Einreichung von Unterlagen, die für die Zulässigkeit des Widerspruchs notwendig sind (Regel 17 Abs. 4 GMDV), die Beschwerdefrist und die Beschwerdebegründungsfrist (Art. 60 GMV) oder die Fristen für den Antrag auf Wiedereinsetzung (Art. 81 Abs. 2 GM) und auf Weiterbehandlung (Art. 82 Abs. 1 S. 2 GMV).

54   Eine Fristverlängerung setzt voraus, dass vor Ablauf der Frist ein **schriftlicher Antrag** beim Amt eingeht. Eine Frist kann außerdem nur verlängert werden, wenn sie „unter den gegebenen Umständen angezeigt ist" (Regel 71 Abs. 1 S. 2 GMDV). Seit der am 15.9.2010 in Kraft getretenen Amtspraxis wird dem **ersten**, rechtzeitig gestellten **Fristverlängerungsantrag** eines Beteiligten in einseitigen oder mehrseitigen Verfahren grundsätzlich stattgegeben.[70] Dieser erste Antrag muss nicht begründet werden. In der Regel wird eine Fristverlängerung um zwei Monate gewährt.

55   Demgegenüber lehnt das Amt den **zweiten Fristverlängerungsantrag** desselben Beteiligten grundsätzlich ab, es sei denn, dass (in mehrseitigen Verfahren) die andere Seite der zweiten Fristverlängerung zugestimmt hat (Regel 71 Abs. 2 GMDV) oder dass außergewöhnliche Umstände vorliegen, die eine zweite Fristverlängerung rechtfertigen würden. „Außergewöhnliche Umstände" sind insbesondere Umstände, die außerhalb der Kontrolle des Antragstellers liegen (Tod, schwere Krankheit, Naturkatastrophen und andere „force majeure" Situationen). Allerdings akzeptiert das Amt auch Schwierigkeiten bei der Zusammenstellung von Beweisstücken oder die Notwendigkeit, zeitaufwendige Verkehrsumfragen durchzuführen, als außergewöhnliche Umstände.[71] Pauschale Verweise auf die „allgemeine Überlastung des Vertreters" oder „Urlaubszeit" reichen als Begründung für eine zweite Fristverlängerung nicht aus. Die außergewöhnlichen Umstände müssen vom Antragsteller überzeugend dargelegt und, soweit möglich, bewiesen werden. Ob die Frist ein zweites Mal verlängert wird, richtet sich nach den Umständen des Einzelfalles und liegt im **Ermessen des Amtes** (Regel 71 Abs. 1 S. 2 GMDV). Die seit dem 15.9.2010 geltende Praxis zur Fristverlängerung (die erste [rechtzeitige] Fristverlängerung wird immer – auch ohne Begründung – gewährt, die Zweite nur unter außergewöhnlichen Umständen) betrifft **nicht** das Beschwerdeverfahren.

> **Praxishinweis:** Benötigt der Antragsteller eine zweite Fristverlängerung, so sollte er den Antrag einige Tage vor Fristablauf stellen, damit zumindest die Frist zwischen Antragstellung und Fristablauf hinzugerechnet wird, wenn der Antrag nach Ablauf der Frist abgelehnt wird. Außerdem kann der Antragsteller mit dem Amt bereits vor Fristablauf telefonisch Kontakt aufnehmen, um die konkreten Gründe für die zweite Fristverlängerung zu erläutern und so vorab bereits zu klären, ob die Fristverlängerung voraussichtlich gewährt wird.

56   Wird rechtzeitig ein Fristverlängerungsantrag gestellt, muss das Amt den Antragsteller informieren, ob dem Antrag stattgegeben wird oder nicht. Eine „**stillschweigende** Gewährung" eines Fristverlängerungsantrags sehen die Verordnungen **nicht** vor. Beantragt der An-

---

[70] HABM Handbuch Markenpraxis, Teil B (Examination), 1.4; HABM Handbuch Markenpraxis (Opposition), Teil 1 (Procedural matters), E.2.1.
[71] HABM Handbuch Markenpraxis, Teil B (Examination), 1.4; HABM Handbuch Markenpraxis (Opposition), Teil 1 (Procedural matters), E.2.3.

melder z. B. eine zweimonatige Fristverlängerung, kann das Amt die Anmeldung nicht nach Ablauf der zwei Monate mit der Begründung zurückweisen, der Fristverlängerungsantrag sei stillschweigend gewährt worden, der Anmelder habe jedoch innerhalb der Frist keine Stellungnahme eingereicht.[72]

5. Verspätete Einreichung von Unterlagen. Schrifttum: *Bender,* Das weite Ermessen des HABM bei der Behandlung verspäteten Vorbringens, MarkenR 2007, 198

Das Amt braucht Tatsachen und Beweismittel, die von den Beteiligten verspätet vorge- **57** bracht werden, nicht zu berücksichtigen (Art. 76 Abs. 2 GMV). Es liegt also grundsätzlich im **Ermessen des Amtes**, ob es verspätet eingereichte Tatsachen oder Beweismittel berücksichtigt oder nicht.

Art. 76 Abs. 2 GMV beschränkt das Ermessen auf Tatsachen und Beweismittel. **Neue Ar-** **58** **gumente** können dagegen in jedem Stadium des Verfahrens vorgebracht werden. Macht der Widersprechende z. B. bereits in der Widerspruchsschrift geltend, dass die Benutzung der angemeldeten Marke die Wertschätzung der älteren Marke beeinträchtigen würde, so kann die Beschwerdekammer zusätzliche, im Beschwerdeverfahren vorgebrachte Argumente zu diesem Punkt nicht mit der Begründung zurückweisen, dass sie verspätet seien.[73] Argumente zur Stützung des eigenen Standpunktes müssen solange vorgebracht werden können, bis die Parteien darüber informiert werden, dass die Sache entscheidungsreif ist und keine weiteren Schriftsätze mehr eingereicht werden dürfen.

Nach Auffassung des EuGH ist eine Berücksichtigung verspätet eingereichter Tatsachen **59** und Beweismittel insbesondere dann gerechtfertigt, wenn sie „auf den ersten Blick von wirklicher Relevanz" für die Entscheidung sind und das Verfahrensstadium und „die Umstände, die es begleiten" einer Berücksichtigung der verspäteten Unterlagen nicht entgegenstehen.[74] Allerdings betonte der EuGH auch, dass das Amt dieses Ermessen nur **„vorbehaltlich einer gegenteiligen Vorschrift"** ausüben könne.[75]

Der Gerichtshof hat in späteren Urteilen hervorgehoben, dass insbesondere Regel 22 **60** Abs. 2 GMDV eine das Ermessen ausschließende, gegenteilige Vorschrift ist.[76] Hat der Widersprechende gemäß Artikel 42 Abs. 2 oder 3 GMV den Nachweis der Benutzung oder den Nachweis zu erbringen, dass berechtigte Gründe für die Nichtbenutzung vorliegen, so fordert das Amt ihn gemäß **Regel 22 Abs. 2 GMDV** auf, die angeforderten Beweismittel innerhalb einer vom Amt festgesetzten Frist vorzulegen. Regel 22 Abs. 2 GMDV sieht vor, dass der Widerspruch zurückgewiesen wird, wenn der Widersprechende Benutzungsunterlagen nicht fristgemäß einreicht. Für die Frage, ob die in Regel 22 Abs. 2 GMDV genannte Frist eingehalten wurde, kommt es auf den **Zugang der Benutzungsunterlagen** beim Amt und nicht auf den Zeitpunkt ihrer Absendung an.[77]

Auch die **Beschwerdekammern** haben die Einhaltung der Fristen von Amts wegen zu **61** beachten. Richtet sich die Beschwerde gegen eine Entscheidung der Widerspruchsabteilung, so bestimmt Regel 50 Abs. 1 S. 3 GMDV, dass sich die Prüfung der Beschwerde auf die

---

[72] HABM-BK, 22.9. 2010, R 920/2010-2 – *MOBILIZE YOUR ONLINE WORLD.*

[73] EuG, 17.3. 2010, T-63/07 (Nr. 35–36) – *Tosca de Fedeoliva* (s. dazu GRUR-Prax 2010, 195 [*Pohlmann*]).

[74] EuGH GRUR Int. 2011, 602 (Nr. 43) – *unibanco*; GRUR 2007, 504 (Nr. 44) – *Kaul.*

[75] EuGH GRUR 2007, 504 (Nr. 42, 63) – *Kaul.*

[76] EuG, 15.3. 2011, T-50/09 (Nr. 63) – *Dada & Co. Kids*; GRUR Int. 2008, 334 (Nr. 49) – *Corpo Livre* (bestätigt vom EuGH, 5.3. 2009, C-90/08 P (Nr. 36–37)).

[77] EuG, 15.3. 2011, T-50/09 (Nr. 66–70) – *Dada & Co. kids.*

Sachverhalte und Beweismittel beschränkt, die innerhalb der von der Widerspruchsabteilung nach Maßgabe der GMV und der GMDV festgesetzten Fristen vorgelegt werden, *sofern die Beschwerdekammer nicht der Meinung ist, dass zusätzliche oder ergänzende Sachverhalte und Beweismittel gemäß Art. 76 Abs. 2 GMV berücksichtigt werden sollten.* Regel 50 Abs. 1 S. 3 GMDV sollte jedoch einschränkend ausgelegt werden, und zwar in dem Sinne, dass bislang nicht eingereichte Beweismittel im Widerspruchsverfahren nur dann von den Beschwerdekammern berücksichtigt werden können, wenn diese Unterlagen zu einem früheren Zeitpunkt nicht eingereicht werden *konnten* und daher einen „zusätzlichen oder ergänzenden Sachverhalt" betreffen.[78]

62   Obwohl die Problematik seit Jahren bekannt ist, konnten sich die Beschwerdekammern bislang leider nicht auf eine einheitliche Praxis zur Behandlung verspäteter Unterlagen einigen.[79] Auch die Entscheidung der Großen Kammer vom 14.10. 2009, nach der eine Ermessensausübung iSd Art. 76 Abs. 2 GMV ausgeschlossen ist, wenn eine gegenteilige Vorschrift (dort: Regel 20 Abs. 1 GMDV) vorliegt, führte nicht zu der ersehnten Angleichung der Praxis.[80] Nach wie vor sind die Beschwerdekammern in zwei Lager gespalten: Während viele Entscheidungen unter Berufung auf das im März 2009 ergangene Corpo Livre-Urteil im Beschwerdeverfahren vorgelegte Benutzungsunterlagen oder Unterlagen zum Nachweis der Existenz oder Gültigkeit der älteren Rechte prinzipiell ablehnen,[81] akzeptieren andere Entscheidungen solche Dokumente unter bestimmten Voraussetzungen.[82] Dabei wird teilweise darauf abgestellt, ob es sich um **erstmals eingereichte** Unterlagen handelt oder **zusätzliche, ergänzende** Beweismittel. Richtig ist, dass das Gericht in dem Urteil *Corpo Livre* betonte, dass die in diesem Verfahren vorgelegten Unterlagen – anders als im Urteil *Hipoviton*[83] – keine zusätzlichen, sondern erstmalig vorgelegte Beweismittel seien.[84] In beiden Urteilen knüpfte das Gericht die Berücksichtigung der erstmals vor der Beschwerdekammer eingereichten Unterlagen allerdings an die **zusätzliche Bedingung**, dass in der Zwischenzeit „neue Gesichtspunkte" zutage getreten sind, die die verspätete Vorlage rechtfertigen.[85] Es müssen unbekannte oder unvorhersehbare Umstände hinzutreten, die die verspätete Einreichung rechtfertigen.[86] Auch die Tatsache, dass die in der Ausgangsinstanz eingereichten Unterlagen vom Amt als unzureichend erachtet wurden, ist kein neuer Gesichtspunkt, der die

---

[78] Str., vgl. Fezer/*v. Kapff*, Hdb. Markenpraxis, Bd. I, 2. Teil, Rn. 1806–1808.

[79] Ausführlich Fezer/*v. Kapff*, Hdb. Markenpraxis, Bd. I, 2. Teil, Rn. 1773–1897.

[80] HABM-BK, 14.10. 2009, R 172/2008-G – *VISTA/vistar*.

[81] HABM-BK, 1.3. 2011, R 895/2008-4 – *MUSTANG/MUSTANG*; 28.2. 2011, R 1602/2010-4 – *RECOGNITION/COGNITION*; 22.2. 2011, R 487/2010-4 – *GEOTHERMA/GEOTHERM*; 11.1. 2011, R 903/2010-4 – *VARGASTEM/VARGATEF*; 10.1. 2011, R 242/2009-4 – *CAN DO/ CANDA I*; 27.11. 2008, R 911/2008-4 – *Dada & Co. kids/DADA*; 28.10. 2008, R 613/2008-4 – *CAN DO/KENDO*.

[82] HABM-BK, 15.11. 2010, R 30/2010-2 – *KARÉLIA/KARELIA*; 4.5. 2011, R 1890/2010-1 – *G36/C36*; 31.3. 2011, R 1600/2010-1 – *DayVita/DAYVITAL*; 17.3. 2011, R 1490/2010-1 – *DOGZ/DOGZ*; 16.3. 2011, R 1255/2010-1 – *Street feet/Street One*; 3.3. 2011, R 1099/2010-1 – *injoy/JOY*; 27.9. 2010, R 130/2010-2 – *Razzles Pido Trilby B. Max Raggs/PAW PRINT*; 23.9. 2010, R 258/2010-1 – *LIO/SIÓ*; 15.9. 2010, R 1381/2009-2 – *SANTA CECILIA/SANTA CECILIA*; 23.11. 2009, R 1692/2008-2 – *PANIN G. P./PALMIN*.

[83] EuG GRUR Int. 2004, 955 (Nr. 56) – *Hipoviton*.

[84] EuG GRUR Int. 2008, 334 (Nr. 50) – *Corpo Livre*.

[85] EuG GRUR Int. 2008, 334 (Nr. 50) – *Corpo Livre*; GRUR Int. 2004, 955 (Nr. 56) – *Hipoviton*.

[86] HABM-BK, 13.5. 2011, R 1193/2010-2 – *myschool/RUBIK'S*; 16.3. 2010, R 1122/2009-2 – *HID/HID*.

Berücksichtigung zusätzlicher, erstmals vor der Beschwerdekammer eingereichter Dokumente rechtfertigen würde.[86a] Neue Gesichtspunkte, die zur Berücksichtigung zusätzlicher Unterlagen führen können, liegen insbesondere dann vor, wenn die Gegenseite unter Berufung auf neue Tatsachen die bislang eingereichten Beweismittel als nicht ausreichend rügt oder wenn die Einreichung der zusätzlichen Unterlagen zum Zeitpunkt des Fristablaufs nicht möglich war.[86b] In einem kürzlich ergangenen Urteil sah das EuG einen „neuen Gesichtspunkt" allerdings bereits darin, dass die Gegenseite die zuvor eingereichten Beweismittel als unzureichend rügte, ohne dass diese Rüge auf neue Tatsachen gestützt war. Die daraufhin eingereichten, zusätzlichen Unterlagen müssten vom Amt beachtet werden, so das EuG.[86c]

Im Übrigen gestaltet sich die Unterscheidung zwischen **erstmals eingereichten und zusätzlichen Unterlagen** in der Praxis als schwierig. Rügt der Anmelder, dass die Beweismittel die Benutzung nur für einen Teil der Waren belegen, und reicht der Widersprechende daraufhin weitere Unterlagen für die übrigen Waren ein, so sind diese Dokumente entweder erstmals eingereichte Beweismittel (für diese Waren) oder zusätzliche Beweismittel (zu den bereits eingereichten Benutzungsunterlagen). Auch bei Unterlagen zum Nachweis der Gültigkeit der Widerspruchsmarke (vgl. Regel 20 Abs. 1 GMDV) ist eine Unterscheidung zwischen erstmals eingereichten und zusätzlichen Dokumenten kaum durchführbar: Sind Verlängerungsurkunden zusätzliche Unterlagen (weil sie die bereits mittels Eintragungsurkunde belegte Existenz der Widerspruchsmarke zusätzlich untermauern) oder erstmalige Unterlagen (weil eben bislang keine Unterlagen zur fortdauernden Gültigkeit der Widerspruchsmarke eingereicht wurden)? Die Befürworter dieser Auffassung gestehen selbst ein, dass Unterlagen dann keine „zusätzlichen Dokumente" sind, wenn die zuerst eingereichten Beweismittel offensichtlich unzureichend sind.[87] Unklar ist aber, wann die zuerst eingereichten Unterlagen einen „ernsthaften" Versuch zum Nachweis der Existenz oder Benutzung der älteren Marken darstellen sollen, von denen der Widersprechende aus der damaligen Sicht „vernünftigerweise annehmen" konnte, dass sie ausreichen könnten,[88] und wann ein solcher Versuch nicht ernsthaft genug war, um dem Widersprechenden eine zweite Chance zu geben. Die Bewilligung weiterer Unterlagen vor der Beschwerdekammer ist auch ein falsches Signal an die Parteien: Sie könnte den Anmelder davon abhalten, die Unterlagen zu kritisieren, da er befürchten muss, dass der Widersprechende daraufhin weitere Beweismittel einreicht, die von der Beschwerdekammer akzeptiert werden. Auch der Widersprechende müsste sich keine Mühe geben, die Existenz oder Benutzung des Rechts gewissenhaft nachzuweisen, wenn er weiß, dass weitere Dokumente vor der Beschwerdekammer eingereicht werden können. Weiterhin ist es paradox, der Widerspruchsabteilung auf der einen Seite zu attestieren, dass die Entscheidung richtig war, da die damals eingereichten Unterlagen in der Tat nicht ausreichten, und anschließend dieselbe Entscheidung wegen der zusätzlich vor der Beschwerdekammer eingereichten Beweismittel aufzuheben.[89] Die obsiegende Partei weiß also nie, ob die an sich richtige Entscheidung durch Nachreichung von

63

[86a] EuG, 22.9.2011, T-250/09 (Nr. 26–27) – *Mangiami*.

[86b] EuG, 22.9.2011, T-250/09 (Nr. 24) – *Mangiami*.

[86c] EuG, 29.9.2011, T-415/09 (Nr. 30–31) – *Fishbone*.

[87] HABM-BK, 13.5.2011, R 1010/2010-2 – *MISS MAC/MAC*; 15.1.2009, R 74/2008-2 – *Easy CHIC/BLOCO CHIC*.

[88] HABM-BK, 13.5.2011, R 1010/2010-2 – *MISS MAC/MAC*; 15.1.2009, R 74/2008-2 – *Easy CHIC/BLOCO CHIC*.

[89] Siehe HABM-BK, 23.9.2010, R 258/2010-1 – *LIO/SIÓ*; 15.1.2009, R 74/2008-2 – *Easy CHIC/BLOCO CHIC*.

Unterlagen „unrichtig" wird und aufgehoben wird. Da die Sache oft wieder an die Ausgangsinstanz zurückverwiesen wird, ist schließlich auch eine unnötige Verfahrensverzögerung die Folge.

64   Es ist zwar richtig, dass Art. 76 GMV als Teil einer Verordnung des Rates der Durchführungsverordnung, die eine Kommissionsverordnung ist, grundsätzlich vorgeht.[90] Andererseits würde dies voraussetzen, dass zwischen der Ermessensvorschrift des Art. 76 Abs. 2 GMV und den starren Fristenregelungen der Durchführungsverordnung ein Widerspruch bestünde. Ein solcher Widerspruch existiert jedoch nicht. Vielmehr ergänzen sich die Bestimmungen in dem Sinne, dass Art. 76 Abs. 2 GMV das Ermessen nur dann eröffnet, wenn keine gegenteilige Norm existiert. Solche gegenteiligen Vorschriften sind insbesondere Regel 17 Abs. 2–4, Regel 19 Abs. 4,[91] Regel 20 Abs. 1, Regel 22 Abs. 2, Regel 39 Abs. 2 u. 3 oder Regel 40 Abs. 5 u. 6 GMDV. Diese Fristen sind zwingendes Recht und stehen weder zur Disposition der Parteien noch der des Amtes. Zu Recht betonte der EuGH, dass die Einhaltung von Fristen wie z. B. Rechtsbehelfsfristen für das ordnungsgemäße Funktionieren des Gemeinschaftssystems von grundlegender Bedeutung ist. Wird die Nichtbeachtung solcher Fristen von der Gemeinschaftsregelung mit dem Verlust eines Rechts geahndet, ist dies mit dem Verhältnismäßigkeitsgrundsatz vereinbar.[92] Das Amt darf der betroffenen Partei nicht neue Fristen setzen, die von den gesetzlichen Fristen abweichen.[93] Die Vorschriften über die Fristen dienen nach ständiger Rechtsprechung dem Zweck, Rechtssicherheit zu gewährleisten und jede Diskriminierung oder willkürliche Behandlung zu verhindern.[94] Daher muss das Amt die gesetzlichen Fristen anwenden und darf sie nicht willkürlich ändern oder lockern.

65   Keine „gegenteilige Vorschriften" sind alle Bestimmungen, die bei Nichteinhaltung der Frist nicht zwangsläufig einen Rechts- oder Rechtsmittelverlust vorsehen. Insoweit hat das Amt nach Art. 76 Abs. 2 GMV sein Ermessen im Sinne des Kaul-Urteils auszuüben.

66   Bei dem **auszuübenden Ermessen** sind insbesondere die drei im Kaul-Urteil genannten Komponenten zu berücksichtigen: Die Relevanz der Unterlagen, das Verfahrensstadium, in dem das verspätete Vorbringen erfolgte, und die Begleitumstände dieses Verfahrensstadiums. Werden die Schriftstücke erst geraume Zeit nach Fristablauf eingereicht und war das Amt zu diesem Zeitpunkt bereits im Begriff, das Verfahren abzuschließen, so spricht dies gegen die Berücksichtigung der verspäteten Unterlagen.[94a] Außerdem sollte das Amt bei der Ermessensausübung die Gründe für die verspätete Einreichung in Betracht ziehen. Auch die Frage, ob der Beteiligte die Möglichkeit hatte, rechtzeitig eine Fristverlängerung zu beantragen, kann erheblich sein. Zugunsten einer Berücksichtigung verspäteter Unterlagen könnte die Tatsache sprechen, dass die Gegenseite die verspäteten Dokumente ausdrücklich oder zumindest stillschweigend akzeptiert.

---

[90] Vgl. HABM-BK, 11.5. 2007, R 1289/2006-2 – *LIFESTYLE SELECTOR.*

[91] HABM-BK, 14.7. 2010, R 355/2010-4 – *OYA/OYA;* 14.10. 2009, R 172/2008-G – *VISTA/vistar.*

[92] EuGH, 22.9. 2011, C-426/10 P (Nr. 55) – *Bell & Ross BV;* EuG GRUR Int. 2009, 417 (Nr. 55) – *Neurim Pharmaceuticals.*

[93] Vgl. EuG, 17.3. 2011, T-455/09 (Nr. 43) – *Q;* 8.9. 2010, T-64/09 (Nr. 46) – *packaging;* GRUR Int. 2009, 417 (Nr. 44) – *Neurim Pharmaceuticals;* GRUR Int. 2003, 1013 (Nr. 41) – *Beckett Expression.*

[94] EuGH, 22.9. 2011, C-426/10 P (Nr. 43) – *Bell & Ross BV;* EuG, 15.3. 2011, T-50/09 (Nr. 64) – *Dada & Co. Kids;* GRUR Int. 2009, 417 (Nr. 44) – *Neurim Pharmaceuticals.*

[94a] EuGH GRUR Int. 2011, 602 (Nr. 48, 50) – *unibanco.*

Nicht verspätet sind Unterlagen, die **rechtzeitig per Fax** geschickt wurden, jedoch **un- 67 vollständig oder unleserlich** beim Amt eingegangen sind (vgl. Regel 80 Abs. 2 GMDV).[95]

6. Rechtsbehelfe bei Fristversäumnis. Versäumt ein Verfahrensbeteiligter eine Frist, **68** so kann dies im ungünstigsten Fall zum Verlust seiner Anmeldung oder zur Zurückweisung seines Antrags oder Rechtsmittels führen. Es sollte daher geprüft werden, ob die Fristversäumnis möglicherweise mit Hilfe eines Antrags auf Wiedereinsetzung in den vorigen Stand (Art. 81 GMV) oder auf Weiterbehandlung (Art. 82 GMV) „geheilt" werden kann.

Wurde die fristenauslösende Mitteilung oder Entscheidung nicht wirksam zugestellt, so ist **69** sie unwirksam und entfaltet keine Rechtswirkungen. Eines Antrags auf Weiterbehandlung bzw. Wiedereinsetzung bedarf es nicht, da ohne wirksame Zustellung auch keine Frist versäumt worden ist.[96]

a) Wiedereinsetzung in den vorigen Stand. **Schrifttum:** *Kiethe/Groescke,* Der markenrechtliche Wiedereinsetzungsantrag, WRP 2005, 979; *Schennen,* Fristen und Wiedereinsetzung im Verfahren vor dem Harmonisierungsamt, Mitt. 1999, 258.

Gemäß Art. 81 Abs. 1 GMV kann jeder an einem Verfahren Beteiligte, der trotz Beach- **70** tung aller nach den gegebenen Umständen gebotenen Sorgfalt verhindert worden ist, gegenüber dem Amt eine Frist einzuhalten, einen Antrag auf Wiedereinsetzung in den vorigen Stand stellen, sofern die Verhinderung den Verlust eines Rechts oder eines Rechtsmittels zur unmittelbaren Folge hat. Art. 81 GMV gilt nicht für Fristen, die gegenüber nationalen Ämtern und Gerichten einzuhalten sind (vgl. Art. 81 Abs. 8 GMV).

Die Wiedereinsetzung setzt einen **schriftlichen Antrag** der betroffenen Partei voraus. **71** Dieser Antrag kann in allen Verfahren vor dem Amt einschließlich des Beschwerdeverfahrens gestellt werden.

Der erfolgreiche Wiedereinsetzungsantrag **bewirkt**, dass die versäumte Frist rückwirkend **72** als eingehalten und ein etwa in der Zwischenzeit eingetretener Rechtsverlust als nicht erfolgt gilt. Trifft das Amt in der Zwischenzeit eine Entscheidung, die auf der versäumten Frist beruht, so wird diese Entscheidung automatisch hinfällig, ohne dass die betroffene Partei Beschwerde einlegen müsste.[97]

aa) Fristen. Der Antrag ist innerhalb von **zwei Monaten** nach Wegfall des Hindernisses **73** schriftlich beim Amt einzureichen (Art. 81 Abs. 2 S. 1 GMV). Der Antragsteller muss zudem die versäumte Handlung innerhalb dieser Frist **nachholen** (Art. 81 Abs. 2 S. 2 GMV). Unterrichtet das Amt von sich aus die betroffene Partei über den Mangel **telefonisch**, so kann durch dieses Telefonat das der Fristversäumnis zugrunde liegende Hindernis wegfallen, so dass der Antrag auf Wiedereinsetzung in den vorigen Stand innerhalb von zwei Monaten nach dem Telefonat mit dem Amt einzureichen ist.[98] Wird die Krankheit des Vertreters der Partei als Hindernis für die Einhaltung der Frist iSv Art. 81 Abs. 2 GMV geltend gemacht, so ist dieses Hindernis bereits in dem Moment weggefallen, in dem der Vertreter wieder an seinen Arbeitsplatz zurückkehrt, und nicht erst an dem Tag, an dem das

---

[95] Dazu oben Rdn. 38–41.
[96] Vgl. HABM-BK, 4.5. 2010, R 372/2010-4 – *FERI EURORATING SERVICES II.*
[97] Richtlinien des HABM, Teil A, 6.1.5.
[98] EuG GRUR Int. 2009, 417 (Nr. 75–76) – *Neurim Pharmaceuticals*; HABM-BK, 26.2. 2010, R 446/2006-2 – *OMNICARE/OMNICARE.*

Amt den Vertreter auf die Fristversäumnis hinweist.[99] Informiert das Amt den Vertreter des Markeninhabers darüber, dass die Eintragung wegen unterbliebener Zahlung der Verlängerungsgebühren abgelaufen sei und die Eintragung im Register gelöscht werde, so ist das Hindernis für die Einhaltung der Frist mit dem Eingang dieser Mitteilung entfallen.[100]

74   Außerdem ist der Antrag nur **innerhalb eines Jahres** nach Ablauf der versäumten Frist zulässig (Art. 81 Abs. 2 S. 3 GMV). Ist die Frist zur Verlängerung einer Gemeinschaftsmarke bzw. zur Zahlung der Verlängerungsgebühren versäumt worden, so wird die einjährige Ausschlussfrist von dem Ablauf der Grundfrist an gerechnet, nicht vom Ablauf der sechsmonatigen Nachfrist des Art. 47 Abs. 3 S. 3 GMV (Art. 81 Abs. 2 S. 4 GMV).

75   Der geltend gemachte Hinderungsgrund muss **kausal** sein für die Nichtvornahme der fristgebundenen Handlung. Daran mangelt es, wenn eine Frist aus Versehen für einen späteren Zeitpunkt notiert wird (z.B. 15.4. statt 15.3.), der Antragsteller den Schriftsatz jedoch erst am 20.4. einreicht, also nach dem Datum, zu dem er hätte vorgelegt werden müssen, wenn sich der Antragsteller auf die fehlerhafte Fristennotierung verlassen hätte. Zwischen der fehlerhaften Fristennotierung (15.4.) und der Einreichung des Schriftsatzes erst am 20.4. besteht kein Kausalzusammenhang. Der Antragsteller kann nicht besser gestellt werden, als wenn die umnotierte, spätere Frist zutreffend gewesen wäre.[101]

76   *bb) Ausschluss.* Gemäß Art. 81 Abs. 5 GMV ist die Wiedereinsetzung auf die in Art. 81 Abs. 2, Art. 41 Abs. 1 und 3 sowie Art. 82 GMV genannten Fristen nicht anwendbar.

77   Ausgeschlossen sind also alle Fristen im Zusammenhang mit der Einreichung von Anträgen auf Wiedereinsetzung. Dieser Ausschluss umfasst die Zweimonatsfrist für die Einreichung des Antrags auf Wiedereinsetzung nach Wegfall des Hindernisses, die Zweimonatsfrist ab diesem Zeitpunkt zur Nachholung der versäumten Handlung sowie die Frist von einem Jahr nach Ablauf der versäumten Frist, nach der die Wiedereinsetzung nicht mehr beantragt werden kann.[102]

78   Bei Widersprüchen sind die Frist für die **Einreichung eines Widerspruchs** sowie die Frist zur **Zahlung der Widerspruchsgebühr** ausgeschlossen. Für alle anderen Fristen im Rahmen des Widerspruchsverfahrens kann Wiedereinsetzung gewährt werden, sofern die übrigen Voraussetzungen des Art. 81 GMV vorliegen.[103]

79   Schließlich ist auch die Frist für die Beantragung der **Weiterbehandlung** sowie für die Zahlung der Weiterbehandlungsgebühr ausgeschlossen. Nicht von dem restitutio-Antrag ausgeschlossen sind dagegen die Fristen, die Art. 82 GMV als Fristen nennt, die von der Weiterbehandlung ausgeschlossen sind.[104]

80   **Nicht** ausgeschlossen ist die Wiedereinsetzung für die **Prioritätsfrist**, d.h. die Frist von sechs Monaten für die Einreichung der Nachanmeldung, die die Priorität einer früheren Markenanmeldung beantragt (Art. 29 Abs. 1 GMV). Die Wiedereinsetzung ist auch möglich in die Frist von drei Monaten für die Angabe des Aktenzeichens und die Einreichung einer Abschrift der früheren Anmeldung gemäß Regel 6 (1) GMDV.[105]

---

[99]   EuG GRUR Int. 2003, 1013 (Nr. 38, 41) – *Beckett Expression*.
[100] HABM-BK, 11.2.2010, R 939/2009-2 – *LEADWELL*.
[101] HABM-BK, 20.9.2010, R 1468/2009-4 – *DOS/VOSS I*.
[102] Richtlinien des HABM, Teil A, 6.1.3.
[103] Mitteilung Nr. 6/05 des Präsidenten des Amtes vom 16.9.2005.
[104] Mitteilung Nr. 6/05 des Präsidenten des Amtes vom 16.9.2005.
[105] Anders (noch): Richtlinien des HABM, Teil A, 6.1.4.

cc) Unmittelbarer Rechtsverlust. Gemäß Art. 81 Abs. 1 GMV muss die Fristversäumnis den **81** Verlust eines Rechts oder eines Rechtsmittels zur unmittelbaren Folge gehabt haben. Ausgeschlossen von der Wiedereinsetzung ist das Versäumnis, die „Cooling-off"-Frist zu verlängern, da innerhalb dieser Frist keine Handlungen vorgenommen werden müssen.[106]

Versäumt der Anmelder die Stellungnahmefrist zur vorläufigen Beanstandung einer An- **82** meldung aus formellen Gründen oder wegen des Bestehens absoluter Schutzhindernisse, so ist die Wiedereinsetzung möglich, da ein direkter Zusammenhang zwischen der Fristversäumnis und der anschließenden Zurückweisung besteht.[107] Auch das Versäumnis einer Stellungnahmefrist im zweiseitigen Verfahren ist einer Wiedereinsetzung zugänglich. Der Rechtsverlust der betroffenen Partei besteht darin, dass ihre Argumente, Tatsachen und Beweismittel nicht berücksichtigt werden.[108]

dd) Einhaltung der gebotenen Sorgfalt. Der Verfahrensbeteiligte muss an der Einhaltung der **83** Frist trotz Beachtung aller nach den gegebenen Umständen gebotenen Sorgfalt verhindert gewesen sein. Dies ist zum einen der Fall, wenn die Umstände, auf denen die Fristversäumnis beruht, entweder **außerhalb der Kontrolle des Antragstellers** lagen. Zum anderen sind die sachlichen Voraussetzungen der Wiedereinsetzung auch dann erfüllt, wenn der Antragsteller zwar die **gebotene Sorgfalt** aufgewandt hat, die Frist dennoch aufgrund außergewöhnlicher und somit nicht kraft Erfahrung vorhersehbarer Ereignisse versäumt wurde.[109] Der Maßstab der erforderlichen Sorgfalt ist gleich und hängt nicht davon ab, ob die Folgen der Fristversäumnis für den Antragsteller einschneidend sind oder Interessen Dritter nicht beeinträchtigt werden.[110]

Außergewöhnliche **Verzögerungen bei der Postzustellung** können von der Wieder- **84** einsetzung umfasst sein. Allerdings muss der Antragsteller sichergestellt haben, dass der Schriftsatz oder die Dokumente so rechtzeitig vor Fristablauf versendet werden, dass diese unter normalen Umständen fristgerecht zugegangen wären.[111] Großes Vertrauen in die Fähigkeiten internationaler Kurierdienste schien die Zweite Beschwerdekammer zu haben, als sie in einer Rechtssache die gebotene Sorgfalt als eingehalten ansah, weil der Antragsteller ein Päckchen einen Tag vor Fristablauf bei einem Kurierdienst in Athen abgab, der ihm garantierte, dass das Päckchen am nächsten Mittag in Alicante sei.[112]

Geht die Fristversäumnis auf einen Umstand im Einflussbereich des **Antragstellers** zu- **85** rück, so kann eine Wiedereinsetzung nur gewährt werden, wenn der Antragsteller die Arbeit seiner Angestellten ordnungsgemäß organisiert, diese sorgfältig angeleitet hat und zudem geeignete Maßnahmen zur Verhinderung von Fristversäumnissen getroffen hat, es jedoch gleichwohl aufgrund eines außergewöhnlichen Ereignisses zur Fristversäumnis kam.[113]

---

[106] Vgl. Eisenführ/*Schennen*, GMV, Art. 81 Rn. 19.
[107] Richtlinien des HABM, Teil A, 6.1.4.
[108] Richtlinien des HABM, Teil A, 6.1.4.
[109] Richtlinien des HABM, Teil A, 6.2. Fezer/*Bender*, Hdb. Markenpraxis, Bd. I, 2. Teil, Rn. 2177. EuG, 15.9. 2011, T-271/09 (Nr. 61) – *Romuald Prinz Sobieski zu Schwarzenberg*; GRUR Int. 2010, 138 (Nr. 26, 28) – *Aurelia*.
[110] EuG GRUR Int. 2010, 138 (Nr. 20, 24) – *Aurelia*.
[111] Richtlinien des HABM, Teil A, 6.2.1.
[112] HABM-BK, 2.9. 2009, R 38/2009-2 – INNOFLEXX/ENOFLEX 180. Einen strengeren Maßstab legte Gerichtshof in einem ähnlich gelagerten Fall an, s. EuGH, 18.1. 2005, C-325/03 P (Nr. 21–23, 25–27) – *Blue*.
[113] Richtlinien des HABM, Teil A, 6.2.2.

86   Wurde der Verfahrensbeteiligte von einem berufsmäßigen **Vertreter** vertreten, so ist für die Frage, ob die gebotene Sorgfalt eingehalten wurde, auf die Person des Vertreters abzustellen.[114] Dabei ist der geforderte Sorgfaltsmaßstab bei dem Vertreter höher anzusetzen als bei der Partei selbst. Liegt der für die Fristversäumnis kausale Fehler im Verhalten einer Bürokraft, so beziehen sich die Sorgfaltsanforderungen nicht auf das Verhalten der Bürokraft, sondern auf die Organisations- und Kontrollobliegenheiten des Vertreters.[115]

87   Der Vertreter muss durch entsprechende Organisation und Anleitung seiner Mitarbeiter sicherstellen, dass es zu keinen Fristversäumnissen kommt. Die Kanzlei muss ein **Kontrollsystem** zur Verhinderung von Fristversäumnissen einrichten und die mit der Überwachung und Abarbeitung von Fristen betrauten Mitarbeiter sorgfältig auswählen, instruieren und kontrollieren.[116] An die Fristenkontrolle werden hohe Anforderungen gestellt.[117] Nur wenn diese gut funktionierenden Vorsichts- und Überwachungsmaßnahmen nachgewiesen werden und die Fristversäumnis auf einem außergewöhnlichen und einmaligen Fehler der ordnungsgemäß geschulten Mitarbeiter oder auf einem sonstigen unvorhersehbaren oder unvermeidbaren Umstand beruht, ist eine Wiedereinsetzung möglich.[118]

88   Geht eine fristenauslösende Entscheidung des Amtes am späten Abend im Büro des Vertreters ein, so kann sich dieser nicht darauf berufen, dass zu diesem Zeitpunkt das Büro schon geschlossen gewesen sei und die Mitarbeiterin die Entscheidung aus Versehen mit dem Eingangsstempel des nächsten Werktages versehen hätte, was zu einer falschen Fristberechnung geführt habe. Es obliegt in diesem Fall dem Vertreter, ein Kontrollsystem einzurichten, um solche Fehler in der Fristberechnung zu vermeiden.[119] Leitet der zuständige Mitarbeiter in der Kanzlei einen Verlängerungsauftrag des Mandaten nicht weiter und führt zudem eine Fehlfunktion der internen Markenverwaltungssoftware dazu, dass das System den Vertreter nicht an die vorzunehmende Verlängerung der Marke erinnert, so reichen auch diese beiden Umstände zusammen nicht für die Annahme aus, die gebotene Sorgfalt sei eingehalten worden.[120]

89   Ist die Frist aufgrund einer unrichtigen Interpretation der Fristenregelung versäumt worden, verletzt der Vertreter die gebotene Sorgfalt.[121] Bei Auslegungszweifeln muss er zur Sicherheit die zuerst ablaufende Frist einhalten.[122]

---

[114] EuG, 15. 9. 2011, T-271/09 (Nr. 54) – *Romuald Prinz Sobieski zu Schwarzenberg*; 13. 9. 2011, T-397/10 (Nr. 25) – *Turnschuh (Bildmarke)*; GRUR Int. 2010, 138 (Nr. 14–15) – *Aurelia*; HABM-BK, 6. 5. 2010, R 1286/2009-2 – *M MONNINI*.

[115] HABM-BK, 25. 6. 2002, R 976/2001-1 – *SCALA/SKALA*.

[116] EuG, 15. 9. 2011, T-271/09 (Nr. 60) – *Romuald Prinz Sobieski zu Schwarzenberg*; 13. 9. 2011, T-397/10 (Nr. 27) – *Turnschuh (Bildmarke)*; GRUR Int. 2010, 138 (Nr. 14–15) – *Aurelia*; HABM-BK, 22. 2. 2010, R 1026/2009-4 – AROMATA/AROMAX II.

[117] EuG, 28. 6. 2005, T-158/04 (Nr. 23) – *Uup's*; HABM-BK, 15. 11. 2001, R 60/2001-4 – *ITWEBCAST*; 11. 2. 2005, R 292/2004-2 – *E ONLINE/T-ONLINE*; Fezer/Bender, Hdb. Markenpraxis, Bd. I, 2. Teil, Rn. 2181.

[118] Richtlinien des HABM, Teil A, 6.2.3.; HABM-BK, 14. 3. 2005, R 623/2004-1 – *MEDIFLOR/ FLOR*.

[119] HABM-BK, 16. 9. 2010, R 1167/2010-1 – *EurAAP*; 6. 5. 2010, R 1286/2009-2 – *M MONNINI*.

[120] HABM-BK, 29. 4. 2010, R 1048/2009-1 – *COOK'S* (zzt. anhängig vor dem EuG, Rechtssache T-314/10).

[121] EuG, 6. 9. 2006, T-366/04 (Nr. 50) – *Hensotherm*; HABM-BK, 20. 9. 2010, R 1468/2009-4 – *DOS/VOSS I*.

[122] HABM-BK, 29. 1. 2009, R 452/2008-4 – *COMO TU QUIERAS*.

Der Vertreter kann sich nicht darauf berufen, von seinem Mandanten nicht rechtzeitig Instruktionen erhalten zu haben. Der Vertreter handelt auch sorgfaltswidrig, wenn er den Schriftsatz an eine falsche Faxnummer versendet. Auch in diesem Fall muss er ein Kontrollsystem einrichten, das die nochmalige Überprüfung der richtigen Übermittlung sicherstellt.[123] **90**

Auch unerwartete Ausfälle der Anwälte und Mitarbeiter müssen in einer Kanzlei einkalkuliert werden. Kann sich ein Anwalt wegen Krankheit oder anderer Umstände nicht um die Einhaltung der Fristen kümmern, so muss die Kanzlei so organisiert sein, dass ein Kollege die Fristen überwacht.[124] **91**

Erfolgreich war der Wiedereinsetzungsantrag eines Vertreters, der die Fristversäumnis damit begründet hatte, dass die Kanzlei am Tag der Zustellung der Entscheidung umgezogen sei und für eingehende Faxe eine Mailbox eingerichtet wurde, die jedoch aufgrund eines technischen Fehlers als Eingangsdatum den Tag des Abfragezeitpunkts und nicht den Tag des Eingangs in der Mailbox anzeigte. Der bearbeitende Rechtsanwalt handelte nicht sorgfaltswidrig, als er den korrekten Eingang der Entscheidung kontrollierte und sich auf das auf der Kopfzeile erscheinende und von der Kanzleikraft notierte (falsche) Eingangsdatum verließ.[125] **92**

ee) Sonstige Voraussetzungen. Der Antrag ist in der **Sprache** zu stellen, die für das Verfahren zur Verfügung steht, in dem die Fristversäumnis aufgetreten ist.[126] **93**

Der Antrag auf Wiedereinsetzung ist zu begründen, wobei die zur Begründung dienenden Tatsachen glaubhaft zu machen sind. Für die Glaubhaftmachung der Beachtung der gebotenen Sorgfalt sind eidesstattliche Versicherungen ein geeignetes Beweismittel (Art. 78 Abs. 1 lit. f GMV). **94**

Der Antrag gilt erst als gestellt, wenn die **Wiedereinsetzungsgebühr** in Höhe von € 200,–[127] entrichtet worden ist (Art. 81 Abs. 3 S. 2 GMV). **95**

ff) Entscheidung. Über den Antrag entscheidet die Dienststelle, die über die versäumte Handlung zu entscheiden hat (Art. 81 Abs. 4 GMV). **96**

gg) Rechte gutgläubiger Dritter. Art. 81 Abs. 6 GMV gewährt gutgläubigen Dritten ein **Zwischenbenutzungsrecht**. Ist der Wiedereinsetzungsantrag des Anmelders bzw. Inhabers der Gemeinschaftsmarke erfolgreich, so kann dieser gegenüber Dritten, die in der Zeit zwischen dem Eintritt des Rechtsverlusts an der Anmeldung oder der Gemeinschaftsmarke und der Bekanntmachung des Hinweises auf die Wiedereinsetzung in den vorigen Stand unter einem mit der Gemeinschaftsmarke identischen oder ihr ähnlichen Zeichen gutgläubig Waren in den Verkehr gebracht oder Dienstleistungen erbracht haben, keine Rechte geltend machen. Zu diesem Zweck wird die Wiedereinsetzung im Blatt für Gemeinschaftsmarken veröffentlicht.[128] Für den Zeitraum nach Bekanntmachung des Hinweises auf die erfolgreiche Wiedereinsetzung genießt der Dritte allerdings keinen Schutz mehr.[129] **97**

---

[123] HABM-BK, 26.2. 2010, R 446/2006-2 – *OMNICARE/OMNICARE.*
[124] HABM-BK, 12.8. 2010, R 93/2010-1 – *FAN SHIRT.*
[125] HABM-BK, 22.2. 2010, R 1026/2009-4 – *AROMATA/AROMAX II.*
[126] Im Anmeldeverfahren kann der Antrag also in der ersten oder zweiten Sprache eingereicht werden. Im Widerspruchsverfahren oder Nichtigkeits- bzw. Verfallsverfahren ist der Antrag in der Sprache dieses Verfahrens einzureichen. In *ex parte* Verfahren bezüglich der eingetragenen Gemeinschaftsmarke (Verlängerung, Rechtsübergang, Lizenz etc.) kann der Antrag in einer der fünf Amtssprachen gestellt werden, siehe Richtlinien des HABM, Teil A, 6.3.3.; Eisenführ/*Schennen*, GMV, Art. 81 Rn. 99–104.
[127] Art. 2 Nr. 19 GMGebV.
[128] Richtlinien des HABM, Teil A, 6.3.6.
[129] Eisenführ/*Schennen*, GMV, Art. 81 Rn. 143 m.w.N.

98   Außerdem können Dritte, denen ein Zwischenbenutzungsrecht nach Art. 81 Abs. 6 GMV zusteht, gegen die Entscheidung, dem Anmelder bzw. Inhaber der Gemeinschaftsmarke Wiedereinsetzung zu gewähren, **Drittwiderspruch** einlegen. Für diesen Antrag besteht eine Ausschlussfrist von zwei Monaten nach Veröffentlichung der Wiedereinsetzung (Art. 81 Abs. 7 GMV).

b) Weiterbehandlung. **Schrifttum:** *Bender,* Das neue Rechtsinstitut der Weiterbehandlung im Gemeinschaftsmarkenrecht: ein Danaergeschenk!, Mitt. 2006, 63; *Kunz,* Die Weiterbehandlung als Rechtsmittel, sic! 2005, 453; *v. Mühlendahl,* Weiterbehandlung im europäischen Markenrecht, GRUR Int. 2008, 685; *Pfleghar/Schramek,* Das Rechtsinstitut der Weiterbehandlung in inter-partes-Verfahren vor dem HABM, MarkenR 2007, 288.

99   Hat ein Beteiligter eines Verfahrens vor dem Amt eine Frist versäumt, kann er einen Antrag auf Gewährung der Weiterbehandlung stellen. Der Weiterbehandlungsantrag kostet zwar doppelt so viel wie der Antrag auf Wiedereinsetzung und ist an engere Fristen geknüpft, hat aber für den Antragsteller den **Vorteil**, dass er nicht begründet werden muss. Insbesondere muss der Antragsteller nicht nachweisen, dass die Fristversäumnis trotz Einhaltung der nach den Umständen gebotenen Sorgfalt eingetreten ist. Allerdings sind viele Fristen von der Weiterbehandlung ausgeschlossen (Art. 82 Abs. 2 GMV).

100   *aa) Voraussetzung und Entscheidung.* Zunächst setzt der Antrag auf Gewährung der Weiterbehandlung voraus, dass die **versäumte Handlung** mit dem Antrag **nachgeholt** wird (Art. 82 Abs. 1 GMV).

101   Der Antrag ist innerhalb von **zwei Monaten nach Ablauf der versäumten Frist** zu stellen. Außerdem gilt der Antrag erst als gestellt, wenn die **Weiterbehandlungsgebühr** in Höhe von € 400,–[130] gezahlt worden ist. Die Gebühr wird erstattet, wenn der Antrag zurückgewiesen wird (Art. 82 Abs. 5 GMV). Über den Antrag entscheidet die Stelle, die über die versäumte Handlung zu entscheiden hat.

102   Wird dem Antrag stattgegeben, so gelten die mit der Fristversäumnis verbundenen Folgen als nicht eingetreten. Ist bereits eine Entscheidung ergangen, so wird sie so behandelt, als sei sie nicht ergangen. Die Rechtsgrundlage dafür ist Art. 82 Abs. 4 GMV.

> **Beispiel:** Die Widerspruchsabteilung weist am 1.7. 2011 einen Widerspruch als unzulässig zurück, weil der Widersprechende eine farbige Wiedergabe der einzigen Widerspruchsmarke nicht rechtzeitig eingereicht hatte (Regel 15 Abs. 2 lit. e iVm Regel 17 Abs. 4 GMDV). Die Frist dafür lief am 12.5. 2011 ab. Stellt der Widersprechende bis zum 12.7. 2011 einen Antrag auf Weiterbehandlung und reicht er innerhalb dieser Frist auch eine farbige Abbildung der Widerspruchsmarke nach, wird die am 1.7. 2011 ergangene Entscheidung als gegenstandslos betrachtet. Das Widerspruchsverfahren wird weitergeführt.

103   *bb) Ausschluss.* Art. 82 Abs. 2 schließt verschiedene in der Gemeinschaftsmarkenverordnung festgelegte Fristen aus.[131]

---

[130]   Art. 2 Nr. 21 GMGebV.
[131]   S. HABM Handbuch Markenpraxis, Teil A (General provisions), 1.2.4.; Mitteilung Nr. 6/05 des Präsidenten des Amtes vom 16.9. 2005.

Ausgeschlossen ist die Weiterbehandlung bei Versäumnis der bei einem **Antrag auf Wie-** **104** **dereinsetzung zu beachtenden Fristen** des Art. 81 Abs. 2 und Abs. 3 GMV. Ebenso zeigt der Verweis auf Art. 81 GMV, dass all diejenigen Fristen von der Weiterbehandlung ausgeschlossen sind, für die **keine Wiedereinsetzung möglich** ist.[132]

Außerdem kann für die Frist von drei Monaten, innerhalb derer eine **Umwandlung** zu **105** beantragen und die Umwandlungsgebühr zu bezahlen ist, keine Weiterbehandlung gewährt werden. Für alle anderen vom Amt im Verlauf eines Umwandlungsverfahrens gesetzten Fristen ist Weiterbehandlung möglich.

Für das **Widerspruchsverfahren** gilt Folgendes: Ausgeschlossen von der Weiterbehand- **106** lung sind zum einen die Widerspruchsfrist und die Frist zur Zahlung der Widerspruchsgebühr. Ferner sind alle vom Amt auf der Grundlage von Art. 42 Abs. 1 GMV gesetzten Fristen von der Weiterbehandlung ausgeschlossen. Dies schließt alle Fristen für den Widersprechenden zur Substantiierung seines Widerspruchs nach Regel 19 GMDV,[133] die Antwortfrist für den Anmelder nach Regel 20 Absatz 2 GMDV, die Frist für den Widersprechenden zur Erwiderung nach Regel 20 Absatz 4 GMDV sowie Fristen für jedweden anderen Austausch von Argumenten, sofern vom Amt zugelassen, aus. Alle anderen Fristen im Verlauf des Widerspruchsverfahrens sind von der Weiterbehandlung **nicht** ausgeschlossen. Folglich gewährt das Amt Weiterbehandlung für folgende Fristen[134]:

- Die in Artikel 119 Absatz 6 GMV und Regel 16 Absatz 1 GMDV genannte Frist für die Übersetzung der Widerspruchsschrift,
- die in Regel 17 Absatz 4 GMDV genannte Frist für Beseitigung von Mängeln, die die Zulässigkeit des Widerspruchs beeinträchtigen,
- die in Regel 22 Absatz 1 GMDV genannte Frist, innerhalb derer der Anmelder beantragen muss, dass der Widersprechende die Benutzung seiner älteren Marke nachweist,
- die in Regel 22 Absatz 2 GMDV genannte Frist für den Widersprechenden, den Nachweis der Benutzung seiner älteren Marke zu erbringen,
- die in Regel 22 Absatz 6 GMDV genannte Frist für die Übersetzung der Beweismittel für die Benutzung.

Art. 82 GMV schließt keine der Fristen aus, die in **Verfahren zur Erklärung des Ver-** **107** **falls oder der Nichtigkeit** gelten.

Im **Beschwerdeverfahren** sind gemäß Art. 82 Abs. 2 GMV die Beschwerdefrist und die **108** Beschwerdebegründungsfrist (vgl. Art. 60 GMV) von der Weiterbehandlung ausgeschlossen.[135] Aus Regel 50 Abs. 1 S. 2 GMDV ergibt sich zudem, dass die Weiterbehandlung für die Stellungnahmefristen des Art. 63 Abs. 2 GMV ausgeschlossen ist, wenn sich die Beschwerde gegen eine in einem Widerspruchsverfahren getroffene Entscheidung richtet. Daher ist insbesondere bei Versäumnis der Stellungnahmefrist des Beschwerdegegners die Weiterbehandlung nicht möglich.[136]

---

[132] Mitteilung Nr. 6/05 des Präsidenten des Amtes vom 16.9. 2005.
[133] HABM-BK, 14.10. 2009, R 172/2008-G – *VISTA/vistar.*
[134] Kritisch dazu Fezer/*Bender*, Hdb. Markenpraxis, Bd. I, 2. Teil, Rn. 2153.
[135] Siehe HABM-BK, 26.2. 2010, R 973/2009-1 – *MEDILAST SPORT/MEDIPLAST.*
[136] HABM-BK, 25.3. 2010, R 150/2009-1 – *BASE XX/BASS 20*; Eisenführ/*Schennen*, GMV, Art. 82 Rn. 37.

IV. Die Sprachenregelung

Schrifttum: *Gundel*, Zur Sprachenregelung bei den EU-Agenturen, EuR 2001, 776; *v. Kapff*, Sprachensystem der Gemeinschaftsmarke, European Law Reporter 2001, 228; *v. Mühlendahl*, Die Sprachenregelung des Harmonisierungsamts für den Binnenmarkt (Marken, Muster und Modelle), FS Piper, 1996, S. 575.

109   In den Verfahren vor dem Amt ist zwischen den 22 **Amtsprachen der Europäischen Union** (ohne Gälisch)[136a], den fünf **Sprachen des Amtes** (Englisch, Deutsch, Spanisch, Französisch und Italienisch) und der **Verfahrenssprache** zu unterscheiden.

110   Gemeinschaftsmarkenanmeldungen sind in einer der Amtssprachen der Europäischen Union einzureichen. Bei der Anmeldung hat der Anmelder zudem eine zweite Sprache, die eine Sprache des Amtes ist, anzugeben, mit deren Benutzung als möglicher Verfahrenssprache er in Widerspruchs-, Verfalls- und Nichtigkeitsverfahren einverstanden ist. Die Sprachenregelung des Verfahrens vor dem Amt behandelt also die Amtssprachen der Europäischen Union unterschiedlich, da *inter partes* Verfahren grundsätzlich nur in den fünf Sprachen des Amtes geführt werden. Diese Beschränkung auf die in der Europäischen Union bekanntesten Sprachen ist jedoch sachgerecht und angemessen, wie der EuGH und das EuG wiederholt festgestellt haben.[137]

111   In einseitigen Verfahren ist **Verfahrenssprache** die Sprache, in der die Anmeldung der Gemeinschaftsmarke **eingereicht** worden ist. Ist die Anmeldung in einer Sprache, die nicht eine Sprache des Amtes ist, eingereicht worden, so kann das Amt für **schriftliche Mitteilungen** an den Anmelder auch die zweite Sprache wählen, die dieser in der Anmeldung angegeben hat (Art. 119 Abs. 4 GMV). „Schriftliche Mitteilungen" iSd Art. 119 Abs. 4 GMV sind alle Mitteilungen, die inhaltlich keine Verfahrenshandlungen darstellen, wie z. B. die Schreiben, mit denen das Amt Verfahrenshandlungen übermittelt oder den Anmeldern Auskünfte erteilt.[138] Der EuGH betonte, dass das Amt alle Verfahrenshandlungen in der Sprache abzufassen habe, in der die Anmeldung eingereicht worden sei.[139] Der Begriff „Verfahrenshandlung" umfasse alle Handlungen, die die Gemeinschaftsvorschriften für die Behandlung der Anmeldung einer Gemeinschaftsmarke verlangen oder vorsehen würden einschließlich derjenigen, die für diese Behandlung erforderlich seien, so der EuGH.[140] Verfahrenshandlungen in diesem Sinne sind z. B. Benachrichtigungen, Berichtigungs-, Auskunftsersuchen oder andere Handlungen. In der Praxis kann der Anmelder im Anmeldeformular ein Feld ankreuzen, wenn er damit einverstanden ist, dass die angegebene zweite Sprache die Korrespondenzsprache ist. Nur wenn der Anmelder dieses Feld ankreuzt, wird das Verfahren in der zweiten Sprache geführt. Ansonsten ist die Sprache der Einreichung der Anmeldung die Korrespondenzsprache.[141]

112   In mehrseitigen Verfahren können die Parteien **vereinbaren**, dass eine von ihnen gemeinsam gewählte Amtssprache der Europäischen Union Verfahrenssprache wird (Art. 119 Abs. 7 GMV). Die Beteiligten müssen das Amt vor Beginn des Verfahrens über die Eini-

---

[136a]   Dazu Eisenführ/*Schennen*, GMV, Art. 119 Rn 18.

[137]   EuGH, GRUR Int. 2004, 35 (Nr. 92–94) – *Kik*; EuG GRUR Int. 2009, 417 (Nr. 54) – *Neurim Pharmaceuticals*.

[138]   EuGH GRUR Int. 2004, 35 (Nr. 47) – *Kik*.

[139]   EuGH GRUR Int. 2004, 35 (Nr. 46) – *Kik*.

[140]   EuGH GRUR Int. 2004, 35 (Nr. 46, 47) – *Kik*.

[141]   Mitteilung Nr. 4/04 des Präsidenten des Amtes vom 30. 4. 2004.

gung hinsichtlich der Sprachen unterrichten (s. Regel 16 Abs. 2 S. 1 GMDV und Regel 38 Abs. 3 S. 1 GMDV). Die Widerspruchsschrift bzw. der Antrag auf Erklärung des Verfalls oder der Nichtigkeit können bereits in der von den Parteien gewählten Sprache eingereicht werden.[142]

In der Regel treffen die Parteien keine Vereinbarung hinsichtlich der Verfahrenssprache. **113** Fehlt eine Einigung, sieht Art. 119 Abs. 5 GMV vor, dass **Widersprüche und Anträge auf Erklärung des Verfalls oder der Nichtigkeit** in einer der fünf Sprachen des Amtes einzureichen sind.[143] Entspricht die vom Widersprechenden bzw. Antragsteller gewählte Sprache des Amtes der Sprache, in der die Anmeldung eingereicht wurde, oder der in der Anmeldung angegebenen zweiten Sprache, so wird diese Sprache Verfahrenssprache.

Beispiel: Die Gemeinschaftsmarke wurde auf Niederländisch eingereicht. Als zweite Sprache wurde in der Anmeldung Englisch angegeben. Da die Sprache des Widerspruchs nur eine der fünf Sprachen des Amtes sein kann, muss ein Widerspruch gegen die Anmeldung auf Englisch eingereicht werden. Englisch wird dann Verfahrenssprache.

Ist die vom Widersprechenden oder Antragsteller gewählte Sprache des Amtes keine der **114** beiden Sprachen der Anmeldung, so muss eine Übersetzung in der Sprache, in der die Anmeldung der Gemeinschaftsmarke eingereicht wurde – sofern sie eine Sprache des Amtes ist –, oder in der bei der Einreichung der Anmeldung der Gemeinschaftsmarke angegebenen zweiten Sprache vorlegt werden. Diese Sprache wird dann Verfahrenssprache.

Beispiel: Die Gemeinschaftsmarke wurde auf Deutsch eingereicht. Als zweite Sprache wurde Spanisch angegeben. Nach Eintragung der Marke wird ein Nichtigkeitsantrag auf Englisch gestellt. Da beide Sprachen der Gemeinschaftsmarke Sprachen des Amtes sind, ist der Verfallsantrag nach Wahl des Antragstellers in eine dieser Sprachen zu übersetzen. Die Sprache der Übersetzung wird Verfahrenssprache.

---

[142] Str.; a. A. Eisenführ/*Schennen*, GMV, Art. 119 Rn. 39 u. 54: Die Wahl einer anderen EU-Sprache als Verfahrenssprache sei erst möglich, nachdem der Widerspruch in einer nach Art. 119 Abs. 5 u. 6 GMV zulässigen Verfahrenssprache eingelegt worden sei. Der Hinweis auf die von den Parteien gewählte Sprache in Regel 16 Abs. 2 S. 1 u. 38 Abs. 3 S. 1 GMDV beruhe auf einem Redaktionsversehen. Allerdings stimmt der Wortlaut dieser Vorschriften insoweit mit den vor Änderung der Durchführungsverordnung geltenden Regeln 17 Abs. 3 GMDV a. F. (*„wenn die Widerspruchsschrift nicht in dieser Sprache eingereicht worden war“*) und 38 Abs. 3 GMDV a. F. (*„wo der Antrag nicht in der betreffenden Sprache gestellt wurde“*) überein. Dies deutet darauf hin, dass nach dem Willen des Gesetzgebers bereits die Widerspruchsschrift bzw. der Verfalls- oder Nichtigkeitsantrag in der von den Parteien gewählten Sprache eingereicht werden können. Auch aus Art. 119 Abs. 7 GMV ergibt sich nicht, dass der Widerspruch oder Antrag zunächst in einer Sprache des Amtes eingereicht werden müsste.
[143] Wird der Widerspruch bzw. der Löschungsantrag nicht in einer der fünf Sprachen des Amtes eingereicht, ist er rechtlich wirkungslos. Allerdings stellt das Amt sowohl für die Erhebung eines Widerspruchs als auch für den Antrag auf Feststellung des Verfalls oder der Nichtigkeit Formblätter in allen Amtssprachen der EU zur Verfügung (Regel 83 Abs. 1 lit. b u. lit. c GMDV). Diese Formblätter genügen, vorausgesetzt, dass alle Textbestandteile in einer Sprache des Amtes ausgefüllt sind (Regel 95 lit. b GMDV). Dazu unten § 3 Rdn. 39.

115   In welchen Fällen und innerhalb welcher Frist eine Übersetzung der Widerspruchsschrift oder des Löschungsantrags eingereicht werden muss, wird in den Abschnitten zum Widerspruch bzw. Löschungsverfahren erörtert.[144]

116   Während Art. 119 Abs. 5 GMV vorsieht, dass Widersprüche und Anträge auf Erklärung des Verfalls oder der Nichtigkeit in einer der fünf Sprachen des Amtes einzureichen sind, stellt Regel 95 lit. a GMDV klar, dass **alle übrigen Anträge oder Erklärungen, die sich auf die Anmeldung einer Gemeinschaftsmarke beziehen**, in der Sprache der Anmeldung der Gemeinschaftsmarke oder in der vom Anmelder in seiner Anmeldung angegebenen zweiten Sprache gestellt werden. Außerdem gilt gemäß Regel 95 lit. b GMDV, dass alle Anträge oder Erklärungen, die sich auf eine **eingetragene Gemeinschaftsmarke** beziehen, in einer Sprache des Amtes gestellt bzw. abgegeben werden. Wird für den Antrag jedoch eines der vom Amt gemäß Regel 83 bereitgestellten Formblätter verwendet, so genügen die Formblätter in einer der Amtssprachen der EU, vorausgesetzt, dass das Formblatt, soweit es Textbestandteile betrifft, in einer der Sprachen des Amtes ausgefüllt ist.

117   Regel 95 GMDV bezieht sich also auf **„Annexverfahren"**, die die angemeldete oder eingetragene Gemeinschaftsmarke betreffen. Die Vorschrift gilt insbesondere für die Teilungserklärung (Art. 44 u. 49 GMV), Anträge auf Rechtsübergänge oder die Eintragung von Lizenzen oder anderen Rechten, Anträge auf Akteneinsicht, Anträge auf Umwandlung der angemeldeten oder eingetragenen Gemeinschaftsmarke (Art. 112–114 GMV), Änderungen der Gemeinschaftsmarke nach Art. 48 GMV, Anträge auf Eintragung eines Verzichts (Art. 50 GMV) und Verlängerungsanträge (Art. 47 Abs. 1 GMV).

> **Beispiel:** Erklärt der Anmelder die Teilung der Anmeldung nach Art. 44 GMV, so kann die Erklärung in einer der beiden Sprachen der Anmeldung eingereicht werden (Regel 95 lit. a GMDV). Der Verzicht auf eine eingetragene Gemeinschaftsmarke gemäß Art. 50 GMV kann in einer der Sprachen des Amtes erklärt werden (Regel 95 lit. b GMDV).

118   Regel 95 GMDV bezieht sich nur auf verfahrenseinleitende Anträge und Erklärungen. Regel 96 GMDV regelt die anschließende Korrespondenz im **schriftlichen Verfahren.** Dabei unterscheidet Regel 96 GMDV zwischen eingereichten **Schriftsätzen** (Regel 96 Abs. 1 GMDV) und **ergänzenden Schriftstücken** (Regel 96 Abs. 2 GMDV). Für die Einreichung von **Schriftsätzen** gilt, dass jeder Beteiligte im schriftlichen Verfahren vor dem Amt grundsätzlich jede der fünf Sprachen des Amtes benutzen kann. Ist die von einem Beteiligten gewählte Sprache nicht die Verfahrenssprache, so muss der Verfahrensbeteiligte in *inter partes* Verfahren innerhalb eines Monats nach Vorlage des Originalschriftstücks eine Übersetzung in der Verfahrenssprache einreichen. In einseitigen Verfahren kann die Übersetzung auch in der vom Anmelder in seiner Anmeldung angegebenen zweiten Sprache vorgelegt werden, wenn die für die Anmeldung der Gemeinschaftsmarke benutzte Sprache keine Sprache des Amtes ist. **Ergänzende Unterlagen**, die in Verfahren vor dem Amt verwendet werden sollen, können in jeder EU-Amtssprache eingereicht werden. Soweit die Schriftstücke nicht in der Verfahrenssprache abgefasst sind, kann das Amt jedoch verlangen, dass eine Übersetzung innerhalb einer vom Amt festgesetzten Frist in dieser Verfahrenssprache oder nach der Wahl des Beteiligten in einer der Sprachen des Amtes nachgereicht wird.

---

[144]   Siehe unten § 3 Rdn. 37–40 und § 4 Rdn. 60.

Regel 96 GMDV kommt allerdings nur zur Anwendung, soweit keine **gegenteiligen** 119
Sondervorschriften existieren.[145] Regel 96 GMDV ist insbesondere in folgenden Fällen
anwendbar:

- Der Anmelder kann im **Anmeldeverfahren** nach Regel 96 Abs. 1 GMDV die zweite
  Sprache als Verfahrenssprache wählen. Unterlagen für die Beanspruchung einer Seniorität
  können gemäß Regel 96 Abs. 2 in jeder EU-Sprache eingereicht werden.[146]
- Im **Widerspruchsverfahren** kann der Widersprechende Schriftsätze (aber nicht ergänzende Unterlagen, siehe **Regel 19 Abs. 3 GMDV**) gemäß Regel 96 Abs. 1 GMDV in
  jeder Sprache des Amtes einreichen. Der Schriftsatz ist binnen eines Monats nach Vorlage
  des Originals in die Verfahrenssprache zu übersetzen. Dasselbe gilt für vom Anmelder eingereichte Schriftsätze. Außerdem kann der Anmelder – anders als der Widersprechende –
  ergänzende Unterlagen in jeder Amtssprache der EU einreichen, Regel 96 Abs. 2 GMDV.
- Im **Verfalls- oder Nichtigkeitsverfahren** gilt Regel 96 Abs. 1 und 2 GMDV für den
  Inhaber der Gemeinschaftsmarke.
- Regel 96 GMDV kommt für die anschließende Korrespondenz (aber nicht für die verfah-
  renseinleitenden Anträge oder Erklärungen) in den sog. **„Annexverfahren"**[147] zur Anwendung.

Ist die Übersetzung eines Schriftstücks einzureichen, so muss sie auf das Originalschrift- 120
stück Bezug nehmen und die **Struktur und den Inhalt des Originalschriftstücks** wiedergeben (Regel 98 Abs. 1 GMDV). Von der Möglichkeit, eine Beglaubigung der Übersetzung zu verlangen (vgl. Regel 98 Abs. 1 S. 2 GMDV), macht das Amt in aller Regel keinen
Gebrauch.

Wird die Übersetzung **nicht fristgerecht eingereicht**, so gilt ein Schriftstück, für das 121
eine Übersetzung einzureichen ist, grundsätzlich als nicht beim Amt eingegangen (Regel 98
Abs. 2 lit. a GMDV).[148] Allerdings kann das Amt verspätet eingereichte Übersetzungen unter
den Voraussetzungen des Art. 76 Abs. 2 GMV berücksichtigen.[149]

V. Vertretung und Vollmacht

Schrifttum: *Schennen,* Die Vertretung vor dem Harmonisierungsamt für den Binnenmarkt, Mitt.
1996, 361.

1. Grundsätze der Vertretung vor dem Amt. Natürliche oder juristische Personen, 122
die in der Europäischen Union ansässig sind, müssen sich in einem Verfahren vor dem Amt
nicht durch einen zugelassenen Vertreter vertreten lassen. Voraussetzung ist, dass die Partei
ihren Wohnsitz oder Sitz oder eine tatsächliche und nicht nur zum Schein bestehende gewerbliche oder Handelsniederlassung in der EU hat. Ist der Verfahrensbeteiligte nicht in der

---

[145] *Leges speciales* zu Regel 96 GMDV sind insbesondere: Regel 6 Abs. 3 GMDV für Prioritätsunter-
lagen, Regel 19 Abs. 3 GMDV für Unterlagen zur Substantiierung des Widerspruchs, Regel 22 Abs. 6
GMDV für Benutzungsunterlagen, Regel 38 Abs. 2 GMDV für im Löschungsverfahren einzureichende
Unterlagen oder Regel 76 Abs. 3 GMDV für Vollmachten.

[146] Mitteilung Nr. 3/96 des Präsidenten des Amtes vom 22.3. 1996.

[147] Siehe oben Rdn. 117.

[148] Vgl. auch Regel 19 Abs. 4 GMDV für nicht oder verspätet eingereichte Übersetzungen von Unterlagen zur Substantiierung des Widerspruchs.

[149] Dazu oben Rdn. 57–67.

EU ansässig, muss er einen **zugelassenen Vertreter** iSd Art. 93 GMV bestellen. Ein in der EU ansässiger Verwandter oder Bekannter des Anmelders kann nicht als Vertreter agieren. Als zugelassene Vertreter werden vom Amt vielmehr nur folgende Personen akzeptiert:

- **Rechtsanwälte**, die in einem der Mitgliedstaaten zugelassen sind und ihren Geschäftssitz in der Europäischen Union haben, soweit sie in diesem Staat die Vertretung auf dem Gebiet des Markenwesens ausüben können (Art. 93 Abs. 1 lit. a GMV).[150] Dazu zählen Personen, die in der entsprechenden nationalen Anwaltschaft zugelassen sind bzw. ihre beruflichen Tätigkeiten beispielsweise unter einer der folgenden Berufsbezeichnungen auszuüben berechtigt sind: „Rechtsanwalt" (Deutschland und Österreich), „Advocaat" (Niederlande), „Avvocato" (Italien), „solicitor"/„barrister"/„advocate" (Großbritannien), „Avocat" (Frankreich), „solicitor"/„barrister" (Irland)[151] oder „abogado" (Spanien)[152]. Rechtsanwälte iSd Art. 93 Abs. 1 lit. a GMV haben ein absolutes Recht zur Vertretung von Mandanten vor dem Amt. Sie werden daher nicht in die Liste der zugelassenen Vertreter beim Amt eingetragen.[153]
- **Zugelassene Vertreter**, die in einer beim Amt geführten **Liste eingetragen** sind (Art. 93 Abs. 1 lit. b GMV). Der Vertreter muss einen schriftlichen Antrag stellen, um in die Liste aufgenommen zu werden.[154] Der Antragsteller muss die Staatsangehörigkeit eines Mitgliedstaats der EU besitzen, seinen Geschäftssitz oder Arbeitsplatz in der EU haben und befugt sein, natürliche oder juristische Personen auf dem Gebiet des Markenwesens vor der Zentralbehörde für den gewerblichen Rechtsschutz eines Mitgliedstaats zu vertreten. Dem Antrag ist eine Bescheinigung der Zentralbehörde für den gewerblichen Rechtsschutz des betreffenden Mitgliedstaats beizufügen, aus der sich die Vertretungsbefugnis vor dem nationalen Amt ergibt.[155] Eine solche Vertretungsbefugnis besitzen beispielsweise **Patentanwälte** in Deutschland und Österreich. Eine **Löschung** von der Liste der zugelassenen Vertreter ist auf Antrag oder von Amts wegen unter den Voraussetzungen der Regel 78 GMDV vorgesehen.

123   Außerdem kann sich ein **außerhalb der EU ansässiges Unternehmen** von einem Angestellten eines anderen in der EU ansässigen Unternehmens vertreten lassen, sofern beide Unternehmen **wirtschaftlich miteinander verbunden** sind (Art. 92 Abs. 3 S. 2 GMV). Eine wirtschaftliche Verbindung besteht, wenn zwischen den beiden juristischen Personen eine geschäftliche Abhängigkeit herrscht. Dies ist der Fall, wenn beide Unternehmen eine wirtschaftliche Einheit bilden, ein Unternehmen das andere kontrolliert, weil es beispielsweise über den größeren Anteil des Kapitals oder über die Mehrheit der Anteile des anderen Unternehmens verfügt oder weil es mehr als die Hälfte der Mitglieder der Geschäftsführung

---

[150] Der Begriff „Rechtsanwalt" wird von der Richtlinie 98/5/EG des Europäischen Parlaments und des Rates vom 16. Februar 1998 definiert.

[151] Mitteilung Nr. 2/99 des Präsidenten des Amtes vom 7.5. 1999.

[152] Mitteilung Nr. 2/96 des Präsidenten des Amtes vom 22.3. 1996.

[153] Mitteilung Nr. 4/96 des Präsidenten des Amtes vom 19.7. 1996. Eine Eintragung in die Liste wäre nur dann möglich, wenn ein zugelassener Vertreter, der auf der Liste steht, zugleich Rechtsanwalt ist und diese Doppelqualifikation nach dem Rechtssystem des jeweiligen Mitgliedstaates zulässig ist.

[154] Ein Antragsformular ist auf der Internetseite des Amtes www.oami.europa.eu erhältlich: Home > Formulare > nicht elektronische Formulare.

[155] Ein Formular für die Bescheinigung ist auf der Internetseite des Amtes (www.oami.europa.eu) abrufbar: Home > Formulare > nicht elektronische Formulare.

des anderen Unternehmens ernennen kann.[156] Nicht ausreichend ist dagegen eine Verbindung kraft einer Lizenzvereinbarung für eine Marke oder eine einfache Geschäftsbeziehung auf der Basis einer Vertriebs- oder Franchisevereinbarung. Besteht keine wirtschaftliche Verbindung zwischen den Unternehmen, könnte sich das außerhalb der EU ansässige Unternehmen auch von einem Mitarbeiter des in der EU ansässigen Unternehmens vertreten lassen, sofern dieser Mitarbeiter als Rechtsanwalt zugelassen ist oder auf der Liste der zugelassenen Vertreter des HABM steht und er die Vertretung als privater Anwalt bzw. Vertreter übernimmt.

Der **Vertretungszwang** für nicht in der EU ansässige natürliche oder juristische Unter- **124** nehmen gilt **nicht** für die **Einreichung von Gemeinschaftsmarkenanmeldungen**. Gemeinschaftsmarken können also auch direkt von Personen außerhalb der EU angemeldet werden. Allerdings fordert das Amt den außerhalb der EU ansässigen Anmelder **unmittelbar nach der Anmeldung** auf, einen Vertreter zu bestellen. Dies gilt auch dann, wenn die Anmeldung ansonsten nicht zu beanstanden ist. Kommt der Anmelder dieser Aufforderung nicht fristgerecht nach, wird die Anmeldung nach Art. 92 Abs. 2 GMV iVm Regel 9 Abs. 3 und 4 GMDV zurückgewiesen. Allerdings kann der Mangel noch **in der Beschwerdeinstanz „geheilt"** werden, wenn der Anmelder nach der Zurückweisung einen Vertreter bestellt und gegen die Entscheidung Beschwerde einlegt.[157]

Unterliegt der Widersprechende in einem Widerspruch oder der Antragsteller in einem **125** Verfalls- bzw. Nichtigkeitsverfahren dem Vertretungszwang und legt der bestellte Vertreter im Laufe des Verfahrens die Vertretung nieder, so fordert das Amt die Partei auf, binnen einer vom Amt gesetzten Frist einen **neuen Vertreter** zu bestellen. Geschieht dies nicht, wird der Widerspruch oder der Verfalls- bzw. Nichtigkeitsantrag zurückgewiesen.[158]

Juristische Unternehmen, die **in der EU ansässig** sind, können sich von einem zuge- **126** lassenen Vertreter iSd Art. 93 GMV vertreten lassen, sind dazu aber nicht verpflichtet. Es reicht aus, wenn sich die juristische Person vor dem Amt durch ihren gesetzlichen Vertreter, einen ihrer Angestellten (Art. 92 Abs. 3 S. 1 GMV) oder einen Angestellten eines wirtschaftlich verbundenen Unternehmens (Art. 92 Abs. 3 S. 2 GMV) vertreten lässt. Übernimmt ein Angestellter eines wirtschaftlich verbundenen Unternehmens die Vertretung, muss jedes Schriftstück von diesem Angestellten unterzeichnet werden. Fehlt es an der notwendigen wirtschaftlichen Verbindung zwischen den Unternehmen, kann die Rechtsabteilung des dritten Unternehmens den am Verfahren Beteiligten zwar beraten; jedoch müssen die Schriftstücke von dem Angestellten oder gesetzlichen Vertreter des am Verfahren beteiligten Unternehmens unterzeichnet werden.

Regel 75 GMDV regelt die **gemeinsame Vertretung**: Wird eine Gemeinschaftsmarke **127** von mehreren Personen angemeldet und kein gemeinsamer Vertreter bezeichnet, so gilt der Anmelder, der in der Anmeldung als Erster genannt ist, als gemeinsamer Vertreter. Ist einer der Anmelder jedoch nicht in der EU ansässig, so muss ein zugelassener Vertreter iSd Art. 93 GMV bestellt werden, und zwar auch dann, wenn die übrigen Anmelder ihren Sitz oder Wohnsitz in der EU haben. Entsprechendes gilt für gemeinsame Inhaber von Gemeinschafts-

---

[156] HABM-BK, 21.12. 2009, R 1621/2006-4 – *D-RAINTANK*.
[157] HABM-BK, 13.8. 2010, R 122/2010-2 – *GOOGLE WAVE* und R 123/2010-2 – *wave design*; 17.11. 2009, R 430/2009-4 – *S-SUPERTAP*; 29.4. 2008, R 358/2008-2 – *MIRACA*; 23.10. 2006, R 521/2006-4 – *GREEN PLUS*.
[158] Vgl. HABM-BK, 19.11. 2009, R 948/2008-1 – *5ive Jungle*.

marken und mehrere Personen, die gemeinsam Widerspruch erheben oder einen Antrag auf Erklärung des Verfalls oder der Nichtigkeit stellen (Regel 75 Abs. 1 S. 3 GMDV).

128 Regel 75 Abs. 1 GMDV gilt entsprechend, wenn im Laufe des Verfahrens ein **Rechtsübergang** auf mehrere Personen erfolgt und diese Personen keinen gemeinsamen Vertreter bezeichnet haben (Regel 75 Abs. 2 GMDV). Lässt sich ein gemeinsamer Vertreter nach Regel 75 Abs. 1 GMDV nicht bezeichnen, fordert das Amt die genannten Personen auf, innerhalb von zwei Monaten einen gemeinsamen Vertreter zu bestellen. Wird dieser Aufforderung nicht entsprochen, so bestimmt das Amt den gemeinsamen Vertreter (Regel 75 Abs. 2 S. 3 GMDV).

129 Regel 75 GMDV regelt die Bestellung eines gemeinsamen Vertreters, wenn eine Marke einer Personenmehrheit gehört oder auf eine Personenmehrheit übertragen wird. Nicht von dieser Vorschrift erfasst ist die Situation, dass die Gemeinschaftsmarke in einem laufenden Verfahren teilweise übertragen wird. Jeder Markeninhaber hat hier die Möglichkeit, einen eigenen Vertreter zu benennen.[159]

> **Beispiel:** Ein Widerspruch basiert auf den Klassen 7 und 11 einer älteren Gemeinschaftsmarke. Im Laufe des Widerspruchsverfahrens wird Klasse 7 der älteren Gemeinschaftsmarke auf ein drittes Unternehmen übertragen. Der alte und der neue Inhaber der Gemeinschaftsmarke wollen das Verfahren fortführen. Der neue Inhaber will sich allerdings von einer anderen Kanzlei vertreten lassen. Regel 75 GMDV ist nicht anwendbar. Auch wenn die Widerspruchsabteilung das Verfahren als einen Widerspruch behandelt,[160] kann jeder Widersprechende einen Vertreter seiner Wahl benennen.

130 Alle Zustellungen oder anderen Mitteilungen des Amtes an den ordnungsgemäß bevollmächtigten Vertreter haben dieselbe **Wirkung**, als wären sie an die vertretene Person gerichtet. Alle Mitteilungen des ordnungsgemäß bevollmächtigten Vertreters an das Amt haben dieselbe Wirkung, als wären sie von der vertretenen Person an das Amt gerichtet (Regel 77 S. 2 GMDV).

131 **Wechselt** eine Partei den **Vertreter**, so reicht es aus, wenn der neue Vertreter das Amt schriftlich darüber informiert, dass der alte Vertreter in diesem Verfahren nicht mehr tätig ist. Eine Vollmacht muss nur eingereicht werden, wenn der neue Vertreter ein Angestellter der Partei ist. Das Amt bestätigt den Vertreterwechsel schriftlich und veröffentlicht ihn anschließend.

132 Das Amt bietet auf seiner Internetseite eine kostenlose und täglich aktualisierte Vertreterrecherche (**„FindRep"**) an, auf der Informationen über alle beim Amt tätigen Vertreter (Zusammenschlüsse, Angestellte, Rechtsanwälte oder vor dem Amt zugelassene Vertreter) abgerufen werden können.

133 **Ändert sich** der **Name** oder die **Adresse** des Vertreters, so kann dieser das Amt entweder schriftlich über die Änderung informieren oder – sofern der Vertreter das System „MYPAGE" benutzt – diese direkt selbst vornehmen. Die Änderung wird anschließend im Amtsblatt des HABM veröffentlicht.

---

[159] Widerspruchsrichtlinien des HABM, Teil 1 (Verfahrensfragen), E.VIII.1.2.3.
[160] Siehe unten Rdn. 176, 181.

2. Vollmacht. Das Amt überprüft grundsätzlich nicht, ob eine Vollmacht vorliegt. **Zu-** 134
gelassene Vertreter iSd Art. 93 GMV müssen nur auf ausdrückliches Verlangen des Amtes oder bei mehreren Verfahrensbeteiligten auf ausdrückliches Verlangen der Gegenpartei
eine unterzeichnete Vollmacht zu den Akten geben (Regel 76 Abs. 1 GMDV). Das Amt verlangt eine Vollmacht nur dann, wenn besondere Gründe vorliegen, die Zweifel an dem Vorliegen einer ordnungsgemäßen Vollmacht des Vertreters aufkommen lassen.[161] Wird ein Unternehmen durch einen **Angestellten** vertreten, muss dagegen immer eine unterzeichnete
Vollmacht eingereicht werden (Regel 76 Abs. 2 GMDV). Entsprechendes gilt für den Widerruf einer Vollmacht (vgl. Regel 76 Abs. 5 GMDV).

Ist eine Vollmacht vorzulegen, setzt das Amt eine entsprechende **Vorlagefrist** fest. 135
Wird die Vollmacht nicht fristgerecht eingereicht, setzt das Amt das Verfahren mit dem
Vertretenen fort (Regel 76 Abs. 4 S. 2 GMDV). Die Handlungen des Vertreters mit Ausnahme der Einreichung der Anmeldung gelten als nicht erfolgt, wenn der Vertretene sie
nicht innerhalb einer vom Amt gesetzten Frist genehmigt. Ist der Vertretene nicht in der EU
ansässig, muss er einen zugelassenen Vertreter iSd Art. 93 GMV bestellen.

Die Vollmacht kann – ebenso wie ihr Widerruf – **in jeder Amtssprache der EU** vor- 136
gelegt werden (Regel 76 Abs. 3 GMDV).[162] Die Vollmacht kann sich auf eine oder mehrere
Markenanmeldungen oder -eintragungen erstrecken oder als allgemeine Vollmacht zur Vertretung in sämtlichen Verfahren vor dem Amt berechtigen, an denen der Vollmachtgeber beteiligt ist.

Erlischt die Vollmacht, so wird der Vertreter so lange weiter als Vertreter angesehen, bis 137
dem Amt das Erlöschen der Vollmacht angezeigt worden ist (Regel 76 Abs. 6 GMDV). Mit
dem Tod des Vollmachtgebers erlischt die Vollmacht nicht, es sei denn, dass in der Vollmacht
etwas anderes vorgesehen ist (Regel 76 Abs. 7 GMDV).

Teilt ein vor dem Verfahren Beteiligter dem Amt mit, dass er einen Vertreter bestellt hat, 138
so sind der Name und die Geschäftsanschrift des Vertreters anzugeben. Wird ein bereits bestellter Vertreter vor dem Amt tätig, muss er seinen Namen und vorzugsweise seine ihm vom
Amt zugeteilte **Identifikationsnummer (ID)** angeben. Diese Nummer erhält jeder zugelassene Vertreter, sobald er in einem Verfahren vor dem Amt als Vertreter tätig wird.

Hat ein Beteiligter mehrere Vertreter bestellt, so sind diese ungeachtet einer abweichen- 139
den Bestimmung in der Vollmacht berechtigt, sowohl gemeinschaftlich als auch einzeln zu
handeln.

Nur natürliche Personen sind vor dem Amt vertretungsbefugt. Die Bestellung oder Be- 140
vollmächtigung eines **Zusammenschlusses von Vertretern** gilt als Bestellung oder Bevollmächtigung jedes einzelnen Vertreters, der in diesem Zusammenschluss tätig ist (Regel
76 Abs. 8 GMDV). Der Vertreter des Zusammenschlusses, der das Schriftstück unterzeichnet, muss ein zugelassener Vertreter iSd Art. 93 Ab. 1 GMV sein.

VI. Beweisaufnahme

Schrifttum: *Rusconi*, The evidential value of declarations under the scrutiny of the CFI, EIPR
2006, 442; *Wehlau/Kalbfus*, Die Versicherung an Eides Statt als Mittel der Glaubhaftmachung, Mitt.
2011, 165.

---

[161] Mitteilung Nr. 2/03 des Präsidenten des Amtes vom 10.2. 2003.
[162] Ein deutsches Vollmachtformular ist auf der Internetseite des Amtes (www.oami.europa.eu) abrufbar. Home > Formulare > Nicht elektronische Formulare.

141 Art. 78 GMV regelt die Beweisaufnahme vor dem Amt. Die Vorschrift wird durch die Regeln 57–60 GMDV ergänzt. In der Praxis erfolgt die Beweisaufnahme fast ausschließlich durch die formlose Verwertung der von den Parteien vorgelegten Auskünften (Art. 78 Abs. 1 lit. b GMV), Urkunden und Beweisstücken (Art. 78 Abs. 1 lit. c GMV) und schriftlichen Erklärungen unter Eid oder an Eides Statt (Art. 78 Abs. 1 lit. f GMV). Regel 57 Abs. 1 GMDV sieht eine förmliche Beweisaufnahme durch Entscheidung vor, wenn das Amt die Vernehmung von Beteiligten, Zeugen oder Sachverständigen oder eine Augenscheinsannahme für erforderlich hält. Diese Art der Beweisaufnahme spielt in der Praxis allerdings keine Rolle. Nur im Ausnahmefall lässt das Amt in *ex parte* Verfahren von sich aus ein Sachverständigengutachten einholen (Art. 78 Abs. 1 lit. e GMV).[162a]

142 **1. Gegenstand der Beweisaufnahme.** Nur Tatsachen, die beweisbedürftig und entscheidungserheblich sind, müssen bewiesen werden.[163] **Rechtsfragen und Werturteile** sind keine Tatsachen und damit auch keinem Beweis zugänglich. So kann das Vorliegen einer „Verwechslungsgefahr" nach Art. 8 Abs. 1 lit. b GMV nicht „bewiesen" werden. Auch das Vorliegen eines absoluten Eintragungshindernisses ist eine rechtliche Wertung, die schon ihrer Natur nach einem Beweise nicht zugänglich ist.[164] Beweisen lassen sich allerdings die Tatsachen, die den Werturteilen oder Rechtsfragen zugrunde liegen: Weist der Widersprechende beispielsweise nach, dass die von den Konfliktmarken umfassten Waren in der Regel von denselben Unternehmen produziert werden und auf denselben Vertriebsschienen verteilt werden, so ist das eine dem Beweis zugängliche Tatsache, die bei der Beurteilung der Warenähnlichkeit und damit auch bei der Bewertung einer Verwechslungsgefahr berücksichtigt werden muss.

143 Nicht beweisbedürftig sind ferner **allgemein bekannte Tatsachen** sowie auf der allgemeinen praktischen Erfahrung beruhende **Erfahrungssätze.** So ist die Bedeutung von Wörtern, die in einem allgemeinen Wörterbuch stehen, nicht nachzuweisen. Ebenso ist das Fehlen originärer Unterscheidungskraft nicht anhand konkreter Beispiele zu belegen, wenn das Amt sich bei seiner Beurteilung auf Tatsachen stützt, die auf der allgemeinen praktischen Erfahrung mit der Vermarktung von Massenkonsumgütern beruhen und die jedermann und insbesondere den Verbrauchern dieser Waren bekannt sein können.[165]

144 Kommt es bei der Anwendung der Gemeinschaftsmarkenverordnung auf nationale Rechtsvorschriften an (z.B. bei der Frage, ob ein relatives Schutzhindernis nach Art. 8 Abs. 4 GMV oder Art. 53 Abs. 2 GMV besteht oder ob die ältere Marke nach nationalem Recht noch gültig ist), so obliegt es grundsätzlich dem Amt, die **maßgeblichen nationalen Vorschriften** zu kennen und zu überprüfen. Kennt das Amt das nationale Recht nicht, so muss es sich darüber Kenntnis verschaffen.[166]

145 Schließlich sind solche Tatsachen nicht beweisbedürftig, die **unstreitig** sind oder für die Entscheidung **unerheblich** sind.[167]

[162a] Siehe z.B. HABM-BK, 21.9. 2011, R 1105/2010-5 – *Flugbörse II.*
[163] Eisenführ/*Schennen*, GMV, Art. 78 Rn. 6.
[164] EuG GRUR Int. 2006, 413 (Nr. 15) – *Develey.*
[165] EuG GRUR Int. 2006, 413 (Nr. 19) – *Develey.*
[166] EuG WRP 2006, 1357 (Nr. 31, 36, 38) – *Metro*; GRUR Int. 2005, 686 (Nr. 34–38) – *Atomic Blitz.* Dazu unten § 3 Rdn. 85, 104–105 und § 4 Rdn. 45.
[167] Eisenführ/*Schennen*, GMV, Art. 78 Rn. 14–16 m.w.N.

2. Beweislast. In dem Verfahren vor dem Amt gilt der Amtsermittlungsgrundsatz: Da- **146** nach ermittelt das Amt den Sachverhalt von Amts wegen (Art. 76 Abs. 1 S. 1 GMV). In Verfahren bezüglich relativer Eintragungshindernisse ist das Amt jedoch bei der Ermittlung des Sachverhalts auf das Vorbringen und die Anträge der Beteiligten beschränkt (Art. 76 Abs. 1 S. 2 GMV).

Die Prüfung **absoluter Schutzhindernisse** ist ein Verfahren, das dem Amtsermittlungs- **147** grundsatz unterliegt. Das Amt hat bei der Prüfung der absoluten Eintragungshindernisse von Amts wegen den relevanten Sachverhalt zu ermitteln, aus dem sich seine Feststellung ergeben könnte, dass ein absolutes Eintragungshindernis vorliegt. Bei dieser Prüfung beurteilt das Amt die Umstände des konkreten Falles objektiv und unparteiisch unter Berücksichtigung der maßgeblichen Vorschriften der Gemeinschaftsmarkenverordnung und ihrer Auslegung durch den Gerichtshof der Europäischen Union. Stellt das Amt Tatsachen fest, die ein absolutes Eintragungshindernis begründen, muss es den Anmelder hierüber unterrichten und ihm nach Art. 37 Abs. 3 GMV Gelegenheit geben, die Anmeldung zurückzunehmen, zu ändern oder eine Stellungnahme einzureichen. Beabsichtigt das Amt die Zurückweisung der Anmeldung wegen eines absoluten Eintragungshindernisses, so muss es seine Entscheidung nach Art. 75 S. 1 GMV mit Gründen versehen. Die von dem Amt angeführten Tatsachen zur Untermauerung des absoluten Eintragungshindernisses müssen vom Anmelder überprüft werden können.[168]

Gelangt das Amt zu dem Ergebnis, dass es der angemeldeten Marke von Haus aus an Un- **148** terscheidungskraft fehlt, so darf es seine Beurteilung auf Tatsachen stützen, die auf der **allgemeinen praktischen Erfahrung** mit der Vermarktung von Massenkonsumgütern beruhen und die jedermann und insbesondere den Verbrauchern dieser Waren bekannt sein können.[169] In diesem Fall ist das Amt nicht verpflichtet, durch konkrete Beispiele zu belegen, dass das Zeichen nicht als Hinweis auf die betriebliche Herkunft wahrgenommen wird. Macht der Anmelder entgegen der auf eine solche Erfahrung gestützten Beurteilung des Amtes geltend, dass die Anmeldemarke von Haus aus unterscheidungskräftig sei, so liegt es an ihm, dies durch konkrete und fundierte Angaben darzulegen, weil er dazu wegen seiner genauen Marktkenntnis wesentlich besser in der Lage ist.[170]

Beruft sich der Anmelder darauf, dass das Zeichen infolge seiner Benutzung Unterschei- **149** dungskraft erlangt hat (Art. 7 Abs. 3 GMV), so muss er das Vorliegen der Verkehrsdurchsetzung beweisen.[171]

Im **Widerspruchsverfahren** trifft den Widersprechenden die Beweislast für die Existenz, **150** fortdauernde Gültigkeit und den Schutzumfang des geltend gemachten älteren Rechts. Beruft sich der Widersprechende auf eine gesteigerte Kennzeichnungskraft der älteren Marke aufgrund intensiver Benutzung (Art. 8 Abs. 1 lit. b GMV) oder Bekanntheit (Art. 8 Abs. 5 GMV), so obliegt ihm der Nachweis dafür. Ebenso muss der Widersprechende im Rahmen des Art. 8 Abs. 5 GMV *prima facie* nachweisen, dass die angefochtene Anmeldung die Bekanntheit oder Unterscheidungskraft der älteren Marke ausnutzen oder beeinträchtigen würde. Den Anmelder trifft die Beweislast für einen rechtfertigenden Grund iSd Art. 8 Abs. 5 GMV. Beantragt der Anmelder den Nachweis der Benutzung der älteren Marke, so hat der Widersprechende die Benutzung oder berechtigte Gründe für die Nichtbenutzung

---

[168] EuG GRUR Int. 2007, 330 (Nr. 40–44) – *Gitarre*.
[169] EuG, GRUR Int. 2006, 413 (Nr. 19) – *Develey*. Siehe oben Rdn. 143.
[170] EuG GRUR Int. 2006, 413 (Nr. 21) – *Develey*.
[171] EuG GRUR Int. 2006, 315 (Nr. 62–69) – *Bic-Feuerzeug*.

nach Art. 42 Abs. 2 S. 1 GMV nachzuweisen. Macht der Widersprechende Art. 8 Abs. 4 GMV geltend, so muss er zudem nachweisen, dass das ältere Recht im geschäftlichen Verkehr von mehr als lediglich örtlicher Bedeutung benutzt wurde und dass das ältere Zeichen ihm das Recht verleiht, die Benutzung der jüngeren Marke zu untersagen.[172] Im Rahmen des Art. 8 Abs. 3 GMV muss der Widersprechende das Bestehen eines Agenten- oder Vertreterverhältnisses nachweisen, während den Anmelder die Beweislast für das Vorliegen einer Zustimmung trifft. Entsprechendes gilt für das **Nichtigkeitsverfahren** aus **relativen Gründen**: Was vom Widersprechenden bzw. Anmelder im Widerspruchsverfahren zu beweisen ist, hat der Antragsteller bzw. Markeninhaber im Nichtigkeitsverfahren zu beweisen.

151   Auch im Verfahren auf Erklärung der **Nichtigkeit aus absoluten Gründen** beschränkt sich die Löschungsabteilung auf die Prüfung der Fakten und Argumente, die von den Parteien vorgebracht werden. Sie stellt dazu keine eigenen Nachforschungen an.[172a] Der Amtsermittlungsgrundsatz (Art. 76 Abs. 1 S. 1 GMV) ist insoweit eingeschränkt.[172b] Ergibt die Prüfung das Vorliegen eines Eintragungshindernisses, so ist die Marke gemäß Artikel 57 GMV für nichtig zu erklären. Der Markeninhaber trägt die Beweispflicht für den Nachweis der die **Verkehrsdurchsetzung** begründenden Tatsachen.[173] Die Aufgabe des Amtes ist es, auf der Grundlage der eingereichten Nachweise zu prüfen, ob sich die Marke tatsächlich im Verkehr durchgesetzt hat. Das Amt muss diese Prüfung in vollem Umfang vornehmen und dabei auch die bereits im Eintragungsverfahren und im Beschwerdeverfahren eingereichten Unterlagen nochmals berücksichtigen. Die Nichtigkeitsabteilung kann sich der gebotenen vollständigen Prüfung nicht mit dem Argument entziehen, dass ihr die Überprüfung der im Eintragungsverfahren von der Beschwerdekammer getroffenen Feststellungen zur Verkehrsdurchsetzung verwehrt sei.[174]

152   Im **Verfallsverfahren** trifft den Markeninhaber die Beweislast für die Benutzung (s. Regel 40 Abs. 5 GMDV).

153   Die Voraussetzungen einer **Verwirkung durch Duldung** sind vom Markeninhaber zu beweisen (Art. 54 GMV).

154   **3. Beweismittel.** Neben schriftlichen Auskünften der Parteien (Art. 78 Abs. 1 lit. b GMV) spielen in der Praxis vor allem Urkunden und Beweisstücke (Art. 78 Abs. 1 lit. c GMV) sowie schriftliche Erklärungen unter Eid oder an Eides Statt (Art. 78 Abs. 1 lit. f GMV) eine Rolle. Diese Beweismittel werden vom Amt in freier Beweiswürdigung geprüft.[175]

155   Regel 22 Abs. 4 GMDV gibt Beispiele für Urkunden und Beweisstücke zum Nachweis der rechtserhaltenden Benutzung der Widerspruchsmarke: Verpackungen, Etiketten, Preislisten, Kataloge, Rechnungen, Fotografien und Zeitungsanzeigen. Alle Beweisstücke und Urkunden können als Kopien eingereicht werden.

---

[172] Sind die maßgeblichen nationalen Rechtsvorschriften in den Widerspruchsrichtlinien des HABM (Teil 4, Kapitel 4) aufgeführt, entfällt die Beweislast des Widersprechenden für das Vorliegen des nationalen Rechts, Eisenführ/*Schennen*, GMV, Art. 78 Rn. 51. Siehe dazu unten § 3 Rdn. 104–105.

[172a] Richtlinien des HABM, Teil D, Kapitel 2, 4.1.

[172b] Siehe unten § 4 Rdn. 121.

[173] HABM-BK, 4. 9. 2009, R 1614/2008-4 – *Gelenksteigbügel*.

[174] HABM-BK, 4. 9. 2009, R 1614/2008-4 – *Gelenksteigbügel*.

[175] Eisenführ/*Schennen*, GMV, Art. 78 Rn. 29.

Der Unterschied zwischen einer Urkunde (Art. 78 Abs. 1 lit. c GMV) und einer **156** **schriftlichen Erklärung unter Eid oder an Eides Statt** (Art. 78 Abs. 1 lit. f GMV) liegt darin, dass Letztere strafbewehrt ist. Dies ist aber gerade bei einer eidesstattlichen Versicherung nach deutschem Recht nicht der Fall. Mangels gesetzlicher Grundlage hat das Amt keine Befugnis zur Abnahme eines Eides und ist daher keine zur Abnahme eines Eides zuständige Behörde iSd § 156 StGB. Daher ist die nach deutschem Recht abgegebene eidesstattliche Versicherung kein zulässiges Beweismittel nach Art. 78 Abs. 1 lit. f GMV, sondern ein urkundlicher Nachweis, dessen Zulässigkeit sich aus Art. 78 Abs. 1 lit. c GMV ergibt.[176]

Selbst wenn die vorgelegte „eidesstattliche Versicherung" nach dem maßgeblichen natio- **157** nalen Recht ein zulässiges Beweismittel iSd Art. 78 Abs. 1 lit. f GMV darstellt, ist deren innerer Beweiswert oft begrenzt. Dies gilt insbesondere dann, wenn die eidesstattliche Versicherung von einem Angestellten der Partei unterzeichnet wurde. Daher verlangt das Amt zum Nachweis der Glaubhaftigkeit, dass die in der eidesstattlichen Versicherung gegebenen Informationen durch weitere Urkunden und Beweisstücke untermauert werden.[177]

Praxishinweis: Reicht eine Partei eine eidesstattliche Versicherung ein, so sollte sie darauf achten, dass der eidesstattlichen Versicherung weitere Unterlagen beigefügt sind, die die dort getroffenen Behauptungen stützen. Aussagen zum Umsatz eines Produkts können durch die Abbildung einer Produktverpackung allein nicht belegt werden. Insofern sollten Rechnungen, Werbeanzeigen, Kataloge, Preislisten usw. eingereicht werden, die die Angaben zum Umsatz zumindest **beispielhaft** erläutern und untermauern.

Die **Sprachenregelung** für Urkunden ergibt sich aus Regel 96 Abs. 2 GMDV, wobei die **158** Sondervorschriften der Regeln 19 Abs. 3 und 22 Abs. 6 GMDV zu beachten sind.[178]

VII. Aussetzung, Unterbrechung und Verbindung von Verfahren

1. Aussetzung. Die Aussetzung des Verfahrens ist in der Durchführungsverordnung un- **159** vollständig geregelt. Regel 20 Abs. 7 GMDV enthält Bestimmungen zur Aussetzung des Widerspruchsverfahrens, die über Regel 50 Abs. 1 GMDV auch im Beschwerdeverfahren anwendbar sind. Ein ähnlicher Verweis fehlt für das Nichtigkeits- und Verfallsverfahren, was vermutlich auf einem Redaktionsversehen beruht.[179] Regel 20 Abs. 7 GMDV sollte in diesen Verfahren analog angewendet werden.[180]

Gemäß Regel 20 Abs. 7 lit. a GMDV kann das Amt ein Widerspruchsverfahren aussetzen, **160** wenn der Widerspruch auf einer **Markenanmeldung** beruht. Das Verfahren wird dann solange ausgesetzt, bis in dem betreffenden Anmeldeverfahren eine endgültige Entscheidung getroffen wurde. Entsprechendes gilt, wenn der Widerspruch auf der Anmeldung einer ge-

---

[176] HABM-BK, 5.6. 2007, R 993/2005-4 – *COSANA/SONANA*; Eisenführ/*Schennen*, GMV, Art. 78 Rn. 86–87.
[177] EuG 13.5. 2009, T-183/08 (Nr. 39) – *Jello Schuhpark II*; GRUR Int. 2005, 701 (Nr. 43) – *Salvita*.
[178] Dazu oben Rdn. 119 und unten § 3 Rdn. 114–120, 152.
[179] Regel 41 Abs. 2 GMDV verweist nur auf Regel 21 Abs. 2–4 GMDV.
[180] Vgl. HABM-NA, 22.9. 2009, C 2352 – *GOSHA*.

ographischen Angabe oder Ursprungsbezeichnung nach Verordnung (EG) 510/2006 gestützt ist (Regel 20 Abs. 7 lit. b GMDV).[181]

161 Das Amt setzt das Verfahren aus, wenn der Widerspruch auf der Basis der **älteren Anmeldung** voraussichtlich erfolgreich ist, da eine Entscheidung in diesem Fall erst nach Eintragung der Anmeldung getroffen werden kann (vgl. Art. 8 Abs. 2 lit. b GMV). Für eine Aussetzung besteht dagegen kein Anlass, wenn die Eintragung der Anmeldung das Ergebnis der Entscheidung der Widerspruchsabteilung nicht ändern würde, weil der Widerspruch wahrscheinlich zurückgewiesen wird. Ebenso erübrigt sich eine Aussetzung, wenn neben der älteren Anmeldung weitere Rechte existieren, die in demselben Maß zur Zurückweisung der angefochtenen Gemeinschaftsmarkenanmeldung führen wie dies bei der älteren Anmeldung der Fall gewesen wäre. In diesem Fall verbietet sich eine Aussetzung aus verfahrensökonomischen Erwägungen, da die Aussetzung das Verfahren nur unnötig verlängern würde. Zudem wäre es möglich, dass auch gegen die ältere Anmeldung Widerspruch eingelegt wird, wodurch das Verfahren noch weiter in die Länge gezogen werden könnte. Die Widerspruchsabteilung ist auch nicht verpflichtet, das Verfahren deshalb auszusetzen, weil die Anmeldung territorial ein größeres Gebiet schützt und daher die Gefahr einer Umwandlung der angefochtenen Gemeinschaftsmarke (Art. 112–114 GMV) territorial mit weiter reichender Wirkung verhindern könnte.[182]

162 In der Regel kommt eine Aussetzung wegen einer noch nicht eingetragenen älteren Marke erst dann in Frage kommen, wenn die Sache **entscheidungsreif** ist. Vorher besteht immer noch die Möglichkeit, dass die ältere Anmeldung zur Eintragung gelangt.

163 Weiterhin kann das Amt das Widerspruchsverfahren aussetzen, wenn sich in einer Vorprüfung ergibt, dass ein **paralleles Widerspruchsverfahren** gegen dieselbe Gemeinschaftsmarkenanmeldung voraussichtlich für alle auch in diesem Widerspruchsverfahren angefochtenen Waren oder Dienstleistungen erfolgreich ist (Regel 21 Abs. 2 GMDV).

164 Außerdem kann das Amt das Verfahren aussetzen, wenn die Aussetzung **den Umständen entsprechend zweckmäßig** ist (Regel 20 Abs. 7 lit. c GMDV). Eine solche Aussetzung kann sinnvoll sein, wenn gegen die eingetragene **Widerspruchsmarke ein Verfalls- oder Nichtigkeitsverfahren anhängig** ist. Eine Aussetzung ist auch möglich, wenn zwischen denselben Parteien bereits vergleichbare kennzeichenrechtliche Konflikte anhängig sind, von deren Entscheidung hilfreiche Aufschlüsse über den Ausgang dieses Verfahrens erwartet werden. Denkbar ist etwa ein paralleles Widerspruchsverfahren zwischen denselben Parteien vor dem Amt oder **parallele Verfahren** vor nationalen Ämtern oder Gerichten. Auch ein Verfahren vor einem nationalen Gericht zwischen denselben Parteien kann eine Aussetzung erforderlich machen, wenn sich das Urteil des nationalen Gerichts auf das Verfahren vor dem Amt auswirken könnte.[183] Schließlich kann eine Verfahrensaussetzung zweckmäßig sein, wenn während des Widerspruchsverfahrens **Bemerkungen Dritter** (Art. 40 GMV) gegen

---

[181] Verordnung (EG) Nr. 510/2006 des Rates vom 20.3. 2006 zum Schutz von geografischen Angaben und Ursprungsbezeichnungen für Agrarerzeugnisse und Lebensmittel. Die VO 510/2006 ersetzt die VO 2081/92, die zuvor den Schutz geographischer Herkunftsangaben auf europäischer Ebene geregelt hatte.

[182] EuG GRUR Int. 2005, 56 (Nr. 46–47) – *MGM.*

[183] Vgl. HABM-BK, 24.1. 2008, R 285/2005-1 – *Le MERIDIEN*: In jenem Verfahren hatte der Gemeinschaftsmarkeninhaber ein Verfahren auf Vertragserfüllung in Frankreich anhängig gemacht, da der Antragsteller seiner Meinung nach eine 1992 geschlossene Vorrechtsvereinbarung, die eine Nichtangriffsabrede enthielt, nicht erfüllte. Die Beschwerdekammer entschied, dass das Verfallsverfahren bis zur Entscheidung des französischen Gerichts über die Vorrechtsvereinbarung auszusetzen sei.

die angefochtene Anmeldung eingereicht wurden, wenn die **Veröffentlichung der An-meldung fehlerhaft** war, so dass eine Wiederveröffentlichung der Anmeldung erforderlich ist, wenn ein **Rechtsübergang der älteren Marke oder der Anmeldung anhängig** ist, oder wenn der **Vertreter einer der Parteien sein Mandat niederlegt**. Eine in Deutschland anhängige Klage, die das Ziel verfolgt, den Anmelder zur **Einwilligung in die Rücknahme** einer Gemeinschaftsmarkenanmeldung zu verurteilen, ist dagegen kein Aussetzungsgrund.[183a] In all diesen Fällen liegt die Entscheidung über die Aussetzung beim Amt, wobei ausschlaggebend ist, ob das anhängige Verfahren für den Ausgang des Widerspruchsverfahrens entscheidungserheblich ist.

Schließlich kann ein Verfahren **auf Antrag beider Parteien** ausgesetzt werden, bei- **165** spielsweise, weil die Parteien (wieder) Verhandlungen zur gütlichen Beilegung des Konflikts aufgenommen haben oder fortführen. Anders als in den oben genannten Fällen ist eine Aussetzung auf Betreiben beider Parteien im Widerspruchsverfahren erst möglich, **wenn die „Cooling-off"-Frist abgelaufen** ist.[184] Voraussetzung für die Aussetzung ist, dass die Parteien gemeinsam (in einem beidseitig unterschriebenen Antrag oder in zwei getrennten Anträgen) die Aussetzung schriftlich beantragen. Gründe für die Aussetzung müssen bei einem gemeinsamen Aussetzungsbegehren nicht angegeben werden. Nach der seit dem 15.9. 2010 geltenden Praxis wird bereits der erste beidseitige Aussetzungsantrag nach Ablauf der „Cooling-off"-Frist automatisch auf ein Jahr erstreckt.[185] Weitere Verlängerungen um wiederum ein Jahr sind möglich.[186] Werden die Verhandlungen während der Aussetzung ohne Erfolg abgebrochen, kann jede Partei die Aufhebung der Aussetzung (sog. **„opting out"**) beantragen.

2. Unterbrechung. Der **Unterschied** zwischen einer Verfahrensaussetzung und einer **166** Unterbrechung des Verfahrens ist, dass im letzteren Fall die Fristen, die zum Zeitpunkt der Unterbrechung noch nicht abgelaufen waren, von neuem zu laufen beginnen (Regel 73 Abs. 4 GMDV).

Eine Unterbrechung des Verfahrens ist gemäß Regel 73 GMDV in drei Fällen vorgesehen: **167**

– Der **Anmelder oder Inhaber der Gemeinschaftsmarke** oder die Person, die nach nationalem Recht zu dessen Vertretung berechtigt ist (z.B. Geschäftsführer), **stirbt oder wird geschäftsunfähig**. Wird der Markeninhaber von einem berufsmäßigen Vertreter iSd Art. 93 GMV vertreten und berührt der Tod oder die Geschäftsunfähigkeit des Anmelders bzw. Inhabers nicht die Vertretungsbefugnis des Vertreters, wird das Verfahren nur auf Antrag des Vertreters des Markeninhabers unterbrochen (Regel 73 Abs. 1 lit. a GMDV). Steht fest, wer die Berechtigung erlangt hat, das Verfahren fortzusetzen, so nimmt das Amt das Verfahren nach Ablauf einer von ihm festgesetzten Frist wieder auf (Regel 73 Abs. 2 GMDV).

– Der **Anmelder oder Inhaber der Gemeinschaftsmarke** ist aufgrund eines gegen sein Vermögen gerichteten Verfahrens aus rechtlichen Gründen verhindert, das Verfahren fortzusetzen (Regel 73 Abs. 1 lit. b GMDV). Wird gegen das Vermögen des Markeninhabers ein **Insolvenzverfahren** eröffnet, so gilt die Unterbrechung von dem Zeitpunkt, in dem

---

[183a] Siehe unten § 2 Rdn. 86.
[184] Vgl. unten § 3 Rdn. 68–72.
[185] HABM Handbuch Markenpraxis (Opposition), Teil 1 (Procedural matters), E.III.
[186] Mitteilung Nr. 5/07 des Präsidenten des Amtes vom 12.9. 2007.

der Anmelder bzw. Inhaber in Bezug auf seine Vermögenswerte nicht mehr verfügungsberechtigt ist, und endet, sobald ein Insolvenzverwalter oder Treuhänder bestellt wird, der das Verfahren weiterführen kann. Wird der Markeninhaber von einem berufsmäßigen Vertreter iSd Art. 93 GMV vertreten und legt dieser sein Mandat wegen des Insolvenzverfahrens nieder, so wird das Verfahren mit dem **Insolvenzverwalter** weitergeführt, sofern dessen Namen und Anschrift bekannt sind.[187]

– Schließlich wird das Verfahren unterbrochen, wenn der **berufsmäßige Vertreter** des Anmelders oder Inhabers der Gemeinschaftsmarke stirbt, geschäftsunfähig wird oder aufgrund eines gegen sein Vermögen gerichteten Verfahrens aus rechtlichen Gründen gehindert ist, das Verfahren fortzusetzen (Regel 73 Abs. 1 lit. c GMDV). Die Unterbrechung endet, sobald dem Amt ein neuer Vertreter des Markeninhabers angezeigt wurde. Wird dem Amt innerhalb von drei Monaten nach Verfahrensunterbrechung kein neuer Vertreter angezeigt, so wird das Verfahren mit dem Markeninhaber selbst weitergeführt, falls dieser seinen Sitz/Wohnsitz **in der EU** hat. Hat der Anmelder bzw. Inhaber seinen Sitz oder Wohnsitz **außerhalb der EU**, muss er also nach Art. 92 Abs. 2 GMV im Verfahren von einem berufsmäßigen Vertreter vertreten werden, so teilt das Amt dem Markeninhaber nach Ablauf der dreimonatigen Frist mit, dass die Gemeinschaftsmarkenanmeldung als zurückgenommen gilt, wenn dem Amt nicht innerhalb von zwei Monaten ein neuer Vertreter angezeigt wird (Regel 73 Abs. 3 lit. a GMDV).

168 Ein **Antrag** ist für die Unterbrechung des Verfahrens nur im Fall der Regel 73 Abs. 1 lit. a S. 2 GMDV notwendig. Die Verfahrensunterbrechung führt dazu, dass die am Tag der Unterbrechung für den Anmelder oder Inhaber der Gemeinschaftsmarke laufenden Fristen, mit Ausnahme der Frist für die Entrichtung der Verlängerungsgebühren, an dem Tag von neuem zu laufen beginnen, an dem das Verfahren wieder aufgenommen wird. Fristen, die zu Beginn der Verfahrensunterbrechung bereits abgelaufen waren, beginnen nach Aufnahme des Verfahrens dagegen nicht wieder von neuem zu laufen.[188]

169 Eine Unterbrechung des Verfahrens ist nicht möglich, wenn der Inhaber **eines älteren Rechts** oder dessen Vertreter in einem inter partes Verfahren sterben, ihre Geschäftsfähigkeit verlieren oder aufgrund eines gegen ihr Vermögen gerichteten Verfahrens aus rechtlichen Gründen gehindert sind, das Verfahren fortzusetzen.[189] In diesen Fällen bietet sich eine **Aussetzung** des Verfahrens an, bis die rechtliche Situation der älteren Rechte geklärt ist. Allerdings sollte eine Unterbrechung möglich sein, wenn das ältere Recht eine Gemeinschaftsmarkenanmeldung oder -eintragung ist.[189a] Regel 73 GMDV ermöglicht eine Verfahrensunterbrechung zur Wahrung der Rechte des Inhabers einer Gemeinschaftsmarke, und zwar unabhängig davon, ob diese Gemeinschaftsmarke angegriffen wird oder als Basis eines Widerspruchs oder Nichtigkeits- bzw. Verfallsantrags benutzt wird. Dies bedeutet nicht, dass das Verfahren zu Lasten des Inhabers der angefochtenen Gemeinschaftsmarke auf unbestimmte Zeit unterbrochen wird. Ist es dem Amt nicht möglich herauszufinden, wer an Stelle des Anmelders oder Inhabers der älteren Marke die Berechtigung zur Fortsetzung des

---

[187] Einzelheiten dazu in den Widerspruchsrichtlinien des HABM, Teil 1 (Verfahrensfragen), E.VIII.5.2.

[188] HABM-BK, 5.2. 2010, R 576/2009-4 – *STORM/STORM*.

[189] S. Widerspruchsrichtlinien des HABM, Teil 1 (Verfahrensfragen), E.VIII.5.

[189a] Strittig. Nach der Amtspraxis ist hier keine Unterbrechung möglich, s. HABM Handbuch Markenpraxis (Procedural Matters), E.VIII.5.

Verfahrens erlangt hat, das Verfahren vor dem Amt fortzusetzen, so muss das Verfahren wieder aufgenommen werden und, sofern eine Zustellung von Mitteilungen nicht möglich ist, unter Anwendung der Regeln zur öffentlichen Zustellung weitergeführt werden.

3. Die Verbindung mehrerer Verfahren. Wurden mehrere Widersprüche **gegen die-** 170 **selbe Gemeinschaftsmarkenanmeldung** erhoben, so kann das Amt diese Verfahren verbinden (Regel 21 Abs. 1 GMDV). Dasselbe gilt für mehrere Anträge auf Erklärung des Verfalls oder der Nichtigkeit, die **dieselbe Gemeinschaftsmarke** betreffen (Regel 41 Abs. 1 GMDV). Das Amt kann anschließend entscheiden, die Verfahren wieder zu trennen.

Mehrere **Beschwerden** gegen dieselbe Entscheidung werden zu einem gemeinsamen 171 Verfahren verbunden (Art. 7 Abs. 1 VerfO BK). Außerdem kann die Beschwerdekammer Beschwerden gegen verschiedene Entscheidungen mit Zustimmung der Beteiligten in einem gemeinsamen Verfahren behandeln, wenn für deren Behandlung eine Beschwerdekammer in derselben Zusammensetzung zuständig ist (Art. 7 Abs. 2 VerfOBK). In diesem Fall kommt eine Verfahrensverbindung nur in Betracht, wenn zwischen den Entscheidungen ein Sachzusammenhang besteht (z.B. mehrere Beschwerden desselben Anmelders wegen Zurückweisung einer Reihe von ähnlichen Markenanmeldungen).[190]

VIII. Parteiwechsel

Im Laufe eines Verfahrens kann es vorkommen, dass sich die Inhaberschaft der älteren oder 172 der angefochtenen Marke ändert. Hauptbeispiel ist die **Übertragung der Marke bzw. An-meldung auf eine andere Person** infolge Verkaufs durch den Markeninhaber. Vom Inha-berwechsel ist der **Namenswechsel** des Markeninhabers **zu unterscheiden**. Letzterer hat keine Auswirkungen auf das Verfahren.

1. Rechtsübergang der Gemeinschaftsmarke. Der Rechtsnachfolger kann seine 173 Rechte aus der eingetragenen Gemeinschaftsmarke erst geltend machen, wenn der Rechts-übergang **im Register eingetragen** ist (Art. 17 Abs. 6 GMV).[191] Allerdings kann der Rechtsnachfolger fristwahrende Erklärungen gegenüber dem Amt abgeben, sobald der **An-trag** auf Eintragung des Rechtsübergangs beim Amt eingegangen ist (Art. 17 Abs. 7 GMV). Wurde dem Markeninhaber in einem laufenden Verfahren eine Stellungnahmefrist gesetzt, so kann der Rechtsnachfolger nach Eingang des Antrags auf Eintragung des Rechtsübergangs die Stellungnahme abgeben. Der Rechtsnachfolger kann in dem Zeitraum zwischen Eingang des Antrags und Eintragung des Rechtsübergangs auch einen Widerspruch einlegen (Art. 41 Abs. 1 GMV) oder eine Beschwerde oder eine Beschwerdebegründung einreichen (Art. 60 GMV). Auch die Stellung eines Verfalls- oder Nichtigkeitsantrag ist wegen der Gefahr einer Verwirkung durch Duldung (Art. 54 GMV) eine fristwahrende Erklärung iSd Art. 17 Abs. 7 GMV. Diese Erklärungen und Stellungnahmen können auch vom bisherigen Rechtsinhaber abgegeben werden.

Sobald das Amt Kenntnis von dem Antrag auf Eintragung der Übertragung hat, kann es 174 das Verfahren mit dem neuen Inhaber weiterführen. Bevor jedoch über die Sache entschie-den wird, muss die Übertragung eingetragen sein. Ist dies nicht der Fall, wird das Verfahren **ausgesetzt.**

---

[190] Eisenführ/*Schennen*, GMV, Art. 63 Rn. 20–21.
[191] Siehe unten § 2 Rdn. 125–133.

175   Die Eintragung der Übertragung der Gemeinschaftsmarke führt in einem laufenden Verfahren automatisch zu einem Parteiwechsel, und zwar unabhängig davon, ob die angemeldete oder eingetragene Gemeinschaftsmarke das angefochtene oder das ältere Recht ist. **Der neue Markeninhaber tritt an die Stelle des alten Inhabers** und wird Beteiligter des Verfahrens. Informiert der Rechtsnachfolger das Amt darüber, dass er das Verfahren nicht fortsetzen will, gilt das Verfahren als beendet.

176   Wird aber nur **eines von mehreren älteren Rechten** in einem laufenden Widerspruchs- oder Löschungsverfahren an einen Dritten übertragen, so wird das Verfahren **als eines** weitergeführt. Der neue Inhaber der im Laufe des Verfahrens übertragenen Marke muss das Amt allerdings darüber informieren, dass er als „zweiter" Widersprechender oder Antragsteller das Verfahren weiterführen will. Unterlässt er dies, ist der Widerspruch bzw. Antrag hinsichtlich dieses Rechts unbegründet.[192] Nimmt einer der Markeninhaber den Widerspruch oder Antrag in Bezug auf seine Marke zurück, wird das Verfahren auf der Basis der Rechte des zweiten Markeninhabers weitergeführt. Eine gesonderte Kostenentscheidung ergeht wegen der teilweisen Rücknahme nicht.

> **Beispiel:** Im Laufe eines Widerspruchsverfahrens, das auf zwei älteren Gemeinschaftsmarken beruht, wird eine der beiden Marken auf einen Dritten übertragen. Obwohl es jetzt zwei Widersprechende gibt, werden die Widerspruchsverfahren nicht „geteilt", sondern als ein Verfahren weitergeführt.

177   Wird die Gemeinschaftsmarke **teilweise** auf einen Dritten übertragen, legt das Amt für die „neue" Anmeldung oder Eintragung eine getrennte Akte an und erteilt eine neue Anmelde- bzw. Eintragungsnummer (Regel 32 Abs. 3 u. 4 und Regel 31 Abs. 8 GMDV). Ist gegen die Gemeinschaftsmarkenanmeldung oder -eintragung ein Widerspruchs-, Löschungs- oder Beschwerdeverfahren anhängig, so wird hinsichtlich der „neuen" Anmeldung oder Eintragung eine **getrennte Akte** angelegt. Für das durch die Teilübertragung der Gemeinschaftsmarke entstandene neue Verfahren muss keine zweite Gebühr (z.B. Widerspruchsgebühr) entrichtet werden. Allerdings wird die Tatsache, dass nur eine Gebühr bezahlt wurde, bei der Kostenverteilung berücksichtigt.

> **Beispiel:** Gegen eine eingetragene Gemeinschaftsmarke ist ein Verfallsantrag anhängig. Im Laufe des Verfahrens wird die Gemeinschaftsmarke hinsichtlich eines Teiles der angefochtenen Waren auf einen Dritten übertragen. Es entstehen zwei Verfallsverfahren. Der Antragsteller des ursprünglichen Verfallsantrag muss für das neue Verfahren keine zusätzliche Gebühr zahlen. Obsiegt der Antragsteller in beiden Verfahren, wird die Gebühr für den Verfallsantrag einem der beiden Markeninhaber auferlegt.

178   **2. Rechtsübergang älterer nationaler Marken.** Im **Widerspruchsverfahren** gilt die **Besonderheit**, dass der Widersprechende vor Ablauf der Substantiierungsfrist nachweisen muss, dass er zur Einlegung des Widerspruchs befugt ist (Regel 19 Abs. 2 S. 1 GMDV).[193] Entsprechende Nachweise sind also einzureichen, wenn der Rechtsübergang der Wider-

---

[192] HABM-BK, 8.5. 2008, R 1051/2007-4 – *SOHO LAB/LAB.*
[193] Siehe unten § 3 Rdn. 90–93.

spruchsmarke vor Ablauf dieser Frist stattfand. Wird die Widerspruchsmarke erst nach Ablauf der Substantiierungsfrist übertragen, gelten die folgenden allgemeinen Regeln:

Ist die ältere Marke eine **nationale Marke**, muss der alte oder der neue Markeninhaber **179** das Amt darüber informieren, dass die ältere Marke übertragen wurde, und einen Nachweis für den Rechtsübergang einreichen. Liegt der Nachweis vor, wird das Verfahren automatisch mit dem **neuen Markeninhaber** weitergeführt.[194] Ist der Nachweis unzureichend, wird das Verfahren ausgesetzt und der neue Markeninhaber muss einen geeigneten Nachweis des Rechtsübergangs innerhalb einer vom Amt gesetzten Frist einreichen. Kann nach dem Recht des betreffenden Mitgliedstaates die Marke erst mit Eintragung der Übertragung gegenüber Dritten geltend gemacht werden, so muss der neue Markeninhaber zusätzlich einen Nachweis für die Eintragung der Übertragung erbringen, bevor die Entscheidung ergehen kann.

Erbringt der neue Markeninhaber trotz Aufforderung des Amtes **keinen Nachweis** für **180** den Rechtsübergang, wird das Verfahren mit dem **alten Markeninhaber** fortgesetzt.[195] Erbringt der neue Markeninhaber den Nachweis, erklärt jedoch, dass er das Verfahren nicht fortsetzen will, gilt der Widerspruch oder der Verfalls- bzw. Nichtigkeitsantrag als zurückgenommen.

Möglich ist auch, dass nur **ein Teil** der maßgeblichen Waren oder Dienstleistungen der **181** älteren Marke auf einen Dritten übertragen wird oder dass nur **eines von mehreren älteren nationalen Marken** übertragen wird. Obwohl es diesen Fällen zwei Widersprechende bzw. Antragsteller gibt, führt das Amt **ein gemeinsames Verfahren** weiter.[196]

IX. Gebühren und Kosten

Schrifttum: *Pohlmann*, Die Kostenverteilung im Verfahren vor dem HABM, Mitt. 2003, 490.

1. Zahlung von Gebühren an das Amt. Eine ausführliche Gebührenübersicht ist in **182** **Anhang I** wiedergegeben. Alle in der Gebührenübersicht genannten Gebühren sind direkt an das Amt zu zahlen. Dies gilt auch dann, wenn eine Gemeinschaftsmarke bei einem nationalen Amt eingereicht wurde.[197] Das Amt akzeptiert nur Zahlungen in Euro (Art. 6 GM-GebV).

a) Zahlungsarten. Das Amt akzeptiert folgende Zahlungsmodalitäten:[197a]   **183**

– **Zahlung per Kreditkarte:** Diese Zahlungsmodalität ist zurzeit für die elektronische Einreichung von Gemeinschaftsmarkenanmeldungen und die elektronische Verlängerung von Gemeinschaftsmarken möglich.[198] Zahlungen per Kreditkarte können ausschließlich im Moment der elektronischen Einreichung von Anmeldungen bzw. der Verlängerung der Eintragung durchgeführt werden. Die Zahlung per Kreditkarte gilt an dem Tag als geleis-

---

[194] HABM-BK, 16.6. 2006, R 703/2005-4 – *SEKURA/PaXsecura*.
[195] Siehe HABM-BK, 5.11. 2008, R 250/2008-4 – *PRAVDA VODKA THE TRUTH/PRAWDA*.
[196] Siehe oben Rdn. 176.
[197] Vgl. Mitteilung Nr. 2/97 des Präsidenten des Amtes vom 3.7. 1997.
[197a] Schecks wurden 2005 als Zahlungsart abgeschafft und sind nicht mehr zugelassen, s. EuG, 15.9. 2011, T-271/09 (Nr. 26) – *Romuald Prinz Sobieski zu Schwarzenberg*.
[198] Art. 23 des Beschlusses Nr. EX-11-3 des Präsidenten vom 18.4. 2011.

tet, an dem die entsprechende elektronische Einreichung erfolgreich über das Internet erfolgt.[199] Misslingt die Transaktion, gilt die Zahlung als nicht geleistet.[200]

– **Banküberweisungen:** Das Amt stellt seinen Benutzern zwei Konten für Banküberweisungen zur Verfügung.[201] Einzelheiten zu den Besonderheiten dieser Zahlungsmodalität sind der Internetseite des Amtes zu entnehmen (s. auch Art. 7 GMGebV).

– **Laufendes Konto beim Amt:** Schließlich können die Nutzer ein laufendes Konto beim Amt eröffnen, von dem – vorbehaltlich anders lautender schriftlicher Anweisungen, eine bestimmte Gebühr nicht abzubuchen – automatisch alle vom Inhaber zu zahlenden Gebühren abgebucht werden. Zur Eröffnung eines laufenden Kontos muss ein schriftlicher Antrag beim Amt gestellt werden. Bei Eröffnung muss das Konto mit mindestens € 3000,– gedeckt sein. Nach Eröffnung des Kontos bucht das Amt alle Gebühren und Abgaben für die vom Inhaber des laufenden Kontos durchgeführten Verfahren (Anmeldungen, Anträge, Widersprüche usw.) automatisch ab. Bei Belastung eines laufenden Kontos gilt die Gebühr als fristgerecht bezahlt. Die Einrichtung eines laufenden Kontos empfiehlt sich insbesondere für Nutzer, die regelmäßig Gemeinschaftsmarken anmelden. Das laufende Konto bringt für den Kontoinhaber verschiedene **Vorteile** mit sich: Werden fristgebundene Verfahrensanträge wie **Widersprüche oder Beschwerden am letzten Tag der vorgeschriebenen Frist eingereicht**, gilt die Zahlung – bei ausreichender Deckung des Kontos – als fristgerecht getätigt. Die Zahlung gilt bereits am Tag des Eingangs des Antrags beim Amt als erfolgt, auch wenn die effektive Belastung des laufenden Kontos erst später erfolgt. Ein weiterer wichtiger Vorteil ist, dass die Grundgebühr für die Anmeldung der Gemeinschaftsmarke erst **einen Monat nach Einreichung der Marke beim Amt abgebucht** wird, es sei denn, dass der Anmelder eine Abbuchung zum Zeitpunkt des Eingangs der Anmeldung wünscht. Wird die Anmeldung vor dem Ablauf dieser Frist zurückgenommen, bucht das Amt die Grundgebühr nicht ab.[202] Ergibt sich nach Einreichung der Anmeldung beispielsweise, dass bei der Anmeldung ein Fehler unterlaufen ist, der nicht nach Art. 43 Abs. 2 GMV geändert werden kann, so kann die Anmeldung binnen Monatsfrist nach Einreichung zurückgenommen werden, ohne dass Gebühren fällig werden. Dasselbe gilt, wenn innerhalb der genannten Monatsfrist bereits eine vorläufige Beanstandung wegen Bestehens absoluter Schutzhindernisse ergeht und die Anmeldung daraufhin zurückgenommen wird.

184 Das Amt muss den Gebührenschuldner innerhalb von vier Jahren nach Ablauf des Kalenderjahres, in dem die Gebühr fällig geworden ist, zur **Zahlung der Gebühr** auffordern. Anderenfalls erlöscht der Anspruch des Amtes auf Zahlung (vgl. Art. 84 Abs. 1 und 3 GMV). Ebenso sind Geldbeträge, die bei der Zahlung von Gebühren zu **viel bezahlt** wurden, innerhalb von vier Jahren nach Ablauf des Kalenderjahres, in dem der Anspruch entstanden ist, schriftlich geltend zu machen (Art. 84 Abs. 2 GMV).[203]

185 Ein Dritter kann das Amt ermächtigen, eine Gebühr von seinem Konto abzubuchen, soweit dies im Auftrag der am Verfahren beteiligten Partei geschieht.[204]

---

[199] Art. 24 Abs. 1 des Beschlusses Nr. EX-11-3 des Präsidenten vom 18.4. 2011.
[200] Art. 24 Abs. 2 des Beschlusses Nr. EX-11-3 des Präsidenten vom 18.4. 2011.
[201] Siehe: www.oami.europa.eu: Home > Marken > Gebühren und Zahlungsmodalitäten.
[202] Vgl. Mitteilung Nr. 5/96 des Präsidenten des Amtes vom 8.8. 1996 mit weiteren Einzelheiten.
[203] Geringfügige Beträge werden allerdings nicht erstattet, vgl. Art. 10 GMGebV. Der geringfügige Betrag beträgt € 15,–, siehe Beschluss Nr. EX-03-6 des Präsidenten des Amtes vom 20.1. 2003.
[204] HABM-BK, 7.1. 2010, R 1312/2009-4 – *ERMAGORA*.

b) Maßgeblicher Zahlungstag. Als Tag des Eingangs einer Zahlung beim Amt gilt der Tag, **186** an dem der überwiesene Betrag auf einem Bankkonto des Amts tatsächlich gutgeschrieben ist (Art. 8 Abs. 1 lit. a GMGebV). Wurde der Betrag erst **nach Ablauf der gesetzlichen oder vom Amt gesetzten Frist gutgeschrieben**, so gilt die Frist für die Zahlung der Gebühr als gewahrt, wenn gegenüber dem Amt nachgewiesen wird, dass der Einzahler **innerhalb der Zahlungsfrist** in einem Mitgliedstaat einer Bank einen ordnungsgemäßen **Überweisungsauftrag erteilt** hat **und** einen **Zuschlag** von 10% der Gebühr **entrichtet** hat. Auch wenn die deutsche Fassung des Art. 8 GMGebV missverstanden werden kann (s. das Wort „oder" in Art. 8 Abs. 3 lit. a ii) GMGebV), ergibt die Auslegung der Vorschrift, dass die Voraussetzungen der Absätze a) und b) des Art. 8 Abs. 3 GMGebV **kumulativ** sind. Die Partei muss also rechtzeitige Veranlassung der Zahlung der Gebühr **und** Zahlung des Zuschlags nachweisen.[205]

Der **Zuschlag entfällt**, wenn der Überweisungsauftrag **spätestens zehn Tage vor Ab- 187 lauf der Zahlungsfrist erteilt** wurde (Art. 8 Abs. 3 lit. b GMGebV). Das Amt kann den Beteiligten auffordern nachzuweisen, an welchem Tag der Zahlungsauftrag erteilt wurde, und gegebenenfalls den Zuschlag innerhalb einer vom Amt festgesetzten Frist zu entrichten. Kommt der Einzahler dieser Aufforderung nicht nach, ist der Nachweis unzureichend oder wird der Zuschlag nicht fristgemäß entrichtet, so gilt die Frist für die Zahlung der Gebühr als versäumt (Art. 8 Abs. 4 GMGebV).

2. Rückerstattung von Gebühren. *a) Anmelde- oder Eintragungsgebühren.* Wird die **188** Gemeinschaftsmarkenanmeldung zurückgenommen, erstattet das Amt dem Anmelder die Gebühren nur zurück, wenn die Rücknahme erfolgt, bevor das Geld auf dem Konto des Amtes ist.[206] Im Übrigen gibt es keine Rückerstattung, auch dann nicht, wenn die Rücknahme bereits wenige Tage nach Anmeldung erfolgt, weil dem Anmelder beispielsweise bei der Wiedergabe der Marke ein Fehler unterlaufen ist, der nicht nach Art. 43 Abs. 2 GMV geändert werden kann. Hat der Anmelder allerdings ein laufendes Konto beim Amt, werden die **Anmeldegebühren** nicht abgebucht, wenn er innerhalb eines Monats die Anmeldung zurücknimmt.[207] Auch eine Teilung der Anmeldung führt nicht zu einer Erstattung der Gebühren für die ursprüngliche Anmeldung (Art. 44 Abs. 6 GMV). Erfüllt die Anmeldung allerdings nicht die Anmeldetagsvoraussetzungen und werden die beanstandeten Mängel nicht fristgemäß beseitigt, so wird die Anmeldung nicht als Anmeldung einer Gemeinschaftsmarke behandelt. In diesem Fall erstattet das Amt die bereits entrichteten Anmeldegebühren (Regel 9 Abs. 2 GMDV).

Nach der bis zum 30.4.2009 geltenden Gebührenverordnung erstattete das Amt dem In- **189** haber einer auf die EU erstreckten IR-Marke die **Eintragungsgebühr** (und ggf. zusätzliche Klassengebühren ab der vierten Klasse), wenn das Amt den Schutz wegen Bestehens absoluter oder relativer Eintragungshindernisse durch eine unanfechtbare Entscheidung verweigerte oder der Inhaber vorher auf diesen Schutz verzichtet hatte (Art. 154 Abs. 4 und Art. 156 Abs. 4 GMV i.V.m. Art. 13 Abs. 1 lit. a GMGebV a.F.). Nach dem Wegfall der Eintragungsgebühren ist diese Rückerstattung allerdings entfallen (vgl. Art. 13 Abs. 1 lit. a i.V.m. Art. 2 Nr. 7 u. 8 GMGebV n.F.).

---

[205] EuG, 15.9.2011, T-271/09 (Nr. 37–40) – *Romuald Prinz Sobieski zu Schwarzenberg*; EuG, 12.5. 2011, T-488/09 (Nr. 38–48) – *Redtube* (zzt. anhängig vor dem EuGH, Rechtssache C-402/11 P).
[206] Richtlinien des HABM, Teil E, 3.1.4.
[207] Siehe oben Rdn. 183.

190   *b) Widerspruchsgebühr.* Wird die Widerspruchsgebühr nicht innerhalb der Widerspruchs-frist entrichtet, so **gilt der Widerspruch als nicht erhoben**. Wird die **Widerspruchsge-bühr** nach Ablauf der Widerspruchsfrist entrichtet, wird sie dem Widersprechenden **erstat-tet** (Regel 17 Abs. 1 GMDV).

191   Die Widerspruchsgebühr wird gemäß Regel 18 Abs. 5 GMDV auch erstattet, wenn die angefochtene Anmeldung vor Ablauf der „Cooling-off"-Frist insgesamt zurückgenommen oder für alle im Widerspruch angegriffenen Waren oder Dienstleistungen eingeschränkt wird.[207a]

192   Hat der Widersprechende gegen nicht existierende und nur **irrtümlich veröffentlichte Waren oder Dienstleistungen** der Anmeldung Widerspruch einlegt, so hatte der Wider-spruch von Anfang an keinen Gegenstand und dem Widersprechenden werden die Wider-spruchsgebühren erstattet, Regel 18 Abs. 5 GMDV analog.

193   Wurden gegen dieselbe Anmeldung **mehrere Widersprüche** eingelegt und stellt das Amt nach einer Vorprüfung fest, dass einer der Widersprüche voraussichtlich zumindest teil-weise erfolgreich ist, so kann das Amt die anderen Widerspruchsverfahren aussetzen. Sobald eine Entscheidung über die Zurückweisung der Anmeldung rechtskräftig geworden ist, gel-ten die übrigen ausgesetzten Widersprüche als erledigt. In diesem Fall erstattet das Amt je-dem Widersprechenden, dessen Widerspruch als erledigt angesehen wird, 50% der von ihm entrichteten Widerspruchsgebühr (Regel 21 Abs. 4 GMDV).

194   Wird das Widerspruchsverfahren gegen die **EU-Erstreckung einer internationalen Registrierung** ausgesetzt, weil eine vorläufige Schutzverweigerung wegen Bestehens abso-luter Eintragungshindernisse erfolgt oder bereits erfolgt ist, so stellt das Amt das Verfahren ein und erstattet die Widerspruchsgebühr, sobald die vorläufige Schutzverweigerung von Amts wegen zu einer unanfechtbaren Entscheidung auf Verweigerung des Schutzes der Marke führt (Regel 114 Abs. 6 GMDV).

195   *c) Gebühren für den Antrag auf Erklärung des Verfalls oder der Nichtigkeit.* Im Unterschied zum Widerspruchs- und Beschwerdeverfahren gibt es für die Einzahlung der Gebühren für den Antrag auf Verfalls- oder Nichtigkeitserklärung keine gesetzliche Frist. Der Antragsteller kann also zunächst den Antrag stellen und warten, bis das Amt ihn auffordert, die Gebühr zu entrichten. Wird die Gebühr nicht innerhalb dieser vom Amt gesetzten Frist entrichtet, so gilt der Antrag auf Erklärung des Verfalls oder der Nichtigkeit als nicht gestellt. Hatte der Antragsteller die Gebühren nach Ablauf der vom Amt gesetzten Frist bezahlt, werden ihm die Gebühren zurückerstattet (Regel 39 Abs. 1 S. 2 GMDV).

196   Wurden gegen dieselbe Gemeinschaftsmarke mehrere Anträge auf Erklärung des Verfalls oder der Nichtigkeit anhängig gemacht, so ist eine Aussetzung der übrigen Verfahren mög-lich, wenn ein Antrag voraussichtlich zumindest teilweise erfolgreich ist (Regel 41 Abs. 2 iVm Regel 21 Abs. 2 GMDV). Unter den Voraussetzungen der Regel 21 Abs. 4 GMDV können in den ausgesetzten Verfahren **50% der entrichteten Gebühren** für die Verfalls- oder Nichtigkeitsanträge erstattet werden.[208]

197   *d) Beschwerdegebühr.* Auch die Beschwerdegebühr wird erstattet, wenn sie erst nach Ablauf der Beschwerdefrist entrichtet wurde und die Beschwerde daher als nicht eingelegt gilt (Re-gel 49 Abs. 3 GMDV).

[207a] Einzelheiten dazu s. § 3 Rdn. 185 f.
[208] Siehe oben Rdn. 193.

Außerdem wird die Beschwerdegebühr erstattet, wenn die Dienststelle, deren Entschei- **198** dung angefochten wurde, der Beschwerde nach Art. 61 Abs. 1 oder Art. 62 GMV **abhilft** oder wenn die Beschwerdekammer der **Beschwerde stattgibt und** zu der Auffassung gelangt, dass die Rückzahlung wegen eines **wesentlichen Verfahrensmangels** der Billigkeit entspricht (Regel 51 GMDV). Eines **Antrags** auf Rückerstattung bedarf es **nicht**.[209] Ein „wesentlicher Verfahrensmangel" liegt nach Ansicht der Beschwerdekammern vor, wenn z.B. die Ausgangsinstanz gegen die Zustellungsvorschriften verstieß,[210] bei der Beurteilung absoluter Schutzhindernisse ein falsches Warenverzeichnis zugrunde legte[211] oder die Marke in einer unrichtigen Wiedergabe veröffentlicht wurde.[212] Regel 51 lit. b GMDV kam auch zur Anwendung, weil die Ausgangsinstanz die Vorschriften über Verfahrensaussetzung und -unterbrechung falsch anwendete[213] oder irrtümlich annahm, dass die ältere Marke für das Verfahren nicht dem Benutzungszwang unterlag,[214] oder weil die Gültigkeit der älteren Marke nicht nachgewiesen wurde.[215] Eine Rückzahlung wurde auch angeordnet, wenn aus der Entscheidung der Name des verantwortlichen Bediensteten nicht hervorging,[216] ein Verstoß gegen die Begründungspflicht (Art. 75 S. 1 GMV) vorlag[217] oder gegen den Grundsatz des rechtlichen Gehörs (Art. 75 S. 2 GMV) verstoßen wurde.[218] Dagegen liegt kein wesentlicher Verfahrensmangel vor, wenn die erste Instanz das materielle Recht oder die dem Fall zugrunde liegenden Fakten anders interpretiert hatte als die Beschwerdekammer.[219]

e) Sonstige Gebühren. Die Verlängerungsgebühren werden erstattet, wenn sie zwar ent- **199** richtet wurden, die Eintragung aber nicht verlängert wird (Regel 30 Abs. 7 GMDV).

Weist das Amt einen Antrag auf Gewährung der Weiterbehandlung zurück, so wird die **200** Weiterbehandlungsgebühr erstattet (Art. 82 Abs. 5 GMV).

f) Erlöschen des Anspruchs auf Rückerstattung. Im Regelfall erstattet das Amt die Gebühren **201** in den oben genannten Fällen von sich aus zurück. Versäumt das Amt die Erstattung jedoch – z.B. aufgrund eines technischen Fehlers – so muss der Anspruchsinhaber den Anspruch innerhalb von vier Jahren nach Ablauf des Kalenderjahres, in dem der Anspruch entstanden ist, schriftlich geltend machen. Anderenfalls erlöscht der Anspruch auf Erstattung der Gebühren (Art. 84 Abs. 2 u. 3 GMV).

---

[209] EuG GRUR Int. 2004, 660 (Nr. 69) – *Vitataste.*
[210] HABM-BK, 4.5. 2010, R 372/2010-4 – *FERI EURORATING SERVICES II.*
[211] HABM-BK, 15.1. 2010, R 1087/2009-2 – *CRISISWATCH.*
[212] HABM-BK, 4.2. 2011, R 1901/2009-2 – *CLIO2.*
[213] HABM-BK, 5.2. 2010, R 576/2009-4 – *STORM/STORM.*
[214] HABM-BK, 1.12. 2009, R 315/2009-2 – *EUREKA/EUREKA.*
[215] HABM-BK, 30.9. 2009, R 894/2008-1 – *barbaric/fig.*
[216] HABM-BK, 18.3. 2011, R 2167/2010-4 – *OAK SERVICES AG;* 10.7. 2009, R 643/2009-4 – *RE SALE.*
[217] HABM-BK, 8.6. 2010, R 409/2010-4 – *LI MEI;* 5.8. 2009, R 439/2009-1 – *THEVS.*
[218] HABM-BK, 1.3. 2011, R 432/2010-2 – *FONA/DONA;* 8.2. 2011, R 1145/2009-2 – *ARCALYST/ARCALION;* 18.10. 2010, R 721/2010-2 – *Facton Kft.;* 28.1. 2009, R 663/2008-1 – *CONQUISTADOR/Conquistador.*
[219] Vgl. z.B. HABM-BK, 15.6. 2010, R 700/2009-4 – *LEON/LEONE* (fehlerhafte Beurteilung der Warenähnlichkeit).

202   **3. Kostenverteilung und Kostenfestsetzung.** Während in *ex parte* Verfahren keine Kostenentscheidung ergeht, umfassen Entscheidungen in *inter partes*-Verfahren grundsätzlich auch eine Entscheidung über die Kosten auf der Grundlage des Art. 85 GMV. **Keine** Kostenentscheidung ergeht in folgenden Fällen:

– Eine Kostenentscheidung entfällt, wenn die Parteien eine Vereinbarung über die Kosten getroffen (Art. 85 Abs. 5 GMV) haben.
– Gilt ein Widerspruch als nicht erhoben oder ist er unzulässig, erfolgt keine Kostenentscheidung (Regel 18 Abs. 4 GMDV).[219a]
– Werden im Widerspruchsverfahren innerhalb der „Cooling-off"-Frist die angefochtenen Waren oder Dienstleistungen ganz oder teilweise zurückgenommen und nimmt der Widersprechende daraufhin innerhalb einer vom Amt gesetzten Frist oder innerhalb der „Cooling-off"-Frist den Widerspruch zurück, so wird das Widerspruchsverfahren ohne Kostenentscheidung eingestellt (Regel 18 Abs. 3 u. 4 GMDV).
– Eine Kostenentscheidung ergeht auch dann nicht, wenn das Verfahren aus anderen Gründen während der „Cooling-off"-Frist beendet wird, weil z.B. die Anmeldung oder der Widerspruch zurückgenommen wird oder das Verfahren wegen Zurückweisung der Anmeldung in einem Parallelverfahren eingestellt wird (Regel 18 Abs. 2 u. 4 GMDV).
– Setzt das Amt ein Widerspruchsverfahren gegen eine EU-Erstreckung einer internationalen Registrierung aus, weil eine vorläufige Schutzverweigerung wegen Bestehens absoluter Eintragungshindernisse erfolgt oder erfolgt ist, dann wird das Verfahren ohne Kostenentscheidung eingestellt, wenn die vorläufige Schutzverweigerung in eine endgültige Entscheidung auf Verweigerung des Schutzes mündet (Regel 114 Abs. 6 GMDV).

203   Im Übrigen enthalten alle Entscheidungen in mehrseitigen Verfahren einschließlich der Beschwerdeverfahren eine Kostenentscheidung. Wird das Rechtsmittel oder die angefochtene Marke zurückgenommen oder erledigt sich das Verfahren aus anderen Gründen, erfolgt eine gesonderte Kostenentscheidung (Regel 94 Abs. 2 GMDV).

204   *a) Grundsätze der Kostenverteilung.* Nach Art. 85 Abs. 1 GMV gilt der **Unterliegensgrundsatz**: Der unterliegende Beteiligte trägt die Kosten und gegebenenfalls Gebühren, die dem anderen Beteiligten entstanden sind. Bei Teilunterliegen erfolgt nach Art. 85 Abs. 2 Alt. 1 GMV eine andere Kostenverteilung, die in der Praxis so aussieht, dass jede Partei ihre eigenen Kosten trägt. Dies gilt auch dann, wenn eine Partei nur zu einem ganz geringen Teil obsiegt hat, weil z.B. der Widerspruch nur hinsichtlich eines Produkts erfolgreich war und für alle übrigen Waren und Dienstleistungen in mehreren Klassen zurückgewiesen wurde. Wird die Widerspruchsmarke in einem Parallelverfahren gelöscht, verliert der Widerspruch seine Grundlage und der Widersprechende trägt sämtliche Verfahrenskosten.[220]

205   Beendet ein Beteiligter das Verfahren dadurch, dass er die angefochtene Gemeinschaftsmarke oder das Rechtsmittel **zurücknimmt**, so trägt dieser die Kosten und Gebühren des

---

[219a] Dies ergibt sich allerdings nicht aus Regel 18 Abs. 4 GMDV, sondern aus Regel 18 Abs. 1 GMDV iVm Art. 85 Abs. 1 GMV: Das Widerspruchsverfahren beginnt gemäß Regel 18 Abs. 1 GMDV erst zwei Monate nach Empfang der Mitteilung über die Zulässigkeit des Widerspruchs. Vor Ablauf der „Cooling-off"-Frist existiert noch kein „Widerspruchsverfahren" iSd Art. 85 Abs. 1 GMV, so dass eine Kostenentscheidung entfällt.
[220] HABM-BK, 1.7. 2009, R 589/2008-4 – *BARON'S/GRAN BARON*; a.A. HABM-BK, 2.3. 2009, R 5/2008-2 – *P.I.N.K./PINK*: Verfahrenseinstellung mit der Folge, dass jede Partei ihre eigenen Kosten trägt.

anderen Beteiligten (Art. 85 Abs. 3 GMV). Wird das Rechtsmittel zurückgenommen, nachdem der Inhaber der angemeldeten oder eingetragenen Gemeinschaftsmarke einen Teil der angefochtenen Waren oder Dienstleistungen zurückgenommen hatte, trägt jede Partei ihre eigenen Kosten. Art. 85 Abs. 3 GMV verweist auch auf Art. 85 Abs. 2 GMV, der eine andere Kostenentscheidung bei teilweisem Unterliegen bzw. aus Billigkeitsgesichtspunkten vorsieht. Folgt die Rücknahme des Rechtsmittels nach einer Einschränkung des angefochtenen Warenverzeichnisses, so steht diese Situation einem teilweisen Unterliegen gleich. In diesen Fällen besteht bei der Kostenentscheidung ein weiter Entscheidungsspielraum. Das Amt ist nicht verpflichtet, die Erfolgsaussichten summarisch zu prüfen oder zu berücksichtigen, dass ein Verfahrensbeteiligter in größerem Umfang auf seine Ansprüche verzichtet als der andere.[221] Daher sind die Kosten so zu verteilen, dass jede Partei ihre eigenen Kosten trägt. Dies sollte auch dann gelten, wenn ein Teil der angefochten Waren bereits während der „Cooling-off"-Frist zurückgenommen wird und der Widersprechende den Widerspruch zwar zunächst aufrechterhält, ihn aber dann im streitigen Verfahren zurücknimmt. Die Voraussetzungen der Regel 18 GMDV liegen in diesem Fall nicht vor, so dass nach Art. 85 Abs. 3 und 2 jede Partei ihre eigenen Kosten trägt.[222]

Liegt dem Amt zum Zeitpunkt der Rücknahme des Widerspruchs keine Vereinbarung **206** über die Kosten nach Art. 85 Abs. 5 GMV vor, so erlässt die Widerspruchsabteilung **zusammen mit der Bestätigung der Widerspruchsrücknahme** eine Kostenentscheidung, ohne den Parteien die Gelegenheit zu geben, eine Kostenvereinbarung vorzulegen.[223] Obwohl diese seit Februar 2008 geltende Praxis von den Beschwerdekammern bestätigt worden ist,[224] wird sie den Interessen der Parteien im Einzelfall nicht immer gerecht. Zumindest dann, wenn das Amt vor oder mit der Rücknahme des Widerspruchs von einer Partei darüber informiert wurde, dass bereits eine Einigung hinsichtlich der Kosten erzielt worden ist, sollten die Beteiligten die Möglichkeit erhalten, die Kostenvereinbarung kurzfristig nachzureichen, bevor eine Kostenentscheidung ergeht.

Schließlich entscheidet die zuständige Abteilung oder die Beschwerdekammer über die **207** Kosten nach **freiem Ermessen**, wenn das Verfahren **eingestellt** wird (Art. 85 Abs. 4 GMV). Nach dem Wortlaut dieser Regelung verfügt die zuständige Stelle im Fall der Einstellung des Verfahrens über ein weites Ermessen bei der Verteilung der Verfahrenskosten.[225] Aus dem Umstand, dass einem Widerspruch in einem Parallelverfahren stattgegeben wird, lässt sich nicht schließen, welche der Parteien in diesem Verfahren unterlegen wäre. Insoweit käme es auf den Gegenstand sowie auf den tatsächlichen und rechtlichen Rahmen dieses Verfahrens, so wie sie durch die Anträge der Parteien festgelegt werden, an.[226] Das Amt überschreitet daher die Grenzen seines Ermessens, wenn es dem Anmelder die Kosten mit der Begründung auferlegt, dass er wegen der Zurückweisung der Markenanmeldung in einem anderen Widerspruchsverfahren auch in diesem Verfahren unterlegen wäre und deshalb die Gebühren und Kosten tragen müsse.[227] Wird die angefochtene Marke in einem Parallelver-

---

[221] EuG GRUR Int. 2004, 660 (Nr. 58–60) – *Vitataste*.
[222] Str., anders HABM-BK, 16.6. 2010, R 387/2010-4 – GEKA/GELHA.
[223] HABM Handbuch Markenpraxis (Opposition), Teil 1 (Procedural Matters), D.V.3.
[224] HABM-BK, 16.6. 2010, R 387/2010-4 – GEKA/GELHA.
[225] EuG GRUR Int. 2007, 245 (Nr. 18) – *Lyco-A*.
[226] EuG GRUR Int. 2007, 245 (Nr. 21) – *Lyco-A*.
[227] EuG GRUR Int. 2007, 245 (Nr. 24) – *Lyco-A*.

fahren zurückgewiesen, geht die Kostenentscheidung in der Regel dahin, dass jede Partei ihre eigenen Kosten trägt.[228]

208   *b) Die Kostenfestsetzung.* Die **Kostenfestsetzung** reduziert sich in der Regel auf den Pauschalbetrag für die Vertretung und zuzüglich der Gebühren (falls angefallen).[229] Seit Juli 2005 werden in diesem Regelfall die zu erstattenden Kosten direkt in der Entscheidung über die Sache festgesetzt. Vorher war die Kostenfestsetzung nur auf Antrag in einer separaten Entscheidung erfolgt, nachdem die Ausgangsentscheidung bestandskräftig geworden war.[230] Dennoch sind die Entscheidung in der Sache und die Entscheidung über die Kostenfestsetzung nach wie vor zwei unabhängige Entscheidungen. Nur die Entscheidung über die Kostenfestsetzung (nicht die Sachentscheidung einschließlich der Entscheidung über die Kostenverteilung) ist ein vollstreckbarer Titel (Art. 86 Abs. 1 GMV). Auch sieht die Kostenfestsetzungsentscheidung ein besonderes Rechtsbehelfsverfahren vor: Sie wird auf Antrag von der Stelle, die die Kosten festgesetzt hatte, nach Art. 85 Abs. 6 GMV überprüft. Diese Überprüfung ist immer ein *ex parte* Verfahren. Erst danach ist eine Beschwerde möglich, die sich gegen die Entscheidung über den Antrag auf Überprüfung der Kostenfestsetzung richtet. Eine direkte Beschwerde gegen die in der Sachentscheidung enthaltenen Kostenfestsetzungsentscheidung ist nicht zulässig. Ebenso darf die Sachentscheidung oder die Kostenverteilung in der Entscheidung über den Antrag auf Überprüfung der Kostenfestsetzung nicht überprüft werden.[231] Obwohl gegen die Kostenfestsetzungsentscheidung eine direkte Beschwerde nicht zulässig ist, umfasst nach der Praxis des Amtes die Beschwerde gegen die Sachentscheidung auch die Entscheidung über die Kostenfestsetzung.[232]

209   Die **Pauschalbeträge** für die Vertretungskosten betragen € 300,– für die obsiegende Partei im Widerspruchsverfahren, € 450,– für die obsiegende Partei im Verfalls- oder Nichtigkeitsverfahren sowie € 550,– für die obsiegende Partei im Beschwerdeverfahren (vgl. Regel 94 Abs. 7 lit. d GMDV). Die Vertretungskosten werden nur dann festgesetzt, wenn der obsiegende Beteiligte auch tatsächlich von einem zugelassenen Vertreter nach Art. 93 GMV vertreten war. Lässt sich die Partei von einem ihrer Angestellten i.S.d. Art. 92 Abs. 3 GMV vertreten, werden keine Vertretungskosten festgesetzt.[233]

210   Werden die Kosten direkt in der Entscheidung über die Sache festgesetzt, sind die Vertretungskosten gemäß Regel 94 Abs. 3 S. 4 GMDV **unabhängig davon** zu erstatten, ob sie **tatsächlich angefallen** sind. Für die Festsetzung der Kosten ist es also unerheblich, ob der Vertreter der obsiegenden Partei z.B. im Beschwerdeverfahren eine Stellungnahme einge-

---

[228] Vgl. HABM-BK, 26.11. 2010, R 421/2010-1 – *E-WEAR ewear/EASY WEAR*. Differenzierend HABM-BK, 23.2. 2010, R 1267/2009-1 – *CAVA CRISTALINO JAUME SERRA/CRISTAL*: Beschwerdegegner (Anmelder) trägt Beschwerdegebühr des Beschwerdeführers (Widersprechender) nach Rückweisung der Anmeldung im Parallelverfahren.

[229] € 350,– Widerspruchsgebühr, € 700,– Gebühr für den Antrag auf Erklärung des Verfalls oder der Nichtigkeit, € 800,– Beschwerdegebühr.

[230] Vgl. v. Mühlendahl/Ohlgart, Gemeinschaftsmarke, § 12 Rn. 55.

[231] HABM-BK, 3.2. 2006, R 260/2004-1-REV – *Victoria/Victoria*; 16.12. 2004, R 503/2001-4-REV – *Biolact/Bio*.

[232] Vgl. HABM-BK, 1.9. 2009, R 1384/2008-2 – *MOBITV/MOBIFUN TV*.

[233] Ist der zuständige Mitarbeiter der Rechtsabteilung der Partei Rechtsanwalt oder zugelassener Vertreter i.S.d. Art. 93 GMV, kann er das Unternehmen in dieser Eigenschaft vertreten. Der Mitarbeiter muss die ID-Nummer für Vertreter (falls vorhanden) angeben und klarstellen, dass er als Rechtsanwalt oder zugelassener Vertreter und nicht als Angestellter des Unternehmens agiert. Die Vertretungskosten werden dann im Falle des Obsiegens festgesetzt.

reicht hat oder nicht.[234] Die Beschwerde wird dem Beschwerdegegner wenige Tage nach Eingang beim Amt weitergeleitet. Bereits ab diesem Zeitpunkt können dem Beschwerdegegner Vertretungskosten entstehen, die im Falle einer Zurückweisung der Beschwerde festgesetzt werden.[235] Es ist lediglich erforderlich, dass die obsiegende Partei gemäß Art. 93 GMV durch einen Vertreter vertreten war.

Der Antrag auf **Überprüfung der Kostenfestsetzung** nach Art. 85 Abs. 6 S. 4 GMV **211** ist innerhalb eines Monats nach Zustellung der Kostenfestsetzung (vgl. Regel 94 Abs. 4 GMDV) beim Amt einzureichen und zu begründen. Der Antrag gilt erst als gestellt, wenn die Gebühr für die Überprüfung der Kostenfestsetzung in Höhe von € 100,–[236] entrichtet worden ist.

4. Vollstreckung der Kostenentscheidung. Art. 86 Abs. 1 GMV stellt klar, dass jede **212** Entscheidung des Amtes, die Kosten festsetzt, in allen Mitgliedstaaten der Europäischen Union ein **vollstreckbarer Titel** ist. Voraussetzung ist, dass die Entscheidung rechtskräftig geworden ist. Wurde ein Antrag auf Überprüfung der Kostenfestsetzung nach Art. 85 Abs. 6 S. 4 GMV gestellt, so wird die Entscheidung über die Kostenfestsetzung rechtskräftig, nachdem über den Antrag auf Überprüfung der Kostenfestsetzung rechtskräftig entschieden wurde. Wurde gegen die Sachentscheidung Beschwerde eingelegt, so wird nach der Praxis des Amtes auch die Kostenfestsetzungsentscheidung nicht rechtskräftig.[237]

Die Kostenfestsetzungsentscheidung des Amtes ist **unmittelbare Grundlage** für die **213** Vollstreckung der Entscheidung in den Mitgliedstaaten der EU. Die Anerkennung der Entscheidung nach der VO Nr. 44/2001[238] oder ein Vollstreckungsurteil sind nicht erforderlich.

Die Zwangsvollstreckung richtet sich nach den Vorschriften des Zivilprozessrechts des **214** Mitgliedstaates, in dessen Hoheitsgebiet die Vollstreckung stattfindet. In der Regel findet die Vollstreckung in dem Land statt, in dem der Schuldner seinen Sitz bzw. Wohnsitz hat. Jeder Mitgliedstaat bestimmt nach Art. 86 Abs. 2 S. 2 GMV eine zentrale Stelle, die die Vollstreckungsklausel erteilt.[239] Diese zentrale Stelle darf lediglich die Echtheit der Entscheidung überprüfen. In Deutschland ist für die Erteilung der Vollstreckungsklausel das **Bundespatentgericht** zuständig (§ 125i MarkenG).

Will die obsiegende Partei eine Kostenfestsetzungsentscheidung in Deutschland vollstre- **215** cken, so muss sie beim Bundespatentgericht formlos einen Antrag auf Erteilung der Vollstreckungsklausel stellen.[240] Ist die Entscheidung des Amtes nicht auf Deutsch ergangen, ist eine Übersetzung der Entscheidung (bzw. der relevanten Stellen der Entscheidung) einzureichen. Gegebenenfalls bestätigt das Amt dem Antragsteller die Rechtskraft der Entscheidung schriftlich.

---

[234] EuG, 25.9. 2008, T-294/07 (Nr. 34–35) – *Golf-Fashion Masters*; HABM-BK, 9.12. 2010, R 214/2010-2 – *SpaWeek/SPA*; 13.9. 2010, R 1220/2010-4 – *U.B.U USED BUT USEFUL/UBU*; 16.6. 2010, R 387/2010-4 – *GEKA/GELHA*; 3.11. 2008, R 831/2008-4 – *TRYG/TRYGG*.

[235] A.A. HABM-BK, 9.12. 2010, R 959/2010-2 – *SOUND TRIP/SOUNDTRIBES*.

[236] Art. 2 Nr. 30 GMGebV.

[237] Siehe oben Rdn. 208.

[238] VO (EG) Nr. 44/2001 des Rates vom 22.12. 2000 über die gerichtliche Zuständigkeit und die Anerkennung und Vollstreckung von Entscheidungen in Zivil- und Handelssachen, Abl-EG L 12 vom 16.1. 2001, S. 1.

[239] Eisenführ/*Schennen*, GMV, Art. 86 Rn. 4–10 m.w.N.

[240] Fezer/*v. Kapff*, Hdb. Markenpraxis, Bd. I, 2. Teil, Rn. 1985.

216   Der Schuldner kann gegen den zu vollstreckenden Anspruch unter den Voraussetzungen des § 767 ZPO Vollstreckungsgegenklage erheben, wobei sich die Einwendungen des Schuldners nicht gegen den Titel selbst (Anspruchsgrund oder Anspruchshöhe) richten dürfen.[241]

X. Akteneinsicht und die Behandlung vertraulicher Unterlagen

217   Seit 2008 ist es möglich, die beim Amt geführten Akten elektronisch auf der Internetseite des Amtes einzusehen (sog. „online access to file – OAF"). Der **elektronische Zugang zu den Akten** ist **gebührenlos** (Regel 89 Abs. 1 S. 4 GMDV). Um eine Akte einzusehen, muss der an der Akte Interessierte auf der Gemeinschaftsmarkendatenbank (CTM-ON-LINE)[242] die gewünschte Marke suchen. Auf der Seite mit den Informationen über die Marke erscheint oben folgende Suchleiste:

218   Durch Klicken auf das Symbol ▦ kann jedermann die Korrespondenz der bereits veröffentlichten Anmeldungen und Eintragungen einsehen. Der Zugang umfasst die Schriftstücke des Amtes und der Beteiligten sämtlicher Verfahren (Widersprüche, Beschwerden, Nichtigkeits- oder Verfallsanträge). **Nicht einsehbar** sind Unterlagen von Gemeinschaftsmarkenanmeldungen, die **noch nicht veröffentlicht** sind.

219   Unterlagen von **noch nicht veröffentlichten Anmeldungen** können **auf Antrag** eingesehen werden, sofern der Anmelder zugestimmt hat (Art. 88 Abs. 1 GMV). Über das System MYPAGE kann der Akteneinsichtsantrag auch online gestellt werden. Ohne Zustimmung des Anmelders ist die Akteneinsicht nur möglich, wenn der Antragsteller nachweist, dass der Anmelder behauptet hat, dass die Gemeinschaftsmarke nach ihrer Eintragung gegen ihn geltend gemacht werden würde (Art. 88 Abs. 2 GMV und Regel 89 Abs. 2 GMDV). Die Gebühr für die Akteneinsicht beträgt € 30,–[243] pro Akte. Das Amt kann dem Interessierten auf Antrag auch Kopien aus den Akten zuschicken (Regel 89 Abs. 4 GMDV). Die Gebühren betragen € 10,– bei unbeglaubigten Kopien und € 30,– bei beglaubigten Kopien zuzüglich € 1,– für jede Seite ab der elften Seite.[244]

220   Ausgeschlossen ist auch der Zugang zu bestimmten **amtsinternen** Dokumenten (Vorgänge über die Frage der Ausschließung oder Ablehnung von Mitgliedern oder Schriftstücke, die der Vorbereitung von Entscheidungen und Bescheiden dienen, s. Regel 88 lit. a u. b GMDV). Schließlich sind solche Aktenteile von der Akteneinsicht ausgeschlossen, an deren **Geheimhaltung** der Beteiligte vorher ein **besonderes Interesse** dargelegt hat (Regel 88 lit. c GMDV). Eine Einsichtnahme dieser Unterlagen ist nur möglich, wenn die Einsichtnahme durch vorrangig berechtigte Interessen der um Einsicht nachsuchenden Partei begründet wird.

---

[241] Eisenführ/*Schennen*, GMV, Art. 86 Rn. 12 m.w.N.

[242] Abrufbar unter www.oami.europa.de: Home > Suche nach einer Gemeinschaftsmarke > online suchen.

[243] Art. 2 Nr. 27 GMGebV.

[244] Art. 2 Nr. 28 GMGebV.

Ist ein Verfahrensbeteiligter an der Geheimhaltung bestimmter Informationen oder Un- **221** terlagen interessiert, so kann er die entsprechenden Stellen entweder schwärzen[245] (z.B. Einkaufspreise in Rechnungen) oder beantragen, dass diese Schriftstücke von einer möglichen Akteneinsicht nach Regel 88 lit. c GMDV ausgeschlossen werden. Geht es um Dokumente, die im Rahmen eines *inter partes* Verfahren relevant sind (z.B. Benutzungs- oder Bekanntheitsunterlagen), muss der Beteiligte allerdings deutlich machen, dass die Geheimhaltung **nicht für die anderen Verfahrensbeteiligten** gilt. Ist das Dokument entscheidungserheblich, müssen die anderen Parteien über den Inhalt des Schriftstückes informiert werden und die Gelegenheit erhalten, dazu Stellung zu nehmen. Eine Entscheidung kann nicht auf der Basis von Unterlagen ergehen, die der andere Verfahrensbeteiligte nicht einsehen und kommentieren konnte. Soll nach dem Willen der nachsuchenden Partei die Geheimhaltung auch für die anderen Verfahrensbeteiligten gelten, würde das Amt die Unterlagen unberücksichtigt lassen.[246]

Im übrigen sollte Regel 88 lit. c GMDV als Ausnahme des Rechts auf Akteneinsicht eng **222** ausgelegt werden.[246a] Eine Entscheidung, die auf vertraulichen Unterlagen beruht, enthält zwangsläufig „Lücken" in der Entscheidungsbegründung. Es lässt sich dann weder für die Öffentlichkeit noch für die nächste Instanz (Beschwerdekammer) nachvollziehen, aufgrund welcher Tatsachen die Entscheidung erging, wenn beispielsweise die Benutzung oder Bekanntheit der älteren Marke auf der Grundlage vertraulich gekennzeichneter Unterlagen bejaht wird.

Für eine Ausnahme von dem Recht auf Akteneinsicht nach Regel 88 lit. c GMDV bleibt **223** nur Raum, wenn der Antragsteller überzeugend darlegt, dass es um geheimhaltungsbedürftige Betriebsgeheimnisse geht oder um Unterlagen, die den Schutz der Privat- und Intimsphäre berühren (z.B. medizinische oder psychiatrische Gutachten).[247]

Möchte ein Beteiligter nicht, dass bestimmte Unterlagen **auf der Internetseite des** **224** **Amtes** zur Einsicht freigegeben werden **(„online access to file")**, so sollte er einen entsprechenden Antrag stellen können, **ohne** die Dokumente als vertraulich erklären zu müssen. Die Dokumente wären dann „auf traditionellem Wege" weiterhin frei zugänglich und könnten auch bei der Entscheidung berücksichtigt werden, ohne dass jedermann online auf die Dokumente Zugriff hätte.

Das Amt erhält jedes Jahr rund 12 000 Anträge auf Akteneinsicht.[248] In der Praxis spielen **225** Anträge auf Akteneinsicht in erster Linie bei der Anforderung beglaubigter Kopien von Gemeinschaftsmarkenanmeldungen oder Eintragungsurkunden eine Rolle (Regel 84 Abs. 5 GMDV). Wird die Priorität einer Gemeinschaftsmarkenanmeldung beansprucht, ist oft eine beglaubigte Kopie der Gemeinschaftsmarkenanmeldung als Prioritätsbeleg erforderlich. Die Gebühren für die Ausstellung einer beglaubigten Kopie betragen € 30,–.[249] Manche Staaten verlangen darüber hinaus die **Legalisierung oder Überbeglaubigung** der beglaubigten Kopie.[250] Seit September 2000 ist die Ständige Vertretung der Europäischen Kommission in

---

[245] Vgl. Mitteilung Nr. 8/99 des Präsidenten des Amtes vom 8.11.1999.
[246] HABM Handbuch Markenpraxis (Opposition), Teil 1 (Procedural matters), C.IV.3.
[246a] Ebenso Eisenführ/*Schennen*, GMV, Art. 88 Rn. 32.
[247] Eisenführ/*Schennen*, GMV, Art. 88 Rn. 33.
[248] HABM Jahresbericht 2010, unter www.oami.europa.eu abrufbar: Home > Über das HABM > Veröffentlichungen des HABM.
[249] Art. 2 Nr. 26 lit. b GMGebV.
[250] Mitteilung Nr. 1/01 des Präsidenten des Amtes vom 16.2.2001.

Spanien zentral mit der Überbeglaubigung der Dokumente des Amtes betraut.[251] Das Verfahren läuft wie folgt ab: Ist eine Überbeglaubigung oder Legalisierung der beglaubigten Kopien erforderlich, so ist dies in dem Antrag auf Ausstellung einer beglaubigter Kopie anzugeben. Außerdem muss der Antragsteller in dem Antrag den Drittstaat angeben, für den die Überbeglaubigung oder die Legalisierung notwendig ist. Das Amt leitet die beglaubigte Kopie direkt an die **Ständige Vertretung der Europäischen Kommission in Spanien**[252] weiter und benachrichtigt den Antragsteller darüber, dass die Dokumente weitergeleitet wurden. Der Leiter der Vertretung nimmt die Überbeglaubigung der Unterschrift auf dem Dokument vor und sendet das Dokument anschließend an die im Register genannte Adresse des Antragstellers. Wünscht der Antragsteller, dass die Unterlagen an eine andere Adresse geschickt werden oder persönlich bei der Vertretung abgeholt werden sollen, muss er dies im Antrag angeben. Danach muss der Antragsteller das Dokument der diplomatischen Vertretung des betreffenden Drittstaats in Spanien zur Legalisierung vorzulegen. Die Unterschrift des Leiters der Vertretung der Kommission ist bei den meisten ausländischen Botschaften in Spanien hinterlegt worden. Anschließend ist das Schriftstück der Botschaft des betreffenden Landes zur Legalisierung vorzulegen.

226   Seit dem 10.5.2011 ist es möglich, beglaubigte Abschriften von Anmeldungen und Eintragungsurkunden online zu erhalten. Die Beglaubigungen sind **gebührenfrei**. Dazu ruft die interessierte Partei die Marke auf der Gemeinschaftsmarkendatenbank CTM-ONLINE auf. Auf der Seite mit den Einzelheiten über die Marke kann die beglaubigte Kopie durch Klicken des Symbols [🔒] als pdf-Dokument geöffnet und heruntergeladen werden. Auf der ersten Seite der beglaubigten Abschrift ist ein Identifizierungscode wiedergegeben. Die Behörde des Drittstaates kann diesen Code auf der Internetseite des Amtes[253] eingeben und so die Echtheit der beglaubigten Abschrift überprüfen.

XI. Berichtigung unrichtiger Entscheidungen oder Eintragungen

227   **1. Artikel 80 GMV.** Unter den Voraussetzungen des Art. 80 GMV können unrichtige Entscheidungen des Amtes widerrufen bzw. falsche Registereinträge gelöscht werden. Grundsätzlich sollten Entscheidungen nur im Ausnahmefall widerrufen werden, da die Parteien und Dritte nach Eintritt der Rechtskraft zu Recht auf die Bestandskraft der Entscheidung vertrauen. Der Widerruf kann sich auch auf einen Teil der Entscheidung (z.B. Kostenentscheidung) beschränken.[254]

228   Voraussetzung für die Löschung bzw. den Widerruf ist, dass die Eintragung oder die Entscheidung **offensichtlich mit einem dem Amt anzulastenden Verfahrensfehler behaftet** ist. Der Fehler muss die Entscheidung bzw. die Eintragung selbst berühren. Unregelmäßigkeiten bei der Zustellung beeinträchtigen die Rechtmäßigkeit der Entscheidung nicht und können daher auch nicht gemäß Art. 80 GMV berichtigt werden.[255] Eine Offenkundigkeit des Fehlers ist nicht erforderlich, wenn es nur einen einzigen Verfahrensbeteiligten gibt und die Eintragung bzw. der Vorgang nur dessen Rechte berührt (Art. 80 Abs. 1 S. 2 GMV).

---

[251] Mitteilung Nr. 1/01 des Präsidenten des Amtes vom 16.2.2001.
[252] Comisión Europea, Representación en España, Paseo de la Castellana, 46, E-28046 Madrid.
[253] www.oami.europa.eu: Home > Datenbanken > Echtheit der beglaubigten Abschrift prüfen.
[254] EuG, 1.7.2009, T-419/07 (Nr. 40) – *Okatech*.
[255] EuG, 15.3.2011, T-50/09 (Nr. 31) – *Dada & Co. Kids*; GRUR Int. 2002, 858 (Nr. 12) – *SAT.2*.

Kein Verfahrensfehler ist die **unrichtige Interpretation einer Rechtsvorschrift**. So **229** mag die irrige Annahme einer Waren- oder Zeichenähnlichkeit oder einer Verwechslungsgefahr zwischen den Marken auf einer falschen Interpretation des Art. 8 Abs. 1 lit. b GMV beruhen; dies allein ist jedoch noch kein Verfahrensfehler iSd Art. 80 GMV. Auch wenn die Begründung der Entscheidung offensichtlich widersprüchlich ist, so liegt darin nicht unbedingt ein Verfahrensfehler nach Art. 80 GMV.[256] Solche offensichtlichen Fehler können allerdings unter Umständen nach Regel 53 GMDV korrigiert werden.

Teilt das Amt dem Anmelder mit, dass aufgrund vorher eingegangener Drittbemerkungen **230** nach Art. 40 GMV Zweifel an der Eintragungsfähigkeit der Marke bestünden, und wird die Anmeldung dennoch eingetragen, so soll in der Eintragung der Marke laut einer Entscheidung der Beschwerdekammern eine stillschweigende Rücknahme der Beanstandung liegen. Eine Löschung der „versehentlichen" Eintragung nach Art. 80 GMV sei ausgeschlossen, so die Beschwerdekammer, zumindest dann, wenn die Beanstandung nicht den Erfordernissen des Art. 37 Abs. 3 GMV entspreche.[257]

Ein Verfahrensfehler liegt vor, wenn das Amt das gesetzlich festgelegte Verfahren nicht **231** richtig befolgt hat, weil es etwa einen notwendigen prozessualen Schritt versäumt hat oder eine Verfahrenshandlung einer der Parteien ignoriert hat. Beispielsweise kann ein **Verfahrensfehler** in folgenden Situationen vorliegen:[258]

— Eine vom Anmelder bereits Monate zuvor zurückgenommene Anmeldung wird wegen Bestehens absoluter Schutzhindernisse zurückgewiesen.[259]
— Die angemeldete oder eingetragene Gemeinschaftsmarke wird zurückgewiesen bzw. gelöscht, obwohl der Anmelder/Inhaber einen Antrag auf Nachweis der rechtserhaltenden Benutzung der älteren Marke gestellt hat, der jedoch vom Amt übersehen wurde.[259a]
— Ein Widerspruch oder ein Nichtigkeitsantrag wird mangels Nachweis der Benutzung der älteren Marke zurückgewiesen, obwohl Benutzungsnachweise eingereicht wurden, die das Amt jedoch übersehen oder ignoriert hatte.[260]
— In einem mehrseitigen Verfahren wird eine Entscheidung getroffen, obwohl für die unterlegene Partei zu diesem Zeitpunkt noch eine Stellungnahmefrist lief.
— Eine Entscheidung wird auf der Basis von Argumenten, Fakten oder Beweismittel getroffen, die der unterlegenen Partei nie zugestellt worden waren.
— Eine Gemeinschaftsmarke wird eingetragen, obwohl gegen die Anmeldung noch ein Widerspruch anhängig war.[261]

Liegt ein offensichtlicher, dem Amt anzulastender Verfahrensfehler vor, so werden die Lö- **232** schung oder der Widerruf entweder von Amts wegen oder auf Antrag eines der Verfahrensbeteiligten von derjenigen Stelle angeordnet, die die Eintragung vorgenommen oder die

---

[256] EuG, 9.9.2011, T-36/09 (Nr. 78) – *dm*. Siehe aber HABM-BK, 3.2. 2009, R 1471/2007-1 – *OFTAL CUSI/Ophtal*.

[257] HABM-BK, 30.8. 2010, R 801/2010-4 – *CREME GLOSS*.

[258] Siehe die Beispiele im HABM Handbuch Markenpraxis, Teil A (General provisions), 6.1.1.

[259] HABM-BK, 12.8. 2009, R 1493/2008-1 – *Dreidimensional*.

[259a] Allerdings liegt nach Ansicht des EuG kein Verfahrensfehler iSd Art. 80 GMV vor, wenn das Amt eine Verwechslungsgefahr ohne Prüfung der Benutzungsunterlagen bejaht, weil es irrtümlich annimmt, dass die Widerspruchsmarke nicht dem Benutzungszwang unterliegt, s. EuG, 9.9. 2011, T-597/10 (Nr. 10) – *Biesul*.

[260] HABM-BK, 30.11. 2009, R 864/2008-4-REV – *PAGO*.

[261] HABM-BK, 9.11. 2009, R 78/2009-4 – *Hudson*.

Entscheidung erlassen hat. Nach dem Wortlaut des Art. 80 GMV („auf Antrag eines der Verfahrensbeteiligten")[262] kann die betroffene Partei also einen formellen **Antrag** auf Überprüfung einer möglichen Löschung oder eines Widerrufs stellen.[263] Das Amt ist nicht verpflichtet, eine Entscheidung zu widerrufen, aber es ist verpflichtet, einen dahingehenden Antrag zu überprüfen und darüber zu entscheiden.[264]

233 Die Löschung oder der Widerruf werden **binnen sechs Monaten** ab dem Datum der Eintragung in das Register oder dem Erlass der Entscheidung nach Anhörung der Verfahrensbeteiligten sowie der möglichen Inhaber der Rechte an der betreffenden Gemeinschaftsmarke, die im Register eingetragen sind, angeordnet (Art. 80 Abs. 2 S. 2 GMV). Nach der Praxis des Amtes reicht es für die „Anordnung" der Löschung oder des Widerrufs aus, wenn das Amt innerhalb der genannten Frist von sechs Monaten die Partei(en) gemäß Regel 53a Abs. 1 GMDV darüber informiert, dass eine Löschung oder ein Widerruf beabsichtigt ist.[265] Ist diese Mitteilung an die Parteien rechtzeitig erfolgt, so kann nach dieser Praxis die Löschung oder der Widerruf auch nach Ablauf der sechsmonatigen Frist erfolgen.

234 Nach erfolgter Unterrichtung der Parteien können diese innerhalb einer vom Amt gesetzten Frist zu dem beabsichtigten Widerruf bzw. der beabsichtigten Löschung **Stellung nehmen** (Regel 53a Abs. 2 GMDV). Unterbleibt eine Stellungnahme oder stimmt die betroffene Partei oder gegebenenfalls beide Parteien der beabsichtigten Löschung oder dem beabsichtigten Widerruf zu, kann das Amt die Entscheidung widerrufen bzw. den Eintrag löschen. Teilt die betroffene Partei dem Amt mit, dass sie dem beabsichtigten Widerruf bzw. der beabsichtigten Löschung nicht zustimme, so ergeht eine formelle Entscheidung des Amtes über den Widerruf (Regel 53a Abs. 3 GMDV).

235 Hat der Widerruf oder die Löschung Auswirkungen auf eine bereits veröffentlichte Entscheidung bzw. Registereintragung, wird der Widerruf bzw. die Löschung ebenfalls **veröffentlicht** (Regel 53a Abs. 5 GMDV). Zuständig für den Widerruf bzw. die Löschung ist die Dienststelle oder Abteilung, die die Entscheidung erlassen hat (Art. 80 Abs. 2 GMV und Regel 53a Abs. 6 GMDV).

236 Neben der Möglichkeit, die Löschung eines Registereintrags bzw. den Widerruf einer Entscheidung nach Art. 80 GMV zu beantragen, bleibt der unterlegenen Partei das Recht vorbehalten, gegen die Entscheidung **Beschwerde** einzulegen oder einen Antrag auf Berichtigung eines Fehlers nach Regel 14, Regel 27 oder Regel 53 GMDV zu stellen. Da die Entscheidung über den Widerruf normalerweise nicht vor Ablauf der Beschwerdefrist getroffen wird und die Ankündigung des Widerrufs durch die Ausgangsinstanz keine Garantie dafür ist, dass die Entscheidung auch tatsächlich widerrufen wird,[265a] ist die unterlegene Partei in der Regel gezwungen Beschwerde einlegen. Allerdings hat die Große Kammer entschieden, dass ein Widerruf bzw. eine Löschung iSd Art. 80 GMV in dem Moment ausgeschlossen ist, in dem eine Beschwerde gegen die Eintragung oder die Entscheidung eingelegt

---

[262] Vgl. auch die anderen Sprachversionen: „à la demande de l'une des parties à la procédure" (FR), „at the request of one of the parties to the proceedings" (EN), „a instancia de una de las partes en el procedimiento" (ES), „su istanza di una delle parti nella procedura" (IT).

[263] Fezer/*Bender*, Hdb. Markenpraxis, Bd. I, 2. Teil, Rn. 1086, 1091; a.A. Eisenführ/*Schennen*, GMV, Art. 80 Rn. 24.

[264] Vgl. HABM-BK, 17.2. 2011, R 2028/2010-1 – *S7-1200/S7-1200* (zzt. anhängig vor dem EuG, Rechtssache T-226/11).

[265] HABM Handbuch Markenpraxis, Teil A (General provisions), 6.1.3.1.

[265a] Vgl. EuG, 9.9. 2011, T-36/09 (Nr. 17–19) – *dm*.

wird.[266] Die Ausgangsinstanz entscheidet in diesem Fall auch dann nicht mehr über den Widerruf oder die Löschung, wenn sie zuvor die beabsichtigte Löschung oder den beabsichtigten Widerruf angekündigt hatte.

Auch wenn die Voraussetzungen des Art. 80 GMV nicht vorliegen, soll der Widerruf einer rechtswidrigen Entscheidung oder Handlung nach dem **Grundsatz der Rechtmäßigkeit** im Ausnahmefall möglich sein, wenn der Widerruf innerhalb einer angemessenen Frist stattfindet.[267]   **237**

2. Regel 53 GMDV. Gemäß **Regel 53** korrigiert die zuständige Dienststelle des Amtes **238** eine fehlerhafte Entscheidung von Amts wegen oder auf Betreiben eines Verfahrensbeteiligten, wenn die Entscheidung einen sprachlichen Fehler, einen Schreibfehler oder einen offensichtlichen Fehler enthält. Gemäß Art. 64 Abs. 1 GMV kann die Beschwerdekammer bei ihrer Entscheidung über die Beschwerde im Rahmen der Zuständigkeit der Dienststelle tätig werden, die die angefochtene Entscheidung erlassen hat. Hat die Beschwerdekammer in Ausübung der Zuständigkeiten der Widerspruchsabteilung in der angefochtenen Entscheidung einen Schreibfehler oder offensichtlichen Fehler entdeckt, so kann sie gemäß Regel 53 GMDV für seine Berichtigung sorgen.[268]

Auch unrichtige Entscheidungen der Beschwerdekammern können nach Regel 53 **239** GMDV **berichtigt** werden. Davon haben die Beschwerdekammern beispielsweise in einem Fall Gebrauch gemacht, in dem der Widersprechende den Widerspruch im Laufe des Widerspruchsverfahrens auf bestimmte Produkte beschränkt hatte, die Beschwerdekammer die Markenanmeldung jedoch für weitere Produkte zurückgewiesen hatte.[269]

Ebenso wie bei Art. 80 GMV ist eine Berichtigung gemäß Regel 53 GMDV nach der **240** Amtspraxis ausgeschlossen, wenn eine **Beschwerde** gegen die Entscheidung **anhängig** ist oder anhängig gemacht wird.[270] Anders als bei Art. 80 GMV ist die Berichtigung einer Entscheidung nach Regel 53 GMDV grundsätzlich an keine Frist gebunden.[271] Außerdem bewirkt eine Berichtigung auf der Basis des Art. 80 GMV, dass die ursprüngliche Entscheidung durch die neue Entscheidung ersetzt wird und eine Beschwerde gegen die neue Entscheidung möglich ist, während die Berichtigung nach Regel 53 GMDV die Existenz der ursprünglichen Entscheidung nicht berührt, weshalb eine Beschwerde gegen die berichtigte Entscheidung grundsätzlich ausgeschlossen ist. Allerdings gilt dies auch nur, wenn die Berichtigung nach Regel 53 GMDV nicht den Tenor der ursprünglichen Entscheidung verändert. Ist dies der Fall, kann die betroffene Partei unter den Voraussetzungen der Art. 58–60 GMV Beschwerde einlegen.

Im Einzelfall ist die **Abgrenzung der Anwendungsbereiche** des Art. 80 GMV einer- **241** seits und der Regel 53 GMDV andererseits nicht einfach: Wurde eine Partei in der Widerspruchsentscheidung falsch bezeichnet, während Name und Anschrift ihres Rechtsvertreters

---

[266] HABM-BK, 28.4. 2009, R 323/2008-G – *BEHAVOURIAL INDEXING* (die Entscheidung war wegen Verletzung des Art. 7 Abs. 1 lit. c GMV vor dem EuG angefochten worden und insoweit vom Gericht bestätigt worden, EuG, 12.4. 2011, T-310/09 und T-183/09).

[267] HABM-BK, 14.10. 2009, R 172/2008-G – *VISTA/vistar*.

[268] EuG, 15.3. 2011, T-50/09 (Nr. 34) – *Dada & Co. kids*.

[269] EuG, 14.10. 2003, T-292/01 (Nr. 25) – *Bass*.

[270] HABM Handbuch Markenpraxis, Teil A (General provisions), 6.2.1.2.2.

[271] Die Einhaltung einer Frist wird nach der Praxis des Amtes allerdings dann gefordert, wenn die Berichtigung nach Regel 53 GMDV den Tenor der Entscheidung beeinflusst, s. HABM Handbuch Markenpraxis, Teil A (General provisions), 6.2.1.2.3.

zutreffend angegeben wurden, und erfolgte die Zustellung an den ordnungsgemäß benannten Rechtsvertreter, so handelt es sich um einen Fehler, der keine prozessualen Folgen hatte und nicht als Verfahrensfehler im Sinne von Art. 80 Abs. 1 GMV zu qualifizieren ist.[272] Vielmehr ist die falsche Bezeichnung des Anmelders als Schreibfehler oder offensichtlicher Fehler im Sinne von Regel 53 GMDV anzusehen. Dieser Fehler kann gemäß diesen Bestimmungen von Amts wegen oder auf Antrag eines Beteiligten von der zuständigen Dienststelle oder Abteilung des HABM berichtigt werden, ohne dass das Amt die mit dem Fehler behaftete Entscheidung hätte für ungültig erklären oder widerrufen müssen.[273]

242   Berichtigungen nach Regel 53 GMDV können sich nur auf die Richtigstellung von Rechtschreib- oder Grammatikfehlern, von Schreibfehlern oder von anderen Fehlern beziehen, die einen solchen Grad an Offensichtlichkeit aufweisen, dass keine andere Fassung beabsichtigt gewesen sein konnte als die berichtigte Version der Entscheidung.[273a] Ein **sprachlicher Fehler, ein Schreibfehler oder ein offensichtlicher Fehler** iSd Regel 53 GMDV liegt z.B. in folgenden Fällen vor:[274]

–   Obwohl die Entscheidung die richtigen Marken vergleicht, wird die ältere Marke an einer Stelle der Entscheidung irrtümlich als „ACB" statt richtig als „ABC" bezeichnet.
–   Laut Entscheidungsgründen und Tenor wird die angefochtene Gemeinschaftsmarke gelöscht; dennoch werden dem Antragsteller im Tenor versehentlich die Kosten auferlegt.[275]
–   Die maßgeblichen Waren werden mit entsprechender Begründung als unähnlich angesehen und die Entscheidung stellt folgerichtig fest, dass eine Verwechslungsgefahr nicht besteht. Dennoch wird die angefochtene Marke laut Tenor für die maßgeblichen Waren zurückgewiesen.

243   **3. Regeln 14 und 27 GMDV.** Schließlich ist die **Berichtigung von Fehlern im Register oder in Veröffentlichungen** nach Maßgabe der Regeln 14 und 27 GMDV möglich, wobei sich Regel 14 auf die unrichtige Veröffentlichung von Fehlern in der Veröffentlichung einer **Anmeldung** bezieht, während Regel 27 die Berichtigung von Fehlern im Register und in der Veröffentlichung der **Eintragung** ermöglicht. Beide Vorschriften setzen voraus, dass der Fehler dem Amt zuzuschreiben ist. Eine Berichtigung ist entweder von Amts wegen oder auf Antrag des Anmelders bzw. Markeninhabers möglich. Der Antrag ist gebührenfrei und muss die in Regel 13 bzw. Regel 26 GMDV genannten Angaben enthalten. Die vorgenommenen Berichtigungen werden vom Amt veröffentlicht. Wirkt sich die Berichtigung auf das Waren- oder Dienstleistungsverzeichnis der Anmeldung aus, so löst die Veröffentlichung der Berichtigung eine neue Widerspruchsfrist aus (Regel 14 Abs. 4 GMDV). Allerdings ist ein solcher Widerspruch nur gegen die geänderten Waren oder Dienstleistungen möglich.

---

[272] EuG, 15.3. 2011, T-50/09 (Nr. 31) – *Dada & Co. kids.*
[273] EuG, 15.3. 2011, T-50/09 (Nr. 32) – *Dada & Co. kids.*
[273a] EuG, 9.9. 2011, T-36/09 (Nr. 73) – *dm.*
[274] Siehe Beispiele in HABM Handbuch Markenpraxis, Teil A (General provisions), 6.2.1.1.
[275] Anders in EuG, 1.7. 2009, T-419/07 – *Okatech* (auf die Kostenentscheidung beschränkter Widerruf nach Art. 80 GMV).

§ 2 Anmeldung, Eintragung und Verlängerung der Gemeinschaftsmarke

I. Taktische Überlegungen vor Einreichung einer Anmeldung

Vor Einreichung der Gemeinschaftsmarkenanmeldung sollte der Anmelder prüfen, ob die **1** Gemeinschaftsmarke für seine Zwecke das geeignete Instrument darstellt, um den gewünschten Markenschutz zu erreichen (dazu unten 1). Auch sollte der Gegenstand der Anmeldung genau definiert werden, bevor die Gemeinschaftsmarke angemeldet wird. Schließlich sollte vor Einreichung der Anmeldung geklärt werden, ob und in welchem Umfang vor der Anmeldung die Existenz älterer Drittrechte untersucht werden muss (dazu unten 2).

1. Alternativen zur Gemeinschaftsmarke?. Die Gemeinschaftsmarke bietet sich an, **2** wenn der Markenanmelder beabsichtigt, seine Marke zumindest mittelfristig in mehreren Mitgliedstaaten der Europäischen Union auf den Markt zu bringen.[1] Die Gemeinschaftsmarke bietet gegenüber nationalen Einzelanmeldungen eine Reihe von Vorteilen:

- Die Gemeinschaftsmarke ist **sehr günstig**. Zum Preis von € 900,– (bei elektronischer Anmeldung) erhält der Markeninhaber einen zehnjährigen Schutz in zurzeit 27 Mitgliedstaaten für drei Waren- oder Dienstleistungsklassen seiner Wahl.
- Das **zentrale Verfahren** vor dem HABM ist **einfach** und **schnell**. Die elektronische Anmeldung ist sehr benutzerfreundlich und problemlos auszufüllen.[2] Die Anmeldung kann **auf Deutsch** eingereicht werden. Auch das Prüfungsverfahren kann auf Deutsch geführt werden. Lediglich für potentielle Widersprüche oder Löschungsanträge muss eine zweite Sprache (z.B. Englisch) angegeben werden. Stehen der Anmeldung keine formalen oder absoluten Eintragungshindernisse entgegen, wird sie in aller Regel innerhalb von nur **zehn Wochen veröffentlicht**. Geht kein Widerspruch ein, kann der Anmelder mit einer Eintragung innerhalb von 25 Wochen nach Anmeldung rechnen.
- Ein weiterer, ganz wesentlicher Vorteil der Gemeinschaftsmarke ist, dass zur rechtserhaltenden Benutzung der Marke die **Benutzung in einem Mitgliedstaat der Europäischen Union ausreichend** ist. Im Unterschied dazu muss jede Benennung einer IR-Marke nach Ablauf der Benutzungsschonfrist in jedem benannten Vertragsstaat benutzt werden. Geschieht dies nicht, läuft die IR-Marke Gefahr, dass sie in allen nicht benutzten Ländern gelöscht wird.
- Urteile der Gemeinschaftsmarkengerichte wegen **Verletzung** der Gemeinschaftsmarke können in der gesamten Europäischen Union gelten. Es ist also nicht erforderlich, in jedem betroffenen Mitgliedstaat Verletzungsklagen einzureichen. Ebenso kann auf der Grundlage einer Gemeinschaftsmarke ein **Antrag auf Tätigwerden der Zollbehörden** für alle Mitgliedstaaten der Europäischen Union beantragt werden.[3]

---

[1] Ausführlich zu den Optionen europaweiten Markenschutzes: Hdb. Fachanwalt-GewRS/*Pohlmann*, Kap. 5, Rn. 794–807.
[2] Siehe das Muster zum elektronischen Anmeldeformular, Anhang II.
[3] Vgl. Art. 5 Abs. 4 der VO (EG) Nr. 1383/2003 vom 22.7. 2003.

– Schließlich können durch die Inanspruchnahme einer oder mehrere **Senioritäten** die Verlängerungsgebühren der betroffenen nationalen Marken eingespart werden.

3 All diese Gründe sprechen für eine Direktanmeldung der Gemeinschaftsmarke in Alicante. Anders ist die Situation, wenn der Anmelder befürchten muss, dass der Eintragung der Gemeinschaftsmarke zumindest in einem Teil der Europäischen Union absolute oder relative Schutzhindernisse entgegenstehen könnten. Hier bietet sich alternativ die Anmeldung einer nationalen Marke (z.B. deutsche Marke) an, die dann als Basismarke für eine internationale Anmeldung nach dem Madrider System eingesetzt werden kann. Nach dem Beitritt der EU zum Madrider Protokoll am 1.10. 2004 ist auch eine EU-Benennung möglich. Wird die EU-Benennung wegen Bestehens absoluter oder relativer Schutzhindernisse gelöscht, so hat die EU-Erstreckung gegenüber der Direktanmeldung einer Gemeinschaftsmarke den Vorteil, dass sie die sog. „opting-back Umwandlung" der EU-Benennung in nationale Benennungen ermöglicht, was gegenüber einer Umwandlung gemäß Art. 112–114 GMV in nationale Anmeldungen erheblich preisgünstiger ist.[4] Allerdings kommt das Madrider System als Alternative nur in Frage, wenn der Anmelder zur Anmeldung der IR-Marke berechtigt ist und die Benennungen identisch zu der Basismarke sein sollen.[5]

4 **2. Gegenstand der Anmeldung und Vorab-Recherche.** Wichtig ist auch, dass der Markenanmelder den Gegenstand der Anmeldung genau definiert, bevor er die Gemeinschaftsmarke anmeldet. Die geplante Benutzung der Marke spielt bei diesen Überlegungen eine ebenso wichtige Rolle wie die Inhaberschaft und die Frage nach Vorab-Recherchen.[6]

– **Markenform:** Aus gutem Grund werden die meisten Gemeinschaftsmarken als Wortmarken angemeldet. Während der Schutz einer Bildmarke auf die konkrete Ausgestaltung und/oder Farbwahl beschränkt ist, schützen Wortmarken das oder die Worte an sich und umfassen auch graphische Ausgestaltungen dieser Wortelemente. Anpassungen oder Modernisierungen des Designs sind vom Schutz der eingetragenen Wortmarke umfasst. Beabsichtigt der Anmelder dagegen, die Marke in einem originellen Design oder mit zusätzlichen Bildelementen zu benutzen, bietet sich – zusätzlich oder alternativ zur Wortmarke – die Anmeldung einer Bildmarke an. Auch wenn zu befürchten ist, dass dem Zeichen in der gesamten EU oder einem Teil absolute Schutzhindernisse entgegenstehen, sollte der Anmelder überlegen, das Zeichen als Bildmarke mit einem unterscheidungskräftigen Bildelement anzumelden, das das absolute Schutzhindernis aus dem Wege räumen kann. Denkbar ist auch, dass das Zeichen als Wortmarke mit einem zusätzlichen unterscheidungskräftigen Wortelement (z.B. Firmenname oder Hausmarke) angemeldet wird. Dies setzt allerdings voraus, dass die Marke auch mit den zusätzlichen Elementen benutzt werden soll.

– **Waren und Dienstleistungen:** Der Anmelder muss sich fragen, für welche konkreten Waren oder Dienstleistungen die Marke benutzt werden soll. Da in der Grundgebühr drei Waren- oder Dienstleistungsklassen enthalten sind, kann die Anmeldung auch möglicherweise in Zukunft geplante Produkte oder Dienstleistungen umfassen. Wichtig ist jedenfalls, dass der Anmelder vor der Anmeldung sicherstellt, dass die konkret gewünschten Waren oder Dienstleistungen in der Anmeldung benannt werden. Will der Anmelder die

---

[4] Siehe unten Rn. 172, § 4 Rdn. 135.
[5] Dazu ausführlich unten Rdn. 171–179.
[6] Vgl. Hdb. Fachanwalt-GewRS/*Pohlmann*, Kap. 5, Rn. 808.

Marke für „Schutzkleidung" in Klasse 9 benutzen, darf er sie nicht für „Kleidung" in Klasse 25 anmelden. Ist eine Benutzung für „Bohrmaschinen" in Klasse 7 beabsichtigt, wäre eine Eintragung für „handbetriebene Bohrer" in Klasse 8 nicht vom Schutz der Marke umfasst. Eine unrichtige Klassifizierung kann im ungünstigsten Fall dazu führen, dass die Benutzung der Marke nicht von der Eintragung geschützt ist.[6a]

Praxishinweis: Nach der jetzigen Praxis des Amtes umfassen die Oberbegriffe einer Klasse sämtliche denkbaren Waren oder Dienstleistungen dieser Klasse.[7] Es wird allerdings damit gerechnet, dass diese Praxis in Kürze aufgegeben wird.[8] Unabhängig von der Amtspraxis ist dem Anmelder bei Zweifeln in jedem Fall zu empfehlen, neben den Oberbegriffen der Klassen auch die konkret gewünschten Waren oder Dienstleistungen anzugeben. Nur so kann er sicherstellen, dass diese Waren oder Dienstleistungen auch von dem Schutz der Marke umfasst werden.

– **Inhaberschaft:** Bei der Frage, in wessen Namen die Marke angemeldet werden soll, können steuerrechtliche Gesichtspunkte eine Rolle spielen. Wird die Gemeinschaftsmarke als Basismarke einer IR-Marke verwendet, muss der Anmelder in der EU ansässig sein.[9]
– **Vorab-Recherche:** Eine umfangreiche Vorab-Recherche oder „clearance-search" nach älteren Rechten ist teuer und zeitaufwendig. Auch bietet eine Vorab-Recherche keinen hundertprozentigen Schutz: Die Gefahr, dass sich der Gemeinschaftsmarkenanmeldung nicht registrierte Rechte oder kurz vorher (und daher nicht von einer Datenbank erfasste) ältere Marken in den Weg stellen, kann niemals ganz ausgeräumt werden. Es ist auch nicht auszuschließen, dass das ältere Drittrecht nicht benutzt wird oder sein Inhaber das Interesse an der Marke verloren hat. Möglich ist auch, dass mit dem Inhaber eines älteren Rechts eine gütliche Einigung erzielt wird. In der Regel ist es deshalb empfehlenswerter, die Gemeinschaftsmarke nach einer kurzen Recherche direkt anzumelden und abzuwarten, ob ein Widerspruch eingelegt wird. Sind die Erfolgsaussichten in diesem Widerspruch gering und kann der Rechtsstreit auch nicht außeramtlich beigelegt werden, bleibt dem Anmelder immer noch die Möglichkeit, die Marke zurückzunehmen und ggf. in nationale Anmeldungen umzuwandeln. Der Aufwand einer umfassenden Vorab-Recherche lohnt sich nur bei besonders wichtigen Marken oder einer kurz bevorstehenden Produkteinführung.

Praxishinweis: Einen guten und kostenlosen Überblick über ältere Markenrechte bietet die Datenbank „TMview".[10]

[6a] Siehe unten Rdn. 32.
[7] Miteilung Nr. 4/03 des Präsidenten des Amtes vom 16.6. 2003.
[8] S. Study on the Overall Functioning of the European Trade Mark System in Europe (Max-Planck-Institut), Teil III, Rn. 4.40–42 u. 4.59–64.
[9] Art. 1 Abs. 3 MMA. Dazu unten Rdn. 162.
[10] Dazu oben Einleitung Rdn. E 42.

II. Von der Anmeldung zur Eintragung

5   Der Anmelder hat die Wahl, ob er die Gemeinschaftsmarke direkt beim HABM oder beim DPMA bzw. einem anderen nationalen Markenamt eines Mitgliedstaats der EU einreichen will (Art. 25 Abs. 1 GMV). Eine Einreichung beim DPMA hat dieselbe Wirkung, als wenn die Anmeldung an diesem Tag beim HABM eingegangen wäre.[11] Das DPMA muss die Anmeldung innerhalb von zwei Wochen an das HABM weiterleiten. Alternativ zu der Direktanmeldung kann über den Weg einer internationalen Registrierung auch die Europäische Union als Vertragsstaat des Madrider Protokolls benannt werden.[12]

6   **1. Die Anmeldetagsvoraussetzungen.** Der Tag der Einreichung der Anmeldung wird nur dann als Anmeldetag anerkannt, wenn die Anmeldung folgende Angaben erhält (Art. 26 Abs. 1 GMV):

> – einen **Antrag** auf Eintragung einer Gemeinschaftsmarke,
> – Angaben, die es erlauben, die **Identität des Anmelders** festzustellen,
> – ein **Verzeichnis der Waren oder Dienstleistungen**, für die die Eintragung begehrt wird, und
> – eine **Wiedergabe** der Marke.

7   Eine weitere Anmeldetagsvoraussetzung ist, dass der Anmelder binnen eines Monats nach Einreichung der Gemeinschaftsmarke die **Grundgebühr** bezahlt (Art. 27 GMV).

8   Der Anmelder der Gemeinschaftsmarke muss **rechtsfähig** iSd Art. 3 GMV sein. Rechtsfähig sind nach deutschem Recht juristische Personen des Privatrechts wie z.B. Aktiengesellschaften, Kommanditgesellschaften auf Aktien, Gesellschaften mit beschränkter Haftung (GmbH), Stiftungen, eingetragene Vereine und Genossenschaften.[13] Den juristischen Personen gleichgestellte „Einheiten" iSd Art. 3 GMV sind insbesondere OHG, KG und GmbH & Co. KG.[14] Um den Anmelder hinreichend zu identifizieren, muss die Anmeldung den Namen, die Anschrift und die Staatsangehörigkeit sowie den Staat des Wohnsitzes, des Sitzes oder der Niederlassung des Anmelders enthalten. Bei natürlichen Personen sind der Vor- und Familienname anzugeben. Bei juristischen Personen sowie bei anderen „Einheiten", die juristischen Personen iSd Art. 3 GMV gleichgestellt sind, sind die amtliche Bezeichnung und die Rechtsform anzugeben, wobei deren gewöhnliche Abkürzung ausreicht (vgl. Regel 1 Abs. 1 lit. b GMDV).

9   Die Anforderungen an die **Wiedergabe der Marke** sind in Regel 3 GMDV genannt. Der Anmelder muss insbesondere **angeben**, ob er die Anmeldung einer Bildmarke, dreidimensionalen Marke, Farbmarke *per se* oder einer anderen Markenform (z.B. Positionsmarke) begehrt (vgl. Regel 3 Abs. 3 S. 1 und Abs. 4 S. 1 GMDV).

10   Wird eine **dreidimensionale** Marke angemeldet, muss die Wiedergabe aus einer fotografischen Darstellung oder einer graphischen Wiedergabe der Marke bestehen. Es können bis zu sechs verschiedene Perspektiven der Marke wiedergegeben werden. Alle Perspektiven

---

[11]   Die Gebühren des DPMA für die Weiterleitung einer Gemeinschaftsmarkenanmeldung betragen EUR 25,–, s. Kostenmerkblatt des DPMA (unter www.dpma.de abrufbar).

[12]   Dazu ausführlich unten Rdn. 171–179.

[13]   Ausführlich Eisenführ/*Schennen*, GMV, Art. 3 Rn. 11.

[14]   Eisenführ/*Schennen*, GMV, Art. 3 Rn. 12–21 m.w.N.

müssen dasselbe Objekt zeigen. Gibt die eingereichte Abbildung das Zeichen nur aus **einer Perspektive** wieder, so werden Gestaltungsmerkmale des Zeichens nur insoweit zugrunde gelegt, als sie sich aus der Wiedergabe ergeben und dort klar erkennbar sind.[15] Etwaige Gestaltungsmerkmale der nicht sichtbaren Perspektiven bleiben zu Lasten des Anmelders unberücksichtigt.[16] Dreidimensionale Marken können farbig angemeldet werden und zusätzliche Bild- oder Wortbestandteile enthalten. Auch steht es dem Anmelder frei, der Anmeldung eine Beschreibung der Marke nach Regel 3 Abs. 3 GMDV beizufügen. Weicht die Beschreibung allerdings von der Wiedergabe der Marke ab, wird sie vom Amt abgelehnt.[17]

Wird eine **farbige Bildmarke** oder eine **Farbmarke** *per se* eingereicht, so muss die Ab- **11** bildung farbig wiedergegeben werden. Zusätzlich sind die Farben, aus denen sich die Marke zusammensetzt, in Worten anzugeben, wobei auf anerkannte Farbcodes zurückgegriffen werden kann. Reicht der Anmelder eine farbige Abbildung ein, ohne die Farben zu benennen oder mit Hilfe von Farbcodes zu identifizieren, so benennt das Amt von sich die Farben. Ebenso ändert das Amt die Farbangabe selbst, wenn diese nicht mit der Farbe der eingereichten Abbildung übereinstimmt. Reicht der Anmelder beispielsweise eine grüne Bildmarke ein und gibt als Farbe „rot" an, ändert das Amt die Farbangabe von sich aus. Der Anmelder erhält in jedem Fall die Gelegenheit, dazu Stellung zu nehmen.[18] Weigert sich der Anmelder, die vom Amt vorgeschlagenen Farben zu akzeptieren und beseitigt er den Mangel auch nicht auf eine andere Art und Weise (z.B. durch eine Präzisierung der Farben seinerseits), weist das Amt die Anmeldung nach Regel 3 Abs. 5 und Regel 9 Abs. 3 und 4 GMDV zurück.[19]

Praxishinweis: Der Anmelder sollte sich vor Einreichung der elektronischen Anmeldung vergewissern, dass die als Datei beigefügte Abbildung auch der Abbildung entspricht, für die Schutz begehrt wird. Häufig werden versehentlich farbige Abbildungen in elektronischer Form eingereicht, obwohl der Anmelder die Marke in schwarz-weiß anmelden wollte. Eine nachträgliche Änderung der Anmeldung durch Einreichung einer schwarz-weiß-Abbildung ist – außer unter den engen Voraussetzungen des Art. 43 Abs. 2 GMV – nicht möglich.

Wird eine Abbildung in **schwarz-weiß** eingereicht, so geht das Amt davon aus, dass der **12** Anmelder den Schutz einer Marke in schwarz-weiß begehrt. Kommt es dem Anmelder auf den Schutz bestimmter, in dem Zeichen enthaltenen Grautöne an, so muss er dies anzeigen und, sofern möglich, den entsprechenden Farbcode angeben.[20]

Begehrt der Anmelder den Schutz als **Positionsmarke**, muss er die Marke als „sonstige **13** Marke" im Anmeldeformular bezeichnen. Aus der eingereichten Abbildung muss die konkrete Position des Zeichens auf dem Produkt erkennbar sein. Es reicht nicht aus, dass der Anmelder beispielsweise eine abstrakte Farbkombination einreicht und lediglich in der Beschreibung erläutert, wo das Zeichen auf dem Produkt angebracht werden soll. Ist das angemeldete Zeichen tatsächlich eine Bildmarke oder eine dreidimensionale Marke, muss

---

[15] HABM-BK, 8.12. 2005, R 1156/2005-4 – *Brillenbügel*; 31.7. 2001, R 647/1999-2 – *Flasche mit Portionierungsskala*.
[16] HABM-BK, 21.4. 2010, R 1243/2009-4 – *Schlauch*.
[17] Mitteilung Nr. 2/98 des Präsidenten des Amtes vom 8.4. 1998.
[18] HABM Handbuch Markenpraxis, Teil B (Examination), 2.7.1.
[19] HABM-BK, 25.8. 2010, R 1270/2010-4 – *dreidimensional*.
[20] HABM Handbuch Markenpraxis, Teil B (Examination), 2.7.1.

die Markenform entsprechend geändert und die (auf eine Positionsmarke zugeschnittene) Beschreibung angepasst oder gestrichen werden.

14   Anders als nach britischem Recht[21] können mehrere, nur geringfügig voneinander abweichende Zeichen nicht in einer Gemeinschaftsmarkenanmeldung als sogenannte Serienmarke (**„series of marks"**) angemeldet werden. Das Amt würde eine derartige Anmeldung als Anmeldung eines einzigen Zeichens ansehen.

15   Wird eine **Hörmarke** angemeldet, besteht die Wiedergabe der Marke aus einer grafischen Wiedergabe der Klangfolge, vorzugsweise in Form einer Notenschrift. Wird die Hörmarke elektronisch angemeldet, kann zusätzlich zu der grafischen Wiedergabe eine elektronische Datei beigefügt werden, die die klangliche Wiedergabe enthält.[22]

16   Wird die Markenanmeldung nicht elektronisch eingereicht, muss die Marke (sofern sie keine Wortmarke ist) auf einem gesonderten Blatt wiedergegeben werden und den in Regel 3 Abs. 2 GMDV genannten Formatvorgaben genügen. Wird die Markenanmeldung durch **Telefax** übermittelt und enthält die Anmeldung eine Wiedergabe der Marke, die die Voraussetzungen von Regel 3 Abs. 2 GMDV nicht erfüllt, so ist die erforderliche, veröffentlichungsfähige Wiedergabe beim Amt per Post oder durch eigenhändige Übergabe einzureichen. Erhält das Amt die Wiedergabe innerhalb eines Monats nach Empfang der durch Telefax übermittelten Anmeldung, so gilt die Wiedergabe als am Empfangstag des Telefax eingegangen (Regel 80 Abs. 1 GMDV).

17   Die **Grundgebühr** für die Anmeldung einer Gemeinschaftsmarke beträgt bei elektronischer Anmeldung € 900,– für bis zu drei Klassen. Wird die Marke nicht elektronisch angemeldet, liegt die Grundgebühr bei € 1050,–. Ab der vierten Klasse sind Klassengebühren in Höhe von € 150,– pro Klasse zu errichten. Die Grundgebühr für die Anmeldung einer Gemeinschaftskollektivmarke beträgt € 1800,– für drei Klassen plus € 300,– Klassengebühr ab der vierten Klasse. Für die Zuerkennung des Anmeldetags ist nur die rechtzeitige Zahlung der Grundgebühr (Regel 4 lit. a GMDV) erforderlich.

18   Bei **elektronischer Anmeldung** der Marke erhält der Anmelder **sofort** eine **Anmeldenummer**. Außerdem übermittelt das Amt dem Anmelder nach Eingang der Markenanmeldung eine Empfangsbescheinigung, in der die wichtigsten Daten der Anmeldung wiedergegeben sind (Regel 5 Abs. 1 GMDV).

19   Erfüllt die Anmeldung die Erfordernisse für die Zuerkennung eines Anmeldetages nicht, so teilt das Amt dem Anmelder mit, dass aufgrund dieser Mängel kein Anmeldetag zuerkannt werden kann (Regel 9 Abs. 1 GMDV). Wird der beanstandete Mangel innerhalb einer Frist von zwei Monaten nach Empfang der Mitteilung behoben, so ist für den Anmeldetag der Tag maßgeblich, an dem der Mangel beseitigt ist. Wird der Mangel dagegen nicht fristgerecht behoben, so wird die Anmeldung nicht als Anmeldung einer Gemeinschaftsmarke behandelt und bereits entrichtete Gebühren erstattet (Regel 9 Abs. 2 GMDV).

20   Der Anmelder hat zu beweisen, dass die Anmeldung beim Amt eingegangen ist. Allerdings hat das Amt im Rahmen der Amtsermittlung (Artikel 76 Abs. 1 GMV) dazu alle Nachforschungen in den eigenen Akten anzustellen. Bestreitet das Amt den (vollständigen) Zugang der Anmeldung und legt der Anmelder daraufhin Beschwerde ein, so entscheidet die Beschwerdekammer in freier Beweiswürdigung, ob der Zugang erwiesen ist.[23]

---

[21] Section 41(2) of the Trade Marks Act 1994.
[22] Beschluss Nr. EX-05-3 des Präsidenten des Amtes vom 10.10.2005.
[23] HABM-BK, 14.12.2009, R 1269/2009-4 – *GOLDSMITH GROUP.*

2. Sonstige Anmeldeerfordernisse. Neben den zwingenden Erfordernissen für die **21** Zuerkennung des Anmeldetags muss die Anmeldung insbesondere folgende, **weitere Angaben** enthalten:

> – Die Nennung eines nach Art. 93 GMV zugelassenen Vertreters, wenn für den Anmelder nach Art. 92 Abs. 2 GMV Vertretungszwang besteht,
> – ggf. der Name und die Geschäftsanschrift des Vertreters,
> – die Angabe der Sprache, in der die Anmeldung eingereicht wurde, und einer zweiten Sprache gemäß Art. 119 Abs. 3 GMV,
> – die Unterschrift des Anmelders oder Vertreters gemäß Regel 79 GMDV bzw. Äquivalent der Unterschrift bei elektronischer Anmeldung nach Regel 80 Abs. 3 GMDV.

Umfasst die Anmeldung mehr als drei Waren- bzw. Dienstleistungsklassen, muss der An- **22** melder außerdem **zusätzliche Klassengebühren** entrichten.

Der **Vertretungszwang** des Art. 92 Abs. 2 GMV gilt laut dieser Vorschrift nicht für die **23** Einreichung einer Gemeinschaftsmarkenanmeldung. Auch Unternehmen außerhalb der EU können daher eine Gemeinschaftsmarke anmelden, ohne dafür einen Vertreter zu bestellen.[24] Allerdings fordert das Amt den Anmelder dann unmittelbar nach Einreichung der Anmeldung auf, einen Vertreter zu bestellen, unabhängig davon, ob die Anmeldung beanstandet wird oder nicht.[25] Wird die Anmeldung mangels Bestellung eines Vertreters zurückgewiesen, so kann dieser Mangel nach der Praxis der Beschwerdekammern auch noch im Beschwerdestadium „geheilt" werden.[26]

Alle Textelemente der Anmeldung (Beschreibung der Marke, Angabe der Farben etc.) **24** müssen in der **Sprache**, in der die Anmeldung eingereicht wurde, angegeben werden. Zwischen der Abbildung der Marke, ihrer Beschreibung und der angegebenen Markenform dürfen keine Widersprüche bestehen. Ein derartiger Widerspruch bestünde, wenn die Abbildung eine farbige Bildmarke zeigt, die Beschreibung und die Angabe der Markenform jedoch auf die Anmeldung als abstrakte Farbmarke hinweisen.

Ergibt die Prüfung nach Zuerkennung des Anmeldetags, dass weitere formelle Anmelde- **25** erfordernisse nicht erfüllt sind, so fordert das Amt den Anmelder auf, die festgestellten Mängel innerhalb einer vom Amt festgelegten Frist zu beseitigen (Regel 9 Abs. 3 lit. a GMDV). Werden die Mängel nicht fristgemäß behoben, so weist das Amt die Anmeldung zurück.

Wurden die **zusätzlichen Klassengebühren** (Regel 4 lit. b GMDV) nicht in voller **26** Höhe bezahlt, so fordert das Amt den Anmelder auf, die Gebühren innerhalb einer vom Amt festgelegten Frist zu entrichten. Geschieht dies nicht, gilt die Anmeldung als zurückgenommen, es sei denn, dass eindeutig ist, welche Waren- oder Dienstleistungsklassen durch den gezahlten Gebührenbetrag gedeckt werden sollen. Liegen keine anderen Kriterien vor, um zu bestimmen, welche Klassen durch den gezahlten Gebührenbetrag gedeckt werden sollen, so trägt das Amt den Klassen in der Reihenfolge der Klassifikation Rechnung. Die Anmeldung gilt für diejenigen Klassen als zurückgenommen, für die die Klassengebühren nicht oder nicht in voller Höhe gezahlt worden sind (Regel 9 Abs. 5 GMDV).

---

[24] S. HABM-BK, 29. 4. 2008, R 358/2008-2 – *MIRACA*.
[25] Kritisch dazu HABM-BK, 13. 8. 2010, R 122/2010-2 & R 123/2010-2 – *GOOGLE WAVE*.
[26] HABM-BK, 23. 10. 2006, R 521/2006-4 – *GREEN PLUS*; 13. 8. 2010, R 122/2010-2 & R 123/2010-2 – *GOOGLE WAVE*; 1. 4. 2008, R 83/2008-2 – *JAZZ BASS*; 29. 4. 2008, R 358/2008-2 – *MIRACA*.

> **Beispiel:** Eine Gemeinschaftsmarke wird für die Klassen 9, 16, 25, 28, 35, 41 und 42 elektronisch angemeldet. Der Anmelder überweist die Grundgebühr in Höhe von € 900,–. Das Amt fordert den Anmelder auf, die zusätzlichen Klassengebühren von insgesamt € 600,– für vier zusätzliche Klassen zu zahlen. Kommt der Anmelder dieser Aufforderung nicht nach, gilt die Anmeldung für die Klassen 28, 35, 41 und 42 als zurückgenommen.

27   Wird eine **Gemeinschaftskollektivmarke** angemeldet, muss die Anmeldung eine entsprechende Erklärung enthalten (Regel 1 Abs. 1 lit. i GMDV).

28   Falls der Anmelder **nationale Recherchenberichte** benötigt, so muss er diese bei der Anmeldung der Marke beantragen (vgl. Art. 38 Abs. 2 GMV und Regel 1 Abs. 1 lit. l GMDV).

29   **Freiwillig** kann der Anmelder in der Anmeldung eine Erklärung abgeben, dass er das ausschließliche Recht an einem von ihm anzugebenden Bestandteil der Marke, der nicht unterscheidungskräftig ist, nicht in Anspruch nimmt (sog. **„disclaimer"**, vgl. Art. 37 Abs. 2 GMV).[27]

3. Klassifizierung. Schrifttum: *v. Bomhard/Pohlmann,* Die achte Auflage der Nizzaer Klassifikation – Änderungen, Auswirkungen, Anmerkungen, Mitt. 2001, 546; *Braitmayer,* Was ist ein Waren- und Dienstleistungsverzeichnis? – Zur Zuerkennung eines Anmeldetags, MarkenR 2004, 178; *Grabrucker,* Zur Praxis der Eintragung einer Dienstleistungsmarke für den Einzelhandel, GRUR 2002, 989; *dies.,* Giacomelli Sport und die Folgen, MarkenR 2002, 361; *dies.,* Braucht die Dienstleistungsgesellschaft die Einzelhandelsmarke?, GRUR 2001, 623; *Helbig,* „Insbesondere, in particular", MarkenR 2009, 155; *Oberhardt,* Die Handelsdienstleistungsmarke, Köln 2006; *Roberts,* International Trademark Classification, 3. Aufl., 2007; *Schaeffer,* Die Einzelhandelsdienstleistungsmarke in der Praxis, GRUR 2009, 341; *ders.,* Die Dienstleistung Retail Services, FS v. Mühlendahl, 2005, S 127; *Storck,* GIACOMELLI SPORT – Frischer Wind in Sachen Einzelhandelsdienstleistungen, Mitt. 2000, 399; *Ströbele,* Die rechtliche Bedeutung der Klasseneinteilung für die Verzeichnisse von Waren und Dienstleistungen angemeldeter Marken, Mitt. 2004, 249; *Weiler,* Die Eintragungsfähigkeit von Dienstleistungsmarken des Einzelhandels im deutschen und europäischen Markenrecht, WRP 2006, 195

30   Obwohl die EU dem Abkommen von Nizza vom 15.6.1957 nicht beigetreten ist, richtet sich das Amt bei der Klassifizierung von Gemeinschaftsmarken nach der Nizzaer Klassifikation (vgl. Art. 28 GMV und Regel 2 Abs. 1 GMDV). Seit dem 1.1.2007 wendet das Amt für alle ab diesem Datum eingereichten Anmeldungen die **9. Ausgabe der Nizzaer Klassifikation** an. Für die vor dem 1.1.2007 angemeldeten oder eingetragenen Gemeinschaftsmarken gilt nach wie vor die 8. Ausgabe der Nizzaer Klassifikation. Eine Umklassifizierung dieser Marken findet nicht statt, auch nicht auf Antrag des Markeninhabers.[28] Die 10. Ausgabe der Nizzaer Klassifikation tritt am 1.1.2012 in Kraft.

31   Die Nizzaer Klassifikation („gemeinsame Klassifikation") wird von der WIPO verwaltet und besteht nach Artikel 1 des Nizzaer Abkommens aus einer Klasseneinteilung mit erläuternden Anmerkungen, die seit Inkrafttreten der 8. Ausgabe am 1.1.2002 34 Warenklassen und 11 Dienstleistungsklassen umfasst.

32   Gemäß Regel 2 Abs. 2 GMDV ist das Waren- und Dienstleistungsverzeichnis so zu formulieren, dass sich die Art der Waren und Dienstleistungen klar erkennen lässt und es die Klassifizierung der einzelnen Waren und Dienstleistungen in nur jeweils einer Klasse der

---

[27] Siehe unten Rdn. 77-78.
[28] Mitteilung Nr. 3/06 des Präsidenten des Amtes vom 31.10.2006.

Nizzaer Klassifikation gestattet. Gemäß Regel 2 Abs. 4 GMDV soll die Klassifikation ausschließlich **Verwaltungszwecken** dienen. Daher dürfen Waren und Dienstleistungen nicht deswegen als ähnlich angesehen werden, weil sie in derselben Klasse der Nizzaer Klassifikation genannt werden, und ebenso wenig dürfen Waren und Dienstleistungen nicht deswegen als verschieden angesehen werden, weil sie in verschiedenen Klassen der Nizzaer Klassifikation genannt werden. *De facto* dient die Klassifikation aber nicht nur Verwaltungszwecken, sondern sie definiert auch den **Schutzumfang der Marke**. So können beispielsweise „Handschuhe" in sechs verschiedenen Klassen der Nizzaer Klassifikation eingeordnet werden: Handschuhe als Bekleidungsstücke sind in Klasse 25, Boxerhandschuhe in Klasse 28, Schutzhandschuhe für Motorradfahrer in Klasse 9, Handschuhe für medizinische Zwecke in Klasse 10, Isolierhandschuhe aus Gummi in Klasse 17 und Handschuhe für Haushaltszwecke in Klasse 21. Hat der Anmelder die Gemeinschaftsmarke für Handschuhe in Klasse 25 angemeldet und stellt sich nachher heraus, dass er die Marke tatsächlich für Haushalts-Handschuhe verwendet, hat er keinen Markenschutz. Es ist deshalb wichtig, dass der Markenanmelder vor der Anmeldung sorgfältig prüft, ob die gewünschten Waren oder Dienstleistungen richtig klassifiziert sind.

Praxishinweis: Die Waren und Dienstleistung sollten so sorgfältig wie möglich klassifiziert und formuliert werden. So lässt die Formulierung *„Bekleidung, ausgenommen Hosen und Jacken, Krawatten"* beispielsweise nicht klar erkennen, ob die Waren *„Krawatten"* vom Schutz der Marke umfasst sind oder nicht. Auch die Formulierung *„Fruchtgetränke, Fruchtsäfte und alkoholfreie Getränke, nur mit Milchanteil"* ist unklar, weil offen bleibt, auf welche Waren sich der Zusatz *„nur mit Milchanteil"* bezieht. Hier kann die Setzung eines Semikolons oder Kommas einen großen Unterschied ausmachen.

Wird bei der Klassifizierung der Anmeldung das Wort **„insbesondere"** verwendet, so **33** bedeutet dies nach der Praxis des Amtes so viel wie „zum Beispiel". Die nach dem Wort „insbesondere" aufgezählten Waren oder Dienstleistungen stehen also lediglich beispielhaft für eine bestimmte Kategorie. Der Schutz erschöpft sich nicht in den Beispielen, sondern umfasst alle Waren oder Dienstleistungen der Kategorie, die vor dem Wort „insbesondere" benannt wurde.[29] Demgegenüber beschränkt das Wort **„nämlich"** den Schutz auf die hinter dem Wort angegebenen Waren oder Dienstleistungen.

Beispiel: Von der Umschreibung *„Bekleidung, insbesondere Hemden, Hosen, Jacken und Pullover"* sind alle Waren der Kategorie *„Bekleidung"* umfasst. Die Klassifizierung *„Bekleidung, nämlich T-Shirts"* beschränkt den Schutz der Marke dagegen auf *„T-Shirts"*.

Der Europäische Gerichtshof entschied in dem Praktiker-Urteil, dass nationale Marken **34** in der EU für **Einzelhandelsdienstleistungen** eingetragen werden können, sofern nähere Angaben zu den Waren gemacht werden, auf die sich diese Dienstleistungen beziehen.[30] Als Folge dieses Urteils änderte das Amt (wieder) seine Praxis: Während die im März 1996 angenommenen Prüfungsrichtlinien noch vorsahen, dass Einzelhandel mit Wa-

---

[29] EuG GRUR Int. 2003, 829 (Nr. 41) – *Nu-Tride*.
[30] EuGH GRUR 2005, 764 – *Praktiker*.

ren als solcher keine Dienstleistung darstelle, wurden Einzelhandelsdienstleistungen ab 2001 ohne Konkretisierung zugelassen.[31] Seit dem Praktiker-Urteil verlangt das Amt vom Anmelder, dass die Waren oder die Art der Waren genannt werden, auf die sich die Einzelhandelstätigkeit beziehen soll.[32] Unerheblich ist dabei, ob sich die Waren eindeutig unter bestimmte Warenklassen zuordnen lassen. Vielmehr kommt es darauf an, dass die Art der Waren ohne weiteres bestimmbar ist. So wird beispielsweise die Formulierung *„Einzelhandel mit Lebensmitteln"* akzeptiert, nicht jedoch *„Einzelhandelsdienstleistungen in Bezug auf Waren der Klasse 9".*[33]

35 Nach der Praxis des Amtes fällt der bloße Verkauf von Waren nicht unter den Begriff der Einzelhandelsdienstleistungen. Vielmehr geht es um Dienstleistungen, die im Zusammenhang mit dem tatsächlichen Verkauf der Waren erbracht werden. In den erläuternden Anmerkungen zu Klasse 35 der Nizzaer Klassifikation werden Einzelhandelsdienstleistungen wie folgt umschrieben: „Das Zusammenstellen verschiedener Waren (ausgenommen deren Transport) für Dritte, um den Verbrauchern Ansicht und Erwerb dieser Waren zu erleichtern." Der Anmelder muss bei der Anmeldung nicht angeben, welche konkreten Tätigkeiten von dem Begriff „Einzelhandel" umfasst sind oder in welcher Art der Einrichtung die Dienstleistungen erbracht werden.

36 Das Amt akzeptiert die Benutzung der **Klassenüberschriften** („class headings"), auch wenn einige Oberbegriffe der Klassenüberschriften sehr vage sind (z.B. *„Maschinen"* in Klasse 7 oder *„Transportwesen"* in Klasse 39).[34] Verwendet der Anmelder der Gemeinschaftsmarke die Klassenüberschriften einer oder mehrerer Klassen, so sind nach der (zurzeit noch geltenden)[35] Praxis des Amtes alle Waren oder Dienstleistungen der beanspruchten Klassen von der Anmeldung umfasst.[36] Dies gilt auch dann, wenn sich die konkrete Ware unter keinen Oberbegriff der Klassenüberschrift fassen lässt. Hat der Anmelder die Klassenüberschriften benutzt, so kann er die Marke später auf das konkrete Produkt beschränken, auch wenn das Produkt sich unter keinen Oberbegriff der Klassenüberschriften subsumieren lässt.

Beispiel: Der Anmelder meldet die Gemeinschaftsmarke für die Klassenüberschrift *„Musikinstrumente"* in Klasse 15 an. Vom Schutz der Marke sind nach der jetzigen Praxis des Amtes auch Etuis und Kästen für Musikinstrumente, Mundstücke und Plektra umfasst, obwohl keine dieser Waren ein Musikinstrument ist. Nach der Anmeldung kann er das Warenverzeichnis auch auf diese Waren beschränken.

37 Die derzeitige Praxis des Amtes zu dem Schutzbereich von Klassenüberschriften weicht von der Praxis vieler nationaler Ämter ab[37] und wird zurzeit vom Europäischen Gerichtshof überprüft.[38]

---

[31] Mitteilung Nr. 3/01 des Präsidenten des Amtes vom 12.3. 2001.
[32] Mitteilung Nr. 7/05 des Präsidenten des Amtes vom 31.10. 2005.
[33] Mitteilung Nr. 7/05 des Präsidenten des Amtes vom 31.10. 2005.
[34] Mitteilung Nr. 4/03 des Präsidenten des Amtes vom 16.6. 2003.
[35] Siehe oben Rdn. 4.
[36] Mitteilung Nr. 4/03 des Präsidenten des Amtes vom 16.6. 2003.
[37] Siehe die Kritik von *Kirschneck* in Ströbele/Hacker, Markengesetz, § 32 Rn. 87.
[38] C–307/10 – *IP Translator.*

4. Priorität und Seniorität. Schrifttum: *v. Bomhard/Petersenn*, „Seniority" under European Community Trademark Law, The Trademark Reporter 2002, 1327; *Meister*, Seniorität oder die sogenannte Beanspruchung des Zeitrangs einer identischen nationalen Marke, WRP 1997, 1022; *Schäfer*, Seniorität und Priorität, GRUR 1998, 350

a) Priorität. Die Voraussetzungen für die Inanspruchnahme eines Prioritätsrechts sind in **38** Art. 29 GMV bestimmt. Prioritätsbegründend sind Anmeldungen in den Mitgliedstaaten der PVÜ und in den Vertragsstaaten des Übereinkommens zur Errichtung der Welthandelsorganisation (WTO). Darüber hinaus ist auch die Anmeldung eines Staates, der nicht Vertragspartei der PVÜ oder des Abkommens zur Errichtung der WTO ist, prioritätsbegründend, wenn Gegenseitigkeit nach Art. 29 Abs. 5 GMV iVm Regel 101 GMDV gewährt wurde.[39]

Die Prioritätsfrist beträgt **sechs Monate** ab Anmeldetag der Erstanmeldung. Die Berech- **39** nung des Fristendes bestimmen Regel 70 und Regel 72 GMDV.

Beispiel: Wurde die Erstanmeldung am 1. Juli 2010 eingereicht, kann sie als Priorität einer am 3. Januar 2011 (Montag) angemeldeten Gemeinschaftsmarke in Anspruch genommen werden.

Versäumt der Anmelder die sechsmonatige Prioritätsfrist, so ist unter den Voraussetzungen **40** des Art. 81 GMV die Wiedereinsetzung in den vorigen Stand möglich. Die erfolgreiche Wiedereinsetzung verändert nicht den Anmeldetag der Gemeinschaftsmarke, sondern hat die Wirksamkeit der Priorität trotz Überschreitens der sechsmonatigen Frist zur Folge.[40]

Prioritätsbegründend ist nur die **„erste Anmeldung"** für dieselben Waren oder Dienst- **41** leistungen. „Kettenprioritäten" sind unzulässig.[41] Lediglich unter den Voraussetzungen des Art. 29 Abs. 4 GMV kann auch eine spätere, identische Voranmeldung als prioritätsbegründende Anmeldung für die Gemeinschaftsmarke angesehen werden, wenn die ältere Voranmeldung bis zur Einreichung der jüngeren Voranmeldung ohne Weiterbestehen von Rechten vor ihrer Veröffentlichung untergegangen ist.

Die prioritätsbegründende Voranmeldung muss **dasselbe Zeichen** und **dieselben Wa-** **42** **ren oder Dienstleistungen** umfassen wie die angemeldete Gemeinschaftsmarke. Identität zwischen den Marken liegt nicht vor, wenn die Gemeinschaftsmarke farbig ist und die als Priorität geltend gemachte ältere Marke in schwarz-weiß angemeldet wurde.[42] Wurde die Priorität bereits mit der Anmeldung der Gemeinschaftsmarke beansprucht und ergibt sich aus dem Anmeldeformular, dass die Wiedergabe der älteren Marke mit der Wiedergabe der Gemeinschaftsmarkenanmeldung nicht übereinstimmt, so kann diese offensichtliche Unrichtigkeit nach Art. 43 Abs. 2 GMV berichtigt werden, sofern dadurch der wesentliche Inhalt der Gemeinschaftsmarke nicht berührt wird.[43]

---

[39] Auf dieser Grundlage sind auch ältere Marken aus Taiwan und Andorra für eine Gemeinschaftsmarkenanmeldung prioritätsbegründend. Siehe Richtlinien des HABM, Teil B, 4.1.
[40] Eisenführ/*Schennen*, GMV, Art. 81 Rn. 20–21. Siehe oben § 1 Rdn. 80.
[41] *Eisenführ*/Schennen, GMV, Art. 29 Rn. 2.
[42] HABM-BK, 16.10.2008, R 61/2008-1 – *BIMBO.*
[43] EuG GRUR Int. 2002, 528 – *Teleye*; HABM-BK, 23.11.2005, R 539/2005-1 – *ALTERTFIND.*

Praxishinweis: Der Anmelder sollte ein identisches Zeichen wie in der Voranmeldung anmelden. Auch geringe Unterschiede zwischen den Zeichen (z.B. unterschiedliche Perspektiven bei der Anmeldung einer dreidimensionalen Marke)[44] können zur Zurückweisung der Priorität führen. Auch die Waren oder Dienstleistungen der Voranmeldung sollten im Wortlaut identisch in der Anmeldung der Gemeinschaftsmarke wiedergeben werden.

43 Enthält die erste Anmeldung nur einen Teil der Waren oder Dienstleistungen der Gemeinschaftsmarkenanmeldung, ist eine **Teilpriorität** möglich. Ebenso kann die Anmeldung der Gemeinschaftsmarke mehrere Teilprioritäten verschiedener Erstanmeldungen beanspruchen, die jeweils einen unterschiedlichen Teil der Waren oder Dienstleistungen der Gemeinschaftsmarke abdecken. Schließlich müssen der Inhaber der Erstanmeldung und der Anmelder der Gemeinschaftsmarke identisch sein. Allerdings kann das Prioritätsrecht auf den Rechtsnachfolger des Markenanmelders der Erstanmeldung übergehen (vgl. Art. 29 Abs. 1 GMV).

44 Der Anmelder einer Gemeinschaftsmarke kann auch die Priorität einer älteren Gemeinschaftsmarkenanmeldung beanspruchen (s. Regel 6 Abs. 1 S. 3 GMDV). Die Wirksamkeit des Prioritätsanspruchs setzt voraus, dass die ältere Gemeinschaftsmarkenanmeldung die Voraussetzungen für die Zuerkennung eines Anmeldetages gemäß Art. 27 GMV erfüllt, einschließlich der Entrichtung der Anmeldegebühr.[45]

45 Das **spätere Schicksal der Voranmeldung** ist für die Inanspruchnahme der Priorität **unerheblich** (Art. 29 Abs. 3 GMV). Auch wenn die Voranmeldung bei Anmeldung der Gemeinschaftsmarke nicht mehr existiert, kann eine Priorität für diese Anmeldung wirksam beansprucht werden. Entscheidend ist, dass der Erstanmeldung nach dem Recht des Staates, in dem sie eingereicht worden ist, die Bedeutung einer vorschriftsmäßigen nationalen Anmeldung zukommt. Unter vorschriftsmäßiger Anmeldung ist jede Anmeldung zu verstehen, die zur Festlegung des Anmeldetags ausreicht. So hat eine deutsche Anmeldung prioritätsbegründende Wirkung, wenn sie den Anmelder hinreichend identifiziert, eine Wiedergabe der Marke und ein Waren- oder Dienstleistungsverzeichnis enthält (§ 33 Abs. 1 iVm § 32 Abs. 2 MarkenG). Anders als bei der Anmeldung einer Gemeinschaftsmarke (vgl. Art. 27 GMV) ist die Zahlung der Anmeldegebühr keine Voraussetzung für die prioritätsbegründende Wirkung einer deutschen Marke.[46]

46 Das Prioritätsrecht hat die **Wirkung**, dass für die Bestimmung des Vorrangs von Rechten der Prioritätstag als Tag der Anmeldung der Gemeinschaftsmarke gilt (Art. 31 GMV).

47 Die **Prioritätserklärung** ist entweder mit der Einreichung der Gemeinschaftsmarkenanmeldung oder innerhalb von zwei Monaten danach abzugeben (Regel 6 Abs. 1 und 2 GMDV). Die Prioritätsnachweise sind drei Monate nach Abgabe der Prioritätserklärung einzureichen. Ist die Erstanmeldung nicht in einer der Sprachen des Amtes abgefasst, so fordert das Amt den Anmelder auf, innerhalb einer vom Amt festgesetzten Frist von mindestens drei Monaten eine Übersetzung der früheren Anmeldung in einer dieser Sprachen vorzulegen (Regel 6 Abs. 3 GMDV). Die Fristen für die Abgabe der Prioritätserklärung und die Einrei-

---

[44] Siehe oben Rdn. 10.
[45] Mitteilung Nr. 10/99 des Präsidenten des Amtes vom 8.12. 1999.
[46] HABM-BK, 13.6. 2007, R 788/2007-4 – *CROSSRACER*.

chung der Prioritätsunterlagen sind unter den Voraussetzungen des Art. 81 GMV wiedereinsetzungsfähig.[47]

Fotokopien der Prioritätsunterlagen reichen aus. Enthält das Original des Prioritätsbelegs **48** eine Wiedergabe der Marke in Farbe, so muss die Fotokopie ebenfalls in Farbe sein.[48] Die für Prioritätsunterlagen erforderlichen Angaben sind gemäß Regel 6 Abs. 1 GMDV das Aktenzeichen, der Anmeldetag, der Namen des Anmelders oder Inhabers, die Wiedergabe der Marke und das Verzeichnis der Waren und Dienstleistungen. Sofern diese notwendigen Angaben auf der **Webseite des nationalen Markenamtes abrufbar** sind, braucht der Antragsteller keine Prioritätsnachweise vorzulegen. Vielmehr überprüft das HABM von sich aus die notwendigen Angaben auf der Internetseite des nationalen Amtes. Nur wenn die benötigten Angaben nicht auf der Webseite des nationalen Amtes abrufbar sind, fordert das HABM den Antragsteller auf, die Prioritätsunterlagen vorzulegen.[49] Legt der Antragsteller Prioritätsunterlagen vor, sind diese zu übersetzen, sofern sie nicht in einer der fünf Sprachen des Amtes abgefasst sind (Regel 6 Abs. 3 GMDV).

Weist die Inanspruchnahme der Priorität Mängel auf, so fordert das Amt den Anmelder **49** auf, die Mängel innerhalb einer vom Amt festgelegten Frist zu beseitigen. Kommt der Anmelder dieser Aufforderung nicht fristgemäß nach, so erlischt der Prioritätsanspruch für die Anmeldung (Regel 9 Abs. 6 GMDV).

b) Seniorität. Anders als die Priorität hat die Seniorität die alleinige Wirkung, dass dem In **50** haber der Gemeinschaftsmarke, falls er auf die ältere Marke verzichtet oder sie erlöschen lässt, weiter dieselben Rechte zugestanden werden, die er gehabt hätte, wenn die ältere Marke weiterhin eingetragen gewesen wäre (Art. 34 Abs. 2 GMV). Der Markeninhaber verliert also das Anmeldedatum der nationalen Marke nicht, wenn er diese Marke als Seniorität unter den Schirm der Gemeinschaftsmarke stellt und die nationale Marke nicht mehr verlängert. Dies ist insbesondere dann von Bedeutung, wenn der Markeninhaber später die Gemeinschaftsmarke löscht oder nicht mehr verlängert oder auf sie verzichtet. Stellt der Inhaber der Gemeinschaftsmarke in diesen Fällen einen Umwandlungsantrag, lebt die nationale Seniorität wieder auf, und zwar mit dem ursprünglichen nationalen Anmeldetag.

Die Seniorität ist **keine „Teil–Priorität"** der Gemeinschaftsmarke. Wird ein Wider **51** spruch gegen eine Gemeinschaftsmarkenanmeldung auf eine deutsche Marke gestützt, so ist diese Marke eine „ältere Marke" iSd Art. 8 Abs. 2 GMV, auch wenn die Gemeinschaftsmarkenanmeldung eine wirksame deutsche Seniorität beansprucht, deren Anmeldedatum vor dem Anmeldedatum der im Widerspruchsverfahren geltend gemachten deutschen Marke liegt.[50]

Eine Seniorität kann beansprucht werden für ältere nationale Marken der Mitgliedstaaten **52** der Europäischen Union (einschl. Benelux-Marken) und Erstreckungen von IR–Marken auf Mitgliedstaaten der EU. Die Seniorität einer älteren Gemeinschaftsmarke kann nach der Praxis des Amtes nicht beansprucht werden.[51]

---

[47] Eisenführ/*Schennen*, GMV, Art. 81 Rn. 22–23.
[48] Art. 1 des Beschlusses Nr. EX-03-5 des Präsidenten vom 20. 1. 2003.
[49] Art. 2 des Beschlusses Nr. EX-05-5 des Präsidenten des Amtes vom 1. 6. 2005.
[50] Das Max-Planck-Institut schlägt eine Änderung der Seniorität in eine Teil-Priorität vor, s. Study on the Overall Functioning of the European Trade Mark System in Europe, Teil III, Rn. 4.86.
[51] HABM Handbuch Markenpraxis, Teil B (Examination), 5.4.

53 Die Inanspruchnahme der Seniorität setzt voraus, dass die Zeichen, die von den Zeichen umfassten Waren oder Dienstleistungen und die Markeninhaber identisch sind (sog. „**triple identity**"). Eine Identität der Inhaber ist nicht gegeben, wenn der Inhaber der einen Marke ein Tochterunternehmen oder ein mit dem Markeninhaber der anderen Marke verbundenes Unternehmen ist.[52] Für die Identität der Waren und Dienstleistungen genügt es, dass die Waren und Dienstleistungen zumindest teilweise übereinstimmen. Bei (nur) teilweiser Identität beschränkt der Antragsteller die Beanspruchung der Seniorität auf die identischen Waren und Dienstleistungen.

54 Das Amt überprüft nur die **Identität der Marken**, nicht die Identität der Inhaber und der Waren und Dienstleistungen.[53] Bei der Prüfung der Identität der Zeichen wendet das Amt einen strengen Maßstab an.[54] Allerdings ist bei Wortmarken die unterschiedliche Groß- und Kleinschreibweise der Buchstaben unerheblich: Die in Groß- und Kleinbuchstaben geschriebene ältere Wortmarke wird als Seniorität akzeptiert, auch wenn die Gemeinschaftswortmarke nur Großbuchstaben enthält.[55]

> **Praxishinweis:** Dem Antragsteller ist dringend zu empfehlen, die dreifache Identität zwischen der beanspruchten Seniorität und der Gemeinschaftsmarke sorgfältig zu überprüfen, bevor auf die nationale Marke (nach Eintragung der Gemeinschaftsmarke) verzichtet wird bzw. sie nicht mehr verlängert wird. Unterlagen, die die dreifache Identität zum Zeitpunkt der Antragstellung belegen, sollten aufbewahrt werden.

55 Die für die Gemeinschaftsmarke in Anspruch genommene Seniorität erlischt, wenn die ältere Marke, deren Seniorität in Anspruch genommen worden ist, für verfallen oder für nichtig erklärt wird oder wenn auf sie vor der Eintragung der Gemeinschaftsmarke verzichtet worden ist (Art. 34 Abs. 3 GMV). Dagegen erlischt der Senioritätsanspruch nicht, wenn die ältere Marke vor Eintragung der Gemeinschaftsmarke nicht verlängert wird, sofern die ältere Marke zum Zeitpunkt der Geltendmachung der Seniorität noch eingetragen war.[56]

> **Praxishinweis:** Wird die Seniorität mit der Anmeldung der Gemeinschaftsmarke oder innerhalb von zwei Monaten danach beansprucht, so darf der Anmelder auf die ältere Marke erst nach Eintragung der Gemeinschaftsmarke verzichten.

56 Die Seniorität einer nationalen Marke kann entweder zusammen mit der Anmeldung der Gemeinschaftsmarke oder innerhalb von zwei Monaten nach der Anmeldung **beansprucht** werden. Nach Ablauf dieser zwei Monate kann die Seniorität erst wieder nach Eintragung der Gemeinschaftsmarke geltend gemacht werden (Art. 35 GMV).

57 Der Anmelder muss **innerhalb von drei Monaten** nach Inanspruchnahme der Seniorität **Unterlagen** zum Nachweis der nationalen Eintragung einreichen (vgl. Regel 8 Abs. 1

---

[52] Richtlinien des HABM, Teil B, 5.6.
[53] Mitteilung Nr. 2/00 des Präsidenten des Amtes vom 25.2. 2000.
[54] HABM-BK, 14.12. 2010, R 1388/2010-2 – *JUSTING*; 7.5. 2010, R 1157/2009-1 – *H H HELLY HANSEN*; 2.12. 2009, R 914/2009-2 – *MAKE UP FOR EVER*.
[55] Richtlinien des HABM, Teil B, 5.5.
[56] HABM-BK, 22.2. 2010, R 881/2009-4 – *CROMAFLEX*; v. Mühlendahl/Ohlgart, Gemeinschaftsmarke, § 13 Rn. 111.

GMDV). Nach Prüfung der Seniorität unterrichtet das Amt das zuständige nationale Markenamt über die wirksame Inanspruchnahme der Seniorität (Regel 8 Abs. 3 GMDV).

Für den Nachweis der Seniorität reichen Fotokopien oder online-Auszüge des betreffen- **58** den nationalen Markenamtes aus, sofern der Auszug alle geforderten Angaben enthält.[57] Wurde die ältere Marke in Farbe veröffentlicht, muss der Auszug oder Ausdruck oder die Fotokopie ebenfalls in Farbe sein.[58] Senioritätsunterlagen für IR-Marken mit EU-Erstreckung, bei denen eine oder mehrere Senioritäten beansprucht wurden, unterliegen denselben Anforderungen.[59] Die Angaben, die Zeitrangunterlagen enthalten müssen, sind der oder die Mitgliedstaaten, in denen die die ältere Marke eingetragen ist, die Priorität, der Anmelde- oder Eintragungstag der älteren Marke, die Nummer der älteren Eintragung, der Name des Inhabers der älteren Eintragung, die Wiedergabe der Marke und die Angabe der Waren und Dienstleistungen, für die die ältere Marke eingetragen ist.[60] Ebenso wie bei Prioritätsunterlagen muss der Antragsteller keine Senioritätsunterlagen einreichen, sofern die notwendigen Angaben auf der Internetseite des maßgeblichen nationalen Markenamtes abrufbar sind. Das Amt kontrolliert diese Angaben von sich aus auf der Internetseite des nationalen Amtes. Nur wenn die Angaben nicht online abrufbar sind oder unvollständig sind, wird der Antragsteller aufgefordert, entsprechende Unterlagen einzureichen.[61]

5. Recherchenberichte. Nach Zuerkennung des Anmeldetags fertigt das Amt einen **59** **Gemeinschaftsrecherchenbericht** an. In dem Bericht wird der Anmelder auf ältere Gemeinschaftsmarkenanmeldungen oder -eintragungen hingewiesen, die möglicherweise in einem Widerspruch als ältere Rechte geltend gemacht werden könnten. Benötigt der Anmelder darüber hinaus auch einen Recherchenbericht über ältere **nationale Marken**, so muss er **bei der Anmeldung der Gemeinschaftsmarke** einen entsprechenden **Antrag** stellen und eine **Recherchengebühr** (Regel 4 lit. c GMDV) entrichten. Die Recherchengebühr ist innerhalb eines Monats nach Anmeldung der Gemeinschaftsmarke zu zahlen (vgl. Regel 10 Abs. 1 GMDV). Wird eine **internationale Registrierung** auf die Gemeinschaft erstreckt, so ist der Antrag auf Erstellung nationaler Recherchenberichte innerhalb eines Monats ab dem Tag, an dem das Internationale Büro dem Amt die internationale Registrierung mitteilt, zu stellen und die Recherchengebühr innerhalb derselben Frist zu entrichten (Regel 10 Abs. 2 GMDV). Die nationalen Behörden recherchieren nicht nach älteren nationalen Marken, wenn ein Antrag auf Erstellung eines nationalen Recherchenberichts fehlt oder die Recherchengebühren nicht rechtzeitig bezahlt werden.

Die nationalen Recherchenberichte werden von den zuständigen nationalen Markenäm- **60** tern erstellt und dem Amt innerhalb von zwei Monaten nach Anmeldung der Gemeinschaftsmarke zugestellt (Art. 38 Abs. 3 GMV).

Die Gemeinschaftsmarke darf erst einen Monat nach Übermittlung der Recherchenbe- **61** richte veröffentlicht werden (Art. 38 Abs. 7 GMV). Bei der Veröffentlichung werden die Inhaber der in dem Gemeinschaftsrecherchenbericht zitierten älteren Gemeinschaftsmarken über die Veröffentlichung der Anmeldung informiert.

---

[57] Art. 3 des Beschlusses Nr. EX-03-5 des Präsidenten vom 20. 1. 2003.
[58] Art. 3 Abs. 3 des Beschlusses Nr. EX-03-5 des Präsidenten vom 20. 1. 2003.
[59] Art. 4 des Beschlusses Nr. EX-05-5 des Präsidenten des Amtes vom 1. 6. 2005.
[60] Regel 8 Abs. 1, Regel 28 Abs. 1, Regel 108 Abs. 1 und Regel 110 Abs. 1 GMDV.
[61] Art. 6 des Beschlusses Nr. EX-05-5 des Präsidenten des Amtes vom 1. 6. 2005.

6. Markenfähigkeit und absolute Schutzhindernisse. Weiterführendes Schrifttum (Auswahl): *Alber*, Das Allgemeininteresse in der markenrechtlichen Entscheidungspraxis des EuGH, GRUR 2005, 127; *Bender*, Luftsprung durch Technik. Die Entwicklung der Gemeinschaftsmarke in Rechtsprechung und Praxis im Jahr 2010 – Teil 1 – Die absoluten Schutzversagungsgründe, MarkenR 2011, 49; *ders.*, in Ekey/Klippel, Kommentierung zu Art. 7; *Bergmann*, Ein Jahrzehnt deutsche Rechtsprechung zum Markenrecht – Entwicklung und Perspektiven – Von der „springenden Raubkatze" bis zur „FUSSBALL WM 2006", GRUR 2006, 793; *Eisenführ* in Eisenführ/Schennen, GMV, Kommentierung zu Art. 7; *ders.*, Die graphische Darstellbarkeit der Marke in der deutschen und europäischen Praxis – Eine Bestandsaufnahme, Mitt. 2006, 413; *Fezer*, Markengesetz, Kommentierung zu § 8; *ders.*, Der Monopoleinwand im Markenrecht, WRP 2005, 1; *ders.*, Die graphische Darstellbarkeit eines Markenformats, FS v. Mühlendahl, 2005, S. 43; *Heath/Prüfer*, Fremdsprachige Bezeichnungen als Marke, FS Schricker, S. 791; *Kurtz*, Beschreibende und täuschende geographische Herkunftsangaben als absolute Eintragungshindernisse, MarkenR 2006, 295; *Pohlmann*, in Handbuch Fachanwalt-GewRS, Kap. 5 Rn. 824–874; *Sosnitza/Fröhlich*, Freihaltebedürfnis bei mehrdeutigen Zeichen – Unterschiede in der Beurteilung durch EuGH, BGH und BPatG, MarkenR 2006, 383; *Theißen*, Die grafische (Nicht-)Darstellung einer Farbmarke, GRUR 2004, 729.

62   Nach Prüfung der formellen Anmeldeerfordernisse und der Klassifizierung prüft das Amt, ob das angemeldete Zeichen **abstrakt markenfähig** ist (Art. 4 GMV) und, falls dies bejaht wird, ob der angemeldeten Marke für alle oder einen Teil der angemeldeten Waren oder Dienstleistungen absolute Schutzhindernisse nach Art. 7 GMV entgegenstehen.

63   Vor der Zurückweisung muss das Amt dem Anmelder die Gelegenheit geben, die Anmeldung zurückzunehmen oder eine Stellungnahme einzureichen (Art. 37 Abs. 3 GMV). Nach der Beanstandung der Marke erhält der Anmelder eine Frist von zwei Monaten zur **Stellungnahme**. Reicht der Anmelder keine Stellungnahme ein oder überzeugen die Argumente des Anmelders für die Eintragungsfähigkeit des Zeichens das Amt nicht, wird die Anmeldung ganz oder teilweise zurückgewiesen.

Praxishinweis: Die Zurückweisung der Anmeldung wird veröffentlicht, sobald sie rechtskräftig geworden ist (Art. 39 Abs. 2 GMV). Die Veröffentlichung vermeidet der Anmelder, wenn er die Anmeldung innerhalb der Beschwerdefrist zurücknimmt. Die freiwillige Rücknahme der Anmeldung hat außerdem den entscheidenden Vorteil, dass der Anmelder sich die Möglichkeit der Umwandlung in alle Mitgliedstaaten der EU offen hält, ohne befürchten zu müssen, dass die Umwandlung nach Art. 112 Abs. 2 GMV ausgeschlossen ist.[62]

64   Der Anmelder hat keinen Anspruch auf eine **Teilentscheidung** in dem Sinne, dass der Prüfer die Anmeldung zunächst nur auf der Basis von Art. 7 Abs. 1 GMV zurückweist und erst in einem zweiten Schritt – wenn die Entscheidung zu Art. 7 Abs. 1 GMV rechtskräftig geworden ist – die möglicherweise erworbene Unterscheidungskraft nach Art. 7 Abs. 3 GMV prüft.[63] Aus den Art. 37 und 39 GMV ergibt sich, dass die Anmeldung entweder nach Art. 7 GMV zurückgewiesen oder veröffentlicht wird. Eine „vorläufige" Zurückweisung nach Art. 7 Abs. 1 GMV mit der Option, die Anmeldung zu einem späteren Zeitpunkt nach Art. 7 Abs. 3 einzutragen, kennt die Gemeinschaftsmarkenverordnung nicht. Diese Vorgehensweise wäre auch verfahrensökonomisch nicht sinnvoll, da der Prüfer die erworbene Un-

---

[62] Siehe unten § 4 Rdn. 142–145.
[63] HABM-BK, 28. 1. 2009, R 915/2008-1 – *dreidimensional*.

terscheidungskraft erst nach einem möglicherweise jahrelangen Rechtsstreit über die originäre Unterscheidungskraft der Marke untersuchen würde und dies wiederum zum zweiten Mal vom Anmelder bis zum EuGH angefochten werden könnte.[64]

a) Grafische Darstellbarkeit. Nicht nach Art. 4 GMV eintragungsfähig sind Geruchsmar- **65** ken, da bei dieser Markenform die Anforderungen an die grafische Darstellbarkeit weder durch eine chemische Formel noch durch eine Beschreibung in Worten, die Hinterlegung einer Probe des Geruchs oder die Kombination dieser Elemente erfüllt wird.[65] Andererseits können Hörmarken den Anforderungen an die grafische Darstellbarkeit nach Art. 4 GMV genügen.[66]

b) Absolute Schutzhindernisse – ein Überblick nach Markenformen. Das Vorliegen eines **66** Eintragungshindernisses nach Art. 7 GMV ist im Hinblick auf die beanspruchten Waren oder Dienstleistungen[67] und nach dem Verständnis der angesprochenen Verkehrskreise zu beurteilen, die aus den Verbrauchern dieser Waren oder Dienstleistungen bestehen.[68] Richten sich die fraglichen Waren oder Dienstleistungen beispielsweise an Spezialisten, so ist davon auszugehen, dass diese Fachleute gebräuchliche wissenschaftliche Begriffe und Abkürzungen kennen und verstehen.

Ausreichend für eine Zurückweisung ist, wenn das Eintragungshindernis in einem Teil der **67** EU vorliegt (Art. 7 Abs. 2 GMV).

Im Folgenden werden die **wichtigsten Eintragungshindernisse** kurz skizziert, wobei **68** die Darstellung sich an den verschiedenen Markenformen orientiert:

Eine **Wortmarke** ist rein beschreibend iSd Art. 7 Abs. 1 lit. c GMV, wenn aus der Sicht **69** des maßgeblichen Publikums und unter Berücksichtigung der Bedeutung des Zeichens ein hinreichend direkter und konkreter Zusammenhang zwischen diesem Zeichen und den angemeldeten Waren und Dienstleistungen besteht.[69]

Ist die Wortmarke eine sprachliche Neuschöpfung oder besteht sie aus mehreren Elemen- **70** ten, so muss der beschreibende Charakter iSd Art. 7 Abs. 1 lit. c GMV nicht nur für die einzelnen Bestandteile, sondern für den Gesamtbegriff vorliegen.[70] Nicht rein beschreibend ist ein Gesamtbegriff dann, wenn er mehr als nur die Summe seiner rein beschreibenden Bestandteile ist, wenn er also so ungewöhnlich ist, dass er einen Eindruck erweckt, der hinrei-

---

[64] Demgegenüber wurde eine Teilentscheidung in dem Verfahren, das der Entscheidung HABM-BK, 12. 12. 2005, R 186/2005-4 – *ES GIBT SIE NOCH, DIE GUTEN DINGE* zugrunde lag, zugelassen.

[65] EuGH GRUR 2003, 145 – *Sieckmann.* Siehe dazu *Sieckmann,* Zum Begriff der grafischen Darstellbarkeit von Marken, MarkenR 2002, 149; *ders.,* Erste Entscheidung zur Eintragung einer Geruchsmarke nach der GMV, WRP 1999, 618.

[66] Siehe oben Rdn. 15. Dazu *Hüttermann/Storz,* Zur grafischen Darstellbarkeit von Hörmarken nach der neueren Rechtsprechung des EuGH, Mitt. 2005, 156; *Schmidt,* LET THERE BE SOUND, MarkenR 2006, 245; *Schmitz,* Zur grafischen Darstellbarkeit von Hörmarken: EuGH contra Freiheit des markenrechtlichen Schutzes?, GRUR 2007, 290.

[67] EuGH GRUR Int. 2001, 864 (Nr. 25) – *Cine Comedy*; EuG GRUR Int. 2001, 556 (Nr. 25) – *Cine Action.*

[68] EuG GRUR Int. 2002, 600 (Nr. 29) – *Ellos.*

[69] EuG GRUR Int. 2002, 747 (Nr. 28) – *Tele Aid.*

[70] Vgl. entsprechend EuGH GRUR 2004, 680 (Nr. 37) – *Biomild*; GRUR 2004, 674 (Nr. 96) – *Postkantoor.*

chend weit von dem abweicht, der bei bloßer Zusammenfügung der ihren Bestandteilen zu entnehmenden Angaben entsteht.[71]

71   Nicht erforderlich für das Vorliegen des Eintragungshindernisses nach Art. 7 Abs. 1 lit. c GMV ist dagegen, dass das angemeldete Zeichen zum Zeitpunkt der Anmeldung bereits tatsächlich zu beschreibenden Zwecken für die von ihm umfassten Waren oder Dienstleistungen verwendet wird. Es reicht aus, dass die Zeichen oder Angaben zu diesem Zweck verwendet werden *können*.[72] Auch die Tatsache, dass das Zeichen mehrere Bedeutungen hat, kann das Eintragungshindernis nicht überwinden, sofern das Zeichen zumindest in einer seiner möglichen Bedeutungen ein Merkmal der in Frage stehenden Waren oder Dienstleistungen bezeichnet.[73] Auch die falsche Schreibweise eines rein beschreibenden Begriffs ist nicht eintragungsfähig, wenn die richtige Schreibweise vom Verkehr ohne weiteres erkannt wird und beide Schreibweisen phonetisch identisch sind.[74]

> **Praxishinweis:** Besteht die Gefahr, dass ein Wortzeichen vom Amt zurückgewiesen wird, kann es sinnvoll sein, statt oder neben der Wortmarke eine Bildmarke anzumelden, die außer dem Wort zusätzliche Bildelemente enthält. Allerdings ist darauf zu achten, dass die Kombination der Wort- und Bildelemente hinreichend unterscheidungskräftig ist. Einfache grafische Elemente (z.B. besondere Schriftart oder Farbelemente) reichen häufig nicht aus, um einem rein beschreibenden oder nicht kennzeichnungskräftigen Wortelement zur Eintragung zu verhelfen.

72   **Buchstaben und Zahlen** werden in Art. 4 GMV ausdrücklich als zulässige Markenformen erwähnt. Deshalb dürfen Einzelbuchstaben nicht generell mit dem Argument zurückgewiesen werden, dass wegen der begrenzten Anzahl von Buchstaben ein allgemeines Interesse an ihrer freien Verwendung bestehe. Ein derartiges generelles Schutzverbot ist weder dem Gesetz zu entnehmen, noch kann ein derartiger allgemeiner Erfahrungssatz im geschäftlichen Verkehr festgestellt werden.[75] Entscheidend ist wie bei allen anderen Markenformen auch hier, ob die angesprochenen Verkehrskreise die angemeldete Marke als unterscheidungskräftiges Zeichen wahrnehmen oder nicht.[76]

73   Was **Slogans** betrifft, so reicht die Tatsache, dass eine Marke von den angesprochenen Verkehrskreisen als Werbeslogan wahrgenommen wird, nach Einschätzung des EuGH nicht aus, um den Schluss zu ziehen, dass dieser Marke die Unterscheidungskraft fehlt.[77] Andererseits ist ein Slogan dann nicht eintragungsfähig, wenn er vom Verbraucher *ausschließlich* als bloße Anpreisung und offenkundige Werbeaussage verstanden wird, und das Zeichen darüber hinaus keine unterscheidungskräftigen Elemente enthält.[78] Für die Frage der Eintragungsfähigkeit eines Slogans kommt es nicht auf Originalität oder „Phantasieüberschuss" an, sondern darauf, ob der Slogan geeignet ist, die Waren oder Dienstleistungen des Anmelders von den Waren oder Dienstleistungen anderer Wettbewerber zu unterscheiden.[79]

---

[71] EuGH GRUR 2004, 680 (Nr. 43) – *Biomild*; GRUR 2004, 764 (Nr. 104) – *Postkantoor.*
[72] Vgl. entsprechend EuGH GRUR 2004, 680 (Nr. 38) – *Biomild.*
[73] EuGH GRUR 2004, 146 (Nr. 32) – *Doublemint.*
[74] EuG, 12.7. 2007, T-339/05 (Nr. 45) – *Lokthread.*
[75] HABM-BK, 29.9. 2005, R 304/2005-2 – *Q.*
[76] EuG GRUR Int. 2008, 838 – *Buchstabe E*; 29.4. 2008, T-23/07 – *Buchstabe* α.
[77] EuGH WRP 2010, 364 (Nr. 44) – *Vorsprung durch Technik.*
[78] EuG GRUR Int. 2006, 44 (Nr. 85) – *Live richly.*
[79] EuG GRUR Int. 2006, 44 (Nr. 91) – *Live richly.*

Eine „**reine**" **Bildmarke** ohne unterscheidungskräftige Wortelemente ist nicht eintra- **74** gungsfähig, wenn sie sich in einer naturgetreuen, realistischen Abbildung der angemeldeten Ware oder Warenverpackung selbst erschöpft. Auf die Eintragungsfähigkeit von Bildmarken, die aus einer zweidimensionalen Darstellung der Ware selbst bestehen, ist die Rechtspre-chung anzuwenden, die für dreidimensionale, aus dem Erscheinungsbild der Ware selbst be-stehende Marken gilt.[80] Die Eintragung einer Bildmarke kann auch dann scheitern, dass sie lediglich aus einer einfachen geometrischen Grundform besteht und keine zusätzlichen un-terscheidungskräftigen Elemente aufweist.[81]

Die Kriterien für die Beurteilung der Unterscheidungskraft **dreidimensionaler Mar-** **75** **ken**, die aus der Warenform selbst bestehen, ist nicht anders als die für die übrigen Marken-kategorien geltenden Grundsätze.[82] Jedoch wird eine dreidimensionale Marke, die aus dem Erscheinungsbild der Ware selbst besteht, von den maßgeblichen Verkehrskreisen nicht not-wendig in gleicher Weise wahrgenommen wie eine Wort- oder Bildmarke, die aus einem Zeichen besteht, das vom Erscheinungsbild der mit der Marke bezeichneten Waren unab-hängig ist. Denn wenn grafische Bestandteile oder Wortelemente fehlen, so schließen die Durchschnittsverbraucher aus der Form der Waren oder der ihrer Verpackung gewöhnlich nicht auf die Herkunft dieser Waren; daher kann es schwieriger sein, die Unterscheidungs-kraft einer solchen dreidimensionalen Marke nachzuweisen als diejenige einer Wort- oder Bildmarke.[83] Nur wenn das dreidimensionale Zeichen erheblich von der Norm oder der Branchenüblichkeit abweicht und deshalb seine wesentliche herkunftskennzeichnende Funktion erfüllt, besitzt es auch Unterscheidungskraft i. S. v. Art. 7 Abs. 1 lit. b GMV.[84] Die Eintragung dreidimensionaler Zeichen kann auch daran scheitern, dass das Zeichen aus-schließlich aus der Form bestehen, die durch die Art der Ware selbst bedingt ist (lit. e (i)) oder zur Erreichung einer technischen Wirkung erforderlich ist (lit. e (ii)) oder der Ware ei-nen wesentlichen Wert verleiht (lit. e (iii)). Das Eintragungshindernis des Art. 7 Abs. 1 lit. e GMV kann nicht durch Verkehrsdurchsetzung überwunden werden kann.[85]

Konturlose oder abstrakte Farben oder Farbkombinationen werden nur in Aus- **76** nahmefällen eingetragen. Begründet wird die restriktive Eintragungspraxis nach der Recht-sprechung des EuGH mit dem öffentlichen Interesse, dass Farben für die Wettbewerber ver-fügbar bleiben sollen, da die tatsächlich verfügbaren und vom Verbraucher unterscheidbaren Farben gering sind.[86] Zwar ließe sich das Eintragungshindernis fehlender Unterscheidungs-kraft nach Art. 7 Abs. 3 GMV durch Nachweis einer Unterscheidungskraft kraft Benutzung überwinden.[87] In der Praxis wird dieser Nachweis allerdings kaum zu erbringen sein, da nachgewiesen werden muss, dass die beteiligten Verkehrskreise in der gesamten EU die an-gemeldete Farbe an sich als Herkunftshinweis auffassen.

---

[80] EuGH MarkenR 2006, 480 – *Bonbonverpackung.*
[81] EuG GRUR Int. 2008, 51 – *Darstellung eines Pentagons*; HABM-BK, 27. 3. 2007, R 806/2005-4 – *Stern.*
[82] EuGH, 7. 10. 2004, C-136/02-P (Nr. 30) – *Maglite.*
[83] EuGH, 7. 10. 2004, C-136/02-P (Nr. 30) – *Maglite.*
[84] EuGH, 7. 10. 2004, C-136/02-P (Nr. 31) – *Maglite.*
[85] Vgl. EuGH GRUR 2002, 804 (Nr. 75) – *Philips.*
[86] EuGH GRUR 2003, 604 (Nr. 54, 56) – *Libertel.*
[87] Dazu unten Rdn. 79–85.

77   *c) Disclaimer.* Das Amt kann von dem Anmelder eine Erklärung verlangen, dass er an einem **nicht unterscheidungskräftigen** Bestandteil einer Marke kein ausschließliches Recht in Anspruch nimmt (Art. 37 Abs. 2 GMV). Wie sich aus dem Wortlaut des Art. 37 Abs. 2 GMV ergibt, muss sich die Erklärung auf Bestandteile der Marke beziehen. Dieser sog. „disclaimer" wird zusammen mit der Anmeldung bzw. Eintragung der Gemeinschaftsmarke veröffentlicht. Macht das Amt die Eintragung der Marke von einer solchen Erklärung abhängig, so erhält der Anmelder eine entsprechende Frist, innerhalb derer er die Erklärung abgeben muss. Geschieht dies nicht, wird die Anmeldung ganz oder teilweise zurückgewiesen (Regel 11 Abs. 3 GMDV). Von der Möglichkeit, einen „Disclaimer" zu verlangen, macht das Amt in der Praxis keinen Gebrauch.

78   Entgegen dem Wortlaut des Art. 37 Abs. 2 lässt das Amt auch Erklärungen zu unterscheidungskräftigen Bestandteilen einer Anmeldung zu.[88]

d) Erlangte Unterscheidungskraft. **Schrifttum:** *Kind,* EUROPOLIS und die Anforderungen an den Nachweis der Unterscheidungskraft durch Benutzung, GRUR 2007, 216; *Niedermann,* Empirische Erkenntnisse zur Verkehrsdurchsetzung, GRUR 2006, 367; *Pflüger,* Rechtsforschung in der Praxis: Der demoskopische Nachweis von Verkehrsgeltung und Verkehrsdurchsetzung, GRUR 2004, 652; *dies.,* Besonderheiten bei der Messung der Verkehrsdurchsetzung, GRUR 2006, 818; *Ströbele,* Der erforderliche Grad der Verkehrsdurchsetzung, GRUR 2008, 569.

79   Basiert die Beanstandung auf Art. 7 Abs. 1 lit. b–d GMV, kann der Anmelder die Eintragung mit dem Nachweis erreichen, dass die Marke **infolge ihrer Benutzung in dem maßgeblichen Gebiet Unterscheidungskraft erlangt** hat (Art. 7 Abs. 3 GMV). Notwendig ist, dass zumindest ein **erheblicher Teil der angesprochenen Verkehrskreise** die von der Anmeldung umfassten Waren oder Dienstleistungen aufgrund der Marke als von einem bestimmten Unternehmen stammend erkennt.[89]

80   Die erlangte Unterscheidungskraft ist in dem **gesamten Gebiet** nachzuweisen, in dem das Zeichen von Hause aus nicht nach Art. 7 Abs. 1 lit. b–d GMV eintragungsfähig ist. Bezieht sich z.B. die Beanstandung des Prüfers auf die mangelnde Unterscheidungskraft des Zeichens im deutschsprachigen Raum, so muss der Nachweis der erlangten Unterscheidungskraft nur in Deutschland und Österreich erbracht werden; in allen anderen Mitgliedstaaten ist das Zeichen bereits originär kennzeichnungskräftig. Bei bestimmten Markenformen (dreidimensionale Marken, Farbmarken *per se*, abstrakte Bildmarken oder Positionsmarken) ist die erlangte Unterscheidungskraft in der Regel für alle Mitgliedstaaten der Europäischen Union nachzuweisen, da sich das Fehlen der originären Unterscheidungskraft auf das Gebiet der gesamten EU erstreckt.[90]

81   Die Unterlagen müssen sich auf den **Zeitraum vor dem Anmeldetag** (oder ggf. dem Tag der Priorität) der Gemeinschaftsmarke beziehen.[91] Anders als im deutschen Recht kann eine Gemeinschaftsmarke auch dann nicht eingetragen werden, wenn der Anmelder die erlangte Unterscheidungskraft im laufenden Eintragungsverfahren für den Zeitraum nach dem Anmeldetag nachweist.[92]

---

[88]   HABM Handbuch Markenpraxis, Teil B (Examination), 7.10.4.
[89]   EuG, 12.9.2007, T-141/06 (Nr. 32) – *Glaverbel II.*
[90]   EuGH GRUR 2006, 1022 (Nr. 83, 86) – *Bonbonverpackung*; EuG, 29.9.2010, T-378/07 (Nr. 46) – *Farben auf Oberfläche eines Traktors.*
[91]   EuGH GRUR Int. 2009, 917 (Nr. 42) – *Pure digital*; EuG GRUR Int. 2010, 520 (Nr. 60) – *Deutsche BKK*; GRUR Int. 2003, 646 (Nr. 36) – *Ecopy.*
[92]   Vgl. § 37 Abs. 2 MarkenG.

Der Nachweis ist für das angemeldete Zeichen und **die angemeldeten Waren oder** 82
Dienstleistungen (oder einen Teil dieser Waren oder Dienstleistungen) zu erbringen. Außerdem müssen die Dokumente zeigen, dass das beanstandete Zeichen aufgrund seiner intensiven Benutzung oder Bekanntheit von den angesprochenen Verkehrskreisen als Marke wahrgenommen wird. Ein Nachweis der bloßen Benutzung des Zeichens reicht nicht aus.

Als **geeignete Dokumente** eignen sich insbesondere folgende Unterlagen: 83

- Besonders hilfreich sind **Verkehrsumfragen** zum Markanteil oder zur Bekanntheit des unter dem Zeichen vermarkteten Produkts. Die Verkehrsumfragen sollten von einem dritten Unternehmen (Marktforschungsinstitut) erstellt und durchgeführt werden. Sie müssen sich auf das Zeichen an sich – ohne zusätzliche, unterscheidungskräftige Wort- oder Bildelemente – beziehen. Geht es also beispielsweise um eine Warenform, so muss aus der Verkehrsbefragung hervorgehen, dass die Verbraucher die Form an sich als Marke wahrnehmen und nicht lediglich in Verbindung mit dem Wort, unter dem das Produkt vermarktet wird.
- Auch Angaben zum **Umsatz** oder zu **Werbeausgaben** unter der Marke können nützlich sein. Aus den Unterlagen muss jedoch klar hervorgehen, dass der Umsatz sich auf das beanstandete Zeichen und die beanstandeten Waren oder Dienstleistungen bezieht.
- Nachweise von **Werbekampagnen** oder die Nennung der Marke in **Presseartikeln** können auf eine erlangte Unterscheidungskraft hinweisen.
- Auch **Stellungnahmen von Industrie- und Handelskammern**, Industrie oder Verbraucherverbänden etc. sind als zusätzliche Unterlagen zum Nachweis der erlangten Unterscheidungskraft geeignet.

Der Anmelder erhält auf Antrag die Gelegenheit, entsprechende Unterlagen einzureichen. 84
Die Stellungnahmefrist kann auf Antrag verlängert werden.[93]

Ist der Prüfer der Ansicht, dass der Anmelder eine erlangte Unterscheidungskraft gemäß 85
Art. 7 Abs. 3 GMV nachgewiesen hat, so muss er die Zurückweisung der Anmeldung nach Art. 7 Abs. 1 GMV dennoch begründen und dem Anmelder die Möglichkeit zu geben, gegen diese Zurückweisung Beschwerde einzulegen.[94]

7. Zurücknahme, Einschränkung oder Änderung der Anmeldung.
Schrifttum: *Hartmann*, Antrag auf Rücknahme der Anmeldung einer Gemeinschaftsmarke, MarkenR 2003, 379;

Die Anmeldung der Gemeinschaftsmarke kann jederzeit für einen Teil der Waren oder 86
Dienstleistungen eingeschränkt oder ganz zurückgenommen werden (Art. 43 Abs. 1 GMV). Erfolgt die Einschränkung oder Rücknahme nach der Veröffentlichung der Anmeldung, so wird die Einschränkung bzw. Rücknahme der Marke ebenfalls veröffentlicht. Die Verurteilung des Anmelders in Deutschland, gegenüber dem HABM in die Rücknahme einer Gemeinschaftsmarkenanmeldung einzuwilligen, kann nicht durchgesetzt werden, wenn der Anmelder dem Urteil nicht Folge leistet. Die Fiktion des § 894 ZPO, nach dem die Erklä-

---

[93] Siehe dazu oben § 1 Rdn. 54–56.
[94] Richtlinien des HABM, Teil B, 7.1.2; Fezer/*v. Kapff*, Hdb. Markenpraxis, Bd. I, 2. Teil, Rn. 1425.

rung des Schuldners, der zur Abgabe einer Willenserklärung verurteilt wird, als abgegeben gilt, sobald das Urteil Rechtskraft erlangt hat, entfaltet gegenüber dem HABM keine Wirkung.[94a]

87 Vom **Verzicht** auf die eingetragene Gemeinschaftsmarke **unterscheidet sich die Rücknahme** der Anmeldung dadurch, dass sie sofort (und nicht erst mit der Eintragung im Register) wirksam wird, auf den Zeitpunkt der Anmeldung zurückwirkt (und nicht *ex nunc* wirkt wie der Verzicht) und nicht von der Zustimmung von etwaigen Rechteinhabern abhängt (vgl. Art. 50 Abs. 3 GMV).[95]

88 Ist die Anmeldung infolge eines absoluten oder relativen Schutzhindernisses zurückgewiesen worden, so kann sie bis zum **Ablauf der Beschwerdefrist** wirksam zurückgenommen werden, und zwar unabhängig davon, ob tatsächlich Beschwerde eingelegt wurde oder nicht.[96]

89 Eine **Einschränkung des Waren- oder Dienstleistungsverzeichnisses** ist unzulässig, wenn sie hilfsweise oder unter einer Bedingung erfolgt.[97] Unzulässig ist auch eine Erweiterung des Warenverzeichnisses. Wurde die Marke z. B. für *„Schuhwaren"* angemeldet, kann das Warenverzeichnis nicht im Nachhinein auf *„Bekleidung und Schuhwaren für Kinder"* geändert werden. Steht die Klassifizierung fest, so kann der Anmelder das Verzeichnis auch nicht auf Waren oder Dienstleistungen beschränken, die tatsächlich in eine andere Klasse fallen. So wäre z. B. eine Beschränkung der Waren *„Tee"* in Klasse 30 auf *„medizinischer Tee"* in Klasse 5 nur so lange möglich, wie die Klassifizierung noch nicht festgelegt ist.

90 Im Übrigen sind Einschränkungen nicht zulässig, wenn sie so vage sind, dass der Schutzumfang der Marke nicht mehr klar definiert ist (z. B. *„Büromöbel, nicht für Postämter")*[98], oder wenn sie offensichtlich keinen Sinn ergeben. Unzulässig sind auch Einschränkungen, die geschützte Marken enthalten oder die Benutzung der Marke territorial einschränken würden (z. B. *„Telekommunikationsdienstleistungen in Deutschland und Österreich")*.[99]

91 Eine „Rücknahme der Rücknahme" ist ausgeschlossen. Sobald dem Amt die Erklärung der Rücknahme zugegangen ist, kann der Anmelder diese Erklärung nicht mehr „widerrufen" oder „zurücknehmen".[100]

Praxishinweis: Die Einschränkung einer Gemeinschaftsmarkenanmeldung sollte sorgfältig formuliert werden, um Missverständnisse zu vermeiden. Beabsichtigt der Amelder, nur eine von mehreren Klassen einzuschränken, so sollte er ausdrücklich erwähnen, dass die übrigen von der Anmeldung umfassten Waren- oder Dienstleistungsklassen von der Einschränkung unberührt bleiben.

[94a] Vgl. HABM-BK, 15.10. 2009, R 1393 & 1532/2008-4 – JIMI HENDRIX/EXPERIENCE HENDRIX. Die Beschwerdekammer ging sogar noch weiter und sprach dem deutschen Gericht die Zuständigkeit ab, den Beklagten auf Einwilligung in die Rücknahme der Anmeldung zu verurteilen.

[95] Siehe unten § 4 Rdn. 2–16.

[96] HABM-BK, 27.9. 2006, R 331/2006-G – *Optima*; Fezer/*v. Kapff*, Hdb. Markenpraxis, Bd. I, 2. Teil, Rn. 1492, 1662.

[97] HABM-BK, 14.6. 2010, R 351/2010-2 – *NOVA*; Richtlinien des HABM, Teil B, 7.1.2 und Widerspruchsrichtlinien, Teil 1 (Verfahrensfragen), D.II.1.

[98] EuGH GRUR 2004, 674 (Nr. 115) – *Postkantoor*; HABM-BK, 23.6. 2009, R 1542/2008-4 – *SHOWER LOCKER*; 2.4. 2009, R 536/2007-4 – *ESPEEDOMETER*.

[99] HABM Handbuch Markenpraxis (Opposition), Teil 1 (Procedural matters), D.II.1.

[100] HABM-BK, 4.5. 2010, R 274/2009-4 – *AQUAVENTURE I*.

Sonstige Änderungen der Marke nach der Anmeldung sind nur unter den engen Vo- **92** raussetzungen des Art. 43 Abs. 2 GMV möglich: Danach können der Name oder die Adresse des Anmelders, sprachliche Fehler, Schreibfehler oder offensichtliche Unrichtigkeiten nur dann berichtigt werden, wenn der Anmelder einen entsprechenden Antrag stellt (Regel 13 GMDV) und durch die Berechtigung der wesentliche Inhalt der Marke nicht berührt oder das Verzeichnis der Waren oder Dienstleistungen nicht erweitert wird. „Offensichtlich" ist eine Unrichtigkeit nur dann, wenn sich aus der Anmeldung selbst offenkundige Widersprüche oder Ungereimtheiten ergeben, die auf eine solche Unrichtigkeit schließen lassen. Dies ist beispielsweise der Fall, wenn das als Gemeinschaftsmarke angemeldete Zeichen nicht mit der zusammen mit der Anmeldung beanspruchten Seniorität oder Priorität übereinstimmt, weil dem Anmelder bei der Wiedergabe des angemeldeten Zeichens ein Tippfehler unterlaufen ist.[101] Offensichtlich ist die Unrichtigkeit auch, wenn das in der Anmeldung wiedergegebene Wortzeichen einen Tippfehler enthält, aber auf einer anderen Seite derselben Anmeldung richtig geschrieben wurde.

Nach Veröffentlichung der Anmeldung wird auch die Berichtigung veröffentlicht, sofern **93** die Änderungen die Wiedergabe der Marke oder das Verzeichnis der Waren oder Dienstleistungen betreffen (Art. 43 Abs. 2 S. 2 GMV).

8. Teilung der Anmeldung. Der Anmelder kann erklären, dass die Anmeldung nach **94** den umfassten Waren oder Dienstleistungen in zwei oder mehrere Teilanmeldungen geteilt werden soll, wobei sich die Waren oder Dienstleistungen der geteilten Anmeldungen nicht überschneiden dürfen (Art. 44 Abs. 1 GMV).

> **Beispiel:** Eine Anmeldung, die für die Warenklassen 3, 18 und 25 angemeldet wurde, kann in drei separate Anmeldungen für jeweils eine Warenklasse geteilt werden. Ebenso kann eine Teilanmeldung nur für die Waren *„Bekleidung"* in Klasse 25 der ursprünglichen Anmeldung erklärt werden. Die Teilanmeldungen genießen den Anmeldetag sowie ggf. den Prioritätstag und den Zeitrang der ursprünglichen Anmeldung (Art. 44 Abs. 7 GMV).

Die Teilungserklärung ist unzulässig, soweit gegen die von der Teilung betroffenen Waren **95** oder Dienstleistungen **Widerspruch** eingelegt wurde. Es soll verhindert werden, dass die Teilung der Anmeldung zu einer Teilung oder Vervielfältigung der Widersprüche führt. Wurde in dem obigen Beispiel Widerspruch gegen alle Waren in Klasse 25 eingelegt, kann die Anmeldung für diese Waren nicht in zwei oder mehrere Anmeldungen geteilt werden. Möglich ist dagegen die Teilung in eine Teilanmeldung für die vom Widerspruch betroffenen Waren in Klasse 25 und die übrigen nicht vom Widerspruch umfassten Waren der Klassen 3 und 18. Diese Möglichkeit bietet sich insbesondere dann an, wenn der Anmelder eine rasche Eintragung für die übrigen Waren erreichen will. Der Nachteil einer solchen Teilung ist, dass neben der Teilungsgebühr auch Verlängerungsgebühren für mehrere Eintragungen fällig werden. Bildet die angemeldete oder eingetragene Gemeinschaftsmarke dagegen die **Grundlage eines Widerspruchs**, kann sie jederzeit im Laufe des Widerspruchsverfahrens geteilt werden.[102]

---

[101] EuG GRUR Int. 2002, 528 – *Teleye*.
[102] Vgl. HABM-BK, 3. 2. 2010, R 425/2009-1 – *O2/O2*.

96   Außerdem ist die Teilungserklärung in dem Zeitraum bis zur Zuerkennung eines Anmeldetages und in der Frist von drei Monaten nach Veröffentlichung der Anmeldung nicht zulässig (Regel 13a Abs. 3 GMDV).

97   Solange die Teilungsgebühr nicht entrichtet wurde, gilt die Teilungserklärung als nicht abgegeben (Art. 44 Abs. 4 GMV). Stellt das Amt fest, dass die Teilungserklärung nicht zulässig war, weist es die Teilungserklärung zurück (Regel 13a Abs. 4 GMDV).[103]

98   Die Teilung wird nicht bereits mit der Abgabe der Teilungserklärung wirksam, sondern erst an dem Tag, an dem das Amt die Teilung in der Anmeldeakte vermerkt (Art. 44 Abs. 5 GMV). Anträge und Gebühren, die die ursprüngliche Anmeldung betrafen, gelten für alle Teilanmeldungen als gestellt bzw. als bezahlt (Art. 44 Abs. 6 GMV). Der Anmelder muss also z. B. keine zusätzlichen Anmeldegebühren für die Teilanmeldungen entrichten. Andererseits werden Gebühren für die ursprüngliche Anmeldung, die wirksam vor Eingang der Teilungserklärung beim Amt bezahlt wurden, nicht erstattet. Dies betrifft z. B. vor der Teilungserklärung entrichtete zusätzliche Klassengebühren.[104]

99   Das Amt fertigt für die Teilanmeldungen neue elektronische Akten an und vergibt neue Anmeldenummern. Wurde die ursprüngliche Anmeldung bereits veröffentlicht, so werden sowohl die Teilung als auch die Teilanmeldung veröffentlicht. Regel 13a Abs. 6 stellt klar, dass die Veröffentlichung der Teilanmeldung keine neue Widerspruchsfrist in Gang setzt.

100   Die **Gebühren** für die Erklärung der Teilung einer Gemeinschaftsmarkenanmeldung betragen € 250,–.[105]

101   **9. Veröffentlichung der Anmeldung.** Sind die formellen Erfordernisse für die Anmeldung erfüllt und stehen dem Zeichen keine absoluten Schutzhindernisse nach Art. 7 GMV entgegen, so wird die Anmeldung nach Ablauf der einmonatigen Frist nach Übermittlung der Recherchenberichte mit den in Regel 12 GMDV genannten Angaben veröffentlicht (Art. 39 Abs. 1 GMV).

102   Auch zwischen Veröffentlichung und Eintragung der Anmeldung kann das Amt die Marke **nochmals auf absolute Eintragungshindernisse überprüfen.** Stellt das Amt fest, dass die Zulassung der Anmeldung zur Veröffentlichung auf einem Fehler beruht, so kann es die Anmeldung bis zur Eintragung von Amts wegen jederzeit einer erneuten Prüfung auf absolute Eintragungshindernisse unterziehen.[106] Im Einzelfall kann das Amt auch Anmeldungen, gegen die bereits ein Widerspruchsverfahren anhängig ist, einer erneuten Prüfung auf das Vorliegen absoluter Schutzhindernisse unterziehen.[107] Auch nach der Veröffentlichung eingereichte Bemerkungen Dritter (Art. 40 GMV) können das Amt zu einer nochmaligen Prüfung veranlassen.[108]

103   Bei der Veröffentlichung berücksichtigt das Amt die vom Anmelder vorgelegte **Übersetzung** des Waren- oder Dienstleistungsverzeichnisses in die zweite Sprache. Hat der Anmelder keine Übersetzung eingereicht und ist die Sprache der Anmeldung nicht eine der Sprachen des Amtes, so lässt das Amt das Verzeichnis in die vom Anmelder angegebene zweite Sprache übersetzen und übermittelt ihm das übersetzte Verzeichnis der Waren oder Dienst-

---

[103]   Dazu kritisch Fezer/*Bender*, Hdb. Markenpraxis, Bd. I, 2. Teil, Rn. 2203.
[104]   Eisenführ/*Schennen*, GMV, Art. 44 Rn. 9.
[105]   Art. 2 Nr. 22 GMGebV.
[106]   EuG GRUR Int. 2004, 947 (Nr. 59–60) – *Telepharmacy Solutions.*
[107]   HABM-BK, 24. 9. 2009, R 616/2008-4 – *GRID+/GRIT.*
[108]   Siehe unten Rdn. 114.

leistungen.[109] Der Anmelder kann Änderungen an der Übersetzung innerhalb einer vom Amt festzulegenden Frist vorschlagen. Antwortet der Anmelder nicht oder vertritt das Amt die Auffassung, dass die vorgeschlagenen Änderungen unangebracht sind, so wird die vom Amt vorgeschlagene Übersetzung veröffentlicht (Regel 85 Abs. 6 GMDV).

Wird das angemeldete Zeichen wegen absoluter Schutzhindernisse zurückgewiesen, so **104** wird die Entscheidung über die Zurückweisung – sobald sie unanfechtbar geworden ist – veröffentlicht (Art. 39 Abs. 2 GMV).

Enthält das Waren- und Dienstleistungsverzeichnis **Übersetzungsfehler**, so ist im Zwei- **105** fel die Version maßgeblich, in der die Anmeldung eingereicht wurde.[110] Wurde die Anmeldung in einer Sprache eingereicht, die nicht zu den fünf Sprachen des Amtes gehört, ist die vom Anmelder angegebene zweite Sprache maßgeblich (Art. 120 Abs. 3 GMV).

Enthält die Veröffentlichung der Anmeldung einen dem Amt zuzuschreibenden **Fehler**, **106** so berichtigt das Amt den Fehler entweder von Amts wegen oder auf Antrag des Anmelders.[111] Die Berichtigung des Fehlers wird veröffentlicht. Dabei setzt die Berichtigung des Verzeichnisses der Waren oder Dienstleistungen oder der Wiedergabe der Marke eine neue Widerspruchsfrist in Gang (Regel 14 Abs. 4 iVm Art. 41 Abs. 2 GMV).

10. Bemerkungen Dritter. Schrifttum: *v. Kapff*, Anmerkungen eines Dritten aus der Praxis, MarkenR 2006, 261. *Schramek*, „Bemerkungen Dritter" in der Praxis, MarkenR 2006, 150

Art. 40 GMV ermöglicht es interessierten Personen, nach der Veröffentlichung einer Ge- **107** meinschaftsmarkenanmeldung Bemerkungen einzureichen, die sich gegen die Eintragungsfähigkeit der Anmeldung richten. Bemerkungen Dritter sind **gebührenfrei**. Die Bemerkungen können von natürlichen oder juristischen Personen sowie von Verbänden der Hersteller, Erzeuger, Dienstleistungsunternehmer, Händler und Verbraucher eingereicht werden. Der Dritte erlangt **keine Parteistellung** (Art. 40 Abs. 1 S. 2 GMV). Ein Vertretungszwang besteht für den Dritten nicht. Geben die Bemerkungen Anlass zu ernsthaften Zweifeln an der Eintragungsfähigkeit der Anmeldung, wird das Prüfungsverfahren wieder eröffnet.[112] Sinn und **Zweck** des Art. 40 GMV ist die **Korrektur von fehlerhaften Entscheidungen des Amtes**. Dritte Personen, die sich gegen die Eintragungsfähigkeit eines Zeichens wenden, können bereits zu einem frühen Zeitpunkt Bemerkungen einreichen, wodurch sich die Stellung eines Nichtigkeitsantrags nach Eintragung der Anmeldung möglicherweise erübrigt. Allerdings ist die dritte Person nicht an dem weiteren Verfahren beteiligt. Hält das Amt an der Eintragungsfähigkeit der Anmeldung fest, muss der Dritte bis zur Eintragung warten und kann danach ggf. einen Nichtigkeitsantrag stellen.

Die Bemerkungen Dritter liefern dem Amt oft wertvolle Hinweise auf die Eintragungsfä- **108** higkeit eines Zeichens. Dies gilt vor allem dann, wenn für die Beurteilung der Schutzfähigkeit einer Marke Fachwissen aus bestimmten Industriezweigen oder technisches Know-how nötig ist, über das die Prüfer des Amtes nicht verfügen. Ebenso können die Bemerkungen Hinweise auf sprachliche Besonderheiten, Dialekte oder Modewörter geben, die sich nicht in den einschlägigen Lexika finden lassen und den Prüfern des Amtes nicht bekannt sind.

---

[109] Wird der Anmelder zu der vom Amt vorgenommenen Übersetzung nicht gehört, liegt ein Verstoß gegen Art. 75 S. 2 GMV vor, s. HABM-BK, 6.4. 2009, R 1617/2008-4 – *RC*.
[110] Dies kann auch bei späteren Widersprüchen von Bedeutung sein, vgl. HABM-BK, 17.12. 2009 – R 834/2008-4 – *DINO/PINO*.
[111] Siehe oben § 1 Rdn. 243.
[112] Siehe unten Rdn. 114–115.

Dies ist besonders wichtig, wenn es um eine EU-Sprache geht, die nur wenige Prüfer im Amt sprechen. Bemerkungen Dritter bieten hier eine Hilfestellung und können unrichtige Entscheidungen korrigieren. In jedem Fall gebietet der **Amtsermittlungsgrundsatz** (Art. 76 Abs. 1 S. 1 GMV), dass die eingereichten Bemerkungen vom Amt sorgfältig geprüft werden.

109   Bemerkungen Dritter können mit der Begründung eingereicht werden, dass die Marke **von Amts wegen und insbesondere nach Art. 7 GMV** von der Eintragung auszuschließen ist. Bei Bemerkungen Dritter gegen Anmeldungen von **Gemeinschaftskollektivmarken** bestimmt Art. 69 GMV, dass Bemerkungen Dritter auch mit der Begründung eingereicht werden können, dass die Anmeldung nach Art. 68 GMV zurückzuweisen ist.

110   Art. 40 Abs. 1 GMV bestimmt, dass Bemerkungen Dritter **nach Veröffentlichung der Anmeldung** eingereicht werden können. Drittbemerkungen, die **nach Ablauf der Widerspruchsfrist** oder, falls Widerspruch eingelegt wurde, nach **Abschluss des Widerspruchsverfahren** eingereicht werden, werden vom Amt als verspätet behandelt und nicht berücksichtigt.[113] Da nach dem Wegfall der Registrierungsgebühren im Mai 2009 die Gemeinschaftsmarke sofort nach Ablauf der Widerspruchsfrist bzw. Beendigung des Widerspruchsverfahrens eingetragen wird, ist es aus verfahrensökonomischen Gründen geboten, Bemerkungen Dritter nach Ablauf dieser Fristen nicht mehr zu beachten. Versäumt der Dritte die genannten Fristen, steht es ihm offen, einen Nichtigkeitsantrag gegen die eingetragene Marke zu stellen.

111   Wegen des Amtsermittlungsgrundsatzes (Art. 76 Abs. 1 S. 1 GMV) müssen Drittbemerkungen entgegen dem Wortlaut des Art. 40 GMV auch **vor Veröffentlichung** der Anmeldung vom Amt berücksichtigt werden.[114] Art. 40 GMV geht von der Annahme aus, dass die Anmeldung der Öffentlichkeit erst mit ihrer Veröffentlichung im Bulletin bekannt wird. Inzwischen stehen alle Informationen über Gemeinschaftsmarkenanmeldungen bereits kurze Zeit nach Anmeldung der Marken im Internet zur Verfügung (CTM-online).

112   Die Bemerkungen sind **schriftlich** einzureichen. Es ist zu empfehlen, in dem Schreiben ausdrücklich auf Art. 40 GMV Bezug zu nehmen. Nach der Praxis des Amtes müssen Bemerkungen Dritter in einer der fünf **Sprachen** des Amtes (Deutsch, Englisch, Französisch, Italienisch, Spanisch) bzw. in einer der beiden Sprachen der Anmeldung eingereicht werden.[115] Die für die Verfahren über die Gemeinschaftsmarke vorgesehenen Sprachenregelungen (insbesondere Art. 119–120, Regel 95–99 GMDV) sind nicht anwendbar, da die Drittbemerkungen gerade kein „Verfahren" eröffnen und der Dritte kein Verfahrensbeteiligter ist. Das Amt sollte Bemerkungen Dritter in allen Amtssprachen der Europäischen Union zulassen.[116] Dass der Anmelder die Bemerkungen Dritter nicht versteht, verschlechtert seine Position nicht, da er sich nicht gegen die Bemerkungen Dritter zur Wehr setzen muss, sondern gegen den Bescheid des Amtes (der in der Verfahrenssprache verfasst wird). Die Drittbemerkungen veranlassen lediglich die nochmalige Überprüfung der Eintragungsfähigkeit des Zeichens durch das Amt, bilden jedoch nicht die Grundlage für die Beanstandung.[117] Eine groß-

---

[113] Mitteilung Nr. 2/09 des Präsidenten des Amtes vom 9. 11. 2009.

[114] Eisenführ/*Schennen*, GMV, Art. 40 Rn. 11.

[115] Mitteilung Nr. 2/09 des Präsidenten des Amtes vom 9. 11. 2009. Zustimmend Eisenführ/*Schennen*, GMV, Art. 40 Rn. 8.

[116] So auch *Geroulakis*, Comentarios, S. 365; *Schramek* MarkenR 2006, 150, 153 (Fn. 68); *v. Kapff* MarkenR 2006, 261.

[117] *Schramek* MarkenR 2006, 150, 153 (Fn. 68).

zügige Sprachenregelung entspräche auch dem Sinn und Zweck der Drittbemerkungen, die eine Hilfestellung für das Amt sind, um fehlerhafte Entscheidungen zu korrigieren. Der Dritte sollte die Möglichkeit haben, Bemerkungen in „seiner" Sprache einzureichen, und nicht gezwungen sein, Kosten und Zeit für die Übersetzung der Eingabe samt Anlagen auf sich zu nehmen.

Auch der **Widersprechende** kann während des Widerspruchsverfahrens Bemerkungen **113** Dritter gegen die angefochtene Anmeldung einreichen. Allerdings muss der Widersprechende darauf achten, dass er absolute und relative Schutzhindernisse nicht vermischt. Absolute Schutzhindernisse werden im Widerspruchsverfahren nicht geprüft. Ist der Widersprechende der Auffassung, dass der Anmeldung absolute Eintragungshindernisse entgegenstehen, so muss er Bemerkungen Dritter im Sinne des Art. 40 GMV in einer **gesonderten Eingabe** einreichen.[118]

Nach Eingang der Drittbemerkungen erteilt das Amt dem Dritten eine **Empfangsbestä-** **114** **tigung**, die den Zugang der Bemerkungen bestätigt und den Dritten davon in Kenntnis setzt, dass die Bemerkungen dem Anmelder mitgeteilt werden.[119] Kommt das Amt nach Prüfung der Drittbemerkungen zu dem Schluss, dass **ernsthafte Zweifel an der Eintragbarkeit der Marke** bestehen, so wird das **Prüfungsverfahren wieder eröffnet** und eine Beanstandung an den Anmelder geschickt. Entgegen der bisherigen Amtspraxis wird der Dritte seit November 2009 vom Amt nicht mehr über den weiteren Verlauf und den Ausgang eines möglicherweise wieder eröffneten Prüfungsverfahrens unterrichtet.[120] Allerdings kann sich der Dritte über das Internet jederzeit über den Stand der Anmeldung informieren (CTM-online).

Wird das Prüfungsverfahren wieder eröffnet, so erhält der **Anmelder** die Gelegenheit, **115** sich innerhalb der vom Amt gesetzten Frist zu der fehlenden Eintragungsfähigkeit des angemeldeten Zeichens **zu äußern** (Art. 40 Abs. 2 GMV). Der Dritte erhält keine Kopie der Stellungnahme des Anmelders.[121]

Auch wenn die Bemerkungen keinen Anlass zur Beanstandung geben, wird **der Anmel-** **116** **der** darüber unterrichtet. Gründe dafür, warum kein Anlass zur Beanstandung vorliegt, gibt das Amt nicht an. Da der Dritte keine Partei des Verfahrens ist, kann er gegen die Entscheidung des Amtes, die Anmeldung nicht nachträglich zu beanstanden, keine Beschwerde einlegen.[122]

Geben die Drittbemerkungen Anlass zur Beanstandung, kann der Dritte das in Gang ge- **117** setzte Verfahren nicht dadurch beenden, dass er die Bemerkungen „zurücknimmt". Auch insoweit gilt der Amtsermittlungsgrundsatz, der das Amt verpflichtet, etwaigen absoluten Schutzhindernissen *ex officio* nachzugehen (Art. 76 Abs. 1 S. 1 GMV).[123]

---

[118] Mitteilung Nr. 2/09 des Präsidenten des Amtes vom 9.11. 2009. Ebenso HABM-BK, 27.5. 2008, R 1117/2007-2 – *GOLF USA EUROPA/GOLF' US*.
[119] Mitteilung Nr. 2/09 des Präsidenten des Amtes vom 11.9. 2009.
[120] Mitteilung Nr. 2/09 des Präsidenten des Amtes vom 11.9. 2009.
[121] Mitteilung Nr. 2/09 des Präsidenten des Amtes vom 9.11. 2009. Nach Veröffentlichung der Anmeldung sind sämtliche Mitteilungen und Stellungnahmen für jedermann auf der Internetseite des Amtes einsehbar („Online-access to file"). Siehe dazu oben § 1 Rdn. 217.
[122] Siehe unten § 5 Rdn. 9.
[123] HABM-BK, 17.12. 2002, R 1025/2000-2 – *Dreieck*.

118   **11. Ablauf der Widerspruchsfrist und Eintragung.** Innerhalb von drei Monaten nach Veröffentlichung der Gemeinschaftsmarkenanmeldung können Dritte auf der Basis älterer Rechte nach Art. 8 GMV Widerspruch gegen die Anmeldung einlegen.[124]

119   Entspricht die Anmeldung den Vorschriften der GMV und wurde gegen die Anmeldung kein Widerspruch eingelegt bzw. dieser (zumindest teilweise) zurückgewiesen, so trägt das Amt die Marke als Gemeinschaftsmarke ein. Eine **Eintragungsgebühr** ist seit dem 1. 5. 2009 **nicht mehr zu zahlen**. Die Eintragung wird veröffentlicht (Regel 23 Abs. 5 GMDV).

120   Seit Februar 2011 übermittelt das Amt dem Markeninhaber **keine Eintragungsurkunde** mehr. Vielmehr erhält der Markeninhaber einen Internetlink zu einer Seite, auf der sich die Eintragungsurkunde herunterladen lässt (sog. E-Certificate).[125] Auch beglaubigte Abschriften der Eintragungsurkunde können seit dem 10. 5. 2011 aus dem Internet gebührenfrei heruntergeladen werden.[126]

121   Enthält die Eintragung der Marke oder die Veröffentlichung der Eintragung einen dem Amt zuzuschreibenden **Fehler**, so berichtigt das Amt den Fehler von Amts wegen oder auf Antrag des Markeninhabers (Regel 27 Abs. 1 GMDV).[127] Der Antrag ist gebührenfrei und muss die in Regel 26 GMDV genannten Angaben enthalten. Die Berichtigung wird veröffentlicht.

122   Art. 48 Abs. 1 GMV stellt klar, dass die Gemeinschaftsmarke und insbesondere ihre Wiedergabe weder während der Dauer ihrer Eintragung noch bei ihrer Verlängerung **geändert** werden darf. Eine Ausnahme gilt jedoch für den Fall, dass die Wiedergabe der Gemeinschaftsmarke den Namen oder die Adresse ihres Inhabers enthält. Auf Antrag des Inhabers können diese Angaben in der Wiedergabe der Marke geändert werden, sofern dadurch die ursprünglich eingetragene Marke in ihrem wesentlichen Inhalt nicht beeinträchtigt wird (Art. 48 Abs. 2 GMV). Die Gebühren für den Änderungsantrag betragen € 200,–.[128] Die Eintragung der Änderung mit der Wiedergabe der geänderten Gemeinschaftsmarke wird veröffentlicht. Innerhalb von drei Monaten nach Veröffentlichung der Änderung können Dritte die Eintragung der Änderung anfechten (Art. 48 Abs. 3 GMV). Auf dieses besondere Anfechtungsverfahren sind die Vorschriften des Widerspruchsverfahrens anwendbar (Regel 25 Abs. 4 GMDV).

123   Im Übrigen können nach Eintragung der Gemeinschaftsmarke folgende **gebührenfreien Änderungen** vorgenommen werden:

- Änderung des Namens oder der Anschrift des Inhabers der Gemeinschaftsmarke oder seines eingetragenen Vertreters nach Regel 26 GMDV. Das Amt bearbeitet jährlich rund 40 000 Anträge von Inhabern und Vertretern, die sich auf die Änderung von Namen oder Adressen beziehen.[129] Es ist geplant, ein elektronisches System einzuführen, mit dem Namens- oder Adressänderungen direkt von den Nutzern vorgenommen werden können.
- Teilverzicht auf die von der Gemeinschaftsmarke umfassten Waren oder Dienstleistungen nach Art. 50 GMV,
- Änderung der Markensatzung einer Kollektivmarke gemäß Art. 71 GMV.

---

[124] Dazu unten § 3.
[125] Entscheidung Nr. EX-11-1 des Präsidenten des Amtes vom 18. 2. 2011.
[126] Siehe oben § 1 Rdn. 226.
[127] Siehe oben § 1 Rdn. 243.
[128] Art. 2 Nr. 25 GMGebV.
[129] HABM Jahresbericht 2010, im Internet abrufbar unter www.oami.europa.eu: Home > Über das HABM > Veröffentlichungen des HABM.

Nach Eintragung der Gemeinschaftsmarke kann (wieder) die Seniorität einer oder meh- **124** rerer älterer nationaler Marken in Anspruch genommen werden (Regel 28 GMDV).[130]

III. Rechtsübergang, Lizenzen und andere Rechte

Schrifttum: *Brämer*, Die Sicherungsabtretung von Markenrechten, 2005; *Casado Cerviño*, La marca comunitaria como objeto de propriedad: la cesión y la licencia de marca en el sistema europeo, FS Curell, 2000; *Fammler*, Die Gemeinschaftsmarke als Kreditsicherheit, WRP 2006, 534; *Gil Vega*, La transmisión de la marca comunitaria, FS Curell, 2000, S. 249; *Gottzmann*, Sukzessionsschutz im Gewerblichen Rechtsschutz und Urheberrecht, 2008; *Klaka*, Die Markenteilung, GRUR 1995, 713; *Kurtz*, (Un-)Übertragbarkeit von (ausschließlichen) Markenlizenzen, GRUR 2007, 292; *McGuire/v. Zumbusch/Joachim*, Verträge über Schutzrechte des geistigen Eigentums (Übertragung und Lizenzen) und dritte Parteien, GRUR Int. 2006, 684; *Stumpf*, Die Eintragung von Lizenzen im Markenregister, MarkenR 2005, 425.

1. Rechtsübergang. Die Gemeinschaftsmarke ist ein Gegenstand des Vermögens. **125** Art. 16 GMV bestimmt, welche nationale Rechtsordnung für die vermögensrechtlichen Wirkungen der Gemeinschaftsmarke gilt. Zuständig für die Anwendung der jeweiligen nationalen Vorschriften sind die Behörden und Gerichte des betreffenden Mitgliedstaats, nicht das HABM.[130a] Die Gemeinschaftsmarke ist **frei übertragbar**, also unabhängig von der Übertragung des Unternehmens, dem die Gemeinschaftsmarke gehört (Art. 17 Abs. 1 GMV). Wird das Unternehmen übertragen, so stellt Art. 17 Abs. 2 GMV die widerlegbare Vermutung auf, dass auch die dem Unternehmen gehörende Gemeinschaftsmarke übertragen wird.

Die Gemeinschaftsmarke kann ganz oder für einen Teil der Waren und Dienstleistungen **126** übertragen werden. Auch die Anmeldung einer Gemeinschaftsmarke ist übertragbar. Anders als bei der Teilung einer Marke unterliegt die Übertragung einer Gemeinschaftsmarke **keinen zeitlichen Beschränkungen**.[131] Die angefochtene Gemeinschaftsmarke kann also im Widerspruchsverfahren hinsichtlich eines Teils der angefochtenen Waren auf ein drittes Unternehmen übertragen werden. Auch die ältere Gemeinschaftsmarke als Grundlage eines Widerspruchs kann im Laufe des Widerspruchsverfahrens übertragen werden.[132]

Sofern die Gemeinschaftsmarke nicht als Folge der Übertragung des gesamten Unterneh- **127** mens mitübertragen wird, muss die rechtsgeschäftliche Übertragung der Gemeinschaftsmarke **schriftlich** erfolgen und bedarf der Unterschrift der Vertragsparteien, sofern die Übertragung nicht auf einer gerichtlichen Entscheidung beruht. Sind diese Formvoraussetzungen nicht erfüllt, ist die Übertragung nichtig (Art. 17 Abs. 3 GMV).

Ist die Gemeinschaftsmarke infolge des Rechtsübergangs offensichtlich irreführend, so **128** weist das Amt die Eintragung des Rechtsübergangs zurück, es sei denn, dass der Rechtsnachfolger die Eintragung so beschränkt, dass sie für die verbleibenden Waren oder Dienstleistungen nicht irreführend ist (Art. 17 Abs. 4 GMV).

Auf Antrag eines Beteiligten wird der Rechtsübergang in das **Register** eingetragen und **129** veröffentlicht. Solange dies nicht geschehen ist, kann der Rechtsnachfolger seine Rechte aus der Eintragung der Gemeinschaftsmarke nicht geltend machen (Art. 17 Abs. 6 GMV). Sind gegenüber dem Amt Fristen zu wahren, so kann der Rechtsnachfolger die entsprechenden

---

[130] Siehe oben Rdn. 56.
[130a] EuG, 9.9. 2011, T-83/09 (Nr. 27) – *Craic.*
[131] Siehe oben Rdn. 95–96.
[132] Zu den Folgen oben § 1 Rdn. 175–176.

Erklärungen gegenüber dem Amt abgeben, sobald der Antrag auf Eintragung des Rechtsübergangs beim Amt eingegangen ist (Art. 17 Abs. 7 GMV).[133] Entscheidungen und Mitteilungen, die nach Art. 79 GMV der Zustellung an den Inhaber der Gemeinschaftsmarke bedürfen, sind an den als Inhaber Eingetragenen zu richten (Art. 17 Abs. 8 GMV).

130 Der Antrag auf Eintragung eines Rechtsübergangs setzt ein **einseitiges Verfahren** zwischen dem Antragsteller und dem Amt in Gang. Die Vertragspartei des Rechtsübergangs wird nicht Partei des Amtsverfahrens, muss aber ggf. vor Eintragung des Rechtsübergangs vom Amt gehört werden.[134] Bei Kettenübertragungen (zunächst von A auf B und anschließend von B auf C) ist eine direkte Eintragung zugunsten des aktuellen Markeninhabers möglich, sofern alle Übertragungen nachgewiesen werden.[135]

131 Der Antrag muss die in Regel 31 und Regel 32 GMDV genannten **Angaben** enthalten.[136] Notwendig sind gemäß Regel 31 Abs. 1 lit. d GMDV insbesondere Unterlagen, aus denen sich der Rechtsübergang der Gemeinschaftsmarke ergibt. Die **Beweislast** dafür, dass eine wirksame Übertragung stattgefunden hat, trägt der neue Rechteinhaber.[137] Insofern reicht es als Beweis für den Rechtübergang allerdings aus, dass der Antrag gemeinsam vom eingetragenen Markeninhaber und dem Rechtsnachfolger bzw. ihren Vertretern unterschrieben ist (Regel 31 Abs. 5 lit. a GMDV). Wird der Antrag nur vom Rechtsnachfolger bzw. seinem Vertreter unterzeichnet, genügt eine dem Antrag beigefügte Erklärung des eingetragenen Markeninhaber, dass dieser der Eintragung des Rechtsnachfolgers zustimmt (Regel 31 abs. 5 lit. b GMDV). Die Prüfung des Amtes beschränkt sich auf das Vorliegen geeigneter Unterlagen, die den Rechtsübergang belegen. Dagegen prüft das Amt nicht die Wirksamkeit des Rechtsübergangs nach nationalem Recht.[138]

> **Praxishinweis:** Haben Markeninhaber und Rechtsnachfolger denselben Vertreter, kann der Vertreter im Namen beider die Eintragung des Rechtsübergangs in einem formlosen Schreiben beantragen, ohne Unterlagen zum Nachweis der Übertragung vorlegen zu müssen.

132 Bei einem **teilweisen Rechtsübergang** sind im Antrag die Waren oder Dienstleistungen anzugeben, die Gegenstand des teilweisen Rechtsübergangs sind (Regel 32 Abs. 1 GMDV). Das Verfahren ist bei Gemeinschaftsmarken**anmeldungen** entsprechend anzuwenden. Der Rechtsübergang wird in der elektronischen Anmeldungsakte eingetragen (Regel 31 Abs. 8 GMDV).

133 Der Antrag auf Rechtsübergang ist **gebührenfrei**.

134 **2. Lizenzen und andere Rechte.** Die Gemeinschaftsmarke kann frei – also unabhängig vom Unternehmen – **verpfändet** werden oder Gegenstand eines sonstigen **dinglichen Rechts** sein. Auf Antrag eines Beteiligten werden diese Rechte in das Register eingetragen und veröffentlicht (Art. 19 Abs. 2 GMV).

---

[133] Siehe oben § 1 Rdn. 173.
[134] HABM-BK, 13. 9. 2010, R 357/2010-4 – *CARBORUNDUM*.
[135] HABM-BK, 13. 9. 2010, R 357/2010-4 – *CARBORUNDUM*.
[136] Formblätter sind auf der Internetseite des Amtes abrufbar, s. oben Einleitung Rdn. E 46.
[137] HABM-BK, 2. 3. 2010, R 759/2009-4 – *Moskau Inkasso*; 1. 10. 2008, R 251/2008-4 – *Pohlschröder*.
[138] EuG, 9. 9. 2001, T-83/09 (Nr. 31) – *Craic*.

Ebenso kann die Gemeinschaftsmarke für alle oder einen Teil der von ihr umfassten Waren **135** oder Dienstleistungen und für das gesamte Gebiet oder einen Teil der Gemeinschaft Gegenstand einer ausschließlichen oder nicht ausschließlichen **Lizenz** sein. Die Erteilung oder der Übergang einer Lizenz an einer Gemeinschaftsmarke wird auf Antrag eines Beteiligten in das Register eingetragen und veröffentlicht (Art. 22 Abs. 5 GMV).

Außerdem kann die Gemeinschaftsmarke Gegenstand von Maßnahmen der **Zwangsvoll-** **136** **streckung** sein (Art. 20 GMV) oder unter den Voraussetzungen des Art. 21 GMV von einem in einem Mitgliedstaat der EU eröffneten **Insolvenzverfahren** erfasst werden. Die Zwangsvollstreckungsmaßnahmen werden auf Antrag eines Beteiligten in das Register eingetragen und veröffentlicht (Art. 20 Abs. 3 GMV). Ein in einem Mitgliedstaat der EU eröffnetes Insolvenzverfahren wird auf Antrag der zuständigen nationalen Stelle in das Register eingetragen und veröffentlicht (Art. 21 Abs. 3 GMV).

Das Verfahren zur Eintragung, Übertragung, Löschung oder Änderung von Lizenzen und **137** anderen Rechten richtet sich nach den Regeln 33–35 GMDV. Allerdings gelten insoweit folgende Besonderheiten: Gemäß Regel 33 Abs. 1 iVm Regel 31 Abs. 1 lit. d GMDV müssen dem Antrag auf **Eintragung** von Lizenzen oder anderen Rechten Dokumente beigefügt werden, die die Existenz der Lizenz oder der anderen Rechte belegen. Ausreichend ist als Beweis der Existenz des Rechts, dass der Antrag gemeinsam vom Inhaber der Gemeinschaftsmarke und dem Inhaber des Rechts bzw. seinem Vertreter unterschrieben ist (Regel 31 Abs. 5 lit. a GMDV) oder – falls der Antrag nur von dem Inhaber des einzutragenden Rechts unterschrieben wurde – dass dem Antrag eine Erklärung des Inhabers der Gemeinschaftsmarke beiliegt, nach dem dieser der Eintragung des Rechts zustimmt (Regel 31 abs. 5 lit. b GMDV). Ein Nachweis der Existenz des Rechts ist jedoch **nicht** erforderlich, wenn der Antrag vom **Inhaber der Gemeinschaftsmarke** gestellt wurde (Regel 33 Abs. 1 lit. b GMDV). Wird jedoch die **Änderung oder Löschung** der Lizenz oder der anderen Rechte beantragt, müssen **Urkunden** beigefügt werden, aus denen hervorgeht, dass das eingetragene Recht nicht mehr besteht oder geändert wurde bzw. eine Erklärung des Rechteinhabers, dass er der Löschung oder Änderung der Eintragung zustimmt (Regel 35 Abs. 4 und 6 GMDV).[139] Entsprechendes gilt für die Eintragung, Löschung oder Änderung von Zwangsvollstreckungsmaßnahmen oder Insolvenzverfahren.

Im Falle der Eintragung einer Lizenz können nach Regel 34 GMDV zusätzliche Anga- **138** ben eingetragen werden (ausschließliche Lizenz, Unterlizenz, Lizenz für einen Teil der Waren oder Dienstleistungen, Lizenz für einen Teil der Europäischen Union, zeitlich begrenzte Lizenz).

Die Eintragung oder Löschung eines Insolvenzverfahrens ist gebührenfrei. Für alle ande- **139** ren Anträge auf Eintragung oder Löschung werden **Gebühren** in Höhe von € 200,– pro Eintragung oder Löschung fällig. Falls mehrere Anträge in einem gemeinsamen Antrag oder gleichzeitig gestellt werden, betragen die Gebühren nicht mehr als € 1000,–.[140] Alle Änderungsanträge sind gebührenfrei.

---

[139] In der Praxis kann der Nachweis der Zustimmung des Lizenznehmers schwierig sein. Verzichtet der Inhaber auf die Gemeinschaftsmarke, reicht es aus, wenn er gegenüber dem Amt glaubhaft macht, dass er den Lizenznehmer von seiner Verzichtsabsicht unterrichtet hat (Regel 36 Abs. 2 GMDV). Da die Auswirkungen der Löschung der Lizenz einerseits und des Verzichts auf die Marke andererseits für den Lizenznehmer dieselben sind, sollten beide Vorschriften *de lege ferenda* angeglichen werden.

[140] Art. 2 Nrn. 23 u. 24 GMGebV.

140   Das Verfahren für die Eintragung, Löschung oder Änderung von den oben genannten Rechten oder Maßnahmen gilt entsprechend für die **Anmeldung** von Gemeinschaftsmarken (Regel 33 Abs. 4 u. Regel 35 Abs. 7 GMDV). Die Einträge, Änderungen oder Löschungen werden in der elektronischen Anmeldeakte vermerkt.

141   **3. Wirkung gegenüber Dritten.** Die Eintragung einer Lizenz (Art. 22 GMV), eines anderen dinglichen Rechts (Art. 19 GMV) oder eines Rechtsübergang der Gemeinschaftsmarke (Art. 17 GMV) entfalten nach Art. 23 Abs. 1 GMV ihre Wirkung gegenüber Dritten in allen Mitgliedstaaten erst in dem Moment, in dem sie **eingetragen** worden sind. Von dem Grundsatz, dass es für die Wirksamkeit dieser Rechtshandlungen auf den Zeitpunkt der Eintragung im Register ankommt, gibt es **zwei Ausnahmen**: Erstens können diese Rechtshandlungen auch vor der Eintragung Dritten entgegengehalten werden, wenn der Dritte die Rechte an der Marke zwar nach dem Zeitpunkt der Rechtshandlung erworben hat, aber zum Zeitpunkt des Erwerbs dieser Rechte bereits von der Rechtshandlung wusste (Art. 23 Abs. 1 S. 2 GMV). Weiß der Dritte zum Zeitpunkt des Erwerbs einer einfachen Lizenz beispielsweise von der Existenz einer noch nicht eingetragenen ausschließlichen Lizenz an der Gemeinschaftsmarke, kann er die Lizenz nicht wirksam erwerben. Die zweite Ausnahme betrifft den Fall der Gesamtrechtsnachfolge: Die Eintragung einer Lizenz oder eines anderen dinglichen Rechts oder eines Rechtsübergang der Gemeinschaftsmarke entfalten gegenüber Dritten im Fall der Gesamtrechtsnachfolge unabhängig von der Eintragung dieser Rechtshandlungen stets Wirkung (Art. 23 Abs. 2 GMV).

142   Für **Zwangsvollstreckungsmaßnahmen** bestimmt Art. 23 Abs. 3 GMV, dass sich die Wirkung der Eintragung dieser Maßnahmen gegenüber Dritten nach dem nationalen Recht des gemäß Art. 16 GMV maßgeblichen Mitgliedstaats.

143   Die Wirkungen eines **Insolvenzverfahrens** richten sich nach dem Recht des Mitgliedstaates, in dem das Verfahren gemäß Art. 21 Abs. 1 GMV eröffnet wurde (Art. 23 Abs. 4 GMV), und zwar unabhängig davon, ob das Insolvenzverfahren im Register der Gemeinschaftsmarke eingetragen wurde oder nicht. Die Eintragung selbst dient nur zu Informationszwecken.[141]

IV. Teilung der Eintragung

144   Ebenso wie die Anmeldung einer Gemeinschaftsmarke kann auch die Eintragung Gegenstand einer Teilung sein.[142] Die Teilungserklärung ist unzulässig, wenn sie Waren oder Dienstleistungen betrifft, gegen die ein Verfalls- oder Nichtigkeitsverfahren vor dem Amt anhängig ist. Entsprechendes gilt, wenn in Bezug auf die maßgeblichen Waren oder Dienstleistungen eine Widerklage auf Erklärung des Verfalls oder der Nichtigkeit vor einem Gemeinschaftsmarkengericht anhängig ist. Erst nachdem das Amt einen Hinweis auf das rechtskräftige Urteil des Gemeinschaftsmarkengerichts nach Art. 100 Abs. 6 GMV im Register eingetragen hat, ist eine Teilung der betroffenen Marke wieder möglich (Art. 49 Abs. 2 lit. b GMV).

---

[141] Eisenführ/*Schennen*, GMV, Art. 21 Rn. 30.
[142] Siehe oben Rdn. 94–100. Ausführlich Fezer/*Bender*, Hdb. Markenpraxis, Bd. I, 2. Teil, Rn. 2214–2230.

Die Teilungserklärung muss die in Regel 25a GMDV genannten Angaben enthalten. Sie **145** wird wirksam, sobald sie im Register eingetragen ist (Art. 49 Abs. 5 GMV). Die Gebühr für die Teilung beträgt € 250,–.[143]

Schaubild 2: *Von der Anmeldung zur Eintragung* **146**

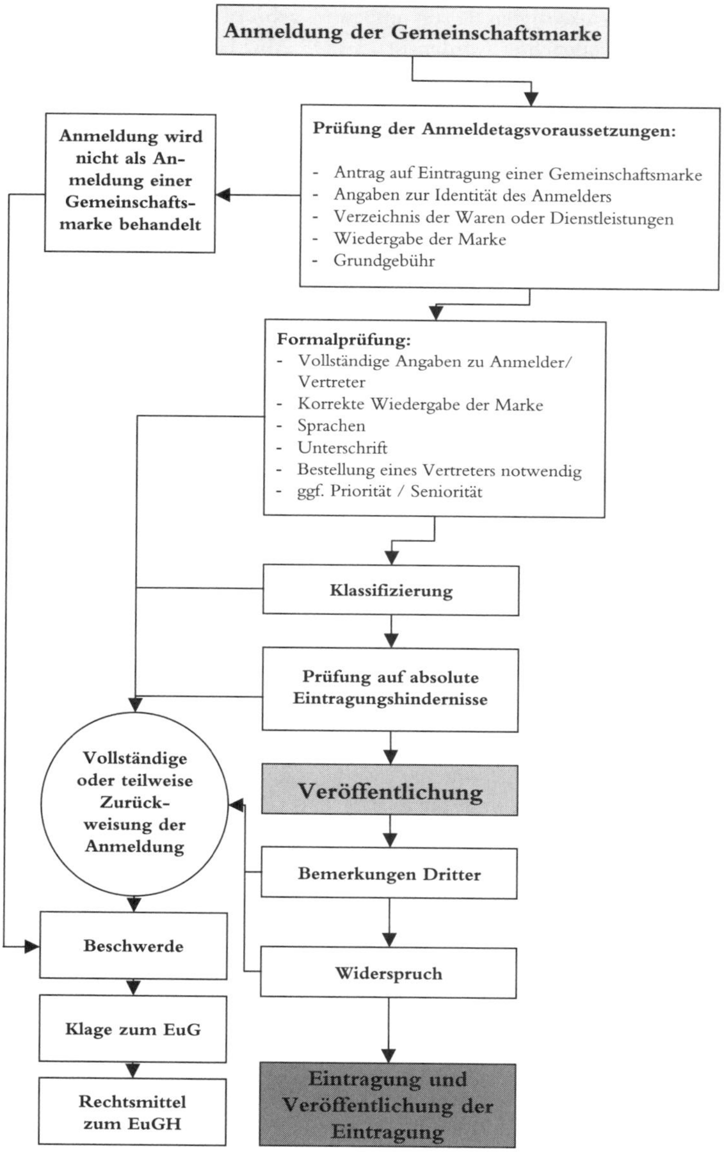

```
              ┌─────────────────────────────────────────┐
              │   Anmeldung der Gemeinschaftsmarke       │
              └─────────────────────────────────────────┘
```

Anmeldung wird nicht als Anmeldung einer Gemeinschaftsmarke behandelt	**Prüfung der Anmeldetagsvoraussetzungen:** - Antrag auf Eintragung einer Gemeinschaftsmarke - Angaben zur Identität des Anmelders - Verzeichnis der Waren oder Dienstleistungen - Wiedergabe der Marke - Grundgebühr

Formalprüfung:
- Vollständige Angaben zu Anmelder/Vertreter
- Korrekte Wiedergabe der Marke
- Sprachen
- Unterschrift
- Bestellung eines Vertreters notwendig
- ggf. Priorität / Seniorität

Klassifizierung

Prüfung auf absolute Eintragungshindernisse

Vollständige oder teilweise Zurückweisung der Anmeldung

Veröffentlichung

Bemerkungen Dritter

Beschwerde

Widerspruch

Klage zum EuG

Rechtsmittel zum EuGH

Eintragung und Veröffentlichung der Eintragung

---

[143] Art. 2 Nr. 22 GMGebV.

V. Verlängerung

147   Die ersten Verlängerungsanträge konnten am 1. November 2005 eingereicht werden. Inzwischen sind mehr als 100 000 Gemeinschaftsmarken verlängert worden.

148   Die Dauer der Eintragung der Gemeinschaftsmarke beträgt **zehn Jahre ab dem Tag der Anmeldung** (Art. 46 S. 1 GMV). Die Eintragung kann auf Antrag des Inhabers oder einer hierzu ausdrücklich ermächtigten Person um jeweils zehn Jahre verlängert werden, sofern die Verlängerungsgebühr entrichtet worden ist (Art. 47 Abs. 1 GMV). Ob ein Dritter als Antragsteller von dem Markeninhaber ausdrücklich ermächtigt wurde, überprüft das Amt nicht (vgl. Regel 30 Abs. 1 GMDV).

149   Mindestens sechs Monate vor Ablauf der Eintragung unterrichtet das Amt den Inhaber der Gemeinschaftsmarke und die Inhaber von im Register eingetragenen Rechten an der Gemeinschaftsmarke von dem bevorstehenden Ablauf der Eintragung (Regel 29 S. 1 GMDV). Unterbleibt die Unterrichtung, so beeinträchtigt dies nicht den Ablauf der Eintragung (Regel 29 S. 2 GMDV, vgl. auch Art. 47 Abs. 2 S. 2 GMV). Die amtliche Mitteilung über die anstehende Verlängerung wird an die im Register stehenden Kontaktdaten übermittelt. Es obliegt dem Markeninhaber, bei Änderung dieser Daten das Amt so schnell wie möglich zu informieren.

150   Der Antrag auf Verlängerung ist innerhalb eines Zeitraums von **sechs Monaten** vor Ablauf des letzten Tages des Monats, in dem die Schutzdauer endet, einzureichen. Innerhalb dieses Zeitraums sind auch die Gebühren zu entrichten (Art. 47 Abs. 3 GMV). Für Inhaber eines laufenden Kontos gilt, dass die Verlängerungsgebühr nur auf Verlangen und nicht automatisch abgebucht wird.[144] Die Verlängerung ist auch für einen Teil der von der Eintragung umfassten Waren oder Dienstleistungen möglich (Art. 47 Abs. 4 GMV). Die Verlängerung wird am Tag nach dem Ablauf der Eintragung wirksam. Sie wird im Register eingetragen (Art. 47 Abs. 5 GMV).

151   Versäumt der Markeninhaber, den Antrag rechtzeitig zu stellen bzw. die Verlängerungsgebühren rechtzeitig zu zahlen, so kann er den Antrag und die Gebühren noch innerhalb einer Nachfrist von sechs Monaten nach Ablauf des letzten Tages des Monats, in dem die Schutzdauer endet, einreichen bzw. zahlen. Allerdings wird innerhalb dieser Nachfrist eine **Zuschlagsgebühr** fällig.[145] Das Amt schickt dem Markeninhaber keine gesonderte Mitteilung für die Zahlung der Zuschlagsgebühr.

152   Der **Verlängerungsantrag** muss die in Regel 30 GMDV genannten Angaben enthalten. Für zwei und mehr Eintragungen kann ein einziger Verlängerungsantrag gestellt werden, sofern für jede Marke die erforderlichen Gebühren entrichtet werden und es sich bei dem Markeninhaber bzw. dem Vertreter um dieselbe Person handelt (Regel 30 Abs. 8 GMDV).

153   Versäumt der Markeninhaber auch die Nachfrist, so teilt das Amt dem Markeninhaber mit, dass die Eintragung abgelaufen ist. Sobald diese Mitteilung rechtskräftig ist, löscht das Amt die Marke im Register (Regel 30 Abs. 6 GMDV). Die Löschung wird am Tag nach Ablauf der Eintragung wirksam.

154   Reichen die entrichteten Gebühren nicht für alle von der Marke umfassten Waren- oder Dienstleistungsklassen aus, so wird die Eintragung verlängert, wenn eindeutig ist, auf welche

---

[144]   Mitteilung Nr. 8/05 des Präsidenten des Amtes vom 21. 12. 2005.
[145]   Art. 2 Nr. 2 GMGebV: 25%, max. € 1500,-.

Klassen sich die Gebühren beziehen. Liegen keine anderen Kriterien vor, so trägt das Amt den Klassen in der Reihenfolge der Klassifikation Rechnung (Regel 30 Abs. 5 GMDV).[145a]

Ist eine Gemeinschaftsmarke zehn Jahre nach dem Anmeldetag immer **noch nicht ein- 155 getragen**, muss sie ebenfalls verlängert werden. Das Amt erhebt die Verlängerungsgebühr allerdings erst, wenn die Anmeldung zur Eintragung ansteht. Das Amt fordert den Anmelder dann auf, die Verlängerungsgebühr und die Eintragungsgebühr (und ggf. zusätzliche Klassengebühren) zu entrichten.[146]

VI. Die Verknüpfung zwischen der Gemeinschaftsmarke und dem Madrider Protokoll

Schrifttum: *Botana Agra*, Enlace de la Marca Comunitaria con el sistema de la Marca Internacional, FS Bercovitz, 2005, S. 191; *Kunze*, Die Verzahnung der Gemeinschaftsmarke mit dem System der internationalen Registrierung von Marken unter der Gemeinsamen Ausführungsordnung zum Madrider Markenabkommen und dem Madrider Protokoll, GRUR 1996, 627.

Am 1.10.2004 trat das Madrider Protokoll für die EU in Kraft. Seitdem ist es möglich, **156** eine internationale Marke, die dem Madrider Protokoll unterliegt, auf die EU zu erstrecken. Ebenso kann eine internationale Anmeldung auf der Basis einer angemeldeten oder eingetragenen Gemeinschaftsmarke eingereicht werden.

1. Die EU als Basis einer internationalen Registrierung. Der Anmelder, der eine **157** internationale Anmeldung auf der Basis einer Gemeinschaftsmarkenanmeldung oder -eintragung einreichen will, muss berücksichtigen, dass die internationale Registrierung (ganz oder teilweise) gelöscht wird, wenn innerhalb eines Zeitraums von fünf Jahren ab dem Datum der internationalen Registrierung die Gemeinschaftsmarke (ganz oder teilweise) wegfällt (sog. **„central-attack-clause"**).[147] Die Gefahr, dass die Anmeldung einer Gemeinschaftsmarke aufgrund Bestehens absoluter Schutzhindernisse oder infolge eines Widerspruchs ganz oder teilweise zurückgewiesen wird, ist größer als bei einer nationalen Marke als Basismarke. Anderseits werden Gemeinschaftsmarkenanmeldungen – sofern sie nicht beanstandet werden – in der Regel in weniger als 10 Wochen veröffentlicht. Geht innerhalb der dreimonatigen Frist nach Veröffentlichung der Anmeldung kein Widerspruch ein, kann der Anmelder direkt anschließend eine internationale Anmeldung einreichen und so das Risiko verringern, ggf. die Gemeinschaftsmarkenanmeldung als Basismarke der IR-Marke zu verlieren.

Wird die Gemeinschaftsmarke als Basismarke einer internationalen Registrierung während der oben genannten Fünf-Jahres-Frist ab der Datum der internationalen Registrierung **158** zurückgewiesen, kann der Anmelder die Gemeinschaftsmarke nach den Vorschriften der Art. 112–114 GMV in nationale Anmeldungen umwandeln und eine **„Transformation"** der in der IR-Marke benannten Vertragsstaaten in nationale Anmeldungen nach dem Madrider Protokoll in die Wege leiten. Die Möglichkeit der „Transformation" in nationale Anmeldungen nach dem Madrider Protokoll mildert die negativen Folgen der fünfjährigen Abhängigkeit der IR-Marke von der Basismarke ab.

[145a] Siehe oben Rdn. 26.
[146] Mitteilung Nr. 5/05 des Präsidenten des Amtes vom 27.7.2005.
[147] Vgl. Art. 6 PMMA, Regel 22 GAO.

159 Internationale Anmeldungen, die beim HABM als Ursprungsamt eingereicht werden, sind an folgende **Voraussetzungen** geknüpft:

> – **Berechtigung** zur Einreichung einer internationalen Anmeldung
> – Das Bestehen einer Gemeinschaftsmarkenanmeldung oder -eintragung als **Basis-marke**
> – **Identität** zwischen der Basismarke und der internationalen Anmeldung
> – Zahlung der **Übermittlungsgebühr** in Höhe von € 300,– an das HABM

160 Für die Einreichung einer internationalen Anmeldung stehen **zwei Formblätter** zur Verfügung: Das WIPO-Formblatt **MM2** oder die HABM-Version **EM2**. Der Hauptunterschied zwischen den Formblättern ist, dass das Formblatt MM2 nur in den drei Sprachen des Madrider Protokolls (Englisch, Französisch oder Spanisch) zur Verfügung steht, während das HABM-Formblatt EM2 in allen Amtssprachen der EU verfügbar ist. Die internationale Anmeldung kann also in jeder Amtssprache der EU eingereicht werden. Erfolgt die Einreichung nicht in einer der drei Sprachen des Madrider Protokolls, wird sie vom HABM an die WIPO in einer dieser drei Sprachen weitergeleitet. Eines dieser beiden Formblätter ist zwingend zu verwenden.[148] Notwendiger Bestandteil der internationalen Anmeldung ist auch das Gebührenberechnungsblatt (Anhang zum WIPO-Formblatt MM2).

161 Wird die internationale Anmeldung nicht in einer der drei **Sprachen** des Madrider Protokolls beim HABM eingereicht, so muss der Anmelder angeben, in welcher Sprache die Anmeldung an die WIPO weitergeleitet werden soll (Art. 147 Abs. 2 GMV). Außerdem muss die Sprache genannt werden, in welcher das HABM mit dem Anmelder kommunizieren soll. Dies kann entweder die Sprache der Einreichung der internationalen Anmeldung sein oder die Sprache, in der die Anmeldung an die WIPO weitergeleitet werden soll. Äußert sich der Anmelder nicht zu der Korrespondenzsprache, so verwendet das Amt die Sprache, in der die internationale Anmeldung eingereicht wurde (Art. 147 Abs. 1 S. 2 GMV). Das Waren- oder Dienstleistungsverzeichnis kann der Anmelder selbst in die gewünschte Sprache des Madrider Protokolls übersetzen. Anderenfalls muss er das HABM anweisen, die Übersetzung vorzunehmen oder eine existierende Übersetzung zu benutzen (Regel 102 Abs. 4, Regel 103 Abs. 3 GMDV).

162 Zur Einreichung einer internationalen Anmeldung ist nur derjenige **berechtigt**, der entweder seine Staatsangehörigkeit oder seinen Wohnsitz oder seine tatsächliche und nicht nur zum Schein bestehende Niederlassung in einem Mitgliedstaat der EU hat.[149] Treffen mehrere dieser Kriterien auf den Anmelder zu, so hat dieser die Wahl, auf welche Anmeldeberechtigung er sich stützen will. Stützt sich der Anmelder auf die Staatsangehörigkeit, ohne in der EU ansässig zu sein, muss für die internationale Anmeldung ein Vertreter iSd Art. 93 GMV bestellt werden.[150]

163 Die internationale Anmeldung muss in dreifachem Sinne **identisch** zu der Basismarke (Gemeinschaftsmarkenanmeldung oder -eintragung) sein: Anmelder und Inhaber der Basismarke müssen identisch sein.[151] Die Zeichen müssen identisch sein. Und das Waren- oder

---

[148] Vgl. Mitteilung Nr. 9/04 des Präsidenten des Amtes vom 15.9. 2004.

[149] Art. 2 Abs. 1 lit. ii PMMA.

[150] Richtlinien des HABM, Teil M, Kapitel 1, 1.2.2.

[151] Nicht ausreichend ist, dass der Anmelder der internationalen Anmeldung ein Lizenznehmer oder ein verbundenes Unternehmen des Anmelders ist, s. Richtlinien des HABM, Teil M, Kapitel 1, 1.2.3.

Dienstleistungsverzeichnis der Anmeldung muss identisch (oder enger) als das Verzeichnis der Basismarke sein. Die internationale Anmeldung kann auch auf die Gemeinschaftsmarke gestützt werden, bevor diese eingetragen ist (Art. 146 Abs. 2 GMV). Eine internationale Anmeldung kann auch auf mehrere Gemeinschaftsmarken als Basismarken gestützt werden.[152]

In der internationalen Anmeldung benennt der Anmelder auch die **Vertragsparteien**, **164** auf die sich die Anmeldung erstrecken soll. Nur Vertragsparteien des Madrider Protokolls können benannt werden. Werden die Vereinigten Staaten benannt, muss der Anmelder das zusätzliche WIPO-Formblatt MM18 beifügen.

Unmittelbar nach Eingang der internationalen Anmeldung bestätigt das Amt dem Anmel- **165** der den Empfang der Anmeldung (Regel 102 Abs. 3 GMDV). Danach prüft das Amt, ob **Mängel** vorliegen. Ein Mangel liegt insbesondere vor, wenn a) die internationale Anmeldung nicht auf einem der vorgesehenen Formblätter eingereicht worden ist oder nicht alle in diesem Formblatt geforderten Angaben und Informationen enthält, b) keine Identität zwischen der internationalen Anmeldung und der Gemeinschaftsmarke als Basismarke vorliegt, c) der Anmelder nicht berechtigt ist, eine internationale Anmeldung einzureichen, d) der Anmelder es versäumt hat, das Amt zu ermächtigen, eine Übersetzung beizufügen, oder e) unklar ist, welches Verzeichnis von Waren und Dienstleistungen der internationalen Anmeldung zugrunde gelegt werden soll. Liegt ein Mangel vor, fordert das Amt den Anmelder auf, den Mangel innerhalb von einem Monat nach Zustellung der Mitteilung zu beheben. Wichtig für den Anmelder ist, dass die Anmeldung der WIPO innerhalb von **zwei Monaten** nach Eingang beim Amt zugestellt werden muss, um das Eingangsdatum beim Amt als Eintragungsdatum der internationalen Anmeldung zu erhalten. Es liegt also im Interesse des Anmelders, vom Amt festgestellte Mängel so schnell wie möglich zu beseitigen.

Die Anmeldung gilt zudem erst als eingereicht, wenn die **Übermittlungsgebühr** ent- **166** richtet worden ist (Art. 147 Abs. 5 S. 3 GMV).

Hat die internationale Anmeldung keinen Mangel oder wurde ein festgestellter Mangel **167** beseitigt, so leitet das Amt die Anmeldung gemäß Art. 147 Abs. 4 GMV und Regel 104 GMDV auf elektronischem Wege an die WIPO weiter. Das Amt kann eine Beanstandung seitens der WIPO erhalten, die dann vom Amt bzw. vom Anmelder behoben werden muss.[153]

Hat eine internationale Anmeldung zu einer internationalen Registrierung geführt, so **168** können auf der Basis dieser Registrierung weitere Vertragsstaaten nachträglich benannt werden. **Nachträgliche Benennungen** können grundsätzlich direkt bei der WIPO eingereicht werden. Für nachträgliche Benennungen ist zwingend das Formblatt MM4 (erhältlich auf Englisch, Französisch oder Spanisch) oder das HABM-Formblatt EM4 (erhältlich in allen anderen Amtssprachen der EU) auszufüllen. Dem Formblatt ist das Gebührenberechnungsblatt beizufügen. Nachträgliche Benennungen sind in derselben Sprache wie die ursprüngliche internationale Anmeldung einzureichen (Art. 149 S. 2 GMV).

Auch **Änderungen bezüglich der internationalen Registrierung** (Änderung des In- **169** habers, Einschränkung des Warenverzeichnisses, Löschung oder Verzicht etc.) sollten direkt bei der WIPO beantragt werden. Werden die Anträge über das HABM eingereicht, so leitet das Amt die Anträge grundsätzlich ohne Prüfung weiter. Lediglich Anträge auf Eintragung einer Änderung des Inhabers, einer Lizenz oder einer Einschränkung der Verfügungsbefugnis des Inhabers müssen, sofern sie nicht vom Inhaber der internationalen Registrierung gestellt

---

[152] Regel 9 Abs. 5 lit. e GAO.
[153] Richtlinien des HABM, Teil M, Kapitel 1, 1.3.

werden, direkt beim HABM eingereicht werden (Regel 120 Nr. 1 GMDV). Dasselbe gilt für Anträge auf Löschung oder Einschränkung von Lizenzen oder Verfügungsrechten, sofern sie vom Inhaber der internationalen Registrierung gestellt werden (Regel 120 Nr. 2 GMDV). In diesen Fällen prüft das Amt, ob ein Nachweis des Rechtsübergangs bzw. der Eintragung, Änderung oder Löschung der Lizenz oder des Verfügungsrechts eingereicht wurde.

170 *Schaubild 3:* Die Gemeinschaftsmarke als Basis einer IR-Marke

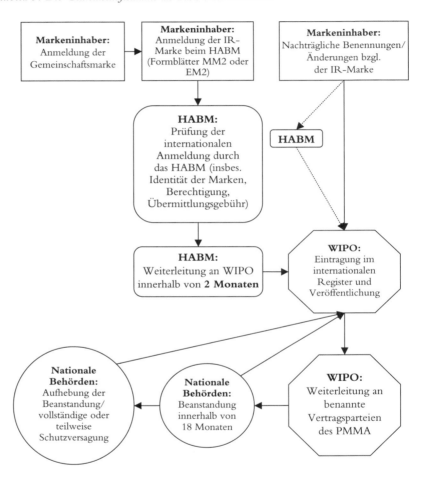

171 **2. Die Erstreckung einer internationalen Registrierung auf die EU.** Jeder Markeninhaber, der die Staatsangehörigkeit eines Mitgliedstaates des Madrider Protokolls hat bzw. in diesem Land seinen Sitz oder seine gewerbliche Niederlassung hat, kann auf der Basis einer Marke desselben Landes (Basismarke) eine internationale Anmeldung einreichen.

172 Ein wichtiger Vorteil der EU-Benennung im Rahmen einer IR-Marke liegt gegenüber einer direkten Gemeinschaftsmarkenanmeldung in Alicante darin, dass der Markeninhaber die EU-Benennung in nationale Benennungen eines oder mehrerer Mitgliedstaaten „umwandeln" kann, wenn die EU-Benennung ganz oder teilweise zurückgewiesen wurde oder ihre Wirkung verliert (sog. **„Opting-back-clause"** – vgl. Art. 159 Abs. 1 lit. b GMV).[154] Das „opting-back" hat den Vorteil, dass es gegenüber einer Umwandlung der Gemeinschaftsmarke in nationale Anmeldungen nach den Art. 112–114 GMV preisgünstiger ist, da der Anmelder nicht die normalen nationalen Anmeldegebühren zahlen muss, sondern nur die WIPO-Gebühren für nachträgliche Benennungen. Beantragt der Markeninhaber das „opting-back", so behalten die nachträglichen Benennungen der Mitgliedstaaten der EU das Datum der internationalen Registrierung. Neben dem „opting-back" kann der Markeninhaber für andere Mitgliedstaaten auch eine „normale" Umwandlung der **EU-Benennung** in nationale Markenanmeldungen nach den Art. 112–114 GMV beantragen (Art. 159 Abs. 1 lit. a GMV). Das „opting-back" ist nur möglich, wenn die EU-Benennung zurückgewiesen wird oder ihre Wirkung verliert. Wird dagegen die gesamte IR-Marke gelöscht, z.B. aufgrund eines „Zentralangriffs" gegen die Basismarke, so kann der Markeninhaber lediglich eine „Transformation" nach dem Madrider Protokoll der EU-Benennung in eine „normale" Gemeinschaftsmarkenanmeldung beantragen (Art. 9 *quinquies* des Madrider Protokolls). Ein „opting-back" ist in diesem Fall nicht möglich.[155]

Ist der Anmelder einer Gemeinschaftsmarke **nicht in der EU ansässig**, so kann er zwar **173** die Gemeinschaftsmarkenanmeldung auch außerhalb der EU einreichen (vgl. Art. 92 Abs. 2 GMV), muss jedoch unmittelbar danach einen Vertreter nach Art. 93 GMV bestellen. Dies ist bei einer internationalen Registrierung mit Benennung der EU als Vertragsstaat anders: Das HABM fordert den außerhalb der EU ansässigen Inhaber der internationalen Registrierung nur dann auf, einen Vertreter zu bestellen, wenn es zu einer Beanstandung kommt (formelle Beanstandung, absolute Eintragungshindernisse, Widerspruch). Ist der Inhaber der internationalen Registrierung in dem Verfahren vor der WIPO von einem Vertreter vertreten, der in auch (in einem früheren Verfahren) von dem HABM als Vertreter zugelassen worden war, so sieht das HABM diesen Vertreter auch als Vertreter in dem Verfahren vor dem HABM an.[156] Die weitere Korrespondenz läuft dann über diesen Vertreter. Ist der Vertreter in dem Verfahren vor der WIPO nicht in der EU ansässig, so teilt das HABM diesem Vertreter mit, dass der Inhaber der internationalen Registrierung einen zugelassenen Vertreter nach Art. 93 GMV bestellen muss.

Wird in der internationalen Anmeldung die EU benannt, läuft das **Verfahren** wie folgt ab: **174**

– Der Anmelder reicht das WIPO-Formblatt beim Ursprungsamt ein. In dem Formblatt wurde die EU als Vertragsstaat benannt. Will der Anmelder die Seniorität einer älteren Marke im Rahmen des Gemeinschaftsmarkensystems beanspruchen, muss er dafür das gesonderte Formblatt M17 einreichen.

– Das Ursprungsamt leitet den Antrag an die WIPO weiter. Ob die internationale Anmeldung den formalen Anforderungen genügt, wird vom Ursprungsamt und der WIPO überprüft. Das HABM prüft insbesondere **weder** die korrekte **Klassifizierung** der EU-Erstreckung **noch übersetzt es das Warenverzeichnis**.

– Die WIPO trägt die internationale Marke im internationalen Register ein, **veröffentlicht** die internationale Registrierung und versendet die Eintragungsbescheinigung an den Anmelder.

---

[154] Das „opting-back" ist für alle Mitgliedstaaten der EU außer Malta (das als einziger Mitgliedstaat nicht dem Madrider System beigetreten ist) möglich.
[155] Richtlinien des HABM, Teil M, Kapitel 3, Abschnitt 3.1.
[156] HABM Handbuch Markenpraxis, Teil M, Kapitel 2, 1 u. 6.3.6.

- Die Daten der internationalen Registrierung werden dem HABM elektronisch übermittelt. Nur in Ausnahmefällen beanstandet das HABM die EU-Erstreckung aus formellen Gründen:
  - Der Anmelder hat keine **zweite Sprache** als mögliche Sprache eines Widerspruchs oder Löschungsverfahrens für die EU-Erstreckung benannt.
  - Die EU-Erstreckung betrifft eine Kollektivmarke und eine den Erfordernissen des Art. 67 GMV genügende **Markensatzung** wurde nicht eingereicht (vgl. Regel 121 GMDV).
- Das HABM veröffentlicht die internationale Registrierung im Teil M des Blatts für Gemeinschaftsmarken **(erste Nachveröffentlichung)**.
- Nach der ersten Nachveröffentlichung wird die internationale Registrierung zur Recherche gegeben. Das Verfahren unterscheidet sich nicht von direkten Gemeinschaftsmarkenanmeldungen.
- Wurde eine Seniorität beansprucht (WIPO-Formblatt MM17), wird diese gesondert vom Amt geprüft (vgl. Art. 153 GMV).
- Unmittelbar nach der ersten Nachveröffentlichung wird die internationale Registrierung auf das Vorliegen absoluter Schutzhindernisse überprüft. Die Prüfung ist nach der Praxis des Amtes **innerhalb von sechs Monaten nach der ersten Nachveröffentlichung** vorzunehmen.
  - Unterliegt die Marken keinen absoluten Eintragungshindernissen, übermittelt das Amt der WIPO die erste Mitteilung über die Schutzgewährung (Regel 112 Nr. 5 GMDV).
  - Muss die Marke beanstandet werden, sendet das Amt der WIPO eine vorläufige Schutzverweigerung, welche daraufhin dem Anmelder weitergeleitet wird. Der Anmelder erhält eine zweimonatige Stellungnahmefrist. Die weitere Korrespondenz erfolgt zwischen dem Anmelder und dem HABM. Das Verfahren ist identisch wie bei einer direkten Gemeinschaftsmarkenanmeldung.
- Ab dem Tag der Mitteilung der internationalen Registrierung an das HABM bis zum Ablauf der Widerspruchsfrist oder, falls Widerspruch eingelegt wurde, bis zum Ablauf von 18 Monaten, können Bemerkungen Dritter iSd Art. 40 GMV eingereicht werden. Hält das HABM die Bemerkungen für begründet, so erlässt es eine vorläufige Schutzverweigerung aus absoluten Gründen, und zwar auch dann, wenn bereits eine erste Mitteilung über die Schutzgewährung versandt wurde.[157]
- Unterliegt die EU-Erstreckung keinen absoluten Eintragungshindernissen und ist auch kein Widerspruch gegen die Marke eingegangen, so schickt das HABM die zweite Mitteilung über die Schutzgewährung nach Regel 116 Abs. 1 GMDV an die WIPO. Anschließend erfolgt die **zweite Nachveröffentlichung** (Art. 152 Abs. 2 GMV) im Teil M des Blattes für Gemeinschaftsmarken. Ab diesem Datum hat die EU-Erstreckung die gleiche Wirkung wie eine eingetragene Gemeinschaftsmarke (Art. 151 Abs. 2 GMV). Das Datum der zweiten Nachveröffentlichung setzt auch die fünfjährige Frist für die Benutzung der Gemeinschaftsmarke in Gang (Art. 160 iVm Art. 15 GMV). Ab diesem Zeitpunkt können die Rechte aus der Gemeinschaftsmarke Dritten entgegengehalten werden (Art. 151 Abs. 3 iVm Art. 9 Abs. 3 GMV). Schließlich können auch Senioritätsansprüche (wieder) nach diesem Zeitpunkt geltend gemacht werden (Art. 153 Abs. 2 GMV).

---

[157] Richtlinien des HABM, Teil M, Kapitel 2, Abschnitt 5.2.

Schaubild 4: *IR-Marke mit EU-Benennung*

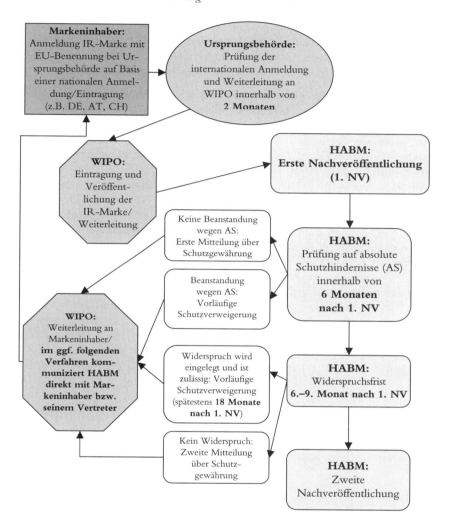

– Die **Widerspruchsfrist** läuft zwischen dem **6. Monat und dem 9. Monat** nach dem Datum der **ersten Nachveröffentlichung** (Art. 156 Abs. 2 GMV). Widersprüche, die in den ersten sechs Monaten nach der ersten Nachveröffentlichung eingelegt wurden, gelten erst als am ersten Tag der Widerspruchsfrist eingegangen und werden auch erst ab diesem Zeitpunkt bearbeitet. Der Beginn der Widerspruchsfrist sechs Monate nach der ersten Nachveröffentlichung ist auch entscheidend für die Frage, ob gegen die Widerspruchsmarke für das Widerspruchsverfahren der Nachweis der Benutzung gemäß Art. 42 Abs. 2 GMV verlangt werden kann.

– Wird ein **Widerspruch eingelegt** und vom Amt als **zulässig** erachtet, sendet das Amt der WIPO eine vorläufige Schutzverweigerung aufgrund eines Widerspruchs, welche an den Inhaber der internationalen Registrierung weitergeleitet wird.

- Das Widerspruchsverfahren wird ausgesetzt, sofern das Amt zum Zeitpunkt der Einlegung des Widerspruchs bereits eine vorläufige Schutzverweigerung aus absoluten Gründen erlassen hatte. Anderenfalls läuft das weitere Widerspruchsverfahren wie bei einem Widerspruch gegen eine Gemeinschaftsmarkenanmeldung ab (vgl. Regel 114 GMDV).
- Wurden die vorläufigen Schutzverweigerungen zumindest teilweise zurückgenommen oder aufgehoben, erfolgt die zweite Nachveröffentlichung durch das HABM.

176 **Verzichtet** der Anmelder infolge einer vorläufigen Schutzverweigerung auf einen Teil der maßgeblichen Waren oder Dienstleistungen, so kann er diesen Teilverzicht direkt gegenüber dem HABM erklären. Das HABM teilt der WIPO daraufhin mit, dass die Marke für einen Teil der Waren oder Dienstleistungen endgültig akzeptiert wurde. Demgegenüber muss ein vollständiger Verzicht auf die EU-Benennung gegenüber der WIPO erklärt werden (WIPO Formblatt MM7).[158]

177 Wird der Schutz in der EU aufgrund absoluter oder relativer Schutzhindernisse versagt oder verzichtet der Inhaber gegenüber der WIPO auf die EU-Benennung, so **erstattet** das HABM dem Inhaber der IR-Marke seit dem 1.5.2009 **keine** Gebühren mehr.[158a]

178 Die EU-Benennung kann unabhängig von der Basismarke **übertragen** werden. Ein Antrag auf Änderung des Inhabers der internationalen Registrierung kann entweder bei der WIPO oder beim HABM gestellt werden.[159]

179 Die EU-Benennung einer internationalen Registrierung kann auch Gegenstand eines **Löschungsverfahrens** vor dem HABM werden (vgl. Art. 158 GMV). Das Verfahren ist identisch mit dem Verfahren gegen eine eingetragene Gemeinschaftsmarke.

---

[158] Richtlinien des HABM, Teil M, Kapitel 2, Abschnitt 6.5.
[158a] Siehe oben § 1 Rdn. 189.
[159] Siehe Richtlinien des HABM, Teil M, Kapitel 2, Abschnitt 10 m.w.N.

§ 3 Das Widerspruchsverfahren

Schrifttum: *Braitmayer*, „Cooling-off" – ein Versehen der Kommission?, MarkenR 2003, 341; *Gevers/Tatham*, The opposition system in the Community Trade Mark System, EIPR 1998, 2; *Gürtler*, Schutz bekannter Marken im Gemeinschaftsmarkenrecht, GRUR Int. 2005, 273; *Kapnopoulou*, Die Problematik der verspäteten Zahlung der Widerspruchsgebühr in der Entscheidungspraxis des HABM, MarkenR 2000, 160; *Pagenberg*, Das Widerspruchsverfahren der Gemeinschaftsmarke, GRUR 1998, 288; *Preglau/Neuffer*, Die Kollisionsprüfung im Widerspruchsverfahren vor dem Harmonisierungsamt für den Binnenmarkt, MarkenR 1999, 41; *Ströbele*, Die neuen Markenformen im Widerspruchsverfahren, FS Erdmann, 2002, S. 491.

Relative Eintragungshindernissse iSd Art. 8 GMV werden **nicht von Amts wegen** ge- **1** prüft. Es obliegt den Inhabern älterer Rechte, sich gegen die Eintragung einer Gemeinschaftsmarke im Wege des Widerspruchs zur Wehr zu setzen, sofern ein relatives Eintragungshindernis im Sinne des Art. 8 GMV vorliegt. Art. 41 und 42 GMV in Verbindung mit den Regeln 15 bis 22 GMDV bestimmen die Voraussetzungen und den Ablauf des Widerspruchsverfahrens.

Zweck des Widerspruchsverfahrens ist, den Inhabern älterer Rechte iSd Art. 8 GMV **2** die Möglichkeit zu geben, in einem einheitlichen Verfahren der Anmeldung einer Gemeinschaftsmarke zu widersprechen, um auf diese Weise die Eintragung der Gemeinschaftsmarke zu verhindern.[1] Dementsprechend heißt es in der siebten Begründungserwägung der Gemeinschaftsmarkenverordnung, dass die Eintragung einer Gemeinschaftsmarke insbesondere dann verweigert wird, wenn ihr ältere Rechte entgegenstehen. Zweck des Widerspruchsverfahrens ist es dagegen **nicht**, im Voraus **mögliche Konflikte auf nationaler Ebene** zu regeln. Aus diesem Grund ist die Widerspruchsabteilung zur Vermeidung einer etwaigen Umwandlung der Gemeinschaftsmarkenanmeldung nach Art. 112–114 GMV nicht verpflichtet, weitere in einem Widerspruch geltend gemachte Rechte – die territorial umfangreicher sind – zu prüfen, wenn der Widerspruch auf der Grundlage *eines* älteren Rechts erfolgreich ist.[2]

Die Möglichkeit eines verwaltungsrechtlichen Widerspruchsverfahrens ist auch im **Über-** **3** **einkommen über handelsbezogene Aspekte der Rechte des geistigen Eigentums (TRIPS)** vorgesehen (Art. 15 Abs. 5 S. 2 u. Art. 62 Abs. 4 TRIPS). Das Übereinkommen stellt für solche Verfahren Mindest-Standards auf: So müssen die Verfahren fair und gerecht sowie nicht unnötig kompliziert oder kostspielig sein und dürfen keine unangemessenen Fristen oder ungerechtfertigten Verzögerungen mit sich bringen (Art. 62 Abs. 4 iVm Art. 41 Abs. 2 TRIPS). Die Entscheidungen sind vorzugsweise schriftlich abzufassen und mit Gründen zu versehen. Sie müssen zumindest den Verfahrensparteien ohne ungebührliche Verzögerung zur Verfügung gestellt werden. Sachentscheidungen dürfen sich nur auf Beweise stützen, zu denen die Parteien Gelegenheit zur Stellungnahme hatten (Art. 62 Abs. 4 iVm Art. 41 Abs. 2 TRIPS).

Ältere Rechte, die in einem Widerspruchsverfahren **nicht geltend gemacht** werden **4** können, sind insbesondere **Namensrechte, Urheberrechte oder Geschmacksmusterrechte**. Diese Rechte können erst nach Eintragung der Gemeinschaftsmarke in einem **Nichtigkeitsverfahren** als Grundlage angeführt werden (s. Art. 53 Abs. 2 GMV).

---

[1] EuG GRUR Int. 2005, 56 (Nr. 33–34) – *MGM*.
[2] EuG GRUR Int. 2005, 56 (Nr. 48) – *MGM*. Siehe unten § 4 Rdn. 146.

5   Die Bedeutung des Widerspruchsverfahrens spiegelt sich auch in der **hohen Anzahl der jährlich eingehenden Widersprüche** wider: So sind 2010 knapp 18 000 Widersprüche beim Amt eingegangen. Im selben Zeitraum wurden rund 21 000 Widerspruchsverfahren abgeschlossen, knapp 10 000 durch Entscheidung der Widerspruchsabteilungen des Amtes.

I. Taktische Überlegungen vor Einlegung des Widerspruchs

6   Dem Widersprechenden ist vor Einlegung des Widerspruchs zu empfehlen, sich einen genauen Überblick über seine Markenrechte in der EU und die **möglicherweise älteren Kennzeichenrechte des Anmelders** zu verschaffen. Häufig besitzt der Anmelder in einem Teil der Europäischen Union ältere Marken oder Firmenrechte, auf deren Basis bereits bestehende Eintragungen des Widersprechenden gelöscht werden könnten.

> **Beispiel:** Das deutsche Unternehmen W GmbH reicht gegen eine Gemeinschaftsmarkenanmeldung der englischen A Ltd. auf der Basis einer älteren Gemeinschaftsmarke Widerspruch ein. Im Laufe des Verfahrens stellt sich heraus, dass A Ltd. in Großbritannien, Irland und den Benelux-Ländern an demselben Zeichen Markenrechte besitzt, die älter sind als die Gemeinschaftsmarke der W GmbH.

7   Das **Risiko eines „Gegenangriffs"** muss der Widersprechende vorab einkalkulieren und mit den Vorteilen eines Widerspruchs abwägen. Diese Abwägung kann im Einzelfall dazu führen, dass kein Widerspruch eingelegt wird oder dass der Widerspruch von vornherein mit dem Ziel eingelegt wird, eine gütliche Einigung zu erreichen.[3]

8   In der Regel genügt eine Recherche im Internet und in einer Markendatenbank (z.B. TMview oder eine Datenbank eines kommerziellen Anbieters), um die bereits vorhandenen Kennzeichenrechte und geschäftlichen Aktivitäten des Anmelders zu erkunden.

9   Von Bedeutung ist auch die Frage, **auf welche älteren Rechte** der Widerspruch gestützt werden soll. Anders als im deutschen Recht[4] kann ein Widerspruch auf mehrere ältere Rechte gestützt werden. Theoretisch kann ein Widerspruch also auf Dutzende älterer Marken oder anderer Kennzeichenrechte basieren; die Widerspruchsgebühr erhöht sich dadurch nicht. Andererseits ist zu bedenken, dass jede Eintragungsurkunde einer älteren Marke, die nicht in der Verfahrenssprache eingereicht wurde, übersetzt werden muss. Basiert der Widerspruch zudem auf **nicht eingetragenen Rechten** (Firmenname etc.), kommen Kosten für die Einreichung und ggf. Übersetzung von Unterlagen hinzu, die zum Nachweis der Benutzung des Zeichens im geschäftlichen Verkehr von mehr als örtlicher Bedeutung dienen. Diese (potentiellen) Mehrkosten lassen sich vermeiden, wenn der Widerspruch auf weniger Marken mit einem ebenso weiten Warenverzeichnis gestützt wird. Der Widersprechende sollte auch vorab prüfen, ob und welche der Widerspruchsmarken für das Widerspruchsverfahren dem **Benutzungszwang** unterliegen. Die Einreichung von Benutzungsunterlagen verursacht zusätzliche Kosten. Gelingt der Benutzungsnachweis nicht, könnte dies den Anmelder ermutigen, die Widerspruchsmarke löschen zu lassen. Andererseits ist nicht sicher, ob die Benutzungseinrede überhaupt erhoben wird. Ist das Warenverzeichnis der Widerspruchsmarke, die dem Benutzungszwang unterliegt, weiter als das Verzeichnis der anderen

---

[3] Hdb. Fachanwalt-GewRS/*Pohlmann*, Kap. 5, Rn. 884.
[4] Vgl. § 29 Abs. 1 MarkenV.

– noch in der Benutzungsschonfrist liegenden – älteren Rechten, mag es sinnvoll sein, das „Risiko der Benutzungseinrede" einzugehen und den Widerspruch auch auf dieses Recht zu stützen.

Schließlich ist zu klären, **gegen welche Waren oder Dienstleistungen** sich der Wider- **10** spruch richten soll. Ist der Widerspruch nur teilweise erfolgreich, hat das Auswirkungen auf die Kostenentscheidung.[5] Andererseits betragen die Kosten, die der Anmelder dem Widersprechenden zu erstatten hat, bei uneingeschränkter Stattgabe des Widerspruchs normalerweise lediglich € 650,– (sofern der Widersprechende von einem zugelassenen Vertreter iSd Art. 93 GMV vertreten wird). Es ist daher zu empfehlen, die Gemeinschaftsmarke **möglichst weit anzufechten**, auch auf die Gefahr hin, dass die Widerspruchsabteilung einen Teil der Waren oder Dienstleistungen für unähnlich hält. Diese Vorgehensweise hat den Vorteil, dass zumindest keine potentiell ähnlichen Waren oder Dienstleistungen der Anmeldung „übersehen" werden. In der Tat stellt sich oft erst bei der Vorbereitung der Widerspruchsbegründung heraus, dass bestimmte Produkte ähnlich zu Waren oder Dienstleistungen anderer Klassen der Widerspruchsmarke sind. Zweitens kann eine weite Anfechtung der Anmeldung eine gütliche Einigung erleichtern, etwa weil auch der Anmelder eine zumindest entfernte Ähnlichkeit aller angefochtenen Waren oder Dienstleistungen zwar für unwahrscheinlich, aber nicht für ausgeschlossen hält.

II. Die Widerspruchsgründe im Überblick

Weiterführendes Schrifttum (Auswahl): *Bender*, Luftsprung durch Technik. Die Entwicklung der Gemeinschaftsmarke in Rechtsprechung und Praxis im Jahr 2010 – Teil 2 – Die relativen Schutzversagungsgründe, MarkenR 2011, 89; *ders.*, in Ekey/Klippel, GMV, Kommentierung zu Art. 8 GMV; *Brömmelmeyer*, Die Irreführungsgefahr im europäischen Markenrecht, WRP 2006, 1275; *Eisenführ*, in Eisenführ/Schennen, GMV, Kommentierung zu Art. 8 GMV; *Keller/Glinke*, Die „MEDION"-Entscheidung des EuGH: Neujustierung der verwechslungsrelevanten Markenähnlichkeit bei Kombinationsmarken, WRP 2006, 21; *Kiethe/Groeschke*, Der Schutz von Markenfamilien, WRP 2008, 750; *Knaak*, Die Kennzeichnungskraft im Gemeinschaftsmarkenrecht, GRUR Int. 2007, 801; *Pohlmann*, in Handbuch Fachanwalt-GewRS, Kap. 5 Rn. 898–965; *Rohnke*, Die Prägetheorie nach „THOMSON LIFE", GRUR 2006, 21; *Tilmann*, Thomson Life – Nachbemerkungen, GRUR 2007, 99.

Der Widerspruch muss sich auf ein relatives Eintragungshindernis nach Art. 8 GMV stüt- **11** zen. Die einzelnen Eintragungshindernisse werden im Folgenden kurz dargestellt. Welche Unterlagen zum Nachweis der Eintragungshindernisse einzureichen sind, wird weiter unten ausführlich erläutert.

1. Doppelidentität (Art. 8 Abs. 1 lit. a GMV). Dieses Eintragungshindernis setzt **12** voraus, dass sowohl die Konfliktzeichen als auch die von ihnen umfassten Waren oder Dienstleistungen identisch sind. Markenidentität liegt nach der Rechtsprechung des EuGH dann vor, wenn das angemeldete Zeichen ohne Änderung oder Hinzufügung alle Elemente wiedergibt, die die ältere Marke bilden, oder wenn es als Ganzes betrachtet Unterschiede gegenüber der älteren Marke aufweist, die so geringfügig sind, dass sie einem Durchschnittsverbraucher entgehen können.[6]

---

[5] Siehe oben § 1 Rdn. 204.
[6] EuGH GRUR 2003, 422 – *Arthur et Félicie.*

117

13   **2. Verwechslungsgefahr (Art. 8 Abs. 1 lit. b GMV).** In aller Regel stützt sich der Widerspruch auf das Vorliegen einer Verwechslungsgefahr. Diese setzt voraus, dass wegen der Identität oder Ähnlichkeit zwischen den Marken und der Identität oder Ähnlichkeit der von den Marken umfassten Waren oder Dienstleistungen für das Publikum die Gefahr von Verwechslungen in dem Gebiet besteht, in dem die ältere Marke Schutz genießt. Ältere Marken sind alle vor dem Anmeldedatum (oder ggf. dem Datum der Priorität) der angefochtenen Anmeldung angemeldete nationale Marken (einschließlich der Benelux-Marken), IR-Marken mit Schutz in einem Mitgliedstaat der EU, Gemeinschaftsmarken bzw. EU-Benennungen und notorisch bekannte Marken iSd Art. 6bis PVÜ (vgl. Art. 8 Abs. 2 GMV).

14   Ob eine Verwechslungsgefahr vorliegt, hängt nach der achten Begründungserwägung der Gemeinschaftsmarkenverordnung von einer Vielzahl von Umständen ab, insbesondere vom Bekanntheitsgrad der älteren Marke auf dem Markt und dem Grad der Ähnlichkeit zwischen der Marke und dem Zeichen und zwischen den damit gekennzeichneten Waren oder Dienstleistungen.[7] Verwechslungsgefahr setzt voraus, dass die angesprochenen Verkehrskreise glauben könnten, dass die betreffenden Waren oder Dienstleistungen aus demselben Unternehmen oder gegebenenfalls aus wirtschaftlich miteinander verbundenen Unternehmen stammen.[8] Das Vorliegen einer Verwechslungsgefahr für das Publikum ist unter Berücksichtigung aller Umstände des Einzelfalls umfassend zu beurteilen.

15   Verwechslungsgefahr ist ein **Rechtsbegriff**, dessen Vorliegen sich nicht „beweisen" lässt. Meinungsumfragen, die zeigen, dass ein erheblicher Teil des angesprochenen Publikums die Marken X und Y verwechselt, können allenfalls als zusätzliches Indiz in die Gesamtbewertung mit einfließen. Nachweisen kann der Widersprechende allerdings das Vorliegen einer erhöhten Kennzeichnungskraft der Widerspruchsmarke aufgrund von intensiver Benutzung oder Bekanntheit.[9]

16   **3. Agentenmarke (Art. 8 Abs. 3 GMV).** Diese Vorschrift setzt voraus, dass erstens der Widersprechende Inhaber der älteren Marke ist, zweitens der Anmelder der Marke Agent oder Vertreter des Markeninhabers ist oder war, drittens der Agent oder Vertreter des Markeninhabers die Marke ohne dessen Zustimmung auf seinen eigenen Namen angemeldet hat, ohne dass die Handlungsweise des Agenten oder Vertreters gerechtfertigt wäre, und viertens die Anmeldung hauptsächlich identische oder ähnliche Zeichen und Waren betrifft. Die ältere Marke des Widersprechenden kann auch außerhalb der Europäischen Union geschützt sein.[10] Das notwendige Vertragsverhältnis zwischen den Parteien ist weit auszulegen und umfasst alle Arten vertraglicher Gestaltungen, bei der die eine Seite die Interessen der anderen Seite wahrnimmt, unabhängig von der Qualifizierung des Vertragsverhältnisses zwischen dem Inhaber oder dem Auftraggeber auf der einen und dem Anmelder der Gemeinschaftsmarke auf der anderen Seite.[11] Die Anmeldung muss identisch zu der älteren Marke des Widersprechenden sein oder zumindest die ältere Marke „im wesentlichen wiedergeben".[12]

---

[7] EuGH GRUR Int. 1999, 734 (Nr. 19) – *Lloyd Schuhfabrik*; GRUR 1998, 922 (Nr. 17) – *Canon*; EuG GRUR Int. 2003, 247 (Nr. 27) – *Miss fifties.*

[8] EuGH GRUR Int. 1999, 734 (Nr. 17) – *Lloyd Schuhfabrik*; GRUR 1998, 922 (Nr. 29) – *Canon*; EuG GRUR Int. 2003, 247 (Nr. 25) – *Miss fifties.*

[9] Dazu unten Rdn. 87.

[10] EuG, 13.4. 2011, T-262/09 (Nr. 63) – *First Defense II.*

[11] EuG, 13.4. 2011, T-262/09 (Nr. 64) – *First Defense II.*

[12] Widerspruchsrichtlinien des HABM, Teil 3, IV.5.

Auch die maßgeblichen Waren oder Dienstleistungen der Marken müssen nicht identisch sein. Es reicht aus, wenn die betreffenden Waren und Dienstleistungen zueinander in enger Beziehung stehen oder wirtschaftlich gleichwertig sind.[13]

Anders als bei Art. 52 Abs. 1 lit. b GMV ist das Vorliegen von **„Bösgläubigkeit"** kein **17** **Tatbestandsmerkmal** des Art. 8 Abs. 3 GMV. Neben der Nichteintragung bzw. Löschung der Gemeinschaftsmarke (vgl. Art. 53 Abs. 1 lit. b GMV) stehen dem Prinzipal bei Vorliegen der Voraussetzungen des Art. 8 Abs. 3 auch der Anspruch nach Art. 11 GMV auf **Untersagung der Benutzung** sowie der **Übertragungsanspruch** aus Art. 18 GMV zur Verfügung.

4. Andere geschäftsbezogene Kennzeichen (Art. 8 Abs. 4 GMV).

Der Wider- **18** spruch kann unter den Voraussetzungen des Art. 8 Abs. 4 GMV auch auf in der EU geschützten nicht eingetragenen Marken oder anderen Kennzeichenrechten beruhen. Bei den Rechten iSd Art. 8 Abs. 4 GMV handelt es sich um geschäftsbezogene Zeichen (Firmennamen, Geschäftsbezeichnungen, aber auch geographische Herkunftsangaben), die nach nationalem Recht oder EU-Recht geschützt sind. Für Deutschland können insbesondere die nicht eingetragenen Marken (§ 4 Nr. 2 MarkenG), Unternehmenskennzeichen (§ 5 Abs. 2 MarkenG) oder Werktitel (§ 5 Abs. 3 MarkenG) als Grundlage für einen Widerspruch nach Art. 8 Abs. 4 GMV dienen.

Der Widerspruch hat Erfolg, wenn das geltend gemachte Recht vor dem Zeitpunkt der **19** Anmeldung (oder ggf. der Priorität) der Gemeinschaftsmarke existiert hat und im geschäftlichen Verkehr mit einer mehr als lediglich örtlichen Bedeutung benutzt wurde. Diese Voraussetzungen sind vom Widersprechenden nachzuweisen.[14] Außerdem muss das ältere Kennzeichen dem Widersprechenden das Recht verleihen, die Benutzung der jüngeren Marke zu untersagen.

5. Erweiterter Schutz bekannter Marken (Art. 8 Abs. 5 GMV).

Darüber hinaus **20** genießen ältere Marken auch für unähnliche Waren oder Dienstleistungen Schutz nach Art. 8 Abs. 5 GMV, sofern die Zeichen ähnlich sind, die ältere Marke bekannt ist und die Benutzung der angemeldeten Marke die Unterscheidungskraft oder die Wertschätzung der älteren Marke ohne rechtfertigenden Grund in unlauterer Weise ausnutzen oder beeinträchtigen würde. Nach der Rechtsprechung des EuGH greift Art. 8 Abs. 5 GMV auch, wenn die von den Marken umfassten Waren oder Dienstleistungen identisch oder ähnlich sind.[15]

Die Bekanntheit der älteren Marke ist vom Widersprechenden nachzuweisen. Auch die **21** Beeinträchtigung bzw. Ausnutzung der Wertschätzung oder Unterscheidungskraft ist vom Widersprechenden *prima facie* „nachzuweisen", wobei dieser Nachweis im Regelfall theoretisch bleiben muss und über eine schlüssige und überzeugende Argumentation nicht hinausgehen kann.[16]

---

[13] Widerspruchsrichtlinien des HABM, Teil 3, IV.5.
[14] Dazu unten Rdn. 100–105.
[15] EuGH GRUR 2004, 58 – *Fitnessworld*; GRUR 2003, 240 (Leitsatz) – *Davidoff*.
[16] Dazu unten Rdn. 110–113.

III. Der Ablauf des Verfahrens in fünf Schritten

22 Das Widerspruchsverfahren lässt sich in folgende Abschnitte gliedern:

1. **Einlegung eines Widerspruchs**: Jedermann kann innerhalb der genannten Frist gegen eine Gemeinschaftsmarkenanmeldung mit der Begründung Widerspruch einlegen, dass die Marke wegen Bestehens relativer Eintragungshindernisse nach Art. 8 GMV auszuschließen ist. In der Regel werden Widersprüche per Telefax oder elektronisch eingereicht. Unmittelbar nach Einlegung des Widerspruchs wird der Anmelder über den Eingang des Widerspruchs beim Amt informiert.
2. Prüfung der **Zulässigkeit**: Das Amt prüft, ob der Widerspruch zulässig ist. Dabei ist zwischen absoluten und relativen Zulässigkeitsmängeln zu unterscheiden. Absolute Mängel können nach Ablauf der dreimonatigen Widerspruchsfrist nicht mehr behoben werden.
3. Beginn der **„Cooling-off"-Frist**: Ist der Widerspruch zumindest in Bezug auf ein älteres Recht zulässig, wird den Parteien dies mitgeteilt. In derselben Mitteilung informiert das Amt die Parteien auch über den Beginn der „Cooling-off"-Frist und den Ablauf der ersten Stellungnahmefristen. Die „Cooling-off"-Frist dient dazu, den Parteien die Zeit zu geben, eine gütliche Einigung des Konflikts zu erreichen. Die „Cooling-off"-Frist läuft zwei Monate nach Mitteilung über die Zulässigkeit ab. Sie kann um weitere 22 Monate auf insgesamt 24 Monate verlängert werden. Wird das Verfahren innerhalb der „Cooling-off"-Frist beendet, ergeht keine Kostenentscheidung.
4. **Beginn des streitigen Verfahrens**: Lassen die Beteiligten die „Cooling-off"-Frist verstreichen, beginnt nach deren Ablauf der streitige Teil des Verfahrens. Innerhalb von zwei Monaten nach Ablauf der „Cooling-off"-Frist muss der Widersprechende seinen Widerspruch begründen und alle für die Begründung notwendigen Tatsachen und Beweismittel in der Verfahrenssprache vorlegen. Das Amt reicht die Stellungnahme des Widersprechenden an den Anmelder weiter. Stellt das Amt fest, dass der Widerspruch nicht ausreichend substantiiert wurde, weist es den Widerspruch direkt zurück. Anderenfalls gibt es dem Anmelder die Möglichkeit, innerhalb einer zweimonatigen Frist einen Schriftsatz einzureichen und gegebenenfalls einen Antrag auf Nachweis der rechtserhaltenden Benutzung der Marke(n) zu stellen. Anschließend erhält der Widersprechende eine weitere Stellungnahmefrist. Danach wird die Sache im Regelfall vom Amt für entscheidungsreif erklärt. Im Einzelfall gibt das Amt den Parteien jedoch weitere Gelegenheiten zur Stellungnahme.
5. Erachtet das Amt die Sache für entscheidungsreif, werden die Parteien darüber informiert, dass keine weiteren Stellungnahmen mehr möglich sind. Danach ergeht die **Widerspruchsentscheidung**, gegen die innerhalb einer Frist von zwei Monaten **Beschwerde** eingelegt werden kann.

IV. Zulässigkeit des Widerspruchs

23 Geht ein Widerspruch ein, wird dem Widersprechenden unverzüglich eine Empfangsbestätigung zugesandt. Der Anmelder erhält eine Kopie der Widerspruchsschrift samt beiliegender Unterlagen zu Informationszwecken. Im Regelfall stellt das Amt die Widerspruchsschrift **per Fax** oder **elektronisch** zu. Anderenfalls erfolgt eine Zustellung **per Post**. In jedem Fall wird die Widerspruchsschrift per Post versandt, wenn die Unterlagen nicht zur Übermittlung per Fax geeignet sind. Dies kann dann der Fall sein, wenn der Widerspre-

chende eine Farbkopie einer in Farbe angemeldeten Widerspruchsmarke eingereicht hat oder die eingereichten Unterlagen bei einer Weiterleitung per Fax nicht lesbar wären. Schließlich bevorzugt das Amt den Postweg auch dann, wenn mehrere Widersprüche gegen dieselbe Anmeldung eingelegt wurden.[17]

Die **Weiterleitung** des oder der Widersprüche an den Anmelder erfolgt in der Regel erst **24** zwei bis drei Wochen nach Ablauf der Widerspruchsfrist. Dies gilt auch dann, wenn der Widerspruch bereits wenige Tage nach Veröffentlichung der Anmeldung eingereicht wurde. Das Amt wartet mit der Zustellung bis zum Ablauf der Widerspruchsfrist, um sicherzustellen, dass im Falle mehrerer Widersprüche die Widerspruchsschriften gleichzeitig oder zumindest zeitnah zugestellt werden.

Nach Weiterleitung der Widerspruchsschrift an den Anmelder prüft die Widerspruchsab- **25** teilung die **Zulässigkeit des Widerspruchs.**

1. Berechtigung zur Widerspruchseinlegung. Widerspruchsberechtigt sind die **In- 26 haber** der in Art. 8 Abs. 1–5 genannten älteren Marken und nicht eingetragenen Kennzeichenrechte. Außerdem sind in den Fällen des Art. 8 Abs. 1 und Abs. 5 neben den Markeninhabern auch die **Lizenznehmer** zur Einlegung des Widerspruchs berechtigt, sofern diese von den Markeninhabern ausdrücklich **ermächtigt** worden sind. Nicht zur Einlegung eines Widerspruchs berechtigt ist ein Mutterunternehmen, selbst wenn es zu 100 Prozent Inhaber des Tochterunternehmens ist, dem die Widerspruchsmarke gehört, und von diesem ausdrücklich zur Einlegung des Widerspruchs ermächtigt wurde.[18]

Basiert der Widerspruch auf einem nicht eingetragenen Kennzeichenrecht im Sinne des **27** Art. 8 Abs. 4, so können neben den Inhabern dieser Rechte auch die Personen Widerspruch einlegen, die **nach dem anzuwendenden nationalen Recht berechtigt** sind, diese Rechte geltend zu machen.

Basiert der Widerspruch auf mehreren älteren Marken oder nicht eingetragenen Rechten, **28** so müssen alle älteren Marken oder Rechte **demselben Inhaber** bzw. denselben Inhabern gehören. Gehört eine ältere Marke und/oder ein älteres Recht mehr als einem Eigentümer (Miteigentum), so kann der Widerspruch von einem, mehreren oder allen Eigentümern eingelegt werden (Regel 15 Abs. 1 GMDV).

2. Widerspruchsfrist. Der Widerspruch muss innerhalb von **drei Monaten nach Ver- 29 öffentlichung der Gemeinschaftsmarkenanmeldung** eingelegt werden.[19] Die Widerspruchsfrist ist eine gesetzliche Frist und kann nicht verlängert werden.[20]

Bei Versäumnis der Widerspruchsfrist ist **kein Antrag auf Wiedereinsetzung in den 30 vorigen Stand** möglich (vgl. Art. 81 Abs. 5 GMV). Auch ein Antrag auf **Weiterbehandlung** nach Art. 82 bleibt dem Widersprechenden **verwehrt**, wenn er die Widerspruchsfrist versäumt (vgl. Art. 82 Abs. 2 GMV).[21]

---

[17] Widerspruchsrichtlinien des HABM, Teil 1 (Verfahrensfragen), A.II.
[18] A.A. HABM-BK, 12.2. 2009, R 769/2008-1 – *ZYMO/Zyma Juniorz*. Offen gelassen in: HABM-BK, 30.6. 2009, R 1025/2008-2 – *ALIOTH/ALIUD.*
[19] Zu Überlegungen, die Widerspruchsfrist zu verkürzen, s. Study on the Overall Functioning of the European Trade Mark System in Europe (Max-Planck-Institut), Teil III, Rn. 4.226.
[20] Siehe zur Berechnung der Frist oben § 1 Rdn. 46.
[21] Siehe oben § 1 Rdn. 78, 106.

31   Hat der Widersprechende den Widerspruch **verspätet** eingereicht, ist der Widerspruch **unzulässig** (Regel 17 Abs. 2 GMDV). Eine Rückerstattung der bereits gezahlten Widerspruchsgebühr ist nicht möglich. Vor Feststellung der Unzulässigkeit erhält der Widersprechende eine Möglichkeit zur Stellungnahme.

32   **3. Zahlung der Widerspruchsgebühr.** Der Widerspruch gilt erst als erhoben, wenn die **Widerspruchsgebühr** innerhalb der Widerspruchsfrist in voller Höhe entrichtet worden ist (Art. 41 Abs. 3 S. 2 GMV). Die Widerspruchsgebühr beträgt € 350,–.[22] Verfügt der Widersprechende oder sein Vertreter über ein beim Amt geführtes laufendes Konto, so gilt die Zahlung der Widerspruchsgebühr als an dem Tag erfolgt, an dem der Widerspruch eingereicht wurde. Die Abbuchung erfolgt automatisch, es sei denn, dass der Widersprechende dem Amt vorher mitgeteilt hatte, dass sein laufendes Konto für die Abbuchung der Widerspruchsgebühren grundsätzlich nicht benutzt werden soll.[23]

33   Wurde der Betrag erst nach Ablauf der Widerspruchsfrist gutgeschrieben, so gilt die Frist für die Zahlung der Widerspruchsgebühr als gewahrt, wenn gegenüber dem Amt nachgewiesen wird, dass der Einzahler innerhalb der Zahlungsfrist in einem Mitgliedstaat einer Bank einen ordnungsgemäßen Überweisungsauftrag erteilt hat und einen Zuschlag von 10% der Widerspruchsgebühr entrichtet hat.[24]

34   Wird die Widerspruchsgebühr nicht innerhalb der Widerspruchsfrist entrichtet, so **gilt der Widerspruch als nicht erhoben**. Wird die **Widerspruchsgebühr** nach Ablauf der Widerspruchsfrist entrichtet, wird sie dem Widersprechenden **erstattet** (Regel 17 Abs. 1 GMDV). Das Amt informiert den Widersprechenden und den Anmelder darüber, dass der Widerspruch als nicht erhoben gilt. Der Widersprechende kann innerhalb von zwei Monaten nach Zustellung dieser Mitteilung eine Stellungnahme einreichen und eine mit der Beschwerde anfechtbare Entscheidung beantragen (Regel 54 Abs. 2 GMDV).

35   Die Widerspruchsgebühr kann auch durch **Belastung des laufenden Kontos eines Dritten** bezahlt werden. In diesem Fall ist eine schriftliche Einverständniserklärung des Dritten erforderlich. Sobald dem Amt das Einverständnis des Dritten vorliegt, gilt die Zahlung als erfolgt.[25]

36   **4. Formelle Voraussetzungen an die Widerspruchsschrift.** Der Widerspruch ist **schriftlich** einzureichen, Art. 41 Abs. 3 S. 1. Eine mündliche oder telefonische Widerspruchseinlegung ist nicht möglich, wohl aber eine Einlegung per Telefax (Regel 79 lit. b GMDV). Seit Juni 2006 können Widersprüche auch elektronisch eingereicht werden (Regel 82 GMDV).[26]

37   *a) Sprachenregelung.* Der Widerspruch ist in **einer der fünf Sprachen des Amtes** (englisch, deutsch, französisch, spanisch oder italienisch) einzureichen (Art. 119 Abs. 5 GMV). Sofern keine Vereinbarung hinsichtlich der Sprache getroffen wurde, ist die Verfahrenssprache des Widerspruchs die zweite Sprache der angefochtenen Anmeldung oder, falls auch die erste, in der Anmeldung genannte Sprache eine Amtssprache ist, nach Wahl des Widersprechenden eine der beiden Sprachen der Anmeldung.[27]

---

[22] Art. 2 Nr. 5 der GMGebV.
[23] Siehe oben § 1 Rdn. 183.
[24] Siehe oben § 1 Rdn. 186.
[25] Widerspruchsrichtlinien des HABM, Teil 1 (Verfahrensfragen), A.III.2.
[26] Siehe oben Einleitung E 39.
[27] Siehe oben § 1 Rdn. 113–114.

Wird die Widerspruchsschrift nicht in einer in der Anmeldung genannten Sprache des **38** Amtes eingereicht, so muss der Widersprechende die Widerspruchsschrift innerhalb eines Monats nach Ablauf der Widerspruchsfrist in die in der Anmeldung genannte Sprache des Amtes **übersetzen** (Regel 16 Abs. 1 GMDV).

Eine Übersetzung der Widerspruchsschrift in die Verfahrenssprache ist nicht erforderlich, **39** wenn das vom Amt bereitgestellte Formular einer anderen Sprache benutzt, aber in der Verfahrenssprache ausgefüllt wurde (vgl. Regel 95 lit. b GMDV).[28] Ebenso ist keine Übersetzung erforderlich, wenn das Formular einer anderen Sprache keine Textelemente enthält, die zwecks Feststellung der Zulässigkeit des Widerspruchs übersetzt werden müssten, und alle relevanten Kästchen in dem Formular angekreuzt wurden. Hat der Widersprechende in diesem Fall keine Verfahrenssprache in dem Formular angekreuzt, führt das Amt das Verfahren in der zweiten Sprache der Anmeldung weiter oder bittet den Widersprechenden (falls beide Sprachen der Anmeldung Verfahrenssprachen sein können), die Verfahrenssprache zu bestimmen. Wenn die Widerspruchsschrift an den Anmelder zugestellt wird, fügt das Amt ein leeres Widerspruchsformular in der Verfahrenssprache bei.

> **Beispiel:** Die Anmeldung wird auf Spanisch eingereicht, als zweite Sprache wird Englisch angegeben. Der Widerspruch wird auf Französisch eingereicht, wobei das vom Amt bereitgestellte französische Widerspruchsformular verwendet wird. Alle relevanten Kästchen in dem französischen Widerspruchsformular werden vom Widersprechenden angekreuzt. Abgesehen von Markennummern, Daten und Warenklassen enthält das Widerspruchsformular keine weiteren Textelemente. Eine Übersetzung der Widerspruchsschrift ist nicht erforderlich. Das Amt fordert den Widersprechenden auf, eine der beiden möglichen Verfahrenssprachen (Spanisch oder Englisch) zu wählen. Wenn die Widerspruchschrift dem Anmelder zugestellt wird, fügt das Amt ein entsprechendes leeres Widerspruchsformular in der vom Widersprechenden gewählten Verfahrenssprache bei.

Wird die Widerspruchsschrift nicht fristgemäß übersetzt, weist das Amt den Widerspruch **40** als **unzulässig** zurück (Regel 17 Abs. 3 GMDV).[29] Im Falle einer unvollständigen Übersetzung bleibt der nicht übersetzte Teil der Widerspruchsschrift bei der Zulässigkeitsprüfung unberücksichtigt.[30]

b) Erforderliche Angaben in der Widerspruchsschrift. Hinsichtlich der Angaben in der Wi- **41** derspruchsschrift unterscheidet Regel 15 GMDV zwischen zwingenden Angaben, **die innerhalb der Widerspruchsfrist** genannt werden müssen, zwingenden Angaben, die **innerhalb einer vom Amt gesetzten Frist nachgeholt** werden können, und **freiwilligen** Angaben.

---

[28] HABM-BK, 13.4. 2010, R 1149/2009-2 – *BIODANZA/BIODANZA* (zzt. anhängig vor dem EuG, Rechtssache T-298/10).
[29] HABM-BK, 13.8. 2008, R 1821/2007-4 – *INSUVITAL/INUVITAL*; 17.10. 2007, R 1271/2006-1 – *Quantum CORPORATION/QUANTUM*; 27.7. 2007, R 1476/2006-2 – *ALLEGRA/ALEGRA*.
[30] Versäumt der Widersprechende die Frist für die Übersetzung der Widerspruchsschrift, kann er unter den Voraussetzungen des Art. 81 GMV restitutio in integrum bzw. gemäß Art. 82 GMV Weiterbehandlung beantragen. Dazu oben § 1 Rdn. 70 ff., 99 ff.

42   *aa) Zwingende, nicht nachholbare Angaben.* Innerhalb der Widerspruchsfrist muss der Widersprechende die angefochtene Anmeldung und das oder die älteren Rechte ausreichend identifizieren und den oder die Widerspruchsgründe benennen.

43   *(1) Identifizierung der angefochtenen Anmeldung.* Das Aktenzeichen der angefochtenen Anmeldung sowie den Namen des Anmelders der Gemeinschaftsmarke müssen genannt werden. Zweck dieser Angaben ist die eindeutige **Identifizierung der Anmeldung**, gegen die Widerspruch eingelegt werden soll.

44   *(2) Identifizierung der älteren Rechte.* Die ältere Marke oder das ältere Recht müssen angegeben werden. Dabei ist wie folgt zu unterscheiden:

45   Basiert der Widerspruch auf einer **älteren Marke** im Sinne von Art. 8 Abs. 2 lit. a oder lit. b oder auf Art. 8 Abs. 3 GMV, so sind folgende Angaben erforderlich:

> – **Aktenzeichen** der Anmeldung bzw. **Eintragungsnummer** der älteren Marke,
> – Angabe, ob die ältere Marke **eingetragen oder angemeldet** ist,
> – **geographischer Schutzbereich** (Angabe der geschützten Mitgliedstaaten bzw. gemeinschaftsweiter Schutz im Falle einer Gemeinschaftsmarke).

46   Nach der Amtspraxis reicht es aus, wenn die ältere(n) Marke(n) in **Unterlagen, die dem Widerspruchsformular beiliegen**, eindeutig bezeichnet werden. Kreuzt der Widersprechende also in dem Widerspruchsformular nur an, dass er in Spanien über eine ältere Marke verfügt, so genügt es, wenn dieses ältere Recht in der beiliegenden Registrierungsurkunde oder in sonstigen Unterlagen eindeutig bezeichnet wird.[31]

47   Basiert der Widerspruch auf einer älteren Gemeinschaftsmarke, die im Laufe des Widerspruchsverfahrens geteilt wird (Art. 49 GMV), bilden alle aus der Teilung hervorgegangenen Marken die Grundlage des Widerspruchs.[32]

48   Basiert der Widerspruch auf einer IR-Marke, so muss der Widersprechende in der Widerspruchsschrift angeben, auf welche Erstreckungen der internationalen Registrierung er den Widerspruch stützt. Anderenfalls ist der Widerspruch in Bezug auf die IR-Marke unzulässig (Regel 15 Abs. 2 lit. b i) GMDV iVm Regel 17 Abs. 2 GMDV).[33]

49   Beabsichtigt der Widersprechende, sich auf eine **Markenfamilie** zu berufen, so muss er den Widerspruch auf alle Marken dieser Markenfamilie stützen und entsprechend alle maßgeblichen Marken bereits in der Widerspruchsschrift benennen.[34]

50   Wird der Widerspruch auf eine ältere, notorisch bekannte Marke im Sinne des **Art. 8 Abs. 2 lit. c GMV**gestützt, so sind folgende Angaben notwendig:

---

[31] Benennt der Widersprechende allerdings in der Widerspruchsschrift eine ältere Marke, so kann er sich nicht darauf berufen, er hätte in der Widerspruchsbegründung, die der Widerspruchsschrift beilag, darauf hingewiesen, dass der Widerspruch auch hinsichtlich **weiterer (nicht in der Widerspruchsschrift genannter) Rechte** erfolgreich sei. Ein derartiger Hinweis kann nämlich auch als bloßes Argument zur Stützung des Widerspruchs gewertet werden.

[32] HABM-BK, 3.2. 2010, R 425/2009-1 – *O2/O2.*

[33] HABM-BK, 20.7. 2010, R 1050/2009-4 – *SAVANNA/SAVANNA.*

[34] EuGH GRUR Int. 2009, 397 (Nr. 100–101) – *Mobilix*; EuG GRUR Int. 2006, 404 (Nr. 123) – *Bainbridge* (bestätigt durch EuGH GRUR 2008, 343 (Nr. 62)).

> - Angabe des **Territoriums**, in dem die Marke notorisch bekannt ist,
> - **Eintragungsnummer** und **das von der Eintragung geschützte Territorium** (falls die notorisch bekannte Marke eine **eingetragene Marke** ist),
> - **Wiedergabe** der Marke.

Beruht der Widerspruch auf einem älteren, nicht eingetragenen Recht im Sinne von **51** **Art. 8 Abs. 4 GMV**, so ist Folgendes anzugeben:

> - Angabe, um **welches Recht** es sich handelt (Firmennamen, Werktitel, geschützte geographische Herkunftsangaben etc.),
> - **Wiedergabe** des älteren Rechts,
> - Angabe des **Territoriums**, in dem das ältere Recht geschützt ist.

Bezeichnet der Widersprechende eine ältere Geschäftsbezeichnung in der Widerspruchs- **52** schrift als eingetragene Marke, ohne sich auf Art. 8 Abs. 4 GMV zu berufen, so ist der Widerspruch mangels eindeutiger **Identifizierung des älteren Rechts** unzulässig (Regel 15 Abs. 2 lit. b iii) GMDV iVm Regel 17 Abs. 2 GMDV).[35]

Ist das ältere Zeichen ein Bildzeichen, so muss der Widerspruchsschrift eine **Wiedergabe** **53** **des Zeichens** beigefügt sein. Geschieht dies bis zum Ablauf der Widerspruchsfrist nicht, wird das Recht als unzulässig zurückgewiesen (Regel 15 Abs. 2 lit. b iii) GMDV iVm Regel 17 Abs. 2 GMDV).[36] Eine spätere Einreichung der Wiedergabe ist nur bei älteren Marken möglich (Regel 15 Abs. 2 lit. e GMDV iVm Regel 17 Abs. 4 GMDV), nicht jedoch bei älteren nicht eingetragenen Rechten.

Der **Nachweis der Existenz und Gültigkeit** der älteren Rechte ist **keine Zulässig-** **54** **keitsvoraussetzung,** sondern betrifft die Substantiierung des Widerspruchs.[37] Entsprechende Unterlagen sind daher erst mit Ablauf der Widerspruchsbegründungsfrist einzureichen.

(3) Angabe der Gründe, auf die sich der Widerspruch stützt. Außerdem muss der Widerspre- **55** chende die Gründe, auf die sich der Widerspruch stützt, nennen, das heißt **eine Erklärung, dass die jeweiligen Erfordernisse nach Art. 8 Abs. 1, 3, 4 oder 5 erfüllt sind.** Nach Ablauf der Widerspruchsfrist können keine zusätzlichen Gründe mehr nachgeschoben werden.[38] Noch nicht erforderlich ist in diesem Stadium des Verfahrens, dass der Widersprechende Argumente, Fakten oder Beweismittel zur Stützung des Widerspruchs einreicht.

Basiert der Widerspruch auf Art. 8 Abs. 1 lit. b GMV, so reicht es aus, zur Angabe der Be- **56** gründung des Widerspruchs beim Ausfüllen des offiziellen Formulars des Amtes das Feld „Verwechslungsgefahr" anzukreuzen. Benutzt der Widersprechende kein offizielles Formblatt, genügt der Hinweis in der Widerspruchsschrift, dass der Widerspruch sich auf das Vorliegen einer Verwechslungsgefahr stützt.[39]

---

[35] HABM-BK, 29.4. 2010, R 295/2009-4 – *PG PROINGEC CONSULTORIA/prointec*.
[36] HABM-BK, 20.4. 2010, R 628/2008-4 – *Oblique Lines/Blue-Silver*.
[37] EuG MarkenR 2002, 304 (Nr. 33, 36) – *Chef*; EuG, 17.6. 2008, T-420/03 (Nr. 65) – *Boomerang TV*.
[38] Vgl. HABM-BK, 27.9. 2010, R 24/2010-4 – *BOTU-DERM/BOTOX*.
[39] EuG Int. GRUR 2007, 919 (Nr. 50) – *Calvo*.

57   Vergisst der Widersprechende, auf der letzten Seite des Widerspruchsformulars den oder die Widerspruchsgründe anzukreuzen, so führt dies noch nicht notwendigerweise zur Unzulässigkeit des Widerspruchs. Basiert der Widerspruch auf einer älteren Marke, so kann sich bei der vorzunehmenden **Auslegung der Widerspruchsschrift** im Einzelfall ergeben, dass der Widersprechende Verwechslungsgefahr im Sinne des Art. 8 Abs. 1 lit. b GMV geltend machen will, auch wenn er das Kästchen „Verwechslungsgefahr" nicht angekreuzt hatte.[40] Ebenso kann die Auslegung ergeben, dass der Widersprechende den Widerspruch auf Art. 8 Abs. 4 stützt, wenn er ein älteres nicht eingetragenes Recht geltend macht.

58   Die Widerspruchsabteilung prüft Art. 8 Abs. 1 lit. a GMV und Art. 8 Abs. 1 lit. b GMV, solange der Widersprechende nur einen dieser beiden Gründe geltend gemacht hat. Die fehlende Benennung des anderen Grundes ist unschädlich.[41]

59   Beruft sich der Widersprechende in der Widerspruchsschrift lediglich auf eine **bekannte Marke**, ohne Art. 8 Abs. 5 GMV anzukreuzen oder diese Vorschrift bzw. deren Voraussetzungen zu erwähnen, ergibt sich dieser Widerspruchsgrund nicht ohne weiteres. In diesem Fall könnte der Widersprechende auch einen erweiterten Schutzumfang der älteren Marke kraft Bekanntheit nach Art. 8 Abs. 1 lit. b GMV geltend machen. Ist nicht klar, auf welchen Rechtsgrund sich der Widersprechende beruft, kann die Auslegung des Widerspruchs ergeben, dass Art. 8 Abs. 5 GMV als Rechtsgrund ausscheidet.

60   *bb) Zwingende, nachholbare Angaben.* Neben den zwingenden Angaben der Widerspruchsschrift, die innerhalb der Widerspruchsfrist vorliegen müssen, muss die Widerspruchsschrift weitere zwingende Angaben enthalten, die allerdings auch zu einem späteren Zeitpunkt **nachgeholt** werden können. Zu diesen weiteren Angaben zählen:

–   der **Anmeldetag** und, soweit bekannt, der **Eintragungstag** sowie der **Prioritätstag** der älteren Marke, sofern es sich nicht um eine nicht eingetragene notorisch bekannte Marke handelt (Regel 15 Abs. 2 lit. d GMDV),

–   eine **Wiedergabe** der älteren Marke, so wie sie eingetragen oder angemeldet wurde; ist die ältere Marke farbig, muss die Wiedergabe **farbig** sein (Regel 15 Abs. 2 lit. e GMDV),

–   die **Waren oder Dienstleistungen, auf die sich der Widerspruch stützt** (Regel 15 Abs. 2 lit. f GMDV). Allerdings reicht es nach der neueren Praxis des Amtes aus, wenn die **Klassennummern der Nizzaer Klassifizierung** angegeben werden.[42] Es genügt also, wenn in der Widerspruchsschrift beispielsweise steht, dass der Widerspruch auf „alle Waren (Klassen 3 und 5)" gestützt wird oder „auf einen Teil der Waren, nämlich alle Waren in Klasse 3". In diesen Fällen müssen die einzelnen Waren der Widerspruchsmarke nicht mehr aufgelistet werden. Hat der Widersprechende in der Widerspruchsschrift die Waren und Dienstleistungen der älteren Marke angegeben, auf die der Widerspruch gestützt werden soll, dann kann er nach Ablauf der Widerspruchsfrist keine weiteren Waren oder Dienstleistungen hinzufügen.[43]

–   Wird **Art. 8 Abs. 5** geltend gemacht, so muss der Widersprechende angeben, in welchem **Mitgliedstaat** und **für welche Waren oder Dienstleistungen** die Marke Wertschätzung genießt bzw. **bekannt** ist (Regel 15 Abs. 2 lit. g GMDV).

---

[40]   HABM-BK, 17. 10. 2007, R 160/2007-1 – *QUART/Quarto.*
[41]   HABM-BK, 6. 10. 2010, R 280/2010-1 – *EUROBASKET/BASKET* (zZt. anhängig vor dem EuG, Rechtssache T-596/10); 18. 12. 2008, R 807/2008-4 – *I INDIVIDUAL/INDIVIDUAL.*
[42]   Mitteilung Nr. 5/07 des Präsidenten des Amtes vom 12. 9. 2007.
[43]   HABM-BK, 14. 12. 2009, R 1061/2008-4 – *VITASIA/INDASIA.*

– Schließlich muss die Widerspruchschrift **Namen und Anschrift des Widersprechenden** bzw. seines **Vertreters** enthalten. Wird der Widerspruch von einem **Lizenznehmer** eingelegt oder von einer Person, die nach den einschlägigen nationalen Bestimmungen zur Ausübung eines älteren Rechts befugt ist, muss die Widerspruchsschrift eine diesbezügliche Erklärung mit **Angaben zur Bevollmächtigung oder Befugnis** zur Einlegung des Widerspruchs enthalten (Regel 15 Abs. 2 lit. h GMDV).

cc) Freiwillige Angaben. Neben den zwingenden Angaben kann die Widerspruchsschrift **61** auch die folgenden **freiwilligen** Angaben enthalten:

– Der Widersprechende soll die **angefochten Waren oder Dienstleistungen** benennen. Fehlen diese Angaben, wird davon ausgegangen, dass sich der Widerspruch gegen **alle** Waren und Dienstleistungen der beanstandeten Gemeinschaftsmarkenanmeldung richtet (Regel 15 Abs. 3 GMDV). Richtet sich der Widerspruch nur gegen einen Teil der angemeldeten Waren oder Dienstleistungen, ist eine nachträgliche Erstreckung auf weitere angemeldete Waren oder Dienstleistungen nach Ablauf der Widerspruchsfrist unzulässig. Ebenso wenig kann eine Einschränkung der angegriffenen Waren später vom Widersprechenden nicht mehr rückgängig gemacht werden.[44] In jedem Fall ist das Amt an die Einschränkung gebunden.[45]

– Außerdem kann der Widersprechende auch bereits mit Einlegung des Widerspruchs **Argumente, Fakten und Beweismittel zur Begründung des Widerspruchs** einreichen.

> **Praxishinweis:** Dem Widersprechenden ist zu empfehlen, zum Zeitpunkt der Einlegung des Widerspruchs noch keine ausführliche Widerspruchsbegründung einzureichen. In 70 Prozent der Widerspruchsverfahren einigen sich die Parteien vor Beginn des streitigen Verfahrens, so dass die (kosten- und zeitaufwändige) Einreichung von Fakten und Beweismitteln (samt Übersetzung) nicht notwendig ist. Zu einer wesentlichen Verfahrensverkürzung führt die Einreichung der Widerspruchsbegründung zusammen mit der Widerspruchsschrift nicht.[46]

5. Zulässigkeitsmängel. Kann die **Anmeldung nicht identifiziert** werden, so muss **62** dieser Mangel innerhalb der dreimonatigen Widerspruchsfrist beseitigt werden; anderenfalls ist der Widerspruch unzulässig.

Fehlen die nach Regel 15 Abs. 2 lit. b GMDV **zwingend erforderlichen Angaben 63 über das oder die älteren Rechte**, ist der Widerspruch ganz oder teilweise unzulässig. Ergibt sich aus der Widerspruchsschrift z. B. nicht, in welchem Mitgliedstaat die Widerspruchsmarken geschützt sind, wird der Widerspruch als unzulässig zurückgewiesen.[47] Aus der Nationalität des Widersprechenden oder der Art der Nummerierung der Widerspruchsmarke lassen sich keine Schlussfolgerungen ableiten, in welchem Land die ältere Marke geschützt ist.[48] In der Praxis reicht es für die Zulässigkeitsprüfung zunächst aus, wenn eines der geltend

---

[44] HABM-BK, 12. 6. 2008, R 1112/2007-1 – *sweet-control/SWEET CONTROL.*
[45] HABM-BK, 3. 12. 2008, R 404/2008-2 – *CUORE BIANCO/BIANCO.*
[46] Eine Beschleunigung des Verfahrens liegt meist auch nicht im Interesse des Widersprechenden.
[47] HABM-BK, 9. 10. 2007, R 256/2007-1 – *UNICARE/UNICO.*
[48] HABM-BK, 21. 3. 2007, R 1224/2006-4 – *MINI BIG BUBBLER/BIG MINI.*

gemachten älteren Rechte vom Amt für zulässig befunden wird.[49] Wird ein Widerspruch also beispielsweise auf eine ältere, eindeutig bezeichnete Gemeinschaftsmarke und auf weitere nicht eingetragene Rechte gestützt, so wird das Amt die Widerspruchsschrift mit dem Hinweis weiterleiten, dass der Widerspruch zumindest hinsichtlich der älteren Gemeinschaftsmarke zulässig ist. Es ist dann Aufgabe der Widerspruchsabteilung, in der Widerspruchsentscheidung festzustellen, ob der Widerspruch auch hinsichtlich der übrigen Rechte zulässig war (siehe unten Rdn. 66).

64   Fehlt die Angabe der **Gründe**, auf die der Widerspruch beruht, und ergeben sich die Widerspruchsgründe bei der gebotenen Auslegung auch nicht aus der Widerspruchsschrift und den beigefügten Unterlagen, wird der Widerspruch als unzulässig zurückgewiesen, sofern der Mangel nicht innerhalb der Widerspruchsfrist behoben wird.

65   Fehlen **zwingende, nachholbare Angaben**, so benachrichtigt das Amt den Widersprechenden und fordert ihn auf, die festgestellten Mängel binnen einer Frist von zwei Monaten zu beheben. Werden die Mängel nicht fristgerecht beseitigt, ist der Widerspruch unzulässig (Regel 17 Abs. 4 GMDV).

66   Nach der im September 2007 in Kraft getretenen Amtspraxis wird der Widerspruch zunächst für zulässig befunden, wenn er zumindest hinsichtlich **eines älteren Rechts zulässig** ist. Die Zulässigkeit **der übrigen Rechte** wird von der Widerspruchsabteilung erst geprüft, wenn die Sache **entscheidungsreif** ist. Stellt sich nach Abschluss des streitigen Teils des Widerspruchsverfahrens heraus, dass der Widerspruch hinsichtlich des zunächst für zulässig befundenen älteren Rechts keinen Erfolg hat (weil die Zeichen oder die von den Marken umfassten Waren beispielsweise nicht ähnlich sind) und sind die übrigen Rechte unzulässig, so wird der Widerspruch zurückgewiesen. Die Widerspruchsabteilung rollt das Verfahren also nicht wieder auf, wenn die Widerspruchsschrift hinsichtlich der übrigen Rechte Mängel enthielt, die innerhalb der Frist der Regel 17 Abs. 4 GMDV heilbar waren, da der Widersprechende bis zum Ende der Widerspruchsbegründungsfrist den Zulässigkeitsmangel „heilen" konnte.

Beispiel: Ein Widerspruch basiert auf einer älteren Gemeinschaftsmarke und einem nationalen Recht. Hinsichtlich der Gemeinschaftsmarke ist der Widerspruch zulässig. Hinsichtlich der nationalen Marke wurde der Widerspruch nur auf einen Teil der von ihr umfassten Waren gestützt, ohne dass angegeben wurde, welche Waren betroffen waren. Da der Widerspruch hinsichtlich der Gemeinschaftsmarke zulässig und substantiiert war, läuft das Widerspruchsverfahren weiter. Vor Ablauf der Widerspruchsbegründungsfrist reicht der Widersprechende eine Registrierungsurkunde der nationalen Marke ein, gibt aber nicht an, auf welche Waren der Marke der Widerspruch basiert. Stellt die Widerspruchsabteilung nach Beendigung des Schriftsatzwechsels der Parteien fest, dass der Widerspruch hinsichtlich der Gemeinschaftsmarke keinen Erfolg hat, so weist die Widerspruchsabteilung den Widerspruch zurück. Dem Widersprechenden wird keine zweimonatige Frist nach Regel 17 Abs. 4 GMDV gesetzt, um den Zulässigkeitsmangel hinsichtlich der nationalen Marke zu heilen.

67   Diese Amtspraxis ist mit dem Gedanken der Regel 17 Abs. 4 GMDV kaum vereinbar, nach der das Amt den Widersprechenden ausdrücklich auf den Zulässigkeitsmangel auf-

---

[49] Mitteilung Nr. 5/07 des Präsidenten des Amtes vom 12. 9. 2007.

merksam macht und ihm eine gesonderte Frist zur Heilung des Mangels stellt. Eine **„geteilte Zulässigkeitsprüfung"** widerspricht auch der Systematik der Durchführungsverordnung, nach der das Widerspruchsverfahren erst beginnt, wenn die Zulässigkeitsprüfung abgeschlossen ist und „der Widerspruch" als zulässig gilt (s. Regel 18 Abs. 1 GMDV). Die Amtspraxis führt zudem im Einzelfall auch zu **Rechtsunsicherheit**: Gibt der Widersprechende die Waren, auf denen der Widerspruch basiert, erst mit Ablauf der Widerspruchsbegründungsfrist an, so bleibt der Anmelder während des gesamten Verfahrens im Ungewissen, auf welche Waren das nationale Widerspruchsrecht gestützt ist. Der Widersprechende hätte dagegen bis zur Widerspruchsbegründung noch die Gelegenheit zu entscheiden, auf welche Waren oder Dienstleistungen er den Widerspruch stützen möchte. Schließlich ist zu bedenken, dass der Widersprechende, der die Frist der Regel 17 Abs. 4 GMDV versäumt hat, Weiterbehandlung nach Art. 82 GMV beantragen kann.[50] Dieses Recht bleibt dem Widersprechenden versagt, wenn der Widerspruch zurückgewiesen wird. ohne dass dem Widersprechenden die Möglichkeit gegeben wird, den Zulässigkeitsmangel nach Regel 17 Abs. 4 GMDV zu heilen.

V. Beginn der „Cooling-off"-Frist

Stellt das Amt die Zulässigkeit des Widerspruchs **zumindest hinsichtlich eines der geltend gemachten älteren Rechte**[51] fest, so werden die Parteien darüber informiert. In dieser Mitteilung setzt das Amt die Parteien auch darüber in Kenntnis, dass das streitige Widerspruchsverfahren zwei Monate nach Zustellung dieser Mitteilung beginnt. Das genaue Datum des Beginns des streitigen Verfahrens wird in der Mitteilung angegeben. Die Frist bis zum Beginn des streitigen Verfahrens wird als **„Cooling-off"-Frist** bezeichnet. Zweck dieser Frist ist es, den Parteien vor Beginn des streitigen Verfahrens die Möglichkeit zu geben, den Konflikt auf gütlichem Wege beizulegen. **68**

Die „Cooling-off"-Frist kann auf insgesamt **24 Monate** verlängert werden, wenn beide Parteien einen entsprechenden Antrag auf Fristverlängerung stellen. Beantragen die Parteien vor dem ersten Fristablauf eine Fristverlängerung, wird die „Cooling-off"-Frist automatisch um weitere 22 Monate verlängert, und zwar auch dann, wenn die Parteien eine kürzere Fristverlängerung beantragt haben.[52] Zweck dieser einmaligen automatischen Fristverlängerung ist die Vermeidung zusätzlichen Arbeitsaufwands durch mehrfache Verlängerungen. Die Parteien können diese „starre" Frist nicht dadurch umgehen, dass sie während des „Cooling-off" Verfahrens eine Aussetzung des Verfahrens beantragen. Anträge auf Verfahrensaussetzung werden vom Amt erst nach Ablauf der „Cooling-off"-Frist akzeptiert.[53] **69**

Wollen die Parteien die „Cooling-off"-**Frist verlängern**, müssen sie vor Ablauf der Frist einen entsprechenden **Antrag** in der Verfahrenssprache stellen. Möglich ist ein gemeinsamer, von beiden Parteien unterschriebener Antrag oder zwei getrennte Anträge. Der Antrag muss nicht begründet werden. Wird der Antrag nicht in der Verfahrenssprache eingereicht, muss innerhalb eines Monats eine Übersetzung nachgereicht werden. **70**

Wird der Fristverlängerungsantrag erst nach Ablauf der „Cooling-off"-Frist gestellt oder geht bis zum Fristablauf nur der Antrag einer der beiden Parteien ein, wird der Antrag abge- **71**

---

[50] Vgl. Mitteilung Nr. 6/05 des Präsidenten des Amtes vom 16. 9. 2005.
[51] Siehe oben Rdn. 66.
[52] Mitteilung Nr. 1/06 des Präsidenten des Amtes vom 2. 2. 2006.
[53] Widerspruchsrichtlinien des HABM, Teil 1 (Verfahrensfragen), B.I.

lehnt. In diesem Fall können die Parteien immer noch einen Antrag auf **Verfahrensaussetzung** stellen.[54]

72 Kommt innerhalb der verlängerten „Cooling-off"-Frist keine gütliche Einigung zustande, kann jede der beiden Parteien den Beginn des streitigen Verfahrens beantragen (sog. **„opting out"**). Der Antrag ist bis einen Monat vor Beginn des streitigen Verfahrens möglich.[55] Diesem Antrag wird unabhängig davon stattgegeben, ob die andere Partei mit der Beendigung der „Cooling-off"-Frist einverstanden ist. Das Amt bestätigt beiden Parteien die Beendigung der „Cooling-off"-Frist und setzt den Ablauf dieser Frist auf zwei Monate ab Mitteilung fest. Das streitige Verfahren beginnt einen Tag nach Ablauf der „Cooling-off"-Frist. Ein Widerruf der Entscheidung, das „Cooling-off" Verfahren zu beenden, ist nicht möglich.

VI. Beginn des streitigen Verfahrens

73 Das streitige Verfahren beginnt einen Tag nach Ablauf der „Cooling-off"-Frist. Während des streitigen Verfahrens erhalten die Parteien die Möglichkeit, **Argumente, Fakten und Beweismittel** zur Stützung ihrer Ansichten einzureichen. In derselben Mitteilung, in der das Amt den Tag des Ablaufes der „Cooling-off"-Frist festlegt, werden beiden Parteien die Fristen zur Begründung bzw. Erwiderung auf den Widerspruch gesetzt. Die Widerspruchsbegründungsfrist endet vier Monate ab Zustellung der Mitteilung. Die Frist zur Erwiderung auf den Widerspruch endet zwei Monate später.

74 Nach Regel 71 GMDV können Fristen im streitigen Verfahren **verlängert** werden. Diesbezügliche Anträge müssen vor dem Ablauf der vorgeschriebenen Frist gestellt werden.[56]

75 **1. Die Widerspruchsbegründungsfrist.** Die Widerspruchsbegründungsfrist ist für den Widersprechenden von **enormer Bedeutung**, da er innerhalb dieser Frist die **Gültigkeit**, den **Schutzumfang** und die **Inhaberschaft** der älteren Rechte **nachweisen** muss. Welche Dokumente einzureichen sind, hängt davon ab, auf welches relative Schutzhindernis sich der Widersprechende stützt. Die Beweismittel sind gegebenenfalls in die Verfahrenssprache zu übersetzen.

76 **Per Post** übermittelte oder **eigenhändig** eingereichte Unterlagen müssen in **zweifacher Kopie** eingereicht werden, damit eine Kopie dem anderen Beteiligten übermittelt werden kann (siehe Regel 79a GMDV). Sofern keine Kopien zur Verfügung gestellt werden, werden Dokumente oder Beweismittel, die nicht per Telefax übermittelt wurden und die nicht lediglich aus losen Blättern bestehen, nicht berücksichtigt.[57]

77 Alle Schriftstücke sind in **der Verfahrenssprache** oder zusammen mit einer Übersetzung vorzulegen.[58]

78 *a) Ältere Marke (Art. 8 Abs. 2). aa) Nachweis der Existenz und Gültigkeit der älteren Marke.* Beruht der Widerspruch auf einer **Gemeinschaftsmarke**, sind **keine Nachweise** über die Existenz und Gültigkeit des älteren Rechts einzureichen. Dasselbe gilt, wenn der Widerspruch

---

[54] Siehe oben § 1 Rdn. 165.

[55] Im letzten Monat vor Beginn des streitigen Verfahrens akzeptiert das Amt einen Antrag auf Beendigung der „Cooling-off"-Frist nicht mehr, siehe Widerspruchsrichtlinien, Teil 1 (Verfahrensfragen), B.II.

[56] Siehe oben § 1 Rdn. 54–55.

[57] Mitteilung Nr. 5/07 des Präsidenten des Amtes vom 12.9. 2007.

[58] Siehe unten Rdn. 114–120.

auf der **EU-Erstreckung** einer internationalen Registrierung basiert. Allerdings muss der Widersprechende das Waren- oder Dienstleistungsverzeichnis übersetzen, wenn die Verfahrenssprache nicht eine der drei Sprachen des Madrider Protokolls ist (französisch, englisch spanisch).

In allen anderen Fällen muss der Widersprechende zum **Nachweis der Gültigkeit** der **79** älteren Marke eine entsprechende Urkunde der zuständigen nationalen Behörde einreichen (Eintragungsurkunde, aktuelle Verlängerungsurkunde, Bescheinigung über die Anmeldung). Die Verlängerungsurkunde allein reicht allerdings nur aus, wenn sie alle für die Bestimmung des Schutzumfanges der älteren Marke erforderlichen Angaben enthält. Dazu zählen insbesondere die ausstellende Behörde, die Anmelde- und/oder Eintragungsnummer(n), der Tag der Anmeldung (bzw. der Priorität) und der Eintragung, eine Wiedergabe des Zeichens, die geschützten Waren und Dienstleistungen,[59] der Tag, an dem die Schutzdauer der Eintragung endet, sowie die Inhaberschaft des Widersprechenden.

Die Unterlagen zum Nachweis der älteren Marke müssen mit der in der Widerspruchs- **80** schrift genannten oder abgebildeten Marke übereinstimmen. Zeigt die Registrierungsurkunde ein anderes Zeichen, ist das Recht nicht substantiiert.[60]

Aus der Eintragungsurkunde muss hervorgehen, für welche **konkreten Waren oder** **81** **Dienstleistungen** die Marke geschützt ist. Zeigt der vom Widersprechenden eingereichte Online-Auszug nur die Klassennummern der Nizzaer Klassifikation an, so reicht dies grundsätzlich für die Substantiierung des Rechts nicht aus.[61]

Zugelassen werden auch **Auszüge aus den amtlichen Markenblättern** der nationalen **82** Ämter oder der WIPO, sofern der Herausgeber aus dem Auszug eindeutig hervorgeht. Die Veröffentlichung einer Markenanmeldung ist kein Nachweis für die Eintragung der Marke und reicht daher allein nicht als Nachweis für die Existenz der Eintragung aus. Die erste WIPO-Veröffentlichung einer internationalen Registrierung wird als Nachweis für die Eintragung des Zeichens akzeptiert. Nur wenn der Anmelder den Schutz der Marke in einzelnen Ländern bestreitet, muss der Widersprechende nachweisen, dass das nationale Amt der Marke in dem betreffenden Land den Schutz nicht verweigert hat.

Das Amt akzeptiert **Auszüge aus amtlichen Datenbanken** (z.B. DPMAregister, RO- **83** MARIN, SITADEX,[62] ICIMARQUES[63]). Dagegen werden Auszüge aus **privaten Datenbanken** (z.B. DEMAS,[64] MARQUESA, Saegis,[65] Edital[66]) **nicht** akzeptiert.

---

[59] Sind in der offiziellen Urkunde nur die Warenklassen genannt (so z.B. in Registrierungsurkunden des dänischen Patent- und Markenamtes), kann davon ausgegangen werden, dass die Marke für alle Waren oder Dienstleistungen der genannten Klasse(n) eingetragen ist, s. HABM-BK, 24.1. 2008, 190/ 2007-2 – *FANTASIA/FANTASIA*.

[60] HABM-BK, 9.11. 2010, R 806/2009-4 – *dreidimensional/dreidimensional*; 14.7. 2010, R 355/ 2010-4 – *OYA/OYA*.

[61] HABM-BK, 9.2. 2010, R 754/2009-2 – *JW JW JUST WOMAN FASHION/JUST WOMAN*. Eine Ausnahme gilt für dänische Marken, die vor Inkrafttreten der Markenrichtlinie eingetragen wurden, da nach dem damaligen Recht die Markeninhaber nur die Klassennummer(n) angeben mussten, aber nicht verpflichtet waren, die konkreten Waren oder Dienstleistungen zu benennen.

[62] SITADEX ist die Datenbank des spanischen Patent- und Markenamtes (OEPM). Die Abbildung der Marke ist auf dem Auszug selbst nicht zu sehen, lässt sich aber auf der Internetseite des Amtes gesondert abrufen. Daher reicht es aus, wenn die Abbildung auf einem gesonderten Dokument eingereicht wird, HABM-BK, 10.9. 2008, R-561/2008-1 – *Palazzo collezione/DI PALAZZO*.

[63] Die Datenbank ICIMARQUES stammt von der zuständigen französischen Behörde für die Registrierung von Marken (Institut National de La Propriété Industrielle [INPI]) und wird vom Amt akzeptiert: HABM-BK, 1.4. 2008, R 1475/2007-2 – *Salatinis/SALAKIS*; 26.10. 2006, R 582/2006-2 – *AVONTEC/AVANTEC*; 16.6. 2006, R 1477/2005-2 – *NextPharma/Next Nutrition*.

84   Ist der Schutz der Widerspruchsmarke vor Ablauf der Widerspruchsbegründungsfrist abgelaufen, so muss der Widersprechende eine **Verlängerungsurkunde** einreichen.[67] Liegen zwischen dem Ende der Schutzfrist und dem Ablauf der Widerspruchsbegründungsfrist nur Wochen oder Tage, reicht es aus, wenn der Widersprechende den beim nationalen Markenamt eingereichten Antrag auf Schutzverlängerung der Marke vorlegt. Im Übrigen kann sich der Widersprechende nach der geltenden Amtspraxis nicht darauf berufen, dass er bei Ablauf der Widerspruchsbegründungsfrist noch innerhalb der sechsmonatigen Schonfrist gemäß der Pariser Verbandsübereinkunft die Verlängerung der Widerspruchsmarke beantragen kann.[68]

> **Praxishinweis:** Der Widersprechende sollte vor Ablauf der Widerspruchsbegründungsfrist überprüfen, ob die Unterlagen die fortbestehende Gültigkeit der älteren Rechte zu diesem Zeitpunkt belegen.

85   Ob die Widerspruchsmarke nach dem **maßgeblichen nationalen Recht** zum Zeitpunkt der Widerspruchsbegründung noch gültig ist, muss das Amt von sich aus unter Anwendung der nationalen Rechtsvorschriften überprüfen. Kennt das Amt die einschlägigen Rechtsvorschriften nicht, so muss es sich Kenntnis über das anwendbare Recht verschaffen. Den Widersprechenden trifft keine Verpflichtung, das Amt auf die Rechtsvorschriften für die Berechnung der Gültigkeit der Widerspruchsmarke hinzuweisen.[69]

86   Läuft der Schutz der Widerspruchsmarke **nach dem Ende der Widerspruchsbegründungsfrist** ab, ist muss die Widerspruchsabteilung von sich aus den Widersprechenden auffordern, entsprechende Verlängerungsnachweise einzureichen. Nur wenn der Widersprechende trotz ausdrücklicher Aufforderung seitens des Amtes keine Nachweise zur andauernden Gültigkeit der Marke einreicht, kann dieses Recht außer Betracht gelassen werden.[70]

87   *bb) Nachweis des Schutzumfangs der älteren Marke.* Beruft sich der Widersprechende auf einen erhöhten Schutzumfang der Marke aufgrund intensiver Benutzung oder Bekanntheit

---

[64] Nach der Praxis des Amtes werden DEMAS-Auszüge nicht akzeptiert, s. Widerspruchsrichtlinien des HABM, Teil 1 (Verfahrensfragen), C.II.1.2. Ebenso HABM-BK, 30.10. 2007, R 260/2007-1 – *VIRACIL/VITASIL*; 9.2. 2007, R 986/2006-4 – *ROMIK/ROMAC*; 25.1. 2007, R 1478/2005-4 – *AMVISC/AMIS.*

[65] HABM-BK, 20.1. 2010, R 639/2008-4 – *MEDILOOK/Medilog.*

[66] HABM-BK, 31.3. 2010, 1091/2009-2 – *LEONARDO PASSION/LEONARD.*

[67] Vgl. EuG WRP 2006, 1357 (Nr. 31, 36, 38) – *Metro*; HABM-BK, 8.7. 2010, R 1143/2009-4 – *CHILI/CHILI*; HABM-BK, 10.6. 2010, R 1176/2009-2 – *RED LANE/RED LINE.* A.A. HABM-BK, 29.7. 2010, R 1333/2009-1 – *RESERVA DEL MAESTRO DOBEL DIAMOND/MAESTRO*: Nach dieser Entscheidung soll der Widersprechende nicht verpflichtet sein, die Gültigkeit der Widerspruchsmarke „nochmals" bei Ablauf der Widerspruchsbegründungsfrist gemäß Regel 19 Abs. 2 lit. a ii) GMDV nachzuweisen, wenn er deren Gültigkeit bereits bei Einlegung des Widerspruchs gemäß Regel 15 Abs. 3 lit. b GMDV nachgewiesen hatte.

[68] HABM-BK, 4.4. 2007, R 163/2006-4 – *DEKA/DETA.*

[69] EuG WRP 2006, 1357 (Nr. 31, 36, 38) – *Metro*; GRUR Int. 2005, 686 (Nr. 34–38) – *Atomic Blitz*; HABM-BK, 25.9. 2006, R 585/05-2 – *ZETIA/ZELTIA*; 14.8. 2005, R 792/2005-1 – *GREMCO/GREMCO.*

[70] HABM-BK, 5.2. 2010, R 576/2009-4 – *STORM/STORM.*

des Zeichens,[71] muss er entsprechende Unterlagen vor Ablauf der Widerspruchsbegründungsfrist einreichen. Nach diesem Zeitpunkt vorgelegte Unterlagen werden grundsätzlich als verspätet behandelt.[72]

Versäumt der Widersprechende, bis zum Ablauf der Widerspruchsbegründungsfrist Unterlagen zum Nachweis eines **gesteigerten Schutzumfangs** der Widerspruchsmarke einzureichen, und stellt der Anmelder daraufhin einen **Antrag auf Nachweis der Benutzung** derselben Marke, so sollten die eingereichten Beweismittel auch im Hinblick auf eine möglicherweise gesteigerte Kennzeichnungskraft zugelassen und geprüft werden.[73] Es wäre zu formalistisch, die Unterlagen nur im Hinblick auf die rechtserhaltende Benutzung zu berücksichtigen. Allerdings können die Unterlagen zum Nachweis des gesteigerten Schutzumfangs nur eingesetzt werden, wenn der Widersprechende die gesteigerte Kennzeichnungskraft rechtzeitig geltend gemacht hat und die Unterlagen (falls sie nicht aus sich heraus verständlich sind) in der Verfahrenssprache eingereicht wurden, also keiner Übersetzung bedurften (vgl. Regel 19 Abs. 4 GMDV).[74] **88**

cc) Nachweis einer Markenfamilie. Hat sich der Widersprechende in der Widerspruchsschrift auf eine **Markenfamilie** berufen,[75] muss er deren Existenz auf dem Markt vor Ablauf der Substantiierungsfrist nachweisen. Eine Markenfamilie liegt dann vor, wenn der Widersprechende eine Reihe von älteren Marken benutzt hat, die alle durch das Vorhandensein desselben Bestandteils gekennzeichnet sind. Enthält die angemeldete Marke auch diesen Bestandteil, so kann eine Verwechslungsgefahr dadurch hervorgerufen werden, dass der Verbraucher glaubt, dass die angemeldete Marke zu der Markenfamilie des Widersprechenden gehört. Dazu muss der Widersprechende erstens nachweisen, dass er eine Serie älterer Marken mit demselben Element auf dem Markt benutzt hat. Die Benutzung von lediglich zwei Marken mit demselben Bestandteil reicht nicht aus.[76] Zweitens muss die angemeldete Marke Merkmale aufweisen, die geeignet sind, sie mit der Markenfamilie des Widersprechenden in Verbindung zu bringen. Dies ist beispielsweise dann nicht der Fall sein, wenn das gemeinsame Element bei der Anmeldung an einer anderen Stelle steht als bei der Markenfamilie des Widersprechenden oder wenn das Element bei der angemeldeten Marke mit einem anderen semantischen Inhalt verwendet wird.[77] **89**

dd) Befugnis zur Einlegung des Widerspruchs. Ferner muss der Widersprechende nachweisen, dass er **Inhaber** der älteren Marken ist. Stimmen Widersprechender und Markeninhaber nicht überein, muss der Widersprechende vor Ablauf der Widerspruchsbegründungsfrist nachweisen, dass die Übertragung der Widerspruchsmarke in das Register eingetragen (oder **90**

---

[71] EuGH GRUR Int. 1999, 734 (Nr. 20) – *Lloyd Schuhfabrik*; GRUR 1998, 387 (Nr. 24) – *Sabèl*.

[72] HABM-BK, 8.3. 2007, R 972/2006-2 – *EVA/EVAX, EVA DE EVAX*.

[73] Str.; die Widerspruchsabteilungen akzeptieren die Benutzungsunterlagen i.d.R. nicht als „nachgeschobenen" Nachweis der Bekanntheit der Widerspruchsmarke.

[74] Ebenso sollten unter denselben Voraussetzungen auch rechtzeitig eingereichte Benutzungsunterlagen der älteren Marke zum Nachweis der Benutzung eines ebenfalls geltend gemachten älteren Rechts nach Art. 8 Abs. 4 oder Unterlegen zum Beleg der Bekanntheit iSd Art. 8 Abs. 5 von der Widerspruchsabteilung berücksichtigt werden, wenn sie dasselbe Zeichen betreffen. Die Praxis des Amtes ist insoweit allerdings strikter, s. oben Fn. 73.

[75] Siehe oben Rdn. 49.

[76] EuG GRUR Int. 2006, 404 (Nr. 128) – *Bainbridge* (bestätigt durch EuGH GRUR 2008, 343 (Nr. 64–66)).

[77] EuG GRUR Int. 2006, 404 (Nr. 127) – *Bainbridge*.

zumindest beantragt) wurde.[78] Ansonsten wird der Widerspruch (soweit diese Marke die einzige Widerspruchsmarke ist) als unbegründet zurückgewiesen.

> **Beispiel:** Laut Widerspruchsschrift wurde der Widerspruch im Namen der Miller GmbH eingelegt. Die vom Widersprechenden eingereichte Registrierungsurkunde der Widerspruchsmarke ist auf die Firma Miller & Smith Ltd. (UK) ausgestellt. Der Widersprechende muss nachweisen, dass er bei Einlegung des Widerspruchs Inhaber der Widerspruchsmarken war.

91   **Offensichtliche Unrichtigkeiten** (z.B. offensichtliche Tippfehler bei der Nennung der Firma) in der Widerspruchsschrift sollten allerdings berichtigt werden können.[79] Da der Nachweis über die Inhaberschaft der älteren Rechte erst erbracht werden muss, wenn der Widerspruch begründet wird (Regel 19 Abs. 2 GMDV), ist es unerheblich, ob sich die offensichtliche Unrichtigkeit bereits zum Zeitpunkt der Widerspruchseinlegung feststellen ließ (weil der Widerspruchschrift entsprechende Unterlagen beigefügt wurden) oder ob die Unrichtigkeit erst bei der Widerspruchsbegründung offensichtlich wird.

92   Allerdings sollte es insoweit nur darauf ankommen, ob der Widersprechende vor Ablauf der Widerspruchsbegründungsfrist nachweist, dass **zum Zeitpunkt der Einlegung des Widerspruchs** (nicht zum Zeitpunkt des Ablaufs der Widerspruchsbegründung) der in der Widerspruchsschrift genannte Widersprechende und der Inhaber der Widerspruchsmarken identisch waren (vgl. Regel 19 Abs. 2 GMDV: „… *und den Nachweis erbringen, dass er zur* **Einlegung des Widerspruchs** *befugt ist"*). Wird die Widerspruchsmarke erst nachher, nämlich zwischen Widerspruchseinlegung und Ablauf der Widerspruchsbegründungsfrist übertragen, ohne dass die Eintragung des neuen Inhabers in das Register nachgewiesen wurde, sollte dies nicht zwangsläufig zur Zurückweisung des Widerspruchs führen.[80] Letztendlich wird sonst derjenige „bestraft", der das Amt und die Gegenseite vor Ablauf der Widerspruchsbegründungsfrist wahrheitsgemäß und in gutem Glauben auf eine Änderung der Inhaberschaft hinweist. Das Amt sollte den Widersprechenden ausdrücklich die Gelegenheit geben, die Inhaberschaft nachzuweisen und etwaige Zweifel an der Befugnis zur Weiterführung des Verfahrens aus dem Weg zu räumen.[81]

93   Markeninhaber und Widersprechender sind zwangsläufig nicht identisch, wenn der Widerspruch von einem **Lizenznehmer** eingelegt wurde. In diesem Fall muss der Lizenznehmer ein Dokument einreichen, aus der seine Ermächtigung zur Widerspruchseinlegung hervorgeht (in der Regel Kopie des Lizenzvertrags).

---

[78] Siehe HABM-BK, 10.4. 2008, R 1120/2007-1 – *Café Soleil/SOLEY*; 1.4. 2008, R 1056/2007-2 – *Openfinance/OPEN*; 2.8. 2007, R 1069/2006-1 – *BONO/bon-o-bom*; 5.2. 2007, R 415/2006-2 – *VITA-GUM/VITAGOM*. Kein Inhaberwechsel liegt vor, wenn ein deutsches Unternehmen lediglich seine Rechtsform ändert. Allerdings muss der Widersprechende dann den Rechtsformwechsel durch Einreichung entsprechender Unterlagen (z.B. Handelsregisterauszug) nachweisen, s. HABM-BK, 3.8. 2004, R 686/2003-2 – KEYROCK/CORIROCK et al.

[79] Ebenso HABM-BK, 20.4. 2007, R 743/2006-2 – *EL PORVENIR/EL PORVENIR*.

[80] Die Widerspruchsabteilungen weisen Widersprüche auch dann zurück, wenn zwischen Widerspruchseinlegung und Ablauf der Substantiierungsfrist die Widerspruchsmarke übertragen wurde und der Rechtsübergang nicht fristgemäß nachgewiesen wurde.

[81] Strittig. Vgl. HABM-BK, 30.10. 2007, R 146/2007-4 – *G/C*.

ee) Notorisch bekannte Marke. Eine **notorisch bekannte Marke** im Sinne des Art. 6*bis* **94**
PVÜ kann eine eingetragene oder eine nicht eingetragene Marke sein. Handelt es sich um
eine eingetragene Marke, hat der Widersprechende deren Existenz und Gültigkeit sowie
seine Inhaberschaft nachzuweisen.[82] Darüber hinaus muss er innerhalb der Widerspruchsbegründungsfrist nachweisen, dass das Zeichen für die beanspruchten Waren oder Dienstleistungen in dem betreffenden Territorium notorische Bekanntheit erlangt hat.

b) Agentenmarke (Art. 8 Abs. 3 GMV). Beruft sich der Widersprechende auf Art. 8 **95**
Abs. 3, so muss er die **Existenz einer älteren Marke** und seine **Inhaberschaft** nachweisen. Es gelten dieselben Voraussetzungen wie oben.[83] Auch Markenrechte außerhalb der EU
sind von Art. 8 Abs. 3 umfasst.[84]

Außerdem muss der Widersprechende vor Ablauf der Widerspruchsbegründungsfrist **96**
nachweisen, dass der **Anmelder die Marke als Agent oder Vertreter angemeldet** hat.
Die Geschäftsbeziehung muss grundsätzlich zum Zeitpunkt der Anmeldung der Gemeinschaftsmarke bestehen. Es kann aber auch ausreichend sein, dass der Widersprechende das
Bestehen vorvertraglicher Pflichten (im Rahmen der Anbahnung eines Vertragsverhältnisses)
oder nachvertraglicher Pflichten (nach Beendigung des Vertragsverhältnisses) darlegt. Die
Geschäftsbeziehung kann **auch außerhalb der Gemeinschaft** bestehen oder bestanden
haben.[85]

Dem Widersprechenden obliegt die Beweislast für das Bestehen eines Vertretungs- oder **97**
Treuhandverhältnisses. Insbesondere muss der Widersprechende nachweisen, dass zwischen
den Parteien eine Vereinbarung über eine geschäftliche Zusammenarbeit besteht, die ein
Treuhandverhältnis beinhaltet und dem Anmelder entweder ausdrücklich oder implizit eine
allgemeine Treuepflicht zur Wahrnehmung der Interessen des Markeninhabers auferlegt.
Dieses Vertragsverhältnis muss zum Zeitpunkt der Anmeldung nicht mehr bestehen, sofern
zu diesem Zeitpunkt ein nachwirkendes Treueverhältnis bestand.[86] Der Nachweis einer Ver-
käufer-Kunde-Beziehung reicht nicht aus.[87]

Die Unterlagen müssen gemäß Regel 19 Abs. 4 GMDV in die Verfahrenssprache über- **98**
setzt werden.

Demgegenüber obliegt dem **Anmelder** der Nachweis, dass der Widersprechende und In- **99**
haber der älteren Marke dem Anmelder eine eindeutige, präzise und unbedingte **Zustim-**
mung erteilt hat, die den Anmelder ermächtigte, die betreffende Gemeinschaftsmarke anzumelden.[88] Dokumente zum Nachweis dieser Zustimmung gemäß Regel 96 Abs. 2 GMDV
können in jeder Amtssprache der EU eingereicht werden und müssen nur auf Verlangen des
Amtes übersetzt werden.[89]

c) Andere geschäftsbezogene Kennzeichen (Art. 8 Abs. 4 GMV). Das relative Schutzhin- **100**
dernis des Art. 8 Abs. 4 schützt nicht eingetragene, im geschäftlichen Verkehr benutzte

---

[82] Siehe oben Rdn. 78 ff., 90 ff.
[83] Siehe oben Rdn. 78 ff., 90 ff.
[84] HABM-BK, 13. 10. 2006, R 613/2005-2 – *EM6/EM6.*
[85] HABM-BK, 14. 9. 2004, R 460/2003-1 – *CELLFOOD/CELLFOOD.*
[86] EuG, 13. 4. 2011, T-262/09 (Nr. 65) – *First Defense II.*
[87] EuG, 13. 4. 2011, T-262/09 (Nr. 67) – *First Defense II.*
[88] EuG, 6. 9. 2006, T-6/05 (Nr. 40) – *First Defense I.*
[89] EuG, 6. 9. 2006, T-6/05, (Nr. 44) – *First Defense I.*

Kennzeichen.[90] Der Widersprechende muss die **Existenz** des älteren Rechts vor dem Tag der Anmeldung (bzw. dem Tag der Priorität) der Gemeinschaftsmarke nachweisen. So lässt sich die Existenz eines Unternehmenskennzeichens mit einem entsprechenden **Handelsregisterauszug** belegen.

101   Zudem muss der Widersprechende nachweisen, dass er das geltend gemachte Recht im geschäftlichen Verkehr benutzt hat, und zwar in einer **mehr als lediglich örtlichen Bedeutung**. Anders als beim Benutzungsnachweis einer älteren Marke gemäß Art. 42 Abs. 2 GMV müssen Unterlagen zum Nachweis der Benutzung vom Widersprechenden von sich aus vor Ablauf der Widerspruchsbegründungsfrist eingereicht werden, ohne dass der Anmelder oder das Amt ihn dazu auffordert.[91] Um eine Benutzung von mehr als lediglich örtlicher Bedeutung nachzuweisen, muss der Widersprechende zeigen, dass er das Recht tatsächlich in hinreichend bedeutsamer Weise im geschäftlichen Verkehr und in einem bedeutenden Teil des maßgeblichen Gebietes benutzt hat.[92] Nur solche nicht eingetragenen Rechte, die hinreichend bedeutsam und wichtig sind, können die Grundlage eines Widerspruchs nach Art. 8 Abs. 4 GMV bilden. Dadurch soll die Zahl der Zeichenkonflikte begrenzt werden.[93] Die Voraussetzung einer „mehr als lediglich örtlichen Bedeutung" hat eine geographische und wirtschaftliche Komponente: Der Widersprechende muss zum einen eine gewisse Dauer und Intensität der Benutzung in wirtschaftlicher Hinsicht nachweisen und zum anderen zeigen, dass die Benutzung in geographischer Hinsicht überörtlich ist, sich also nicht nur auf eine Stadt oder Region beschränkt.[94] Generell eignen sich Unterlagen wie datierte Rechnungen, Kataloge, Werbeanzeigen, Informationen zu Umsatz und Werbeausgaben (möglichst aus unabhängiger Quelle), Presseartikel über die Markenbenutzung, Verpackungen und Bilder über das Produkt, Jahresberichte etc. Beispiele zulässiger Beweismittel werden in Art. 78 GMV aufgeführt.[95]

102   Der Nachweis der Benutzung des älteren Rechts muss sich auf den **Zeitpunkt vor dem Anmeldetag** (oder ggf. dem Tag der Priorität) der angefochtenen Gemeinschaftsmarkenanmeldung beziehen.[96]

103   Die **Beweislast** dafür, dass das gemäß **Art. 8 Abs. 4 GMV** geltend gemachte Zeichen nach dem für den Schutz dieses Zeichens maßgeblichen Recht des Mitgliedstaats seinem Inhaber das Recht verleiht, die Benutzung einer jüngeren Marke zu untersagen, liegt gemäß Art. 76 Abs. 1 S. 2 GMV beim Widersprechenden.[97]

104   Auf der Grundlage der geltend gemachten innerstaatlichen Regelung und den in dem betreffenden Mitgliedstaat ergangenen Gerichtsentscheidungen muss der Widersprechende belegen, dass das in Rede stehende Kennzeichen in den Anwendungsbereich des geltend gemachten Rechts des Mitgliedstaats fällt und es erlauben würde, die Benutzung einer jüngeren Marke zu untersagen.[98] Der Widersprechende hat jedoch nur nachzuweisen, dass er über das

---

[90] Dazu zählen z.B. die nach deutschem Recht geschützten nicht eingetragenen Marken (§ 4 Nr. 2 MarkenG), Unternehmenskennzeichen (§ 5 Abs. 2 MarkenG) und Werktitel (§ 5 Abs. 3 MarkenG).

[91] HABM-BK, 30.3. 2010, R 746/2009-1 – *MEN'Z/WENZ* (zzt. anhängig vor dem EuG, Rechtssache T-279/10).

[92] EuGH GRUR Int. 2011, 506 (Nr. 159) – *Bud*.

[93] EuG GRUR Int. 2009, 728 (Nr. 36) – *General Optica*.

[94] EuG GRUR Int. 2009, 728 (Nr. 37–41) – *General Optica*.

[95] Siehe oben § 1 Rdn. 154–158.

[96] EuGH GRUR Int. 2011, 506 (Nr. 166) – *Bud*.

[97] EuGH GRUR Int. 2011, 506 (Nr. 189) – *Bud*.

[98] EuGH GRUR Int. 2011, 506 (Nr. 190) – *Bud*.

Recht verfügt, die Benutzung einer jüngeren Marke zu untersagen. Demgegenüber kann von ihm nicht verlangt werden nachzuweisen, dass dieses Recht ausgeübt worden ist, dass also der Widersprechende tatsächlich ein Verbot einer solchen Benutzung erwirken konnte.[99]

Der Widersprechende sollte die **einschlägigen nationalen Rechtsvorschriften**, aus **105** denen sich der Schutz des geltend gemachten älteren Rechts ergibt, benennen und erläutern. Allerdings hat das EuG betont, dass es nicht Sache der Parteien sei, dem Amt von sich aus detaillierte und durch Beweise gestützte Auskünfte zum maßgeblichen nationalen Recht zu erteilen.[100] Nach der Praxis des Amtes ist der Widersprechende nicht verpflichtet, dem Amt genaue Unterlagen und Rechtsvorschriften betreffend die Regeln und Normen des nationalen Rechts vorzulegen, wenn diese dem Amt bekannt sind.[101] Stützt der Widersprechende den Widerspruch beispielsweise auf ein „in Deutschland geschütztes" Firmenzeichen, so muss er die einschlägigen nationalen Vorschriften nicht erläutern. Dem Widersprechenden ist jedoch im eigenen Interesse zu empfehlen, die Voraussetzungen der Vorschriften zu erklären, zumindest dann, wenn das nach Art. 8 Abs. 4 GMV geltend gemachte Recht kein „gängiges" Widerspruchsrecht ist.[102]

d) Bekannte Marke (Art. 8 Abs. 5 GMV). **Schrifttum:** *Piper,* Zu den Anforderungen an den Schutz der bekannten Gemeinschaftsmarke nach der GMV, GRUR 1996, 657.

Beruht der Widerspruch auf einer älteren bekannten Marke im Sinne des Art. 8 Abs. 5 **106** GMV, so hat der Widersprechende neben der Gültigkeit der Marke und seiner Inhaberschaft auch die **Bekanntheit** der Marke nachzuweisen. Die Unterlagen zum Nachweis der Bekanntheit müssen sich auf die Waren oder Dienstleistungen der eingetragenen Marke beziehen, auf die der Widerspruch gestützt wurde.[103]

Was die Bekanntheit der älteren Marke anbelangt, so ist in **territorialer** Hinsicht erfor- **107** derlich, dass die Marke „in einem wesentlichen Teil" des relevanten Gebiets bekannt ist.[104] Stützt sich der Widerspruch auf eine bekannte Gemeinschaftsmarke, muss diese bei einem wesentlichen Teil des relevanten Publikums in einem wesentlichen Teil des Gemeinschaftsgebiets bekannt sein. Der EuGH hat das Gebiet Österreichs als „wesentlicher Teil des Gemeinschaftsgebiets" angesehen.[105]

Die Unterlagen müssen sich auf den **Zeitraum vor dem Tag der Anmeldung** (bzw. **108** vor dem Tag der **Priorität**) der angefochtenen Anmeldung beziehen. Sind die Dokumente nicht datiert, müssen weitere Angaben zu ihrer Relevanz gemacht werden, ggf. in einer eidesstattlichen Versicherung. Nachweise aus der Zeit nach Anmeldung der angefochtenen Marke können relevant sein, wenn sie den Schluss zulassen, dass die Bekanntheit bereits vor diesem Zeitpunkt vorhanden war (z.B. Verkehrsumfrage, die eine hohe Bekanntheit der älteren Marke kurz nach Anmeldung der Gemeinschaftsmarke belegt).

---

[99] EuGH GRUR Int. 2011, 506 (Nr. 191) – *Bud.*

[100] EuG GRUR Int. 2005, 686 (Nr. 38) – *Atomic Blitz.* Siehe oben Rdn. 85.

[101] HABM-BK, 30.3. 2010, R 746/2009-1 – *MEN'Z/WENZ* (zzt. anhängig vor dem EuG, Rechtssache T-279/10). Als amtsbekannt vorausgesetzt werden alle Vorschriften, die in der Broschüre „National Law Relating to the Community Trade Mark and the Community Design" enthalten sind. Die Broschüre ist auf der Internetseite des Amtes abrufbar (www.oami.europa.eu): Home > Marken > Rechtstexte > Nationale Gesetzgebung zu GM und GGM.

[102] Beispielsweise geschützte geographische Herkunftsangaben.

[103] Vgl. HABM-BK, 29.4. 2010, R 1690/2008-4 – *RESOL GARDEN/REPSOL.*

[104] EuGH GRUR Int. 2000, 73 (Nr. 28) – *Chevy.*

[105] EuGH GRUR 2009, 1158 – *Pago.*

109   Bei der Zusammenstellung der Bekanntheitsunterlagen ist zu beachten, dass das Amt sich **nicht allein** von **Prozentangaben** leiten lässt, sondern die Bekanntheit umfassend unter Berücksichtigung einer Vielzahl von Umständen (Marktanteil, Intensität der Benutzung sowie ihre Dauer und geographische Ausdehnung, Umfang der getätigten Investitionen zur Steigerung der Bekanntheit etc.) beurteilt.[106] Eine Kombination der folgenden Unterlagen eignet sich zum Nachweis der Bekanntheit:

> – **Verkehrsumfragen** zur Bekanntheit der Marke, möglichst von unabhängigen Quellen (z.B. Gutachten von Marktforschungsinstitut)
> – Informationen zu **Verkaufserlösen und Marktanteilen** (eidesstattliche Versicherung)
> – Dokumente, die überregionale **Werbekampagnen** belegen (z.B. landesweite TV-Werbung etc.)
> – Angaben zum **Umfang der Werbemaßnahmen** (Auflagezahlen, Sendezeiten etc.) und **Werbeaufwendungen**
> – Belege über Preise oder **Auszeichnungen**
> – Artikel aus Zeitungen oder Zeitschriften, die die Bekanntheit der Marke zum Thema haben (z.B. Listen oder „Rankings" zu bekannten Marken)
> – **Gerichtsurteile** oder Entscheidungen nationaler Markenämter, die die Bekanntheit der Marke bestätigen

110   Neben der Bekanntheit muss der Widersprechende auch nachweisen, dass die Benutzung der angemeldeten Marke die **Unterscheidungskraft oder Wertschätzung der älteren Marke ohne rechtfertigenden Grund in unlauterer Weise ausnutzen oder beeinträchtigen** würde.[107] Dieser Nachweis kann nur theoretisch sein, da die angemeldete Marke in der Regel noch nicht auf dem Markt ist und eine tatsächliche und gegenwärtige Beeinträchtigung (noch) nicht vorliegt. Allerdings ist erforderlich, dass der Widersprechende zumindest auf Aspekte hinweist, die dem ersten Anschein nach eine nicht nur hypothetische Gefahr einer künftigen unlauteren Ausnutzung oder Beeinträchtigung der Marke nahe legen.[108] Dabei sind insbesondere die Höhe der originären Unterscheidungskraft und der Grad der Wertschätzung der älteren Marke zu berücksichtigen.[109]

111   Eine **unlautere Ausnutzung** der Unterscheidungskraft oder der Wertschätzung der älteren Marke setzt voraus, dass die bekannte Marke parasitär ausgebeutet wird oder versucht wird, Vorteil aus ihrem guten Ruf zu ziehen.[110]

112   Eine **Beeinträchtigung der Wertschätzung** der älteren Marke liegt vor, wenn die Waren, die von der angemeldeten Marke umfasst sind, auf die Öffentlichkeit in einer solchen Weise wirken, dass die Anziehungskraft der älteren Marke geschmälert wird.[111]

113   Eine **Beeinträchtigung der Unterscheidungskraft** der älteren Marke ist zu bejahen, wenn die ältere Marke nicht mehr geeignet ist, eine unmittelbare gedankliche Verbindung

---

[106] EuGH GRUR Int. 2000, 73 (Nr. 25–28) – *Chevy*.
[107] Dazu Hdb. Fachanwalt-GewRS/*Pohlmann*, Kap. 5 Rn. 960–965.
[108] EuG GRUR Int. 2005, 698 (Nr. 40) – *Spa-Finders*.
[109] EuGH GRUR Int. 2000, 73 (Nr. 30) – *Chevy*.
[110] EuG GRUR Int. 2005, 698 (Nr. 51) – *Spa-Finders*.
[111] EuG GRUR Int. 2005, 698 (Nr. 46) – *Spa-Finders*.

mit den Waren hervorzurufen, für die sie eingetragen und verwendet wird.[112] Der EuGH verlangte zum Nachweis einer Beeinträchtigung der Unterscheidungskraft, dass sich das wirtschaftliche Verhalten der angesprochenen Verkehrskreise infolge der Benutzung der jüngeren Marke geändert haben müsse oder dass die ernsthafte Gefahr einer künftigen Änderung dieses Verhaltens bestünde.[113] Die Anwendung solch strenger Maßstäbe würde zumindest in einem Widerspruchsverfahren diese Variante des Art. 8 Abs. 5 GMV ins Leere laufen lassen. Eine „Verhaltensänderung" der maßgeblichen Verkehrskreise lässt sich nicht nachweisen, da die angemeldete Marke in der Regel noch nicht benutzt wird. Mehr als eine schlüssige und überzeugende Begründung, warum die Benutzung der angefochtenen Marke die Unterscheidungskraft der bekannten Marke beeinträchtigen könnte, kann vom Widersprechenden nicht verlangt werden. Ob eine derartige Beeinträchtigung vorliegt, ist anhand der Gesamtumstände des Falles zu beurteilen, wobei insbesondere der Grad der Zeichenähnlichkeit, die originäre Kennzeichnungskraft und der Grad der Bekanntheit der älteren Marke eine Rolle spielen. Eine Gefahr der Verwässerung ist beispielsweise bei besonders exklusiven Marken gegeben. Gelingt es dem Widersprechenden, mit entsprechenden Beweismitteln die Exklusivität seiner Marke nachzuweisen, so erhöht er die Chancen, dass die Argumente zur Ausnutzung der Unterscheidungskraft erfolgreich sind.

e) Übersetzungen. Die Pflicht zur Übersetzung der vorgelegten Beweismittel in die Sprache des Widerspruchsverfahrens bezweckt die **Wahrung der Waffengleichheit** zwischen den Beteiligten.[114] Daher hat der Widersprechende innerhalb der Frist für die Begründung des Widerspruchs die für die Substantiierung des Widerspruchs eingereichten Unterlagen zu übersetzen (Regel 19 Abs. 3 GMDV). Regel 19 Abs. 3 GMDV ist lex specialis zu Regel 96 GMDV. Die Regelung gilt sowohl für den ersten Schriftsatz des Widersprechenden (Widerspruchsbegründung) als auch für sämtliche Beweismittel, die entweder bereits mit der Widerspruchsschrift oder mit der Widerspruchsbegründung eingereicht wurden. **114**

Die Übersetzung der Dokumente muss **innerhalb der Widerspruchsbegründungsfrist** eingereicht werden. Fehlt die Übersetzung, wird das Dokument nicht berücksichtigt. Wurden Unterlagen, die die Existenz und Gültigkeit des älteren Rechts belegen sollen (z.B. Registrierungsurkunden), nicht übersetzt, so wird der Widerspruch als unbegründet zurückgewiesen, sofern der Widerspruch nur auf diesem Recht basiert.[115] Ebenso wird der Widerspruch zurückgewiesen, wenn die Übersetzung der Eintragungsurkunde unzureichend ist.[116] **115**

Grundsätzlich legt die Widerspruchsabteilung bei der Beurteilung des Widerspruchs die Übersetzung des Warenverzeichnisses zugrunde, die der Widersprechende eingereicht hatte. Ist die Übersetzung des Waren- oder Dienstleistungsverzeichnisses jedoch **offensichtlich unrichtig**, so sollte das Amt (gegebenenfalls nach Anhörung der Parteien) eine korrigierte Version als Basis für die Entscheidung zugrunde legen.[117] **116**

---

[112] EuG GRUR Int. 2005, 698 (Nr. 43) – *Spa-Finders*.

[113] EuGH GRUR 2009, 56 – *Intel*.

[114] EuG GRUR Int. 2004, 1029 (Nr. 72) – *Biomate*.

[115] HABM-BK, 7.3. 2007, R 477/2006-1 – *Flaschenform/Flaschenform*. Vgl. auch EuG GRUR Int. 2004, 1029 (Nr. 72) – *Biomate* sowie EuG MarkenR 2002, 304 (Nr. 44) – *Chef* (für die bis zum 25.7. 2005 geltende Version der GMDV).

[116] HABM-BK, 15.12. 2008, R 740/2008-4 – *PROTI SNACK/PROTI* (zzt. anhängig vor dem EuG, Rechtssache T-62/09).

[117] A.A. HABM-BK, 23.9. 2008, R 418/2008-4 – *MAE B./MAE SENSATIONS*: Unrichtige Übersetzung führt zur Zurückweisung des Widerspruchs mangels Substantiierung des älteren Rechts.

117   Die Übersetzung muss auf das Originalschriftstück Bezug nehmen und die **Struktur und den Inhalt des Originalschriftstücks** wiedergeben (Regel 98 Abs. 1 GMDV). Insbesondere muss das Warenverzeichnis der Widerspruchsmarke in der Übersetzung der Registrierungsurkunde enthalten sein. Es ist daher nicht ausreichend, die Registrierungsurkunde ohne Warenverzeichnis zu übersetzen und lediglich auf die Übersetzung des Warenverzeichnisses in der Widerspruchsschrift oder in anderen Schriftstücken hinzuweisen.[118]

118   Auf der anderen Seite ist es nicht notwendig, **unwesentliche Details** der Registrierungsurkunde zu übersetzen.[119] Entscheidend ist, dass für den Anmelder aus der Übersetzung der Urkunde alle notwendigen Informationen der Marke ersichtlich sind, um sich gegen den Widerspruch zu verteidigen. So sah die Zweite Beschwerdekammer die fehlende Übersetzung der Farbansprüche der älteren Marke als unschädlich an, da eine Farbkopie des älteren Rechts eingereicht worden war und der Widersprechende die Farben in der Widerspruchsbegründung angegeben hatte.[120]

119   Angaben der Registrierungsurkunde, deren Bedeutung sich mit Hilfe von ebenfalls in der Urkunde angegebenen INID-Codes identifizieren lassen, brauchen nicht übersetzt zu werden.[121]

120   In aller Regel reichen **Fotokopien** der Übersetzungen aus. Von der in Regel 98 Abs. 1 S. 2 GMDV vorgesehenen Möglichkeit der Beglaubigung macht das Amt im Normalfall keinen Gebrauch (vgl. auch Regel 99 GMDV).

121   **2. Folgen nicht hinreichender Substantiierung.** Ergibt die Überprüfung des Widerspruchs, dass der Widersprechende innerhalb der Widerspruchsbegründungsfrist hinsichtlich keines der geltend gemachten älteren Rechte deren Existenz, Gültigkeit und Schutzumfang oder nicht seine Befugnis zur Einlegung des Widerspruchs nachgewiesen hat, wird der Widerspruch ohne Sachprüfung **als unbegründet zurückgewiesen** (Regel 20 Abs. 1 GMDV).

122   Das Amt ist weder verpflichtet noch befugt, den Widersprechenden vorab auf fehlende Unterlagen zum Nachweis der Existenz und Gültigkeit der älteren Rechte **hinzuweisen.**[122] Da dieser Nachweis dem Widersprechenden obliegt, können Mängel auch nicht dadurch „geheilt" werden, dass das Amt die Existenz oder Gültigkeit der Widerspruchsmarke auf der Internetseite des maßgeblichen nationalen Markenamtes überprüft.[123] Die **Zurückweisung** erfolgt **nach Ablauf der Widerspruchsbegründungsfrist**, ohne dass der Anmelder eine Gelegenheit zur Stellungnahme erhält. Das Amt informiert die Parteien darüber, welche Dokumente zur hinreichenden Substantiierung des Widerspruchs nicht eingereicht wurden.

123   Nach der Praxis des Amtes muss der Widersprechende **sämtliche Tatsachen und Beweismittel** zur Stützung seines Widerspruchs vor Ablauf der Widerspruchsbegründungsfrist einreichen. Dazu zählen auch Dokumente zum Nachweis der erhöhten Kennzeich-

---

[118]   HABM-BK, 18.12. 2008, R 883/2008-4 – *COLUMBIA/COLUMBUS.*

[119]   EuG GRUR Int. 2004, 1029 (Nr. 72) – *Biomate*; HABM-BK, 16.2. 2007, R 936/2006-2 – *AL-PHA/alpha Tonträger Vertriebs GmbH.*

[120]   HABM-BK, 26.2. 2008, R 252/2007-2 *GMAIL/G-MAIL UND DIE POST GEHT RICHTIG AB.*

[121]   HABM-BK, 31.5. 2010, R 655/2009-2 – *EUROLEAGUE/EUROLIGA*; 20.5. 2010, R 790/2009-1 – *AZAP/SAP.*

[122]   EuG GRUR Int. 2004, 1029 (Nr. 70) – *Biomate.*

[123]   So aber geschehen in HABM-BK, 16.9. 2010, R 1496/2009-1 – *ANGERMANN IMMO CHANGE/immochan.*

nungskraft der Widerspruchsmarke, Unterlagen zum Nachweis der Benutzung des älteren Zeichens nach Art. 8 Abs. 4 GMV oder Bekanntheitsunterlagen gemäß Art. 8 Abs. 5 GMV. Die Widerspruchsabteilung berücksichtigt entsprechende Unterlagen grundsätzlich nicht, wenn sie erst nach Ablauf der Widerspruchsbegründungsfrist eingereicht werden.[124] Andererseits gilt die Widerspruchsbegründungsfrist nicht für Beweismittel zur Entkräftung von **neuen Argumenten oder Unterlagen**, die erstmals von der Gegenseite im Laufe des Verfahrens ins Feld geführt werden, und zu denen der Widersprechende vorher nicht Stellung nehmen konnte.

Ist der Widerspruch hinsichtlich **mindestens eines älteren Rechts** substantiiert, läuft **124** das Widerspruchsverfahren weiter und der Anmelder erhält die Gelegenheit zur Stellungnahme.

Checkliste 1: Begründung des Widerspruchs **125**

Checkliste Widerspruchsbegründung

1. Vorprüfung: Angaben zur Zulässigkeit

- Da das Amt die Zulässigkeit nur hinsichtlich eines älteren Rechts prüft, obliegt es dem Widersprechenden, vor Ablauf der Widerspruchsbegründungsfrist **nachholbare Angaben zur Zulässigkeit** der übrigen Rechte zu machen:
  - Angabe des **Anmelde- und Eintragungstags** der älteren Marke
  - Angabe aller **Waren oder Dienstleistungen**, auf denen die übrigen Rechte gestützt sind
  - Angabe der **Waren oder Dienstleistungen**, für die Marke **bekannt** ist (wenn Art. 8 Abs. 5 GMV geltend gemacht wurde)
  - Angaben zum **Widersprechenden** (ggf. Vertreter/Lizenznehmer)
  - **Einreichung einer farbigen Abbildung der älteren Marke** (wenn das ältere Recht eine farbige Marke ist)

2. Ältere Marke (Artikel 8 Abs. 1 lit. a oder lit. b/Art. 8 Abs. 5 GMV)

- **Existenz der Marke**: Eintragungsurkunde/amtlicher Registerauszug/Online-Auszug von der Internetseite eines Amtes/NICHT: private Datenbankauszüge
  - **Alle wesentlichen Daten** müssen in dem Dokument enthalten sein (ausstellende Behörde, Anmelde- und/oder Eintragungsnummer(n), Tag der Anmeldung, der Priorität und der Eintragung, Wiedergabe des Zeichens, geschützte Waren und Dienstleistungen, Ende der Schutzdauer, Inhaberschaft des Widersprechenden, Verlängerungen, Rechtsübergänge, schwebende Verfahren etc.)
  - Wenn ältere Marke eine **Gemeinschaftsmarke** ist, sind keine Unterlagen zum Nachweis der Existenz einzureichen
- Ggf. **Verlängerungsurkunde** (wenn Schutz der älteren Marke zum Zeitpunkt der Widerspruchsbegründung abgelaufen ist) oder zumindest Kopie des Verlängerungsantrags (wenn Verlängerung kurz vor Ablauf der Widerspruchsbegründungsfrist ansteht)

---

[124] Zur Frage, inwieweit verspätet vorgelegte Unterlagen vom Amt berücksichtigt werden, s. o. § 1 Rdn. 57 ff.

Checkliste Widerspruchsbegründung

- **Widerspruchsberechtigung**
  - Widersprechender muss nachweisen, dass er bei Einlegung des Widerspruchs Inhaber der älteren Marke(n) war (davon ist auszugehen, wenn der in den Registrierungsurkunden genannte Inhaber mit dem in der Widerspruchsschrift genannten Widersprechenden übereinstimmt)
  - Legt **Lizenznehmer** Widerspruch ein, so muss er nachweisen, dass er Lizenznehmer ist und vom Markeninhaber zur Erhebung des Widerspruchs ermächtigt wurde
- **Inhaberwechsel:** Ist Widerspruchsmarke übertragen worden und ergibt sich der Rechtsübergang nicht aus der Eintragungsurkunde, muss der Widersprechende die Eintragung des Rechtsübergangs nachweisen oder ggf. zumindest die erforderlichen Schritte für die Eintragung des Rechtsübergangs in die Wege geleitet hat
- Ggf. Unterlagen zum Nachweis der **gesteigerten Kennzeichnungskraft** der Widerspruchsmarke aufgrund intensiver Benutzung oder Bekanntheit
- Ggf. Dokumente zum Nachweis einer **Markenfamilie**
  Geeignete Unterlagen: Alle in Art. 78 GMV genannten Beweismittel (z.B. von unabhängigen Marktforschungsinstituten durchgeführte Verkehrsumfragen, eidesstattliche Versicherung mit Angaben zu Umsatz, Marktanteil oder Werbeausgaben, Unterlagen zum Nachweis landesweiter Werbekampagnen, Rechnungen, Broschüren, Kataloge, Nennung der Marke in Presseartikeln etc.)
- **Fotokopien** sind ausreichend
- **Übersetzungen** aller Dokumente in Verfahrenssprache/keine Beglaubigung nötig
- Ggf. **zweifache Kopie** der Unterlagen (falls per Post geschickt – siehe oben § 1 Rdn. 35 und § 3 Rdn. 76)

3. Notorisch bekannte Marke (Art. 8 Abs. 2 lit. c GMV)

- Widersprechender muss **notorische Bekanntheit** in dem betreffenden Gebiet für die geltend gemachten Waren/Dienstleistungen nachweisen
  Geeignete Unterlagen: Alle in Art. 78 GMV genannten Beweismittel (z.B. von unabhängigen Marktforschungsinstituten durchgeführte Verkehrsumfragen, eidesstattliche Versicherung mit Angaben zu Umsatz, Marktanteil oder Werbeausgaben, Unterlagen zum Nachweis landesweiter Werbekampagnen, Rechnungen, Broschüren, Kataloge, Nennung der Marke in Presseartikeln etc.)
- Ggf. **zweifache Kopie** der Unterlagen (falls per Post geschickt – siehe oben § 1 Rdn. 35 und § 3 Rdn. 76)

4. Nicht eingetragene Marke/sonstiges im geschäftlichen Verkehr benutztes Kennzeichenrecht (Art. 8 Abs. 4 GMV)

- Nachweis des **Erwerbs** des betreffenden Rechts nach dem relevanten nationalen oder EU-Recht
  - Erwerb **vor Anmeldetag**/Tag der Priorität der Gemeinschaftsmarkenanmeldung
  - Voraussetzungen des Erwerbs richten sich nach **nationalem Recht** (z.B. § 5 MarkenG) oder **EU-Recht** (z.B. VO 510/2006 – Schutz geographischer Angaben und Ursprungsbezeichnungen)

Checkliste Widerspruchsbegründung

- Nachweis der **Benutzung** des Rechts im geschäftlichen Verkehr von mehr als lediglich örtlicher Bedeutung
  - **Zeitraum der Benutzung:** Vor dem Anmeldetag/Tag der Priorität der angemeldeten Gemeinschaftsmarke
  - **Ort:** Benutzung in dem geltend gemachten Territorium
  - **Art:** Benutzung des beanspruchten Zeichens für die geltend gemachten Waren und Dienstleistungen
  - **Mehr als lediglich örtliche Bedeutung:** Lediglich lokale oder regionale Benutzung nicht ausreichend/in wirtschaftlicher Hinsicht muss Benutzung einen gewissen Umfang erreichen
  - **Geeignete Unterlagen:** Alle in Art. 78 GMV genannten Beweismittel (z.B. Rechnungen, Kopien von Katalogen oder Werbebroschüren, Verkehrsumfragen, eidesstattliche Versicherung mit Angaben zum Umsatz, Marktanteil oder Werbeausgaben etc.)
- Ggf. Nachweis der **Berechtigung** zur Einlegung des Widerspruchs
- Angaben zum nationalen oder EU Recht, das dem Widersprechenden das **Recht** verleiht, die **Benutzung der jüngeren Marke zu untersagen**
  Geeignete Unterlagen: Auszug des Gesetzestexts
- **Übersetzungen** aller Dokumente in Verfahrenssprache/keine Beglaubigung nötig
- Ggf. **zweifache Kopie** der Unterlagen (falls per Post geschickt – siehe oben § 1 Rdn. 35 und § 3 Rdn. 76)

5. Agentenmarke (Art. 8 Abs. 3 GMV)

- Nachweis der **Existenz und Gültigkeit** der älteren eingetragenen Marke (siehe oben **Punkt 2**) oder ggf. nicht eingetragenen Marke (siehe oben **Punkt 4**)
- Nachweis der **Inhaberschaft** an der älteren Marke
- Nachweis eines **Agenten- oder Vertreterverhältnisses**
- Ggf. **zweifache Kopie** der Unterlagen (falls per Post geschickt – siehe oben § 1 Rdn. 35 und § 3 Rdn. 76)

6. Bekannte Marke (Art. 8 Abs. 5 GMV)

- Nachweis der **Existenz und Gültigkeit** der älteren Marke und **Berechtigung** zur Einlegung des Widerspruchs: siehe oben **Punkt 2**
- Nachweis der **Bekanntheit** der Marke in einem wesentlichen Teil des Gebietes, in dem die Marke geschützt ist
  - *Geeignete Unterlagen:* Alle in Art. 78 GMV genannten Beweismittel (z.B. von unabhängigen Marktforschungsinstituten durchgeführte Verkehrsumfragen, eidesstattliche Versicherung mit Angaben zu Umsatz, Marktanteil oder Werbeausgaben, Unterlagen zum Nachweis landesweiter Werbekampagnen, Rechnungen, Broschüren, Kataloge, Nennung der Marke in Presseartikeln etc.)
  - Ggf. **Übersetzung** aller Unterlagen in Verfahrenssprache
- Nachweis *(prima facie)* der **Beeinträchtigung/unlautere Ausnutzung der Unterscheidungskraft oder Wertschätzung** der älteren Marke
- Ggf. **zweifache Kopie** der Unterlagen (falls per Post geschickt – siehe oben § 1 Rdn. 35 und § 3 Rdn. 76)

126   **3. Frist des Anmelders zur Stellungnahme.** Nach Einreichung der Widerspruchsbegründung hat der Anmelder **zwei Monate** Zeit, um zu dem Widerspruch Stellung zu nehmen. Die Frist für den Anmelder wird bereits in dem ersten Schreiben des Amtes, in dem die Parteien über den Ablauf der „Cooling-off"-Frist informiert werden, festgelegt. Im Regelfall wird das Amt die Stellungnahme des Widersprechenden jedoch erst nach Ablauf der Widerspruchsbegründungsfrist weiterleiten, so dass der Anmelder eine **neue Stellungnahmefrist** erhält, um sicherzustellen, dass der Anmelder über einen Zeitraum von zwei Monaten zur Einreichung der Widerspruchserwiderung verfügt.

127   Der Anmelder kann seine **Stellungnahme** in jeder der **fünf Amtssprachen des HABM** einreichen. Ist die gewählte Amtssprache nicht die Verfahrenssprache, muss der Anmelder innerhalb eines Monats nach Vorlage des Schriftsatzes eine **Übersetzung** in die Verfahrenssprache vorlegen (Regel 96 Abs. 1 S. 2 GMDV).[125] Dem Schriftsatz beigefügte **Beweismittel** können in jeder Amtssprache der EU eingereicht werden.

128   Soweit möglich, sollte der Anmelder Unterlagen beifügen, die seine Argumente untermauern. Argumentiert der Anmelder, dass die Waren oder Dienstleistungen (zumindest teilweise) unähnlich sind, so kann er z.B. Dokumente einreichen, die zeigen, dass die Anbieter und Vertriebswege der Produkte verschieden sind. Hilfreich sind auch frühere Entscheidungen des Amtes oder des EuG/EuGH zur Warenunähnlichkeit. Auch das Argument, dass das **gemeinsame Element** der Konfliktzeichen **kennzeichnungsschwach** ist, lässt sich mit Hilfe von Wörterbuchauszügen oder Unterlagen zur gebräuchlichen Verwendung des Elements auf dem relevanten Markt bekräftigen. Die Tatsache, dass der gemeinsame Bestandteil bei einer Vielzahl von Marken im Register auftaucht, kann als Indiz dafür gewertet werden, dass dieses Element kennzeichnungsschwach ist.[126] Der Hinweis auf die Registerlage alleine reicht allerdings nicht aus, um das Argument der Kennzeichnungsschwäche zu stützen. Auch das Argument des Anmelders, dass dieselben Marken der beiden Parteien bereits seit vielen Jahren auf dem maßgeblichen Markt **koexistieren**, kann ein Indiz gegen Verwechslungsgefahr sein. Der Anmelder muss die Koexistenz der Marken allerdings auf dem Markt (und nicht lediglich im Register) nachweisen.[127]

129   Wichtig für den Anmelder ist, dass er den **Antrag auf Nachweis der Benutzung** der Widerspruchsmarke(n) innerhalb der ersten Stellungnahmefrist stellen muss (Regel 22 Abs. 1 GMDV).

> **Praxishinweis:** Unterliegen die Widerspruchsmarken dem Benutzungszwang, so ist dem Anmelder in der Regel zu empfehlen, die erste Stellungnahme auf den Antrag zum Nachweis der rechtserhaltenden Benutzung zu beschränken, und erst in der zweiten Stellungnahme zum geltend gemachten relativen Schutzhindernis Stellung zu nehmen (vgl. Regel 22 Abs. 5 GMDV). Stellt sich heraus, dass der Benutzungsnachweis nicht erbracht wurde, erübrigt sich möglicherweise eine Stellungnahme zu den anderen Punkten.

4. Der Nachweis der rechtserhaltenden Benutzung. Schrifttum: *Bender,* Die ernsthafte Benutzung der Marke in der europäischen Rechtsprechung, FS 50 Jahre VPP, 2005, S. 412; *Braitmayer,* Benutzungszwang im Widerspruchsverfahren, MarkenR 2005, 297; *Caldarola,* Probleme

---

[125]   Siehe oben § 1 Rdn. 119.
[126]   Widerspruchsrichtlinien des HABM, Teil 2, Kapitel 2, D.I.2.1.
[127]   Widerspruchsrichtlinien des HABM, Teil 2, Kapitel 2, D.I.6.

beim Benutzungszwang von abstrakten Farbmarken, GRUR 2002, 937; *Durán*, Geographical scope of the use requirement for Community Trade Marks, FS v. Mühlendahl, 2005, S. 333; *Eichmann*, Die rechtserhaltende Benutzung von neuen Markenformen, FS Tilmann, 2003, S. 285; *Hildebrandt*, Markenrechtliche Benutzungsschonfrist umnotieren!, GRUR 2007, 115; *Ingerl*, Rechtsverletzende und rechtserhaltende Benutzung im Markenrecht, WRP 2002, 861; *Kellerhals*, Der Benutzungszwang im Gemeinschaftsmarkenrecht, GRUR Int. 1999, 14; *Kliems*, Die Einrede mangelnder Benutzung im Markenrecht, MarkenR 2001, 185; *Rohnke*, Der Benutzungszwang im internationalen Markenrecht, FS Piper, 1996, S. 603; *Starck*, Die Benutzung von Marken – Der Benutzungsbegriff im Rahmen der Rechtsverletzung und der Rechtserhaltung, MarkenR 2005, 169; *Weberndörfer*, Der Benutzungszwang. Erläuterungen zur Praxis der Widerspruchsabteilungen des Harmonisierungsamts, Mitt. 2000, 253.

Unterliegt die Widerspruchsmarke für das Widerspruchsverfahren dem Benutzungs- **130** zwang, so muss der Widersprechende auf Antrag des Anmelders die Benutzung der Marke nachweisen. Erbringt er den Nachweis nicht, wird der Widerspruch zurückgewiesen.

Zweck des Benutzungszwanges ist es, dem Inhaber der älteren Marke nur dann ein ex- **131** klusives Recht zuzugestehen, wenn er (nach Ablauf der „Benutzungsschonfrist") das Zeichen auch tatsächlich auf dem Markt benutzt. Das Ausschlussrecht soll dagegen nicht greifen, wenn es auf Dauer lediglich im Register existiert.[128]

a) Dem Benutzungszwang unterliegende Marken. Nicht alle Marken unterliegen dem Be- **132** nutzungszwang. Gemäß Art. 42 Abs. 2 und Abs. 3 GMV muss die Benutzung der Widerspruchsmarke nur dann (auf Antrag des Anmelders) nachgewiesen werden muss, wenn die ältere Marke zum **Zeitpunkt der Veröffentlichung der Anmeldung** der Gemeinschaftsmarke seit **mindestens fünf Jahren eingetragen** ist. Dieser Fünfjahreszeitraum vor Veröffentlichung der Anmeldung gilt für das gesamte Verfahren. Auch wenn die Widerspruchsmarke im Laufe des Widerspruchs- oder Beschwerdeverfahrens aus der Benutzungsschonfrist fällt, unterliegt sie für dieses Verfahren nicht dem Benutzungszwang. Die Situation ist also anders als im deutschen Recht.[129]

Ist die ältere Marke eine **nationale Marke**, so bestimmt sich das Datum der „Eintragung" **133** im Sinne des Art. 42 Abs. 2 nach dem betreffenden nationalen Markensystem. Der Begriff der Eintragung ist als „Tag des Abschlusses des Eintragungsverfahrens" **nach dem jeweiligen nationalen Recht auszulegen**. Dieses Verständnis des Begriffs der Eintragung ergibt sich aus Art. 10 Abs. 1 MarkenRL, der für den Beginn der Fünf-Jahres-Periode nicht auf den Tag der Eintragung des älteren Rechts ab, sondern auf denjenigen des Abschlusses des Eintragungsverfahrens abstellt.[130] Der **„Tag des Abschlusses des Eintragungsverfahrens"** im Sinne von Art. 10 Abs. 1 MarkenRL ist in jedem Mitgliedstaat entsprechend den dort geltenden Verfahrensvorschriften für die Eintragung zu bestimmen.[131]

Dies ist insbesondere dann von Bedeutung, wenn nach dem nationalen Markenrecht (wie **134** z.B. in Deutschland) ein **Widerspruchsverfahren erst nach der Eintragung** vorgesehen ist und im Falle eines Widerspruchs der Zeitpunkt des Abschlusses des Widerspruchsverfahrens an die Stelle des Zeitpunktes der Eintragung tritt (vgl. § 26 Abs. 5 MarkenG).[132] Dieser

---

[128] Vgl. Zehnte Begründungserwägung der GMV.
[129] Vgl. § 43 Abs. 1 S. 2 MarkenG.
[130] HABM-BK, 2.2. 2005, R 561/2004-2 – *XS/IXS*.
[131] EuGH GRUR 2007, 702 – *Häupl*.
[132] EuG, 14.4. 2011, T-466/08 (Nr. 30–35) – *Acno Focus* (zzt. anhängig vor dem EuGH, Rechtssache C-334/11 P); HABM-BK, 4.5. 2004, R 429/2003-2 – *COPACABANA SUNRISE/SUNRISE*; 29.4. 2004, R 625/2003-2 – *CUK/Puck*.

spätere Zeitpunkt ist auch für die Waren und Dienstleistungen maßgeblich, die nicht Gegenstand des Widerspruchsverfahrens gegen die deutsche Marke sind.[133]

> **Beispiel:** Die Gemeinschaftsmarkenanmeldung wird am 4.6. 2008 veröffentlicht. Die deutsche Widerspruchsmarke wurde am 12.1. 2002 eingetragen, das sich an die Eintragung anschließende Widerspruchsverfahren wurde am 15.6. 2003 beendet. Die Widerspruchsmarke unterliegt für das Widerspruchsverfahren nicht dem Benutzungszwang, da der Tag des Abschlusses des deutschen Widerspruchsverfahrens an den Tag der Eintragung der deutschen Marke tritt.

135   Da das Amt nicht von sich aus prüft, ob sich nach der Eintragung der deutschen Widerspruchsmarke ein mögliches Widerspruchsverfahren angeschlossen hat, ist dem Widersprechenden zu empfehlen, entsprechende **Registerauszüge** (z.B. DPMAregister) einzureichen, die die Verschiebung der „Benutzungsschonfrist" belegen.

136   Basiert der Widerspruch auf einer **internationalen Registrierung**, so ist wiederum nicht auf den Tag der Eintragung der internationalen Registrierung, sondern auf den Tag des Abschlusses des Eintragungsverfahrens abzustellen. Bei einer internationalen Registrierung mit Schutzerstreckung auf einen Mitgliedstaat beginnt nach der Praxis des Amtes die Benutzungsschonfrist mit dem Ablauf der Schutzverweigerungsfrist von 12 Monaten (Art. 5 Abs. 2 MMA) bzw. 18 Monaten (Art. 5 Abs. 2 lit. b PMMA) oder – falls bei Fristablauf noch ein Schutzverweigerungsverfahren anhängig ist – mit der abschließenden Schutzbewilligungsmitteilung an die WIPO, je nachdem, was später eintritt[134]. Allerdings betonte der EuGH, dass für die Bestimmung des „Tages des Abschlusses des Eintragungsverfahrens" letztendlich **das jeweilige nationale Verfahrensrecht** entscheidend ist.[135]

137   Beruht der Widerspruch auf einer **IR-Marke mit Schutzerstreckung auf Deutschland**, so beginnt die Benutzungsschonfrist der Erstreckung nach §§ 117, 115 Abs. 2 MarkenG iVm Art. 5 Abs. 2 MMA ein Jahr nach dem Tag, an dem die WIPO die Mitteilung über die internationale Registrierung oder die nachträgliche Schutzerstreckung an das DPMA geschickt hat.[136] Zweck der Verschiebung der Schonfrist ist, dass dem Markeninhaber die Benutzungsaufnahme nicht zugemutet werden soll, solange ein Schutzverweigerungsverfahren noch möglich ist.[137] Dies gilt auch bei Anwendbarkeit des PMMA, da Deutschland von der Möglichkeit des Art. 5 Abs. 2 PMMA, die Frist auf 18 Monate zu verlängern, keinen Gebrauch gemacht hat.[138] Ist bei Ablauf der Jahresfrist noch ein Schutzverweigerungsverfahren wegen absoluter Schutzhindernisse oder Widersprüche anhängig, beginnt die Benutzungsschonfrist gemäß § 115 Abs. 2 Hs. 2 MarkenG

---

[133] EuG, 14.4. 2011, T-466/08 (Nr. 36–38) – *Acno Focus* (zzt. anhängig vor dem EuGH, Rechtssache C-334/11 P).

[134] Widerspruchsrichtlinien des HABM, Teil 6 (Benutzungsnachweis), II.4.1.3; HABM-BK, 2.3. 2007, R 300/2006-4 – *ACTILON/ACTELION*; 2.2. 2006, R 561/2004-2 – *XS/IXS*; 11.1. 2006, R 1126/2004-2 – *ATOZ/ARTOZ*.

[135] EuGH GRUR 2007, 702 – *Häupl*; HABM-BK, 1.12. 2008, R 1759/2007-2 – *SWISS MONTE/MONTE*.

[136] HABM-BK, 2.2. 2005, R 561/2004-2 – *XS/IXS*. Siehe dazu *Kober-Dehm* in Ströbele/Hacker, Markengesetz, § 115 Rn. 3; Ingerl/Rohnke, Markengesetz, § 115 Rn. 7.

[137] Ingerl/Rohnke, Markengesetz, § 115 Rn. 6.

[138] *Kober-Dehm* in Ströbele/Hacker, Markengesetz, § 107 Rn. 3.

erst am Tag des Zugangs der abschließenden Schutzbewilligungsmitteilung des DPMA bei der WIPO.[139]

Für eine internationale Registrierung, die **auf die EU erstreckt** wurde, bestimmt **138** Art. 160 GMV, dass für den Beginn der Benutzungsschonfrist an die Stelle des Datums der Eintragung das Datum der zweiten Nachveröffentlichung (Art. 152 Abs. 2 GMV) tritt. Eine zweite Nachveröffentlichung erfolgt, wenn eine weitere Mitteilung über die Schutzgewährung gemäß Regel 116 Abs. 1 GMDV übermittelt wurde oder die vorläufige Schutzverweigerung ganz oder teilweise zurückgenommen wurde.[140]

b) Der Begriff der ernsthaften Benutzung. Art. 42 Abs. 2 GMV verlangt das Vorliegen einer **139** „ernsthaften" Benutzung.[141] Ob eine Markenbenutzung zur Bejahung ihrer rechtserhaltenden Benutzung „ernsthaft" ist, hängt davon ab, ob sie entsprechend ihrer Hauptfunktion eingesetzt wurde. Diese liegt bekanntlich darin, die Waren und Dienstleistungen des Markeninhabers von denen anderer Unternehmen zu unterscheiden, um auf diese Weise Marktanteile zu gewinnen oder zu sichern. Keine „ernsthafte Benutzung" ist eine rein **symbolische Benutzung**, eine Benutzung zum Schein oder zu Testzwecken, die nur dazu dient, das Recht im Register zu erhalten.[142] Die Ernsthaftigkeit der Benutzung der Marke ist anhand sämtlicher Tatsachen und Umstände zu beurteilen, durch die die wirtschaftliche Verwertung der Marke im Geschäftsverkehr belegt werden kann, wie insbesondere des Umfangs und der Häufigkeit der Benutzung der Marke.[143]

Die Benutzung eines Zeichens als Marke setzt voraus, dass dieses Zeichen im geschäftli- **140** chen Verkehr eingesetzt wird, um nämlich die Waren oder Dienstleistungen des Markeninhabers von denjenigen anderer Unternehmen zu unterscheiden. Die Benutzung eines Zeichens im privaten Bereich oder die rein **interne Nutzung** innerhalb eines Unternehmens ist keine markenmäßige Benutzung.[144]

c) Der Antrag. Die Benutzung der Widerspruchsmarke wird nicht von Amts wegen über- **141** prüft, sondern nur „auf Verlangen des Anmelders" (Art. 42 Abs. 2 GMV).[145] Der Antrag auf Nachweis der rechtserhaltenden Benutzung muss **rechtzeitig** gestellt werden.[146] Nach Än-

---

[139] *Kober-Dehm* in Ströbele/Hacker, Markengesetz, § 115 Rn. 3; Ingerl/Rohnke, Markengesetz, § 115 Rn. 7.

[140] Eisenführ/*Schennen*, GMV, Art. 156 Rn. 28–32.

[141] In der englischen Version des Art. 42 Abs. 2 GMV ist von „genuine use" die Rede („uso efectivo" auf Spanisch, „usage sérieux" auf Französisch und „seriamente utilizzato" auf Italienisch).

[142] Vgl. EuGH, 27.1. 2004, C-259/02 (Nr. 26) – *La Mer*; GUR 2003, 425 (Nr. 36, 37, 43) – *Ansul*; EuG GRUR Int. 2005, 589 (Nr. 24) – *Flexi Air* (bestätigt durch EuGH, 27.4. 2006, C-235/05 P); GRUR Int. 2004, 955 (Nr. 33) – *Hippovit*; GRUR Int. 2004, 647 (Nr. 38) – *Mundicor*.

[143] EuGH MarkenR 2006, 265 (Nr. 70) – *Vitafruit*. Vgl. in diesem Sinne auch zu Art. 10 Abs. 1 der Richtlinie 89/104/EWG, der mit Art. 15 Abs. 1 der Verordnung Nr. 40/94 identisch ist, entsprechend EuGH GUR 2003, 425 (Nr. 43) – *Ansul*, und EuGH, 27.1. 2004, C-259/02 (Nr. 27) – *La Mer*.

[144] EuGH GRUR 2003, 425 (Nr. 37) – *Ansul*.

[145] Das Amt darf nicht von sich aus die rechtserhaltende Benutzung ohne entsprechenden Antrag des Anmelders nicht überprüfen. Es obliegt dem Anmelder, den Benutzungsnachweis zu verlangen und den Umfang dieses Verlangens festzulegen, EuG GRUR Int. 2004, 647 (Nr. 41) – *Mundicor*; EuG GRUR Int. 2007, 593 (Nr. 25) – *Respicur*.

[146] EuG Int. GRUR 2008, 494 (Nr. 105) – *AMS*; GRUR Int. 2005, 701 (Nr. 77) – *Salvita*; GRUR Int. 2005, 589 (Nr. 24) – *Flexi Air* (bestätigt durch EuGH, 27.4. 2006, C-235/05 P); GRUR Int. 2004, 647 (Nr. 38–39) – *Mundicor*.

derung der GMDV im Juli 2005 ist der Antrag **innerhalb der ersten Stellungnahmefrist** (Widerspruchserwiderung) zu stellen (Regel 22 Abs. 1 GMDV). Ist der Antrag verspätet, wird er vom Amt nicht berücksichtigt.[147]

142   Der Antrag muss **ausdrücklich, eindeutig und unbedingt** sein.[148] Der Anmelder sollte Formulierungen wählen wie *„hiermit beantrage ich gemäß Art. 42 Abs. 2 GMV der Gemeinschaftsmarkenverordnung den Nachweis der rechtserhaltenden Benutzung der Widerspruchsmarke für sämtliche von der Marke umfassten Waren/Dienstleistungen".* Auch die von deutschen Vertretern oft gewählte Formulierung *„Die Benutzung der älteren Marke wird bestritten"* wird inzwischen vom Amt akzeptiert.[149] Kein ausdrücklicher Antrag liegt dagegen in Aussagen wie z.B. *„die Widerspruchsmarke wurde nicht benutzt"* oder *„die ältere Marke unterliegt dem Benutzungszwang".* Ebenso liegt kein ausdrücklicher Antrag vor, wenn der Anmelder lediglich darauf verweist, den Widersprechenden im Rahmen gütlicher Verhandlungen direkt aufgefordert zu haben, ihm Benutzungsunterlagen zu schicken, und dass diese Unterlagen keine rechtserhaltende Benutzung der Widerspruchsmarken zeigen würden.[150]

143   Allerdings betonte der EuGH, dass ein auf den Nachweis der Benutzung gerichtetes „Verlangen" des Inhabers der Gemeinschaftsmarke (vgl. Art. 57 Abs. 2 GMV, der Art. 42 Abs. 2 GMV entspricht) bereits vorliegen könne, wenn die Partei zum Ausdruck bringe, dass **vorher freiwillig eingereichte Benutzungsunterlagen** nicht ausreichend seien, um die rechtserhaltende Benutzung nachzuweisen, und die Gegenseite darauf hin zusätzliche Benutzungsunterlagen einreiche.[151] Das Amt folgt dem Urteil des EuGH, wendet es aber nur auf die dem Urteil zugrunde liegende Situation an, dass die andere Partei vorher freiwillig Benutzungsunterlagen einreicht, die daraufhin von der Gegenseite ausdrücklich als unzureichend bezeichnet werden.[152]

144   Auch unter einer **Bedingung** stehende Anträge sind unzulässig. Darunter fallen z.B. Formulierungen wie *„Falls das Warenverzeichnis nicht eingeschränkt wird, beantragen wir den Nachweis der rechtserhaltenden Benutzung"* oder *„Falls das Amt den Widerspruch nicht wegen fehlender Verwechslungsgefahr zurückweist, beantragen wir den Benutzungsnachweise"* sind nicht zulässig. Dagegen ist ein „rein vorsorglich" gestellter Antrag auf Nachweis der Benutzung zulässig, wenn er nicht an Bedingungen außerhalb des Verfahrens geknüpft ist.[153]

145   Ein Antrag auf Benutzungsnachweis ist auch dann unwirksam, wenn die ältere Marke noch nicht dem Benutzungszwang unterliegt.[154]

146   Ist der Antrag aus den oben genannten Gründen unzulässig, informiert das Amt beide Parteien über die Unwirksamkeit des Antrags. Ansonsten weist das Amt den Widersprechenden ausdrücklich auf den Antrag des Anmelders hin und fordert ihn auf, innerhalb **einer Frist von zwei Monaten den Benutzungsnachweis** zu erbringen. In dem Schreiben nennt das Amt ausdrücklich die älteren Marken und die Waren oder Dienstleistungen, deren Benutzung nachgewiesen werden muss. Wird der Antrag auf Nachweis der Benutzung nur für ei-

---

[147] HABM-BK, 13.11. 2008, R 1648/2007-2 – *TERRA FORTUNATA/FLAGS*; 3.9. 2008, R 1707/2007-1 – *SPEC PAC/SPEC*; 26.8. 2008, R 1693/2007-2 – *AMANCAYA/AMALAYA*.

[148] EuG GRUR Int. 2005, 589 (Nr. 24) – *Flexi Air*; GRUR Int. 2004, 647 (Nr. 38–39) – *Mundicor*; HABM-BK, 6.11. 2008, R 991/2006-4 – *Arko/arko-GESUNDKOST*.

[149] Siehe dazu Widerspruchsrichtlinien, Teil 6 (Benutzungsnachweis), III.1.3.

[150] HABM-BK, 28.5. 2008, R 1300/2007-4 – *SIDE/SITE*.

[151] EuGH, 12.6. 2009, T-450/07 (Nr. 26, 29) – *Pickwick*.

[152] HABM Handbuch Markenpraxis (Opposition), Teil 6 (proof of use), III.1.3.

[153] HABM-BK, 12.5. 2010, R 1023/2009-1 – *BUDIVENT/budiair*; HABM-BK, 10.4. 2008, R 882/2007-1 – *ECOLAND/Ökoland*.

[154] Siehe oben Rdn. 132 ff.

nen Teil der maßgeblichen Marken oder der von den Marken umfassten Waren bzw. Dienstleistungen gestellt, so muss der Benutzungsnachweis nur für die genannten Marken oder Waren bzw. Dienstleistungen erbracht werden.[155]

Versäumt die Widerspruchsabteilung, den Antrag auf Nachweis der Benutzung an den **147** Widersprechenden weiterzuleiten, begeht sie einen wesentlichen Verfahrensfehler.[156]

d) Der Benutzungsnachweis. Die Kombination der eingereichten Unterlagen muss geeig- **148** net sein **Ort, Zeit, Art und Umfang der Benutzung** der Widerspruchsmarke nachzuweisen (Regel 22 Abs. 3 GMDV).

Beispiele zulässiger Beweismittel werden in Art. 78 Abs. 1 GMV aufgezählt.[157] Geeig- **149** net sind insbesondere die folgenden Unterlagen (vgl. Regel 22 Abs. 4 GMDV):

- Rechnungen und Preislisten
- Fotografien, Kataloge, Werbeanzeigen in Zeitungen oder Zeitschriften, Verpackungen oder Etiketten
- Eidesstattliche Versicherung iSd Art. 78 Abs. 1 lit. f GMV mit Angaben zu Umsatz, Marktanteil, Bekanntheit innerhalb der angesprochenen Verkehrskreise oder Werbeausgaben
- Presseartikel über die Marke
- Urteile oder Entscheidungen nationaler Ämter, in denen die Benutzung in dem betreffenden Mitgliedstaat bestätigt wird.

Anders als im deutschen Widerspruchsverfahren **reicht es nicht aus**, wenn der Wider- **150** sprechende die Benutzung der älteren Marke **glaubhaft** macht. Regelmäßig werden Widersprüche zurückgewiesen, in denen der Widersprechende zum Nachweis der Benutzung der Widerspruchsmarke lediglich eine **eidesstattliche Versicherung** und Verpackungen eingereicht hatte. Auch wenn eine eidesstattliche Versicherung ein zulässiges Beweismittel gemäß Art. 78 Abs. 1 lit. f GMV ist, kann ihr Beweiswert gering sein, zumindest wenn sie (wie im Regelfall) vom Widersprechenden selbst erstellt wurde.[158] Die in der eidesstattlichen Versicherung gemachten Angaben müssen grundsätzlich durch **weitere Unterlagen** bestätigt werden.[159] Der Widersprechende sollte daher darauf achten, dass er die in der eidesstattlichen Versicherung gemachten Angaben mit Hilfe weiterer Unterlagen (z.B. Rechnungen, Kataloge, Werbeanzeigen etc.) untermauert.[160]

In einem Urteil hat das EuG allerdings den Benutzungsnachweis auf der Grundlage von **151** zwei eidesstattlichen Versicherungen akzeptiert, obwohl die zusätzlich eingereichten Unter-

---

[155] HABM-BK, 3.9. 2008, R 1464/2007-1 – *COPPELIA/COPE.*
[156] HABM-BK, 1.8. 2007, R 1376/2006-2 – *ARTHRODOL/ARTROL.*
[157] Siehe oben § 1 Rdn. 154–158.
[158] EuG GRUR Int. 2005, 701 (Nr. 42–45) – *Salvita.* Zu berücksichtigen ist natürlich auch, dass Dritten bestimmte Informationen zu Umsatzzahlen, Werbeausgaben etc. nicht zur Verfügung stehen, so dass insoweit nur der Widersprechende selbst Auskunft geben kann. Deshalb dürfen keine zu strengen Anforderungen an den Beweiswert von eidesstattlichen Versicherungen gestellt werden, die vom Widersprechenden stammen, zumal eine eidliche Falschaussage strafbar wäre, ebenso *Rusconi* EIPR 2006, 442.
[159] EuG GRUR Int. 2006, 315 (Nr. 79) – *Bic-Feuerzeug*; EuG GRUR Int. 2005, 701 (Nr. 43–45) – *Salvita.*
[160] Siehe dazu auch oben § 1 Rdn. 157.

lagen (sechs Werbeprospekte) die Angaben zum Umfang der Benutzung nicht bestätigen konnten.[161] Das Gericht stützte sich zum einen darauf, dass der Inhalt der eidesstattlichen Versicherungen in der mündlichen Verhandlung vom Amt nicht bestritten worden sei, und dass es der Widersprechenden zum anderen unmöglich gewesen sei, weitere Beweismittel wie Rechnungen, Lieferscheine an Einzelhändler oder Kassenzettel vorzulegen, auf denen die fragliche Marke vermerkt wäre. Die Widersprechende vertrieb die Waren nämlich ausschließlich über ihre eigenen Filialen an die Verbraucher. Die Marke der betreffenden Waren wurde weder in den mit ihren Zulieferern noch in den mit Verbrauchern ausgetauschten Vertragsunterlagen genannt. Dies machte die Vorlage von Rechnungen, auf denen die fragliche Marke vermerkt war, unmöglich. Diese von der Widersprechenden geltend gemachten Schwierigkeiten, weitere Beweismittel vorzulegen, wurden vom Gericht angesichts des besonderen Vertriebssystems der Widersprechenden berücksichtigt.[162]

152 Werden die Beweismittel nicht in der Sprache des Widerspruchsverfahrens vorgelegt, so **kann das Amt** den Widersprechenden **auffordern**, eine **Übersetzung** der Beweismittel in diese Sprache innerhalb einer vom Amt gesetzten Frist vorzulegen (Regel 22 Abs. 6 GMDV). Der Widersprechende ist also grundsätzlich nicht verpflichtet, Benutzungsunterlagen zu übersetzen, sondern nur dann, wenn das Amt ihn dazu ausdrücklich auffordert. Verlangt der Anmelder eine Übersetzung der Unterlagen, so liegt es im Ermessen des Amtes, eine Übersetzung anzufordern. Dies ist nicht notwendig, wenn sie Unterlagen aus sich heraus verständlich sind oder der Teil der Unterlagen, der keiner Übersetzung bedarf, zum Nachweis der Benutzung ausreicht. Ergibt die Prüfung der Unterlagen allerdings, dass die Dokumente a) möglicherweise entscheidungserheblich und b) ohne Übersetzung nicht verständlich sind, so *muss* die Widerspruchsabteilung eine Übersetzung anfordern.[163] Lässt die Widerspruchsabteilung nicht aus sich heraus verständliche, aber möglicherweise entscheidungsrelevante Unterlagen mangels Übersetzung außer Betracht und weist sie den Widerspruch daraufhin mangels Benutzungsnachweis zurück, so begeht sie einen schweren Verfahrensfehler.[164]

153 Sind die **per Fax** geschickten Benutzungsunterlagen **unvollständig oder unleserlich** oder hat das Amt **ernste Zweifel in Bezug auf die Richtigkeit der Übermittlung**, so ist eine nochmalige Übermittlung unter den Voraussetzungen der Regel 80 Abs. 2 GMDV möglich.[165]

154 Zur Möglichkeit, auf in Parallelverfahren eingereichte Unterlagen zu verweisen, siehe oben § 1 Rdn. 36.

> **Praxishinweis:** Es wird dem Widersprechenden empfohlen, die Benutzungsunterlagen in einer gut strukturierten Art und Weise einzureichen. Sinnvoll ist, die Unterlagen als Anlagen zu nummerieren und im Schriftsatz kurz zu erläutern. Anhand der Erläuterungen muss für die Widerspruchsabteilung nachvollziehbar sein, dass die Kombination aller Unterlagen die Zeit, den Ort, die Art und den Umfang der Benutzung der Widerspruchs-

---

[161] EuG GRUR Int. 2009, 609 – *Deitech.*

[162] EuG GRUR Int. 2009, 609 (Nr. 56–61) – *Deitech.*

[163] HABM-BK, 11.3. 2010, R 167/2009-1 – *INA/INA*; 10.4. 2008, R 1120/2007-1 – *Café Soleil/ SOLEY.*

[164] HABM-BK, 14.6. 2010, R 996/2009-2 – *PROFLEX/PROFEX.*

[165] Siehe dazu oben § 1 Rdn. 38–41.

marke(n) hinreichend nachweist (dazu unten). Statt physischer Behälter oder Verpackungen sollten Fotos vorgelegt werden. Werden die Unterlagen nicht elektronisch oder per Fax eingereicht, muss der Widersprechende zwei Kopien vorlegen.[166]

aa) Zeit der Benutzung. Die Dokumente zum Nachweis der Benutzung der Widerspruchs- **155** marke müssen sich auf den **Zeitraum von fünf Jahren vor Veröffentlichung der angefochtenen Gemeinschaftsmarkenanmeldung** beziehen (vgl. Art. 42 Abs. 2 S. 1 GMV).

Es ist nicht notwendig, dass die Unterlagen zum Nachweis der Benutzung den gesamten **156** Zeitraum der fünf Jahre vor Veröffentlichung der Anmeldung umfassen. Auch Benutzungsnachweise während eines kürzeren Zeitraums innerhalb der geforderten fünf Jahre können ausreichen.[167] Ebenso kann die Aufnahme der Benutzung **kurz vor Beendigung der betreffenden Fünf-Jahres-Frist** je nach den Umständen des Einzelfalles genügen.[168]

Benutzungsnachweise, die sich auf einen Zeitraum vor Beginn oder nach Ablauf der Fünf- **157** Jahres-Frist vor Veröffentlichung der Anmeldung beziehen, werden vom Amt grundsätzlich zurückgewiesen. Lassen die Dokumente jedoch Rückschlüsse auf eine Benutzung der Marke innerhalb des relevanten Zeitraumes zu, müssen sie vom Amt beachtet werden.[169] Weist der Widersprechende beispielsweise nach, dass die Widerspruchsmarke wenige Monate nach Ablauf der relevanten Frist eine beträchtliche Bekanntheit innerhalb der maßgeblichen Bevölkerung hatte, so müssen diese Angaben berücksichtigt werden, da es unwahrscheinlich ist, dass diese Bekanntheit erst nach Ablauf der Fünf-Jahres-Frist aufgebaut wurde.

bb) Ort der Benutzung. Ist die Widerspruchsmarke eine **Gemeinschaftsmarke**, muss ihre **158** Benutzung nach Art. 42 Abs. 2 „in der Gemeinschaft" nachgewiesen werden. Die Benutzung **in einem Mitgliedstaat** der EU kann genügen.[170] Selbst die Benutzung in einem Teil eines Mitgliedstaates kann ausreichend sein.[171]

Ist die Widerspruchsmarke eine **nationale Marke** (oder eine Benelux-Marke), so tritt an **159** die Stelle der Benutzung in der Gemeinschaft die Benutzung in dem Territorium, in dem die ältere Marke geschützt ist (Art. 42 Abs. 3). Auch insoweit kann die Benutzung in einem **Teilgebiet** des geschützten Territoriums ausreichend sein.[172]

Das Anbringen der Widerspruchsmarke auf Waren oder deren Aufmachung in dem ge- **160** schützten Gebiet ausschließlich für den **Export** gilt ebenfalls als Benutzung des älteren Rechts (vgl. 15 Abs. 1 Unterabsatz 2 lit. b, der auf nationale Marken analog angewendet wird).

Ein Rechtsstreit zu der Frage, ob die **Benutzung einer deutschen Marke** in der **161** **Schweiz** für die rechtserhaltende Benutzung der deutschen Marke iSd Art. 42 Abs. 3 aus-

---

[166] Siehe oben § 1 Rdn. 35.
[167] EuG GRUR Int. 2004, 955 (Nr. 40) – *Hippovit.*
[168] EuG GRUR Int. 2004, 955 (Nr. 53) – *Hippovit.*
[169] EuGH, 27.1. 2004, C-259/02 (Nr. 31) – *La Mer.*
[170] Vgl. Nr. 9 der Gemeinsamen Erklärungen des Rates und der Kommission der Europäischen Gemeinschaften im Protokoll des Rates anlässlich der Annahme der Verordnung des Rates vom 20. Dezember 1993 über die Gemeinschaftsmarke: *„Der Rat und die Kommission sind der Auffassung, dass eine ernsthafte Benutzung im Sinne von Arikel 15 in einem einzigen Land eine ernsthafte Benutzung in der Gemeinschaft darstellt".*
[171] Widerspruchsrichtlinien des HABM, Teil 6 (Benutzungsnachweis), II.3.2.
[172] EuGH MarkenR 2006, 265 – *Vitafruit.* Anders noch das EuG in dem HIWATT-Urteil, das eine Markenbenutzung in einem „wesentlichen Teil" des betreffenden Territoriums gefordert hatte, EuG GRUR Int. 2003, 456 (Nr. 37) – *Hiwatt.*

reicht, ist zurzeit vor dem EuG anhängig.[173] Nach Art. 5 S. 1 des **deutsch-schweizerischen Übereinkommens von 1892** sollen die Rechtsnachteile, die nach den Gesetzen beider Länder eintreten, wenn eine Marke nicht innerhalb einer bestimmten Frist benutzt wird, auch dadurch ausgeschlossen werden, dass die Benutzung in dem Gebiet des anderen Landes erfolgt.[174] Die deutsche Rechtsprechung wendet Art. 5 S. 1 des Abkommens an, mit der Folge, dass die Benutzung einer deutschen Marke in der Schweiz als rechtserhaltend angesehen wird.[175] Demgegenüber hatte die Vierte Beschwerdekammer in der vor dem EuG anhängigen Rechtssache T-170/11 die Anwendbarkeit des Abkommens in einem Widerspruchsverfahren vor dem Amt verneint.[176] Für die Auffassung der Beschwerdekammer spricht der Wortlaut des Art. 42 Abs. 3 GMV, der auf die Benutzung der älteren Marke in dem Mitgliedstaat, in dem die ältere Marke geschützt ist, abstellt. Die Anforderungen an die Benutzung von nationalen Marken müssen grundsätzlich einheitlich sein und können nicht von dem jeweiligen nationalen Recht abhängen. Obwohl es richtig ist, dass der Beginn der Benutzungsschonfrist einer nationalen Marke von dem nationalen Verfahrensrecht abhängt,[177] stellt Art. 42 zumindest hinsichtlich des *Ortes* der Benutzung eine abschließende Regelung dar. Nationale Regelungen, die Erleichterungen für den Benutzungszwang vorsehen, sind mit Art. 42 GMV unvereinbar.[178] *De facto* führt die Nichtanwendung des bilateralen Abkommens zu einer Koexistenz der Gemeinschaftsmarke und der älteren deutschen Marke, da der Markeninhaber zwar die Eintragung der Gemeinschaftsmarke nicht verhindern kann, wohl aber ihre Benutzung in Deutschland. Eine solche Koexistenz ist der Gemeinschaftsmarkenordnung jedoch nicht fremd (vgl. Art. 111 und Art. 165 GMV) und zur Erreichung einheitlicher Benutzungsanforderungen hinzunehmen.[179]

162   Fest steht, dass Art. 5 S. 1 des deutsch-schweizerischen Übereinkommens auf die **Benutzung von Gemeinschaftsmarken** nicht anwendbar ist, da die für die Benutzung von Gemeinschaftsmarken abschließende Regelung des Art. 15 GMV nicht durch bilaterale Abkommen ausgehöhlt werden darf.[180]

163   *cc) Art der Benutzung.* Der Begriff der „Art der Benutzung" setzt voraus, dass die Benutzung des Zeichens auf dem Markt vom Schutz des eingetragenen Rechts umfasst ist.

164   Nicht jede Benutzung eines Zeichens als **Unternehmenskennzeichen** ist auch eine markenmäßige Benutzung oder eine Benutzung für die von der Marke geschützten Produkte. Aus diesem Grund reichen Rechnungen, die auf dem Briefkopf den Firmennamen wiedergeben, nicht zum Nachweis der Benutzung der in den Rechnungen verkauften Pro-

---

[173] Rechtssache T-170/11 – *BASKAYA/PASSAIA.*

[174] Übereinkommen zwischen dem deutschen Reich und der Schweiz betreffend den gegenseitigen Patent-, Muster- und Markenschutz vom 13.4. 1892 (RGBl. 1894, 511) in der Fassung des Änderungsabkommens vom 26.5. 1902 (RGBl. 1903, 1819). Das Abkommen ist auszugsweise abgedruckt im Kommentar von *Fezer*, Markenrecht, S. 2686.

[175] BGH GRUR 2000, 1035, 1037 – *Playboy.* Dazu *Ströbele* in Ströbele/Hacker, Markengesetz, § 26 Rn. 144; Ingerl/Rohnke, Markengesetz, § 26 Rn. 207.

[176] HABM-BK, 10.1. 2011, R 534/2010-4 – *BASKAYA/PASSAIA.*

[177] EuG, 14.4. 2011, T-466/08 (Nr. 31–32) – *Acno Focus,* unter Berufung auf EuGH GRUR 2007, 702 (Nr. 26–31) – *Häupl.*

[178] EuGH GRUR 2008, 343 (Nr. 103) – *Bainbridge.*

[179] A.A. *Eisenführ*/Schennen, GMV, Art. 15 Rn. 58–59.

[180] HABM-BK, 9.9. 2008, R 1764/2007-4 – *PAN AM II.* Siehe auch *Sack*, FS Piper, S. 624; Ingerl/Rohnke, Markengesetz, § 26 Rn. 213; *Ströbele* in Ströbele/Hacker, Markengesetz, § 26 Rn. 144.

dukte aus, wenn sich aus den Rechnungen oder aus weiteren Unterlagen nicht ergibt, dass die Produkte selbst unter dem Zeichen gekennzeichnet bzw. vermarktet wurden.

Der Nachweis der „Art der Benutzung" kann nicht immer mit Etiketten, Verpackungen **165** oder Katalogen erbracht werden. In einigen Branchen existieren solche „klassischen Beweismittel" nicht mehr, da heutzutage **auf elektronischem Wege** angebotene Dienstleistungen und Informationen eine immer größere Rolle spielen. Entscheidend für den Nachweis der Art der Benutzung ist in solchen Fällen nicht, dass die Marke „auf" dem Produkt erscheint, sondern dass eine direkte Verbindung zwischen dem Produkt und der Marke erkennbar ist. Geeignete Nachweise sind beispielsweise **Internetauszüge**, auf denen die Dienstleistungen unter dem betreffenden Zeichen angeboten oder beworben werden, oder Verträge und (nicht rein interne) Geschäftspapiere, auf denen das Zeichen zu sehen ist.

Außerdem muss die Benutzung der Marke für die eingetragenen (bzw. im Widerspruch **166** geltend gemachten) und vom Antrag auf Nachweis der Benutzung umfassten[181] **Waren oder Dienstleistungen** nachgewiesen werden. Wird der Nachweis nur für einen **Teil** der eingetragenen Waren oder Dienstleistungen erbracht, wird auch nur dieser Teil im Rahmen der weiteren Entscheidung berücksichtigt (vgl. Art. 42 Abs. 2 S. 3). Die Widerspruchsabteilung vergleicht die tatsächlich benutzten Waren mit den eingetragenen Waren und entscheidet, unter welche Warengruppe die benutzten Waren fallen. Diese Entscheidung kann dann schwierig sein, wenn die Marke für ein oder mehrere spezifische Produkte benutzt wurde, während die eingetragene Warengruppe sehr weit ist (z.B. Benutzung einer für „Bekleidung" eingetragenen Marke für Krawatten). In solchen Fällen kann dem Markeninhaber der Schutz auch für solche Waren zustehen, die zwar nicht vollkommen identisch zu den benutzten Waren sind, die sich jedoch andererseits von diesen nicht wesentlich unterscheiden und zu derselben selbständigen Untergruppe gehören. Es obliegt dann dem Amt zu bestimmen, ob die eingetragene Warengruppe so weit ist, dass sie sich in **verschiedene selbständige Untergruppen** aufteilen lässt oder ob die eingetragene Warengruppe so genau definiert ist, dass eine weitere Unterteilung in Untergruppen nicht möglich ist.[182] Maßgebend für die Definition einer Untergruppe ist das Kriterium **des Zwecks oder der Bestimmung** der betreffenden Ware oder Dienstleistung.[183] So lässt sich der Begriff „pharmazeutische Erzeugnisse" in mehrere Untergruppen aufteilen, die sich jeweils als selbständig ansehen lassen und die anhand der Kriterien des Zwecks und der Bestimmung der Waren, also hier der therapeutischen Indikation zu bestimmen sind. Mögliche Untergruppen wären z.B. „Atemwegstherapeutika",[184] „Arzneimittel zur Behandlung von Herz-Kreislauf-Erkrankungen",[185] „dermatologische Arzneimittel",[186] oder „entzündungshemmende Präparate".[187]

Schließlich müssen die eingereichten Dokumente eine Benutzung der Widerspruchsmarke **167** **in der registrierten Form** zeigen. Dabei ist eine abweichende Benutzungsform unschädlich, wenn die Unterschiede die Unterscheidungskraft der Marke nicht beeinflussen (s. Art. 15 Abs. 1 Unterabsatz 2 lit. a, der auf **nationale** Widerspruchsmarken **analog** angewandt wird). Entscheidend ist, ob die benutzte Markenform den Gesamteindruck der eingetragenen Marke

---

181 Siehe dazu oben Rdn. 146.
182 EuG GRUR Int. 2005, 914 (Nr. 45) – *Aladin*; EuG GRUR Int. 2007, 593 (Nr. 23) – *Respicur*.
183 EuG GRUR Int. 2007, 593 (Nr. 29) – *Respicur*.
184 EuG GRUR Int. 2007, 593 (Nr. 29–36) – *Respicur*.
185 EuG, 23. 9. 2009, T-493/07, T-26/08, T-27/08 (Nr. 36–44) – *Famoxin*.
186 HABM-BK, 29. 1. 2009, R 841/2008-2 – *ZAPAIN/ZALAIN*.
187 HABM-BK, 28. 1. 2009, R 1875/2007-1 – *PROTEXEL/PROTAXIL*.

verändert. Eine rechtserhaltende Benutzung liegt zum Beispiel dann vor, wenn das Design der Marke geringfügig „modernisiert" wird oder nicht prägende Bestandteile angepasst oder geändert werden. Dagegen wäre die Hinzufügung oder Änderung unterscheidungskräftiger Wort- oder Bildbestandteile nicht mehr von Art. 15 Abs. 1 Unterabsatz 2 lit. a umfasst.

168   Von der abweichenden Benutzungsform ist die **gemeinsame Benutzung mehrerer Marken** zu trennen. Hier geht es nicht darum, ob die gemeinsame Benutzung der Marke mit weiteren Kennzeichen die Unterscheidungskraft der Marke oder ihren Gesamteindruck iSd Art. 15 Abs. 1 Unterabsatz 2 lit. a ändert. Entscheidend ist vielmehr, ob trotz der gemeinsamen Benutzung der Einzelmarken auf einem Produkt der selbständige Charakter der einzelnen Marken erhalten bleibt. Die gemeinsame Benutzung mehrerer Marken ist zulässig. Der Markeninhaber ist nicht verpflichtet, Marken isoliert und unabhängig voneinander zu benutzen. In bestimmten Industriezweigen ist es üblich, zwei oder mehr Kennzeichen (z.B. Produktmarke, Hausmarke und Firmenzeichen) zu benutzen. Solche geschäftlichen Gepflogenheiten existieren beispielsweise in der Automobilindustrie, der Weinbaubranche, aber auch in der Industrie für Kosmetika und Körperpflegeprodukten. **Hinweise dafür, dass es sich um die Benutzung mehrerer Einzelmarken handelt**, sind beispielsweise die deutlich sichtbare Wiedergabe des ®-Symbols hinter der Marke, ein gewisser räumlicher Abstand zwischen der Marke und anderen Elementen auf der Verpackung sowie die alleinige Wiedergabe der Marke in anderen Beweismitteln (z.B. auf Rechnungen).[188] Auch die **Benutzung einer dreidimensionalen Marke mit Wort- oder Bildbestandteilen** kann eine zulässige Benutzung mehrerer Einzelmarken darstellen. Anderenfalls wäre eine rechtserhaltende Benutzung von dreidimensionalen Marken praktisch nicht möglich. Entscheidend ist, dass trotz der gemeinsamen Verwendung der unterschiedlichen Zeichen die Selbständigkeit und die Identifizierungsfunktion der Einzelmarken nicht beseitigt werden.

169   *dd) Umfang der Benutzung.* Bezüglich des Umfangs der Benutzung der älteren Marke sind insbesondere das **Handelsvolumen** aller Benutzungshandlungen sowie die **Länge des Zeitraums**, in dem Benutzungshandlungen erfolgt sind, und die **Häufigkeit dieser Handlungen** zu berücksichtigen. Je begrenzter das Handelsvolumen ist, desto größer ist die Notwendigkeit, dass der Widersprechende ergänzende Angaben liefert, die etwaige Zweifel an der Ernsthaftigkeit der Benutzung der betreffenden Marke ausräumen können.[189]

170   Die Frage, ob eine Benutzung mengenmäßig hinreichend ist, um Marktanteile für die durch die Marke geschützten Waren oder Dienstleistungen zu behalten oder hinzuzugewinnen, hängt von mehreren Faktoren und einer Einzelfallbeurteilung ab. Die Häufigkeit und die Regelmäßigkeit der Benutzung der Marke sind zwei Kriterien, die dabei in Betracht gezogen werden können.[190] Ob die genannten Umsatz- und Verkaufszahlen einen ausreichenden Benutzungsumfang belegen, hängt auch von den Merkmalen der maßgeblichen Waren oder Dienstleistungen auf dem Markt ab.[191] Eine **de-minimis-Regel** existiert **nicht**. Auch die Lieferung des Produkts an einen einzigen Kunden kann, je nach Geschäftsbereich, ausreichen.[192]

---

[188] EuG GRUR Int. 2006, 307 (Nr. 35) – *Cristal*.

[189] EuG GRUR Int. 2004, 955 (Nr. 35, 37) – *Hippovit*.

[190] EuGH MarkenR 2006, 265 (Nr. 71) – *Vitafruit*; 27.1. 2004, C-259/02 (Nr. 22) – *La Mer*.

[191] EuGH MarkenR 2006, 265 (Nr. 70) – *Vitafruit*; GRUR 2003, 425 (Nr. 39) – *Ansul*; EuG, 30.4. 2008, T-131/06 (Nr. 39, 53) – *Sonia Rykiel*.

[192] EuGH MarkenR 2006, 265 (Nr. 76) – *Vitafruit*; 27.1. 2004, C-259/02 (Nr. 24–25) – *La Mer*; EuG, 10.9. 2008, T-325/06 (Nr. 46) – *Capio*.

Zu berücksichtigen ist auch, dass in der Anfangsphase kurz nach Produkteinführung die **171** Umsatzzahlen naturgemäß in der Regel noch niedrig sind.[193]

e) Berechtigte Gründe für die Nichtbenutzung. Gemäß Art. 42 Abs. 2 GMV kann der Wi- **172** dersprechende anstelle des Benutzungsnachweises auch den Nachweis erbringen, dass berechtigte Gründe für die Nichtbenutzung vorlagen. Die Regelung entspricht Art. 19 Abs. 1 TRIPS, nach dem eine Marke nur dann wegen mangelnder Benutzung gelöscht werden darf, „sofern der Inhaber der Marke nicht auf das Vorhandensein von Hindernissen für eine solche Benutzung gestützte triftige Gründe nachweist". Solche Gründe für die Nichtbenutzung sind gemäß Art. 19 Abs. 1 S. 2 TRIPS Umstände, die **unabhängig vom Willen des Inhabers der Marke** eintreten und die ein Hindernis für die Benutzung der Marke bilden, wie zum Beispiel **Einfuhrbeschränkungen** oder sonstige **staatliche Auflagen** für durch die Marke geschützte Waren oder Dienstleistungen. Ein typisches Beispiel sind aufsichtsrechtliche Verfahren, die der Markeninhaber durchlaufen muss, bevor er die betreffenden Waren auf dem Markt anbieten kann (z.B. staatliche Genehmigungsverfahren für neue Arzneimittel).

Als Ausnahme von dem generellen Erfordernis der Markenbenutzung ist der **Kreis der** **173** **berechtigten Gründe eng zu ziehen.**[194] Nicht jedes vom Willen des Markeninhabers unabhängige Hindernis stellt daher eine Rechtfertigung der Nichtbenutzung der Marke dar. Nach der Rechtsprechung des EuGH sind berechtigte Gründe für die Nichtbenutzung solche Hindernisse, die einen **unmittelbaren Zusammenhang mit der Marke** aufweisen, ihre Benutzung **unmöglich oder unzumutbar** machen und **vom Willen des Markeninhabers unabhängig** sind.[195] Nicht erforderlich ist, dass das betreffende Hindernis die Benutzung der Marke notwendigerweise unmöglich macht, damit ein unmittelbarer Zusammenhang mit der Marke angenommen werden kann.[196]

Keine triftigen Gründe für die Nichtbenutzung sind **finanzielle oder wirtschaftliche** **174** **Schwierigkeiten** eines Unternehmens.[197] Nach den Widerspruchsrichtlinien des Amtes soll auch ein **Insolvenzverfahren** kein berechtigter Grund für die Nichtbenutzung darstellen.[198] Allerdings kann durch Veräußerungs- und Verfügungsverbote die Benutzung einer Marke in der Insolvenz beschränkt sein (vgl. z.B. das Verfügungsverbot nach § 21 Abs. 2 Nr. 2 1. Alt. Insolvenzordnung). Diese Verbote bewirken, dass die Verwaltungs- und Verfügungsbefugnis über das Vermögen des Schuldners einschließlich aller Verfügungs- und Benutzungshandlungen hinsichtlich der Marke auf den vorläufigen Insolvenzverwalter übergehen. Liegt also ein gerichtlicher Beschluss über die Eröffnung des Insolvenzverfahrens vor, der ein Verfügungsverbot des Schuldners enthält, so kann darin ein berechtigter Grund für die Nichtbenutzung gesehen werden.[199] Macht die Änderung der Unternehmensstrategie zur Umgehung des Hindernisses (z.B. Vertrieb in Konkurrenzgeschäften statt wie zuvor nur in eigenen Geschäften) die Benutzung der Marke unzumutbar, kann ein berechtigter Grund für die Nichtbenutzung vorliegen.

Auch die Berufung auf eine nationale Bestimmung, die eine Anmeldung von Zeichen als **175** reine **„Defensivmarken"** erlaubt, die also nicht dazu bestimmt sind, im Handelsverkehr

---

[193] EuG GRUR Int. 2004, 955 (Nr. 53) – *Hippovit*.
[194] So auch EuGH GRUR 2007, 702 (Nr. 51) – *Häupl*.
[195] EuGH GRUR 2007, 702 (Nr. 55) – *Häupl*.
[196] EuGH GRUR 2007, 702 (Nr. 53) – *Häupl*.
[197] EuG GRUR Int. 2003, 843 (Nr. 41) – *Giorgio Aire*.
[198] Widerspruchsrichtlinien des HABM, Teil 6 (Benutzungsnachweis), II.10.1.
[199] HABM-BK, 11.12.2007, R 77/2006-1 – *MISS INTERCONTINENTAL*.

benutzt zu werden, ist kein berechtigter Grund für die Nichtbenutzung nach Art. 42 Abs. 2. In diesem Fall beruht die Nichtbenutzung auf dem Willen des Markeninhabers und nicht auf vom Markeninhaber unabhängige Umstände.[200]

176   Liegen berechtigte Gründe für die Nichtbenutzung vor, so wird der Markeninhaber nicht so gestellt, als hätte er die Marke in diesem Zeitraum ernsthaft benutzt. Vielmehr wird der Zeitraum der Nichtbenutzung aus berechtigten Gründen bei der Berechnung der fünfjährigen Benutzungsschonfrist lediglich nicht berücksichtigt.[201]

VII. Weiterer Verlauf des Verfahrens und Entscheidung der Widerspruchsabteilung

177   Im streitigen Verfahren **fordert das Amt die Parteien so oft wie erforderlich auf**, innerhalb der vom Amt gesetzten Fristen **Stellungnahmen einzureichen** (Art. 42 Abs. 1). Je nach Sachlage kann das Amt die Parteien auffordern, ihre Stellungnahmen auf bestimmte Fragen zu beschränken (vgl. Regel 20 Abs. 6 S. 1 GMDV).

178   Das Amt kann den Parteien von sich aus auch **Vorschläge zur gütlichen Einigung** unterbreiten, wenn es dies als sinnvoll erachtet (vgl. Art. 42 Abs. 4 GMV). In der Praxis macht das Amt von dieser Möglichkeit kaum Gebrauch. Einigungsvorschläge des Amtes würden gewiss in vielen Fällen aufgrund seiner neutralen Stellung von den Parteien beachtet werden. Wirtschaftlich wenig sinnvolle Entscheidungen ließen sich dadurch vermeiden.[201a]

179   Nachdem beiden Parteien ausreichend Gelegenheit gegeben wurde, Argumente, Fakten und Beweismittel zur Stützung des jeweiligen Standpunktes vorzubringen, teilt das Amt den Beteiligten mit, dass keine weiteren Schriftsätze mehr eingereicht werden dürfen. Regelmäßig ergeht wenige Monate später die **Entscheidung** der Widerspruchsabteilung.[202] Die Widerspruchsabteilung entscheidet in der **Besetzung von drei Mitgliedern**, von denen eines rechtskundig sein muss (Art. 132 Abs. 2).[203] Ein Verstoß gegen Art. 132 Abs. 2 GMV hat zur Folge, dass die Entscheidung rechtlich wirkungslos ist.[204]

180   Die Entscheidung umfasst eine Entscheidung in der Sache und eine Entscheidung über die Kosten. Die **Kostenverteilung** richtet sich nach Art. 85 GMV.[205] In der Entscheidung werden die Kosten auch **festgesetzt**, sofern sich die zu erstattenden Kosten (wie im Regelfall) auf die Amtsgebühren bzw. auf die Vertretungskosten beschränken (Art. 85 Abs. 6 GMV).

181   Gegen die Entscheidung der Widerspruchsabteilung können die Parteien, soweit sie durch die Entscheidung beschwert sind, innerhalb von zwei Monaten nach Zustellung der Widerspruchsentscheidung schriftlich beim Amt **Beschwerde** einlegen.[206]

---

[200] EuG GRUR Int. 2006, 404 (Nr. 46) – *Bainbridge* (bestätigt durch EuGH GRUR 2008, 343 (Nr. 102)).

[201] Widerspruchsrichtlinien des HABM, Teil 6 (Benutzungsnachweis), II.10.4.

[201a] Zu der Möglichkeit eines Mediationsverfahrens in der Beschwerdeinstanz siehe unten § 5 Rdn. 41.

[202] Zur Verfahrensdauer, siehe oben Einleitung Rdn. E 34.

[203] Bestimmte Entscheidungen kann auch ein einzelnes Mitglied der Widerspruchsabteilung treffen. Dazu zählen insbesondere Entscheidungen über die Kostenverteilung, Kostenfestsetzungsentscheidungen und die Zurückweisung des Widerspruchs wegen Unzulässigkeit, s. Art. 132 Abs. 2 S. 3 GMV i.V.m. Regel 100 GMDV.

[204] HABM-BK, 2.8. 2007, R 34/2007-1 – *NOVATERRA/TERRA*.

[205] Siehe oben § 1 Rdn. 202 ff.

[206] Siehe unten § 5.

VIII. Beendigung des Verfahrens ohne Entscheidung in der Sache

Siebzig Prozent aller Widersprüche enden, ohne dass in der Sache eine Entscheidung **182** getroffen wird. Der Hauptgrund dafür ist, dass sich die Parteien im Laufe des Verfahrens **gütlich einigen**. Es ist aber auch möglich, dass sich der Widerspruch erledigt, weil die angefochtene Anmeldung beispielsweise in einem Parallelverfahren rechtskräftig zurückgewiesen wird.

Wird der **Widerspruch** oder werden die angefochtenen Waren oder Dienstleistungen der **183** Anmeldung vor Ablauf der „Cooling-off"-Frist **zurückgenommen**, wird das Verfahren ohne Entscheidung eingestellt. Dasselbe gilt, wenn die Anmeldung vor Ablauf der „Cooling-off"-Frist in einem Parallelverfahren zurückgewiesen wird. Eine Kostenentscheidung ergeht in diesen Fällen nicht (Regel 18 Abs. 4 GMDV).

Nimmt der Anmelder vor Ablauf der „Cooling-off"-Frist einen **Teil der angefoch- 184 tenen Waren oder Dienstleistungen zurück**, so hat der Widersprechende innerhalb einer vom Amt festgelegten Frist zu erklären, ob er den Widerspruch für die übrigen angefochtenen Waren oder Dienstleistungen aufrecht erhält. Will der Widersprechende das Verfahren weiter führen, so muss er erklären, in Bezug auf welche Waren oder Dienstleistungen er den Widerspruch aufrechterhält. Äußert sich der Widersprechende innerhalb der vom Amt gesetzten Frist nicht, wird der Widerspruch gegen alle übrigen angefochtenen Waren oder Dienstleistungen weitergeführt.

Wird die **Anmeldung** vor Ablauf der „Cooling-off"-Frist ganz oder in Bezug auf sämt- **185** liche angefochtenen Waren oder Dienstleistungen **zurückgenommen, erstattet das Amt** dem Widersprechenden die **Widerspruchsgebühr** (Regel 18 Abs. 5 GMDV). Zu einer Erstattung der Widerspruchsgebühr kommt es auch, wenn ein Teil der angefochtenen Waren oder Dienstleistungen vor Ablauf der „Cooling-off"-Frist zurückgenommen wird und der Widersprechende daraufhin innerhalb der ihm vom Amt gesetzten Frist **oder vor Ablauf der „Cooling-off"-Frist** den Widerspruch zurücknimmt.

Beispiel: Der Widerspruch richtet sich gegen Waren der Klassen 3 und 5. Die „Cooling-off"-Frist endet am 15.1.2009. Am 2.8.2008 nimmt der Anmelder die Waren in Klasse 3 zurück. Das Amt fordert den Widersprechenden daraufhin auf, bis 20.10.2008 zu erklären, ob er den Widerspruch aufrechterhalten wolle. Auch wenn der Widersprechende die vom Amt gesetzte Frist verstreichen lässt, den Widerspruch aber vor Ablauf der „Cooling-off"-Frist am 15.1.2009 zurücknimmt, erstattet das Amt ihm die Widerspruchsgebühr. Ebenso kommt es zu einer Erstattung, wenn die vom Amt gesetzte Frist nach Teilrücknahme der Anmeldung am 22.1.2009 endet und der Widersprechende den Widerspruch am 20.1.2009 zurücknimmt, obwohl die „Cooling-off"-Frist zwischen Fristsetzung und Rücknahme verstrichen ist.

Endet das Widerspruchsverfahren nach Ablauf der „Cooling-off"-Frist ohne Entscheidung **186** in der Sache, so ergeht (außer in dem in Rdn. 185 beschriebenen Beispiel) eine **Kostenentscheidung**. Wird der Widerspruch zurückgenommen, erlässt die Widerspruchsabteilung die Kostenentscheidung zusammen mit der Bestätigung über die Rücknahme des Widerspruchs.[207]

---

[207] Mitteilung Nr. 5/07 des Präsidenten des Amtes vom 12.9.2007.

Die Parteien müssen dem Amt also vorher eine Vereinbarung hinsichtlich der Kosten vorlegen, wenn sie eine Kostenentscheidung vermeiden wollen.[208]

187 *Schaubild 5:* Das Widerspruchsverfahren

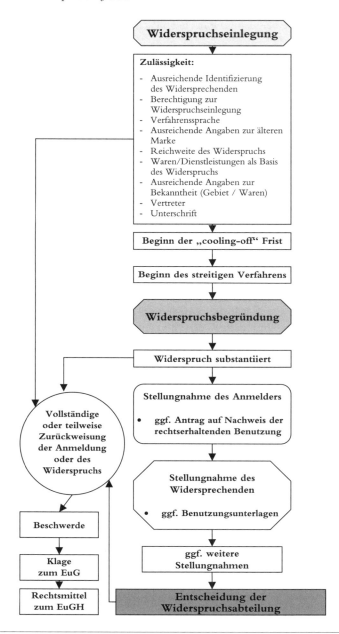

---

[208] Siehe oben § 1 Rdn. 206.

§ 4 Untergang und Umwandlung der Gemeinschaftsmarke

Eine eingetragene Gemeinschaftsmarke kann ihre Wirkung verlieren, weil ihr Inhaber auf **1** sie verzichtet oder sie nicht mehr verlängert. Außerdem kann die Marke auf Antrag in einem Verfallsverfahren vor dem Amt oder im Rahmen eines Verletzungsverfahrens vor einem Gemeinschaftsmarkengericht im Wege der Widerklage für verfallen oder für nichtig erklärt werden (siehe unten *Schaubild 6*, Rdn. 131).

I. Verzicht

Der Inhaber einer eingetragenen Gemeinschaftsmarke kann jederzeit auf die Eintragung für **2** alle oder einen Teil der Waren und Dienstleistungen verzichten. Ist der Markeninhaber an der Gemeinschaftsmarke nicht mehr interessiert, so wird er in der Regel die Eintragung nicht mehr verlängern. Ein Verzicht nach Art. 50 GMV ist insbesondere dann von Bedeutung, wenn gegen die Eintragung ein **Antrag auf Verfall oder Nichtigkeit** gestellt wurde bzw. bevorsteht. In diesem Fall kann der Verzicht auf die Eintragung für alle oder einen Teil der eingetragenen Waren oder Dienstleistungen ein Verfalls- oder Nichtigkeitsverfahren verhindern oder vorzeitig beenden. Durch einen Verzicht vermeidet der Markeninhaber nicht nur ein möglicherweise aufwendiges Verfahren, sondern er hält sich darüber hinaus die Option offen, die Gemeinschaftsmarke in allen Mitgliedstaaten der EU in nationale Anmeldungen umzuwandeln.[1]

Beispiel: Gegen eine seit mehr als fünf Jahren eingetragene Gemeinschaftsmarke wird ein Verfallsantrag wegen Nichtbenutzung gestellt. Da die Marke nicht benutzt wurde, verzichtet der Markeninhaber auf die Gemeinschaftsmarke und beantragt eine Umwandlung in nationale Marken für fünf Mitgliedstaaten. Würde das Amt die Marke für verfallen erklären, wäre eine Umwandlung ausgeschlossen (Art. 112 Abs. 1 lit. a GMV). Die Umwandlung hat für den Markeninhaber den zusätzlichen Vorteil, dass die Benutzungsschonfrist für die nationalen Marken nach deren Eintragung wieder von neuem zu laufen beginnt.[2]

Ein Verzicht kann sich außerdem auch anbieten, wenn der Markeninhaber verhindern **3** will, dass Dritte Rechte an der Marke eintragen.[3]

Der Verzicht ist gegenüber dem Amt **schriftlich** zu erklären. Seine **Wirkungen** treten **4** nicht rückwirkend ein, sondern erst **an dem Tag, an dem der Verzicht im Register eingetragen** ist (Art. 50 Abs. 2 S. 2 GMV). Vor Eintragung der Gemeinschaftsmarke regelt Art. 43 GMV die Zurücknahme, Einschränkung oder Änderung von Gemeinschaftsmarkenanmeldungen.

Der Verzicht muss vom Markeninhaber bzw. seinem Vertreter schriftlich gegenüber dem **5** Amt erklärt werden. Etwaige Formmängel teilt das Amt dem Markeninhaber mit und fordert ihn auf, den Mangel innerhalb einer Frist von zwei Monaten zu beheben.[4]

---

[1] Dazu unten Rdn. 137.
[2] Siehe unten Rdn. 157.
[3] Dazu v. Mühlendahl/Ohlgart, Gemeinschaftsmarke, § 18 Rn. 25–28.
[4] Richtlinien des HABM, Teil E, Kapitel 3.2.2.5.

6   Die Erklärung kann in einer der **fünf Amtssprachen** verfasst werden (Regel 95 lit. b GMDV). Die gewählte Sprache wird Sprache des Verfahrens über die Eintragung des Verzichts.

7   Die Verzichtserklärung ist **gebührenfrei**.

8   Der Verzicht muss **ausdrücklich** erklärt werden. Das Schweigen des Inhabers der angefochtenen Gemeinschaftsmarke in einem Verfalls- oder Löschungsverfahren darf nicht als Verzicht auf die Eintragung ausgelegt werden. Auch das Angebot seitens des Markeninhabers, das Warenverzeichnis einzuschränken, stellt noch keine Verzichtserklärung iSd Art. 50 GMV dar.[5] Dagegen kann ein „Antrag auf Rücknahme/Einschränkung der Gemeinschaftsmarke" als Verzichtserklärung gedeutet werden.

9   Die Erklärung auf Verzicht der Eintragung ist **unwirksam**, wenn sie unter einer **Bedingung oder Befristung** gestellt wurde.[6] So wäre eine Verzichtserklärung unter der Bedingung, dass das Amt eine bestimmte Entscheidung fällt oder der Antragsteller des Nichtigkeitsverfahrens eine bestimmte Erklärung abgibt, unwirksam.

10   Nach der Praxis des Amtes ist ein **Widerruf** der Verzichtserklärung nicht möglich.[7] Dagegen spricht allerdings, dass der Verzicht auf die eingetragene Gemeinschaftsmarke erst wirksam wird, wenn er eingetragen ist (Art. 50 Abs. 2 GMV). Dies ist anders bei der Rücknahme einer Anmeldung, die sofort mit Zugang der Rücknahmeerklärung beim Amt wirksam wird und die deshalb danach nicht mehr widerrufen werden kann (vgl. Art. 43 Abs. 1 GMV). Angesichts der erheblichen Auswirkungen der Verzichtserklärung für den Inhaber der Gemeinschaftsmarke (Verlust aller Rechte aus der Gemeinschaftsmarke nach Eintragung) hat der Gesetzgeber die Wirkungen der Verzichtserklärung bewusst an deren Eintragung im Register geknüpft. Daher sollte der Markeninhaber auch die Möglichkeit haben, die Verzichtserklärung **bis zur Eintragung zu widerrufen**.[8]

11   Gemäß Regel 36 Abs. 1 GMDV müssen in der Verzichtserklärung die **Nummer der Gemeinschaftsmarke** und der **Namen und die Anschrift des Markeninhabers** genannt werden. Wird der Verzicht nur für einen Teil der eingetragenen Waren oder Dienstleistungen erklärt, sind die **Waren oder Dienstleistungen** zu benennen, für die der Verzicht erklärt wird. Unzulässig ist eine Erweiterung des ursprünglichen Waren- oder Dienstleistungsverzeichnisses oder eine Einschränkung, die den Schutzumfang der Marke nicht mehr erkennen lässt und lediglich die Umgehung eines absoluten Schutzhindernisses bezweckt.[9]

12   Ist im Register ein **Recht eines Dritten** an der Gemeinschaftsmarke eingetragen, so wird der Verzicht nur mit **Zustimmung** dieser Person eingetragen (Art. 50 Abs. 3 S. 1 GMV). Zu den Rechten Dritter zählen dingliche Rechte (Art. 19 GMV) sowie Rechte aufgrund einer Zwangsvollstreckung (Art. 20 GMV) oder eines Insolvenzverfahren (Art. 21 GMV). Als Beweis für die Zustimmung zu dem Verzicht reicht aus, dass der Inhaber dieses Rechts oder sein Vertreter eine schriftliche Zustimmung zu dem Verzicht unterzeichnet (Regel 36 Abs. 2 S. 1 GMDV).

---

[5] HABM-BK, 3.9. 2008, R 1378/2007-1 – *SUPERIOR SEEDLESS*.
[6] Richtlinien des HABM, Teil E, Kapitel 3.2.2.2; Eisenführ/*Schennen*, GMV, Art. 50 Rn. 10.
[7] Richtlinien des HABM, Teil E, Kapitel 3.2.2.2. Zustimmend Eisenführ/*Schennen*, GMV, Art. 50 Rn. 10.
[8] Ebenso v. Mühlendahl/Ohlgart, Gemeinschaftsmarke, § 18 Rn. 22.
[9] Dazu EuGH GRUR 2004, 674 (Nr. 114–115) – *Postkantoor*; Hdb. Fachanwalt-GewRS/*Pohlmann*, Kap. 5 Rn. 824.

Ist eine **Lizenz** im Register eingetragen, so ist eine **Zustimmung des Lizenznehmers** 13
dagegen **nicht unbedingt erforderlich**. Vielmehr reicht es zur Eintragung des Verzichts
aus, wenn der Markeninhaber glaubhaft macht, dass er den Lizenznehmer von seiner Verzichtsabsicht **unterrichtet** hat (Art. 50 Abs. 3 S. 2 GMV). Eine eidesstattliche Versicherung
des Markeninhabers ist nicht notwendig. Es genügt, wenn der Markeninhaber der Verzichtserklärung eine Kopie des Schreibens an den Lizenznehmer zusammen mit einem Beleg, dass
das Schreiben tatsächlich an den Lizenznehmer geschickt wurde (z. B. Sendebericht des Fax-
schreibens) beifügt.[10] Der Verzicht wird **drei Monate** nach dem Tag **eingetragen**, an dem
der Inhaber der Gemeinschaftsmarke gegenüber dem Amt glaubhaft gemacht hat, dass er
den Lizenznehmer von seiner Verzichtsabsicht unterrichtet hat. Weist der Inhaber
vor Ablauf dieser Frist dem Amt die **Zustimmung des Lizenznehmers** nach, so wird der
Verzicht **sofort eingetragen** (Regel 36 Abs. 2 S. 3 GMDV). Fehlen entsprechende Nachweise oder sind sie unzureichend, so weist das Amt den Markeninhaber darauf hin und fordert ihn auf, binnen einer Frist von zwei Monaten entsprechende Belege nachzureichen.

Sind die Voraussetzungen für den Verzicht nicht erfüllt, so teilt das Amt dem Markenin- 14
haber den Mangel mit. Wird dieser Mangel nicht innerhalb einer vom Amt festgesetzten
Frist beseitigt, so lehnt das Amt die Eintragung des Verzichts in das Register ab (Regel 36
Abs. 3 GMDV).

Ist die Verzichtserklärung wirksam, so trägt das Amt die Erklärung des Verzichts in das 15
Register für Gemeinschaftsmarken ein (Regel 84 Abs. 3 lit. m GMDV). Der Verzicht
wird im Blatt für Gemeinschaftsmarken **veröffentlicht** (Regel 85 Abs. 2 GMDV) und der
Markeninhaber wird über die Eintragung des Verzichts unterrichtet (Regel 84 Abs. 5
GMDV). Mit der Eintragung des Verzichts im Register verliert der Markeninhaber für die
Zukunft seine Rechte aus der Gemeinschaftsmarke.

Nach Eintragung des Verzichts wird die Gemeinschaftsmarke aus dem Markenregister ge- 16
löscht. Etwaige anhängige Verfahren gegen die Gemeinschaftsmarke enden, es sei denn, dass
der Antragsteller noch ein Rechtsschutzbedürfnis an der Fortführung des Verfahrens nachweist.[11]

II. Nichtverlängerung

Verlängert der Markeninhaber die Gemeinschaftsmarke auch innerhalb der Nachfrist von 17
sechs Monaten nach Ende der Schutzdauer nicht, so stellt das Amt fest, dass die Eintragung
abgelaufen ist, und teilt dies dem Markeninhaber mit (Regel 30 Abs. 5 GMDV). Der Markeninhaber erhält die Gelegenheit, innerhalb von zwei Monaten nach Zustellung der Mitteilung schriftlich eine Entscheidung zu beantragen (Regel 54 Abs. 2 GMDV). Macht er davon
keinen Gebrauch, wird die Feststellung über die Löschung rechtskräftig und das Amt löscht
die Marke im Register (Regel 30 Abs. 6 GMDV). Die Löschung wird am Tag nach Ende der
Eintragung wirksam.[12]

Beispiel: Wurde die Gemeinschaftsmarke am 15. 2. 2001 angemeldet, läuft ihre Eintragung am 15. 2. 2011 ab. Wird die Marke nicht verlängert, endet ihr Schutz am 16. 2. 2011.

---

[10] Richtlinien des HABM, Teil E, Kapitel 3.2.2.6.
[11] Siehe unten Rdn. 68.
[12] Zur Verlängerung siehe oben § 2 Rdn. 146 ff.

III. Verfall und Nichtigkeit

Schrifttum: *Beyerlein,* Prozessuale Probleme der Klage auf Erklärung des Verfalls oder der Nichtigkeit einer Gemeinschaftsmarke vor den Gemeinschaftsmarkengerichten, WRP 2004, 302; *Bölling,* Der maßgebliche Zeitpunkt bei der Überprüfung einer Marke auf absolute Schutzhindernisse, GRUR 2011, 472; *Füllkrug,* Gedanken zur markenrechtlichen Einordnung der Spekulations- oder Sperrmarke, WRP 2006, 664; *Grabrucker,* Die bösgläubige Markenanmeldung und das Löschungsverfahren, Mitt. 2008, 532; *Helm,* Die bösgläubige Markenanmeldung, GRUR 1996, 593; *Hildebrandt,* Der Hase im Goldpelz, MarkenR 2008, 102; *Ingerl,* Umgehung des markengesetzlichen Benutzungszwangs durch Wiederholungseintragungen?, Mitt. 1997, 391; *Knaak,* Die Gemeinschaftsmarke Lindt Goldhase und ihre gerichtliche Durchsetzung in Österreich und Deutschland, MarkenR 2008, 285; *Meister,* Verfahren zur Löschung von Gemeinschaftsmarken vor dem Harmonisierungsamt für den Binnenmarkt, WRP 2003, 297; *ders.,* Das Löschungsverfahren vor dem Harmonisierungsamt, Mitt. 1999, 339; *Middlemiss/Philips,* Bad Faith in European Trade Mark Law and Practice, EIPR 2003, 397; *v. Mühlendahl,* Der maßgebliche Zeitpunkt für die Beurteilung der Schutzfähigkeit von Marken im europäischen Markenrecht, FS Pagenberg, 2006, S. 159–171; *ders.,* Die Heilung einer wegen mangelnder Benutzung löschungsreif gewordenen Markeneintragung im europäischen und im deutschen Markenrecht, FS Vieregge, 1995, S. 641; *Osterloh,* Zur bösgläubigen Markenanmeldung, FS Ullmann, S. 347; *Ullmann,* Die bösgläubige Markenanmeldung und die Marke des Agenten – überschneidende Kreise, GRUR 2009, 364; *Winkler,* Aktuelles zum Löschungsverfahren, FS v. Mühlendahl, 2005, S. 279.

18   Zahlenmäßig haben die Löschungsverfahren im Vergleich zu den Widerspruchsverfahren nur eine geringe Bedeutung: So sind 2010 knapp rund 950 Anträge auf Erklärung des Verfalls oder der Nichtigkeit eingegangen, während in demselben Jahr 17 750 Widersprüche eingereicht werden.

19   Im Übrigen sind Verfalls- und Nichtigkeitsverfahren **flexibler und weniger formalistisch** als Widerspruchsverfahren. Während fehlende Unterlagen, die für die Prüfung der Zulässigkeit oder Substantiierung des Widerspruchs notwendig sind, regelmäßig ohne vorherige „Warnung" seitens des Amtes zur Zurückweisung des Widerspruchs führen, erhält der Antragsteller im Verfalls- oder Nichtigkeitsverfahren grundsätzlich vom Amt die Gelegenheit, den Mangel zu heilen.

20   **1. Die Löschungsgründe im Überblick.** *a) Verfallsgründe.* Der   Verfallsgrund   der Nichtbenutzung (Art. 51 Abs. 1 lit. a GMV) greift ein, wenn die Gemeinschaftsmarke **innerhalb eines ununterbrochenen Zeitraums von fünf Jahren** in der Gemeinschaft für die Waren oder Dienstleistungen, für die sie eingetragen ist, **nicht ernsthaft benutzt** worden ist und keine berechtigten Gründe für die Nichtbenutzung vorliegen. Die **Maßstäbe** für das Vorliegen einer ernsthaften Benutzung sind **dieselben wie im Widerspruchsverfahren**. Es wird deshalb auf die Ausführungen zur Benutzung der Marke im Widerspruchsverfahren verwiesen.[13] Die Benutzung der Gemeinschaftsmarke in einem Mitgliedstaat der Gemeinschaft kann ausreichen.[14] Ob eine Gemeinschaftsmarke rechtserhaltend benutzt wurde, richtet sich nach europäischen Standards, nicht nach nationalen Kriterien.[15]

21   Nach Art. 51 Abs. 1 lit. b GMV wird die Gemeinschaftsmarke auf Antrag für verfallen erklärt, wenn die Marke **infolge des Verhaltens oder der Untätigkeit ihres Inhabers** im geschäftlichen Verkehr zur gebräuchlichen Bezeichnung einer Ware oder einer Dienstleistung, für die sie eingetragen ist, geworden ist. Die Entwicklung zur Gattungsbezeichnung

---

[13] Siehe oben § 3 Rdn. 148 ff.
[14] Siehe oben § 3 Rdn. 158.
[15] Richtlinien des HABM, Teil D, Kapitel 2, 3.1.3.

muss also auf einem Verhalten des Gemeinschaftsmarkeninhabers beruhen. Ob die Marke sich im geschäftlichen Verkehr zu einer gebräuchlichen Bezeichnung für eine bestimmte Ware oder Dienstleistung entwickelt hat, richtet sich nach den **maßgeblichen Verkehrskreisen dieser Waren oder Dienstleistungen**. Solange die angesprochenen Verkehrskreise das Zeichen auch als Marke wahrnehmen, scheidet ein Verfall aus, selbst wenn das Zeichen daneben auch als Kurzbezeichnung oder Synonym für ein bestimmtes Produkt oder eine bestimmte Dienstleistung benutzt wird.

Schließlich wird eine Gemeinschaftsmarke für verfallen erklärt, wenn sie infolge ihrer **22** Benutzung durch den Inhaber oder mit seiner Zustimmung für Waren oder Dienstleistungen, für die sie eingetragen ist, geeignet ist, das Publikum insbesondere über die Art, die Beschaffenheit oder die geographische Herkunft dieser Waren oder Dienstleistungen irrezuführen (Art. 51 Abs. 1 lit. c GMV). Die Vorschrift schützt das **Vertrauen der angesprochenen Verkehrskreise** darin, dass die **Waren oder Dienstleistungen mit dem Aussagegehalt der eingetragenen und benutzten Marke übereinstimmen**. Art. 51 Abs. 1 lit. c setzt erstens voraus, dass die Marke eine Aussage über Merkmale wie die Art, die Beschaffenheit oder die geographische Herkunft der geschützten Waren oder Dienstleistungen enthält. Zweitens muss die tatsächliche Benutzung des Produkts durch den Markeninhaber im Widerspruch zu dieser in der Marke enthaltenen Aussage stehen. Der irreführende Charakter des Zeichens muss auf ein Verhalten des Markeninhabers (bzw. des zur Benutzung der Marke Berechtigten) zurückgehen. Fiktive Beispiele wären die Benutzung einer Bildmarke, die die Bezeichnung „reine Schurwolle" enthält, für Kleidung aus Kunstfasern, oder die Benutzung einer Bildmarke, die den Hinweis „echtes Leder" enthält, für Schuhe aus Kunstleder.[16]

Liegt ein Verfallsgrund nur für einen **Teil** der von der eingetragenen Marke umfassten **23** Waren oder Dienstleistungen vor, so wird sie gemäß Art. 51 Abs. 2 GMV nur für diese Waren oder Dienstleistungen für verfallen erklärt.

Die **Bestimmung des Umfangs des Verfalls** ist häufig kompliziert, wenn die wegen **24** Nichtbenutzung angefochtene Gemeinschaftsmarke nur für einen **Teil der eingetragenen Waren oder Dienstleistungen benutzt** worden ist. Es ist zwar richtig, dass der Verfallsantrag wegen der Löschung der Marke tiefer in die Rechte des Markeninhabers eingreift als ein Antrag auf Nachweis der Benutzung (Art. 42 Abs. 2 bzw. Art. 54 Abs. 2 GMV), da letzterer nur den Schutzumfang des älteren Rechts bestimmt und keine Löschung der nicht benutzten Produkte zur Folge hat. Dennoch ist bei der Teilbenutzung auf die Regeln zurückzugreifen, die im **Widerspruchsverfahren** gemäß Art. 42 GMV entwickelt wurden. Danach ergibt sich, dass dann, wenn eine Marke für eine Gruppe von Waren oder Dienstleistungen eingetragen worden ist, die so weit ist, dass darin verschiedene selbständige **Untergruppen** ausgemacht werden können, der Schutz nur derjenigen Untergruppe zuteil wird, zu der die tatsächlich benutzten Waren oder Dienstleistungen gehören. Ist dagegen eine Marke für Waren oder Dienstleistungen eingetragen worden, die so genau definiert worden sind, dass es **nicht möglich** ist, **innerhalb der betreffenden Gruppe eindeutige Unterteilungen vorzunehmen**, deckt der Nachweis der ernsthaften Benutzung der Marke für diese Waren oder Dienstleistungen zwangsläufig diese ganze Gruppe ab.[17] Bei der Definition einer Untergruppe von Waren ist zunächst der **Zweck oder die Bestimmung** ein Kriterium, welches

---

[16] Siehe Beispiele in den Richtlinien des HABM, Teil D, Kapitel 2, 3.3.2.
[17] EuG GRUR Int. 2007, 593 (Nr. 23) – *Respicur*; 17. 10. 2006, T-483/04 (Nr. 27) – *Galzin*; GRUR Int. 2005, 914 (Nr. 45) – *Aladin*. Siehe oben § 3 Rdn. 166.

der Verbraucher vor jedem Kauf selbst heranzieht. Der Verbraucher sucht nämlich vor allem eine Ware oder Dienstleistung, die voraussichtlich seinen speziellen Bedürfnissen entspricht. Für seine Auswahlentscheidung ist daher der Zweck oder die Bestimmung der betreffenden Ware oder Dienstleistung ausschlaggebend. Andere Kriterien wie beispielsweise die Darreichungsform, der Wirkstoff oder die Rezeptpflichtigkeit sind dagegen in aller Regel nicht geeignet, eine Untergruppe zu definieren.[18]

25   *b) Absolute Nichtigkeitsgründe.* Die absoluten Nichtigkeitsgründe des Art. 52 GMV **dienen dem Allgemeininteresse** und sind im Lichte dieses Allgemeininteresses auszulegen. Auch der Nichtigkeitsgrund der bösgläubigen Markenanmeldung stellt ein absolutes Schutzhindernis dar, das im Rahmen des Nichtigkeitsverfahren von jedermann (Art. 56 Abs. 1 lit. a GMV) geltend gemacht werden kann, wobei dieser Nichtigkeitsgrund freilich die Besonderheit aufweist, dass er im Prüfungsverfahren nicht von Amts wegen geprüft wird. Außerdem berührt der Nichtigkeitsgrund der bösgläubigen Anmeldung meistens geschützte Rechtspositionen Dritter und ist insoweit ein „relatives Schutzhindernis".[19]

26   Liegt ein Nichtigkeitsgrund nach Art. 52 Abs. 1 lit. a oder b GMV nur für einen Teil der eingetragenen Waren oder Dienstleistungen vor, so kann die Marke nur für diese Waren oder Dienstleistungen für nichtig erklärt werden. Anders als bei relativen Schutzhindernissen erstreckt sich die auf Art. 52 GMV basierende Nichtigkeit also nicht auf ähnliche Waren oder Dienstleistungen oder sogar unähnliche Waren oder Dienstleistungen (Art. 53 Abs. 1 lit. a und Art. 8 Abs. 5 GMV).

27   *aa) Absolute Eintragungshindernisse nach Art. 7 GMV.* Gemäß Art. 52 Abs. 1 lit. a GMV wird eine eingetragene Marke dann für nichtig erklärt, wenn sie entgegen den Vorschriften des **Art. 7 GMV** eingetragen worden ist.

28   Bei der Prüfung des Art. 7 GMV wendet die Nichtigkeitsabteilung **dieselben Maßstäbe** an wie die Markenprüfer im Rahmen der **Prüfung einer Anmeldung auf absolute Schutzhindernisse.** Der ausschlaggebende Zeitpunkt für die Prüfung eines absoluten Eintragungshindernisses nach Art. 7 ist **allein der Zeitpunkt der Anmeldung der Gemeinschaftsmarke.**[20]

29   Die Nichtigkeitsabteilung ist verpflichtet, die vom Antragsteller geltend gemachten absoluten Schutzhindernisse **vollständig zu überprüfen.** Der Prüfungsumfang ist nicht durch Feststellungen der Beschwerdekammer im vorangegangenen Eintragungsverfahren zur originären oder kraft Benutzung erworbenen Unterscheidungskraft im vorangegangenen Eintragungsverfahren beschränkt. Hatte die Beschwerdekammer beispielsweise festgestellt, dass im Eintragungsverfahren eingereichten Unterlagen zum Nachweis der erworbenen Unterscheidungskraft ausreichen, so hat die Nichtigkeitsabteilung das Recht und die Pflicht, die damals eingereichten Dokumente nochmals vollständig zu überprüfen.[21]

30   Besteht ein Nichtigkeitsgrund gemäß Art. 7 Abs. 1 **lit. b, c oder d GMV**, so kann die Gemeinschaftsmarke dennoch nicht für nichtig erklärt werden, wenn sie durch Benutzung im Verkehr Unterscheidungskraft für die Waren oder Dienstleistungen, für die sie eingetragen ist, erlangt hat (Art. 52 Abs. 2 GMV). Die **erlangte Unterscheidungskraft** aufgrund

---

[18] EuG GRUR Int. 2007, 593 (Nr. 29–31) – *Respicur.*
[19] *Eisenführ*/Schennen, GMV, Art. 52 Rn. 16.
[20] EuG GRUR Int. 2010, 145 (Nr. 18–20) – *Flugbörse.*
[21] HABM-BK, 4.9. 2009, R 1614/2008-4 – *Gelenksteigbügel.*

Benutzung muss im **Zeitpunkt der Entscheidung über die Nichtigkeit** bestehen.[22] Folge der erworbenen Unterscheidungskraft ist, dass die Eintragung mit ihrem ursprünglichen Anmelde- bzw. Prioritätszeitpunkt im Register bleibt. Das Nichtigkeitsverfahren unterscheidet sich also insoweit vom Prüfungsverfahren, wo die Unterscheidungskraft durch Benutzung vor dem Tag der Anmeldung der Marke erworben worden sein muss.[23] Eine im Laufe des Prüfungsverfahrens erworbene Unterscheidungskraft der angemeldeten Marke führt zur Zurückweisung der Anmeldung und nicht − wie im deutschen Recht − zu einer Verschiebung des Anmeldezeitpunkts auf den Zeitpunkt, an dem die erworbene Unterscheidungskraft nachgewiesen wurde.[24]

Wird die Unterscheidungskraft im Nichtigkeitsverfahren erst nach Eintragung der Marke **31** erworben, hat das zur Folge, dass sich die Eintragung einer jüngeren Gemeinschaftsmarke gegenüber durchsetzt, auch dann, wenn die jüngere Marke vor dem Erwerb der Unterscheidungskraft angemeldet wurde. „**Zwischenrechte**" des Inhabers der jüngeren Marke entstehen in diesem Fall nicht.[25]

bb) Bösgläubige Markenanmeldung. Ein weiterer Nichtigkeitsgrund ist die bösgläubige An- **32** meldung der Gemeinschaftsmarke. Anders als im deutschen Recht[26] ist der Ausschlussgrund der bösgläubigen Markenanmeldung kein im Prüfungsverfahren von Amts wegen zu berücksichtigendes Eintragungshindernis, sondern kann **erst im Nichtigkeitsverfahren** geltend gemacht werden. Im Kern betrifft die bösgläubige Markenanmeldung ein **rechtsmissbräuchliches oder sittenwidriges Verhalten**; insofern bildet dieser Nichtigkeitsgrund eine **Schnittstelle zwischen Marken- und Wettbewerbsrecht**. Ausgangspunkt bei der Beurteilung der Bösgläubigkeit der Markenanmeldung muss die Überlegung sein, ob die Marke in erster Linie „**zweckfremd**" eingesetzt werden soll, also z. B. auf die unlautere Behinderung des Wettbewerbs abzielt, oder ob die Anmeldung primär die **Erfüllung der Hauptfunktion der Marke bezweckt**, die darin besteht, dem maßgeblichen Verkehrskreis die Ursprungsidentität der betreffenden Ware oder Dienstleistung zu garantieren, indem sie ihm ermöglicht, diese Ware oder Dienstleistung ohne die Gefahr einer Verwechslung von denen anderer Herkunft zu unterscheiden.[27]

Nach der Definition von Generalanwältin Sharpston in den Schlussanträgen zum Verfah- **33** ren „Goldhase" beinhaltet Bösgläubigkeit „ein Verhalten, das **von den anerkannten Grundsätzen ethischen Verhaltens oder den anständigen Gepflogenheiten in Gewerbe und Handel abweicht**, was sich durch eine Würdigung der objektiven Umstände des Einzelfalls anhand dieser Maßstäbe ermitteln lässt".[28] Das Vorliegen von Bösgläubigkeit

---

[22] *Eisenführ*/Schennen, GMV, Art. 52 Rn. 21; *v. Mühlendahl*, FS Pagenberg, S. 159, 169.
[23] EuG GRUR Int. 2003, 646 (Nr. 36, 39) − *Ecopy.*
[24] Vgl § 37 Abs. 2 MarkenG.
[25] Siehe oben § 2 Rdn. 81.
[26] Seit dem 1.6. 2004 gilt in Deutschland die Regelung des § 8 Abs. 2 Nr. 10 MarkenG. Danach wird die bösgläubige Anmeldung einer deutschen Marke von Amts wegen zurückgewiesen, allerdings nach § 37 Abs. 3 MarkenG nur unter der zusätzlichen Voraussetzung, dass die Bösgläubigkeit ersichtlich ist. Dazu ausführlich *Grabrucker* Mitt. 2008, 532. Über die Einführung einer entsprechenden Regelung für die Gemeinschaftsmarke wird zZt. nachgedacht, s. Study on the Overall Functioning of the European Trade Mark System in Europe (Max-Planck-Institut), Teil III, Rn. 3.116-124.
[27] EuGH GRUR Int. 2004, 631 (Nr. 48) − *Tabs Henkel.* Vgl. auch *Ullmann* GRUR 2009, 364, 366.
[28] Schlussanträge der Generalanwältin Eleanor Sharpston, 12. 3. 2009, C-529/07 (Nr. 60) − *Goldhase.*

muss jeweils im Einzelfall unter Berücksichtigung aller sich aus den relevanten Umständen ergebenden Anhaltspunkte beurteilt werden.

34   Der Begriff der Bösgläubigkeit bezieht sich auf einen **subjektiven Beweggrund** des Markenanmelders – unredliche Absicht oder ein sonstiges „unlauteres Motiv" –, der sich in der Regel trotzdem **anhand objektiver Kriterien ermitteln** lässt. Für die Beurteilung der Bösgläubigkeit ist also die Absicht des Anmelders zum Zeitpunkt der Anmeldung zu berücksichtigen. Diese Absicht ist ein subjektives Tatbestandsmerkmal ist, das **anhand der objektiven Fallumstände** bestimmt werden muss.[29]

35   Eine bösgläubige Anmeldung kann vorliegen, wenn der Anmelder **gegenüber dem Amt absichtlich falsche Informationen oder Beweismittel vorbringt**, um ein absolutes Schutzhindernis zu überwinden (z.B. absichtlich falsche Angaben zur erlangten Unterscheidungskraft nach Art. 7 Abs. 3 GMV).

36   Weiterhin ist Bösgläubigkeit anzunehmen, wenn der Antragsteller nachweist, dass zwischen ihm und dem Markeninhaber **vertragliche oder vorvertragliche Beziehungen** bestanden, und der Markeninhaber sich durch die Anmeldung die Rechte an der Marke des Antragstellers ohne dessen Genehmigung aneignen will.[30]

37   Wurde ein nationales Markenrecht an demselben Zeichen **bereits in einem Mitgliedstaat als bösgläubige Anmeldung gelöscht**, so kann dies ein **Indiz** dafür sein, dass auch die Gemeinschaftsmarke bösgläubig angemeldet wurde.[31] Das Amt ist an die nationale Entscheidung jedoch nicht gebunden.[32]

38   Nach den Richtlinien des Amtes stellt auch die wiederholte Anmeldung einer Marke in der Absicht, die Folgen des Verfalls wegen Nichtbenutzung einer früheren Gemeinschaftsmarke zu vermeiden (sog. **Wiederholungseintragung**), eine bösgläubige Anmeldung dar.[33]

39   Ein Beispiel für das Vorliegen einer Bösgläubigkeit ist die Anmeldung einer Marke zu dem Zweck, den **Markteintritt eines Dritten zu verhindern, ohne dass die Benutzung der Marke beabsichtigt ist**. In einem solchen Fall nämlich erfüllt die Marke nicht ihre Hauptfunktion, die darin besteht, dem Verbraucher oder Endabnehmer die Ursprungsidentität der betreffenden Ware oder Dienstleistung zu garantieren, indem sie ihm ermöglicht, diese Ware oder Dienstleistung ohne die Gefahr einer Verwechslung von denen anderer Herkunft zu unterscheiden.[34]

40   Nach dem Wortlaut des Art. 52 Abs. 1 lit. b GMV ist bei der Beurteilung der Bösgläubigkeit des Anmelders **allein auf den Zeitpunkt der Anmeldung der Gemeinschaftsmarke** („bei der Anmeldung der Marke") abzustellen. Dies bestätigen auch die übrigen Sprachversionen der Gemeinschaftsmarkenverordnung.[35] Unerheblich ist das Vorliegen der

---

[29] EuGH GRUR 2009, 763 (Nr. 42) – *Goldhase.*
[30] Richtlinien des HABM, Teil D, Kapitel 2, 4.3.3.
[31] Richtlinien des HABM, Teil D, Kapitel 2, 4.3.3.
[32] Anders HABM-BK, 30.7. 2009, R 1203/2005-1 – BRUTT, in der die Beschwerdekammer annahm, an eine frühere Entscheidung der britischen Behörden gebunden zu sein (res judicata).
[33] Richtlinien des HABM, Teil D, Kapitel 2, 4.3.3.; a.A. *Ingerl* Mitt. 1997, 391, 392.
[34] EuGH GRUR 2009, 763 (Nr. 45) – *Goldhase.*
[35] Englisch: „where the applicant was acting in bad faith when he filed the application for the trade mark"; Spanisch: „cuando al presenter la solicitud de la marca el solicitante hubiera actuado de mala fe"; Französisch: „lorsque le demandeur était de mauvaise foi lors du dépôt de la demande de marque"; Italienisch: „allorché al momento del deposito della domanda di marchio il richiedente abbia agito in malafede".

Bösgläubigkeit zum Zeitpunkt der Anmeldung der Priorität (falls diese für die Anmeldung der Gemeinschaftsmarke beansprucht wurde).[36]

Keine Bösgläubigkeit liegt vor, wenn eine Gemeinschaftsmarke angemeldet wurde, ob- **41** wohl **eine identische nationale Marke** in einem Mitgliedstaat zuvor **wegen des beschreibenden Charakters zurückgewiesen** wurde.[37] Ebenso wenig liegt Bösgläubigkeit vor, wenn der Anmelder ein **weites Waren- oder Dienstleistungsverzeichnis anmeldet**, das über den gegenwärtigen Geschäftsbetrieb hinausgeht.[38]

Von Art. 8 Abs. 3 GMV unterscheidet sich Art. 52 Abs. 1 lit. b GMV dadurch, dass das **42** Vorliegen der Bösgläubigkeit Tatbestandsmerkmal dieser Vorschrift ist[39] und die Löschung auf der Basis einer bösgläubigen Anmeldung als absolutes Schutzhindernis **nur identische Produkte umfasst**, während nach der Praxis des Amtes Art. 8 Abs. 3 GMV auch dann eingreift, wenn die betreffenden Waren und Dienstleistungen in enger Beziehung stehen oder wirtschaftlich gleichwertig sind.[40]

c) Relative Nichtigkeitsgründe. Art. 53 GMV regelt die **relativen Nichtigkeitsgründe**, **43** die im Rahmen eines Nichtigkeitsverfahrens vor dem Amt oder im Wege der Widerklage vor dem Gemeinschaftsmarkengericht geltend gemacht werden können. Dazu zählen nach Art. 53 Abs. 1 GMV die in den Art. 8 Abs. 1 lit. a und b, Art. 8 Abs. 3, Art. 8 Abs. 4 sowie Art. 8 Abs. 5 GMV genannten Eintragungshindernisse, die bereits im Rahmen eines Widerspruchsverfahrens geltend gemacht werden können. Daneben zählt Art. 53 Abs. 2 GMV zusätzliche Nichtigkeitsgründe auf, so insbesondere Namensrechte, Rechte an der eigenen Abbildung, Urheberrechte oder gewerbliche Schutzrechte, die nach Gemeinschaftsrecht oder nationalem Recht geschützt sind und auf deren Basis die Benutzung der Gemeinschaftsmarke nach dem maßgebenden Recht untersagt werden kann. Die Aufzählung ist nicht abschließend.

Die in Art. 8 GMV genannten Schutzhindernisse werden von der Nichtigkeitsabteilung **44** auf der Grundlage derselben Maßstäbe geprüft wie im Widerspruchsverfahren.

Ein besonderes **Recht am eigenen Namen oder der eigenen Abbildung** ist nicht in **45** jedem Mitgliedstaat der Europäischen Gemeinschaft vorgesehen. Es obliegt dem Antragsteller, das ältere Recht eindeutig zu identifizieren. Auch wenn das EuG betont hat, dass es grundsätzlich die Aufgabe des Amtes ist, die nationalen Rechtsvorschriften zu ermitteln und zu interpretieren,[41] ist dem Antragsteller zu empfehlen, die einschlägigen Vorschriften des nationalen Rechts anzuführen und zu erläutern, da ihm insoweit zumindest eine Mitwirkungspflicht obliegt.[42]

Ein europaweites **Urheberrecht** existiert nicht. Allerdings werden Urheberrechte in allen **46** Mitgliedstaaten der EU auf nationaler Ebene geschützt. Durch den Erlass verschiedener

---

[36] So aber HABM-BK, 30. 7. 2009, R 1203/2005-1 – *BRUTT.*
[37] HABM-NA, 23. 11. 2004, 669C – *Aalborg.*
[38] HABM-NA, 14. 12. 2004, 813C – *NAKED.*
[39] Siehe oben § 3 Rdn. 85, 104–105.
[40] Widerspruchsrichtlinien des HABM, Teil 3, IV.5.; a. A. *Ullmann* GRUR 2009, 364, 368.
[41] EuG, 16. 12. 2008, T-225/06, T-255/06, T-257/06, T-309/06 (Nr. 193) – *Bud*; GRUR Int. 2005, 686 (Nr. 35) – *Atomic Blitz*; HABM-BK, 29. 3. 2007, R 252/2006-1 – *TELESIS/TELESIS*; 25. 9. 2006, R 585/2005-2 – *TETIA/ZELTIA*; 14. 8. 2005, R 792/2005-1 – *GREMCO/GREMCO.*
[42] Die Richtlinien des Amtes verlangen dagegen vom Antragsteller, dass er das maßgebliche Recht und seine jeweilige Anwendung nachweist, soweit dies nicht in einer früheren Entscheidung des Amtes klar festgelegt wurde, s. Richtlinien des HABM, Teil D, Kapitel 2, 5.3.1, 5.3.2 und 5.3.3. Siehe dazu auch oben § 3 Rdn. 105.

Richtlinien ist das Urheberrecht innerhalb der EU zum Teil harmonisiert worden (vgl. z. B. Richtlinie 2001/29/EG zur Harmonisierung des Urheberrechts und der verwandten Schutzrechte in der Informationsgesellschaft sowie Richtlinie 2004/48/EG zur Durchsetzung der Rechte des geistigen Eigentums). Zudem sind die Länder der EU Mitglieder verschiedener Abkommen wie der Revidierten Berner Übereinkunft und des TRIPS-Abkommens, die Mindestrechte zugunsten des Urhebers festlegen.

47 Beruft sich der Antragsteller im Nichtigkeitsverfahren auf ein nationales Urheberrecht, so muss er dieses Recht identifizieren. Dem Amt obliegt es, die einschlägigen nationalen Rechtsvorschriften zum Schutz des Urheberrechts zu bestimmen und zu interpretieren.[43]

48 Als „**Gewerbliche Schutzrechte**" im Sinne des Art. 53 Abs. 2 lit. d GMV kommen zum Beispiel nationale Geschmacksmusterrechte oder Gemeinschaftsgeschmacksmusterrechte in Betracht.[44]

49 Absatz 5 des Art. 53 GMV verweist auf Art. 52 Abs. 3 GMV. Die Verweisung stellt klar, dass der Nichtigkeitsantrag in Bezug auf die angefochtenen Waren und Dienstleistungen nur so weit geht, wie es der Schutzumfang des älteren Rechts zulässt. Die Nichtigkeitserklärung kann sich also z. B. auf identische Waren oder Dienstleistungen beschränken (Art. 8 Abs. 1 lit. a GMV) oder sich auf ähnliche (Art. 8 Abs. 1 lit. b GMV) oder sogar unähnliche (Art. 8 Abs. 5 GMV) Waren oder Dienstleistungen erstrecken.

50 **2. Zulässigkeit des Antrags.** Im Gegensatz zum Widerspruchsverfahren wird in dem Verfahren zur Erklärung des Verfalls oder der Nichtigkeit der Antrag erst nach Prüfung der Zulässigkeit an den Inhaber der Gemeinschaftsmarke weitergeleitet.[45]

51 *a) Berechtigung zur Einlegung des Antrags.* Anträge auf Erklärung des Verfalls sowie auf **absoluten Nichtigkeitsgründen** beruhende Nichtigkeitsanträge können von jeder natürlichen oder juristischen Person sowie jedem Interessenverband von Herstellern, Erzeugern, Dienstleistungsunternehmen, Händlern oder Verbrauchern, der nach dem für ihn maßgebenden Recht prozessfähig ist, gestellt werden. Art. 56 Abs. 1 lit. a GMV setzt voraus, dass der Antragsteller auf Erklärung des Verfalls Rechtspersönlichkeit besitzt oder prozessfähig ist. Dagegen ist die Zulässigkeit eines Verfallsantrags nicht davon abhängig, dass der Antragsteller ein Rechtsschutzbedürfnis nachweist oder die Staatsangehörigkeit eines Mitgliedstaates oder einen Wohnsitz in einem Mitgliedstaat der Europäischen Union besitzt.[46] Der Antrag auf Erklärung des Verfalls setzt also nicht voraus, dass der Antragsteller irgendein persönliches oder wirtschaftliches Interesse nachweisen müsste.[47] Da die Erklärung des Verfalls einer Marke aus den in Art. 51 GMV genannten Gründen **im öffentlichen Interesse** liegt, ist es für die Zulässigkeit des Verfallsantrags unerheblich, welche Zwecke der Markeninhaber mit der Eintragung der Gemeinschaftsmarke und der Antragsteller mit dem Antrag auf Erklärung des Verfalls verfolgt haben mögen. Verfallsanträge können also von **jedermann** gestellt werden. Das Amt kann jedoch keine Verfallsanträge stellen. Wird der Verfallsantrag zurückgenommen, kann das Amt das Verfahren nicht ex officio weiterführen.[48]

---

[43] HABM-BK, 30. 6. 2009, R 1757/2007-2 – *G GLITZY/G*. Siehe oben Fn. 42.

[44] Richtlinien des HABM, Teil D, Kapitel 2, 5.3.3.

[45] Siehe zur Zulässigkeitsprüfung des Widerspruchs oben § 3 Rdn. 23 ff.

[46] EuG, 3. 12. 2009, T-223/08 (Nr. 23) – *Bahman*; EuG, 3. 12. 2009, T-245/08 (Nr. 23) – *Tir*.

[47] EuG, 8. 7. 2008, T-160/07 (Nr. 22) – *Color Edition*.

[48] HABM-BK, 24. 1. 2008, R 285/2005-1 – *Le MERIDIEN*.

Da die Löschung nicht benutzter Marken im öffentlichen Interesse liegt und Anträge auf **52** Erklärung des Verfalls wegen Nichtbenutzung von jedermann gestellt werden können, stehen dem Markeninhaber persönliche Einwendungen gegenüber einem solchen Antrag nicht zu. Auch **Nichtangriffsabreden** wären insoweit unbeachtlich.[49]

Beruht der Nichtigkeitsantrag auf einem **relativen Nichtigkeitsgrund** im Sinne des **53** Art. 8 GMV, so verweist Art. 56 Abs. 1 lit. b auf Art. 41 Abs. 1. Wird der Nichtigkeitsantrag also auf Art. 8 GMV Abs. 1 oder Art. 8 Abs. 5 GMV gestützt, sind die Inhaber der älteren Marken sowie die von den Inhabern ermächtigten Lizenznehmer aktivlegitimiert. Beruht der Nichtigkeitsantrag auf Art. 8 Abs. 3 GMV, können nur die Inhaber der dort genannten Marken einen Antrag stellen. Schließlich kann der Antrag auf Erklärung der Nichtigkeit in den Fällen des Art. 8 Abs. 4 GMV von den Inhabern der dort genannten älteren Marken oder Kennzeichenrechten sowie von den Personen, die nach dem anzuwendenden nationalen Recht berechtigt sind, diese Rechte geltend zu machen, gestellt werden.

Basiert der Nichtigkeitsantrag auf einem sonstigen älteren Recht im Sinne des Art. 53 **54** Abs. 2 GMV (z.B. Namensrecht, Recht an der eigenen Abbildung, Urheberrecht, Geschmacksmuster), so kann der Antrag von den Inhabern der dort genannten älteren Rechte sowie von den Personen, die nach dem anzuwendenden nationalen Recht berechtigt sind, diese Rechte geltend zu machen, gestellt werden.

b) Form und Frist. Der Antrag auf Erklärung des Verfalls oder der Nichtigkeit ist **schrift-** **55** **lich** einzureichen und zu **begründen**, Art. 56 Abs. 2 GMV.

Der Antrag muss gemäß Regel 37 GMDV folgende **Angaben** enthalten: Die Nummer **56** der angefochtenen Gemeinschaftsmarke sowie den Namen und die Anschrift ihres Inhabers und eine Erklärung darüber, für welche eingetragenen Waren und Dienstleistungen die Verfalls- oder die Nichtigkeitserklärung beantragt wird. Dem Antragsteller ist zu raten, sich bei der Formulierung der Reichweite des Antrags strikt an den Wortlaut der eingetragenen Waren oder Dienstleistungen zu halten.[50]

Außerdem müssen in dem Antrag die **Verfalls- oder Nichtigkeitsgründe**, auf die sich **57** der Antrag stützt, angegeben werden. Beruht der Antrag auf relativen Nichtigkeitsgründen, so muss der Antragsteller angeben, auf welches Recht sich der Antrag auf Erklärung der Nichtigkeit stützt und erforderlichenfalls Angaben machen, die belegen, dass der Antragsteller Inhaber des Rechts ist bzw. nach dem einschlägigen Recht berechtigt ist, das ältere Recht als Nichtigkeitsgrund geltend zu machen. Ferner muss der Antrag Angaben der zur Begründung vorgebrachten Tatsachen, Beweismittel und Bemerkungen enthalten. Schließlich muss der Antrag den Namen und die Anschrift des Antragstellers sowie gegebenenfalls den Namen und die Geschäftsanschrift seines Vertreters enthalten.

Der Pflicht zur Begründung des Antrags nach Art. 56 Abs. 2 GMV wird bereits dadurch **58** Genüge getan, dass der Antragsteller den Verfalls- oder Nichtigkeitsgrund angibt (bzw. in dem vom Amt bereit gestellten Formular ankreuzt), also beispielsweise darlegt, dass die Gemeinschaftsmarke nicht im Sinne des Art. 51 Abs. 1 lit. a GMV rechtserhaltend benutzt wurde.[51]

---

[49] HABM-BK, 9.9. 2008, R 1764/2007-4 – *PAN AM II.*
[50] HABM-BK, 23.10. 2008, R 1817/2007-1 – *China Club.*
[51] HABM-BK, 28.2. 2007, R 1209/2005-1 – *Payless ShoeSource.* Entgegen dem Wortlaut der Regel 39 Abs. 2 GMDV führt die fehlende Übersetzung des Antrags innerhalb der Monatsfrist nach der jetzigen Praxis der Nichtigkeitsabteilungen nicht automatisch zur Unzulässigkeit. Vielmehr informiert die Nichtigkeitsabteilung den Antragsteller, dass er innerhalb eines Monats *ab Zustellung der Mitteilung* eine Übersetzung einreichen muss. Erst nach Ablauf dieser Frist und der Antrag als unzulässig behandelt.

59 Stellt das Amt fest, dass der Antrag die in Regel 37 GMDV genannten Angaben nicht enthält, so fordert das Amt den Antragsteller auf, die festgestellten Mängel innerhalb einer vom Amt gesetzten Frist zu beseitigen. Werden die Mängel nicht fristgemäß beseitigt, so weist das Amt den Antrag als unzulässig zurück (Regel 39 Abs. 3 GMDV). Auch in diesem Fall werden der Markeninhaber und der Antragsteller über die Zurückweisung des Antrags informiert, vgl. Regel 39 Abs. 4 GMDV.

60 Anträge auf Erklärung des Verfalls oder der Nichtigkeit sind in **einer der fünf Sprachen des Amtes** (Englisch, Deutsch, Spanisch, Französisch, Italienisch) einzureichen, Art. 119 Abs. 5. Ist die Sprache, in der die Anmeldung damals eingereicht worden war, eine der fünf Sprachen des Amtes, so hat der Antragsteller die Wahl, ob diese Sprache oder die bei der Anmeldung angegebene zweite Sprache (die zwingend eine Sprache des Amtes ist) Verfahrenssprache sein soll. Ist die Sprache, in der die Anmeldung eingereicht worden war, keine Sprache des Amtes, wird die zweite vom Anmelder zum Zeitpunkt der Anmeldung angegebene Sprache automatisch die Verfahrenssprache. Wird der Antrag in einer Sprache des Amtes eingereicht, die jedoch in diesem Verfahren nicht als Verfahrenssprache zur Verfügung steht, so hat der Antragsteller innerhalb eines Monats nach Einreichung des Antrags eine **Übersetzung** in die Verfahrenssprache einzureichen. Anderenfalls soll das Amt den Antrag als unzulässig zurückgewiesen (Art. 119 Abs. 6 iVm Regel 38 Abs. 1 und 39 Abs. 2 GMDV).[52] Wie im Widerspruchsverfahren kann der Antragsteller die vom Amt in allen Amtssprachen der EU bereitgestellten Formblätter für die Anträge auf Erklärung des Verfalls oder der Nichtigkeit verwenden.[53]

61 Der Antrag gilt erst als gestellt, wenn die **Gebühr** entrichtet worden ist, Art. 56 Abs. 2 S. 2 GMV. Die Gebühr für den Antrag auf Erklärung des Verfalls oder der Nichtigkeit beträgt € 700,–, siehe Art. 2 Nr. 17 GMGebV. Stellt das Amt fest, dass die Gebühr nicht entrichtet wurde, so fordert es den Antragsteller auf, die Gebühr innerhalb der vom Amt gesetzten Frist zu entrichten. Wird die Gebühr nicht innerhalb der vom Amt gesetzten Frist entrichtet, so teilt das Amt dem Antragsteller mit, dass der Antrag auf Verfalls- oder Nichtigkeitserklärung als nicht gestellt gilt. Wird die Gebühr nach Ablauf der gesetzten Frist entrichtet, wird sie dem Antragsteller erstattet (vgl. Regel 39 Abs. 1 GMDV).

62 Wird der Nichtigkeitsantrag **vor Eintragung** der Gemeinschaftsmarke gestellt, ist der Antrag unzulässig und wird zurückgewiesen.[54]

63 Der Antrag auf Verfall wegen Nichtbenutzung kann **frühestens fünf Jahre nach Eintragung** der Gemeinschaftsmarke gestellt werden. Anträge, die vor Ablauf dieses Zeitraumes gestellt werden, werden als unzulässig zurückgewiesen.[55]

64 *c) Mehrere Antragsgründe oder ältere Rechte.* In ein und demselben Antrag können absolute und relative Nichtigkeitsgründe geltend gemacht werden, wobei der Antrag auch auf mehrere Rechte oder Rechtsgründe gestützt werden kann. Die Antragsgebühr in Höhe von € 700,– wird nur einmal fällig. Ebenso kann ein Antrag auf Erklärung des Verfalls auf mehreren Verfallsgründen beruhen.

65 Fasst der Antragsteller die Anträge auf Erklärung des **Verfalls** und der **Nichtigkeit** in einem Antrag zusammen, werden dagegen **zwei Antragsgebühren** fällig. Stellt derselbe An-

---

[52] Zur Sprachenregelung, siehe oben § 1 Rdn. 109–121.
[53] S. dazu oben § 3 Rdn. 39.
[54] HABM-BK, 30.6.2009, R 572/2007-4 – *CHATKA*.
[55] Richtlinien des HABM, Teil D, Kapitel 2, 3.1.4.

tragsteller gegen die angegriffene Marke hintereinander zwei Anträge auf Erklärung des Verfalls, so kann die Nichtigkeitsabteilung beide Anträge gemäß Regel 41 Abs. 1 GMDV miteinander verbinden.[56]

Die Nichtigkeitsabteilung darf sich nicht auf die Prüfung der im Formblatt für den Antrag **66** auf Nichtigerklärung angekreuzten Gründe beschränken, sondern sie hat den **Antrag in seiner Gesamtheit** und insbesondere anhand der dem Antrag beigefügten Antragsbegründung zu prüfen.[57] Der ganze Inhalt des Antrags und seiner Anlagen muss berücksichtigt werden. Wenn der beigefügten Begründung des Antrags explizit zu entnehmen war, dass dieser insbesondere auf einen weiteren Grund gestützt wurde, muss sich die Nichtigkeitsabteilung mit diesem Grund befassen, auch wenn er im Formular für den Antrag auf Nichtigerklärung nicht angekreuzt wurde.

Andererseits darf der Antragsteller zu einem **späteren Zeitpunkt** keine zusätzlichen **67** Rechte oder Rechtsgründe mehr „nachschieben". Beruht der Antrag auf relativen Nichtigkeitsgründen, so darf sich der Antragsteller im Laufe des Verfahrens nicht zusätzlich auf absolute Eintragungshindernisse berufen. Die Verfalls- oder Nichtigkeitsgründe sind abschließend in dem Antrag zu nennen (Regel 37 lit. b GMDV).[58] Will sich der Antragsteller später auf weitere Gründe stützen, muss er einen gesonderten Antrag stellen.

d) Feststellungsanträge nach Erlöschen oder Verzicht. Nach Erlöschen der Gemeinschafts- **68** marke ist ein Antrag auf Feststellung des Verfalls oder der Nichtigkeit der Gemeinschaftsmarke nur unter engen Voraussetzungen zulässig. So mag ein **Feststellungsantrag** aus der Sicht des Antragstellers notwendig sein, um drohende Schadensersatzansprüche des Markeninhabers für den Zeitraum der Gültigkeit der Gemeinschaftsmarke abzuwenden. Voraussetzung für das Bestehen eines Rechtsschutzinteresses des Antragstellers ist, dass die Entscheidung ihm im Ergebnis immer noch einen Vorteil verschaffen kann. In diesem Zusammenhang ist zu berücksichtigen, dass die Wirkungen eines Verzichts und die einer Nichtigerklärung oder Verfallserklärung nicht die gleichen sind. Der Verzicht wirkt ex nunc, während die Wirkungen einer für nichtig erklärten Marke nach Art. 55 Abs. 2 GMV als von Anfang an nicht eingetreten (ex tunc) gelten. Auch im Verfallsverfahren kann der Antragsteller beantragen, dass in der Entscheidung ein früherer Zeitpunkt festgesetzt wird, zu dem einer der Verfallsgründe eingetreten ist (Art. 55 Abs. 1 S. 2 GMV). Deshalb führt der Verzicht nicht zwangsläufig zur Beendigung des Nichtigkeits- oder Verfallsverfahrens.[59] Zumindest wenn die Gefahr besteht, dass der Konflikt zwischen den Parteien auf nationaler Ebene fortgeführt wird und der Markeninhaber z.B. Schadensersatzansprüche gegenüber dem Antragsteller für den Zeitraum der Gültigkeit der Gemeinschaftsmarke geltend macht, dürfte ein Rechtsschutzinteresse zu bejahen sein. Der Markeninhaber kann eine Fortführung des Verfahrens möglicherweise vermeiden, indem er förmlich erklärt, auch für die Vergangenheit keine Rechte aus der Marke geltend zu machen.[60]

---

[56] Siehe HABM-BK, 30.7. 2009, R 609/2008-1 – *LIVE*.
[57] EuG, 24.3. 2011, T-419/09 (Nr. 21, 27) – *AK 47*.
[58] HABM-BK, 27.5. 2008, R 247/2006-4 – *BALI KITCHEN/BALI*.
[59] EuGH, 24.3. 2011, C-552/09 P (Nr. 40–43) – *Timi Kinderjoghurt*; HABM-NA, 3.5. 2001, C-670042/1 – *AROMATIC*; Eisenführ/*Schennen*, GMV, Art. 50 Rn. 7; v. Mühlendahl/Ohlgart, Gemeinschaftsmarke, § 18 Rn. 35; a.A. *Eisenführ* (in Eisenführ/Schennen, GMV, Art. 56 Rn. 17).
[60] V. Mühlendahl/Ohlgart, Gemeinschaftsmarke, § 18 Rn. 35.

69   *e) Res judicata.* Der Antrag auf Erklärung des Verfalls oder der Nichtigkeit ist unzulässig, wenn das Gericht eines Mitgliedstaats über einen Antrag wegen desselben Anspruchs zwischen denselben Parteien bereits rechtskräftig entschieden hat.

70   Die Unzulässigkeit des Antrags als res judicata setzt **Parteienidentität** voraus. Daran fehlt es, wenn die angefochtene Gemeinschaftsmarke oder das zuvor in einem nationalen Verfahren geltend gemachte ältere Recht in der Zwischenzeit auf einen neuen Inhaber übertragen wurde.

71   Die Berufung auf res judicata setzt zudem voraus, dass das nationale Gerichtsverfahren **denselben Anspruch** zum Gegenstand hatte. Dies wäre beispielsweise zu bejahen, wenn das nationale Gericht im Rahmen einer Widerklage bereits rechtskräftig entschieden hat, dass der streitgegenständlichen Gemeinschaftsmarke in der gesamten Gemeinschaft keine absoluten oder relativen Nichtigkeitsgründe entgegen stehen und in dem anschließenden Amtsverfahren dieselben Rechtsgründe und Anspruchsgrundlagen geltend gemacht werden.[61] Geht es dagegen in dem anschließenden Verfahren vor dem Amt um andere Rechtsgründe oder werden andere Rechte geltend gemacht, greift der Einwand der res judicata nicht. So steht einem auf Art. 52 Abs. 1 lit. b GMV (Bösgläubigkeit) eingereichten Nichtigkeitsantrag nicht der Einwand der res judicata entgegen, wenn für die Gemeinschaftsmarke eine britische Priorität beansprucht und die britische Marke von den nationalen Autoritäten als bösgläubige Anmeldung eingestuft worden war: Da die Marken einen unterschiedlichen geographischen Schutzbereich haben und sich die Beurteilung der Bösgläubigkeit auf unterschiedliche Zeitpunkte bezieht, geht es nicht um „denselben Anspruch".[62] Ebenso wenig kann sich der Markeninhaber auf res judicata berufen, wenn in dem vorangegangenen Verletzungsverfahren aus der streitgegenständlichen Gemeinschaftsmarke die Löschungsreife der Gemeinschaftsmarke wegen Nichtbenutzung im Wege der Einwendung gemäß Art. 99 Abs. 3 GMV und nicht im Wege der Widerklage gemäß Art. 100 Abs. 1 GMV erhoben wurde. Der Einwand der Nichtbenutzung wirkt nur inter partes und führt nicht zur Löschung der Gemeinschaftsmarke.[63] Aber selbst wenn das nationale Gericht im Rahmen der Widerklage die rechtserhaltende Benutzung der Gemeinschaftsmarke bejaht hat, kann der Beklagte später einen Antrag auf Erklärung des Verfalls derselben Gemeinschaftsmarke stellen, wenn es in dem anschließenden Amtsverfahren um einen anderen Zeitraum für die Beurteilung der Benutzung geht.

72   Schließlich setzt die Unzulässigkeit als res judicata voraus, dass die frühere Entscheidung „von einem Gericht eines Mitgliedstaates" getroffen wurde. Eine entsprechende Vorschrift findet sich für unanfechtbar gewordene Entscheidungen des Amtes, die zur Unzulässigkeit einer Widerklage vor dem Gemeinschaftsmarkengericht führen (Art. 100 Abs. 2 GMV). Für frühere unanfechtbar gewordene Entscheidungen der Nichtigkeitsabteilungen oder der Beschwerdekammern des Amtes in **Verfalls- oder Nichtigkeitsverfahren** lässt sich Art. 56 Abs. 3 GMV analog anwenden.[64] Ein zweiter Antrag vor der Nichtigkeitsabteilung wäre dann unzulässig, sofern er „denselben Anspruch" und „dieselben Parteien" betrifft. Dagegen

---

[61] Hat die Widerklage Erfolg, muss die Gemeinschaftsmarke gelöscht werden. Das Gemeinschaftsmarkengericht hat das Amt über die Widerklage zu unterrichten (Art. 100 Abs. 4 GMV) und dem Amt eine Ausfertigung der rechtskräftigen Entscheidung zuzustellen (Art. 100 Abs. 6 GMV).

[62] Anders HABM-BK, 30.7. 2009, R 1203/2005-1 – *BRUTT.*

[63] HABM-BK, 9.9. 2008, R 1858/2007-4 – *ATLAS TRANSPORT.*

[64] HABM-BK, 12.3. 2010, R 361/2009-4 – *Schachbrettmuster; Eisenführ/Schennen*, GMV, Art. 56 Rn. 20; *Fezer/v. Kapff*, Hdb. Markenpraxis, Bd. I, 2. Teil, Rn. 120; *v. Mühlendahl/Ohlgart*, Gemeinschaftsmarke, § 19 Rn. 97.

ist die Nichtigkeitsabteilung durch eine frühere Entscheidung der **Widerspruchsabteilung** zu demselben Sachverhalt **nicht gebunden**.[65]

Von der Unzulässigkeit des Antrags als res judicata ist die Frage zu trennen, inwiefern äl- **73** tere Entscheidungen zu identischen oder ähnlichen Marken das Amt inhaltlich binden. Insoweit gilt, dass nationale Urteile durchaus indizielle Wirkung haben und im Rahmen der freien Beweiswürdigung berücksichtigt werden müssen. Eine **inhaltliche Bindungswirkung** besteht dagegen nicht.[66] Den Parteien steht es frei, im Amtsverfahren ergänzende oder andere Beweismittel vorzulegen, die dann vom Amt beurteilt werden, wobei das Amt dabei im Rahmen der freien Beweiswürdigung durchaus zu einem anderen Ergebnis als das nationale Gericht kommen kann.[67] Auch eine frühere Entscheidung der Widerspruchsabteilung stellt lediglich einen Umstand dar, der bei der Beurteilung berücksichtigt werden kann, ohne dass die Nichtigkeitsabteilung an die Feststellungen der Widerspruchsabteilung gebunden wäre. Ebenso binden auch Entscheidungen der Prüfer oder der Beschwerdekammern zum Vorliegen absoluter Schutzhindernisse desselben Zeichens oder zur erlangten Unterscheidungskraft die Nichtigkeitsabteilung inhaltlich nicht.[68]

f) Ausdrückliche Zustimmung des Antragstellers zur Eintragung. Gemäß Art. 53 Abs. 3 **74** GMV kann eine Gemeinschaftsmarke nicht für nichtig erklärt werden, wenn der Inhaber des älteren Rechts der Eintragung der Gemeinschaftsmarke vor der Stellung des Antrags auf Nichtigerklärung bzw. der Erhebung der Widerklage ausdrücklich zugestimmt hat.

Art. 53 Abs. 3 GMV setzt voraus, dass der Antragsteller und die Person, die zuvor der Ein- **75** tragung der Gemeinschaftsmarke zugestimmt hat, identisch sind. Unschädlich ist hingegen, dass die angefochtene Gemeinschaftsmarke in der Zwischenzeit ihren Eigentümer gewechselt hat. Dies folgt aus dem Wortlaut *(„der Eintragung der Gemeinschaftsmarke … zustimmt")*, nach der sich die Zustimmung auf die Marke ohne Rücksicht auf ihren Eigentümer bezieht.

Die Zustimmung des älteren Rechteinhabers muss zudem **„ausdrücklich"** sein. Hat der **76** Antragsteller beispielsweise in einem vorangegangenen Widerspruchsverfahren mit dem Inhaber der Gemeinschaftsmarke eine **Abgrenzungsvereinbarung** getroffen, nach der sich der Widersprechende unter bestimmten Voraussetzungen verpflichtet, den Widerspruch zurückzunehmen und nicht gegen die Gemeinschaftsmarkeneintragung vorzugehen, kann darin eine ausdrückliche Zustimmung liegen. Auch die Abgabe einer einseitigen Vorrechtserklärung, nach der die Eintragung und / oder Benutzung der Marke eingeschränkt wird, unter der Voraussetzung, dass der Inhaber der älteren Rechte daraufhin den Widerspruch gegen die Anmeldung zurücknimmt, könnte als ausdrückliche Zustimmung zur Eintragung der Gemeinschaftsmarke interpretiert werden. Das Amt wird solche Erklärungen und Verträge allerdings nur **im Ausnahmefall berücksichtigen**, nämlich dann, wenn sich die Parteien über die Gültigkeit und den Umfang dieser Vereinbarungen einig sind.

Für gewöhnlich streiten sich die Parteien jedoch gerade über die Wirksamkeit oder den **77** Umfang der zuvor getroffenen Vereinbarung. Von der Nichtigkeitsabteilung kann nicht verlangt werden, die Vereinbarung nach dem maßgeblichen nationalen Recht auszulegen – sofern die Anwendbarkeit eines bestimmten nationalen Rechts überhaupt fest steht. Im Re-

---

[65] EuG GRUR Int. 2010, 58 (Nr. 34–36) – *Timi Kinderjoghurt.*
[66] EuGH, MarkenR 2008, 160 (Nr. 43) – *Hairtransfer*; GRUR Int. 2005, 928 (Nr. 68) – *CM.*
[67] HABM-BK, 13.11. 2008, R 1882/2007-4 – *PINE TREE*; 9.9. 2008, R 1764/2007-4 – *PAN AM II.*
[68] Siehe oben Rdn. 72.

gelfall werden die Parteien in der Vereinbarung auch eine Rechtswahl- und Gerichtsstands-klausel eingefügt haben, die die zuständigen Gerichte im Falle eines Streites über die Vereinbarung benennt. Eine Klage auf Vertragserfüllung muss dann vor den zuständigen Gerichten eingereicht werden. Die Nichtigkeitsabteilung kann währenddessen das Verfahren vor dem Amt aussetzen. Reicht der Gemeinschaftsmarkeninhaber dagegen keine Klage vor den zuständigen nationalen Gerichten ein, so gehen Unstimmigkeiten bei der Auslegung der Vereinbarung zu seinen Lasten, mit der Folge, dass unter Umständen der Vereinbarung keine ausdrückliche Zustimmung entnommen werden kann.[69]

78   *g) Kumulierungsgebot.* Hat der Inhaber eines älteren Rechts bereits einen Antrag auf Nichtigerklärung der Gemeinschaftsmarke gestellt oder im Verletzungsverfahren Widerklage erhoben, so bestimmt Art. 53 Abs. 4 GMV, dass er nicht aufgrund eines anderen dieser Rechte, das er zur Unterstützung seines ersten Begehrens hätte geltend machen können, einen neuen Antrag auf Nichtigerklärung stellen bzw. Widerklage erheben darf.

79   Art. 53 Abs. 4 GMV ist **kein Fall der res judicata**. Dieses Prinzip schützt eine Partei vor weiteren Rechtsstreitigkeiten nur, wenn ein rechtskräftiges Urteil durch ein anderes Gericht ergangen ist, das dieselben Parteien, denselben Streitgegenstand und denselben Rechtsgrund betrifft. An demselben Rechtsgrund fehlt es in den Fällen des Art. 53 Abs. 4 GMV, denn der Antragsteller beabsichtigt gerade, das neue Verfahren auf andere, bislang noch nicht geltend gemachte Rechte zu stützen. Dennoch verfolgt das Kumulierungsgebot ein ähnliches Ziel wie das Prinzip der res judicata: Rechtssicherheit soll hergestellt werden und unendlich fortwährende Verfahren sollen vermieden werden.

80   Die Ausschlusswirkung des Art. 53 Abs. 4 GMV greift nur dann ein, wenn die Nichtigkeit tatsächlich beantragt bzw. tatsächlich Widerklage erhoben wurde. Die bloße Möglichkeit eines solchen Antrags bzw. einer Widerklage entfaltet keine Ausschlusswirkung nach dieser Regelung.[70]

81   Die Ausschlusswirkung hat für den Antragsteller **erhebliche Auswirkungen**, da er seine weiteren Rechte in einem neuen Antrag nicht mehr geltend machen kann. Die Vorschrift sollte daher **eng ausgelegt** werden. Geschützt werden soll der Markeninhaber vor Situationen, in denen der Antragsteller seine Rechte missbraucht und den Markeninhaber mit immer neuen Anträgen auf der Basis identischer oder ähnlicher Rechte überhäuft. Ergibt sich dagegen erst aus der Zurückweisung des ersten Nichtigkeitsantrags, dass der Antragsteller mit der Geltendmachung anderer Rechte besser beraten gewesen wäre, so darf die Ausschlusswirkung des Art. 53 Abs. 4 GMV nicht greifen. In diesem Fall muss der in gutem Glauben handelnde Antragsteller die Möglichkeit haben, einen zweiten Nichtigkeitsantrag auf der Basis eines erfolgreicheren Rechts zu stellen. Die Rechte des Antragstellers gehen dann dem Gebot der Rechtssicherheit vor.[71]

---

[69] Vgl. aber HABM-BK, 14.10. 2008, R 946/2007-2 und R 1151/2007-2 – *VISIONIC/VISONIC Ltd.*: In diesem Fall folgerte die Beschwerdekammer aus dem Schriftwechsel zwischen den Parteien, dass ein Vertrag geschlossen worden sei, und sah in der Widerspruchsrücknahme eine „ausdrückliche" Zustimmung in die Eintragung, mit der Folge, dass der später gestellte Nichtigkeitsantrag des Widersprechenden nach Art. 53 Abs. 3 GMV erfolglos blieb. Die zunächst vor dem EuG eingereichte Klage gegen die Entscheidung wurde vom Kläger zurückgenommen (T-569/08).

[70] HABM-BK, 15.3. 2004, R 671/2001-4 – *EXAKTA/exacta*.

[71] A.A. v. Mühlendahl/Ohlgart, Gemeinschaftsmarke, § 19 Rn. 67.

3. Das Verfahren. Anders als im Widerspruchsverfahren, in dem zwischen Einreichung **82** und Begründung des Widerspruchs oft viele Monate vergehen können, reicht der Antragsteller in dem Verfalls- oder Nichtigkeitsverfahren normalerweise zusammen mit dem Antrag eine Begründung ein, die sämtliche Argumente, Tatsachen und Beweismittel zur Stützung des Antrags enthält.

a) Argumente, Fakten und Beweismittel zur Begründung des Löschungsantrags. Eine **Sub- 83 stantiierungsfrist** wie im Widerspruchsverfahren gibt es **nicht.** Dem Antragsteller ist zu empfehlen, alle Tatsachen und Beweismittel zur Stützung des Antrags (ggf. mit Übersetzung) direkt **zusammen mit dem Antrag** einzureichen. Ein weiterer, wichtiger Unterschied zum Widerspruchsverfahren liegt darin, dass die Nichtigkeitsabteilung nach der jetzigen Praxis dem Antragsteller immer die **Gelegenheit** gibt, fehlende Unterlagen **nachzureichen.**

aa) Antrag auf Erklärung des Verfalls. Beruft sich der Antragsteller darauf, dass die Gemein- **84** schaftsmarke **nicht rechtserhaltend benutzt** wurde (Art. 51 Abs. 1 lit. a GMV), so genügt es, wenn der Antragsteller geltend macht, dass die Gemeinschaftsmarke wegen der mangelnden Benutzung für verfallen zu erklären ist. **Unterlagen,** die auf eine Nichtbenutzung oder auf eine Benutzung nur für bestimmte von der Marke umfasste Waren oder Dienstleistungen hinweisen, braucht der Antragsteller nicht einreichen. Vielmehr obliegt es dem Markeninhaber, die Benutzung der Gemeinschaftsmarke nachzuweisen.[72]

Stützt der Antragsteller den Antrag auf **Art. 51 Abs. 1 lit. b oder c GMV,** so muss er **85** Unterlagen einreichen, die belegen, dass die Gemeinschaftsmarke infolge des Verhaltens oder der Untätigkeit des Inhabers zur gebräuchlichen Bezeichnung (Art. 51 Abs. 1 lit. b GMV) oder infolge ihrer Benutzung durch den Markeninhaber bzw. mit seiner Zustimmung zur irreführenden Marke im Sinne des Art. 51 Abs. 1 lit. c GMV geworden ist. Hinweise auf die Eignung der Irreführung hinsichtlich der geographischen Herkunft der Produkte ergeben sich beispielsweise aus Dokumenten, die zeigen, dass der Markeninhaber die Waren nicht mehr in dem Land produziert, auf das die Marke hinweist.[73]

Die Beweislast dafür, dass a) die Gemeinschaftsmarke eine Gattungsbezeichnung gewor- **86** den ist und dass b) diese Entwicklung zur Gattungsbezeichnung auf einem positiven Tun oder Unterlassen des Markeninhabers zurückzuführen ist, trifft den **Antragsteller. Indizien** dafür, **dass der Markeninhaber für die Entwicklung der Marke zur Gattungsbezeichnung verantwortlich ist,** sind beispielsweise die beschreibende Benutzung des Begriffs durch den Markeninhaber, oder sein Versäumnis, die beschreibende Benutzung des Zeichens durch Dritte zu bekämpfen. Dazu gehört auch die Verpflichtung sicherzustellen, dass das Zeichen in Nachschlagewerken als Marke wiedergegeben wird (vgl. Art. 10 GMV).

Der **Antragsteller** muss nachweisen, dass die Marke irreführend geworden ist und dass **87** diese irreführende Wirkung auf eine Benutzung des Markeninhabers zurückzuführen ist.[74]

bb) Auf absolute Nichtigkeitsgründe gestützter Nichtigkeitsantrag. Stützt der Antragsteller seinen **88** Antrag darauf, dass die Gemeinschaftsmarke entgegen den Vorschriften des Art. 7 GMV zu-

---

[72] Siehe unten Rdn. 95 ff.
[73] HABM-BK, 12.2. 2009, R 697/2008-1 – *MÖVENPICK OF SWITZERLAND.* Siehe oben Rdn. 22.
[74] EuG, 14.5. 2009, T-165/06 (Nr. 36) – *Elio Fiorucci.*

wider eingetragen wurde, so muss er geeignete Unterlagen einreichen, die auf das Vorliegen eines absoluten Eintragungshindernisses hinweisen. Dazu zählen beispielsweise Dokumente, die zeigen, dass das Zeichen auf dem maßgeblichen Markt in rein beschreibender Weise benutzt wird, oder Hinweise auf zurückgewiesene nationale Eintragungen für dasselbe Zeichen.

89   Wenn der Antrag auf einer **bösgläubigen Markenanmeldung** (Art. 52 Abs. 1 lit. b GMV) beruht, muss der Antragsteller mit Hilfe von Unterlagen zeigen, dass der Markeninhaber zum Zeitpunkt der Anmeldung bösgläubig war. Geeignete Unterlagen sind zum Beispiel Verträge oder Schriftverkehr zwischen den Parteien, aus denen sich eine Behinderungsabsicht des Markeninhabers oder die Kenntnis von der Benutzung einer bereits existierenden Marke des Antragstellers ergibt.

90   Mangels entgegenstehender Tatsachen vermutet das Amt grundsätzlich die gutgläubige Anmeldung der Gemeinschaftsmarke.[75] Es obliegt dem **Antragsteller** nachzuweisen, dass der Markeninhaber zum Zeitpunkt der Markenanmeldung bösgläubig handelte.

91   *cc) Auf relative Nichtigkeitsgründe gestützter Nichtigkeitsantrag.* Beruft sich der Antragsteller auf ältere Rechte im Sinne des **Art. 53 Abs. 1 oder Abs. 2 GMV**, so muss er die Existenz und Gültigkeit dieser Rechte nach nationalem Recht oder Gemeinschaftsrecht nachweisen und zeigen, dass er zur Einlegung des Nichtigkeitsantrags befugt ist. Ist der Antrag auf ältere Markenrechte gestützt, so sind Anmeldebescheinigungen oder Registrierungs- und gegebenenfalls Verlängerungsurkunden oder Registerauszüge aus offiziellen Datenbanken einzureichen, aus denen sich die Gültigkeit der älteren Marken ergibt.[76]

92   Geht es um Rechte nach **Art. 8 Abs. 4 GMV** oder **sonstige ältere Rechte gemäß Art. 53 Abs. 2 GMV**, so muss der Antragsteller zudem darlegen, dass er auf der Basis der älteren Rechte die Benutzung der angefochtenen Gemeinschaftsmarke nach dem maßgeblichen Recht untersagen kann.

93   Bei den Anforderungen an die einzureichenden Unterlagen setzt die Nichtigkeitsabteilung ähnliche Maßstäbe an wie die Widerspruchsabteilung im Widerspruchsverfahren.[77] Allerdings führen Mängel der eingereichten Unterlagen nicht automatisch zur Zurückweisung des Nichtigkeitsantrags. Vielmehr setzt die Nichtigkeitsabteilung dem Antragsteller zunächst eine Frist, um die festgestellten Mängel zu beseitigen (vgl. Regel 39 Abs. 3 iVm Regel 37 lit. b iv) GMDV). Erst wenn die Mängel nicht fristgerecht beseitigt werden, weist das Amt den Antrag zurück.

94   *dd) Übersetzungen.* Grundsätzlich müssen sämtliche eingereichten Beweismittel in die Verfahrenssprache übersetzt werden. Die Übersetzung ist innerhalb einer Frist von zwei Monaten nach Einreichung der Beweismittel vorzulegen, Regel 38 Abs. 2 GMDV. Die Übersetzung muss auf das Originalschriftstück Bezug nehmen und die Struktur und den Inhalt des Originalschriftstücks wiedergeben (Regel 98 Abs. 1 GMDV). Im Regelfall müssen Übersetzungen nicht beglaubigt werden.[78] Auch ist nicht erforderlich, dass die Übersetzung von einem staatlich geprüften Übersetzer angefertigt wird. Sofern nicht der Beweis des Gegenteils

---

[75] HABM-BK, 7.5. 2009, R 632/2008-1 – *Pollo Tropical CHICKEN ON THE GRILL*; 31.5. 2007, R 255/2006-1 – *JOHNSON PUMP*; 23.5. 2007, R 255/2006-1, R1338/2005-1, R 1339/2005-1, R 1340/2005-1 – *TRAXDATA*.

[76] Siehe oben § 3 Rdn. 78 ff.

[77] Siehe oben § 3 Rdn. 78 ff.

[78] Siehe aber Regel 98 Abs. 1 S. 2 GMDV.

erbracht wird, kann das Amt davon ausgehen, dass eine Übersetzung mit dem jeweiligen Urtext übereinstimmt (Regel 99 GMDV). Wurden alle oder ein Teil der Unterlagen nicht übersetzt, gibt die Nichtigkeitsabteilung dem Antragsteller die Gelegenheit, die Übersetzung innerhalb einer vom Amt gesetzten Frist nachzureichen.

b) Stellungnahme des Markeninhabers. Im **Verfallsverfahren** wegen Nichtbenutzung **95** (Art. 51 Abs. 1 lit. a GMV) setzt das Amt dem Inhaber der Gemeinschaftsmarke eine Frist, innerhalb der er den Nachweis der ernsthaften Benutzung der Marke zu führen hat. Dem Markeninhaber obliegt der **Nachweis**, dass die Gemeinschaftsmarke in dem relevanten Zeitraum für die eingetragenen Waren oder Dienstleistungen rechtserhaltend benutzt wurde (Regel 40 Abs. 5 GMDV)[79] oder dass berechtigte Gründe für die Nichtbenutzung existieren.[80] Ausreichend ist der Benutzungsnachweis in einem Mitgliedstaat.[81] Wird der Nachweis nicht innerhalb der gesetzten Frist geführt, verfällt die Gemeinschaftsmarke.

Hinsichtlich des Benutzungsnachweises gelten im Verfallsverfahren dieselben Grundsätze **96** wie im Widerspruchsverfahren. Insbesondere verweist die für das Verfallsverfahren geltende Regel 40 Abs. 5 GMDV auf bestimmte Regelungen des Benutzungsnachweises für das Widerspruchsverfahren, nämlich Regel 22 GMDV. Deshalb wird auf die Ausführungen zur rechtserhaltenden Benutzung im Rahmen des Widerspruchs verwiesen.[82]

Die Benutzung muss für den Zeitraum von **fünf Jahren vor Antragstellung bzw. Erhebung der Widerklage** nachgewiesen werden. Auch wenn sich der Zeitraum des Nachweises der Benutzung mit der Benutzungsschonfrist der angefochtenen Marke überschneidet, umfasst der relevante Zeitraum die gesamte Zeitspanne innerhalb von 5 Jahren vor Stellung des Verfallsantrags.[83]

Beispiel: Wurde die angefochtene Gemeinschaftsmarke am 15.5.2003 eingetragen und der Verfallsantrag am 1.6.2008 gestellt, so erstreckt sich der relevante Zeitraum, in dem die Benutzung der Marke nachzuweisen ist, vom 1.6.2003 bis zum 1.6.2008; dass die Benutzungsschonfrist der Gemeinschaftsmarke erst am 15.5.2008 endete, ist unerheblich.

Wird die Benutzung der Marke jedoch **vor Antragstellung** oder vor Erhebung der Widerklage **ernsthaft begonnen oder wieder aufgenommen**, bleibt der Verfallsantrag erfolglos, es sei denn, dass die (Wieder-)Aufnahme der Benutzung nach Ablauf eines ununterbrochenen Zeitraumes von fünf Jahren der Nichtbenutzung und drei Monate vor Antragstellung bzw. Erhebung der Widerklage beginnt und die Vorbereitungen für die erstmalige oder die erneute Benutzung erst stattgefunden haben, nachdem der Inhaber **Kenntnis davon erhalten** hat, dass der **Antrag gestellt oder die Widerklage erhoben werden könnte**. Die (Wieder-)Aufnahme der Benutzung bleibt also unberücksichtigt, wenn folgende Voraussetzungen kumulativ erfüllt sind:

---

[79] Vgl. HABM-BK, 23.7.2009, R 1166/2008-1 – *ICEBERG*; unklar HABM-BK, 28.2.2007, R 1209/2005-1 – *Payless ShoeSource*, die vom Antragsteller einen Anfangsbeweis („initial evidence") für die Nichtbenutzung zu fordern scheint.

[80] Zu den berechtigten Gründen für die Nichtbenutzung, siehe oben § 3 Rdn. 172–176.

[81] Siehe oben Rdn. 20.

[82] Dazu ausführlich § 3 Rdn. 148 ff.

[83] HABM-BK, 10.6.2008, R 688/2005-4 – *OBELIX*.

1. Dem Inhaber der Gemeinschaftsmarke wird ein **Verfallsantrag bzw. eine Widerklage angedroht**,
2. innerhalb von drei Monaten nach Androhung eines Verfallsantrags (bzw. der Widerklage) finden **Vorbereitungen für die erstmalige oder erneute Benutzung** der Gemeinschaftsmarke statt, und
3. diese Benutzungshandlungen **finden nach Ablauf eines ununterbrochenen Zeitraumes von fünf Jahren der Nichtbenutzung der Gemeinschaftsmarke** statt. Liegen die Benutzungshandlungen dagegen innerhalb dieses Fünf-Jahres-Zeitraumes, werden sie berücksichtigt.

> **Beispiel:** Die Gemeinschaftsmarke wird am 1.12. 1998 eingetragen. Dem Gemeinschaftsmarkeninhaber wird am 1.9. 2009 ein Verfallsantrag wegen Nichtbenutzung angedroht. Er bereitet daraufhin am 1.10. 2009 die Benutzung der Marke vor. Diese Benutzungshandlungen bleiben unberücksichtigt, sofern der Verfallsantrag vor dem 1.12. 2009 gestellt wird. Wird der Verfallsantrag dagegen erst am 1.1. 2010 gestellt, geht der Antrag ins Leere, wenn der Markeninhaber vor Antragstellung die Benutzung bzw. entsprechende Vorbereitungshandlungen ab dem 1.10. 2009 nachweisen kann. Ebenso geht der Antrag ins Leere, wenn der Antrag zwar vor dem 1.12. 2009 gestellt wurde, die Gemeinschaftsmarke jedoch bis zum 1.1. 2006 benutzt wurde: In diesem Fall läuft der ununterbrochene Zeitraum der Nichtbenutzung erst am 1.1. 2011 ab, weshalb sowohl die Benutzungshandlungen bis zum 1.1. 2006 als auch die Wiederaufnahme der Benutzung am 1.10. 2009 berücksichtigt werden.[84]

99   Die Kenntnis des Markeninhabers von der bevorstehenden Antragstellung bzw. Erhebung der Widerklage, die trotz (Wieder-)Aufnahme der Benutzung innerhalb der Drei-Monatsfrist vor Antragstellung zum Verfall der Gemeinschaftsmarke führen würde, ist vom Antragsteller nachzuweisen.[85]

c) Der Einwand der Verwirkung. **Schrifttum:** *Fernández-Nóvoa,* Die Verwirkung durch Duldung im System der Gemeinschaftsmarke, GRUR 1996, 442.

100   Die Gemeinschaftsmarke wird nicht für nichtig erklärt, wenn der Inhaber der älteren Marke oder des älteren nationalen Kennzeichenrechts (Art. 8 Abs. 4 GMV) während eines Zeitraums von fünf aufeinander folgenden Jahren die jüngere Gemeinschaftsmarke in Kenntnis ihrer Benutzung geduldet hat. Der Einwand der Verwirkung wegen Duldung ist ein Verteidigungsmittel des Inhabers der angefochtenen Gemeinschaftsmarke. Er trägt deshalb die **Beweislast** dafür, dass die Voraussetzungen des Art. 54 GMV vorliegen.[86]

101   Aus Wortlaut und Gesetzessystematik ergibt sich klar, dass der Verwirkungseinwand **nicht im Widerspruchsverfahren** geltend gemacht werden kann.[87]

---

[84] Vgl. HABM-BK, 11.5. 2007, R 1289/2006-2 – *LIFESTYLE SELECTOR.* In dieser Entscheidung argumentierte die Beschwerdekammer allerdings sehr formalistisch, dass die Wiederaufnahme der Benutzung innerhalb der Drei-Monats-Frist deshalb zu berücksichtigen sei, weil der Antragsteller die Nichtbenutzung auf den Fünf-Jahres-Zeitraum vor Antragstellung eingeschränkt habe, so dass der „ununterbrochene Zeitraum von fünf Jahren der Nichtbenutzung" am Tag der Androhung des Verfallsantrages noch nicht abgelaufen sei.

[85] Richtlinien des HABM, Teil D, Kapitel 2, 3.1.5.

[86] HABM-BK, 21.10. 2008, R 1299/2007-2 – *GHIBLI/Ghibli.*

[87] HABM-BK, 19.10. 2004, R 741/2002-4 u. R 752/2002-4 – *ROMAR/ROMA.*

Als ältere Rechte nennt Art. 54 GMV ältere Marken einschließlich älterer Gemeinschafts- **102** marken sowie notorisch bekannte Marken im Sinne des Art. 6*bis* PVÜ sowie sonstige Kennzeichenrechte nach Art. 8 Abs. 4 GMV. Die Eintragung der älteren Gemeinschaftsmarke oder nationalen Marke ist keine notwendige Voraussetzung für das Ingangsetzen der Frist für die Verwirkung durch Duldung.[87a] Keiner Verwirkung unterliegen die in Art. 53 Abs. 2 GMV genannten sonstigen älteren Rechte (z.B. Namensrechte oder Urheberrechte).[88]

Die Verwirkung wegen Duldung ist an **drei Bedingungen** geknüpft, die vom Inhaber **103** der jüngeren Gemeinschaftsmarke nachgewiesen werden müssen: 1) Benutzung der Gemeinschaftsmarke im relevanten Territorium während eines ununterbrochenen Zeitraums von mindestens fünf Jahren, 2) Kenntnis der Benutzung seitens des Inhabers des älteren Rechts, und 3) Duldung dieser Benutzung.

aa) Benutzung der Gemeinschaftsmarke. Der Gemeinschaftsmarkeninhaber muss nachweisen, **104** dass er die Gemeinschaftsmarke während eines Zeitraums von mindestens fünf aufeinander folgenden Jahren benutzt hat. Maßgeblich ist der Zeitraum vor Stellung des Nichtigkeitsantrags. War die jüngere Gemeinschaftsmarke zum Zeitpunkt der Antragstellung noch keine fünf Jahre eingetragen, kann der Verwirkungseinwand keinen Erfolg haben.[89]

Wird der Nichtigkeitsantrag auf eine **ältere Gemeinschaftsmarke** gestützt, so reicht es **105** aus, wenn die jüngere Gemeinschaftsmarke „in der Gemeinschaft", also mindestens in einem Mitgliedstaat der EU benutzt worden ist.[90] Stehen sich in einem Nichtigkeitsverfahren also zwei Gemeinschaftsmarken gegenüber, so reicht es für den Verwirkungseinwand aus, wenn die jüngere Marke in Finnland benutzt wurde und der Inhaber der älteren Marke diese Benutzung in Finnland über einen Zeitraum von fünf Jahren kannte und duldete, auch wenn sich die geschäftlichen Aktivitäten des Inhaber der älteren Marke während dieses Zeitraums nur auf Südeuropa konzentrierten.

Sind die älteren Rechte dagegen **nationale Rechte**, greift der Verwirkungseinwand nur **106** durch, wenn die jüngere Gemeinschaftsmarke in dem Territorium, in dem das ältere Recht geschützt ist, benutzt wurde. Basiert der Nichtigkeitsantrag beispielsweise auf einer italienischen Marke, so muss die jüngere Gemeinschaftsmarke in Italien benutzt worden sein; eine Benutzung außerhalb Italiens führt nicht zur Verwirkung der älteren italienischen Rechte.

bb) Kenntnis der Benutzung. Der Inhaber des älteren Rechts musste zudem Kenntnis von **107** der Benutzung der Gemeinschaftsmarke in dem Territorium, in dem das ältere Recht geschützt ist, gehabt haben. Nach den Richtlinien des Amtes soll es auch ausreichen, wenn **vernünftigerweise anzunehmen ist**, dass der Inhaber des älteren Rechts von der Benutzung Kenntnis hatte.[91] Eine solche Kenntnis könne beispielsweise angenommen werden, wenn beide Inhaber auf derselben Veranstaltung Waren oder Dienstleistungen unter ihrer jeweiligen Marke ausgestellt hätten. Angesichts des Wortlauts von Art. 54 GMV („in Kenntnis dieser Benutzung") sollte allerdings der Nachweis **positiver Kenntnis** verlangt werden.[92] Indizien wie z.B. die Teilnahme an derselben Veranstaltung oder Messe oder das Vorhandensein besonderer Marktverhältnisse mit wenigen Wettbewerbern reichen nicht aus, um die

---

[87a] EuGH, 22.9. 2011, C–482/09 (Nr. 62) – *Budweiser*.
[88] *Eisenführ*/Schennen, GMV, Art. 54 Rn. 1 u. 5.
[89] HABM-BK, 7.11. 2007, R 149/2006-4 – *CENTER SHOCK/CENTER*.
[90] Dazu oben Rdn. 20 und § Rdn. 158.
[91] Richtlinien des HABM, Teil D, Kapitel 2, 5.2.3.
[92] So auch *Eisenführ*/Schennen, GMV, Art. 54 Rn. 11–12.

Kenntnis der Benutzung der Gemeinschaftsmarke nachzuweisen. Hinweise auf positive Kenntnis sind dagegen Briefwechsel zwischen Parteien, in denen auf die Marke hingewiesen wird, oder Rechnungen, die belegen, dass der Inhaber der älteren Rechte Produkte des Gemeinschaftsmarkeninhabers unter der maßgeblichen Marke erworben hat.

108   Die Kenntnis des Inhabers der älteren Rechte muss sich auf die **Eintragung und die Benutzung der Marke** beziehen.[93]

109   *cc) Duldung.* Im Gegensatz zur Zustimmung setzt die Duldung nicht voraus, dass der Wille zum Verzicht auf ein Recht mit Bestimmtheit und erkennbar geäußert wird. Der Duldende verhält sich vielmehr passiv, indem er darauf verzichtet, ihm zur Verfügung stehende Maßnahmen zur Beendigung eines Zustands zu ergreifen, von dem er Kenntnis hat und der nicht zwangsläufig erwünscht ist. Der Begriff der Duldung setzt voraus, dass der Duldende gegenüber einem Zustand untätig bleibt, **dem er sich widersetzen könnte.**[93a] Eine Duldung liegt dagegen nicht vor, wenn der Inhaber zwar von der langjährigen und redlichen Benutzung der jüngeren Marke seit langem Kenntnis hatte, aber keine Möglichkeit hatte, sich ihr zu widersetzen.[93b] Die Duldung der Gemeinschaftsmarke muss sich über einen ununterbrochenen Zeitraum von fünf Jahren ab Kenntnis der Benutzung erstrecken. Weist der Inhaber des älteren Rechts innerhalb dieses Zeitraums den Gemeinschaftsmarkeninhaber auf seine älteren Rechte hin, ohne dass daraufhin eine gütliche Einigung erreicht wird, so beginnt mit dem Schreiben des Inhabers der älteren Rechte eine neue Fünfjahresfrist. Ebenso beginnt eine neue Fünfjahresfrist, wenn die Benutzung der Gemeinschaftsmarke innerhalb des maßgeblichen Fünfjahreszeitraums unterbrochen wird.

110   *dd) Ausnahme: Bösgläubigkeit.* Wurde die jüngere Gemeinschaftsmarke bösgläubig angemeldet (vgl. Art. 52 Abs. 1 lit. b GMV), greift der Verwirkungseinwand nicht durch, auch wenn die oben genannten Voraussetzungen der Verwirkung vorliegen. Hintergrund dieser Einschränkung ist, dass demjenigen, der eine Marke zweckfremd in Missbrauchsabsicht einsetzt, nicht der Schutz der Verwirkung zu kommen soll.

111   Oft vergehen zwischen der Kenntnis über eine bösgläubige Markenanmeldung und dem Nichtigkeitsantrag viele Jahre. Dieses lange Warten darf jedoch nicht als Indiz dafür gewertet werden, dass keine Bösgläubigkeit vorliegt.[94] Bei bösgläubiger Markenanmeldung greift das Argument der „Verwirkung" gerade nicht.

112   *ee) Rechtsfolge.* Liegen die Voraussetzungen des Verwirkungseinwands vor, so kann der Inhaber der älteren Rechte für die Waren oder Dienstleistungen, für die die jüngere Marke benutzt worden ist, aufgrund dieser älteren Marke weder die Nichtigerklärung dieser jüngeren Marke verlangen noch sich ihrer Benutzung widersetzen. Ebenso wenig kann sich der Inhaber der jüngeren Gemeinschaftsmarke der Benutzung des älteren Rechts widersetzen. Im Ergebnis sieht Art. 54 GMV also die **Koexistenz** zwischen den Marken vor. Davon unberührt bleiben die Rechte der Parteien, die Marke des Gegners mangels Benutzung löschen zu lassen (z.B. nach Art. 51 Abs. 1 lit. a GMV oder nach dem einschlägigen nationalen Vorschriften), sofern die Marke nach Ablauf der Benutzungsschonfrist nicht benutzt wird.

---

[93] EuGH, 22.9.2011, C-482/09 (Nr. 58) – *Budweiser.*
[93a] EuGH, 22.9.2011, C-482/09 (Nr. 44) – *Budweiser.*
[93b] EuGH, 22.9.2011, C-482/09 (Nr. 45) – *Budweiser.*
[94] So aber HABM-BK, 7.5.2009, R 632/2008-1 – *Pollo Tropical CHICKEN ON THE GRILL.*

d) Weitere Stellungnahmen der Parteien. Gemäß Art. 57 Abs. 1 GMV fordert das Amt bei **113** der Prüfung des Antrags auf Erklärung des Verfalls oder der Nichtigkeit die Beteiligten so oft wie erforderlich auf, innerhalb einer von ihm zu bestimmenden Frist eine Stellungnahme zu seinen Bescheiden oder zu den Schriftsätzen der anderen Beteiligten einzureichen.

Hat das Amt den Antrag für zulässig erklärt, fordert es den Inhaber der Gemeinschafts- **114** marke zur Stellungnahme innerhalb einer vom Amt gesetzten Frist auf, Regel 40 Abs. 1 GMDV. Gibt der Inhaber der Gemeinschaftsmarke keine Stellungnahme ab, so kann das Amt gemäß Regel 40 Abs. 2 GMDV anhand der ihm vorliegenden Beweismittel über den Verfall oder die Nichtigkeit entscheiden. Ansonsten leitet die Nichtigkeitsabteilung die Stellungnahme des Gemeinschaftsmarkeninhabers an den Antragsteller weiter und fordert ihn gegebenenfalls auf, sich hierzu innerhalb einer vom Amt festgesetzten Frist zu äußern (Regel 40 Abs. 3 GMDV).

e) Der Benutzungsnachweis im Nichtigkeitsverfahren. Ebenso wie im Widerspruchsverfah- **115** ren kann der Inhaber der Gemeinschaftsmarke in einem auf eine ältere Marke gestützten Nichtigkeitsantrag vom Antragsteller unter den Voraussetzungen des Art. 57 Abs. 2 und 3 GMV den Nachweis der Benutzung verlangen. Voraussetzung ist, dass die ältere Marke zum Zeitpunkt der Antragstellung mindestens fünf Jahre eingetragen ist. Im Unterschied zum Widerspruchsverfahren gilt im Nichtigkeitsverfahren der **„doppelte Benutzungsnachweis"**, wenn die ältere Gemeinschaftsmarke am Tage der Veröffentlichung der Anmeldung der angefochtenen Gemeinschaftsmarke bereits mindestens fünf Jahre eingetragen war: In diesem Fall hat der Antragsteller auch den Nachweis zu erbringen, dass die ältere Marke in dem Fünf-Jahres-Zeitraum vor Veröffentlichung der Anmeldung benutzt worden war. Durch den zusätzlichen Benutzungsnachweis für den Zeitraum vor Veröffentlichung der Anmeldung wird vermieden, dass lange Zeit nicht benutzte ältere Marken plötzlich wieder „erwachen" und gegen jüngere Gemeinschaftsmarken eingesetzt werden. Die Entstehung eines „Zwischenrechts" des Inhabers der jüngeren Gemeinschaftsmarke gilt allerdings nur für die Eintragung, nicht für die Benutzung der Marke.[95]

Kann der Antragsteller den Benutzungsnachweis nicht erbringen, so weist die Nichtig- **116** keitsabteilung den Antrag auf Erklärung der Nichtigkeit zurück (sofern der Antrag nicht auf weiteren Rechten beruht, die nicht dem Benutzungszwang unterliegen). Wurde der Nachweis nur für einen Teil der eingetragen Waren oder Dienstleistungen erbracht, so gilt die angefochtene Gemeinschaftsmarke zum Zwecke der Prüfung des Antrags auf Erklärung der Nichtigkeit nur für diesen Teil der Waren oder Dienstleistungen als eingetragen, Art. 57 Abs. 2 S. 4 GMV.

Das Amt setzt dem Antragsteller eine Frist von **zwei Monaten**, um die Benutzung der **117** angefochtenen Gemeinschaftsmarke zu beweisen. Diese Frist ist verlängerbar, wenn der Antragsteller vor Fristablauf eine Verlängerung beantragt.[95a]

Wegen der Einzelheiten zum Benutzungsnachweis wird auf die entsprechenden Ausfüh- **118** rungen zum Widerspruchsverfahren verwiesen.[96] Es gelten dieselben Anforderungen wie im Rahmen des Widerspruchsverfahrens.

---

[95] Dazu ausführlich *v. Bomhard*, Dormant trademarks in the European Union – Swords of Damocles?, TMR Vol. 96, 1122; *dies.*, Zwischenrechte im europäischen Markenrecht, MarkenR 2008, 291.
[95a] Siehe oben § 1 Rdn. 52 ff.
[96] Siehe oben § 3 Rdn. 148 ff.

119   **4. Entscheidung der Nichtigkeitsabteilung.** Gemäß Art. 57 Abs. 5 GMV wird die Gemeinschaftsmarke ganz oder teilweise für verfallen oder für nichtig erklärt, wenn die Prüfung des Antrags auf Erklärung des Verfalls oder der Nichtigkeit ergibt, dass die Marke für alle oder einen Teil der eingetragenen Waren oder Dienstleistungen von der Eintragung ausgeschlossen ist. Anderenfalls wird der Antrag zurückgewiesen. Sobald die Entscheidung unanfechtbar geworden ist, wird in das Register ein Hinweis auf die Entscheidung des Amtes über einen Antrag auf Erklärung des Verfalls oder der Nichtigkeit eingetragen (Art. 57 Abs. 6 GMV).

120   Die Entscheidung über den Antrag der Erklärung des Verfalls oder der Nichtigkeit wird von den Nichtigkeitsabteilungen des Amtes getroffen (vgl. Art 134 Abs. 1 GMV). Sofern es nicht um einfache Entscheidungen (Kosten, verfahrensleitende Entscheidungen)[97] geht, entscheidet die Nichtigkeitsabteilung in der Besetzung von **drei Mitgliedern**, von denen mindestens ein Mitglied rechtskundig sein muss, Art. 134 Abs. 2 GMV.

121   Bei der Bestimmung des **Prüfungsumfangs** ist zu berücksichtigen, dass die Verfalls- und Nichtigkeitsverfahren kontradiktorische Verfahren sind. Soweit der Antrag auf relative Nichtigkeitsgründe gestützt ist, folgt bereits aus Art. 76 Abs. 1 S. 2 GMV, dass die Nichtigkeitsabteilung bei der Ermittlung des Sachverhalts auf das Vorbringen und die Anträge der Beteiligten beschränkt ist. Beruht der Nichtigkeitsantrag beispielsweise auf Art. 8 Abs. 1 lit. b GMV, prüft die Nichtigkeitsabteilung nicht von sich aus Art. 8 Abs. 5 GMV. Aber auch bei der Geltendmachung absoluter Schutzhindernisse ist die Nichtigkeitsabteilung an die Anträge und das Vorbringen der Parteien gebunden. Der Grundsatz der Amtsermittlung (Art. 76 Abs. 1 S. 1 GMV) ist – anders als im Prüfungsverfahren – auf die Ermittlung des Sachverhalts im Rahmen der Anträge beschränkt. Während eine Anmeldung selbst noch im Beschwerdeverfahren auf der Grundlage eines weiteren, bisher noch nicht geltend gemachten Schutzhindernisses zurückgewiesen werden kann, darf die Nichtigkeitsabteilung nur den vom Antragsteller geltend gemachten absoluten Nichtigkeitsgrund prüfen. Ebenso muss die Nichtigkeitsabteilung das Verfahren beenden, wenn der Nichtigkeitsantrag zurückgenommen wird, selbst wenn die Nichtigkeitsabteilung davon überzeugt ist, dass ein absoluter Nichtigkeitsgrund nach Art. 7 Abs. 1 GMV vorliegt.[98]

122   Sofern die Parteien keine Kostenregelung getroffen haben, entscheidet die Nichtigkeitsabteilung auch über die **Kosten** (s. Art. 85 GMV).[98a]

123   **5. Die Wirkungen des Verfalls und der Nichtigkeit.** Art. 55 GMV regelt die Wirkungen der Löschung der Gemeinschaftsmarke. Sowohl der Verfall als auch die Nichtigkeit der Gemeinschaftsmarke wirken auf einen früheren Zeitpunkt zurück. Diese Rückwirkung bezieht sich jedoch beim Verfall auf einen anderen späteren Zeitpunkt als bei der Nichtigkeit: Wird die Gemeinschaftsmarke für verfallen erklärt, so gelten die in der Gemeinschaftsmarkenverordnung vorgesehenen Wirkungen der Gemeinschaftsmarke in dem Umfang, in dem die Marke für verfallen erklärt wird, grundsätzlich als von dem **Zeitpunkt der Antragstellung bzw. der Erhebung der Widerklage** an nicht eingetreten. Demgegenüber gelten im Falle eines erfolgreichen Nichtigkeitsverfahrens die vorgesehenen Wirkungen der Gemein-

---

[97] Regel 100 GMDV.

[98] Zum Umfang der Amtsermittlungspflicht in Löschungsverfahren, s. Fezer/*v. Kapff*, Hdb. Markenpraxis, Bd. I, 2. Teil, Rn. 1900–1910.

[98a] Siehe oben § 1 Rdn. 202 ff.

schaftsmarke in dem Umfang, in dem die Marke für nichtig erklärt worden ist, als **von Anfang an** nicht eingetreten. Die unterschiedlichen Wirkungen des Verfalls und der Nichtigkeit liegen darin begründet, dass der Verfall der Gemeinschaftsmarke auf Umstände zurückgeht, die erst nach Eintragung der Marke entstehen, während die Nichtigkeit auf Umständen beruht, die bereits im Zeitpunkt der Eintragung bestanden.

Die Rückwirkung unterliegt den in Art. 55 Abs. 3 GMV genannten Schranken (rechts- **124** kräftige und bereits vollstreckte Urteile in Verletzungsverfahren einerseits und erfüllte Verträge andererseits – dazu unten Rdn. 128 ff.). Diese Schranken lassen allerdings Ansprüche Dritter auf Schadensersatz oder auf Herausgabe wegen ungerechtfertiger Bereicherung nach nationalen Vorschriften unberührt.

a) Eintritt der Wirkungen des Verfalls und der Nichtigkeit. Die Verfallserklärung wirkt grund- **125** sätzlich auf den **Tag der Antragstellung** bzw. den Tag der Widerklageerhebung zurück. Dies ist also der Zeitpunkt, von dem an die nach der Gemeinschaftsmarkenverordnung vorgesehenen Wirkungen der Gemeinschaftsmarke als nicht eingetreten gelten.

Allerdings kann die Rückwirkung des Verfalls in der Entscheidung auf Antrag einer Partei **126** auch auf einen **früheren Zeitpunkt** festgelegt werden, nämlich auf den Zeitpunkt, zu dem einer der Verfallsgründe eingetreten ist (Art. 55 Abs. 1 S. 2 GMV). Wird der Verfallsantrag beispielsweise auf fehlende rechtserhaltende Benutzung der Gemeinschaftsmarke gestützt (Art. 51 Abs. 1 lit. a GMV), so kann der Antragsteller eine Rückwirkung des Verfalls auf den **Zeitpunkt des Ablaufs des relevanten fünfjährigen Benutzungszeitraumes** beantragen. Gemäß Art. 55 Abs. 1 GMV hat das Amt das Datum festzulegen, zu dem der Verfallsgrund eingetreten ist. Hat der Antragsteller einen bestimmten Zeitpunkt für die Wirkung der Verfallserklärung nicht beantragt, so ordnet das Amt gemäß Art. 55 Abs. 1 S. 1 die Erklärung des Verfalls mit Wirkung für den Zeitpunkt der Stellung des Antrags an.[99] Hat der Antragsteller einen Antrag auf Festlegung eines früheren Zeitpunkts gestellt und kommt das Amt dem Antrag nicht nach, obwohl dessen Voraussetzungen vorliegen, so liegt darin ein wesentlicher Verfahrensmangel.[100]

Die Rückwirkung im Falle der **Nichtigerklärung** einer Gemeinschaftsmarke gilt nach **127** Art. 55 Abs. 2 GMV stets *ex tunc.*

b) Schranken der Rückwirkung. Die Wirkungen des Verfalls und der Nichtigkeit haben **128** keinen Einfluss auf **Entscheidungen in Verletzungsverfahren**, die vor der Entscheidung über den Verfall oder die Nichtigkeit der Gemeinschaftsmarke rechtskräftig geworden und vollstreckt worden sind (Art. 55 Abs. 3 lit. a GMV). Eine Wiederaufnahme des Verletzungsverfahrens ist in solchen Fällen also ausgeschlossen.

Ebenso berührt die Rückwirkung keine **Verträge**, die vor der Entscheidung über den **129** Verfall oder die Nichtigkeit bereits erfüllt worden sind. Allerdings kann der Vertragspartner des Inhabers der Gemeinschaftsmarke verlangen, dass in Erfüllung des Vertrags gezahlte Beträge aus Billigkeitsgründen zurückerstattet werden, sofern dies nach den Umständen gerechtfertigt ist.

---

[99] HABM-BK, 9.9. 2008, R 1858/2007-4 – *ATLAS TRANSPORT*; 14.5. 2008, R 855/2007-4 – *PAN AM I.*
[100] HABM-BK, 23.9. 2009, R 498/2009-1 – *LACTIZ.*

130 Die genannten Verletzungsverfahren und Verträge haben nur dann keinen Einfluss auf die Rückwirkung des Verfalls oder der Nichtigkeit, wenn sie vor Eintritt der Rechtskraft der Entscheidung vollstreckt bzw. erfüllt worden sind. Der Wirkungseintritt der Verfalls- oder Nichtigkeitsentscheidung ist dagegen unerheblich.[101]

131 ***Schaubild 6:*** *Untergang der Gemeinschaftsmarke*

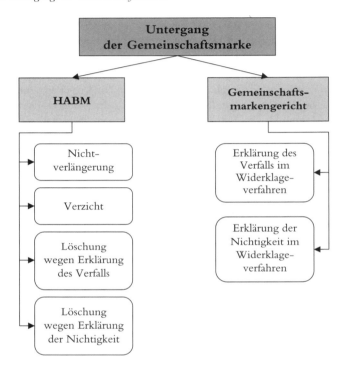

IV. Umwandlung

Schrifttum: *Casado,* Schnittstellen zwischen nationaler spanischer Marke und Gemeinschaftsmarke, FS v. Mühlendahl, 2005, S. 317; *Clayton-Chen,* Umwandlung von Gemeinschaftsmarken beim Deutschen Patent- und Markenamt, Mitt. 2000, 100; *Schennen,* Die Umwandlung der Gemeinschaftsmarke, Mitt. 1998, 121; *Stürmann/Humphreys,* Umwandlung von Marken im Gemeinschaftsmarkenrecht, GRUR Int. 2007, 112.

132 Die Art. 112–114 GMV regeln die Umwandlung einer angemeldeten oder eingetragenen Gemeinschaftsmarke in nationale Anmeldungen (einschließlich Benelux-Marken). Ergänzt werden diese Vorschriften durch die Regeln 44–47 GMDV.

133 Die Möglichkeit der Umwandlung stellt ein **Korrektiv** zu dem Prinzip der **Einheitlichkeit der Gemeinschaftsmarke** (Art. 1 Abs. 2 GMV) dar. Nach diesem Grundsatz schlägt die Eintragung einer Gemeinschaftsmarke bereits dann fehl, wenn das absolute oder relative

---

[101] *Eisenführ/*Schennen, GMV, Art. 55 Rn. 7.

Eintragungshindernis nur in einem Teil der Gemeinschaft existiert. Die Umwandlung ermöglicht dem Anmelder oder Inhaber der Gemeinschaftsmarke, für die Mitgliedstaaten, in denen das Amt kein Eintragungshindernis oder Nichtigkeitsgrund festgestellt hat, nationale Markenanmeldungen unter Wahrung des Anmelde- oder Prioritätstages der Gemeinschaftsmarke zu beantragen.

Der Antragsteller einer Umwandlung hat keinen Anspruch auf positive Bescheidung der **134** aus der Gemeinschaftsmarkenanmeldung hervorgegangenen nationalen Anmeldung.[102] Vielmehr ist die Entscheidung über die Eintragung der nationalen Anmeldung den zuständigen nationalen Behören vorbehalten.[103] So ist es möglich, dass die nationale Anmeldung wegen des Bestehens absoluter Schutzhindernisse (möglicherweise erneut) zurückgewiesen wird oder ein Widerspruch (möglicherweise von demselben Unternehmen, das bereits einen Widerspruch gegen die Gemeinschaftsmarkenanmeldung eingelegt hatte) vor dem nationalen Amt eingeht.

1. Umwandlung, „opting back" und Transformation. Der Beitritt der Europäi- **135** schen Gemeinschaft zum Madrider Protokoll am 1. 10. 2004 hat die **Umwandlungsmöglichkeiten** erweitert. Folgende Alternativen stehen dem Markeninhaber zur Verfügung:

– Der Inhaber einer angemeldeten oder eingetragenen Gemeinschaftsmarke kann diese unter den Voraussetzungen der Art. 112–114 GMV in nationale Markenanmeldungen (einschließlich einer Benelux-Marke) umwandeln. Dient die Gemeinschaftsmarke als Basismarke einer internationalen Registrierung, kann sie selbstverständlich unter denselben Voraussetzungen umgewandelt werden.

– Dem Inhaber einer internationalen Registrierung, die auf die EU erstreckt wurde, stehen drei Möglichkeiten zur Verfügung, wenn die EU-Erstreckung zurückgewiesen wird oder ihre Wirkung verliert:

1 Die EU-Erstreckung kann in nationale Markenanmeldungen umgewandelt werden, Art. 159 Abs. 1 lit. a GMV.

2 Alternativ kann die EU-Erstreckung in Benennungen von Mitgliedstaaten nach dem Madrider Protokoll umgewandelt werden (sog. **„opting-back-Umwandlung"**), sofern die direkte Benennung des oder der gewählten Mitgliedstaaten auf der Basis des Madrider Protokolls oder des Madrider Abkommens zum Zeitpunkt des ursprünglichen Datums der internationalen Registrierung[104] auf Umwandlung möglich war[105] (Art. 159 Abs. 1 lit. b GMV). Der Vorteil der Umwandlung im Wege des „opting-back" liegt darin, dass der Markeninhaber statt der Anmeldegebühren nur die wesentlich günstigeren WIPO-Gebühren für die Benennung(en) zahlen muss.

---

[102] EuG GRUR Int. 2005, 56 (Nr. 41) – *MGM*.

[103] Ging die nationale Anmeldung allerdings aus einer eingetragenen Gemeinschaftsmarke hervor, wird die Marke – sofern die Rahmenvorgaben des Art. 114 Abs. 3 GMV vorliegen, vom DPMA ohne weitere Prüfung eingetragen, s. § 125d Abs. 3 MarkenG. Dazu ausführlich unten Rdn. 194.

[104] S. Regel 123 Nr. 2 GMDV. Art. 154 Abs. 1 lit. b GMV, der nur auf den Zeitpunkt des Antrags auf Umwandlung abstellt, ist missverständlich, dazu Eisenführ/*Schennen*, GMV, Art. 159 Rn. 14.

[105] Zurzeit ist Malta der einzige Mitgliedstaat in der EU, der dem Madrider System nicht beigetreten ist. Demnach käme eine Umwandlung für Malta nur nach Art. 159 Abs. 1 lit. a GMV, nicht jedoch gemäß Art. 159 Abs. 1 lit. b GMV in Betracht.

3   Möglich ist auch eine Kombination aus den vorgenannten Alternativen in der Weise, dass für einzelne Mitgliedstaaten eine Umwandlung in nationale Markenanmeldungen und für andere Mitgliedstaaten eine Umwandlung in Benennungen nach dem Madrider Protokoll beantragt wird.

136   Keine Umwandlung, sondern eine „**Transformation**" gemäß Art. 9*quinquies* PMMA liegt vor, wenn die **Basismarke** einer auch auf die EU erstreckten internationalen Registrierung innerhalb der fünfjährigen Abhängigkeitsfrist nach Art. 6 PMMA (sog. „central-attack-clause") **gelöscht** wurde und die Benennung auf die EU anschließend in eine Gemeinschaftsmarkenanmeldung transformiert wird. Die Gemeinschaftsmarkenanmeldung behält dann das Datum der internationalen Registrierung bzw. das Datum der nachträglichen Benennung bei.[106]

137   **2. Die Umwandlungsgründe.** Die Umwandlung setzt einen der folgenden Umwandlungsgründe voraus:

–   Die **Anmeldung** der Gemeinschaftsmarke wurde vom Amt zurückgewiesen, vom Anmelder zurückgenommen oder gilt als zurückgenommen (Art. 112 Abs. 1 lit. a GMV). Letzteres ist dann der Fall, wenn die Gebühren für zusätzlich beanspruchte Klassen nicht fristgerecht gezahlt worden sind (Art. 36 Abs. 5 GMV).
–   Die **eingetragene** Gemeinschaftsmarke verliert ihre Wirkung (Art. 112 Abs. 1 lit. b GMV). Ihre Wirkung verliert die eingetragene Gemeinschaftsmarke, wenn auf sie verzichtet worden ist (Art. 50 GMV), wenn sie nicht verlängert wurde (Art. 47 GMV), oder wenn sie vom Amt oder einem Gemeinschaftsmarkengericht für nichtig oder für verfallen erklärt worden ist (Art. 55 GMV).
–   Die **EU-Erstreckung** einer internationalen Registrierung wurde vom Amt rechtskräftig zurückgewiesen (Art. 159 Abs. 1 GMV iVm Regel 113 Abs. 2 lit. b, 115 Abs. 5 lit. b GMDV).
–   Die EU-Erstreckung einer internationalen Registrierung verliert ihre Wirkung (Art. 159 Abs. 1 GMV). Dies ist der Fall, wenn die Wirkung der internationalen Registrierung mit Benennung der EU vom Amt oder von einem Gemeinschaftsmarkengericht für nichtig erklärt worden ist (Art. 158 GMV), wenn ein Verzicht auf die Benennung der EU oder eine Löschung der internationalen Registrierung im Register eingetragen wurde (Regel 25 Abs. 1, Regel 27 GAO), oder die WIPO das Amt darüber informiert hat, dass die internationale Registrierung nicht erneuert wurde (Regel 31 Abs. 4 lit. a oder lit. b GAO).

138   **3. Wirksame Anmeldung als Voraussetzung für Umwandlung.** Eine   Umwandlung ist nicht möglich, wenn keine **wirksame Gemeinschaftsmarkenanmeldung** vorliegt. Wirksam ist eine Anmeldung dann, wenn sie die Anmeldetagserfordernisse nach Art. 26 und Art. 27 GMV erfüllt.[107] Werden die Anmeldetagsvoraussetzungen verspätet erfüllt, verschiebt sich der Anmeldetag auf den Tag, an dem die vom Amt festgestellten Mängel

---

[106]   Im Register für Gemeinschaftsmarken wird eine Erklärung eingetragen, dass die Anmeldung sich aus der Transformation einer internationalen Registrierung mit Benennung auf die EU ergibt, außerdem der Tag der Eintragung der internationalen Registrierung bzw. der Tag der Erstreckung auf die EU sowie das Prioritätsdatum der internationalen Registrierung, s. Regel 84 Abs. 2 lit. p GMDV.
[107]   Siehe oben § 2 Rdn. 6 ff.

beseitigt wurden bzw. die Zahlung der Anmeldegrundgebühr nachgeholt wurde (Art. 36 Abs. 3 S. 2 GMV). Werden die Voraussetzungen für die Zuerkennung des Anmeldetags nicht erfüllt, so wird die Anmeldung nicht als Anmeldung einer Gemeinschaftsmarke behandelt (Art. 36 Abs. 3 S. 1 GMV). Eine Umwandlung ist dann nicht möglich. Ebenso scheidet eine Umwandlung aus, wenn die Anmeldung zu einem Zeitpunkt zurückgenommen wird, zu dem die Anmeldetagserfordernisse noch nicht erfüllt sind. Dies betrifft insbesondere den Fall, dass die Anmeldung vor Zahlung der Anmeldegrundgebühr zurückgenommen wird.[108]

4. Ausschluss der Umwandlung. Gemäß Art. 112 Abs. 2 GMV ist die Umwandlung **139** in zwei Fällen ausgeschlossen:

a) Verfall wegen Nichtbenutzung. Zum einen findet eine Umwandlung nicht statt, wenn **140** die Gemeinschaftsmarke wegen Nichtbenutzung für verfallen erklärt worden ist (Art. 112 Abs. 2 lit. a GMV). Dies setzt voraus, dass die Gemeinschaftsmarke in keinem Mitgliedstaat der EU benutzt wurde.[109]

b) Andere Verfallsgründe oder Eintragungshindernisse. Außerdem ist die Umwandlung aus- **141** geschlossen, wenn Schutz in einem Mitgliedstaat begehrt wird, in dem gemäß der Entscheidung des Amtes oder des einzelstaatlichen Gerichts der Anmeldung oder der Gemeinschaftsmarke ein Eintragungshindernis oder ein Verfallsgrund (mit Ausnahme des Verfalls wegen Nichtbenutzung) oder Nichtigkeitsgrund entgegensteht (Art. 112 Abs. 2 lit. b GMV).

aa) Absolute Eintragungshindernisse. Hat das Amt oder ein Gemeinschaftsmarkengericht we- **142** gen absoluter Eintragungshindernisse bezüglich der Sprache eines Mitgliedstaats die Gemeinschaftsmarkenanmeldung zurückgewiesen oder die Gemeinschaftsmarke für nichtig erklärt, so ist die Umwandlung für alle Mitgliedstaaten unzulässig, in denen die betreffende Sprache **Amtssprache** ist (Regel 45 Abs. 4 S. 1 GMDV). Hat das Amt beispielsweise eine Gemeinschaftsmarkenanmeldung wegen seines rein beschreibenden Charakters (Art. 7 Abs. 1 lit. c) im deutschsprachigen Raum zurückgewiesen, ist die Umwandlung der Anmeldung in eine deutsche oder österreichische Markenanmeldung ausgeschlossen. Dagegen ist ein Umwandlungsantrag in alle übrigen Mitgliedstaaten der EU möglich.

Wird eine Gemeinschaftsmarkenanmeldung wegen Vorliegens absoluter Schutzhinder- **143** nisse beanstandet, gibt der Prüfer in dem Beanstandungsbescheid die **Sprache(n)** an, für die das Eintragungshindernis besteht. So ist es üblich, das maßgebliche Territorium in einem Bescheid wie folgt zu umschreiben: *„Da sich der Ausdruck ABC zudem aus englischsprachigen Wörtern zusammensetzt, sind die maßgeblichen Verkehrskreise, in Bezug auf die das absolute Eintragungshindernis geprüft werden soll, englischsprachige Verbraucher innerhalb der Gemeinschaft."* In diesem Fall wäre eine Umwandlung der Gemeinschaftsmarkenanmeldung in eine britische, irische oder maltesische Anmeldung ausgeschlossen, während der Umwandlungsantrag für alle übrigen Mitgliedstaaten gestellt werden könnte. Unerheblich ist also, ob der Begriff auch in weiteren Mitgliedstaaten, in denen Englisch zwar verstanden wird aber keine Amtssprache ist, auf absolute Schutzhindernisse stößt (vgl. Regel 45 Abs. 4 S. 1 GMDV). Weist das Amt ein Zeichen mangels Unterscheidungskraft (Art. 7 Abs. 1 lit. b GMV) im französischsprachigen Raum zurück, so ist eine Umwandlung lediglich für Frankreich und die Benelux-Länder

---

[108] Richtlinien des HABM, Teil E, Kapitel 2, 2.2.
[109] Siehe oben Rdn. 20.

(in Belgien und Luxemburg ist französisch Amtssprache) ausgeschlossen, nicht aber für die übrigen Länder, selbst wenn dort ein Teil der angesprochenen Verkehrskreise französisch spricht.[110] Es ist dann Aufgabe der nationalen Markenämter, die Eintragungsfähigkeit des fremdsprachigen Zeichens, für das die Umwandlung begehrt wurde, zu prüfen.

144 Hat das Amt oder ein Gemeinschaftsmarkengericht wegen absoluter, für die gesamte Gemeinschaft geltender Eintragungshindernisse die Gemeinschaftsmarkenanmeldung zurückgewiesen oder die Gemeinschaftsmarke für nichtig erklärt, so ist die Umwandlung nach Art. 112 Abs. 2 GMV für alle Mitgliedstaaten unzulässig (Regel 45 Abs. 4 S. 2 GMDV). Reicht der Anmelder jedoch für einen Teil der EU Unterlagen zum Nachweis erworbener Unterscheidungskraft nach Art. 7 Abs. 3 GMV ein, **ohne dass diese vom Amt geprüft werden**, so muss er für diese Länder einen Umwandlungsantrag stellen können.[111]

> **Beispiel:** Eine abstrakte Farbmarke wird nach Art. 7 Abs. 1 lit. b GMV beanstandet. Der Anmelder reicht Unterlagen zum Nachweis erworbener Unterscheidungskraft für alle Länder der EU ein. Das Amt weist die Anmeldung mit der Begründung zurück, dass die erworbene Unterscheidungskraft in der gesamten EU nachgewiesen werden müsse und dass zumindest die Unterlagen in Deutschland und Österreich nicht ausreichen würden, um eine erlangte Unterscheidungskraft iSd Art. 7 Abs. 3 GMV zu belegen. Da die erlangte Unterscheidungskraft in den übrigen Mitgliedstaaten der EU nicht geprüft wurde, kann der Anmelder für alle Länder außer Deutschland und Österreich eine Umwandlung beantragen.

145 Nur wenn das Amt nach Prüfung der Unterlagen zu dem Schluss gelangt, dass die Beweismittel nicht ausreichen, um eine erworbene Unterscheidungskraft zu belegen, scheidet ein Umwandlungsantrag aus.

146 *bb) Relative Eintragungshindernisse.* Weiterhin scheitert die Umwandlung in eine nationale Anmeldung, wenn das Amt entschieden hat, dass der angemeldeten oder eingetragenen Gemeinschaftsmarke in Bezug auf diesen Mitgliedstaat ein relatives Eintragungshindernis entgegensteht. In diesem Fall weist das Amt den Umwandlungsantrag für die Mitgliedstaaten als unzulässig zurück, für die die Umwandlung nach Art. 112 Abs. 2 GMV ausgeschlossen ist (vgl. Regel 45 Abs. 3 GMDV). Wurde beispielsweise ein Widerspruch auf der Basis eines älteren deutschen Rechts rechtskräftig zurückgewiesen, ist die Umwandlung der zurückgewiesenen Anmeldung in eine deutsche Markenanmeldung ausgeschlossen. Beruhte der erfolgreiche Widerspruch auf einer älteren Gemeinschaftsmarke, scheitert eine Umwandlung für alle Mitgliedstaaten der Gemeinschaft (vgl. Regel 45 Abs. 4 S. 2 GMDV).[112] Allerdings hat der Widersprechende, der seinen Widerspruch auf eine ältere nationale und eine Gemeinschaftsmarke stützt, keinen Anspruch darauf, dass die Widerspruchsabteilung die angefochtene Anmeldung auf der Basis der älteren Gemeinschaftsmarke zurückweist, um so die Möglichkeit einer Umwandlung für die gesamte Gemeinschaft auszuschließen. Ebenso ist es

---

[110] HABM-BK, 31. 1. 2008, R 1579/2007-1 – *GRAND CRU.*

[111] HABM-BK, 5. 3. 2009, R 1619/2008-2 – *ORANGE.*

[112] Anders noch HABM-BK, 15. 12. 2004, R 684/2003-2 – *TERRE d'ITALIA/TERRE D'ITALIA*: Obwohl der Widerspruch auf einer Gemeinschaftsmarke basierte, vertrat die Beschwerdekammer die Ansicht, dass Umwandlung für die Länder möglich sei, in denen keine Verwechslungsgefahr bestehe. Die Entscheidung erging allerdings, bevor Regel 45 GMDV n. F. im Juli 2005 in Kraft trat.

zulässig, dem Widerspruch auf der Basis eines einzigen nationalen Rechts stattzugeben, ohne weitere ältere Rechte zu prüfen. Eine **Verpflichtung des Amtes**, den Widerspruch auf der Grundlage aller geltend gemachten – **territorial weiter gehenden** – Rechte zu prüfen, um so eine Umwandlung für all diese Mitgliedstaaten zu verhindern, **besteht nicht**.[113] Eine dahingehend gerichtete Beschwerde wäre unzulässig.[114]

c) Rücknahme oder Verzicht zwecks Umwandlung der Gemeinschaftsmarke. Besteht die Ge- **147** fahr, dass die Anmeldung einer Gemeinschaftsmarke wegen absoluter oder relativer Schutzhindernisse zurückgewiesen wird, so mag es für den Markeninhaber empfehlenswert sein, die Anmeldung zurückzunehmen, bevor eine Entscheidung ergeht oder, – falls bereits eine Entscheidung zu seinen Ungunsten gefallen ist – bevor die Entscheidung rechtskräftig wird. Die Rücknahme der Anmeldung ist auch **nach der Entscheidung** noch möglich, solange die Beschwerdefrist noch nicht abgelaufen ist. Bis zu diesem Zeitpunkt ist die Entscheidung des Amtes noch nicht wirksam, so dass die während der laufenden Beschwerdefrist bestehende aufschiebende Wirkung (Art. 58 Abs. 1 S. 2 GMV) weiterhin besteht und der Anmelder die Möglichkeit hat, die Anmeldung wirksam zurückzunehmen.[115] Ebenso ist die Rücknahme der Anmeldung nach einer Entscheidung der Beschwerdekammer wirksam, solange die Frist für die Einlegung einer Klage beim EuG noch läuft.[116]

Nimmt der Anmelder die Anmeldung zurück, steht ihm eine Umwandlung für alle Mit- **148** gliedstaaten der EU offen. Ist dagegen eine negative Entscheidung des Amtes rechtskräftig geworden, so kann eine Umwandlung in einem Teil oder sogar in der gesamten Gemeinschaft nach Art. 112 Abs. 2 GMV ausgeschlossen sein. Eine Rücknahme der Anmeldung – möglicherweise nach Zustellung der Entscheidung, aber vor Ablauf der Beschwerdefrist – kann sich insbesondere dann anbieten, wenn das absolute oder relative Schutzhindernis die gesamte Gemeinschaft betrifft oder den Teil der Gemeinschaft, der für den Anmelder von größtem Interesse ist.

Ähnliche Erwägungen sollten in Betracht gezogen werden, wenn eine bereits eingetra- **149** gene Gemeinschaftsmarke im Wege des Löschungsverfahrens angegriffen wird. Hier kommt hinzu, dass nach den nationalen Rechten die aus der umgewandelten Gemeinschaftsmarke hervorgegangenen nationalen Anmeldungen in der Regel ohne Prüfung eingetragen werden (vgl. z.B. § 125d Abs. 3 MarkenG). Der Verzicht auf die Gemeinschaftsmarke in einem laufenden Löschungsverfahren macht den Weg für den Umwandlungsantrag frei, ohne dass die Gefahr besteht, dass der Ausschlussgrund des Art. 112 Abs. 2 GMV die Umwandlung verhindert.[117]

5. Wirkung der Umwandlung. Die nationale Anmeldung, die aus der Umwandlung **150** einer angemeldeten oder eingetragenen Gemeinschaftsmarke hervorgeht, genießt in dem betreffenden Mitgliedstaat den Anmeldetag oder den Prioritätstag der Anmeldung oder der Gemeinschaftsmarke (Art. 112 Abs. 3 GMV).

---

[113] EuG GRUR Int. 2005, 56 (Nr. 48) – *MGM*; HABM-BK, 14.3. 2006, R 133/2003-4 – *HOME-BASE/HOMEBASE*.
[114] HABM-BK, 7.5. 2007, R 202/2005-4 – *AVEENDIX/AVEENO*; 3.3. 2005, R 497/2004-1 – *TELETECH INTERNATIONAL/TELETECH GLOBAL VENTURES*.
[115] HABM-BK, 27.9. 2006, R 331/2006-G – *Optima*.
[116] HABM-BK, 1.12. 2004, R 348/2004-2 – *BELEBT GEIST UND KÖRPER*.
[117] Siehe oben Rdn. 2.

151   Wurde für die angemeldete oder eingetragene Gemeinschaftsmarke eine Seniorität nach Art. 34 oder Art. 35 GMV beansprucht, so erhält die nationale Anmeldung das Datum der Seniorität als „Priorität", allerdings nur für die Waren oder Dienstleistungen, für die das ältere nationale Markenrecht geschützt war.[118]

152   Umfasst die Seniorität nur einen Teil der von der Gemeinschaftsmarke geschützten Waren oder Dienstleistungen, kann es zu einem **„gespaltenen" Zeitrang** kommen: Für die von der Seniorität umfassten Waren oder Dienstleistungen kann der frühere Anmeldetag der Seniorität beansprucht werden, während für die übrigen Waren oder Dienstleistungen der Anmeldetag der Gemeinschaftsmarke gilt.[119] Ein „gespaltener" Zeitrang der aus der umgewandelten Gemeinschaftsmarke entstandenen nationalen Marke ist auch denkbar, wenn die Gemeinschaftsmarke nur für einen Teil der Waren oder Dienstleistungen eine Priorität beansprucht.[120]

153   **6. Umwandlung der Gemeinschaftsmarke in laufenden Verfahren.** Beruht der Widerspruch ursprünglich auf einer angemeldeten oder eingetragenen Gemeinschaftsmarke und wird diese im Laufe des Verfahrens in nationale Markenanmeldungen umgewandelt, so kann der Widerspruch als sich auf die aus besagter Umwandlung **hervorgehenden nationalen Rechte** stützend aufrechterhalten werden.[122] Die aus der Gemeinschaftsmarke hervorgegangene nationale Anmeldung behält gemäß Art. 112 Abs. 3 GMV den Anmeldetag der Gemeinschaftsmarke.

154   Dasselbe gilt, wenn der Widerspruch ursprünglich auf verschiedenen Erstreckungen einer **IR-Marke** basierte, deren Schutz jedoch wegen Löschung der Basismarke innerhalb von fünf Jahren nach Registrierung der IR-Marke nicht mehr in Anspruch genommen werden kann (Art. 6 Abs. 3 PMMA). Werden die Erstreckungen der IR-Marke nach Art. 9*quinquies* PMMA in nationale Marken „transformiert", ist das Widerspruchsverfahren auf der Grundlage der nationalen Marken als ältere Marken fortzuführen. Kündigt der Widersprechende eine „Transformation" nach Artikel 9*quinquies* PMMA im Laufe des Widerspruchsverfahrens an, so muss die Widerspruchsabteilung ihm die Gelegenheit geben, die Transformation nachzuweisen.[123]

155   Allerdings muss die kraft Umwandlung entstandene nationale Anmeldung vom nationalen Amt auch eingetragen werden, bevor dem Widerspruch auf der Basis dieser Marke stattgegeben werden kann. Eine Anmeldung vermag die Eintragung der Gemeinschaftsmarke nicht zu verhindern (vgl. Art. 8 Abs. 2 lit. b GMV). Gegebenenfalls muss die Widerspruchsabteilung das Verfahren so lange **aussetzen**, bis die aus der Gemeinschaftsmarke hervorgegangene nationale Anmeldung eingetragen wurde.[124]

156   Beabsichtigt der Widersprechende eine Umwandlung der Widerspruchsmarke, so ist ihm zu empfehlen, die Widerspruchsabteilung **unverzüglich darüber zu informieren**. Die Widerspruchsabteilung ist nicht verpflichtet, bis zu dem Fristablauf für die Stellung eines Umwandlungsantrags zu warten, bevor sie eine Entscheidung trifft. Nimmt der Widerspre-

---

[118] Eisenführ/*Schennen*, GMV, Art. 112 Rn. 29.
[119] V. Mühlendahl/Ohlgart, Gemeinschaftsmarke, § 20 Rn. 13.
[120, 121] (unbelegt)
[122] Dazu ausführlich HABM-BK, 15.7. 2008, R 1313/2006-G – *CARDIVA/CARDIMA*. Anders noch HABM-BK, 12.6. 2003, R 286/2002-3 – *HAVANA/HAVANA*.
[123] HABM-BK, 22.7. 2010, R 1205/2009-1 – *MYPHOTOBOOK/MYPHOTOBOOK*.
[124] HABM-BK, 22.9. 2008, R 207/2007-2 – *RESTORIA/RESTORIA*. Zur Aussetzung allgemein s.o. § 1 Rdn. 159–165.

chende beispielsweise seine ältere Gemeinschaftsanmeldung zurück, braucht die Widerspruchsabteilung nicht bis zum Ablauf der Frist für den Umwandlungsantrag (drei Monate nach Rücknahme, vgl. Art. 112 Abs. 5 GMV) zu warten, es sei denn, dass der Widersprechende die Widerspruchsabteilung rechtzeitig über die Absicht, einen entsprechenden Antrag zu stellen, unterrichtet hat.

Unterlag die ältere Gemeinschaftsmarke im Widerspruchsverfahren dem **Benut-** **157** **zungszwang** und wird diese Marke im Laufe des Verfahrens in eine nationale Anmeldung umgewandelt, so erstreckt sich nach dem Wortlaut des Art. 42 Abs. 2 GMV der Benutzungszwang nicht auf die umgewandelte Marke. Es ist darauf abzustellen, ob die ältere Marke zum Zeitpunkt der Veröffentlichung der Gemeinschaftsmarkenanmeldung mindestens fünf Jahre eingetragen ist. Die Marke, die aus der Umwandlung hervorgeht, ist immer eine nationale *Anmeldung* (vgl. Art 112 GMV), die zunächst noch das nationale Verfahren durchlaufen muss. Die Eintragung in das nationale Register findet erst nach der Umwandlung statt. Tatsächlich lässt sich beispielsweise aus dem Registerauszug einer deutschen Marke nicht erkennen, dass die Marke aus der Umwandlung einer Gemeinschaftsmarke hervorgegangen ist. Die aus der Umwandlung hervorgegangene Marke unterliegt für das Widerspruchsverfahren nicht dem Benutzungszwang, da die Marke zum Zeitpunkt der Veröffentlichung der jüngeren Gemeinschaftsmarke noch nicht fünf Jahre eingetragen war.

7. Der Umwandlungsantrag. Der Umwandlungsantrag ist schriftlich beim HABM zu **158** stellen. Es ist zu empfehlen, die vom Amt auf seiner Internetseite bereitgestellten Formblätter für den Umwandlungsantrag zu verwenden.[125]

a) Sprache. Der Umwandlungsantrag für eine **Gemeinschaftsmarkenanmeldung** muss **159** entweder in der Sprache der Anmeldung oder in der zweiten Sprache, die in der Anmeldung angegeben wurde, eingereicht werden (Regel 95 lit. a GMDV). Der Umwandlungsantrag für die **EU-Erstreckung** einer internationalen Registrierung muss in der Sprache, in der die internationale Registrierung bei der WIPO eingereicht worden war, oder in der darin angegebenen zweiten Sprache eingereicht werden, sofern zum Zeitpunkt des Umwandlungsantrags weder eine Zweite Mitteilung über die Schutzgewährung (Regel 116 GMDV) ergangen ist noch die Frist von 18 Monaten für eine Schutzverweigerung abgelaufen ist.[126] Der Umwandlungsantrag einer **eingetragenen Gemeinschaftsmarke** kann in jeder der fünf Sprachen des Amtes eingereicht werden (Regel 95 lit. b GMDV). Wird der Antrag in einer unzulässigen Sprache eingereicht, wo wird er als „nicht gestellt" behandelt.[127]

b) Erforderliche Angaben. Der Antrag muss gemäß Regel 44 GMDV folgende **Angaben** **160** enthalten:

- den **Namen und die Anschrift des Antragstellers** der Umwandlung,
- das **Aktenzeichen der Anmeldung** oder die **Eintragungsnummer** der Gemeinschaftsmarke,

---

[125] www.oami.europa.eu: Home > Formulare > nicht elektronische Formulare.
[126] Richtlinien des HABM, Teil E, Kapitel 2, 2.4.3.
[127] Richtlinien des HABM, Teil E, Kapitel 2, 2.5.2.3.

> – die **Gründe** für die Umwandlung gemäß Art. 112 Abs. 1 lit. a oder b GMV, und
> – die **Angabe des Mitgliedstaats oder der Mitgliedstaaten**, für die die Umwandlung beantragt wird.

161 Wird die Umwandlung nur für einen Teil der von der Gemeinschaftsmarke umfassten Waren oder Dienstleistungen beantragt, so muss im Antrag angegeben werden, für welche **Waren und Dienstleistungen** die Umwandlung beantragt wird. Wird die Umwandlung für mehrere Mitgliedstaaten beantragt und ist das Verzeichnis der Waren und Dienstleistungen nicht für alle Mitgliedstaaten gleich, sind die jeweiligen Waren und Dienstleistungen für die einzelnen Mitgliedstaaten anzugeben (Regel 44 Abs. 1 lit. e GMDV).

162 Wird die Umwandlung auf Art. 112 Abs. 6 GMV gestützt, so muss der Umwandlungsantrag das **Datum** enthalten, an dem die Entscheidung des nationalen Gerichts rechtskräftig geworden ist sowie eine Abschrift dieser Entscheidung. Die Abschrift der Entscheidung kann in der Sprache vorgelegt werden, in der die Entscheidung getroffen wurde (Regel 44 Abs. 1 lit. f GMDV).

163 *c) Zeitpunkt für die Stellung des Antrags.* Die Frist für die Stellung eines Umwandlungsantrags beim Amt beträgt drei Monate. Der Beginn der Frist hängt vom Umwandlungsgrund ab:

164 *aa) Anmeldung gilt als zurückgenommen.* Gilt die Anmeldung der Gemeinschaftsmarke als zurückgenommen (also bei fehlender Zahlung der zusätzlichen Klassengebühren), so teilt das Amt dies dem Anmelder mit und setzt ihm dabei für die Einreichung eines Umwandlungsantrags eine Frist von drei Monaten nach dieser Mitteilung.

165 *bb) Rücknahme der Anmeldung, Verzicht, Nichtverlängerung.* Wird die Gemeinschaftsmarkenanmeldung zurückgenommen oder verliert die eingetragene Gemeinschaftsmarke ihre Wirkung, weil ein Verzicht eingetragen oder die Eintragung nicht verlängert wurde, so ist der Antrag auf Umwandlung innerhalb von drei Monaten nach dem Tag einzureichen, an dem die Gemeinschaftsmarkenanmeldung zurückgenommen wurde oder die Eintragung der Gemeinschaftsmarke ihre Wirkung verloren hat.

166 Verzichtet der Markeninhaber auf die eingetragene Gemeinschaftsmarke, so verliert die Eintragung ihre Wirkung an dem Tag, an dem der Verzicht gemäß Art. 50 Abs. 2 GMV wirksam wird, also an dem Tag, an dem der Verzicht im Register vermerkt wird.

167 Wurde die Gemeinschaftsmarke nicht verlängert, so beginnt die Frist für die Umwandlung an dem Tag, der auf den letzten Tag der Frist folgt, innerhalb derer gemäß Art. 47 Abs. 3 GMV der Verlängerungsantrag spätestens zu stellen ist (Regel 44 Abs. 2 S. 2 GMDV), also sechs Monate ab dem letzten Tag des Monats, in dem die Schutzdauer endet.

Beispiel: Wurde die Gemeinschaftsmarke am 5.5. 2000 angemeldet, endet ihre Schutzdauer am 5.5. 2010. Der Markeninhaber kann bis zum 31.5. 2010 einen Antrag auf Verlängerung einreichen (Art. 47 Abs. 3 S. 1 GMV). Wird eine Zuschlagsgebühr entrichtet, ist der Antrag auch noch innerhalb einer sechsmonatigen Nachfrist bis zum 30.11. 2010 möglich (Art. 47 Abs. 3 S. 2 GMV). Die Dreimonatsfrist für die Umwandlung beginnt also am 1.12. 2010.

cc) Zurückweisung, Nichtigkeit, Verfall. Wird die Anmeldung der Gemeinschaftsmarke durch **168** eine Entscheidung des Amtes zurückgewiesen oder verliert die Gemeinschaftsmarke ihre Wirkung aufgrund einer Entscheidung des Amtes oder eines Gemeinschaftsmarkengerichts, so ist der Umwandlungsantrag innerhalb von drei Monaten nach dem Tag einzureichen, an dem diese Entscheidung rechtskräftig geworden ist.[128]

dd) Internationale Registrierung mit EU-Erstreckung. Wird die internationale Registrierung **169** mit Wirkung für die EU eingeschränkt, oder verzichtet der Markeninhaber auf die EU-Erstreckung, so beginnt die Frist an dem Tag, an dem dies von der WIPO gemäß Regel 27 Abs. 1 lit. b GAO im Register vermerkt wurde.

Wurde die EU-Erstreckung nicht erneuert, so beginnt die Frist an dem Tag, der auf den **170** letzten Tag folgt, an dem gemäß Art. 7 Abs. 4 PMMA die Erneuerung bei der WIPO vorgenommen werden kann.

Wurde die EU-Erstreckung zurückgewiesen, so beginnt die Frist für die Umwandlung an **171** dem Tag, an dem diese Entscheidung rechtskräftig wurde,

Wurde die EU-Erstreckung für nichtig oder für verfallen erklärt, so beginnt die Frist an **172** dem Tag, an dem die Entscheidung des Amtes oder des Gerichts rechtskräftig wird.[129]

ee) Folgen der verspäteten Einreichung des Umwandlungsantrags. Wird der Antrag auf Um- **173** wandlung nicht innerhalb der vorgesehenen Dreimonatsfrist eingereicht, so erlischt die in Art. 32 GMV vorgesehene Wirkung der Gemeinschaftsmarkenanmeldung als nationale Hinterlegung mit dem Anmeldezeitrang der Gemeinschaftsmarkenanmeldung bzw. gegebenenfalls deren Priorität (Art. 112 Abs. 7 GMV).

Ein Antrag auf Weiterbehandlung im Falle der Fristversäumnis ist nicht möglich (s. **174** Art. 82 Abs. 2 GMV), wohl aber ein Antrag auf **Wiedereinsetzung in den vorigen Stand** (Art. 81 GMV).[130]

d) Gebühren. Der Antrag gilt erst als gestellt, wenn die **Umwandlungsgebühr** entrichtet **175** worden ist. Die Gebühr für den Umwandlungsantrag beträgt € 200,–.[131] Wird die Umwandlungsgebühr nicht innerhalb der Dreimonatsfrist für die Stellung des Antrags gezahlt, so gilt der Umwandlungsantrag als nicht gestellt (Regel 45 Abs. 2 GMDV).

8. Prüfung des Umwandlungsantrags durch das HABM. Nach Eingang des Um- **176** wandlungsantrags prüft das Amt die folgenden Punkte:

– Liegt ein Umwandlungsgrund vor (Art. 112 Abs. 1)?
– Ist die Umwandlung gemäß Art. 112 Abs. 2 ausgeschlossen?
– Wurde der Antrag fristgerecht eingereicht?
– Enthält der Antrag die notwendigen Angaben nach Regel 44 GMDV?

---

[128] Zu beachten ist, dass die Rechtskraft erst einen Tag nach Ablauf der Beschwerdefrist eintritt. Ist die Entscheidung der Widerspruchsabteilung am 3.9. 2009 zugestellt worden, endet die zweimonatige Beschwerdefrist nach Regel 70 Abs. 4 GMDV am 3.11. 2009. Rechtskräftig wird die Entscheidung jedoch erst einen Tag später, also am 4.11. 2009. Die Frist für den Umwandlungsantrag endet daher am 4.2. 2010. Vgl. HABM-BK, 16.11. 2006, R 1027/2006-4 – MISSION HILL.
[129] Richtlinien des HABM, Teil E, Kapitel 2, 2.4.1.2.
[130] HABM-BK, 16.11. 2006, R 1027/2006-4 – *MISSION HILL*. Dazu oben § 1 Rdn. 70 ff.
[131] Art. 2 Nr. 20 GMGebV.

177   Stellt das Amt hinsichtlich dieser Punkte einen Mangel fest, so teilt das Amt dies dem Antragsteller mit und setzt ihm eine Frist, innerhalb der er den Antrag abändern oder die fehlenden Angaben nachreichen kann (Regel 45 Abs. 1 GMDV). Werden die fehlenden Angaben nicht innerhalb der vom Amt gesetzten Frist nachgereicht, weist das Amt den Antrag zurück (Regel 45 Abs. 3 GMDV).

178   Wird die Umwandlungsgebühr nicht fristgerecht gezahlt, so teilt das Amt dem Antragsteller mit, dass der Umwandlungsantrag als nicht gestellt gilt (Regel 45 Abs. 2 GMDV).

179   Regel 45 GMDV gilt entsprechend, wenn der Umwandlungsantrag eine internationale Registrierung mit Erstreckung auf die EU betrifft (Regel 122 Nr. 3, Regel 123 Nr. 2 GMDV). Im Falle einer „opting-back-Umwandlung"[132] weist das Amt den Umwandlungsantrag auch dann zurück, wenn die Voraussetzungen für die Benennung des Mitgliedstaates, der Vertragspartei des Madrider Protokolls oder des Madrider Abkommens ist, nicht sowohl am Tag der internationalen Registrierung als auch am Tag, an dem der Umwandlungsantrag eingegangen ist oder gemäß Art. 113 Absatz 1 Satz 2 als eingegangen gilt, erfüllt war (Regel 123 Nr. 2 GMDV).

180   **9. Veröffentlichung.** Betrifft der Umwandlungsantrag eine Anmeldung, die bereits im Blatt für Gemeinschaftsmarken gemäß Art. 39 GMV veröffentlicht worden ist, oder betrifft der Umwandlungsantrag eine eingetragene Gemeinschaftsmarke, so wird der Umwandlungsantrag im **Blatt für Gemeinschaftsmarken** veröffentlicht (Art. 113 Abs. 2, Regel 46 Abs. 1 GMDV). Keine Veröffentlichung erfolgt, wenn zum Zeitpunkt der Antragstellung die Gemeinschaftsmarkenanmeldung noch nicht veröffentlicht war. Die Veröffentlichung findet erst statt, nachdem das Amt den Umwandlungsantrag geprüft und für ordnungsgemäß befunden hat.

181   **10. Übermittlung des Antrags an die nationalen Behörden.** Wird der Umwandlungsantrag nach Prüfung durch das Amt als ordnungsgemäß angesehen, so übermittelt das Amt den Antrag zusammen mit den in Regel 84 Abs. 2 GMDV genannten Daten den Behörden für den gewerblichen Rechtsschutz der im Antrag bezeichneten Mitgliedstaaten (Art. 113 Abs. 3 GMV, Regel 47 GMDV). Das Amt leitet den Antrag unverzüglich weiter, ohne eine etwaig erforderliche Veröffentlichung des Antrags abzuwarten.[133] Das Amt teilt dem Antragsteller das Datum der Weiterleitung seines Antrags mit (Regel 47 GMDV).

182   Im Falle einer „opting-back-Umwandlung" behandelt die WIPO als Bestimmungsamt den Antrag als nachträgliche Schutzerstreckung nach Regel 24 Abs. 6 und 7 GAO. Im Übrigen führt die Umwandlung zu einer nationalen Anmeldung (bzw. zu einer Anmeldung für das Gebiet der Benelux-Länder).

183   Das nationale Markenamt kann gemäß Art. 114 Abs. 3 GMV vom Anmelder der aus der Umwandlung hervorgegangenen nationalen Markenanmeldung verlangen, dass er die nationale Anmeldegebühr entrichtet, eine Übersetzung des Umwandlungsantrags und der ihm beigefügten Unterlagen in der Amtssprache des betreffenden Mitgliedstaates einreicht, eine Anschrift angibt, unter der er in dem betreffenden Staat zu erreichen ist, und in der vom nationalen Recht erforderlichen Anzahl eine bildliche Darstellung der Marke übermittelt. Die Frist zur Zahlung der nationalen Gebühren sowie zur Einreichung der genannten Angaben und Dokumente darf nicht weniger als zwei Monate betragen.

---

[132] Siehe oben Rdn. 135.
[133] Richtlinien des HABM, Teil E, Kapitel 2, 2.6.

Über die in Art. 114 Abs. 3 genannten formellen Erfordernisse darf das nationale Amt **184** hinsichtlich der übermittelten Anmeldung **keine anderen oder zusätzliche Formerfordernisse** aufstellen als die GMV bzw. die GMDV (Art. 114 Abs. 2 GMV). So darf das nationale Amt beispielsweise nicht verlangen, dass die Marke anders als in Regel 3 GMDV wiedergegeben wird. Einzige Ausnahme ist die Übermittlung der Wiedergabe von Bildmarken nach Art. 114 Abs. 3 lit. d GMV.

Ebenso wenig darf das nationale Recht eine von Art. 92 Abs. 2 und 3 GMV abweichende **185** Regelung für die Vertretung treffen und insbesondere keine Inlandsvertretung fordern.[134] Zulässig ist lediglich die Angabe einer inländischen Zustelladresse nach Art. 114 Abs. 3 lit. c GMV, wobei irgendeine Inlandsadresse (und nicht notwendigerweise die Adresse einer inländischen Kanzlei) ausreicht.

In materieller Hinsicht prüft das nationale Markenamt die aus der Umwandlung her- **186** vorgegangene nationale Anmeldung nach den Maßstäben des nationalen Rechts. Diese Prüfung kann auch eine nochmalige **Prüfung der Klassifizierung** einschließen, wenn die vorhandene Klassifizierung Zweifel hinsichtlich des Schutzumfangs der Marke aufkommen lässt. Nach Regel 2 Abs. 4 GMDV dient die Klassifikation der Waren und Dienstleistungen zwar ausschließlich Verwaltungszwecken. Andererseits bestimmt Regel 2 Abs. 2 GMDV, dass das Verzeichnis so zu formulieren ist, dass sich die Art der Waren und Dienstleistungen klar erkennen lässt und es die Klassifizierung der einzelnen Waren oder Dienstleistungen in nur jeweils einer Klasse der Nizzaer Klassifikation gestattet. Ist unklar, welche Waren oder Dienstleistungen eigentlich geschützt werden sollen, oder ist die Formulierung des Verzeichnisses sinnlos oder widersprüchlich, so muss das nationale Amt die Möglichkeit zu einer Umklassifizierung haben.

a) Deutschland. Im deutschen Markengesetz regelt § 125d die Behandlung eines Um- **187** wandlungsantrags durch das DPMA.

Ist dem DPMA ein Umwandlungsantrag einer angemeldeten oder eingetragenen Ge- **188** meinschaftsmarke nach Art. 113 Abs. 3 GMV übermittelt worden, so bestätigt das Amt dem Anmelder unverzüglich den Zugang des Umwandlungsantrags.

Wichtig ist, dass der Anmelder **zwei unterschiedliche Fristen** beachten muss: **189**

- Innerhalb von **drei Monaten** nach **Zugang des Umwandlungsantrages beim DPMA** sind die Umwandlungsgebühr und die Klassengebühren nach dem Patentkostengesetz für das Umwandlungsverfahren fällig.
- Innerhalb einer Frist von **zwei Monaten** ab **Zugang der Zugangsbestätigung beim Anmelder** hat dieser gegebenenfalls Angaben nach Art. 114 Abs. 3 GMV zu machen bzw. nach dieser Vorschrift erforderliche Unterlagen einzureichen. Dazu zählen die Angabe einer Zustellanschrift in Deutschland, eine Übersetzung des Umwandlungsantrags und aller ihm beigefügten Unterlagen in die deutsche Sprache[135] (§ 93 MarkenG) sowie gegebenenfalls vier bildliche Darstellungen der Marke (vgl. §§ 8–12 MarkenG). Weitere Formerfordernisse dürfen vom DPMA nicht aufgestellt werden (Art. 114 Abs. 2 GMV).

---

[134] Ingerl/Rohnke, Markengesetz, § 125d, Rn. 11; *Clayton-Chen*, Mitt. 2000, 101; a. A. Eisenführ/ Schennen, GMV, Art. 114 Rn. 19.
[135] Ist im Rahmen des Anmeldeverfahrens der Gemeinschaftsmarke bereits eine amtliche Übersetzung des Verzeichnisses der Waren und Dienstleistungen und sonstiger Textbestandteile der Anmeldung vorgenommen worden, kann der Anmelder darauf zurückgreifen.

190   Nach Ablauf dieser beiden Fristen prüft das DPMA, ob die Umwandlungsgebühr bezahlt worden ist und notwendige Unterlagen nach Art. 114 Abs. 3 GMV vom Anmelder eingereicht worden sind. Das Vorliegen der Zulässigkeitsvoraussetzungen des Art. 112 Abs. 2 GMV wird vom DPMA nicht mehr geprüft.[136]

191   Werden die gemäß Art. 114 Abs. 3 GMV geltenden Erfordernisse vom Anmelder erfüllt, hängt die weitere Bearbeitung der Anmeldung davon ab, ob die ursprüngliche Gemeinschaftsmarke bereits eingetragen war oder nicht:

192   *aa) Gemeinschaftsmarkenanmeldung.* Betrifft der Umwandlungsantrag eine Marke, die noch nicht als Gemeinschaftsmarke eingetragen war, so wird der Umwandlungsantrag wie die Anmeldung einer Marke zur Eintragung in das Register des DPMA behandelt (§ 125d Abs. 2 MarkenG). An die Stelle des Anmeldetages im Sinne des § 33 Abs. 1 MarkenG tritt der Anmeldetag der Gemeinschaftsmarke im Sinne des Art. 27 GMV bzw. gegebenenfalls der Tag einer für die Gemeinschaftsmarke in Anspruch genommenen Priorität. War für die Anmeldung der Gemeinschaftsmarke der Zeitrang einer im Register des Patentamts eingetragenen Marke nach Art. 34 GMV in Anspruch genommen worden, so ist dieser Zeitrang maßgeblich.[137]

193   Im Übrigen sind die Vorschriften des MarkenG für die Anmeldung von Marken anzuwenden (§ 125d Abs. 4 MarkenG). Das bedeutet, dass das DPMA das Zeichen auf **absolute Schutzhindernisse** überprüft (§ 8 MarkenG) und nach Eintragung der Marke **Widerspruch** eingelegt werden kann, und zwar auch dann, wenn die Widerspruchsfrist in dem ursprünglichen Verfahren der Gemeinschaftsmarkenanmeldung vor dem HABM bereits abgelaufen war.

194   *bb) Eingetragene Gemeinschaftsmarke.* Betrifft der Umwandlungsantrag eine Marke, die bereits als Gemeinschaftsmarke eingetragen war, so trägt das DPMA die Marke **ohne weitere Prüfung** unmittelbar nach § 41 MarkenG unter Wahrung ihres ursprünglichen Zeitrangs in das Register ein. Gegen die Eintragung kann Widerspruch nicht erhoben werden (§ 125d Abs. 3 MarkenG).

195   *cc) Schutzdauer und Verlängerung.* Die zehnjährige Schutzdauer der aus der umgewandelten Gemeinschaftsmarke entstandenen deutschen Marke beginnt gemäß § 125d Abs. 2 iVm § 33 Abs. 1 und § 47 Abs. 1 MarkenG mit dem Anmeldetag der Gemeinschaftsmarke oder gegebenenfalls mit dem Tag der für die Gemeinschaftsmarke in Anspruch genommenen Priorität oder mit dem Tag der in Anspruch genommenen Seniorität (§ 125d Abs. 2 S. 2 MarkenG). Lief die Schutzdauer der Gemeinschaftsmarke nach Art. 46 GMV ab, bevor der Umwandlungsantrag beim DPMA einging, so werden entsprechende Verlängerungsgebühren nach Art 47 GMV zugunsten des HABM fällig.

196   *b) Österreich.* Die §§ 69b und c des österreichischen Markenschutzgesetzes (im Folgenden: AT-MarkenG) enthalten Bestimmungen zur Umwandlung einer Gemeinschaftsmarke.

197   Gemäß § 69b AT-MarkenG hat der Anmelder nach Aufforderung durch das österreichische Patentamt innerhalb einer auf Antrag verlängerbaren Frist von zwei Monaten folgende Erfordernisse erfüllen:

---

[136]   § 125d Abs. 2 MarkenG a.F., der noch eine Prüfung der Ausschlussgründe seitens des DPMA enthielt, ist nach entsprechender Änderung des Art. 113 Abs. 3 gestrichen worden (Fassung aufgrund des Gesetzes zur Änderung des Patentgesetzes und anderer Vorschriften des gewerblichen Rechtsschutzes vom 9.12.2004 (BGBl. I S. 3232).

[137]   § 125d Abs. 2 S. 2 MarkenG, Art. 112 Abs. 3 GMV.

– die für eine nationale Anmeldung geltenden Gebühren sind zu zahlen,
– die geforderten Darstellungen der Marke, bei Klangmarken überdies eine klangliche Wiedergabe der Marke auf einem Datenträger[138], gemäß § 16 Abs. 2 AT-MarkenG sind einzureichen,
– sofern der Umwandlungsantrag oder die ihm beigefügten Unterlagen nicht in deutscher Sprache übermittelt wurden, ist eine deutschsprachige Übersetzung des Umwandlungsantrages und der ihm beigefügten Unterlagen vorzulegen,
– sofern der Anmelder nicht gemäß § 61 AT-MarkenG durch einen befugten Vertreter vertreten ist oder einen Zustellungsbevollmächtigten namhaft gemacht hat, ist eine inländische Zustelladresse anzugeben.

Kommt der Anmelder diesen Erfordernissen nicht nach, wird die aus dem Umwandlungsantrag hervorgegangene Anmeldung mit Beschluss zurückzuweisen (§ 69b AT-MarkenG). **198**

Nach § 69c Abs. 1 AT-MarkenG ist der Antrag wie eine nationale Markenanmeldung zu **199** behandeln und auf Gesetzmäßigkeit im Sinne des § 20 AT-MarkenG zu prüfen, es sei denn, dass der Umwandlungsantrag eine Marke betrifft, die bereits als Gemeinschaftsmarke eingetragen war.[139]

---

[138] Regel 3 Abs. 6 GMDV verlangt eine grafische Wiedergabe der Hörmarke; eine klangliche Wiedergabe *kann* bei elektronischer Anmeldung eingereicht werden. Da die formellen Anforderungen des § 69b Abs. 2 Nr. 2 AT-MarkenG insoweit höher sind als nach der GMDV, steht die Vorschrift im Widerspruch zu Art. 114 Abs. 3. Ebenso Eisenführ/*Schennen*, GMV, Art. 114 Rn. 8.
[139] Zum Umfang der Gesetzmäßigkeitsprüfung, s. Kucsko/*Newerkla*, Marken.schutz, S. 949 ff.

§ 5 Die Beschwerde

Schrifttum: *Bender*, Ein neues Rechtsmittel: Die Anschlussbeschwerde im Gemeinschaftsmarkenverfahren, GRUR 2006, 990; *ders.*, Die Beschwerdekammern des Harmonisierungsamtes für den Binnenmarkt im Gemeinschaftsmarkensystem, MarkenR 1999, 11; *Hoffrichter-Daunicht*, Alicantiner Beschwerden – ein Plädoyer für eine europäische Rechtsprechung zur Gemeinschaftsmarke, FS Tilmann, 2003, S. 335; *v. Kapff*, Die Große Kammer der Beschwerdekammern des HABM, GRUR Int. 2011, 676; *Schenk*, Neues Verfahrensrecht vor dem HABM – Ende der „funktionalen Kontinuität" zwischen Widerspruchsabteilung und Beschwerdekammern des HABM, European Law Reporter (ELR) 2005, 432.

I. Allgemeines

1   Nach Art. 58 Abs. 1 S. 1 GMV sind Entscheidungen der Prüfer, der Widerspruchsabteilungen, der Markenverwaltungs- und Rechtsabteilung und der Nichtigkeitsabteilungen mit der Beschwerde anfechtbar. Zuständig sind gemäß Art. 135 Abs. 1 GMV die Beschwerdekammern, die in der Regel in der Besetzung von drei Mitliedern entscheiden, von denen mindestens zwei rechtskundig sind (Art. 135 Abs. 2 GMV). Unter bestimmten Voraussetzungen entscheidet die Große Kammer oder ein Einzelmitglied über die Beschwerde. Die Mitglieder der Beschwerdekammern werden vom Verwaltungsrat für einen Zeitraum von fünf Jahren ernannt. Die Amtszeit kann verlängert werden (Art. 136 Abs. 2 GMV). Die Mitglieder der Beschwerdekammern genießen **Unabhängigkeit** und sind bei ihren Entscheidungen an keinerlei Weisung gebunden (Art. 136 Abs. 4 GMV). Auch die vom Amt in einem Verfahren vor dem Gerichtshof vertretene Auffassung bindet die Beschwerdekammer nicht.[1] Obwohl die Position eines Beschwerdekammermitglieds mit der Stellung eines Richters vergleichbar ist, sind die Verfahren vor den Beschwerdekammern ihrem Wesen nach keine gerichtliche Verfahren, sondern Verwaltungsverfahren.[1a]

2   Die Beschwerdekammern bestehen aus **fünf Kammern**. Vier Kammern beschäftigen sich ausschließlich mit Gemeinschaftsmarkenverfahren, während die fünfte Kammer mit Geschmacksmustern befasst ist. Die **Große Kammer** wurde nach der Änderung der Gemeinschaftsmarkenverordnung im März 2004 eingeführt. Ihr gehören neun Mitglieder an. Vor der Großen Kammer können sowohl Marken- als auch Geschmacksmusterverfahren verhandelt werden. Außerdem haben die Beschwerdekammern eine gemeinsame Geschäftsstelle und ein Präsidium, das für die Regeln und die Organisation der Beschwerdekammern zuständig ist.

3   Im Jahr 2010 wurden insgesamt 2570 Beschwerden eingelegt.[2] Mehr als 2100 dieser Beschwerden bezog sich auf *inter partes* Verfahren (Widersprüche und Anträge auf Verfall und Nichtigkeit). In *ex parte* Verfahren wurden 2010 knapp 400 Beschwerden eingereicht. Die wichtigsten Sprachen des Beschwerdeverfahrens sind englisch (ca. 69 Prozent), gefolgt von deutsch (knapp 15 Prozent) und spanisch (ca. 8 Prozent). Rund 80 Prozent aller erstinstanzlichen Entscheidungen in *ex parte* Verfahren sind von den Beschwerdekammern bestätigt worden. In *inter partes* Verfahren lag die Zahl der bestätigten Entscheidungen bei 65 Prozent.[3]

---

[1] EuG, 6.10. 2011, T-508/08 (Nr. 50) – *Lautsprecher II*, und die dort angeführte Rechtsprechung.
[1a] EuG GRUR Int. 2003, 1015 (Nr. 34) – *Kleencare*.
[2] 42 Beschwerden betrafen Gemeinschaftsgeschmacksmuster.
[3] Vgl. die Statistiken des HABM, einsehbar auf der Internetseite www.oami.europa.eu: Home > Über das HABM > Statistiken.

Die Beschwerde hat gemäß Art. 58 Abs. 1 S. 2 GMV **aufschiebende Wirkung**.   4

Die für die erste Instanz geltenden Verfahrensvorschriften sind auch im Beschwerdever-   5
fahren anwendbar, soweit nichts anderes vorgesehen ist (Regel 50 Abs. 1 GMDV).

II. Zulässigkeit

1. Beschwerdeberechtigung. Gemäß Art. 59 GMV steht die Beschwerde denjenigen   6
zu, die an einem Verfahren beteiligt waren, das zu einer Entscheidung geführt hat, soweit sie
durch die Entscheidung **beschwert** sind. Die übrigen an diesem Verfahren Beteiligten sind
am Beschwerdeverfahren beteiligt.

Wird den Anträgen eines Beteiligten in der erstinstanzlichen Entscheidung **stattgegeben**,   7
so ist dieser zur Einlegung einer Beschwerde vor der Beschwerdekammer nicht mehr befugt.
Ist also ein Widerspruch auf der Basis eines geltend gemachten nationalen Rechts in vollem
Umfang erfolgreich, so ist das Amt nicht verpflichtet, die Erfolgsaussichten des Widerspruchs
auf der Grundlage der übrigen älteren Rechte zu überprüfen.[4] Begehrt der Widersprechende
in der Beschwerde die Zurückweisung der Anmeldung auch für die übrigen angeführten älteren Rechte, so wäre diese Beschwerde mangels Beschwer unzulässig.[5] Der Widersprechende ist auch nicht deshalb beschwert, weil der Anmelder wegen der Nichtberücksichti-
gung weiterer älterer Rechte die Anmeldung in nationale Anmeldungen nach Art. 112
GMV umwandeln kann. Das Widerspruchsverfahren bezweckt, die Eintragung von Gemeinschaftsmarken zu verhindern, nicht jedoch, im Voraus mögliche Konflikte auf nationaler Ebene zu regeln.[6] Dasselbe gilt, wenn ein Nichtigkeitsantrag in vollem Umfang auf der
rechtlichen Grundlage des Art. 53 GMV erfolgreich ist und die Nichtigkeitsabteilung aus
diesem Grund den ebenfalls geltend gemachten absoluten Nichtigkeitsgrund des Art. 52
Abs. 1 lit. b GMV (bösgläubige Markenanmeldung) nicht geprüft hat. Auch in diesem Fall
ist eine Beschwerde des Antragstellers mit dem Ziel, dem Nichtigkeitsantrag auch wegen
bösgläubiger Markenanmeldung stattzugeben, unzulässig.[7]

Nicht „beschwert" iSd Art. 59 GMV ist der Markeninhaber, wenn der Nichtigkeitsantrag   8
im Verfahren vor der Nichtigkeitsabteilung zurückgenommen wurde.[8] Ebenso fehlt es an der
Beschwerdeberechtigung des Widersprechenden, wenn die angefochtene Anmeldung im
Laufe des Widerspruchsverfahrens wirksam zurückgenommen wurde.[9]

Nicht am Ausgangsverfahren beteiligte Dritte sind ebenfalls nicht nach Art. 59   9
GMV „beschwert".[10] Ist die angefochtene Entscheidung gegen den Markeninhaber ergan-
gen, ist es dem **Lizenznehmer** verwehrt, Beschwerde einzulegen.[11] Unzulässig ist mangels
Beschwer auch die Beschwerde eines Dritten, der im Ausgangsverfahren Bemerkungen nach
Art. 40 GMV eingereicht hatte.[12] Auch eine Beschwerde gegen die Ablehnung des Antrags

---

[4] EuG, 11.5. 2006, T-194/05 (Nr. 27) – *Teletech International*.
[5] EuG, 11.5. 2006, T-194/05 (Nr. 22) – *Teletech International*.
[6] EuG GRUR Int. 2005, 56 (Nr. 34–36) – *MGM*. Siehe oben § 4 Rdn. 146.
[7] HABM-BK, 27.5. 2010, R 670/2009-4 – *JACK & JACK/JACK*; 20.5. 2010, R 963/2009-4 – *HAMMER*.
[8] HABM-BK, 22.10. 2010, R 463/2009-4 – *Farbmarke* (zzt. anhängig vor dem EuG, Rechtssache T-583/10).
[9] HABM-BK, 4.5. 2010, R 83/2009-4 – *AQUAVENTURE II*.
[10] Vgl. HABM-BK, 12.1. 2010, R 546/2009-4 – *MAJESTIC/MAJESTIC*.
[11] HABM-BK, 16.7. 2009, R 509/2008-4 – *Camp California/CAMP AMERICA*.
[12] HABM-BK, 4.11. 2010, R 1071/2010-1 – *JABUGO 5J*.

auf Eintragung eines Rechtsübergangs ist unzulässig, wenn der Beschwerdeführer nicht der Antragsteller, sondern der neue Inhaber der Gemeinschaftsmarke ist.[13]

10 Stimmt der Name des Beschwerdeführers nicht mit dem Namen der im Ausgangsverfahren beschwerten Partei überein, so fordert die Geschäftsstelle der Beschwerdekammern den Beschwerdeführer auf, die Beschwerdeberechtigung nachzuweisen. Dieser Nachweis kann mithilfe von Dokumenten erbracht werden, die eine zwischenzeitlich stattgefundene Fusion der Partei des Ausgangsverfahrens mit der Beschwerdeführerin oder den Rechtsübergang der Marke auf die Beschwerdeführerin belegen.[14]

11 Der Vertreter des Beschwerdeführers kann sich nicht darauf berufen, dass er versehentlich falsche Angaben zu Name und Adresse gemacht hat. Wird dieses Versehen nicht innerhalb der Beschwerdefrist korrigiert, ist die Beschwerde unzulässig.[15] Ergibt sich jedoch aus den Gesamtumständen, dass die fehlende Übereinstimmung zwischen der unterlegenen Partei und dem Beschwerdeführer auf einem offensichtlichen Schreibfehler beruht, ist die Beschwerde zulässig.[16]

12 Gehört die angefochtene Gemeinschaftsmarke oder die ältere Marke mehreren Personen, so sind alle im Ausgangsverfahren beteiligten Eigentümer der Marke im Falle eines Unterliegens beschwert iSd Art. 59 S. 1 GMV. Ebenso wie jeder der Eigentümer allein Widerspruch einlegen könnte (Regel 15 Abs. 1 GMDV), genügt es auch im Rahmen der Beschwerde, wenn einer der Eigentümer Beschwerde gegen die Entscheidung einlegt.[17]

13 **2. Form und Frist.** Die Beschwerde muss innerhalb von **zwei Monaten** nach Zustellung der angefochtenen Entscheidung **schriftlich** beim Amt eingelegt werden (Art. 60 S. 1 GMV). Zugestellt ist die Entscheidung erst dann, wenn sie an beide Parteien (und nicht nur an die beschwerte Partei) zugestellt wurde.[18]

14 Innerhalb von **vier Monaten** nach Zustellung der Entscheidung ist die Beschwerde schriftlich zu **begründen** (Art. 60 S. 3 GMV).

15 Die fristgemäße Einreichung der Beschwerde und der Beschwerdebegründung sind Zulässigkeitsvoraussetzungen für die Beschwerde. Bis zum Ablauf der Beschwerdebegründungsfrist kann das Verfahren daher weder ex officio noch auf Antrag der Parteien ausgesetzt werden. Auch Fristverlängerungsanträge sind in diesem Verfahrensstadium unzulässig.[19]

16 Die Überweisung der Beschwerdegebühr allein kann nicht als gleichwertig mit der nach Art. 60 S. 1 GMV erforderlichen Schriftform der Beschwerdeschrift angesehen werden. Die Finanzabteilung des Amtes ist auch nicht verpflichtet, den Beschwerdeführer auf die Folgen einer Nichteinhaltung der Formvorschriften des Art. 60 GMV hinzuweisen.[20]

17 **3. Beschwerdegebühr.** Die Beschwerde gilt erst als eingelegt, wenn die Beschwerdegebühr bezahlt worden ist (Art. 60 S. 2 GMV). Die Beschwerdegebühr beträgt € 800,–.[21]

---

[13] HABM-BK, 14.7. 2010, R 104/2010-4 – *Gemeinschaftsmarken Nr. 8 317 612 und 8 159 881.*

[14] Vgl. HABM-BK, 4.11. 2010, R 1482/2008-4 – *SABASTAN/SEBASTIAN.*

[15] HABM-BK, 16.7. 2009, R 509/2008-4 – *Camp California/CAMP AMERICA.*

[16] HABM-BK, 18.6. 2010, R 722/2009-2 – *FEETWELL/WELL.*

[17] A.A. Eisenführ/*Schennen*, GMV, Art. 63 Rn. 19.

[18] HABM-BK, 16.11. 2010, R 1498/2010-4 – *REGINE'S/REGINA DETECHA, CH. V.D.*

[19] HABM-BK, 3.8. 2010, R 1263/2009-2 – *DELTATECH CONTROLS/DELTA CONTROL;* 18.4. 2008, R 1341/2007-G – *KOSMO/COSMONE.*

[20] EuG GRUR Int. 2005, 689 (Nr. 58–59) – *Parmitalia.*

[21] Art. 2 Nr. 18 GMGebV.

Wurde die **Beschwerdegebühr** nach Ablauf der zweimonatigen Beschwerdefrist entrich- **18** tet, so gilt die Beschwerde als nicht eingelegt und dem Beschwerdeführer wird die Gebühr erstattet. Die Beschwerdegebühr muss innerhalb der Beschwerdefrist bei dem Bankkonto des Amtes eingegangen sein (Art. 8 Abs. 1 lit. a GMGebVO). Geht die Beschwerdegebühr verspätet ein und kann der Beschwerdeführer nachweisen, dass er die Überweisung innerhalb von zehn Tagen vor Ablauf der Frist angewiesen hat, so gilt die Einzahlung als rechtzeitig erfolgt, vorausgesetzt, dass der Beschwerdeführer eine Zusatzgebühr von € 80,– (zehn Prozent der Beschwerdegebühr) zahlt (Art. 8 Abs. 3 GMGebVO). Erfolgt dieser Nachweis nicht, so werden die Beschwerdegebühr und die Zusatzgebühr – sofern sie bereits bezahlt wurden – zurückerstattet.[22]

Wurde die Beschwerdegebühr nicht rechtzeitig bezahlt, so ist eine nachträgliche **Auf-** **19** **rechnung** mit in anderen Verfahren zu viel bezahlten Gebühren ausgeschlossen.[23]

4. Beschwerdefähige Entscheidungen. Nach Art. 58 Abs. 1 S. 1 GMV sind die Ent- **20** scheidungen der Prüfer, der Widerspruchsabteilungen, der Markenverwaltungs- und Rechtsabteilung und der Nichtigkeitsabteilungen mit der Beschwerde anfechtbar.

Von einer verfahrensleitenden Maßnahme unterscheidet sich eine Entscheidung iSd **21** Art. 58 GMV dadurch, dass sie **verbindliche Rechtswirkungen** erzeugt.[24] Hierbei ist auf das **Wesen der Maßnahme** abzustellen, nicht auf ihre Form.[25] Dass die Entscheidung als „Mitteilung" bezeichnet wird und keine Rechtsbehelfsbelehrung gemäß Regel 52 GMDV enthält, ist unerheblich. Entscheidend ist, ob die Maßnahme rechtlich bindend ist und unmittelbar die rechtlichen Interessen einer Partei betrifft.[26]

Eine Entscheidung, die ein Verfahren gegenüber einem Beteiligten nicht abschließt, ist **22** nur zusammen mit der Endentscheidung anfechtbar, sofern nicht in der Entscheidung die gesonderte Beschwerde zugelassen ist (Art. 58 Abs. 2 GMV). Gibt das Amt einem Antrag auf Weiterbehandlung statt, so liegt in dieser Maßnahme nach Ansicht der Großen Beschwerdekammer eine Entscheidung, die zwar erst mit der Endentscheidung anfechtbar sei, aber selbständig widerrufen werden könne.[27] Auch eine Entscheidung über die Aussetzung ist eine Entscheidung i.S.d. Art. 58 GMV.[28]

Teilt die Widerspruchsabteilung dem Widersprechenden mit, dass der Widerspruch als **23** nicht eingelegt gilt, weil die Gebühr verspätet eingezahlt wurde, so liegt auch in dieser Maßnahme eine beschwerdefähige Entscheidung.[29] Demgegenüber ist die Mitteilung der Widerspruchsabteilung, in dem die Parteien über die **Zulässigkeit des Widerspruchs** und über den Beginn des kontradiktorischen Teils des Verfahrens informiert werden, keine Entscheidung, sondern eine verfahrensleitende Maßnahme.[30] Auch die Mitteilung der Widerspruchs-

---

[22] HABM-BK, 26.4. 2010, R 1273/2009-2 – *SUNKOST*. Dazu oben § 1 Rdn. 186 f.

[23] HABM-BK, 8.2. 2010, R 1240/2009-4 – *RELAXGROUP/RELAXHOME*.

[24] EuG, 12.5. 2011, T-488/09 (Nr. 90) – *Redtube* m.w.N. (zzt. anhängig vor dem EuGH, Rechtssache C-402/11 P).

[25] EuG, 12.5. 2011, T-488/09 (Nr. 94) – *Redtube* (zzt. anhängig vor dem EuGH, Rechtssache C-402/11 P).

[26] HABM-BK, 11.11. 2010, R 2028/2010-1 – *S7-1200/S7-1200*.

[27] HABM-BK, 14.10. 2009, R 172/2008-G – *VISTA/vistar*. Siehe dazu auch EuG, 12.5. 2011, T-488/09 (Nr. 99–100) – *Redtube* (zzt. anhängig vor dem EuGH, Rechtssache C-402/11 P).

[28] V. Mühlendahl/Ohlgart, Gemeinschaftsmarke, § 14 Rn. 46.

[29] HABM-BK, 11.11. 2010, R 2028/2010-1 – *S7-1200/S7-1200*.

[30] EuG, 12.5. 2011, T-488/09 (Nr. 92–102) – *Redtube* (zzt. anhängig vor dem EuGH, Rechtssache C-402/11 P).

abteilung, dass die Sache nun entscheidungsreif ist, ist keine Entscheidung iSd Art. 58 Abs. 2 GMV.[31]

24   Die Ablehnung eines Übertragungsantrags[32] ist ebenso mit der Beschwerde anfechtbar wie die Ablehnung eines Antrags auf Rück-Eintragung.[33] Anfechtbar ist die vollumfängliche oder teilweise Zurückweisung einer Anmeldung wegen Klassifizierungsmängel oder absoluter Eintragungshindernisse. Demgegenüber ist die vorläufige Beanstandung der Anmeldung wegen Bestehens absoluter Eintragungshindernisse nach Art. 7 GMV keine Entscheidung.[34]

25   Erlässt das Amt parallel zwei Zurückweisungbescheide gegen dieselbe Anmeldung aus unterschiedlichen Gründen (z.B. Klassifizierungsmangel und Bestehen absoluter Eintragungshindernisse), können beide Entscheidungen in einer Beschwerde angefochten werden.[35]

26   **5. Beschwerdeschrift und Beschwerdebegründung.** Die Beschwerdeschrift muss in der **Verfahrenssprache** eingereicht werden, in der auch die angefochtene Entscheidung ergangen ist (Regel 48 Abs. 2 GMDV). Folgende Angaben müssen in der Beschwerdeschrift enthalten sein (Regel 48 Abs. 1 GMDV):

> – Namen und Anschriften des Beschwerdeführers und gegebenenfalls des Vertreters,
> – eine Erklärung, in der die angefochtene Entscheidung und der Umfang genannt werden, in dem ihre Änderung oder Aufhebung begehrt wird.

27   Der Beschwerdeführer muss die angefochtene **Entscheidung eindeutig identifizieren.** Die Angabe des Namens und der Adresse des Beschwerdeführers und des Tags, an dem die angefochtene Entscheidung der Widerspruchsabteilung ergangen ist, reichen zur Identifizierung der Entscheidung allein nicht aus.[36] Wird die Entscheidung nicht innerhalb der Beschwerdefrist zweifelsfrei benannt, weist die Beschwerdekammer die Beschwerde als unzulässig zurück (Regel 48 Abs. 1 lit. c GMDV iVm Regel 49 Abs. 1 GMDV).

28   Wird die Ausgangsentscheidung nur **teilweise** angefochten, beschränkt sich die Beschwerde auf die mit der Beschwerde angefochtenen Waren oder Dienstleistungen.[37] Hinsichtlich der übrigen Waren oder Dienstleistungen wird die erstinstanzliche Entscheidung rechtskräftig, es sei denn, dass die andere Partei des Beschwerdeverfahrens insoweit eine Anschlussbeschwerde eingereicht hat. Ficht der Beschwerdeführer die erstinstanzliche Entscheidung nur teilweise an, muss er den Umfang benennen, in dem er die Änderung oder Aufhebung der Entscheidung begehrt. So kann der Beschwerdeführer beispielsweise die Beschwerde auf bestimmte Waren beschränken oder nur die Kostenentscheidung angreifen. Zu unbestimmt ist eine teilweise Beschwerde, die sich auf die Überprüfung einzelner Rechtsfragen beschränkt, beispielsweise auf die Überprüfung der Zeichenähnlichkeit.[38] Auch eine auf

---

[31] HABM-BK, 17.11. 2009, R 912/2009-1 – *Chopper Spirit/W.*

[32] HABM-BK, 13.9. 2010, R 357/2010-4 – *CARBORUNDUM.*

[33] HABM-BK, 11.6. 2010, R 290/2010-2 – *caldehusa*; 2.3. 2010, R 759/2009-4 – *MOSKAU IN-KASSO.*

[34] HABM-BK, 8.7. 2010, R 962/2010-1 – *GREENPOWER UPS.*

[35] HABM-BK, 4.5. 2010, R 372/2010-4 – *FERI EURORATING SERVICES II.*

[36] HABM-BK, 29.4. 2009, R 153/2009-4 – *CROWN ORIENTAL FOODS.*

[37] Vgl. z.B. HABM-BK, 9.9. 2010, R 226/2010-1 – *Monster Allergy/MONSTER*; 6.9. 2010, R 1562/2009-2 – *TopWell/TOPGEL*; 24.2. 2010, R 1590/2008-1 – *Device of clasp lock*; zzt. anhängig vor dem EuG (Rechtssache T-237/10).

[38] HABM-BK, 16.6. 2009, R 1466/2006-4 – *V/V.*

die Überprüfung der Benutzungsnachweise beschränkte Beschwerde seitens des Widersprechenden und Beschwerdeführers macht keinen Sinn, da der Beschwerdekammer bei erfolg-
reicher Beschwerde die Möglichkeit genommen wäre, die Verwechslungsgefahr zu prüfen.[39]
Allerdings ergibt sich hier der begehrte Umfang der Beschwerde meist durch Auslegung der
Beschwerdeschrift.

Wird innerhalb von vier Monaten nach Zustellung der angefochtenen Entscheidung keine **29**
Beschwerdebegründung eingereicht, ist die Beschwerde unzulässig (vgl. Regel 49 Abs. 1
GMDV iVm Art. 60 S. 3 GMV).[40] Die Einreichung des Beschwerdeformblatts des Amtes ist
als Beschwerdebegründung nicht ausreichend.[41] Die Beschwerdebegründung muss angeben,
warum die angefochtene Entscheidung falsch sein soll. Legt der Beschwerdeführer der Beschwerdebegründung lediglich ein neues Warenverzeichnis bei, ohne zu erläutern, warum
das geänderte Verzeichnis die vom Prüfer bejahten Eintragungshindernisse ausräumen
könnte, so genügt dies nicht den Anforderungen an eine wirksame Beschwerdebegründung.[42] Die schlichte Aussage des Beschwerdeführers, dass die angefochtene Entscheidung
nicht richtig sei und die Beschwerdekammer die Zeichenähnlichkeit und das Vorliegen einer
Verwechslungsgefahr überprüfen solle, ist keine Beschwerdebegründung.[43]

Die Beschwerdebegründungsfrist des Art. 60 GMV ist keine zusammengesetzte Frist aus **30**
der zweimonatigen Beschwerdefrist und einer weiteren zweimonatigen Frist für die Einreichung der Beschwerdebegründung, sondern eine einzige zusammenhängende Frist von vier
Monaten. Ob das Fristende der Beschwerdefrist auf einen Sonntag fällt (vgl. Regel 72
GMDV), ist für die Berechnung der Beschwerdebegründungsfrist nicht relevant. Entscheidend ist für die Berechnung des Fristablaufs allein, auf welchen Tag das Ende der Viermo-
natsfrist für die Beschwerdebegründung fällt.[44]

Auch eine geringfügige Überschreitung der Frist führt zur Unzulässigkeit der Be- **31**
schwerde.[45] Ist jedoch infolge eines technischen Übermittlungsfehlers nur ein Teil der per
Telefax übermittelten Beschwerdeschrift oder der Beschwerdebegründung rechtzeitig beim
Amt eingegangen, so kann die Beschwerdekammer entscheiden, dass der gesamte Schriftsatz
als rechtzeitig eingegangen gilt, vorausgesetzt, dass unter normalen Umständen ein rechtzei-
tiger Eingang des Faxes zu erwarten war.[46]

6. Zulässigkeitsmängel. Gemäß Regel 49 Abs. 1 GMDV wird die Beschwerde als **un-** **32**
zulässig zurückgewiesen, wenn

— sie nicht gegen eine beschwerdefähige Entscheidung nach Art. 58 GMV gerichtet ist,
— die Beschwerdeschrift keine Erklärung enthält, in der die angefochtene Entscheidung und
  der Umfang genannt werden, in dem ihre Änderung oder Aufhebung begehrt wird (Regel 48 Abs. 1 lit. c GMDV),

---

[39] HABM-BK, 9.1. 2009, R 1916/2007-4 – *SAINT JACK/JACQ'S*.
[40] EuG GRUR Int. 2003, 1013 (Nr. 53–54) – *Beckett Expression*.
[41] EuG GRUR Int. 2003, 1013 (Nr. 53) – *Beckett Expression*; HABM-BK, 8.9. 2010, R 200/2010-
1 – *A1 TV/ANTENA 1*; 26.2. 2010, R 973/2009-1 – *MEDILAST SPORT/MEDIPLAST*.
[42] HABM-BK, 12.3. 2010, R 1248/2009-4 – *HOTELSUPERMARKT*.
[43] HABM-BK, 28.5. 2009, R 1406/2007-1 u. R 1449/2007-1 – *NOSTALGIE/NOSTALGIA
ELECTRICS & NOSTALGIE*.
[44] HABM-BK, 4.9. 2009, R 312/2009-4 – *Q/quadrata* (bestätigt durch EuG, 17.3. 2011, T-455/09).
[45] HABM-BK, 7.7. 2008, R-773/2007-4 – *COLOURS OF THE WORLD/UNITED COLORS
OF BENETTON*.
[46] HABM-BK, 28.6. 2010, R 400/2009-2 – *KLIM/KLIN*.

– der Beschwerdeführer nicht gemäß Art. 59 GMV durch die angefochtene Entscheidung beschwert ist,
– die Beschwerdeschrift oder die Beschwerdebegründung nicht in der Verfahrenssprache (Regel 48 Abs. 2 GMDV) eingereicht wurden und der Beschwerdeführer innerhalb eines Monats nach Einreichung der Beschwerdeschrift bzw. der Beschwerdebegründung keine Übersetzung in die Verfahrenssprache einreicht (Regel 96 Abs. 1 GMDV),[47]
– die Beschwerdeschrift bzw. die Beschwerdebegründung nicht frist- und formgerecht gemäß Art. 60 GMV eingereicht wurden.

33   Werden die oben genannten Zulässigkeitsmängel nicht fristgerecht beseitigt, hat dies die **unmittelbare Zurückweisung der Beschwerde** als unzulässig zur Folge.[48] Die Beschwerdekammer ist nicht verpflichtet, den Beschwerdeführer auf die Folgen einer Nichteinhaltung dieser Formvorschriften hinzuweisen.[49]

34   Bei **sonstigen Zulässigkeitsmängeln** teilt die Beschwerdekammer dem Beschwerdeführer die festgestellten Mängel mit und fordert ihn auf, diese innerhalb einer von ihr festgelegten Frist zu beseitigen. Werden die Mängel nicht fristgemäß beseitigt, so weist die Beschwerdekammer die Beschwerde als unzulässig zurück (Regel 49 Abs. 2 GMDV).

35   Zu den behebbaren Mängeln zählen insbesondere fehlende Angaben zum Namen oder der Adresse des Beschwerdeführers bzw. seines Vertreters nach Regel 48 Abs. 1 lit. a und b GMDV. Auch Regel 80 Abs. 3 GMDV zählt zu den von Regel 49 Abs. 2 GMDV erfassten „sonstigen Vorschriften". Nach Regel 80 Abs. 3 S. 1 GMDV gilt jede dem Amt durch Fernkopierer übermittelte Mitteilung als ordnungsgemäß unterzeichnet, wenn die Wiedergabe der **Unterschrift** auf dem Ausdruck des Fernkopierers erscheint.[50] Die Unterzeichnung der ersten Seite der zusammen mit der Beschwerde eingereichten Beschwerdebegründung erfüllt die Anforderungen der Regel 80 Abs. 3 S. 1 GMDV. Auch die **Unleserlichkeit** der Unterschrift macht die eingelegte Beschwerde nicht unzulässig.[51]

36   Auch Art. 92 Abs. 3 GMV ist eine „sonstige Vorschrift" im Sinne von Regel 49 Abs. 2 GMDV. Wird die Beschwerde von einem Angestellten eines anderen Unternehmens als der unterlegenen Partei eingereicht, so muss der Beschwerdeführer nachweisen, dass die beiden Unternehmen wirtschaftlich miteinander verbunden sind (vgl. Art. 92 Abs. 3 S. 2 GMV). Weist der Beschwerdeführer dies nicht innerhalb einer von der Beschwerdekammer festgesetzten Frist nach, ist die Beschwerde unzulässig.[52]

Bei Unzulässigkeit der Beschwerde wird die Beschwerdegebühr nicht zurückerstattet.[53] Eine Erstattung der Beschwerdegebühr ist nur unter den Voraussetzungen der Regel 51 GMDV möglich.

---

[47]   EuG, GRUR Int. 2009, 417 (Nr. 41) – *Neurim Pharmaceuticals*; HABM-BK, 7.6. 2007, R 667/ 2005-G – *CARDIOLOGY UPDATE*.

[48]   Vgl. z.B. HABM-BK, 9.12. 2009, R 660/2009-4 – *F1 GAS/F1 Formula 1*.

[49]   EuG, GRUR Int. 2009, 417 (Nr. 43) – *Neurim Pharmaceuticals*; in diesem Sinne EuG GRUR Int. 2005, 689 (Nr. 59) – *Parmitalia*.

[50]   Vgl. EuG, 18.6. 2009, T-418/07 (Nr. 27) – *Libro*.

[51]   EuG, 18.6. 2009, T-418/07 (Nr. 29–30) – *Libro*.

[52]   HABM-BK, 3.5. 2010, R 209/2010-4 – *LANDMARK/LANDMARI*.

[53]   HABM-BK, 16.7. 2009, R 1179/2008-4 – *TELEINTERPRETERS*.

III. Das Verfahren

Nach Einreichung der Beschwerdebegründung erhält die Stelle, die die angefochtene **37** Entscheidung erlassen hat, die Möglichkeit, der Beschwerde **abzuhelfen**.

Die erstinstanzliche Stelle, deren Entscheidung mit der Beschwerde angefochten wurde, **38** hat der Beschwerde abzuhelfen, wenn sie die Beschwerde als zulässig und begründet erachtet.

In **einseitigen** Verfahren muss die Entscheidung über die Abhilfe **innerhalb eines Mo-** **39** **nats nach Eingang der Beschwerdebegründung** erfolgen. Ansonsten wird die Beschwerde unverzüglich ohne sachliche Stellungnahme der Beschwerdekammer vorgelegt (vgl. Art. 61 GMV).

In **mehrseitigen** Verfahren gilt folgende Besonderheit: Wie im einseitigen Verfahren hat **40** die erstinstanzliche Stelle einen Monat nach Eingang der Beschwerdebegründung Zeit, um zu prüfen, ob sie die Beschwerde als zulässig und begründet erachtet. Kommt sie innerhalb dieser Monatsfrist zu dem Ergebnis, dass die Beschwerde ihrer Auffassung nach nicht zulässig und begründet ist, so legt sie die Beschwerde unverzüglich ohne sachliche Stellungnahme der Beschwerdekammer vor (Art. 62 Abs. 4 GMV). Erachtet sie die Beschwerde als zulässig und begründet, so teilt sie dem anderen Verfahrensbeteiligten mit, dass sie der Beschwerde abhelfen will. Der andere Verfahrensbeteiligte muss der Abhilfe **innerhalb von zwei Monaten** **nach Eingang der Mitteilung zustimmen**. Erfolgt die Zustimmung nicht innerhalb der genannten Frist oder schweigt der andere Verfahrensbeteiligte, so ist die Beschwerde unverzüglich ohne sachliche Stellungnahme der Beschwerdekammer vorzulegen (Art. 62 Abs. 3 GMV).

Ist die Beschwerde zulässig, so prüft die Beschwerdekammer, ob die Beschwerde begrün- **41** det ist. Bei der Prüfung der Beschwerde fordert die Beschwerdekammer die Beteiligten so oft wie erforderlich auf, innerhalb einer von ihr zu bestimmenden Frist eine Stellungnahme zu ihren Bescheiden oder zu den Schriftsätzen der anderen Beteiligten einzureichen. Bei **mehrseitigen Verfahren** können die Beschwerdebegründungen und Stellungnahmen zu den Beschwerdebegründungen ergänzt werden durch eine Erwiderung des Beschwerdeführers, die binnen zwei Monaten nach Zustellung der Stellungnahme zur Beschwerdebegründung einzureichen ist, sowie durch eine Duplik des Beschwerdegegners, die binnen zwei Monaten nach Zustellung der Erwiderung einzureichen ist (Art. 8 Abs. 2 VerfO BK). Seit Oktober 2011 können die Parteien eines Beschwerdeverfahrens **nach Einreichung der Beschwerdebegründung** einen Antrag auf Einleitung eines **Mediationsverfahrens** stellen.[53a] Die Mediation ist bei absoluten Eintragungshindernissen unzulässig.[53b] Vor Beginn der Mediation müssen die Beteiligten eine Mediationsvereinbarung unterzeichnen.[53c] Bis zum Abschluss des Mediationsverfahrens wird das Beschwerdeverfahren **ausgesetzt**.[53d] Das Mediationsverfahren ist kostenlos, wenn es in Alicante durchgeführt wird. Wird es in den Geschäftsräumen des Amtes in Brüssel durchgeführt, werden **Verwaltungsgebühren** in Höhe von € 750,– fällig.[53e]

[53a] Beschluss Nr. 2011-1 des Präsidiums der Beschwerdekammern vom 14. 4. 2011 über die gütliche Beilegung von Streitfällen („Mediationsbeschluss").
[53b] Art. 1 Abs. 2 Mediationsbeschluss.
[53c] Art. 1 Abs. 3 Mediationsbeschluss.
[53d] Art. 2 Mediationsbeschluss.
[53e] Beschluss Nr. EX-11-04 des Präsidenten des Amtes vom 1.8. 2011.

42   Die Beschwerdekammer kann den Beteiligten vor der Entscheidung ihre Ansicht über die mögliche Beurteilung tatsächlicher oder rechtlicher Fragen mitteilen, wenn sie dies für zweckmäßig hält. Allerdings muss dies auf eine Art und Weise geschehen, dass die Mitteilung nicht als bindend für die Beschwerdekammer verstanden werden kann (Art. 10 VerfO BK).

43   Zu den Aufgaben der **Geschäftsstelle** der Beschwerdekammern gehört es, über die Einhaltung der Fristen und die Beachtung der übrigen Formerfordernisse für die Einreichung von Beschwerden und Beschwerdebegründungen zu wachen. Wird eine Unregelmäßigkeit festgestellt, die die Unzulässigkeit der Beschwerde nach sich ziehen kann, so richtet der Geschäftsstellenleiter unverzüglich eine begründete Stellungnahme an den Vorsitzenden der betreffenden Beschwerdekammer (Art. 5 Abs. 3 VerfO BK). Der Kammervorsitzende kann danach die Kammer auffordern, über die Zulässigkeit der Beschwerde zu entscheiden, oder die Entscheidung über die Zulässigkeit der Beschwerde im Rahmen der Entscheidung treffen zu lassen, die das Verfahren vor der Beschwerdekammer abschließt (Art. 8 Abs. 1 VerfO BK).

44   Art. 8 Abs. 3 VerfO BK sieht die Möglichkeit einer **Anschlussbeschwerde** vor: Danach kann in mehrseitigen Verfahren der Beschwerdegegner in seiner Stellungnahme zur Beschwerdebegründung Anträge stellen, die auf die Aufhebung oder Abänderung der angefochtenen Entscheidung in einem in der Beschwerde nicht geltend gemachten Punkt gerichtet sind. Unerheblich ist, ob der Beschwerdegegner gegen die angefochtene Entscheidung selbst Beschwerde hätte einlegen können.[54] Derartige Anträge werden allerdings gegenstandslos, wenn die Beschwerde zurückgenommen wird.

> **Beispiel:** Einem Widerspruch gegen eine Gemeinschaftsmarkenanmeldung ist teilweise stattgegeben worden. Der Anmelder kann hinsichtlich der zurückgewiesenen Waren Beschwerde einreichen oder abwarten, ob der Widersprechende Beschwerde einlegt, und dann ggf. Anschlussbeschwerde in Bezug auf die zurückgewiesenen Waren einlegen.

45   Der Umfang der Beschwerde wird durch eine Anschlussbeschwerde des Beschwerdegegners erweitert. Die Beschwerde eines Markeninhabers gegen einen teilweise erfolgreichen Verfallsantrag ist also beispielsweise nur insoweit zulässig, als der Antrag erfolgreich war. Beantragt der Beschwerdegegner in seiner Beschwerdeentgegnung jedoch die Aufhebung bzw. Abänderung der angefochtenen Entscheidung auch hinsichtlich solcher Waren oder Dienstleistungen, für die der Verfallsantrag zurückgewiesen wurde, so erstreckt sich der Umfang der Beschwerde aufgrund dieser Anschlussbeschwerde des Beschwerdegegners auch auf diese Waren oder Dienstleistungen.[55] Dasselbe gilt, wenn ein Widerspruch teilweise zurückgewiesen wurde und der Widersprechende als Beschwerdegegner in der Beschwerdeerwiderung argumentiert, dass alle angefochtenen Waren ähnlich seien.[56] Auch insoweit lässt sich die Beschwerdeerwiderung als Anschlussbeschwerde interpretieren, mit der Folge, dass die Beschwerdekammer den Widerspruch hinsichtlich aller angefochtenen Waren (und nicht lediglich in Bezug auf die von der Widerspruchsabteilung als ähnlich erachteten Waren) prüft.

---

[54] Eine Anschlussbeschwerde ist also auch möglich, wenn dem Beschwerdegegner für die Einlegung einer eigenen Beschwerde das Rechtsschutzbedürfnis fehlte, s. das Beispiel von Fezer/*v. Kapff*, Hdb. Markenpraxis, Bd. I, 2. Teil, Rn. 1945-1948.

[55] HABM-BK, 9.9. 2010, R 1687/2008-1 – *GALILEO INTERNATIONAL*.

[56] HABM-BK, 29.7. 2010, R 1586/2009-1 – *RSV/RSV-MOTORSPORT*.

IV. Die Entscheidung

Nach der Prüfung der Begründetheit entscheidet die Beschwerdekammer über die Be- **46** schwerde. Dabei wird sie entweder im Rahmen der Zuständigkeit der Dienststelle tätig, die die angefochtene Entscheidung erlassen hat, oder verweist die Angelegenheit zur weiteren Entscheidung an diese Dienststelle zurück. Im letzteren Fall ist diese Dienststelle durch die rechtliche Beurteilung der Beschwerdekammer, die der Entscheidung zugrunde gelegt ist, gebunden, soweit der Tatbestand derselbe ist (Art. 64 Abs. 2 GMV).

Ist die Beschwerdekammer in *ex parte* Verfahren der Ansicht, dass der Eintragung der **47** Marke ein weiteres, nicht zuvor vom Prüfer geltend gemachtes absolutes Schutzhindernis entgegensteht, so bittet sie den Beschwerdeführer in der Regel um eine entsprechende Stellungnahme. Da mit der Stellungnahme das Recht auf rechtliches Gehör gewährt wurde, braucht die Beschwerdekammer die Sache nicht zunächst an den Prüfer zurückverweisen, sondern kann die Beschwerde direkt auf der Grundlage des erstmals in der Beschwerdeinstanz geltend gemachten Eintragungshindernisses zurückweisen.[57] Ebenso ist die Beschwerdekammer nicht gehindert, nach Aufhebung der ersten Entscheidung durch das EuG die Anmeldung einer erneuten Prüfung auf andere absolute Schutzhindernisse zu unterziehen und sie erneut – nachdem die Anmelderin die Gelegenheit zur Stellungnahme erhalten hat – zurückzuweisen.[57a]

Die Entscheidung der Beschwerdekammer muss den in Regel 50 Abs. 2 GMDV genann- **48** ten Inhalt enthalten und vom Vorsitzenden und den anderen Mitgliedern der Beschwerdekammer sowie von dem Bediensteten der Geschäftsstelle der Beschwerdekammer unterschrieben werden (Regel 50 Abs. 3 GMDV).

1. Zuständigkeit der Beschwerdekammern. Die Beschwerdekammern sind zustän- **49** dig für Entscheidungen über Beschwerden gegen Entscheidungen der Prüfer, der Widerspruchsabteilungen, der Markenverwaltungs- und Rechtsabteilung und der Nichtigkeitsabteilungen (Art. 135 Abs. 1 GMV).

Wurde gegenüber der Nichtigkeitsabteilung lediglich ein **Antrag auf Verfall** gestellt, so **50** ist **ein erstmals vor der Beschwerdekammer gestellter Antrag auf Nichtigkeit** der angefochtenen Gemeinschaftsmarke unzulässig, da die Beschwerdekammer insoweit nicht zuständig ist.[58] Die Beschwerdekammer ist nur für Entscheidungen über Beschwerden gegen erstinstanzliche Entscheidungen zuständig. Sie ist aber nicht befugt, selbst über einen neuen Antrag zu entscheiden, der den Rahmen des Verfallsverfahrens, wie es der Nichtigkeitsabteilung vorlag und von ihr behandelt wurde, überschreiten würde.

Der **Antrag auf Eintragung** der wegen Bestehens absoluter Schutzhindernisse zurück- **51** gewiesenen Anmeldung ist ebenfalls unzulässig, da er auf etwas rechtlich Unmögliches gerichtet ist und die Kompetenzen der Beschwerdekammern überschreiten würde.[59] Wurde die Anmeldung wegen absoluter Schutzhindernisse vom Prüfer beanstandet, ist eine Eintragung erst nach ihrer Veröffentlichung möglich und kann deshalb in diesem Stadium nicht von der Beschwerdekammer „angeordnet" werden. In der Regel ist der Antrag auf Eintragung der

---

[57] HABM-BK, 22.4. 2009, R 1360/2008-1 – *Haftverschluss-Elementeträger.*
[57a] EuG, 6.10. 2011, T-508/08 (Nr. 33–37, 46–47) – *Lautsprecher II.*
[58] EuG, 13.1. 2011, T-28/09 (Nr. 46–48) – *Pine Tree.*
[59] S. z.B. HABM-BK, 15.12. 2009, R 1292/2008-4 – LDM; Fezer/*v. Kapff*, Hdb. Markenpraxis, Bd. I, 2. Teil, Rn. 1473–1476.

Anmeldung so auszulegen, dass der Antrag die *„Aufhebung des Zurückweisungsbescheids des Prüfers und Zulassung der Anmeldung zur Eintragung"* beabsichtigt.

52 **2. Prüfungsumfang.** Gemäß Art. 64 Abs. 1 GMV wird die Beschwerdekammer, sofern sie die Angelegenheit nicht zurückverweist, im Rahmen der Zuständigkeit der Dienststelle tätig, die die angefochtene Entscheidung erlassen hat. Aus dieser Bestimmung ergibt sich nicht nur ein Hinweis zum Inhalt, den die Entscheidung einer Beschwerdekammer haben kann, sondern auch zum Umfang der Prüfung, der sie die mit der Beschwerde angefochtene Entscheidung zu unterziehen hat.[60] Zwischen der ersten Instanz und der Beschwerdekammer besteht eine **funktionale Kontinuität**.[61] Dies bedeutet, dass die Beschwerdekammer die gleichen Befugnisse wie die erste Instanz hat und bei Ausübung dieser Befugnisse als Verwaltungsstelle des Amtes handelt.[62]

53 Zur Zuständigkeit der Beschwerdekammern des Amtes gehört demgemäß eine Überprüfung der Entscheidungen, die die als erste Instanz entscheidenden Stellen des Amtes erlassen.[63] Aus dem Grundsatz der funktionalen Kontinuität folgt auch, dass Verfahrensfehler der Erstinstanz im Beschwerdeverfahren geheilt werden können. Dies ist z.B. möglich, wenn der Beteiligte daran gehindert war, sich in dem Verfahren auf eine Rechtsvorschrift zu berufen oder eine Tatsache oder einen Beweis anzuführen.[64] Wird eine Entscheidung der Widerspruchs- oder Nichtigkeitsabteilung unter Verstoß gegen Art. 132 Abs. 2 GMV oder Art. 134 Abs. 2 GMV nur von einem Mitglied entschieden, so soll auch dieser Verfahrensmangel im Beschwerdeverfahren geheilt werden können.[65]

54 Die Überprüfung der erstinstanzlichen Entscheidungen durch die Beschwerdekammern orientiert sich daran, ob zum Zeitpunkt der Entscheidung der Beschwerdekammer eine neue Entscheidung mit dem gleichen Tenor wie die angefochtene Entscheidung rechtmäßig erlassen werden kann oder nicht.[66] Der Umfang der Prüfung, der die Beschwerdekammer die mit der Beschwerde angefochtene Entscheidung zu unterziehen hat, wird **im Ex-ante-Verfahren** nicht durch die vom Beschwerdeführer geltend gemachten **Beschwerdegründe** bestimmt. Auch wenn der Beschwerdeführer einen bestimmten Beschwerdegrund nicht vorgetragen hat, ist die Beschwerdekammer gleichwohl verpflichtet, im Licht aller relevanten rechtlichen und tatsächlichen Gesichtspunkte zu prüfen, ob in dem Zeitpunkt, in dem über die Beschwerde entschieden wird, eine neue Entscheidung mit dem gleichen Tenor wie die mit der Beschwerde angefochtene Entscheidung rechtmäßig erlassen werden kann oder nicht.[67] Der Beschwerdeführer muss gemäß Regel 48 Abs. 1 lit. c GMDV in der Beschwerdeschrift nur angeben, welche Entscheidung angefochten wird und in welchem Umfang ihre Änderung oder Aufhebung begehrt wird. Nicht notwendig ist dagegen, dass in der Beschwerdeschrift bestimmte Beschwerdegründe bezeichnet werden. Auch die Beschwerdebegründung bestimmt oder begrenzt die von der Beschwerde-

---

[60] EuG, 24.3. 2011, T-419/09 (Nr. 16) – *AK 47*; GRUR Int. 2003, 1015 (Nr. 24) – *Kleencare*.

[61] EuGH GRUR Int. 1999, 1060 (Nr. 38–44) – *Baby-Dry*; EuG GRUR Int. 2003, 459 (Nr. 21) – *Seifenform II*; 24.3. 2011, T-419/09 (Nr. 17) – *AK 47*; GRUR Int. 2003, 1015 (Nr. 25) – *Kleencare*.

[62] Ausführlich dazu Fezer/*v. Kapff*, Hdb. Markenpraxis, Bd. I, 2. Teil, Rn. 1337–1352.

[63] EuG, 24.3. 2011, T-419/09 (Nr. 18) – *AK 47*; GRUR Int. 2003, 1015 (Nr. 26) – *Kleencare*.

[64] EuG, 3.12. 2003, T-16/02 (Nr. 82) – *TDI*.

[65] HABM-BK, 21.4. 2010, R 357/2008-4 – *RACING GREEN/RACING GREEN*.

[66] EuG GRUR Int. 2003, 1015 (Nr. 26) – *Kleencare*.

[67] EuG GRUR Int. 2003, 1015 (Nr. 29) – *Kleencare*.

kammer vorzunehmende Prüfung der mit der Beschwerde angefochtenen Entscheidung ihrem Umfang nach nicht.[68]

Beispiel: Die Gemeinschaftsmarkenanmeldung wird nach Art. 7 Abs. 1 lit. b GMV zurückgewiesen. Gegen die Entscheidung des Prüfers legt der Anmelder Beschwerde ein. Die Beschwerdekammer kann die Beschwerde auch wegen Verstoß gegen ein anderes absolutes Schutzhindernis zurückweisen, sofern dem Anmelder zuvor die Gelegenheit gegeben wurde, zu dem neuen Eintragungshindernis Stellung zu nehmen.[69]

In Verfahren bezüglich **relativer Eintragungshindernisse** ist das Amt bei der Ermittlung des Sachverhalts auf das Vorbringen und die Anträge der Beteiligten beschränkt (Art. 76 Abs. 1 S. 2 GMV). Diese Einschränkung des Amtsermittlungsgrundsatzes betrifft zum einen die tatsächliche Grundlage der Entscheidungen des Amtes, also die Tatsachen und Beweismittel, auf die diese Entscheidungen wirksam gestützt werden können.[70] Zum anderen betrifft diese Vorschrift die Rechtsgrundlage dieser Entscheidungen, also die Vorschriften, die die mit der Sache befasste Stelle anzuwenden hat. So darf die Beschwerdekammer ihre Entscheidung über eine Beschwerde, mit der eine ein Widerspruchsverfahren abschließende Entscheidung angefochten wurde, nur auf die von dem betreffenden Verfahrensbeteiligten geltend gemachten relativen Eintragungshindernisse und die von ihm vorgebrachten Tatsachen und entsprechenden Beweismittel stützen. **55**

Die Prüfung seitens der Beschwerdekammern richtet sich erstens nach dem **begehrten Umfang der Beschwerde** (vgl. Regel 48 Abs. 1 lit. c GMDV). Nach Artikel 42 Abs. 5 S. 1 iVm Art. 64 Abs. 1 S. 1 und 76 Abs. 1 S. 2 GMV kann die Beschwerdekammer die Markenanmeldung im Rahmen einer Beschwerde gegen eine Entscheidung der Widerspruchsabteilung nur in den Grenzen der Forderungen zurückweisen, die der Widersprechende in dem gegen die Eintragung dieser Marke gerichteten Widerspruch erhoben hat. Die Beschwerdekammer darf mit ihrer Entscheidung nicht über den Gegenstand des Widerspruchs hinausgehen. Hat der Widersprechende den Widerspruch im Laufe des Widerspruchsverfahrens auf bestimmte Produkte beschränkt, darf die Beschwerdekammer die Markenanmeldung nicht für weitere Produkte zurückweisen. Die angefochtene Entscheidung ist rechtswidrig, soweit mit ihr *ultra petita* entschieden wird.[71] Richtet sich die Beschwerde beispielsweise nur gegen einen Teil der Waren und Dienstleistungen, die Gegenstand des Ausgangsverfahrens waren, so ist der Prüfungsumfang dementsprechend eingeschränkt. **56**

Beispiel: Wurde einem Widerspruch für alle angefochtenen Waren in Klasse 5 stattgegeben, so kann der Anmelder und Beschwerdeführer die Beschwerde auf „Arzneimittel" in Klasse 5 beschränken. Für alle übrigen zurückgewiesenen Waren in Klasse 5 wird die Entscheidung der Widerspruchsabteilung rechtskräftig. Die Beschwerdekammer ist an den Antrag des Beschwerdeführers gebunden.

---

[68] EuG GRUR Int. 2003, 1015 (Nr. 31) – *Kleencare*.
[69] HABM-BK, 15.7. 2009, R 1541/2008-5 – *NIGHT OF CHAMPIONS*; Fezer/*v. Kapff*, Hdb. Markenpraxis, Bd. I, 2. Teil, Rn. 1553, 1600. Siehe oben Rdn. 47.
[70] Vgl. EuG MarkenR 2002, 304 (Nr. 45) – *Chef*.
[71] EuG, 14.10. 2003, T-292/01 (Nr. 23–24) – *Bass*.

57   Der Prüfungsumfang der Beschwerde gegen eine Widerspruchsentscheidung ist auf die Rechte und Rechtsgründe beschränkt, die vom Widersprechenden in der **Widerspruchschrift** geltend gemacht wurden. Stützte sich der Widersprechende in der Widerspruchsschrift nur auf Art. 8 Abs. 1 lit. b GMV, ist eine Berufung auf Art. 8 Abs. 5 GMV in der Beschwerdeschrift unzulässig und darf von der Beschwerdekammer nicht geprüft werden.[72]

58   Zweitens kann der Beschwerdeführer im Beschwerdeverfahren zwar die Ausgangsentscheidung vollumfänglich anfechten, jedoch nur noch einen Teil der im Widerspruchsverfahren geltend gemachten Rechtsgründe oder älteren Rechte ins Feld führen. Auch insoweit ist der Umfang der Prüfung eingeschränkt.[73]

> **Beispiel:** Der ursprünglich auf Art. 8 Abs. 1 lit. b und Art. 8 Abs. 5 GMV gestützte Widerspruch wurde zurückgewiesen. Der Widersprechende legt gegen die Entscheidung vollumfänglich Beschwerde ein, beschränkt sich aber ausdrücklich auf eine ältere polnische Marke und auf Art. 8 Abs. 5 GMV. Auch daran ist die Beschwerdekammer gebunden.

59   Schweigt der Beschwerdeführer zu einem Recht oder Rechtsgrund, so folgt daraus allerdings nicht zwangsläufig, dass der Beschwerdeführer diesen Grund nicht mehr geltend macht. Die Beschwerdebegründung ist entsprechend **auszulegen**.[74]

> **Beispiel:** Dem Widerspruch wird auf der Basis einer dem Benutzungszwang unterliegenden Marke stattgegeben. Der Anmelder begehrt die Aufhebung der Entscheidung in vollem Umfang. In der Beschwerdebegründung argumentiert er, dass die Benutzung der älteren Marke nicht nachgewiesen wurde. Ist die Beschwerdekammer der Ansicht, dass die Benutzung nachgewiesen wurde, so muss sie grundsätzlich auch das Vorliegen der Verwechslungsgefahr nochmals überprüfen, es sei denn, dass die Auslegung der Beschwerdebegründung eine entsprechende Beschränkung der Beschwerde ergibt.[75]

60   Aus dem Grundsatz der funktionalen Kontinuität folgt, dass der Umfang der der Beschwerdekammer obliegenden Prüfung nicht davon abhängt, ob der Beschwerdeführer die von der Widerspruchs- oder Nichtigkeitsabteilung vorgenommene Würdigung eines Beweismittels gerügt hat.[76]

> **Beispiel:** Wurde ein Widerspruch teilweise zurückgewiesen und legt der Widersprechende dagegen Beschwerde ein, kann die Beschwerdekammer die Beschwerde aus anderen, nicht von der Widerspruchsabteilung erörterten Gründen (z.B. fehlende Substantiierung oder ungenügender Benutzungsnachweis der älteren Marke oder Zeichenunähnlichkeit) abweisen. Dem Widersprechenden ist vorher die Möglichkeit einzuräumen, zu diesen neuen Punkten Stellung zu nehmen.

---

[72]   HABM-BK, 28.5. 2009, R 989/2008-1 – *TAM/ETAM*.
[73]   Vgl. HABM-BK, 2.12. 2009, R 1474/2008-2 – *serendip spa the light within/SPA*; 19.11. 2009, R 436/2009-1 – *PRESIDENT/Präsident*.
[74]   Fezer/*v. Kapff*, Hdb. Markenpraxis, Bd. I, 2. Teil, Rn. 1711.
[75]   Vgl. aber HABM-BK, 28.5. 2009, R 134/2008-1 – *Golden Pages The who's who of people who do./ Golden Pages*.
[76]   EuG GRUR Int. 2003, 1015 (Nr. 32) – *Kleencare*.

Entscheidet die Widerspruchsabteilung, dass zwar keine Verwechslungsgefahr zwischen **61** Marke 1 und der angefochtenen Anmeldung vorliege, wohl aber in Bezug auf Marke 2, so kann der Anmelder und Beschwerdeführer den Prüfungsumfang der Beschwerde nicht dadurch beschränken, dass er die Entscheidung insoweit nicht anfechtet, als die Widerspruchsabteilung eine Verwechslungsgefahr zwischen Marke 1 und der Anmeldung verneint habe.[77]

Inwieweit die Beschwerdekammern dem Grundsatz des Verbots einer *reformatio in peius* **62** unterliegen, ist vom EuG offen gelassen worden.[78] Die Frage stellt sich in den meisten Fällen auch nicht, da der Beschwerdeführer die angefochtene Entscheidung nur insoweit anfechten kann als er **beschwert** ist. Der Gegenstand der Beschwerde ist dann von vornherein auf diesen Teil der angefochtenen Entscheidung beschränkt. Wird ein Widerspruch beispielsweise für einen Teil der Waren zugelassen und legt der Widersprechende hinsichtlich der für unähnlich befundenen Waren Widerspruch ein, ist der Gegenstand der Beschwerde auf die unähnlichen Waren beschränkt, es sei denn, dass der Anmelder Anschlussbeschwerde einlegt. Ebenso ist der Gegenstand der Beschwerde in Verfahren hinsichtlich absoluter Schutzhindernisse auf die vom Prüfer zurückgewiesenen Waren oder Dienstleistungen beschränkt. Hinsichtlich der zugelassenen Waren wäre der Anmelder nicht beschwert. Schon deshalb kann die Beschwerdekammer im Beschwerdeverfahren die Anmeldung nicht auch für die vom Prüfer zugelassenen Waren zurückweisen.[79]

Sofern die Beschwerdekammer die Beschwerde in einem mehrseitigen Verfahren lediglich **63** zurückweist und damit die angefochtene Entscheidung aufrechterhält, liegt eine *reformatio in peius* nicht vor, weil die Beschwerdeführerin sich nicht in einer ungünstigeren rechtlichen Lage als vor der Beschwerdeerhebung befindet.[80] Eine *reformatio in peius* liegt also z.B. nicht vor, wenn die Widerspruchsabteilung den Widerspruch trotz Zeichenähnlichkeit mangels Verwechslungsgefahr zurückgewiesen hatte und die Beschwerdekammer die Beschwerde mit der Begründung zurückweist, dass der Widerspruch unzulässig gewesen sei[81] oder bereits eine Zeichenähnlichkeit nicht gegeben sei.[82]

Auch wenn dem Widerspruch **teilweise stattgegeben** wurde, weil nach Ansicht der **64** Widerspruchsabteilung für ähnliche oder identische Produkte eine Verwechslungsgefahr besteht, kann die Beschwerdekammer die Beschwerde mangels Zeichenähnlichkeit zurückweisen. Verweist die Beschwerdekammer die Angelegenheit nicht zurück, so wird sie bei der Prüfung der Beschwerde im Rahmen der Zuständigkeit der Dienststelle tätig, die die angefochtene Entscheidung erlassen hat (Art. 64 Abs. 1 GMV). Folglich ist die Beschwerdekammer befugt, eine vollständige neue Prüfung der Verwechslungsgefahr vorzunehmen. Dazu gehört auch der Markenvergleich, den die Beschwerdekammer von Amts wegen vorzunehmen hat.[83] Weist die Beschwerdekammer die Beschwerde mangels

---

[77] HABM-BK, 26.5.2009, R 534/2008-4 – *G UNIT/UN 1 T.* Siehe auch EuG GRUR Int. 2007, 730 (Nr. 96–97, 106–109) – *Vips.*

[78] EuG, 23.9.2009, T-20/08 (Nr. 37) – *Danelectro.*

[79] Fezer/*v. Kapff*, Hdb. Markenpraxis, Bd. I, 2. Teil, Rn. 1605.

[80] EuG, 23.9.2009, T-20/08 (Nr. 37) – *Danelectro*; HABM-BK, 10.5.2011, R 1619/2010-4 – *LIFTRA/LIFTA*; 20.4.2010, R 628/2008-4 – *Oblique Lines/Blue-Silver.*

[81] HABM-BK, 20.4.2010, R 628/2008-4 – *Oblique Lines/Blue-Silver.*

[82] HABM-BK, 27.6.2011, R 237/2010-4 – *T-MOBILE ZUHAUSE/VODAFONE ZUHAUSE*; 1.3.2011, R 142/2010-4 – *SONNTAGS-BLICK/BILD AM SONNTAG.*

[83] EuG GRUR Int. 2005, 489 (Nr. 24) – *Hooligan.*

Zeichenähnlichkeit zurück, liegt darin kein Verstoß gegen das Verbot der reformatio in peius.[84]

65 Ebenso kann die Beschwerdekammer die Beschwerde mangels rechtserhaltender Benutzung der Widerspruchsmarke zurückweisen, obwohl die Widerspruchsabteilung zuvor den Nachweis der Benutzung für einen Teil der Waren als erbracht angesehen hatte und den Widerspruch mangels Verwechslungsgefahr abgewiesen hatte.[85] Weist die Widerspruchsabteilung einen Widerspruch mangels Verwechslungsgefahr zurück und bemerkt die Beschwerdekammer im Beschwerdeverfahren, dass ein Teil der Waren, die der Widerspruchsentscheidung zugrunde lagen, von Anfang an nicht angefochten und damit niemals Gegenstand des Verfahrens war, so kann sie die Entscheidung aus diesem Grund aufheben, ohne auf die Frage der Verwechslungsgefahr für diese Waren einzugehen.[86]

66 Eine reformatio in peius liegt auch nicht vor, wenn der Prüfer eine Anmeldung nur für den englischsprachigen Raum der Europäischen Union (Großbritannien, Irland, Malta) mangels originärer Unterscheidungskraft zurückweist und die Beschwerdekammer das Eintragungshindernis auch in anderen Amtssprachen (vgl. Regel 45 Abs. 4 S. 1 GMDV) als gegeben erachtet.[87] Es ist zwar richtig, dass die Entscheidung der Beschwerdekammer für den Anmelder insofern eine Verschlechterung bedeutet, da ihm durch die Entscheidung eine Umwandlung der Gemeinschaftsmarkenanmeldung in den zusätzlichen Ländern (Art. 112 Abs. 2 lit. b GMV) versagt bleibt. Allerdings kann die Beschwerdekammer im Rahmen der Zuständigkeit der erstinstanzlichen Dienststelle den Sachverhalt von Amts wegen ermitteln. Erkennt die Beschwerdekammer bei dieser umfassenden Überprüfung, dass das absolute Schutzhindernis des Art. 7 GMV für weitere Länder greift, so ist sie berechtigt, das Eintragungshindernis entsprechend zu erstrecken. Im Übrigen kann der Anmelder die Anmeldung auch nach der Entscheidung der Beschwerdekammer noch zurücknehmen und sich so die Option offen halten, eine Umwandlung für alle Mitgliedstaaten der EU zu beantragen.[88]

67 Schließlich liegt auch keine unzulässige reformatio in peius vor, wenn eine Anmeldung zunächst nur nach Art. 7 Abs. 1 lit. b GMV zurückgewiesen wird und die Beschwerdekammer die Beschwerde unter erstmaliger Berufung auf Art. 7 Abs. 1 lit. e GMV zurückweist. Auch wenn der Anmelder keine erlangte Unterscheidungskraft mehr nach **Art. 7 Abs. 3 GMV** geltend machen kann, gebieten der Grundsatz der funktionalen Kontinuität und der Amtsermittlungsgrundsatz eine erneute umfassende Prüfung der Eintragungshindernisse seitens der Beschwerdekammer.[89]

68 **3. Übertragung der Sache an die Große Kammer.** Art. 1b VerfO BK regelt, in welchen Fällen die Große Kammer angerufen werden kann oder muss.

69 Eine Kammer kann eine anhängige Sache an die Große Kammer verweisen, wenn sie der Meinung ist, dass die rechtliche Schwierigkeit, die Bedeutung des Falles oder das Vorliegen

---

[84] Vgl. EuGH GRUR Int. 2009, 397 (Nr. 38–49) – *Mobilix* (keine *reformatio in peius* durch das Gericht, wenn dieses erstmalig eine Zeichenähnlichkeit verneint und die Klage abweist).

[85] A.A. HABM-BK, 26.3. 2007, R 506/2006-2 – *OSABA/osabailuminación*.

[86] Vgl. HABM-BK, 23.7. 2009, R 1318/2008-1 und R 1347/2008-1 – *ALASKA STRUCTURES/ALASKA*.

[87] A.A. HABM-BK, 31.3. 2011, R 1637/2010-1 – *PAIN*.

[88] Siehe oben § 2 Rdn. 63, § 4 Rdn. 174 ff.

[89] Vgl. HABM-BK, 22.4. 2009, R 1360/2008-1 – *Haftverschluss-Elementeträger*. Siehe oben Rdn. 47.

besonderer Umstände es rechtfertigen, insbesondere wenn Beschwerdekammern unterschiedliche Entscheidungen über eine im betreffenden Fall aufgeworfene Rechtsfrage getroffen haben (Art. 1b Abs. 1 VerfO BK). Dasselbe Recht hat das Präsidium unter den Voraussetzungen des Art. 1b Abs. 3 VerfO BK. Außerdem muss die Kammer die Sache verweisen, wenn sie der Meinung ist, dass sie von einer Auslegung des anwendbaren Rechts in einer früheren Entscheidung der Großen Kammer abweichen muss (Art. 1b Abs. 1 VerfO BK).

Ist die Große Kammer der Auffassung, dass die Voraussetzungen für ihre Anrufung nicht **70** erfüllt sind, so verweist sie die Sache unverzüglich an die zuerst befasste Kammer zurück (Art. 1b Abs. 4 VerfO BK).

Die Große Kammer ist mit neun Mitgliedern besetzt (Art. 1a Abs. 2 VerfO BK) und be- **71** schlussfähig, wenn mindestens sieben ihrer Mitglieder (darunter der Vorsitzende und der Berichterstatter) anwesend sind (Art. 1a Abs. 5 VerfO BK).

4. Übertragung an ein einziges Mitglied. Die Kammer kann bestimmte Rechtssa- **72** chen der Entscheidung durch ein einziges Mitglied der Beschwerdekammer übertragen. Dazu zählen insbesondere Entscheidungen infolge einer Einigung zwischen den Parteien, Kostenentscheidungen oder Entscheidungen über die Zulässigkeit von Beschwerden (vgl. Art. 1c Abs. 1 VerfO BK). Die Parteien werden von der Übertragung der Sache an ein einziges Mitglied unterrichtet. Stellt dieses Mitglied der Beschwerdekammer nach der Übertragung fest, dass die Voraussetzungen für die Übertragung nicht mehr erfüllt sind, so verweist es die Sache an die Beschwerdekammer zurück (Art. 1c Abs. 3 VerfO BK).

V. Behandlung der Beschwerde nach Zurückverweisung durch EuG

Nach Art. 65 Abs. 6 GMV hat **das HABM die Maßnahmen zu ergreifen, die sich 73 aus dem Urteil des Richters der Europäischen Union ergeben.**

Nach der Aufhebung der Entscheidung durch das EuG wird die Beschwerde wieder bei **74** der Beschwerdekammer anhängig.[90] Um seiner Verpflichtung aus Art. 65 Abs. 6 GMV, die sich aus dem Urteil des Gerichts ergebenden Maßnahmen zu ergreifen, nachzukommen, hat das Amt sicherzustellen, dass die Beschwerde zu einer neuen Entscheidung einer der Beschwerdekammern führt. Das Präsidium der Beschwerdekammern entscheidet gemäß Art. 1d VerfO BK, die Sache einer bestimmten Beschwerdekammer zuzuweisen.

Hebt das EuG die Entscheidung einer Beschwerdekammer ganz oder teilweise auf und **75** muss die Sache erneut von einer Beschwerdekammer geprüft werden, so verweist das Präsidium die Sache entweder an die Kammer zurück, die die Entscheidung getroffen hat, oder an eine andere Kammer oder die Große Kammer (vgl. Art. 1d Abs. 1 VerfO BK).

Weder die GMV noch die GMDV sehen ein besonderes Verfahren für den Fall vor, dass **76** eine Entscheidung vom Gericht aufgehoben und an eine der Beschwerdekammern zurückverwiesen wird. Demzufolge besteht **keine Pflicht, die betroffenen Parteien erneut anzuhören.** Insbesondere ergibt sich aus dem Grundgesetz des Rechts auf rechtliches Gehör (Art. 75 S. 2 GMV) keine Verpflichtung, den Parteien nach Aufhebung der angefochteten Entscheidung und Wiedereröffnung des Verfahrens nochmals die Gelegenheit zu geben, sich zu Punkten zu äußern, zu denen sie bereits im vorinstanzlichen Verfahren Stellung nehmen

---

[90] EuG, 13.4. 2011, T-262/09 (Nr. 42) – *First Defense II.*

konnten.[91] Etwas anderes würde gelten, wenn sich die Parteien im Rahmen des Verfahrens, das zum Erlass der ersten Entscheidung der Beschwerdekammer führte, nicht zu sämtlichen Aspekten des Rechtsstreits äußern konnten oder wenn die Beschwerdekammer beabsichtigt, ihre zweite Entscheidung auf andere tatsächliche und rechtliche Gesichtspunkte zu stützen als in ihrer ersten Entscheidung.[92]

---

[91] EuGH, 4.3. 2010, C-193/09 P (Nr. 60) – *Kaul II*; EuG, 13.4. 2011, T-262/09 (Nr. 84) – *First Defense II*.

[92] EuGH, 4.3. 2010, C-193/09 P (Nr. 59) – *Kaul II*; EuG, 13.4. 2011, T-262/09 (Nr. 85) – *First Defense II*.

2. Kapitel. Rechtsmittel zum Gerichtshof der Europäischen Union

Schrifttum: *Hackspiel*, Das Verfahren in Markensachen vor dem Gericht erster Instanz der Europäischen Gemeinschaften und vor dem Europäischen Gerichtshof, Mitt. 2001, 532; *Klüpfel*, Die Nichtigkeitsklage vor dem Europäischen Gericht gegen Entscheidungen des Harmonisierungsamts für den Binnenmarkt, MarkenR 2000, 237; *v. Mühlendahl*, Rechtsmittel gegen Entscheidungen des Harmonisierungsamts für den Binnenmarkt – Marken, Muster und Modelle, Festgabe Beier, 1996, S. 303.

§ 6 Klage vor dem Gericht (EuG)

I. Allgemeines

Gemäß Art. 65 Abs. 1 GMV sind die Entscheidungen der Beschwerdekammern, durch **1** die über eine Beschwerde entschieden wird, mit der Klage beim Gerichtshof anfechtbar. Zuständig ist zunächst das Gericht (EuG). Gegen das Urteil des EuG kann Rechtsmittel vor dem Gerichtshof (EuGH) als letzter Instanz eingelegt werden.

Das **Verfahrensrecht** der Klagen vor dem Gerichtshof der Europäischen Union auf dem **2** Gebiet der Gemeinschaftsmarke richtet sich zum einen nach den besonderen Regelungen der GMV (z.B. Art. 64 Abs. 3 und 65 GMV) und zum anderen nach der Satzung des EuGH, den Verfahrensordnungen des EuGH und des EuG, den Dienstanweisungen für den Kanzler der Gerichte sowie den praktischen Hinweisen für die Parteien.[1] Zu beachten sind insbesondere die Sonderregeln für Rechtsstreitigkeiten betreffend die Rechte des geistigen Eigentums in Art. 130–136 VerfO EuG. Die Grundsäulen des europäischen Prozessrechts bilden die Gründungsverträge als Primärrecht.[2] Es zeigt sich also, dass sich die für den Gerichtshof der Europäischen Union geltenden Verfahrensregeln aus ganz unterschiedlichen Quellen speisen, was den Umgang mit dem Verfahrensrecht erschwert.

Klagen auf dem Gebiet der Gemeinschaftsmarke machen inzwischen einen **Großteil der 3 Arbeit des Gerichts** der Europäischen Union aus: Mehr als ein Drittel aller beim Gericht eingehenden Rechtssachen bezieht sich auf das Gebiet des geistigen Eigentums (Gemeinschaftsmarken, Gemeinschaftsgeschmacksmuster und gemeinschaftlicher Sortenschutz). 2010 wurden ca. 200 Klagen in Gemeinschaftsmarkensachen vor dem EuG eingereicht, von denen mehr als 150 Rechtssachen kontradiktorische Verfahren (Widerspruchs und Löschungsverfahren) betrafen. Im selben Zeitraum wurden ungefähr 30 Rechtsmittel vor dem EuGH in Gemeinschaftsmarkensachen eingelegt, wobei sich wiederum zwei Drittel der Fälle auf kontradiktorische Verfahren bezogen.

---

[1] Alle Regelungen sind auf der Internetseite des EuGH abrufbar, s. www.curia.europa.eu: Home > Gerichtshof > Verfahren *oder* Home > Gericht > Verfahren.

[2] S. Art. 13 und Art. 19 des Vertrags über die Europäische Union (EUV) sowie Art. 251–281 des Vertrags über die Arbeitsweise der Europäischen Union (AEUV).

4   Das Verfahren vor dem EuG gliedert sich in ein **schriftliches und** ein nachfolgendes **mündliches** Verfahren (vgl. Art. 20 Abs. 1 Satzung EuGH). Allerdings gilt für das EuG-Verfahren auf dem Gebiet der Rechte des geistigen Eigentums die Besonderheit, dass das Gericht von einer mündlichen Verhandlung absehen kann, falls keine Partei einen begründeten Antrag auf eine mündliche Verhandlung stellt (Art. 135a VerfO EuG).[3]

5   Das Gericht besteht aus **mindestens einem Richter je Mitgliedstaat** (Art. 19 Abs. 2 EU-Vertrag). Die Ernennung der Richter erfolgt für eine Amtszeit von sechs Jahren. Eine Wiederernennung ausscheidender Richter ist zulässig. Das Gericht bildet Kammern mit drei und mit fünf Richtern sowie eine Große Kammer mit dreizehn Richtern (Art. 10 § 1 VerfO EuG). Zurzeit existieren acht Kammern mit jeweils drei Richtern und acht erweiterte Kammern, die mit jeweils fünf Richtern besetzt sind.

6   Gemäß Art. 64 Abs. 3 GMV werden die Entscheidungen der Beschwerdekammern erst mit Ablauf der in Art. 65 Abs. 5 vorgesehenen Klagefrist zum EuG oder, wenn innerhalb dieser Frist eine Klage eingelegt worden ist, mit deren Abweisung wirksam. Wird Klage vor dem EuG eingereicht, so hat sie aufschiebende Wirkung.

II. Die Parteien des Verfahrens

7   Die Parteien in dem Verfahren vor dem EuG sind die durch die Beschwerdekammerentscheidung beschwerte Partei, das Amt als Beklagte sowie in inter partes Verfahren die andere Beteiligte im Verfahren vor dem HABM als qualifizierte Streithelferin.

8   **1. Die Rolle des HABM.** Das Amt nimmt in allen Verfahren vor dem EuG die Rolle des **Beklagten** ein (vgl. Art. 133 § 2 Abs. 1 VerfO EuG).

9   Das Amt ist nicht verpflichtet, systematisch jede angefochtene Entscheidung einer Beschwerdekammer zu verteidigen oder zwingend die Abweisung jeder gegen eine solche Entscheidung gerichteten Klage zu beantragen.[4] Das Amt ist daher nicht daran gehindert, sich einem Antrag des Klägers anzuschließen oder sich damit zu begnügen, die Entscheidung in das Ermessen des Gerichts zu stellen, wobei es zur Information des Gerichts alles vorbringen kann, was es für angebracht hält.[5] Allerdings kann das Amt in einem mehrseitigen Verfahren den durch die Anträge und das Vorbringen der Parteien festgelegten Rahmen des Rechtsstreits nicht dadurch ändern, dass es beispielsweise vor dem Gericht sein Einverständnis mit dem Standpunkt des Klägers oder gar mit der Klage insgesamt bekundet.[6] Dieses Einvernehmen **bindet das Gericht nicht**. Gegenstand der Prüfung vor dem Gericht ist die Rechtmäßigkeit der Entscheidung der Beschwerdekammer. An dem Ausgangsverfahren ist das Amt weder als Partei beteiligt noch hat es die Möglichkeit, gegen die Beschwerdekammerentscheidung Klage einzureichen. Auch in dem Verfahren vor dem Gericht kann das Amt – anders als der Streithelfer – keine Anträge stellen, die auf Aufhebung oder Abänderung der Entscheidung der Beschwerdekammer in einem in der Klageschrift nicht geltend gemachten

---

[3] Siehe dazu unten Rdn. 81–82.

[4] EuG, 16.4. 2008, T-181/05 (Nr. 18) – *Citi*; GRUR Int. 2007, 919 (Nr. 26) – *Calvo*; GRUR 2006, 240 (Nr. 22) – *Cloppenburg*; 30.6. 2004, T-107/02 (Nr. 34) – *Biomate*.

[5] EuG, 16.4. 2008, T-181/05 (Nr. 19) – *Citi*; GRUR 2006, 240 (Nr. 22) – *Cloppenburg*; GRUR Int. 2004, 1029 (Nr. 36) – *Biomate*.

[6] EuGH GRUR Int. 2005, 221 (Nr. 26–37) – *Saint-Hubert 41*.

Punkt gerichtet sind (vgl. Art. 134 § 3 VerfO EuG). Daraus folgt, dass das Amt durch seine Zustimmung mit der Position des Klägers in einzelnen oder allen Punkten die Vorgaben des Rechtsstreits vor dem Gericht nicht abändern kann.

2. Streithelfer. *a) Der andere Beteiligte des Beschwerdeverfahrens als qualifizierter Streithelfer.* Gemäß Art. 134 § 1 VerfO EuG kann sich der andere Beteiligte des Beschwerdeverfahrens als Streithelfer am Verfahren vor dem Gericht beteiligen, indem er form- und fristgerecht eine Klagebeantwortung einreicht. Der Beteiligte des Beschwerdeverfahrens muss weder einen Antrag auf Zulassung stellen noch ein berechtigtes Interesse nachweisen. Entscheidend ist allein, dass die Partei in der angefochtenen Beschwerdekammerentscheidung ausdrücklich aufgeführt wurde.[7] **10**

Die andere Partei des Beschwerdeverfahrens, die als Streithelferin auftritt, verfügt über **11** dieselben prozessualen Rechte wie die Parteien. Abweichend von den klassischen Regeln der Streithilfe[8] ist der Streithelfer **selbständig**, d.h. er kann nach seiner Wahl entweder die Anträge einer Partei unterstützen oder Anträge stellen und Angriffs- und Verteidigungsmittel vorbringen, die gegenüber denen der Parteien eigenständig sind (Art. 134 § 2 Abs. 2 VerfO EuG). Auf der anderen Seite unterliegt der Streithelfer hinsichtlich rechtlicher Gesichtspunkte **den gleichen Zulässigkeitsregeln** wie der Kläger. So unterliegen vom Streithelfer erstmals im Gerichtsverfahren eingereichte Schriftstücke denselben Zulässigkeitsregeln wie vom Kläger neu eingereichte Unterlagen.[9] Die Autonomie des Streithelfers spiegelt sich auch in der Tatsache wider, dass er in seiner Klagebeantwortung Anträge stellen kann, die auf Aufhebung oder Abänderung der Entscheidung der Beschwerdekammer in einem in der Klageschrift nicht geltend gemachten Punkt gerichtet sind, und Angriffs- und Verteidigungsmittel vorbringen kann, die in der Klageschrift nicht geltend gemacht worden sind (Art. 134 § 3 VerfO EuG). Im Umkehrschluss kann das Amt als Beklagte keine Anträge stellen, die auf Aufhebung oder Abänderung der Entscheidung der Beschwerdekammer in einem in der Klageschrift nicht geltend gemachten Punkt gerichtet sind.[10]

Art. 134 § 3 VerfO EuG sieht vor, dass die fraglichen Angriffs- und Verteidigungsmittel in **12** der Klagebeantwortung geltend gemacht werden. Gemäß Art. 48 § 2 VerfO EuG können neue Angriffs- und Verteidigungsmittel im Lauf des Verfahrens nicht mehr vorgebracht werden, es sei denn, dass sie auf rechtliche oder tatsächliche Gründe gestützt werden, die erst während des Verfahrens zutage getreten sind, wobei die Entscheidung über die Zulässigkeit des Vorbringens dem Endurteil vorbehalten bleibt. Solche Gründe im Sinne des Art. 48 § 2 VerfO EuG liegen nicht vor, wenn der Streithelfer die neuen Angriffs- und Verteidigungsmittel deshalb nicht vorgebracht hat, weil er dieselben Angriffs- und Verteidigungsmittel im Rahmen einer gesonderten Klage geltend gemacht hat, der Anwalt des Streithelfers jedoch zum Zeitpunkt der Klagebeantwortung hätte wissen können, dass die von ihm erhobene Klage unzulässig war.[11]

b) Dritte als einfache Streithelfer. Auch bisher unbeteiligte Dritte können als Streithelfer **13** zugelassen werden, wenn sie ein berechtigtes Interesse am Ausgang des Rechtsstreits glaub-

---

[7] EuG GRUR Int. 2004, 518 (Nr. 33) – *Conforflex.*
[8] Vgl. Art. 115 und 116 VerfO EuG.
[9] EuG GRUR Int. 2005, 489 (Nr. 23) – *Hooligan.*
[10] EuGH GRUR Int. 2005, 221 (Nr. 34) – *Saint-Hubert 41.* Siehe oben Rdn. 9.
[11] EuG, 9.12. 2010, T-303/08 (Nr. 164–171) – *Golden Elephant Brand.*

haft machen.[12] Für diese bislang unbeteiligten Dritten gelten die allgemeinen Streithilferegeln.[13] Insbesondere muss der Dritte innerhalb von **sechs Wochen** nach Veröffentlichung der Klage im Amtsblatt der Europäischen Union einen Antrag auf Zulassung als Streithelfer stellen (Art. 115 VerfO EuG). Über den Antrag entscheidet der Präsident der Kammer durch Beschluss nach einem in Art. 116 VerfO EuG festgesetzten Verfahren.

14   Der Antragsteller muss glaubhaft machen, dass er ein **berechtigtes Interesse am Ausgang des anhängigen Rechtsstreits** hat (Art. 53 Abs. 1 und 40 Abs. 2 Satzung EuGH). Dieses Interesse verneinte das Gericht in einem Fall, in dem ein Konkurrenzunternehmen des Klägers die Zulassung als Streithelfer mit dem Argument beantragte, dass es weitere Verletzungsverfahren auf der Basis der streitgegenständlichen Gemeinschaftsmarke befürchte und nach dem Antrag auf Zulassung als Streithelfer Nichtigkeitsanträge gegen diese Marke und zwei weitere Gemeinschaftsmarken des Klägers gestellt habe.[14]

15   Wurde die angefochtene Gemeinschaftsmarkenanmeldung im anhängigen Verfahren auf eine dritte Partei übertragen, so kann die Rechtsnachfolgerin an Stelle des früheren Rechtsinhabers in entsprechender Anwendung der Art. 115−116 VerfO EuG als Partei zugelassen werden.[15]

III. Anwaltspflicht

16   Jede Partei muss im Verfahren vor dem EuG von einem Prozessbevollmächtigten vertreten sein. Während sich Mitgliedstaaten und Gemeinschaftsorgane durch ein Mitglied ihres öffentlichen Dienst vertreten lassen können (vgl. Art. 19 Abs. 1 Satzung EuGH), gilt für alle anderen Parteien Anwaltspflicht (Art. 19 Abs. 3 Satzung EuGH). Nur ein Anwalt, der berechtigt ist, vor einem Gericht eines Mitgliedstaats aufzutreten, kann vor dem Gericht als Vertreter auftreten (Art. 19 Abs. 4 Satzung EuGH). Auch Hochschullehrer können unter den Voraussetzungen des Art. 19 Abs. 7 Satzung EuGH Vertreter sein.

17   Nicht im Sinne des Art. 19 Abs. 4 Satzung EuGH vertretungsberechtigt sind z.B. deutsche Patentanwälte[16], britische „European patent attorneys" oder „European trade mark attorneys" ohne Zulassung als „Solicitor" oder „Barrister"[17] oder schwedische Vertreter ohne Zulassung als „advokat"[18].

18   Gemäß Art. 19 Abs. 3 Satzung EuGH muss die Partei von einem Anwalt i.S.d. Art. 19 Abs. 4 Satzung EuGH „vertreten" sein. Die Partei muss die Dienste eines Dritten in Anspruch nehmen, der berechtigt ist, vor dem Gerichtshof aufzutreten, und der die Partei unabhängig und im Interesse der Rechtspflege rechtlich vertritt. Daher ist ein Rechtsanwalt, der Geschäftsführer der Klägerin ist, kein **unabhängiger Dritter** und nicht befugt, die Klägerin in einem Verfahren vor dem EuG zu vertreten.[19]

---

[12] EuG, 5.3. 2004, T-94/02 (Nr. 14) − *Boss*.

[13] Vgl Art. 40 Satzung EuGH, Art. 115−116 VerfO EuG.

[14] EuG, 2.3. 2011, T-237/10 − *Louis Vuitton*.

[15] EuG, 5.3. 2004, T-94/02 (Nr. 27−31) − *Boss*.

[16] EuG, 8.6. 2005, T-315/03 (Nr. 11) − *Rockbass*.

[17] EuG Mitt. 2005, 46 (Nr. 2, 11) − *Veramonte*.

[18] EuG, 26.6. 2006, T-453/05 (Nr. 13) − *Redefining Communications*; 28.2. 2005, T-445/04 (Nr. 9) − *Unex*.

[19] EuG, 8.12. 1999, T-79/99 (Nr. 23−30) − *EU-LEX*; *Wägenbaur*, Art. 19 Satzung EuGH, Rn. 7 m. w. N.

IV. Sprachenregelung

Es ist zwischen der Verfahrenssprache einerseits und der internen Arbeitssprache des Ge- **19** richtshofs andererseits zu unterscheiden. Verfahrenssprachen sind alle Amtssprachen der Europäischen Union. Die interne Arbeitssprache des Gerichtshofs ist Französisch. Daher werden Aktenstücke, die in einer anderen Sprache als dem Französischen vorgelegt werden, für die Zwecke der internen Arbeit des Gerichtshofs von dessen Dienststellen ins Französische übersetzt.[20]

Für das Verfahren auf dem Gebiet der Rechte des geistigen Eigentums gilt die **Sonderre-** **20** **gelung** des Art. 131 VerfO EuG hinsichtlich der Wahl der Verfahrenssprache. Gemäß Art. 131 § 1 VerfO EuG ist die Klageschrift in einer der 23 Verfahrenssprachen (Amtssprachen der EU) abzufassen, die vom Kläger gewählt wird. Diese vom Kläger gewählte Sprache wird nach Art. 131 § 2 Abs. 1 VerfO EuG Verfahrenssprache, wenn der Kläger die einzige Partei des Verfahrens vor der Beschwerdekammer war oder wenn dem keine andere Partei dieses Verfahrens innerhalb einer vom Kanzler nach Einreichung der Klageschrift hierfür gesetzten Frist widerspricht.

Einigen sich die Parteien des Verfahrens vor der Beschwerdekammer innerhalb dieser Frist **21** auf eine Verfahrenssprache, so wird diese Sprache Verfahrenssprache vor dem Gericht (Art. 131 § 2 Abs. 2 VerfO EuG).

Legt die andere Partei des Verfahrens vor der Beschwerdekammer dagegen fristgerecht **22** Widerspruch ein, so wird diejenige Sprache Verfahrenssprache, in der die in Frage stehende Gemeinschaftsmarkenanmeldung beim Amt eingereicht worden ist.[21] Stellt der Präsident auf den begründeten Antrag einer Partei hin und nach Anhörung der anderen Parteien jedoch fest, dass bei Gebrauch dieser Sprache nicht alle Parteien des Verfahrens vor der Beschwerdekammer dem Verfahren folgen und ihre Verteidigung wahrnehmen können und dass nur durch Verwendung einer anderen Verfahrenssprache hierfür Abhilfe geschaffen werden kann, so kann er diese Sprache als Verfahrenssprache bestimmen (Art. 131 § 2 Abs. 3 VerfO EuG).

> **Beispiel:** Die Gemeinschaftsmarke wurde auf deutsch eingereicht, als zweite Sprache wurde Spanisch gewählt. Gegen die Anmeldung ergeht ein Widerspruch. Sprache des Widerspruchsverfahren und des Beschwerdeverfahrens ist Spanisch. Der unterlegene Anmelder reicht Klage beim EuG auf Deutsch ein. Dagegen erhebt der Widersprechende (andere Partei des Beschwerdeverfahrens) Widerspruch. Verfahrenssprache vor dem EuG ist Deutsch (Sprache der Anmeldung), es sei denn, dass der Präsident nach entsprechendem Antrag der anderen Partei und Anhörung aller Parteien zu dem Schluss gelangt, dass nur durch die Verwendung einer anderen Sprache (z.B. Spanisch) die Verteidigungsrechte aller Parteien garantiert sind.

Für das weitere schriftliche Verfahren und die mündliche Verhandlung gilt, dass sich **23** jede Partei der Amtssprache ihrer Wahl bedienen kann (Art. 131 § 3 VerfO EuG). Hinsichtlich der Übersetzungen regelt Art. 131 § 4 VerfO EuG, dass die Klageschrift durch den Sprachendienst des EuG übersetzt wird, falls Verfahrenssprache eine andere Sprache als diejenige wird, in der die Klageschrift abgefasst ist. Alle weiteren Schriftsätze der Parteien,

---

[20] Hinweise für Prozessvertreter, S. 7.
[21] Vgl. EuG, 14.10.2003, T-292/01 (Nr. 15–17) – *Bass*.

die nicht in der nach Art. 131 § 2 bestimmten Verfahrenssprache eingereicht werden, müssen dagegen innerhalb einer dafür vom Kanzler gesetzten Frist auf eigene Kosten übersetzt werden.

V. Die Klageschrift

24 Die Klageschrift kann vorab elektronisch (per Fax oder per E-Mail im PDF-Format) übermittelt werden. Für die Wahrung der Klagefrist muss die **Urschrift** spätestens **10 Tage danach** bei der Kanzlei eingehen.[22] Es genügt die elektronische Übermittlung der unterzeichneten Klageschrift zusammen mit einem Anlagenverzeichnis. Die Anlagen selbst können zusammen mit der Urschrift per Post eingereicht werden.

25 Neben der Urschrift sind sechs vollständige, beglaubigte Sätze der Klageschrift, des Anlagenverzeichnisses und der darin aufgeführten Anlagen in Papierform einzureichen. In inter partes Verfahren sind sieben vollständige, beglaubigte Sätze in Papierform einzureichen. Der Prozessbevollmächtigte muss auf der ersten Seite jedes Abschriftensatzes einen Beglaubigungsvermerk anbringen und diesen paraphieren.

26 Die notwendigen Unterlagen (siehe unten) müssen getrennt von den mit einem vorangestelltem Anlagenverzeichnis versehenen Anlagen eingereicht werden.

27 Die Klageschrift ist auf weißem DIN-A4 Papier in nicht gebundener oder gehefteter Form einzureichen. Der Text muss einseitig beschriftet sein (Schriftgröße mindestens 12 pt, Zeilenabstand 1,5, Seitenrand 2,5 cm). Die Absätze der Klageschrift müssen nummeriert werden. Die Seitenzahl darf in der Regel **20 Seiten** nicht überschreiten. Die Klageschrift ist am Ende vom Prozessbevollmächtigten handschriftlich zu unterschreiben. Alle Seiten des Schriftsatzes samt der beigefügten Anlagen sind oben rechts zu nummerieren.

28 Die Natur des Schriftsatzes ist zu bezeichnen („Klageschrift"). Außerdem muss der Schriftsatz die Namen und Anschriften des Klägers, der Vertreter, des Beklagten sowie gegebenenfalls der sonstigen am Verfahren vor der Beschwerdekammer Beteiligten sowie das Datum der Zustellung der Entscheidung der Beschwerdekammer enthalten (vgl. Art. 44 § 1 und Art. 132 § 1 VerfO EuG). Der Kläger muss angeben, ob er eine Zustellungsanschrift in Luxemburg hat (Art. 44 § 2 Abs. 1 VerfO EuG) bzw. ob er mit der Zustellung mittels Fax oder E-Mail einverstanden ist (Art. 44 § 2 Abs. 2 VerfO EuG). Fehlt eine Zustellungsanschrift in Luxemburg und hat der Vertreter Zustellungen an ihn mittels Fax oder sonstiger technischer Kommunikationsmittel nicht zugestimmt, so werden die Schriftstücke auf dem Postweg durch Einschreiben an den Vertreter zugestellt. Die Zustellung gilt in diesem Fall als mit der Aufgabe des Einschreibens zur Post in Luxemburg als bewirkt (Art. 44 § 2 Abs. 3 VerfO EuG).

29 Ein **Musterschriftsatz** ist unten wiedergegeben (s. unten Rdn. 139).

30 **1. Klagefrist.** Die Klageschrift ist gemäß Art. 65 Abs. 5 GMV innerhalb von **zwei Monaten** nach Zustellung der Entscheidung der Beschwerdekammer einzureichen. Nach Art. 102 § 2 VerfO EuG werden die Verfahrensfristen um eine pauschale Entfernungsfrist von zehn Tagen verlängert. Die **zehntägige Entfernungsfrist** gilt unabhängig von der geographischen Entfernung zum Sitz des Gerichts und kann selbst von in Luxemburg ansässigen Klägern in Anspruch genommen werden.[23]

---

[22] Die Anschrift des Gerichts ist: Kanzlei des Gerichts der Europäischen Union, Rue du Fort Niedergrünewald, L-2925 Luxemburg.
[23] *Wägenbaur*, Art. 102 VerfO EuG, Rn. 11 m.w.N.

Nach ständiger Rechtsprechung sind die Klagefristen zwingendes Recht, da sie zur Ge- **31** währleistung der Klarheit und Sicherheit der Rechtsverhältnisse und zur Vermeidung jeder Diskriminierung oder willkürlichen Behandlung bei der Gewährung von Rechtsschutz eingeführt wurden, und es ist Sache des Gemeinschaftsrichters, von Amts wegen zu prüfen, ob sie gewahrt wurden.[24]

Der Ablauf der Klagefrist bestimmt sich nach Art. 101 § 1 VerfO EuG. Gemäß Art. 101 **32** § 2 Abs. 1 endet die Frist mit Ablauf des nächstfolgenden Werktages, wenn das Fristende auf einen Samstag, Sonntag oder gesetzlichen Feiertag fällt. Ein Verzeichnis der für das Gericht geltenden Feiertage wird im Amtsblatt der Europäischen Union veröffentlicht.[25] Der Lauf der Frist wird nicht durch die Gerichtsferien gehemmt (Art. 101 § 1 lit. e VerfO EuG).

> **Praxishinweis:** Immer wieder kommt es zu Fehlern bei der Berechnung der Klagefrist, weil der Kläger den Tag, an dem die Beschwerdekammerentscheidung zugestellt wird, in irrtümlicher Anwendung des Art. 101 § 1 lit. a VerfO EuG nicht mitrechnet. Art. 101 § 1 lit. a VerfO EuG ist jedoch nicht anwendbar, da er nur für Fristen gilt, bei denen es auf die Berechnung des **Fristbeginns** ankommt.[26]

Für die Berechnung des Fristendes werden die zweimonatige Frist des Art. 65 Abs. 5 **33** GMV und die zehntägige Entfernungsfrist zusammengerechnet: Nur wenn der Ablauf dieser zusammengerechneten Frist auf einen Samstag, Sonntag oder gesetzlichen Feiertag fällt, läuft die Frist nach Art. 101 § 2 Abs. 1 VerfO EuG auf den darauf folgenden Werktag ab.

> **Beispiel:** Die Entscheidung der Beschwerdekammer wird am 4.3. 2011 zugestellt. Die zweimonatige Frist nach Art. 65 Abs. 5 GMV und die zehntägige Entfernungsfrist gemäß Art. 102 § 2 VerfO EuG zusammen würden ein Fristende am 14.5. 2011 ergeben. Da dieser Tag ein Samstag ist, läuft die Frist am 16.5. 2011 ab.

Nach Art. 43 § 6 VerfO EuG ist der Tag, an dem eine Kopie der unterzeichneten Ur- **34** schrift eines Schriftsatzes mittels Fernkopierer bzw. elektronischer Post bei der Kanzlei des Gerichts eingeht, für die Wahrung der Verfahrensfristen maßgebend, sofern die unterzeichnete **Urschrift** des Schriftsatzes spätestens zehn Tage danach bei der Kanzlei eingereicht wird.[26a] Diese Frist ist keine automatische Fristverlängerung nach Ablauf der Klagefrist. Auch wenn das Telefax mehr als zehn Tage vor Ablauf der Frist für die Erhebung der Klage eingegangen ist, hat Art. 43 § 6 VerfO EuG keine Verlängerung der Klagefrist zur Folge.[27]

2. Aufbau der Klageschrift. Zunächst sind Angaben zum Gegenstand des Rechtsstreits **35** zu machen (Art der Klage, kurze Zusammenfassung des Sachverhalts und des rechtlichen

---

[24] EuGH, 22.9. 2011, C-426/10 P (Nr. 43) – *Bell & Ross BV* und die dort angeführte Rechtsprechung.

[25] Siehe Beschluss des Gerichtshofs über die gesetzlichen Feiertage vom 10.6. 2003 (L172/12). Danach gelten am Gerichtshof die folgenden Feiertage: Neujahrstag, Ostermontag, 1.5., Christi Himmelfahrt, Pfingstmontag, 23.6., 15.8., 1.11., 25.12. und 26.12.

[26] Vgl. oben § 1 Rdn. 43.

[26a] Geht die Urschrift der Klageschrift nicht innerhalb dieser Frist ein, ist die Klage unzulässig, s. EuGH, 22.9. 2011, C-426/10 P (Nr. 40–43) – *Bell & Ross BV.*

[27] EuGH, 18.1. 2005, C-325/03 P (Nr. 18) – *Blue.*

Rahmens). Anschließend folgt die rechtliche Argumentation (Zulässigkeit und Begründetheit). Jeder geltend gemachte Klagegrund sollte mit einer Überschrift kenntlich gemacht werden. Die Anträge sollten am Anfang oder am Ende der Klageschrift sein. Außerdem ist die Klageschrift am Ende vom Prozessbevollmächtigten handschriftlich zu unterschreiben. Bei mehreren Vertretern reicht die Unterschrift eines Vertreters.

36   **3. Darstellung der Klagegründe.** Nach Art. 21 Satzung EuGH und Art. 44 § 1 VerfO EuG muss die Klageschrift „den Streitgegenstand" und „eine kurze Darstellung der Klagegründe" enthalten. Diese Darstellung muss **hinreichend klar und genau** sein, damit sie dem Beklagten die Vorbereitung seiner Verteidigung und dem Gericht, ggf. auch ohne weiteren Informationen, die Entscheidung über die Klage ermöglicht.[28] Außerdem können nach Art. 48 § 2 VerfO EuG neue Angriffs- und Verteidigungsmittel im Laufe des Verfahrens nicht mehr vorgebracht werden, es sei denn, dass sie auf rechtliche oder tatsächliche Gründe gestützt werden, die erst während des Verfahrens zutage getreten sind. Aus diesen Bestimmungen folgt, dass Klagegründe, die in der Klageschrift nicht hinreichend substantiiert angeführt worden sind, als unzulässig anzusehen sind.[29]

37   Nach ständiger Rechtsprechung ist für die Zulässigkeit einer Klage erforderlich, dass sich die wesentlichen tatsächlichen und rechtlichen Umstände, auf die sich die Klage stützt, zumindest in gedrängter Form, aber zusammenhängend und verständlich unmittelbar aus der Klageschrift ergeben.[30] Insoweit ist in der Klageschrift im Einzelnen darzulegen, worin die Klagegründe bestehen, auf die die Klage gestützt wird.[31] Zwar kann der Text der Klageschrift zu bestimmten Punkten durch Bezugnahmen auf als Anlage beigefügte Aktenauszüge untermauert und ergänzt werden; **pauschale Bezugnahmen auf andere Schriftstücke** sind jedoch nicht zulässig.[31a] Außerdem ist es nicht Sache des Gerichts, die Klagegründe und Argumente, auf die sich die Klage möglicherweise stützen lässt, in den Anlagen zu suchen und zu bestimmen, denn die Anlagen haben eine bloße Beweis- und Hilfsfunktion.[32]

38   Macht die Klägerin geltend, dass die Beschwerdekammer bestimmte von ihr vorgebrachte Argumente und Beweismittel nicht berücksichtigt habe, ohne jedoch in der Klageschrift hinreichend klar zu erläutern, welche konkreten Argumente die Beschwerdekammer angeblich nicht berücksichtigt habe, so ist dieser Klagegrund insoweit als unzulässig zurückzuweisen.[33]

39   **4. Vorgeschriebene Unterlagen.** Ist der Kläger eine natürliche Person oder eine juristische Person des öffentlichen Rechts (nicht: Mitgliedstaat oder Unionsorgan), muss gemäß Art. 44 § 3 VerfO EuG eine Bescheinigung eingereicht werden, aus der hervorgeht, dass der Vertreter ein Anwalt ist, der berechtigt ist, vor einem Gericht eines Mitgliedstaats oder eines anderen Vertragsstaats des EWR-Abkommens aufzutreten (gilt auch für jeden weiteren Vertreter). Ausreichend ist zum Beispiel eine Kopie des Berufsausweises für Rechtsanwälte.[34]

---

[28] EuG, 13.1. 2011, T-28/09 (Nr. 13) – *Pine Tree*; 16.5. 2007, T-158/05 (Nr. 34) – *Alltrek*.
[29] EuG, 14.12. 2005, T-209/01 (Nr. 54) – Honeywell/Kommission.
[30] EuG, 14.12. 2005, T-209/01 (Nr. 56) – Honeywell/Kommission.
[31] EuG, 13.1. 2011, T-28/09 (Nr. 14) – *Pine Tree*; 16.5. 2007, T-158/05 (Nr. 35) – *Alltrek*.
[31a] Siehe unten Rdn. 46.
[32] EuG, 14.12. 2005, T-209/01 (Nr. 57) – Honeywell/Kommission,.
[33] EuG, 9.12. 2010, T-303/08 (Nr. 41, 43) – *Golden Elephant Brand*.
[34] Hinweise für die Prozessvertreter, S. 6.

Ist der Kläger eine **juristische Person des Privatrechts**, müssen folgende Unterlagen **40** eingereicht werden (vgl. Art. 44 § 3 und § 5 VerfO EuG):

– eine Bescheinigung, aus der hervorgeht, dass der Vertreter ein Anwalt ist, der berechtigt ist, vor einem Gericht eines Mitgliedstaats oder eines anderen Vertragsstaats des EWR-Abkommens aufzutreten (Art. 44 § 3 VerfO EuG),
– ein Nachweis der Rechtspersönlichkeit der juristischen Person des Privatrechts (Auszug aus dem Handels- bzw. Gesellschaftsregister oder sonstiges amtliches Schriftstück), vgl. Art. 44 § 5 lit. a VerfO EuG,
– eine Prozessvollmacht und ein Nachweis, dass die Vollmacht von einem hierzu berechtigten Vertreter der juristischen Person ordnungsgemäß ausgestellt ist (Art. 44 § 5 lit. b VerfO EuG).

Schwierigkeiten bereitet in der Praxis häufig der Nachweis, dass die Prozessvollmacht des **41** Anwalts von einem hierzu Berechtigten ordnungsgemäß ausgestellt wurde. Notwendig sind Unterlagen, die belegen, dass der Unterzeichner der Prozessvollmacht berechtigt war, die Vollmacht auszustellen, z.B. die Kopie einer dem Unterzeichner erteilten Generalvollmacht. Zudem muss nachgewiesen werden, dass der Unterzeichner der Generalvollmacht eine Position in dem Unternehmen des Klägers inne hatte, die ihn berechtigte, eine Generalvollmacht zu erteilen. Dies kann beispielsweise mit einer notariell beglaubigten Liste der leitenden Angestellten und Angabe ihrer Funktionen („certificate of incumbency") belegt werden.[35]

Gemäß Art. 132 § 1 Abs. 2 S. 1 VerfO EuG ist der Klageschrift außerdem die angefoch- **42** tene Entscheidung der Beschwerdekammer beizufügen.

Fehlen die vorgeschriebenen Unterlagen, so setzt der Kanzler dem Kläger eine Frist zur **43** Behebung des Mangels oder zur Beibringung der fehlenden Dokumente. Kommt der Kläger dieser Aufforderung vor Ablauf der Frist nicht nach, so entscheidet das Gericht, ob die Nichtbeachtung dieser Formvorschriften die Unzulässigkeit der Klage zur Folge hat (Art. 44 § 6 VerfO EuG). Dasselbe gilt, wenn die nach Art. 132 § 1 VerfO EuG notwendigen, zusätzlichen Angaben und Unterlagen in der Klageschrift fehlen (s. Art. 132 § 2 VerfO EuG, der auf Art. 44 § 6 VerfO EuG verweist).

5. Anlagen und Anlagenverzeichnis. Der Klageschrift ist ein Anlagenverzeichnis bei- **44** zufügen, das die Nummer der Seite und des Absatzes des Schriftsatzes angibt, die den Verweis auf die Anlage enthalten.

Die Anlagen sind mit einem Buchstaben für den Schriftsatz, dem sie als Anlagen beigefügt **45** sind, zu bezeichnen und zu nummerieren (z.B. Anlage A.1, A.2 etc.). Sind die Anlagen nicht in der Verfahrenssprache, kann eine Übersetzung angefordert werden.

Nach ständiger Rechtsprechung kann gemäß Art. 44 § 1 VerfO EuG, der nach den **46** Art. 130 § 1 und 132 § 1 VerfO EuG auf dem Gebiet des geistigen Eigentums gilt, der Text der Klageschrift zu bestimmten Punkten durch Bezugnahmen auf als Anlagen beigefügte Aktenauszüge untermauert und ergänzt werden. Jedoch kann eine **pauschale Bezugnahme auf andere Schriftstücke** nicht das Fehlen der wesentlichen Bestandteile der rechtlichen Ausführungen ausgleichen, die nach den genannten Bestimmungen in der Kla-

---

[35] EuG, 9.3. 2011, T-190/09 (Nr. 11–15) – *5 HTP*; 9.12. 2009, T-484/08 (Nr. 17–18) – *Kids Vits*; 2.12. 2008, T-169/07 (Nr. 17–18) – *Cellutrim*.

geschrift enthalten sein müssen.[36] Der Antrag der Klägerin, ihren beim Amt eingereichten Schriftsatz „zur Vermeidung unnötiger Wiederholungen" in vollem Umfang als Teil ihres Klagevorbringens anzusehen, ist daher unzulässig.[37]

47   **6. Anträge.** Gemäß Art. 65 Abs. 3 GMV kann der Gerichtshof die angefochtene Entscheidung der Beschwerdekammer entweder **aufheben oder abändern**. Nach Art. 65 Abs. 6 GMV hat das Amt die Maßnahmen zu ergreifen, die sich aus dem Urteil des Gerichts ergeben.

48   Weist das Gericht den Antrag der Klägerin auf Aufhebung der angefochtenen Entscheidung zurück, so wird über den gleichzeitig gestellten Antrag auf Abänderung der Entscheidung nicht mehr entschieden. Ebenso kann das Gericht davon absehen, über den Antrag auf Abänderung der Entscheidung zu entscheiden, wenn das Gericht dem Antrag des Klägers auf Aufhebung stattgegeben hat und die Interessen des Klägers durch die Aufhebung hinreichend gewahrt wurden.[38]

49   Unzulässig sind Anträge des Klägers, die angefochtene Gemeinschaftsmarkenanmeldung einzutragen oder zurückzuweisen oder den Widerspruch oder Löschungsantrag zurückzuweisen bzw. ihnen stattzugeben. Diese Anträge könnten so zu verstehen sein, dass sie auf die Erteilung einer Anordnung an das Amt, die Marke zurückzuweisen oder einzutragen oder den Anträgen stattzugeben bzw. sie zurückzuweisen, gerichtet sind. Nach ständiger Rechtsprechung hat das HABM im Rahmen einer beim Gemeinschaftsrichter eingereichten Klage gegen die Entscheidung einer seiner Beschwerdekammern nach Art. 65 Abs. 6 GMV die Maßnahmen zu ergreifen, die sich aus dem Urteil des Gemeinschaftsrichters ergeben. Das Gericht kann daher dem Amt **keine Anordnung** erteilen.[39]

> **Praxishinweis:** Der Kläger sollte in seinem Antrag Formulierungen wie *„die angefochtene Entscheidung ist dahin gehend abzuändern, dass die Entscheidung der Widerspruchsabteilung aufgehoben und die Gemeinschaftsmarkenanmeldung für die in Rede stehenden Waren eingetragen wird"* vermeiden, da sie als unzulässiger Antrag auf Erlass einer Anordnung angesehen werden könnte. Zu bevorzugen ist beispielsweise folgende Formulierung: *„Der Kläger beantragt, die angefochtene Entscheidung dahingehend abzuändern, dass der Widerspruch zurückgewiesen wird".* Auch der Antrag, *„die Gemeinschaftsmarkenanmeldung zurückzuweisen",* ist zu vermeiden. Stattdessen sollte folgende Formulierung gewählt werden: *„Der Kläger beantragt, die angefochtene Entscheidung dahingehend abzuändern, dass der Widerspruch in vollem Umfang aufrechterhalten wird und die Gemeinschaftsmarkenanmeldung zurückgewiesen wird".*[40]

50   Bezieht sich der Rechtsstreit vor dem Gericht auf einen Widerspruch gegen eine Gemeinschaftsmarkenanmeldung, ist der Antrag des Klägers unzulässig, die angefochtene Anmeldung für nichtig zu erklären, da dies eine Eintragung der Marke voraussetzen würde. Da

---

[36] EuG, GRUR Int. 2005, 680 (Nr. 70) – *Pan & Co*; GRUR Int. 2004, 654 (Nr. 20) – *Happy Dog*.
[37] EuG, 8.7. 2004, T-270/02 (N. 16) – *Bestpartner*.
[38] EuG, 18.1. 2011, T-382/08 (Nr. 54–55) – *Vogue*.
[39] EuGH GRUR Int. 2001, 866 (Nr. 33) – *Giroform;* EuG, 1.7. 2009, T-419/07 (Nr. 19) – *Okatech;* 14.2. 2008, T-39/04 (Nr. 14–16) – *O rsay*; GRUR Int. 2007, 845 (Nr. 20) *Pirañam*; 31.3. 2004, T-216/02 (Nr. 15) – *Looks Like Grass*; GRUR Int. 2003, 237 (Nr. 19) – *ELS*; MarkenR 2002, 88 (Nr. 12) – *Eurocool*.
[40] EuG GRUR Int. 2008, 406 (Nr. 28) – *La Española*; 4.10. 2006, T-190/04 (Nr. 17) – *Freixenet-Flasche*; GRUR Int. 2004, 955 (Nr. 19) – *Hipoviton*.

das Widerspruchsverfahren noch vor dem Gericht anhängig ist, kann die Anmeldemarke während des laufenden Gerichtsverfahrens nicht eingetragen werden und deshalb auch nicht vom Gericht für nichtig erklärt werden.[41]

Als unzulässig erachtet wurde vom Gericht der Antrag der Klägerin, die angefochtene **51** Entscheidung dahin abzuändern, dass die vor der Beschwerdekammer eingereichte Beschwerde zulässig ist, und der Beschwerdekammer aufzugeben, demgemäß über die Begründetheit der Beschwerde zu entscheiden. Das Gericht betonte, dass der geltend gemachte Rechtsverstoß der Beschwerdekammer nicht behoben werden könne, da das Gericht die Klägerin nicht in ordnungsgemäßer Weise auffordern könne, ergänzende Argumente und Nachweise dafür vorzubringen und im Licht dieser neuen Gesichtspunkte über die Zulässigkeit der Beschwerde vor der Beschwerdekammer zu entscheiden.[42]

Unzulässig sind Anträge, die auf ein **bestätigendes oder feststellendes Urteil** gerich- **52** tet sind. So wäre z. B. der Antrag unzulässig, *„die angefochtene Entscheidung aufrechtzuerhalten, soweit darin die angemeldete Marke für bestimmte Waren zur Eintragung zugelassen wird"* oder *„festzustellen, dass die älteren Marken der Widersprechenden nicht benutzt worden sind"*.[43] Aus Art. 65 Abs. 2 und 3 GMV ergibt sich, dass es bei der Klage vor dem Gericht um die Prüfung der Rechtmäßigkeit der Entscheidungen der Beschwerdekammern und gegebenenfalls um deren Aufhebung oder Abänderung geht.[44] Es kann also nicht Gegenstand der Klage sein, im Hinblick auf solche Entscheidungen ein bestätigendes oder feststellendes Urteil zu erhalten.[45]

Zulässig ist der Antrag des Klägers, neben der Entscheidung der Beschwerdekammer **53** auch die **erstinstanzliche Entscheidung** aufzuheben. Art. 65 Abs. 3 GMV bestimmt, dass das Gericht die angefochtene Entscheidung aufheben oder abändern kann. Nach Art. 64 Abs. 1 S. 2 GMV kann die Beschwerdekammer im Rahmen der Dienststelle, die die Entscheidung erlassen hat, tätig werden. Die Aufhebung der erstinstanzlichen Entscheidung gehört somit zu den Maßnahmen, die das Gericht aufgrund seiner Änderungsbefugnis nach Art. 65 Abs. 3 GMV treffen kann.[46]

Zweifel bei der Interpretation unklarer Anträge können auch noch in der mündlichen **54** Verhandlung geklärt werden.[47]

VI. Klagebeantwortung/Schriftsatz des Streithelfers

Nach Eingang der Klageschrift unterrichtet der Kanzler das Amt und alle Parteien des **55** Verfahrens vor der Beschwerdekammer von der Einreichung der Klageschrift. Danach wird zunächst die Verfahrenssprache festgelegt (vgl. Art. 131 § 2 VerfO EuG), bevor die Klageschrift dem Amt als Beklagtem und den übrigen Parteien des Beschwerdeverfahrens zugestellt wird. Die Zustellung erfolgt in der Verfahrenssprache. In Ausnahmefällen (z. B. offen-

---

[41] EuG GRUR Int. 2008, 406 (Nr. 28) – *La Española*.
[42] EuG, 24.11. 2010, T-137/09 (Nr. 33) – *R10*.
[43] EuG, 10.6. 2008, T-85/07 (Nr. 16–17) – *Gabel*.
[44] EuGH GRUR Int. 2005, 221 (Nr. 28) – *Saint-Hubert 41*; EuG, 6.11. 2007, T-407/05 (Nr. 65) – *Revian's*; GRUR Int. 2003, 646 (Nr. 46) – *Ecopy*.
[45] EuG, 10.6. 2008, T-85/07 (Nr. 17) – *Gabel*.
[46] EuG, 9.9. 2011, T-274/09 (Nr. 23) – *IC4*; GRUR Int. 2004, 955 (Nr. 19) – *Hipoviton*, und die dort angeführte Rechtsprechung.
[47] EuG GRUR Int. 2009, 157 (Nr. 22) – *FVB*.

sichtliche Unzulässigkeit der Klage) kann das Gericht durch Beschluss nach Art. 111 VerfO EuG entscheiden, ohne die Klageschrift den anderen Parteien zuzustellen.[48]

56 Die Zustellung der Klageschrift an eine Partei des Beschwerdeverfahrens erfolgt auf dem Postweg durch Einschreiben mit Rückschein an die Anschrift, die die betroffene Partei für die Zwecke der im Verfahren vor der Beschwerdekammer vorzunehmenden Zustellungen angegeben hat (Art. 133 § 2 Abs. 2 VerfO EuG).

57 Sobald das Amt die Klageschrift erhalten hat, übermittelt es dem Gericht die Akten des Verfahrens vor der Beschwerdekammer (Art. 133 § 3 VerfO EuG).

58 Innerhalb einer Frist von zwei Monaten haben das Amt und gegebenenfalls die andere am Beschwerdeverfahren beteiligte Partei ihre **Klagebeantwortungen** einzureichen (Art. 135 § 1 VerfO EuG). Hinsichtlich der Anforderungen an den Inhalt der Klagebeantwortung verweist Art. 135 § 1 Abs. 2 VerfO EuG auf die allgemeine Regel des Art. 46 VerfO EuG, der wiederum auf Art. 44 §§ 2–5 VerfO EuG verweist. Die inhaltlichen Anforderungen entsprechen im Wesentlichen den Anforderungen an die Klageschrift.[49] So muss die Klagebeantwortung eine tatsächliche und inhaltliche Begründung enthalten. Pauschale Bezugnahmen können fehlende Rechtsausführungen nicht ersetzen und sind daher unzulässig.[50]

59 **1. Anträge des Amtes.** Das **Amt als Beklagte** beantragt in aller Regel, die Klage abzuweisen. Unzulässig ist der in der mündlichen Verhandlung gestellte Abänderungsantrag des HABM, die Klage als unbegründet abzuweisen oder die angefochtene Entscheidung abzuändern. Wenn Art. 134 § 3 VerfO EuG bestimmt, dass ein „Streithelfer … in seiner … Klagebeantwortung Anträge stellen [kann], die auf Aufhebung oder Abänderung der Entscheidung der Beschwerdekammer in einem in der Klageschrift nicht geltend gemachten Punkt gerichtet sind", ergibt sich hieraus im Wege des Umkehrschlusses, dass das Amt solche Anträge nicht stellen kann.[51] Das Gericht ist auch nicht befugt, eine Klage abzuweisen und somit die angefochtene Entscheidung unter Ersetzung ihrer Begründung zu bestätigen. Das Gericht führt eine Rechtmäßigkeitskontrolle der Entscheidungen der Instanzen des HABM durch. Wenn es zu dem Ergebnis kommt, dass eine mit einer vor ihm erhobenen Klage angefochtene Entscheidung rechtswidrig ist, hat es diese aufzuheben. Es kann nicht die Klage abweisen und die Begründung des Amtes durch seine eigene ersetzen.[52]

60 **2. Anträge des Streithelfers.** Der **Streithelfer** kann sich dem Antrag des Amtes anschließen und die Abweisung der Klage beantragen. Stattdessen kann der Streithelfer auch die durch Art. 134 § 3 VerfO EuG eingeräumte Möglichkeit wahrnehmen, in seiner Klagebeantwortung Anträge zu stellen, die auf die Aufhebung oder Abänderung der Entscheidung der Beschwerdekammer in einem in der Klageschrift nicht geltend gemachten Punkt gerichtet sind.[53]

61 Der Streithelfer muss seinen Antrag sorgfältig und präzise formulieren. Zu ungenau wäre etwa der Antrag des Streithelfers, „die angefochtene Entscheidung so abzuändern, wie er es

---

[48] Siehe unten Rdn. 113.
[49] Siehe oben Rdn. 24 ff.
[50] Siehe oben Rdn. 36–37 und 46.
[51] EuGH GRUR Int. 2005, 221 (Nr. 34) – *Saint-Hubert 41*; EuG, 9.9. 2010, T-70/08 (Nr. 27) – *Etrax*. Siehe oben Rdn. 9.
[52] EuG, 9.9. 2010, T-70/08 (Nr. 27) – *Etrax*; 25.3. 2009, T-402/07 (Nr. 49) – *Kaul II*.
[53] EuG, 18.6. 2009, T-418/07 (Nr. 81) – *Libro*; 21.2. 2006, T-214/04 (Nr. 50) – *Royal County of Berkshire Polo Club*.

in seiner Erwiderung dargelegt habe". Je nach Inhalt der Erwiderung kann ein solcher Antrag jedoch in einen eigenständigen Antrag auf Aufhebung oder Abänderung der angefochtenen Entscheidung umgedeutet werden.[54]

Zulässig ist beispielsweise der Antrag des Streithelfers, die Klage abzuweisen und die an- **62** gefochtene Entscheidung abzuändern, soweit die Beschwerdekammer darin die Entscheidung der Nichtigkeitsabteilung bestätigt hat, mit der diese den Antrag auf Nichtigerklärung der Gemeinschaftsmarke in Bezug auf bestimmte Waren oder Dienstleistungen zurückgewiesen hat.[55]

Bringt der Streithelfer in der **mündlichen Verhandlung** erstmals neue Argumente vor, **63** so ist dieses Vorbringen nach Ansicht des EuG unzulässig, wenn es sich nicht den in der Klagebeantwortung entwickelten Angriffs- und Verteidigungsmitteln und Argumenten zuordnen lasse.[56]

Hat die Beschwerdekammer in einem Nichtigkeitsverfahren festgestellt, dass die ange- **64** fochtene Marke in einem Teil der Gemeinschaft rein beschreibend im Sinne des Art. 7 Abs. 1 lit. c GMV ist, dass das Zeichen jedoch in diesem Gebiet durch seine Benutzung Unterscheidungskraft gemäß Art. 7 Abs. 3 GMV erworben habe, und begehrt die Antragstellerin des Nichtigkeitsverfahrens vor dem EuG die Aufhebung der Entscheidung der Beschwerdekammer, so kann der Inhaber der Gemeinschaftsmarke in seiner Rolle als Streithelfer nach Art. 134 § 2 VerfO EuG den Antrag stellen, die angefochtene Entscheidung dahin abzuändern, dass Art. 7 Abs. 1 lit. c GMV der Eintragung seiner Marke nicht entgegenstand, da sie in dem maßgeblichen Gebiet nicht rein beschreibend ist.[57]

VII. Das weitere Verfahren

1. Erwiderung und Gegenerwiderung. Die Klageschrift und die Klagebeantwortun- **65** gen können durch Erwiderungen und Gegenerwiderungen der Parteien einschließlich der Streithelfer ergänzt werden. Voraussetzung dafür ist, dass die Partei innerhalb von zwei Wochen nach Zustellung der Klagebeantwortungen oder der Erwiderungen einen begründeten Antrag stellt und der Präsident der Kammer einen weiteren Schriftsatz für erforderlich hält. Gestattet der Präsident der betroffenen Partei, ihren Standpunkt mit einer weiteren Eingabe zu Gehör zu bringen, so bestimmt er eine Frist für die Einreichung des Schriftsatzes.

In der Praxis werden Anträge auf Einreichung weiterer Schriftsätze **überwiegend abge- 66 lehnt**.[58] Die Entscheidung darüber, ob das Gericht der Klägerin auf ihren dahin gehenden Antrag gestattet wird, eine Erwiderung einzureichen, liegt im Ermessen des Gerichts. Lehnt das Gericht den Antrag der Klägerin auf Einreichung einer Erwiderung ab, begeht das Gericht keinen Verfahrensfehler. Durch die Ablehnung werden die Ansprüche der Klägerin auf rechtliches Gehör und auf Rechtsschutz nicht beeinträchtigt, da sie in ihrer Klageschrift vor dem Gericht die Rügen und Argumente darlegen kann, mit denen sie die Aufhebung der streitigen Entscheidung erreichen will, und da sie die Möglichkeit hat, gemäß Art. 135a

---

[54] Vgl. EuG GRUR Int. 2009, 427 (Nr. 22) – *Manpower*.
[55] Vgl. EuG GRUR Int. 2009, 421 (Nr. 81) – *O Store*.
[56] EuGH, 24.9. 2009, C-481/08 P (Nr. 17) – *Biovisc*; EuG, 7.4. 2011, T-84/08 (Nr. 21) – *Comit*.
[57] EuG GRUR Int. 2009, 427 (Nr. 22) – *Manpower*.
[58] Vgl. EuG GRUR Int. 2008, 406 (Nr. 19) – *La Española*; siehe *Wägenbaur*, Art. 135 VerfO EuG, Rn. 4.

VerfO EuG binnen einem Monat nach der Mitteilung, dass das schriftliche Verfahren abgeschlossen ist, in ihrer Klageschrift einen begründeten Antrag auf Anberaumung einer mündlichen Verhandlung zu stellen.[59]

67   Stellt der Streithelfer in seiner Klagebeantwortung erstmals neue Anträge, die auf Aufhebung oder Abänderung der Entscheidung der Beschwerdekammer in einem in der Klageschrift nicht geltend gemachten Punkt gerichtet sind, oder bringt er neue Angriffs- und Verteidigungsmittel vor, so können die anderen Parteien innerhalb einer verlängerbaren Frist von zwei Monaten nach Zustellung der Klagebeantwortung zu diesen neuen Punkten Stellung nehmen (Art. 135 § 3 VerfO EuG).[60]

68   **2. Fristverlängerung und Fristversäumnis.** Nach Art. 103 VerfO EuG können bestimmte aufgrund der Verfahrensordnung selbst festgesetzte Fristen, wie z. B. die Frist für die Einreichung der Klagebeantwortung (vgl. Art. 135 § 1 VerfO EuG), **verlängert** werden. Voraussetzung ist ein entsprechender Antrag der betroffenen Partei. Der Antrag ist vor Fristablauf zu begründen. Er kann per Telefax geschickt werden.[61]

69   Versäumt ein Verfahrensbeteiligter eine Frist, kann er einen **Antrag auf Wiedereinsetzung in den vorigen Stand stellen**. Diese ist in Art. 45 Satzung EuGH geregelt. Danach hat der Ablauf einer Frist keinen Rechtsnachteil zur Folge, wenn der Betroffene nachweist, dass ein Zufall oder ein Fall höherer Gewalt vorliegt. Gemäß Art. 53 Abs. 1 Satzung EuGH ist Art. 45 Abs. 2 Satzung EuGH auf das Verfahren vor dem EuG anwendbar.

70   Nach der Rechtsprechung umfassen die Begriffe der **höheren Gewalt und des Zufalls** im Sinne von Art. 45 Abs. 2 Satzung EuGH außer einem objektiven Element, das sich auf ungewöhnliche, außerhalb der Sphäre des Betroffenen liegende Umstände bezieht, ein subjektives Element, das mit der Verpflichtung des Betroffenen zusammenhängt, sich gegen die Folgen ungewöhnlicher Ereignisse zu wappnen, indem er, ohne übermäßige Opfer zu bringen, geeignete Maßnahmen trifft. Insbesondere muss der Betroffene den Ablauf des eingeleiteten Verfahrens sorgfältig überwachen und zum Zweck der Einhaltung der vorgesehenen Fristen Sorgfalt walten lassen.[62] Die Begriffe der höheren Gewalt und des Zufalls sind somit nicht auf eine Situation anwendbar, in der eine sorgfältige und umsichtige Person objektiv in der Lage gewesen wäre, den Ablauf einer Klagefrist zu vermeiden.[63]

71   Im Zusammenhang mit den Klagefristen ist zudem der Begriff des entschuldbaren Irrtums eng auszulegen und kann sich nur auf Ausnahmefälle beziehen, insbesondere auf solche, in denen das betreffende Gemeinschaftsorgan ein Verhalten an den Tag gelegt hat, das für sich allein oder aber in ausschlaggebendem Maß geeignet war, bei einem gutgläubigen Rechtsbürger, der alle Sorgfalt aufwendet, die von einer Person mit normalem Kenntnisstand zu verlangen ist, eine verständliche Verwirrung hervorzurufen.[64]

72   Ein Kläger kann sich auch weder auf das mangelhafte Funktionieren seiner internen Organisation noch auf die Missachtung seiner internen Weisungen berufen, um damit darzutun zu versuchen, dass der ihm oder seinen Beschäftigten unterlaufene Irrtum entschuldbar ge-

---

[59] EuGH, 22. 10. 2010, C–84/10 P (Nr. 23–27) – *Kids Vits*.
[60] Vgl. EuG, 21. 2. 2006, T–214/04 (Nr. 51) – *Royal County of Berkshire Polo Club*.
[61] Hinweise für die Prozessvertreter, S. 12.
[62] EuGH, 15. 12. 1994, C–195/91 P (Nr. 32) – *Bayer/Kommission*.
[63] EuGH, 18. 1. 2005, C–325/03 P (Nr. 25) – *Blue*; EuG 16. 3. 2006, T–322/03 (Nr. 18) – *Weisse Seiten*.
[64] EuGH, 22. 9. 2011, C–426/10 P (Nr. 47) – *Bell & Ross BV*.

wesen sei oder dass ein Zufall oder ein Fall höherer Gewalt vorliege.[65] Diese Rechtsprechung ist auf das mangelhafte Funktionieren der internen Organisation der den Kläger vertretenden Rechtsanwaltskanzlei entsprechend zu übertragen.[66]

Kein Fall höherer Gewalt oder Zufall liegt vor, wenn die Urschrift der Klageschrift des- **73** halb verspätet beim Gericht eingeht, weil eine Mitarbeiterin des Prozessbevollmächtigten der Klägerin die Postsendung nicht ausreichend frankiert hatte.[67] Dasselbe gilt, wenn der Kläger nach dem Versand des Telefax vier Tage verstreichen lässt, bevor er − nur sieben Tage vor Ablauf der Klagefrist − die Urschrift der Klageschrift nicht unmittelbar der Post, sondern einem dritten Unternehmen anvertraut, das seinerseits zwei Tage braucht, bevor es das Dokument per Einschreiben an die Kanzlei des Gerichts sendet. In so einem Fall hat der Kläger durch sein Verhalten das Risiko erhöht, dass seine Klage verspätet beim Gericht eingeht, und daher nicht mit der Sorgfalt gehandelt hat, die von einem durchschnittlich unterrichteten Kläger hinsichtlich der Einhaltung der Fristen erwartet wird.[68]

3. Verbindung und Aussetzung des Verfahrens. Die Voraussetzungen einer **Ausset- 74 zung des Verfahrens** vor dem EuG sind in Art. 77 VerfO EuG geregelt. Eine Aussetzung des Verfahrens vor dem EuG ist insbesondere möglich, wenn ein Rechtsmittelverfahren vor dem EuGH anhängig ist, das entweder den gleichen Gegenstand betrifft oder analoge Rechtsfragen aufwirft (Art. 77 lit. a VerfO EuG iVm Art. 54 Abs. 3 Satzung EuGH), wenn ein Rechtsmittel über einen Teil des erstinstanzlichen Streitgegenstandes eingelegt wurde (Art. 77 lit. b VerfO EuG), die Parteien einen gemeinsamen Aussetzungsantrag stellen (Art. 77 lit. c VerfO EuG) oder die Aussetzung in sonstigen besonderen Fällen den Erfordernissen einer geordneten Rechtspflege entspricht (Art. 77 lit. d VerfO EuG).

Über die Aussetzung entscheidet der Kammerpräsident durch Beschluss (Art. 78 VerfO EuG). Während der Aussetzung läuft keine Verfahrensfrist gegenüber den Parteien ab (vgl. Art. 79 § 1 Abs. 2 VerfO EuG). Das Ende der Aussetzung wird in der Regel bereits in dem Aussetzungsbeschluss festgelegt (s. Art. 79 § 2 VerfO EuG).

Teilt die Beschwerdekammer dem Gericht mit, dass sie beabsichtige, die angefochtene **75** Entscheidung nach Art. 80 GMV zu widerrufen, so kann das Gericht anordnen das Verfahren bis zur Entscheidung der Beschwerdekammer über einen eventuellen Widerruf der angefochtenen Entscheidung auszusetzen.[69]

Stellt die Klägerin nach Zustellung der Entscheidung der Beschwerdekammer bei den **76** deutschen Gerichten einen Antrag auf einen teilweisen Verfall der deutschen Widerspruchsmarke, so liegt darin kein Aussetzungsgrund in dem anschließend anhängig gemachten Verfahren vor dem EuG. Das Gericht argumentierte, dass eine nach Art. 65 Abs. 2 GMV beim Gericht erhobene Klage auf die Kontrolle der Rechtmäßigkeit der Entscheidungen der Beschwerdekammern gerichtet und diese Kontrolle anhand des tatsächlichen und rechtlichen Rahmens des Rechtsstreits vorzunehmen sei, mit dem die Beschwerdekammer befasst war.[70] Da die deutsche Widerspruchsmarke weniger als fünf Jahre vor Veröffentlichung der ange-

---

[65] Vgl. in diesem Sinne EuGH, 15.12. 1994, C-195/91 P (Nr. 33) − Bayer/Kommission; EuG, 29.5. 1991, T-12/90 (Nr. 35) − Bayer/Kommission.
[66] EuG, 31.5. 2006, T-2/06 (Nr. 15) − Yusef/Rat.
[67] EuG, 28.4. 2008, T-358/07 (Nr. 18−19) − *Publicare*.
[68] EuGH, 18.1. 2005, C-325/03 P (Nr. 26−27) − *Blue*.
[69] EuG, 11.12. 2009, T-349/09 − *Pago*.
[70] EuG, 6.10. 2008, T-380/07 (Nr. 38) − *Rolandgarros Sportswear*; GRUR Int. 2005, 489 (Nr. 17) − *Hooligan*.

fochtenen Gemeinschaftsmarke eingetragen war und daher in dem Widerspruchsverfahren nicht dem Benutzungszwang unterlag (vgl. Art. 42 Abs. 2 GMV), prüfte die Beschwerdekammer die Verwechslungsgefahr unter Berücksichtigung der älteren Marke, wie sie eingetragen worden war. Den Antrag, die ältere Marke für verfallen zu erklären, hatte die Klägerin erst nach der Entscheidung der Beschwerdekammer gestellt. Daraus folgerte das Gericht, dass die Frage der ernsthaften Benutzung der Widerspruchsmarke nicht in den tatsächlichen und rechtlichen Rahmen der Streitsache falle, mit der die Beschwerdekammer befasst war, und daher die von den deutschen Gerichten zu treffende Entscheidung bei der Kontrolle der Rechtmäßigkeit der angefochtenen Entscheidung nicht berücksichtigt werden könne. Der Antrag auf Aussetzung des Verfahrens wurde abgelehnt.[71] Für den Anmelder bedeutet dies, dass er gegen die Widerspruchsmarke im Verfahren vor dem Amt vorgehen muss und einen dort einen Aussetzungsantrag (nach Regel 50 Abs. 1 iVm Regel 20 Abs. 7 lit. c GMDV) stellen muss, bevor die Beschwerdekammer eine Entscheidung trifft.

77 Gemäß Art. 50 § 1 VerfO EuG kann das Gericht jederzeit nach Anhörung der Parteien die **Verbindung** mehrerer Rechtssachen zu einem gemeinsamen schriftlichen oder mündlichen Verfahren oder zu gemeinsamer Entscheidung beschließen, wenn sie den gleichen Gegenstand betreffen und miteinander in Zusammenhang stehen.

78 Eine Verbindung verschiedener Rechtssachen ist dann sinnvoll, wenn mehrere sehr ähnliche Gemeinschaftsmarken vom Amt beanstandet wurden[72] oder mehrere Widersprüche[73] oder Nichtigkeitsanträge[74] derselben Partei gegen parallele Anmeldungen oder Eintragungen vor Gericht anhängig sind.

79 In der Regel beschließt das Gericht die Verbindung zu einem gemeinsamen mündlichen Verfahren nach Abschluss des schriftlichen Verfahrens. Die Parteien können vorher schriftlich zu der beabsichtigten Verbindung Stellung nehmen. Die Parteien können auch von sich aus einen Antrag auf Verbindung der Rechtssachen stellen.[75]

80 **4. Mündliche Verhandlung.** Vor Beginn des mündlichen Verfahrens kann das Gericht den Parteien schriftliche Fragen stellen, um bestimmte Punkte vorab zu klären.[76]

81 *a) Absehen von einer mündlichen Verhandlung.* Nach Einreichung der Klagebeantwortung und möglicher Erwiderungen und Gegenerwiderungen kann das Gericht auf Bericht des Berichterstatters nach Anhörung des Generalanwalts und der Parteien beschließen, über die Klage **ohne mündliche Verhandlung** zu entscheiden, **es sei denn**, eine Partei stellt einen **Antrag**, in dem die Gründe angeführt sind, aus denen sie gehört werden möchte (Art. 135a VerfO EuG). Ohne Antrag findet in der Regel keine mündliche Verhandlung statt. Da es sich um eine Ermessensvorschrift handelt, kann das Gericht aber auch ohne Antrag entscheiden, dass eine mündliche Verhandlung stattfinden soll.[77]

---

[71] EuG, 15. 9. 2009, T-446/07 (Nr. 15–19) – *Centrixx,* (bestätigt durch EuGH, 30. 6. 2010, C-448/09 P (Nr. 44–52). Dazu *Bender,* MarkenR 2011, 89, 91.

[72] Siehe z.B. EuG, 3. 2. 2011, T-299/09 und T-300/09 – *Farbkombinationen*; EuG, 12. 10. 2010, T-230/08 u. T-231/08 – *Wiener Werkstätte.*

[73] Siehe z.B. EuG, 16. 12. 2008, T-225/06, T-255/06, T-257/06 und T-309/06 – *Bud.*

[74] Siehe z.B. EuG, 24. 3. 2009, T-318/06 bis T-321/06 – *General Optica.*

[75] Zu den Einzelheiten siehe *Wägenbaur,* Art. 50 VerfO EuG, Rn. 2–12.

[76] Siehe z.B. EuG, 10. 6. 2008, T-85/07 – *Gabel.*

[77] So geschehen in dem Verfahren T-508/08 – *Lautsprecher II.*

Der Antrag auf mündliche Verhandlung ist binnen einem Monat nach der Mitteilung an **82** die Partei, dass das schriftliche Verfahren abgeschlossen ist, zu stellen. Der Präsident kann diese Frist verlängern.

Das HABM sieht in aller Regel davon ab, einen Antrag auf mündliche Verhandlung zu **83** stellen.

b) Vorbereitung der mündlichen Verhandlung. Findet nach Abschluss des schriftlichen Ver- **84** fahrens eine mündliche Verhandlung statt, so legt der Berichterstatter einen **Sitzungsbericht** vor (vgl. Art. 20 Abs. 4 Satzung EuGH). Der Sitzungsbericht fasst die tatsächlichen und rechtlichen Gegebenheiten des Falls sowie die Argumente der Parteien zusammen. Er wird den Parteien drei bis vier Wochen vor der mündlichen Verhandlung zugestellt. Häufig wird der Sitzungsbericht zusammen mit der Ladung zur mündlichen Verhandlung geschickt. Die Parteien können vor oder zu Beginn der mündlichen Verhandlungen Berichtigungen beantragen.[78]

Falls der Parteivertreter sich verspätet oder Probleme mit der Wahrnehmung des Sitzungs- **85** termins haben sollte, muss er die Kanzlei benachrichtigen.[79] Das Gericht gibt einem Vertagungsantrag nur aus schwerwiegenden Gründen statt.[80] Erscheint ein Prozessbevollmächtigter nicht zum Termin, findet die mündliche Verhandlung in seiner Abwesenheit statt. Der Sitzungssaal wird den Parteivertretern bei ihrer Ankunft am Empfang des Gerichtshofs angegeben. Es kann einige Minuten dauern, bis man die Sicherheitskontrolle am Eingang des Gerichtsgebäudes passiert hat. Beim Sicherheitsdienst muss ein Ausweispapier vorgelegt werden. Zusätzliche Zeit ist einzukalkulieren, bis man den Sitzungssaal gefunden hat. Im Erdgeschoss befindet sich ein Raum für die Prozessvertreter, in dem Roben bereitgestellt werden und Wertsachen eingeschlossen werden können. Es ist empfehlenswert, mindestens 30 Minuten vor dem Termin das Gerichtsgebäude zu betreten. Sofern die Prozessbevollmächtigten den Redetext für die einleitenden Ausführungen nicht vorab bereits an den Dolmetscherdienst des Gerichtshofs geschickt haben,[81] ist ihnen dringend zu empfehlen, vor Beginn der mündlichen Verhandlungen **Kopien des Texts für die Dolmetscher** bereitzustellen. Die Richter empfangen die Parteivertreter, die bereits ihre Roben angelegt haben, ungefähr 5 bis 10 Minuten vor Beginn der mündlichen Verhandlung in nichtöffentlicher Sitzung.

c) Ablauf der mündlichen Verhandlung. Für die Parteivertreter besteht Robenpflicht. Der **86** Klägervertreter nimmt am rechten Tisch Platz, der Beklagtenvertreter am linken Tisch. Die Streithelfervertreter nehmen gewöhnlich hinter dem Parteivertreter Platz, dessen Anträge sie unterstützen (je nach Sitzungssaal). Wortbeiträge müssen wegen der Simultanübersetzung über Mikrofon erfolgen.

Die mündliche Verhandlung wird durch den Präsidenten eröffnet. Oft verkündet das Ge- **87** richt zunächst Urteile in anderen Rechtssachen. Anschließend wird die Rechtssache durch den Kanzler aufgerufen. Der Präsident bittet danach zunächst den Klägervertreter, einleitende Ausführungen zu machen.

---

[78] Hinweise für die Prozessvertreter, S. 19.
[79] Telefon: +352 43 03 34 77, Fax: +352 43 03 21 00, E-Mail: GeneralCourt.Registry@curia.europa.eu.
[80] Hinweise für die Prozessvertreter, S. 23.
[81] Fax: +352 43 03 36 97 oder E-Mail: interpret@curia.europa.eu.

88 Daraufhin folgen die einleitenden Ausführungen des Amtes und gegebenenfalls des Streithelfervertreters. Danach stehen die Parteien zur Beantwortung von Fragen der Richter zur Verfügung. Es folgen die Schlussausführungen des Klägervertreters sowie des Vertreters des Amtes und gegebenenfalls des Streithelfervertreters. Anschließend wird die Sitzung durch den Präsidenten aufgehoben.

89 Die Redezeit für die einleitenden Ausführungen darf grundsätzlich **15 Minuten** pro Partei nicht überschreiten. Auch den Streithelfern steht gegebenenfalls eine Redezeit von 15 Minuten für die einleitenden Ausführungen zu.

90 *Checkliste 2: Mündliche Verhandlung EuG*

Checkliste Mündliche Verhandlung

- Antrag auf mündliche Verhandlung stellen – siehe § 6 Rdn. 81 ff.
- Ladung zur mündlichen Verhandlung erhalten?
- Bei Verspätung/Schwierigkeiten bei der Einhaltung des Termins: Kanzlei des Gerichts benachrichtigen (Telefon: +352 43 03 44 51, Fax: +352 43 03 44 53, E-Mail: tfp.greffe@curia.europa.eu)
- Mündliche Ausführungen vorbereiten/Redezeit ist auf 15 Minuten begrenzt
- Inhalt der mündlichen Ausführungen: siehe § 6 Rdn. 87–89.
- Kopie des Textes der mündlichen Ausführungen vorab dem Dolmetscherdienst des Gerichtshofs übermitteln (Fax: +352 43 03 36 97, E-Mail: interpret@curia.europa.eu) oder vor der mündlichen Verhandlung eine Kopie für den Dolmetscherdienst bereitstellen
- Ankunft im Gerichtsgebäude **mindestens 30 Minuten** vor Beginn der mündlichen Verhandlung (rue du Fort Niedergrünewald, 2925 Luxemburg)
- **Mitzubringen** sind insbesondere:
  - **Personalausweis/Reisepass** (beim Sicherheitsdienst am Eingang vorzulegen)
  - **Robe** (bei Bedarf werden Roben vom Gericht zur Verfügung gestellt – bitte Gerichtsdiener fragen)
  - **Notizen der mündlichen Ausführungen** (ggf. Kopie für Dolmetscherdienst)
- Handy rechtzeitig ausschalten
- Meldung beim Gerichtsdiener zur Feststellung der Anwesenheit
- 5–10 Minuten vor Beginn der mündlichen Verhandlung: Die Richter empfangen die Parteivertreter in nichtöffentlicher Sitzung
- Ablauf der mündlichen Verhandlung: siehe § 6 Rdn. 86–89.

VIII. Klagerücknahme und Erledigung

91 Der Kläger kann seine Klage jederzeit ganz oder teilweise gemäß Art. 99 VerfO EuG durch schriftliche Erklärung gegenüber dem Gericht zurücknehmen. Für die Klagerücknahme gilt auch der Anwaltszwang. Bei vollständiger Klagerücknahme ordnet der Präsident die Streichung der Rechtssache im Register an und entscheidet gemäß Artikel 87 § 5 VerfO EuG über die Kosten. Die Rücknahme der angefochtenen Gemeinschaftsmarke gemäß Art. 43 GMV ist keine Klagerücknahme.[82]

---

[82] Vgl. EuG, 9. 2. 2011, T-429/08 DEP (Nr. 22–24).

Praxishinweis: Wurde in der angefochtenen Beschwerdekammerentscheidung die Anmeldemarke zurückgewiesen und kommt es während des EuG-Verfahren zu einer gütlichen Einigung zwischen dem Kläger (Anmelder) und dem Beklagten (Widersprechenden), dann darf der Kläger die Klage nicht sofort zurücknehmen. Die Klagerücknahme würde bewirken, dass die Entscheidung der Beschwerdekammer sofort rechtskräftig wird und die Anmeldung für immer verloren wäre.

Gemäß Art. 113 VerfO EuG kann das Gericht jederzeit von Amts wegen nach Anhörung **92** der Parteien feststellen, dass die Klage gegenstandslos geworden und die Hauptsache erledigt ist. Die Entscheidung ergeht in der Regel durch Beschluss.[83] Nach Art. 87 § 6 VerfO EuG entscheidet das Gericht, wenn es die Hauptsache für erledigt erklärt, über die Kosten nach freiem Ermessen.

Gründe für die Erledigung der Hauptsache sind insbesondere: Die Rücknahme der ange- **93** meldeten Gemeinschaftsmarke,[84] der Verzicht auf die internationale Registrierung der streitigen Marke,[85] die Rücknahme des Widerspruchs,[86] die Rücknahme der Anträge auf Erklärung des Verfalls der streitigen Marke,[87] die Rücknahme des Antrags auf Erklärung der Nichtigkeit der streitigen Marke,[88] oder die fehlende Benennung eines neuen Prozessbevollmächtigten des Klägers, nachdem der ursprüngliche Vertreter sein Mandat niedergelegt hatte.[89] Durch die Rücknahme der angefochtenen Marke, des Widerspruchs oder des Antrags auf Verfall oder Nichtigkeit während des gerichtlichen Verfahrens wird die erstinstanzliche Entscheidung nicht wirksam.[90] Einer förmlichen Aufhebung dieser Entscheidung durch das EuG bedarf es daher nicht.

Korrigiert die Beschwerdekammer ihre Entscheidung, nachdem die beschwerte Partei be- **94** reits Klage vor dem Gericht erhoben hatte, so wird der Rechtsstreit insoweit gegenstandslos und die Klage ist daher insoweit in der Hauptsache erledigt, als sie auf Aufhebung der angefochtenen Entscheidung in diesem Punkt gerichtet war.[91]

Der Grund für die Erledigung kann auch eine außergerichtliche Einigung sein. Einigen **95** sich die Parteien über die streitigen Fragen, bevor das Gericht entschieden hat, und erklären sie, dass sie auf die Geltendmachung ihrer Ansprüche verzichten, so ordnet der Präsident gemäß Art. 98 VerfO EuG die Streichung der Rechtssache im Register an und entscheidet gemäß Artikel 87 § 5 VerfO EuG, gegebenenfalls unter Berücksichtigung der dahin gehenden Vorschläge der Parteien, über die Kosten.[92]

---

[83] *Wägenbaur*, Art. 113 VerfO EuG, Rn. 8.
[84] EuG, 8.7. 2009, T-504/08 (Nr. 3) – *dSLIM*; 22.4. 2004, T-292/03 (Nr. 1–2) – *Hometech*.
[85] EuG, 25.6. 2008, T-9/08 (Nr. 3) – *Silhouette eines Autos*.
[86] EuG, 17.5. 2010, T-502/08 (Nr. 2) – *SunGasoline*; 9.2. 2004, T-120/03 (Nr. 18–24) – *Dermazyn*; 3.7. 2003, T-10/01 (Nr. 14–18) – *Sedonium*.
[87] EuG, 4.3. 2010, T-414/09 (Nr. 4) – *Live*.
[88] EuG, 20.4. 2009, T-372/08 (Nr. 4) – *Notfall Bonbons*.
[89] EuG, 2.9. 2010, T-123/08 (Nr. 8) – *Magic Butler*.
[90] EuG, 9.2. 2004, T-120/03 (Nr. 21) – *Dermazyn*; 3.7. 2003, T-10/01 (Nr. 17) – *Sedonium*.
[91] EuG, 14.10. 2003, T-292/01 (Nr. 25) – *Bass*.
[92] EuG, 27.9. 2006, T-383/04 – *Vitacan*.

IX. Urteil

96   Nach Beendigung des schriftlichen Verfahrens und gegebenenfalls der mündlichen Verhandlung erlässt das Gericht ein Urteil nach den inhaltlichen Vorgaben des Art. 81 VerfO EuG. Das Urteil wird in **öffentlicher Sitzung** verkündet. Die Parteien sind hierzu zu laden. In der Praxis werden die Prozessbevollmächtigten zur Urteilsverkündung nicht erscheinen, da das Urteil am Tag der Verkündung bereits auf der Internetseite des Gerichtshofs veröffentlicht wird.[93]

97   Wird gegen die Entscheidung der Beschwerdekammer eine Klage beim Gerichtshof eingelegt, so wird die Entscheidung gemäß Art. 64 Abs. 3 GMV erst mit Abweisung der Klage wirksam.[94] Art. 64 Abs. 3 GMV bestimmt den Zeitpunkt der Wirksamkeit der Beschwerdekammerentscheidung; *nicht* geregelt ist in Art. 64 Abs. 3 GMV dagegen der Zeitpunkt der Wirksamkeit des EuG-Urteils. Die Regelungslücke lässt sich durch eine analoge Anwendung des Art. 64 Abs. 3 GMV schließen: Weist das EuG die Klage ab, wird die Beschwerdekammerentscheidung wirksam, wenn die Klagefrist zum EuGH gemäß Art. 56 Abs. 1 Satzung EuGH abgelaufen ist. Wird Rechtsmittel zum EuGH erhoben, wird die Beschwerdekammerentscheidung mit der endgültigen Abweisung der Klage durch den EuGH wirksam. Hebt das EuG die Entscheidung der Beschwerdekammer auf, so lebt die erstinstanzliche Entscheidung wieder auf, gegen die jedoch seinerzeit Beschwerde eingelegt worden war. Solange die Beschwerdekammer nicht erneut über die Beschwerde entschieden hat, entfaltet diese aufschiebende Wirkung nach Art. 58 Abs. 1 S. 1 GMV. Ändert das Gericht die Entscheidung der Beschwerdekammer gemäß Art. 65 Abs. 3 GMV ab, so ist die Entscheidung des Gerichts mit einer entsprechenden Entscheidung der Beschwerdekammer gleichzusetzen.[95] Wird gegen das Urteil Rechtsmittel vor dem EuGH eingelegt, so wird das EuG-Urteil erst mit der endgültigen Abweisung der Klage durch den EuGH wirksam. Das Urteil des EuG hat also entgegen Art. 60 Satzung EuGH **aufschiebende Wirkung**.

98   Gemäß Art. 65 Abs. 3 GMV kann der Gerichtshof die angefochtene Entscheidung der Beschwerdekammer entweder aufheben oder abändern. Nach Art. 65 Abs. 5 GMV hat das Amt die Maßnahmen zu ergreifen, die sich aus dem Urteil des Gerichts ergeben. Rügt die Rechtsmittelführerin vor dem EuG die Beurteilung der Verwechslungsgefahr durch die Beschwerdekammer, so ist das Gericht wegen des Grundsatzes der Wechselbeziehung zwischen den in Betracht kommenden Faktoren, insbesondere der Ähnlichkeit der Marken und der erfassten Waren und Dienstleistungen, dazu befugt, die von der Beschwerdekammer vorgenommene Beurteilung der Zeichenähnlichkeit nachzuprüfen, auch wenn die von der Beschwerdekammer vorgenommene Beurteilung der Zeichenähnlichkeit weder von der Rechtsmittelführerin noch von der anderen Beteiligten im Beschwerdeverfahren vor dem Gericht angegriffen worden war.[96] Der EuGH betonte, dass das Gericht bei der ihm obliegenden Überprüfung der Rechtmäßigkeit der Beschwerdekammerentscheidung **nicht** durch eine fehlerhafte Beurteilung des Sachverhalts durch die Beschwerdekammer **gebunden** ist, soweit diese Beurteilung Teil der Feststellungen ist, deren Rechtmäßigkeit vor dem Gericht bestritten wird.[97] Dabei ließ der Gerichtshof offen, ob der Grundsatz des Verbots der

---

[93] www.curia.europa.eu: Home > Rechtsprechung > Suchformular.
[94] Vgl. EuG GRUR Int. 2008, 406 (Nr. 28) – *La Española*.
[95] Vgl. EuG, 14.10.2003, T-292/01 (Nr. 60) – *Bass*.
[96] EuGH GRUR Int. 2009, 397 (Nr. 47) – *Mobilix*.
[97] EuGH GRUR Int. 2009, 397 (Nr. 48) – *Mobilix*.

reformatio in peius in einem Verfahren der Rechtmäßigkeitskontrolle einer Entscheidung einer Beschwerdekammer des Amtes geltend gemacht werden kann. Jedenfalls habe das Gericht das Bestehen einer Verwechslungsgefahr verneint und die von der Rechtsmittelführerin erhobene Klage abgewiesen, so dass die streitige Entscheidung der Beschwerdekammer aufrechterhalten wurde. Im Hinblick auf diese Entscheidung der Beschwerdekammer befand sich die Rechtsmittelführerin daher nach Verkündung des angefochtenen Urteils nicht in einer ungünstigeren rechtlichen Lage als vor Erhebung der Klage.[98]

Nach ständiger Rechtsprechung können Rügen, die gegen nichttragende Gründe einer **99** Entscheidung des Gerichts gerichtet sind, nicht zur Aufhebung dieser Entscheidung führen und sind daher unerheblich.[99]

1. Zulässigkeit. Da die Sachurteilsvoraussetzungen zwingendes Recht sind, kann das **100** Gericht sie von Amts wegen prüfen; es ist nicht nur auf die Prüfung der von den Parteien erhobenen Unzulässigkeitseinreden beschränkt.[100]

Eine Entscheidung, durch die lediglich **eine frühere, nicht fristgerecht angefochtene 101 Entscheidung bestätigt wird**, stellt keine anfechtbare Handlung dar. Eine Klage gegen eine solche bestätigende Entscheidung ist für unzulässig zu erklären, um nicht die Frist für die Klage gegen die bestätigte Entscheidung wieder aufleben zu lassen.[101] Eine Entscheidung bestätigt lediglich eine frühere Entscheidung, wenn sie kein neues Element gegenüber der früheren Handlung enthält und ihr keine erneute Prüfung der Lage des Adressaten dieser früheren Handlung vorausgegangen ist.[102] Wird die Zurückweisung einer Gemeinschaftsmarkenanmeldung in einer rechtskräftig gewordenen Entscheidung der Beschwerdekammer bestätigt und **dieselbe Marke** daraufhin für identische Waren **nochmals angemeldet** und zurückgewiesen, so ist die zweite Entscheidung der Beschwerdekammer nach Ansicht des EuG als eine bloß die erste Entscheidung bestätigende Entscheidung anzusehen, soweit in ihr die Versagung der Eintragung desselben Zeichens auf dieselben Rechtsgrundlage gestützt worden sei, vorausgesetzt, dass sie zu diesen Punkten kein neues Element gegenüber der ersten Entscheidung enthalte und dass ihr keine erneute Prüfung der Lage der Klägerin vorausgegangen sei.[103] Die Klage gegen die zweite Entscheidung ist in diesem Fall nach Auffassung des EuG unzulässig. Die Zweite Beschwerdekammer hat sich in einer kurz nach dem Gerichtsurteil ergangenen Entscheidung auf diese Grundsätze berufen und eine „zweite" Beschwerde gegen die Zurückweisung eines nochmals angemeldeten identischen Zeichens, das bereits in einer früheren Anmeldung rechtskräftig zurückgewiesen worden war, als unzulässig zurückgewiesen.[104]

Das **Rechtsschutzinteresse** ist eine Zulässigkeitsvoraussetzung, die unverändert bis zum **102** Erlass der gerichtlichen Sachentscheidung vorliegen muss. Das Rechtsschutzinteresse besteht, solange das Rechtsmittel der Partei, die es eingelegt hat, im Ergebnis einen Vorteil verschaffen kann. Verzichtet die Markeninhaberin während des anhängigen Verfahrens vor dem Gericht (oder im Rechtsmittelverfahren vor dem EuGH) auf die angefochtene Gemein-

---

[98] EuGH GRUR Int. 2009, 397 (Nr. 49) – *Mobilix.* Zur *reformatio in peius* im Beschwerdeverfahren, siehe oben § 5 Rdn. 62 ff.

[99] EuGH GRUR Int. 2011, 506 (Nr. 211) – *Bud*, und die dort angeführte Rechtsprechung.

[100] EuG, 8.2. 2011, T-157/08 (Nr. 28) – *Insulate for life*; 10.6. 2008, T-85/07 (Nr. 15) – *Gabel*; 27.9. 2006, T-172/04 (Nr. 22) – *emergia.*

[101] EuG, 8.2. 2011, T-157/08 (Nr. 29) – *Insulate for life*, und die dort angeführte Rechtsprechung.

[102] EuG, 8.2. 2011, T-157/08 (Nr. 30) – *Insulate for life.*

[103] EuG, 8.2. 2011, T-157/08 (Nr. 34) – *Insulate for life.*

[104] HABM-BK, 28.2. 2011, R 1568/2010-2 – *LATINA.*

schaftsmarke nach Art. 50 GMV, so kann die Klägerin, die gegen die Gemeinschaftsmarke einen Antrag auf Erklärung der Nichtigkeit eingereicht hatte, weiterhin ein Rechtsschutzinteresse daran haben, dass die angefochtene Entscheidung aufgehoben wird.[105]

103   **2. Prüfungsumfang.** Gemäß Art. 135 § 4 VerfO EuG können die Schriftsätze der Parteien den vor der Beschwerdekammer verhandelten Streitgegenstand nicht ändern. Die vor dem EuG erhobene Klage ist nach Art. 65 Abs. 2 GMV auf die Kontrolle der Rechtmäßigkeit der Beschwerdekammerentscheidung gerichtet.[106] Nach Art. 76 GMV ist diese Kontrolle anhand des tatsächlichen und rechtlichen Rahmens des Rechtsstreits vorzunehmen, mit dem die Beschwerdekammer befasst war.[107]

104   Das Gericht kann die angefochtene Entscheidung der Beschwerdekammer nur abändern, wenn die Rechtssache **entscheidungsreif** ist. Hatte die Beschwerdekammer die Beschwerde beispielsweise als unzulässig zurückgewiesen, ohne zur Begründetheit Stellung zu nehmen, kann das Gericht nicht erstmals die Begründetheit beurteilen, da eine solche Beurteilung nicht in den Zuständigkeitsbereich des Gerichts nach Art. 65 Abs. 2 und 3 GMV fällt.[108] Ebensowenig ist die Rechtssache entscheidungsreif, wenn die Beschwerdekammer über einen Antrag des Anmelders (im konkreten Fall ging es um die Weigerung der Widerspruchsabteilung, die angemeldete Marke für Waren der Klasse 24 einzutragen) gar nicht entschieden hat. Die Abänderung der angefochtenen Entscheidung würde nämlich bedeuten, dass das Gericht erstmals die Begründetheit des Vorbringens beurteilt, über das die Beschwerdekammer nicht entschieden hat. Auch diese Beurteilung fällt nicht in den Zuständigkeitsbereich des Gerichts.[109]

105   **Tatsachen oder Unterlagen**, die erstmals vor dem Gericht vorgetragen werden, ohne vorher gegenüber einer Stelle des Amtes vorgebracht worden zu sein, können nicht berücksichtigt werden.[110]

106   **Rechtliche Gesichtspunkte**, die erstmals vor dem Gericht vorgetragen werden, ohne vorher gegenüber einer Stelle des Amtes vorgebracht worden zu sein, können die Rechtmäßigkeit einer Entscheidung der Beschwerdekammer hinsichtlich der Anwendung eines relativen Eintragungshindernisses nicht berühren, soweit sie sich auf eine Rechtsfrage beziehen, die für eine fehlerfreie Anwendung der Gemeinschaftsmarkenverordnung im Hinblick auf das Vorbringen und die Anträge der Beteiligten nicht relevant war, da diese Gesichtspunkte nicht zu dem rechtlichen Rahmen des Rechtsstreits gehören, mit dem die Beschwerdekammer befasst war. Sie sind deshalb unzulässig. Ebenso sind Anträge, die nicht vor der Beschwerdekammer gestellt wurden, unzulässig, wenn sie den vor der Beschwerdekammer verhandelten Streitgegenstand ändern.[111] So ist der erstmals gestellte Antrag, die angefochtene

---

[105] EuGH, 24.3. 2011, C–552/09 P (Nr. 40–43) – *Timi Kinderjoghurt*. Dazu oben § 4 Rdn. 68.

[106] EuG GRUR Int. 2005, 489 (Nr. 17) – *Hooligan*; GRUR Int. 2004, 138 (Nr. 70) – *Starix*; GRUR Int. 2003, 646 (Nr. 46) – *Ecopy*.

[107] Vgl. EuG GRUR Int. 2005, 489 (Nr. 17) – *Hooligan*; GRUR Int. 2003, 754 (Nr. 16) – *Ovoide Tablette*.

[108] EuG, 1.7. 2009, T–419/07 (Nr. 20) – *Okatech*; 10.6. 2008, T–85/07 (Nr. 28) – *Gabel*.

[109] EuG, 10.6. 2008, T–85/07 (Nr. 28) – *Gabel*.

[110] Vgl. EuG GRUR Int. 2005, 489 (Nr. 20) – *Hooligan*; GRUR Int. 2004, 322 (Nr. 46) – *Castillo*; 13.7. 2004, T–115/03 (Nr. 13) – *Gas station*; GRUR Int. 2003, 939 (Nr. 67) – *Budmen*; GRUR Int. 2003, 751 (Nr. 61–62) – *BSS* (bestätigt durch EuGH, 5.10. 2004, C–192/03 P); GRUR Int. 2003, 462 (Nr. 18) – *Kühlergrill*.

[111] EuG GRUR 2001, 332 (Nr. 13) – *Vitalite*.

Gemeinschaftsmarke für weitere Waren und Dienstleistungen zurückzuweisen, unzulässig, wenn die Beschwerdekammer nicht mit der Frage befasst gewesen ist, ob die Widerspruchsabteilung hinsichtlich dieser Waren und Dienstleistungen eine richtige Beurteilung vorgenommen habe.[112]

Musste eine bestimmte Rechtsvorschrift zwingend beachtet oder eine Rechtsfrage entschieden werden, um eine fehlerfreie Anwendung der Gemeinschaftsmarkenverordnung im Hinblick auf das Vorbringen und die Anträge der Beteiligten zu gewährleisten, so kann ein mit dieser Frage zusammenhängender rechtlicher Gesichtspunkt dagegen auch noch erstmals vor dem Gericht geltend gemacht werden.[113] **107**

3. Versäumnisurteil. Ist die Klage dem Amt als Beklagten ordnungsgemäß zugestellt **108** worden und hat das Amt innerhalb der hierfür gesetzten Frist keine Klagebeantwortung iSv Art. 46 VerfO EuG eingereicht, so kann der Kläger gemäß Art. 122 VerfO EuG Versäumnisurteil beantragen. Für Rechtsstreitigkeiten auf dem Gebiet der Rechte des geistigen Eigentums gilt die **Besonderheit**, dass abweichend von Art. 122 VerfO EuG die Bestimmungen über das Versäumnisverfahren nicht gelten, wenn die andere Partei des Beschwerdeverfahrens als Streithelferin die Klageschrift form- und fristgerecht beantwortet hat (Art. 134 § 4 VerfO EuG).[114]

Vor Erlass eines Versäumnisurteils prüft das Gericht, ob die Klage ordnungsgemäß erho- **109** ben und zulässig ist und ob die Anträge des Klägers begründet erscheinen (Art. 122 § 2 VerfO EuG). Gegen das Versäumnisurteil kann Einspruch eingelegt werden (Art. 122 § 4 VerfO EuG). Wegen des weiteren Verfahrens wird auf Art. 122 VerfO EuG verwiesen.[115]

4. Entscheidung durch Beschluss. Gemäß Art. 111 VerfO EuG kann das Gericht **110** ohne Fortsetzung des Verfahrens durch Beschluss entscheiden, wenn das Gericht für eine Klage **offensichtlich unzuständig** ist oder eine Klage **offensichtlich unzulässig** ist oder ihr **offensichtlich jede rechtliche Grundlage** fehlt. Der Beschluss ist mit Gründen zu versehen.

Offensichtlich unzulässig ist die Klage beispielsweise, wenn der Kläger nicht ordnungsge- **111** mäß von einem Rechtsanwalt vertreten ist[116] oder wenn die Klage verspätet eingelegt wurde.[117]

Der Klage fehlt offensichtlich jegliche Rechtsgrundlage, wenn die Klägerin selbst in ihrer **112** Klageschrift einräumt, dem Amt nicht innerhalb der ihr gesetzten Frist eine ausreichende Übersetzung der Beweise und Belege in Bezug auf die Rechte aus den früheren nationalen Marken vorgelegt zu haben, auf die sie ihren Widerspruch stützt.[118] In einem anderen Verfahren entschied das Gericht aufgrund des Akteninhalts durch Beschluss, dass die Klage offensichtlich jeglicher Rechtsgrundlage entbehre, weil der Marke das Eintragungshindernis des Art. 7 Abs. 1 lit. c GMV entgegenstehe.[119]

---

[112] EuG GRUR Int. 2005, 1026 (Nr. 17–21) – *B. K. R.*
[113] EuG GRUR Int. 2005, 489 (Nr. 22) – *Hooligan.*
[114] Vgl. EuG GRUR Int. 2003, 760 (Nr. 15) – *Mystery.*
[115] Dazu ausführlich *Wägenbaur*, Art. 122 VerfO EuG.
[116] EuG, 26.6. 2006, T-453/05 (Nr. 4, 10) – *Redefining Communications*; Mitt. 2005, 46 (Nr. 4) – *Veramonte*; 8.12. 1999, T-79/99 (Nr. 9) – *EU-LEX.*
[117] EuG, 28.4. 2008, T-358/07 (Nr. 13) – *Publicare.*
[118] EuG, 17.11. 2003, T-235/02 (Nr. 33, 37) – *Scala.*
[119] EuG, 27.5. 2004, T-61/03 (Nr. 21–22) – *Quick-Grip.*

113 In besonders offensichtlichen Fällen erlässt das Gericht den Beschluss, ohne die Klage der Beklagten zuzustellen.[120] Da in diesen Fällen das HABM keinen Kostenantrag stellen konnte, trägt die unterliegende Klägerin lediglich ihre eigenen Kosten.[121]

114 **5. Berichtigung von Urteilen.** Das Gericht kann Schreibfehler und offenbare Unrichtigkeiten von Amts wegen oder auf Antrag einer Partei, der binnen zwei Wochen nach Urteilsverkündung zu stellen ist, berichtigen (Art. 84 § 1 VerfO EuG). Der Kanzler benachrichtigt die Parteien, die innerhalb einer vom Präsidenten bestimmten Frist schriftlich Stellung nehmen können. Das Gericht entscheidet anschließend über die Berichtigung in nichtöffentlicher Sitzung. Die Urschrift des Beschlusses, der die Berichtigung ausspricht, wird mit der Urschrift des berichtigten Urteils verbunden. Ein Hinweis auf den Beschluss ist am Rande der Urschrift des berichtigten Urteils anzubringen (Art. 84 § 4 VerfO EuG).

115 Zu Schreibfehlern zählen z.B. falsch geschriebene Worte.[122] Eine offenbare Unrichtigkeit liegt z.B. vor, wenn eine Textpassage des Urteils in sinnentfremdender Weise falsch übersetzt wurde.[123]

X. Kosten

116 Das Verfahren vor dem Gericht ist **gebührenfrei** (vgl. Art. 90 VerfO EuG).

117 **1. Kostenverteilung.** Im Übrigen richtet sich die Kostenverteilung im Verfahren vor dem EuG nach Art. 87 VerfO EuG. Die Kostenpflicht folgt dem Grundatz, dass die unterliegende Partei die Kosten des Verfahrens trägt (Art. 87 § 2 VerfO EuG). Voraussetzung ist, dass die obliegende Partei einen **Kostenantrag stellt**. Ein Kostenantrag kann auch noch in der **mündlichen Verhandlung** gestellt werden.[124] Stellt die Klägerin keinen Kostenantrag, entscheidet das Gericht auch im Falles des Obsiegens der Klägerin, dass jede Partei ihre eigenen Kosten trägt.[125] Ebenso trägt die Streithelferin ihre eigenen Kosten, wenn die Klage der Klägerin abgewiesen wird, die Streithelferin aber nicht beantragt hat, der Klägerin die Kosten des Verfahrens aufzuerlegen.[126]

118 Das Gericht kann unter den Voraussetzungen des Art. 87 § 3 und 4 VerfO EuG die Kosten teilen oder beschließen, dass jede Partei ihre eigenen Kosten trägt oder sogar der obsiegenden Partei die Kosten auferlegen. So kann das Gericht dem Amt als obsiegender Partei die Kosten auferlegen, die das Amt dem Kläger wegen einer ohne rechtliche Grundlage getroffenen Entscheidung verursacht hat.[126a] Nimmt der Kläger die Klage zurück, so trägt er grundsätzlich die Kosten, sofern die andere Partei einen entsprechenden Antrag gestellt hat (vgl. Art. 87 § 5 VerfO EuG). Einigen sich die Parteien über die Kosten, so wird gemäß der Vereinbarung entschieden (Art. 87 § 5 Abs. 2 VerfO EuG).

119 Art. 136 VerfO EuG enthält auf dem Verfahren der Rechte des geistigen Eigentums eine **Sonderregelung hinsichtlich der Kosten**: So ist das Amt als Beklagte insofern privile-

---

[120] EuG, 28.4.2008, T-358/07 (Nr. 6) – *Publicare.*
[121] EuG, 28.2.2005, T-445/04 (Nr. 14) – *Unex.*
[122] EuG, 6.10.2006, T-323/03 REC – *La Baronnie.*
[123] EuG, 16.11.2010, T-270/09 – *medidata.*
[124] *Wägenbaur*, Art. 87 VerfO Eug, Rn. 3 m.w.N.
[125] Vgl. EuG, 24.11.2010, T-137/09 (Nr. 34) – *R10.*
[126] EuG 24.9.2008, T-116/06 (Nr. 89) – *O Store.*
[126a] EuG, 9.9.2011, T-36/09 (Nr. 124–125) – *dm.*

giert, als das Gericht beschließen kann, dass das Amt nur seine eigenen Kosten trägt, wenn einer Klage gegen eine Entscheidung einer Beschwerdekammer stattgegeben wird (Art. 136 § 1 VerfO EuG). Art. 136 § 2 VerfO EuG stellt klar, dass auch die notwendigen Aufwendungen der Parteien im Beschwerdeverfahren sowie die in Art. 131 § 4 Abs. 2 VerfO EuG vorgesehenen Übersetzungen[127] erstattungsfähig sind. Nicht erstattungsfähig sind dagegen Aufwendungen im Widerspruchsverfahren[128] oder im Nichtigkeitsverfahren[129].

Obsiegt der Kläger ganz oder teilweise, kann das Gericht dem Amt als unterlegenen Beklagten auch die dem Kläger im Beschwerdeverfahren entstandenen Kosten auferlegen.[130] **120**

Ergeht die Entscheidung des EuG, bevor die Klageschrift dem Amt zugestellt wurde und ihm Kosten entstehen konnten, erlegt das Gericht der unterliegenden Klägerin gemäß Art. 87 § 1 VerfO EuG lediglich ihre eigenen Kosten auf.[131] **121**

Wird der Antrag der Streithelfern mit ihrem auf die Aufhebung oder Abänderung der Entscheidung der Beschwerdekammer in einem in der Klageschrift nicht geltend gemachten Punkt vom Gericht zurückgewiesen, sind die Kostenfolgen zu beachten, insbesondere dann, wenn die Klage abgewiesen wird.[132]

Beispiel: Die Beschwerdekammer gab der Beschwerde des Anmelders in Bezug auf die Waren in Klasse 9 statt. Hinsichtlich der Waren in Klasse 25 wies die Beschwerdekammer die Beschwerde zurück, da sie die Auffassung der Widerspruchsabteilung vom Vorliegen einer Verwechslungsgefahr teilte. Die Anmelderin legt gegen die Entscheidung Klage vor dem EuG ein, soweit die Waren in Klasse 25 betroffen sind. Sie beantragt, die angefochtene Entscheidung hinsichtlich der Punkte aufzuheben, in denen ihrem Begehren nicht stattgegeben worden sei. Das Amt als Beklagte beantragt die Klage abzuweisen. Die Widersprechende beteiligt sich an dem Verfahren als Streithelferin und beantragt, die angefochtene Entscheidung hinsichtlich der Punkte aufzuheben, in denen ihrem Begehren nicht stattgegeben worden sei. Alle Parteien stellen Kostenanträge.

Wird die Klage abgewiesen und hat auch der nach Art. 134 § 2 VerfO EuG gestellte **122** Antrag der Streithelferin keinen Erfolg, so trägt die Klägerin die nur die Kosten des Amtes, während die Streithelferin ihre eigenen Kosten tragen muss.[133] Hätte sich die Streithelferin nur den Anträgen des HABM angeschlossen, wären auch ihre Kosten grundsätzlich zu erstatten, sofern das Gericht nicht nach Art. 87 § 4 Abs. 3 VerfO EuG entscheidet, dass die Streithelferin ihre eigenen Kosten zu tragen hat.

2. Kostenfestsetzung. Verurteilt das Gericht eine der Parteien zur Tragung der Kosten, **123** macht der Kostengläubiger nach Rechtskraft des Urteils seine Ansprüche gegenüber dem Kostenschuldner geltend. Ist das **Amt Kostengläubiger**, so macht es in der Regel nur die durch die mündliche Verhandlung verursachten Reisekosten geltend.

---

[127] Siehe dazu oben Rdn. 23.
[128] EuG, 9.9.2011, T-274/09 (Nr. 105) – *IC4*.
[129] EuG, 1.7.2009, T-419/07 (Nr. 23) – *Okatech*; GRUR Int. 2009, 427 (Nr. 16) – *Manpower*; 21.4.2005, T-163/03 (Nr. 27) – *monBeBé*; GRUR Int. 2005, 833 (Nr. 22, 24) – *Spielkarten Heraclio Fournier*.
[130] EuG, 7.12.2010, T-59/08 (Nr. 76) – *La Perla*.
[131] EuG, 28.4.2008, T-358/07 (Nr. 21) – *Publicare*.
[132] EuG, 18.6.2009, T-418/07 (Nr. 93) – *Libro*.
[133] Vgl. EuG, 18.6.2009, T-418/07 (Nr. 93) – *Libro*.

124   Erzielen die Parteien über die Höhe der zu erstattenden Kosten keine Einigung, kann eine der Parteien das Gericht ersuchen, die Kosten nach Art. 92 VerfO EuG festzusetzen. Antragsteller kann also auch der Kostenschuldner sein, der vom Gericht die Festsetzung eines bestimmten, unterhalb der Forderung des Kostengläubigers liegenden Betrags beantragt.[134] Die Kostenfestsetzung ergeht nach Anhörung der Gegenpartei durch unanfechtbaren Beschluss. Die Parteien können zwecks Vollstreckung eine Ausfertigung des Beschlusses beantragen (Art. 92 § 2 VerfO EuG).

125   Gemäß Art. 91 VerfO EuG gelten als erstattungsfähige Kosten Leistungen an Zeugen und Sachverständige sowie Aufwendungen der Parteien, die für das Verfahren notwendig waren, insbesondere Reise- und Aufenthaltskosten sowie die Vergütung der Bevollmächtigten, Beistände oder Anwälte.[135] Aus Art. 136 § 2 VerfO EuG folgt darüber hinaus, dass auch die Aufwendungen der Parteien, die für das Verfahren vor der Beschwerdekammer notwendig waren, sowie die Kosten, die durch die Einreichung der in Artikel 131 § 4 Abs. 2 vorgesehenen Übersetzungen der Schriftsätze oder Schreiben in die Verfahrenssprache entstehen, als erstattungsfähige Kosten gelten. Nicht erstattungsfähig sind die Kosten des erstinstanzlichen Verfahrens vor dem Amt (z.B. des Widerspruchsverfahrens).[136] Ist die in der Beschwerdekammerentscheidung enthaltene Kostenfestsetzung rechtskräftig und vollstreckbar, sieht das Gericht von einer Kostenfestsetzung des Beschwerdeverfahrens ab.[137] Die Kosten des Beschwerdeverfahrens werden nur dann vom Gericht festgesetzt, wenn die Entscheidung der Beschwerdekammer nicht rechtskräftig geworden ist, weil z.B. die angefochtene Gemeinschaftsmarke während des laufenden Gerichtsverfahren nach Art. 43 Abs. 1 GMV zurückgenommen wird (was zur sofortigen Beendigung des Verfahrens vor dem Amt führt), ohne dass zu diesem Zeitpunkt die Beschwerdekammerentscheidung rechtskräftig geworden ist, weil die Klage erst später gemäß Art. 99 VerfO EuG zurückgenommen wird.[138] Die Kostenfestsetzung erfolgt in diesen Fällen nach Art. 85 GMV und Regel 94 GMDV.[139]

126   Das Gericht muss im Rahmen der Kostenfestsetzung auch die **Höhe des anwaltlichen Honorars** bestimmen, das der Kostenschuldner an den Kostengläubiger zahlen soll. Dabei ist das Gericht nicht verpflichtet, nationale Anwaltsgebührenordnungen oder private Kostenvereinbarungen zwischen dem Kostengläubiger und seinem Anwalt zu berücksichtigen.[140] Um die Anwaltskosten zu errechnen, orientiert sich das Gericht nicht an der Zahl der Anwälte, die für den Kostengläubiger ihre Dienste zur Verfügung gestellt haben, sondern an der Gesamtzahl der Arbeitsstunden, die objektiv für das Gerichtsverfahren notwenig war.[141] Die vom Kostengläubiger vorgelegten Honorarnoten sind für die Schätzung der notwendigen anwaltlichen Arbeitsstunden nicht entscheidend.[142] Vertrat der Anwalt den Antragsteller bereits in dem vorangegangenen Verfahren vor dem Amt, so kann davon ausgegangen werden, dass er mit dem Fall bestens vertraut war und weniger Zeit für die Vorbereitung des gericht-

---

[134] Vgl. EuG, 25.10. 2010, T-33/08 DEP – *Opdrex.*
[135] EuG, 25.1. 2007, T-214/04 DEP (Nr. 13) – *Royal County of Berkshire Polo Club.*
[136] EuG, 9.2. 2011, T-429/08 DEP (Nr. 18) – *Grain Millers.* Siehe oben Rdn. 119.
[137] EuG, 2.12. 2010, T-270/06 DEP (Nr. 33–36) – *Lego-Stein*; 9.11. 2009, T-325/06 DEP (Nr. 21–24) – *Capio.*
[138] EuG, 9.2. 2011, T-429/08 DEP (Nr. 22–24) – *Grain Millers.*
[139] EuG, 9.2. 2011, T-429/08 DEP (Nr. 25–34) – *Grain Millers.*
[140] EuG, 28.6. 2004, T-342/99 DEP (Nr. 17) – Airtours/Kommission.
[141] EuG, 2.12. 2010, T-270/06 DEP (Nr. 30) – *Lego-Stein.*
[142] EuG, 2.12. 2010, T-270/06 DEP (Nr. 44) – *Lego-Stein*; 17.7. 2007, T-8/03 DEP (Nr. 20) – *Emilio Pucci.*

lichen Verfahrens benötigte. Die Arbeit, die der Vertreter bereits im Beschwerdeverfahren aufgewendet hat, reduziert den Arbeitsaufwand in dem gerichtlichen Verfahren und damit auch die erstattungsfähigen Honorare.[143]

Grundsätzlich ist nur der Arbeitsaufwand *eines* Vertreters erstattungsfähig, es sei denn, dass **127** der Antragsteller nachweist, dass aufgrund des besonderen Schwierigkeitsgrads des Rechtsstreits mehrere Anwälte zu Rate gezogen werden mussten.[144]

Tritt der Kostengläubiger in dem Gerichtsverfahren als Streithelfer auftrat, bedeutet dies **128** nicht automatisch, dass sein Arbeitsaufwand im Vergleich zum Kläger geringer ist, wenn er seine Rechte aus Art. 134 VerfO EuG wahrgenommen hat und er sowohl am schriftlichen Verfahren durch Einreichung von Schriftsätzen als auch an der mündlichen Verhandlung teilnahm.[145] Auch hier hängen die festzusetzenden Kosten von den Umständen des Einzelfalls ab: Beschränkt sich die Rolle des Streithelfers auf die Teilnahme an der mündlichen Verhandlung, so kann er nicht Kosten in einer Höhe geltend machen, die dem Kläger im Falles eines Obliegens zustünden.[146]

Da das Gemeinschaftsrecht keine Gebührenordnung kennt, hat das Gericht die Gegeben **129** heiten des Einzelfalls **frei zu würdigen** und dabei das wirtschaftliche Interesse, das die Parteien am Ausgang des Rechtsstreits hatten, den Gegenstand und die Art des Rechtsstreits, seine Bedeutung aus gemeinschaftsrechtlicher Sicht sowie seinen Schwierigkeitsgrad und den Arbeitsaufwand der tätig gewordenen Bevollmächtigten oder Beistände im Zusammenhang mit dem Verfahren zu berücksichtigen.[147] Der Betrag der erstattungsfähigen Kosten ist anhand dieser Kriterien zu ermitteln.

Im Rahmen dieser Bewertung berücksichtigt das Gericht das **wirtschaftliche Interesse** **130** des Kostengläubigers an ein für ihn positives Urteil angesichts der Bedeutung seiner Marken für die Vermarktung von Waren und Dienstleistungen. Insoweit spielt auch eine Rolle, in welchem Territorium die Marken des Kostengläubigers Schutz genießen.[148]

Bei der Beurteilung der **Bedeutung des Rechtsstreits** aus gemeinschaftsrechtlicher **131** Sicht ist zu berücksichtigen, ob der Rechtsstreit neue Rechtsfragen aufgeworfen hat.[149] Es reicht nicht aus, wenn der Kostengläubiger betont, dass es sich um ein wichtiges Präzedenzverfahren handele, das Gegenstand von wissenschaftlichen Lehrveranstaltungen sei. Vielmehr muss der Kostengläubiger konkret die Schwierigkeiten darlegen, die sich hinter diesem Rechtsstreit verbargen.[150]

Zu den erstattungsfähigen Aktivitäten des Anwalts zwecks Vorbereitung des schriftlichen **132** und mündlichen Verfahrens zählen insbesondere das Studium des Gerichtsverfahrens und der Umfang der Nachprüfung des Rechtsstreits durch das Gericht, Telefonate, E-Mail Korrespondenz und Besprechungen mit Kollegen derselben Kanzlei, dem Mandanten und anderen

---

[143] EuG, 2.12.2010, T-270/06 DEP (Nr. 45−46) − *Lego-Stein*; 25.1.2007, T-214/04 DEP (Nr. 20) − *Royal County of Berkshire Polo Club*; 19.4.2004, T-321/01 DEP (Nr. 29) − Internationaler Hilfsfonds/ Kommission.

[144] EuG, 2.12.2010, T-270/06 DEP (Nr. 53) − *Lego-Stein*, m.w.N.

[145] EuG, 2.12.2010, T-270/06 DEP (Nr. 45−46) − *Lego-Stein*; 28.9.2009, T-420/03 DEP (Nr. 20) − *Boomerang TV.*

[146] Vgl. EuGH, 12.6.2008, C-206/04 P-DEP (Nr. 21−22).

[147] EuG, 17.7.2007, T-8/03 DEP (Nr. 15) − *Emilio Pucci.*

[148] EuGH, 16.10.2007, C-512/04 P DEP (Nr. 22) − *Vitakraft.*

[149] EuGH, 16.10.2007, C-512/04 P DEP (Nr. 24) − *Vitakraft.*

[150] EuG, 2.12.2010, T-270/06 DEP (Nr. 41−42) − *Lego-Stein.*

Vertretern des Mandanten.[151] Grundsätzlich nicht erstattungsfähig sind dagegen Aufwendungen, die erst nach der mündlichen Verhandlung entstanden sein sollen.[152]

133 Bei der Berechnung der erstattungsfähigen Anwaltskosten ist auch das Verhältnis von Stundensatz und Anzahl der in Rechnung gestellten Stunden zu beachten: Je höher der Stundensatz ist, umso mehr kann von dem Anwalt eine schnelle und effiziente Arbeitsweise erwartet werden, was sich bei der Berechnung der Stundenanzahl niederschlagen muss.[153]

> **Praxishinweis:** Als Faustregel gilt, dass das Gericht bei einem Rechtsstreit von durchschnittlichem Schwierigkeitsgrad auf dem Gebiet des Gemeinschaftsmarkenrechts die Gesamtkosten für das schriftliche und mündliche Verfahren bei ca. € 10 000,– ansetzt.[154] In einem besonders komplexen Fall setzte das Gericht die Gesamtkosten des Streithelfers auf € 31 000,– fest.[155] In vielen Kostenfestsetzungsverfahren liegen die Kostenforderungen des Kostengläubigers weit über dem letztendlich vom Gericht festgesetzten Betrag.[156] Es lohnt sich daher für den Kostenschuldner, die Kosten gerichtlich festsetzen zu lassen, wenn die Forderungen die oben genannten Richtsummen wesentlich überschreiten.

134 Der Beschluss über die Kostenfestsetzung ist nach Art. 280 AEUV iVm Art. 299 AEUV **vollstreckbar.**[157]

135 **3. Prozesskostenhilfe.** Gemäß Art. 94 § 2 VerfO EuG haben natürliche Personen, die aufgrund ihrer wirtschaftlichen Lage vollständig oder teilweise außer Stande sind, die Kosten des Beistands und der rechtlichen Vertretung vor dem Gericht zu tragen, Anspruch auf Prozesskostenhilfe. Die wirtschaftliche Lage des Antragstellers wird unter Berücksichtigung objektiver Faktoren wie des Einkommens, des Vermögens und der familiären Situation beurteilt. Zum Nachweis seiner Bedürftigkeit hat der Antragsteller dem Gericht alle diesem Zweck dienlichen Unterlagen einzureichen (z.B. eine entsprechende Bescheinigung der zuständigen Behörde). Geben die Unterlagen kein klares Bild von der wirtschaftlichen Situation des Antragstellers, wird der Antrag abgelehnt.[158] Bei Bewilligung der Prozesskostenhilfe werden die Kosten von der Kasse des Gerichts getragen. Das Gericht stellt ein Formular bereit,

---

[151] EuG, 2.12. 2010, T-270/06 DEP (Nr. 49) – *Lego-Stein.*

[152] EuG, 2.12. 2010, T-270/06 DEP (Nr. 57) – *Lego-Stein.*

[153] EuG, 2.12. 2010, T-270/06 DEP (Nr. 50) – *Lego-Stein*; 22.3. 2010, T-93/06 DEP (Nr. 22) – *Mineral Spa.*

[154] EuG, 25.10. 2010, T-33/08 DEP – *Opdrex*; 22.3. 2010, T-93/06 DEP – *Mineral Spa*; 9.11. 2009, T-325/06 DEP – *Capio*; 17.7. 2007, T-8/03 DEP – *Emilio Pucci*; 25.1. 2007, T-214/04 DEP – *Royal County of Berkshire Polo Club.* Je nach den Umständen des Einzelfalls liegen die festgesetzten Gesamtkosten auch darunter, nämlich bei ca. € 7000–8000,– (vgl. EuG, 2.12. 2010, T-35/07 DEP – *Celia*; 28.9. 2009, T-420/03 DEP – *Boomerang TV*; 27.4. 2009, T-263/03 DEP- *Toska*) oder, wenn das Verfahren aufwendiger ist, bei bis zu € 13 000,– (vgl. EuG, 19.3. 2009, T-333/04 DEP und T-334/04 DEP – *House of Donuts*).

[155] EuG, 2.12. 2010, T-270/06 DEP – *Lego-Stein.*

[156] Nicht selten hatte die obsiegende Partei vom Gericht zunächst den doppelten Betrag gefordert, so in EuG, 2.12. 2010, T-35/07 DEP – *Celia*; 22.3. 2010, T-93/06 DEP – *Mineral Spa*; 17.7. 2007, T-8/03 DEP – *Emilio Pucci*. Nicht gerade bescheiden waren die Streithelfer im Verfahren T-270/06 DEP – *Lego Stein*: Sie hatten vom Gericht die stolze Summe von € 293 885,31 für das Verfahren vor der Beschwerdekammer und das Gerichtsverfahren gefordert.

[157] Art. 86 GMV ist weitgehend wortgleich mit Art. 299 AEUV, siehe oben § 1 Rdn. 212 ff.

[158] Vgl. EuG, 12.10. 2009, T-206/09 AJ (Nr. 7–12) – *Dallas Dhu.*

dessen Verwendung für jeden Antrag auf Bewilligung von Prozesskostenhilfe vorgeschrieben ist.[159] Der Antrag unterliegt nicht dem Anwaltszwang.

Die Entscheidung über den Antrag ergeht durch unanfechtbaren Beschluss. Wird die Be- **136** willigung von Prozesskostenhilfe ganz oder teilweise abgelehnt, so wird dies in dem Beschluss begründet. Die Bewilligung von Prozesskostenhilfe schließt natürlich nicht aus, dass diese Partei zur Kostentragung verurteilt wird.

Das Gericht hat den Antrag einer Prozessbevollmächtigten, den diese in ihrer Eigenschaft **137** als Verwalterin in dem Insolvenzverfahren über das Vermögen der Klägerin erhoben habe, abgelehnt.[160] Die Prozessbevollmächtigte hatte den Antrag auf Nichtigerklärung der angefochtenen Gemeinschaftsmarke in ihrer Eigenschaft als Insolvenzverwalterin der Klägerin gestellt. Allerdings war dieser Antrag ebenso wie die Beschwerde bei der Beschwerdekammer und die Klage beim Gericht als von der Klägerin eingelegt oder erhoben anzusehen. Da die Klägerin eine juristische Person war, konnte ihr keine Prozesskostenhilfe gewährt werden. Eine Regelung wie sie § 116 Nr. 1 ZPO vorsieht, wonach eine „Partei kraft Amtes" auf Antrag Prozesskostenhilfe erhalten kann, wenn die Kosten aus der verwalteten Vermögensmasse nicht aufgebracht werden können, kennt die Verfahrensordnung des EuG nicht.

In einem anderen Gemeinschaftsmarkenverfahren wurde der Klägerin Prozesskostenhilfe **138** bewilligt.[161]

XI. Musterschriftsatz (Beispiel) – Klage vor dem EuG   **139**

> Zu den formalen Anforderungen an die Klageschrift, siehe § 6 Rdn. 35 ff.

Vorab per Telefax/E-Mail

An die
Kanzlei des Gerichts der Europäischen Union
Rue du Fort Niedergrünewald
L-2925 Luxemburg

[Name und Anschrift des Vertreters]

An den Herrn Präsidenten und die Mitglieder des Gerichts der Europäischen Union

K L A G E

der [Name und Anschrift der Klägerin]

Klägerin,

gegen

---

[159] Das Formular lässt sich von der Internetseite des Gerichts herunterladen (www.curia.europa.eu): Home > Gericht > Verfahren > Formular des Antrags auf Bewilligung von Prozesskostenhilfe.
[160] EuG, 22.1.2009, T-316/07 – *easyHotel*.
[161] EuG, 22.6.2010, T-255/08 – *Jose Padilla*.

Harmonisierungsamt für den Binnenmarkt (Marken, Muster, Modelle), Avenida de Europa 4, 03008 Alicante (Spanien),

Beklagte,

[Name der anderen Partei vor der Beschwerdekammer]
Andere Partei vor der Beschwerdekammer.

Gemäß Artikel 65 der Verordnung (EG) des Rates Nr. 207/2009 vom 26. Februar 2009 über die Gemeinschaftsmarke (GMV) erheben wir hiermit namens und im Auftrag der Klägerin Klage gegen die Entscheidung [Nummer der Beschwerdesache] der [Beschwerdekammer] vom [Datum der Entscheidung], mit der die Beschwerde der Klägerin gegen die Entscheidung der Widerspruchsabteilung vom [Datum] zurückgewiesen wurde.

Inhaltsübersicht

Begründung

A. Formale Aspekte

1. Wir sind von der Klägerin bevollmächtigt, sie in diesem Verfahren zu vertreten. Eine entsprechende Vollmacht, die von Herrn/Frau [Name] unterzeichnet ist, fügen wir bei als
Anlage A1.

2. Zum Nachweis der Existenz sowie der ordnungsgemäßen Vertretung der Klägerin duch Herrn/Frau [Name] fügen wir einen aktuellen Handelsregisterauszug der Klägerin bei als
Anlage A2.

3. Kopien der relevanten Urkunden, aus denen sich ergibt, dass der Unterzeichnende sowie [Name(n) weiterer Vertreter] in Deutschland als Rechtsanwälte zugelassen und damit berechtigt sind, vor den Gerichten eines Mitgliedstaates aufzutreten, sind beigefügt als
Anlage A3.

4. Eine Kopie der angefochtenen Entscheidung [Nummer der Beschwerdesache] der [Beschwerdekammer] vom [Datum der Entscheidung] ist beigefügt als
Anlage A4.

5. Die Entscheidung [Nummer der Beschwerdesache] der [Beschwerdekammer] vom [Datum der Entscheidung] wurde der Klägerin am [Datum] zugestellt. Eine Kopie der Amtsmitteilung der Beklagten, mit der die angefochtene Entscheidung der Klägerin zugestellt wurde, ist beigefügt als
Anlage A5.

6. Die Klägerin erklärt sich damit einverstanden, dass Zustellungen an die Bevollmächtigten mittels Fernkopierer oder sonstiger technischer Kommunikationsmittel nach Maßgabe der Verfahrensordnung des Gerichts erfolgen:

      Telefax [Nummer]   E-Mail: [Adresse]

B. Inhaltliche Begründung

I. Vorgeschichte des Rechtsstreits

7. Mit Anmeldung vom [Datum] beantragte die andere Partei vor der Beschwerdekammer die Eintragung der Wortmarke [Zeichen] als Gemeinschaftsmarke für Waren und Dienstleistungen der Klassen [Nummern] gemäß dem Abkommen von Nizza über die internationale Klassifikation von Waren und Dienstleistungen für die Eintragung von Marken vom 15. Juni 1957 in revidierter und geänderter Fassung. Die Anmeldung wurde am [Datum] im Blatt für Gemeinschaftsmarken veröffentlicht. Ein entsprechender Markenauszug aus dem Online-Register der Beklagten ist beigefügt als

Anlage A6.

8. Gegen diese Anmeldung reichte die die Klägerin am [Datum] Widerspruch ein, der auf die eingetragene Marke [Zeichen] gestützt wurde. Als Widerspruchsgrund hatte die Klägerin Art. 8 Abs. 1 lit. b GMV geltend gemacht. Eine Kopie des Widerspruchs ist beigefügt als

Anlage A7.

9. Am [Datum] wies die Widerspruchsabteilung den Widerspruch zurück. Die Entscheidung ist beigefügt als

Anlage A8.

10. Am [Datum] legte die Klägerin gegen diese Entscheidung Beschwerde ein. Die Beschwerde wurde mit Schriftsatz vom [Datum] begründet. Die Klägerin beantragte, die Entscheidung vom [Datum] aufzuheben und dem Widerspruch stattzugeben. Eine Kopie der Beschwerdebegründung ist beigefügt als

Anlage A9.

11. Mit der hier angefochtenen Entscheidung vom [Datum] wies die [Beschwerdekammer] des Amtes die Beschwerde zurück.

II. Klagegründe

12. Die Klägerin macht einen Klagegrund geltend, nämlich die Verletzung von Artikel 8 Abs. 1 lit. b GMV.

III. Verletzung von Artikel 8 Abs. 1 lit. b GMV

13. Nach der Rechtsprechung des Gerichtshofes liegt eine Verwechslungsgefahr dann vor, wenn die Öffentlichkeit glauben könnte, dass die betreffenden Waren oder Dienstleistungen aus demselben Unternehmen oder gegebenenfalls aus wirtschaftlich miteinander verbundenen Unternehmen stammen (Urteil vom 22. Juni 1999, Rechtssache C-342/97, *Lloyd Schuhfabrik*, Slg. I-3819, Randnummer 17; Urteil vom 29. September 1998, Rechtssache C-39/97, *Canon*, Slg. 1998, I-5507, Randnummer 29). Das Vorliegen einer Verwechslungsgefahr für das Publikum ist unter Berücksichtigung aller Umstände des Einzelfalls umfassend zu beurteilen …

IV. Zusammenfassung

14. Die angefochtene Entscheidung verstößt gegen Artikel 8 Abs. 1 lit. b GMV, da sie …

C. Antrag

15. Wir **beantragen** daher,

– die Entscheidung [Nummer der Beschwerdesache] der [Beschwerdekammer] vom [Datum der Entscheidung] aufzuheben (ODER: die Entscheidung [Nummer der Beschwerdesache] der [Beschwerdekammer] vom [Datum der Entscheidung] dahingehend abzuändern, dass der Widerspruch in vollem Umfang aufrechterhalten wird und die Gemeinschaftsmarkenanmeldung [Nr.] zurückgewiesen wird),

– die Kosten des Verfahrens der Beklagten aufzuerlegen.

[Name/Unterschrift Vertreter]
1 Original und 7 beglaubigte Kopien

ANLAGENLISTE			
Anlage	**Betreff**	**Randnr. zur Anlage**	**Seitennr.**
Anlage A1	Vollmacht der Klägerin, unterzeichnet von Herrn/Frau [Name]	1	2
Anlage A2	Kopie des Handelsregisterauszugs der Klägerin	2	2
Anlage A3	Kopien der Rechtsanwaltszulassungsurkunden der Vertreter	3	2
Anlage A4	Kopie der angefochtenen Beschwerdekammerentscheidung [Nummer Beschwerdesache] vom [Datum]	4	2
Anlage A5	Kopie der Mitteilung der Beklagten vom [Datum], mit der die angefochtene Entscheidung der Klägerin zugestellt wurde	5	2
Anlage A6	CTM-Online Auszug der Gemeinschaftsmarke [Nummer] [Zeichen]	7	3
Anlage A7	Kopie des Widerspruchs vom [Datum]	8	3
Anlage A8	Kopie der Entscheidung der Widerspruchsabteilung vom [Datum]	9	3
Anlage A9	Kopie der Beschwerdebegründung vom [Datum]	10	3

§ 7 Rechtsmittel zum Europäischen Gerichtshof (EuGH)

Gegen das Urteil des EuG kann die Partei, die mit ihren Anträgen ganz oder teilweise unterlegen ist, gemäß. Art. 56 Satzung EuGH Rechtsmittel vor dem EuGH einlegen. **1**

Die Rechtsmittelfrist beträgt **zwei Monate** und beginnt mit der Zustellung der angefochtenen Entscheidung. Hinzu kommt eine pauschale Entfernungsfrist von zehn Tagen (Art. 81 § 2 VerfO EuGH). **2**

I. Die Parteien des Rechtsmittelverfahrens und ihre Anträge

Anders als im Verfahren vor dem EuG kann das **Amt** in dem Rechtsmittelverfahren auch **3** die **Rolle der Rechtsmittelführerin** einnehmen.[1] Es kann auch dem Antrag der Klägerin des ersten Rechtszugs folgen, das angefochtene Urteil des EuG aufzuheben.[2]

Der Rechtsmittelbeklagte und die am Verfahren im ersten Rechtszug als Streithelferin be- **4** teiligte Partei können entweder die vollständige oder teilweise Zurückweisung des Rechtsmittels oder die vollständige oder teilweise Aufhebung der Entscheidung des Gerichts oder die vollständige oder teilweise Aufrechterhaltung der im ersten Rechtszug gestellten Anträge stellen (Art. 116 § 1 VerfO EuGH). Ebenso wie die Rechtsmittelführerin (vgl. Art. 113 §§ 1 u. 2 VerfO EuGH) darf auch der Rechtsmittelbeklagte weder neue, d.h. nicht in erster Instanz gestellte Anträge stellen noch den Streitgegenstand verändern (Art. 116 §§ 1 u. 2 VerfO EuGH).

Der Rechtsmittelbeklagte bzw. die im ersten Rechtszug als Streithelferin beteiligte Partei **5** können auch gemäß Art. 116 § 1, 117 § 2 VerfO EuGH ein **Anschlussrechtsmittel** einlegen.[3] Die Einstufung eines Vorbringens als Anschlussrechtsmittel setzt voraus, dass mit ihm die vollständige oder teilweise Aufhebung des angefochtenen Urteils unter einem Gesichtspunkt beantragt wird, der in der Rechtsmittelschrift nicht geltend gemacht wird. Ob dies hier der Fall ist, ist anhand von Wortlaut, Ziel und Zusammenhang der fraglichen Passage der Rechtsmittelbeantwortung zu ermitteln.[4] Ein Vorbringen in Form von „Schlussbemerkungen", die in der Sache auf eine Auslegung bestimmter Vorschriften der Gemeinschaftsmarkenverordnung abzielen, stellt kein Anschlussrechtsmittel dar.[5]

Auch wenn die im ersten Rechtszug als Streithelferin beteiligte Partei im Rechtsmittel- **6** verfahren keine Rechtsmittelbeantwortung einreicht, kann sie an der mündlichen Verhandlung teilnehmen und Anträge stellen.[6]

---

[1] Vgl. EuGH, 9.9. 2010, C-265/09 P – *Buchstabe „α'*; MarkenR 2010, 439 – *Flugbörse*; GRUR Int. 2010, 45 – *Ahornblatt*; GRUR 2007, 700 – *Limoncello*; MarkenR 2007, 204 – *Celltech*.
[2] EuGH GRUR Int. 2011, 506 (Nr. 78) – *Bud*; 24.6. 2010, C-51/09 P (Nr. 20) – *Barbara Becker*.
[3] Vgl. EuGH, 2.12. 2009, C-553/08 P (Nr. 26) – *Manpower*: Anschlussrechtsmittel der im ersten Rechtszug als Streithelferin beteiligten Partei.
[4] EuGH, 3.9. 2009, C-498/07 P (Nr. 92) – *La Española*; 10.7. 2008, C-413/06 P (Nr. 186) – Bertelsmann und Sony Corporation of America/Impala.
[5] EuGH, 3.9. 2009, C-498/07 P (Nr. 93–94) – *La Española*.
[6] Vgl. EuGH GRUR Int. 2007, 718 (Nr. 32) – *Travatan*.

II. Die Rechtsmittelschrift

7   Aus Art. 256 Abs. 1 Unterabs. 2 AEUV, Art. 58 Abs. 1 Satzung EuGH und Art. 112 § 1 lit. c VerfO EuGH ergibt sich, dass ein Rechtsmittel die beanstandeten Teile des Urteils, dessen Aufhebung beantragt wird, sowie die rechtlichen Argumente, die diesen Antrag speziell stützen, **genau bezeichnen** muss.[7] Die Seitenzahl der Rechtsmittelschrift sollte **15 Seiten** nicht überschreiten.[8] Beschränkt sich die Rechtsmittelführerin z. b. darauf, das Bestehen einer Ähnlichkeit oder Unähnlichkeit zwischen den Marken in allgemeiner Weise zu bestreiten, ohne irgendein rechtliches Argument vorzubringen, mit dem aufgezeigt werden könnte, dass das Gericht in diesem Zusammenhang einen Rechtsfehler begangen hat, so wird diese Rüge als unzulässig zurückgewiesen.[9] Ebenso genügt ein Rechtsmittel, das nur die bereits vor dem Gericht geltend gemachten Klagegründe oder Argumente wiederholt oder wörtlich wiedergibt, den sich aus diesen Vorschriften ergebenden Anforderungen an eine Begründung nicht.[10]

8   Anders als im Verfahren vor dem EuG muss der Vertreter einer juristischen Person des Privatrechts als Rechtsmittelführerin im Verfahren vor dem Gerichtshof keinen Nachweis vorlegen, dass die Prozessvollmacht des Vertreters von einem hierzu Berechtigten ordnungsgemäß ausgestellt ist. Denn die Vorschrift des Art. 38 § 5 lit. b VerfO EuGH, der vorsieht, dass juristische Personen des Privatrechts mit ihrer Klageschrift den Nachweis vorzulegen haben, dass die Prozessvollmacht ihres Anwalts von einem hierzu Berechtigten ordnungsgemäß ausgestellt ist, ist nach Art. 112 § 1 VerfO EuGH, der nur auf die §§ 2 und 3 von Art. 38 verweist, im Rechtsmittelverfahren nicht anwendbar.[11]

9   Ein **Musterschriftsatz** ist unten wiedergegeben (s. u. Rdn. 35).

III. Das Verfahren

10   Im Falle eines Anschlussrechtsmittels durch den Rechtsmittelbeklagten (oder gegebenenfalls durch den Streithelfer) hat der Rechtsmittelführer das Recht, binnen zwei Monaten nach Zustellung der Rechtsmittelbeantwortung eine **Erwiderung** einzureichen, die sich auf den Gegenstand des Anschlussrechtsmittels beschränkt (Art. 117 § 2 VerfO EuGH). Ein Antrag auf Einreichung einer Erwiderung muss in diesem Fall nicht gestellt werden. Im Übrigen dürfen weitere Schriftsätze nur auf Antrag unter den Voraussetzungen des Art. 117 § 1 VerfO EuGH ausgetauscht werden.[12]

11   Betreffen mehrere Rechtssachen den gleichen Gegenstand oder stehen sie ihrem Gegenstand nach miteinander in Zusammenhang, können sie nach Art. 43 VerfO EuGH zu gemeinsamem schriftlichen und mündlichen Verfahren und zu gemeinsamer Entscheidung **verbunden** werden.[13]

---

[7] EuGH, 27. 10. 2010, T-22/10 P (Nr. 36) – *Clina*; 23. 10. 2009, C-561/08 P u. C-4/09 P (Nr. 58) – Kommission/Potamianos.

[8] Die formalen Anforderungen entsprechen im Übrigen den Anforderungen an die Klageschrift zum EuG, siehe oben § 6 Rdn. 24 ff.

[9] EuGH, 27. 10. 2010, T-22/10 P (Nr. 35–37) – *Clina*; GRUR 2008, 343 (Nr. 45) – *Bainbridge*.

[10] EuGH, 4. 12. 2009, C-488/08 P u. C-489/08 P (Nr. 44) – *Epican*; GRUR 2008, 343 (Nr. 46) – *Bainbridge*.

[11] EuGH, 22. 10. 2010, C-84/10 P (Nr. 18–20) – *Kids Vits*.

[12] Vgl dazu oben § 6 Rdn. 65–66.

[13] EuGH, 24. 11. 2009, C-364/09 P (Nr. 5) – *Alaska*; 11. 2. 2009, C-202/08 P u. C-208/08 P – *Ahornblatt*. Siehe dazu oben § 6 Rdn. 77–79.

IV. Rücknahme des Rechtsmittels und Erledigung

Das Rechtsmittel kann gemäß Art. 78 VerfO EuGH durch schriftliche Erklärung gegen- **12** über dem Gerichtshof zurückgenommen werden. Der Präsident der Kammer ordnet danach die Streichung der Rechtssache im Register an. Gemäß Art. 69 § 5 VerfO EuGH trägt die Rechtsmittelführerin die Kosten, wenn die Gegenpartei einen entsprechenden Kostenantrag stellt.[14]

Führt die Rücknahme der angefochtenen Gemeinschaftsmarke oder die Rücknahme des **13** Widerspruchs bzw. des Antrags auf Verfall oder Nichtigkeit zur Beendigung des Rechtsstreits, so kann der Gerichtshof durch Beschluss feststellen, dass das vorliegende Rechtsmittel gegenstandslos geworden und die Hauptsache somit **erledigt** ist.[15] Nach der Rücknahme kann das Rechtsmittel dem Rechtsmittelführer in der Regel keinen Vorteil mehr verschaffen, so dass er kein Rechtsschutzinteresse mehr hat.

Lediglich in Ausnahmefällen wird der Rechtsmittelführer immer noch ein Rechtsschut- **14** zinteresse daran haben, die Rechtswirkungen des mit diesem Rechtsmittel angefochtenen Urteils in Frage zu stellen.[16] Nach Art. 69 § 6 VerfO EuGH, der nach Art. 118 VerfO EuGH für das Rechtsmittelverfahren gilt, entscheidet der Gerichtshof nach freiem Ermessen über die Kosten, wenn er die Hauptsache für erledigt erklärt. In der Regel wird die Partei die Kosten tragen, der die Erledigung der Hauptsache zuzuschreiben ist.[17]

V. Urteil

Gemäß Art. 61 Abs. 1 S. 2 Satzung EuGH kann der Gerichtshof, wenn er das Urteil des **15** Gerichts aufhebt, den Rechtsstreit selbst endgültig entscheiden, wenn dieser zur Entscheidung reif ist. Nicht entscheidungsreif ist die Sache insbesondere, wenn vom EuG noch eine Würdigung von Tatsachenelementen vorzunehmen ist.[18]

Auch wenn die Rechtsmittelführerin lediglich die Aufhebung der EuG-Urteils beantragt **16** hatte, kann der Gerichtshof den Rechtsstreit selbst endgültig entscheiden.[19] Nach Art. 122 Abs. 1 VerfO EuGH entscheidet der Gerichtshof über die Kosten, wenn das Rechtsmittel begründet ist und er selbst den Rechtsstreit endgültig entscheidet. Nach Art. 69 § 2 VerfO EuGH, der nach Art. 118 VerfO EuGH auf das Rechtsmittelverfahren entsprechende Anwendung findet, ist die unterliegende Partei auf Antrag zur Tragung der Kosten beider Rechtszüge zu verurteilen.

Im Falle der Zurückverweisung ist das Gericht an die rechtliche Beurteilung in der Ent- **17** scheidung des Gerichtshofs gebunden.

---

[14] Vgl. EuGH, 10.2. 2010, C-364/09 P u. C-365/09 P (Nr. 4) – *Alaska*.

[15] EuGH, 19.5. 2009, C-565/07 P (Nr. 14–15) – *AMS Advanced Medical Services*; 11.10. 2007, C-301/05 P (Nr. 18) – *Rockbass*; 19.1. 2006, C-82/04 P (Nr. 19, 21) – *TDI*; 1.12. 2004, C-498/01 P – *New Born Baby*.

[16] EuGH, 1.12. 2004, C-498/01 P (Nr. 10–11) – *New Born Baby*. Zum Rechtsschutzinteresse siehe oben § 6 Rdn. 102.

[17] EuGH, 19.5. 2009, C-565/07 P (Nr. 19) – *AMS Advanced Medical Services*; 11.10. 2007, C-301/05 P (Nr. 27) – *Rockbass*; 19.1. 2006, C-82/04 P (Nr. 25) – *TDI*.

[18] EuGH GRUR Int. 2011, 506 – *Bud*.

[19] EuGH WRP 2010, 364 (Nr. 23, 52) – *Vorsprung durch Technik*; 8.5. 2008, C-304/06 P (Nr. 65) – *Eurohypo*.

18   Wird die Rechtssache an das Gericht zurückverwiesen, wird die Entscheidung über die Kosten des Rechtsmittelverfahrens vorbehalten.[20] Nach Art. 69 § 2 VerfO EuGH, i.V.m. Art. 118 VerfO EuGH, ist die unterliegende Partei auf Antrag zur Tragung der Kosten zu verurteilen. Voraussetzung ist, dass die obsiegende Partei einen entsprechenden Kostenantrag gestellt hat.

19   **1. Prüfungsumfang.** Nach Art. 256 Abs. 1 Unterabs. 2 AEUV und Art. 58 Abs. 1 Satzung EuGH ist das Rechtsmittel auf **Rechtsfragen** beschränkt. Allein das Gericht ist daher für die Feststellung und Beurteilung der relevanten Tatsachen und die Beweiswürdigung zuständig. Die Würdigung dieser Tatsachen und Beweismittel ist somit, vorbehaltlich ihrer Verfälschung, keine Rechtsfrage, die als solche der Kontrolle des Gerichtshofs im Rahmen eines Rechtsmittels unterläge.[21] Wird eine Verfälschung der Tatsachen geltend gemacht, so muss sich eine solche Verfälschung aus den Akten offensichtlich ergeben, ohne dass eine neue Tatsachen- und Beweiswürdigung vorgenommen werden muss.[22]

20   Hingegen können die im ersten Rechtszug geprüften Rechtsfragen im Rechtsmittelverfahren erneut aufgeworfen werden, wenn ein Rechtsmittelführer die Auslegung oder Anwendung des Unionsrechts durch das Gericht beanstandet.[23] Aus diesem Grund ist das Rechtsmittel nicht deshalb unzulässig, weil dessen Begründung mit der Begründung der beim Gericht erhobenen Klage identisch ist.[24]

21   Rügt die Rechtsmittelführerin, dass das Gericht die Bedeutung von Art. 8 Abs. 1 lit. b GMV dadurch verkannt habe, dass es sich auf die Untersuchung der in Rede stehenden Marken dem Bild nach beschränkt und keine klangliche und begriffliche Untersuchung dieser Marken vorgenommen habe, so bezieht sich dieses Vorbringen auf eine **zulässige Rechtsfrage**.[25] Zulässig ist auch die Rüge der Rechtsmittelführerin, dass das Gericht im Rahmen der Beurteilung der Zeichenähnlichkeit hätte berücksichtigen müssen, dass die ältere Marke eine Wortmarke ist.[26] Ebenfalls eine zulässige Rechtsfrage betrifft die Rüge, das Gericht habe mit seiner Annahme, das Vorliegen einer Markenfamilie sei im Rahmen der Beurteilung der Ähnlichkeit nicht maßgeblich, die Tragweite von Art. 8 Abs. 1 Buchst. b GMV verkannt.[27]

22   Eine **unzulässige Würdigung von Tatsachen** ist das Vorbringen der Rechtsmittelführerin im *ex parte* Verfahren, das Gericht habe eine bestimmte Lesart des angemeldeten Zei-

---

[20] Vgl. EuGH, 24.6. 2010, C-51/09 P (Nr. 42) – *Barbara Becker*; GRUR 2007, 700 (Nr. 47) – *Limoncello*.

[21] EuGH, 24.3. 2011, C-552/09 P (Nr. 73) – *Timi Kinderjoghurt*; 13.1. 2011, C-92/10 P (Nr. 27) – *Best buy*; 2.9. 2010, C-254/09 P (Nr. 49) – *CK Creaciones Kennya*; 5.2. 2010, C-80/09 P (Nr. 25) – *Patentconsult*; 4.12. 2009, C-488/08 P u. C-489/08 P (Nr. 37) – *Epican*; 2.12. 2009, C-553/08 P (Nr. 49) – *Manpower*; 3.9. 2009, C-498/07 P (Nr. 78) – *La Española*; GRUR 2008, 339 (Nr. 97) – *Develey*; 9.3. 2007, C-245/06 P (Nr. 33) – *Selezione Oro*; GRUR 2007, 700 (Nr. 28) – *Limoncello*; GRUR 2006, 1054 (Nr. 26) – *Sissi Rossi*; GRUR 2006, 1022 (Nr. 40) – *Bonbonverpackung*; GRUR 2006, 233 (Nr. 35) – *Standbeutel*; 19.9. 2002, C-104/00 P (Nr. 22) – *Companyline*.

[22] EuGH, 4.12. 2009, C-488/08 P u. C-489/08 P (Nr. 38) – *Epican*; GRUR Int. 2009, 911 (Nr. 41) – *Waterford Stellenbosch*.

[23] EuGH, 24.3. 2011, C-552/09 P (Nr. 74) – *Timi Kinderjoghurt*; GRUR Int. 2008, 830 (Nr. 43) – *Aire limpio*.

[24] EuGH GRUR Int. 2008, 830 (Nr. 42) – *Aire limpio*.

[25] EuGH GRUR 2007, 700 (Nr. 29–30) – *Limoncello*.

[26] EuGH, 24.3. 2011, C-552/09 P (Nr. 84) – *Timi Kinderjoghurt*.

[27] EuGH, 24.3. 2011, C-552/09 P (Nr. 95–96) – *Timi Kinderjoghurt*.

chens fälschlicherweise ausgeschlossen,[28] das Verständnis eines englischen Wortes durch die maßgeblichen Verkehrskreise in den nicht englischsprachigen Mitgliedstaaten der EU nicht hinreichend geprüft[29] oder nicht berücksichtigt, dass das beanstandete Zeichen eine ungewöhnliche Struktur aufweise, da ihm die grammatikalisch falsche Bildung den Charakter einer auffälligen Neuschöpfung verleihe.[30]

Auch die Rüge der Rechtsmittelführerin, das Gericht habe zu Unrecht den Schluss gezo- **23** gen, dass die fraglichen Waren aufgrund ihrer gemeinsamen Zweckbestimmung, ihrer gemeinsamen Fertigung durch bestimmte Unternehmen und ihr häufiges Angebot auf denselben Ausstellungsflächen ähnlich seien[31] oder dass im Rahmen des Warenvergleichs das Kriterium der Produktform nicht ordnungsgemäß berücksichtigt worden sei,[32] zielt auf eine erneute **Tatsachenwürdigung** ab und ist daher **unzulässig**. Ebenso betreffen Feststellungen zur klangliche Ähnlichkeit[33] oder zur begrifflichen Bedeutung der Konfliktzeichen[34] oder zur Aufmerksamkeit der Verbraucher[35] eine unzulässige Tatsachenwürdigung und keine Rechtsfrage, es sei denn, dass geltend gemacht wird, das Gericht habe die ihm unterbreiteten Tatsachen verfälscht.

Es ist allein Sache des EuG, den Wert der ihm vorgelegten **Beweise** zu beurteilen. Die **24** Würdigung der Beweismittel ist, außer im Fall einer Verfälschung der Beweise, keine Rechtsfrage, die als solche der Kontrolle des Gerichtshofs unterläge.[36] So ist z.B. die Überprüfung der **Benutzungsunterlagen** eine unzulässige Tatsachenwürdigung.[37]

Gemäß Art. 113 § 2 VerfO EuGH kann das Rechtsmittel den vor dem Gericht verhan- **25** delten **Streitgegenstand nicht verändern**. Im Rahmen eines Rechtsmittelverfahrens sind die Befugnisse des Gerichtshofs nämlich auf die Beurteilung der rechtlichen Entscheidung über das im ersten Rechtszug erörterte Vorbringen beschränkt.[38] Rügt die Rechtsmittelführerin, dass die Praxis des HABM nicht kohärent sei, so ist dieses Vorbringen gegen die angefochtene Entscheidung der Beschwerdekammer gerichtet und nicht gegen die Begründung des Gerichts im angefochtenen Urteil. Dieser Rechtsmittelgrund ist daher als unzulässig zurückzuweisen.[39]

Die Rechtsmittelführerin darf sich vor dem EuGH nicht auf ein **neues**, nicht vor dem **26** EuG geltend gemachtes **Angriffsmittel** berufen. Denn nach ständiger Rechtsprechung sind die Befugnisse des Gerichtshofs im Rahmen eines Rechtsmittels auf die Beurteilung der rechtlichen Entscheidung über das im ersten Rechtszug erörterte Vorbringen beschränkt.[40]

---

[28] EuGH, 13.1. 2011, C-92/10 P (Nr. 28) – *Best buy*.

[29] EuGH, 2.12. 2009, C-553/08 P (Nr. 51–52) – *Manpower*.

[30] EuGH, 5.2. 2010, C-80/09 P (Nr. 28–29) – *Patentconsult*.

[31] EuGH, 4.12. 2009, C-488/08 P u. C-489/08 P (Nr. 40) – *Epican*.

[32] EuGH, 26.4. 2007, C-412/05 P (Nr. 75) – *Travatan*.

[33] EuGH, 27.10. 2010, T-22/10 P (Nr. 33–34) – *Clina*; 30.6. 2010, C-448/09 P (Nr. 80) – *Centrixx*.

[34] EuGH, 27.10. 2010, T-22/10 P (Nr. 43–44) – *Clina*; 30.6. 2010, C-448/09 P (Nr. 82–83) – *Centrixx*; GRUR 2008, 343 (Nr. 42–43) – *Bainbridge*.

[35] EuGH, 15.12. 2010, C-156/10 P (Nr. 39–41) – *DSBW*; 22.10. 2010, C-84/10 P (Nr. 29) – *Kids Vits*; 3.9. 2009, C-498/07 P (Nr. 77) – *La Española*; GRUR Int. 2008, 43 (Nr. 51) – *Waschtablette (blauer ovaler Kern)*.

[36] EuGH, 4.12. 2009, C-488/08 P u. C-489/08 P (Nr. 47) – *Epican*.

[37] EuGH GRUR 2008, 343 (Nr. 75–76) – *Bainbridge*.

[38] EuGH MarkenR 2008, 387 (Nr. 56) – *Quicky*; MarkenR 2008, 160 (Nr. 49) – *Hairtransfer*.

[39] EuGH MarkenR 2008, 160 (Nr. 40, 52) – *Hairtransfer*.

[40] EuGH, 13.1. 2011, C-92/10 P (Nr. 93) – *Best buy*; 25.2. 2010, C-408/08 P (Nr. 53) – *Color edition*.

Unzulässig ist beispielsweise die vor dem EuG nicht vorgebrachte Rüge der Rechtsmittelführerin, die Beschwerdekammer habe das Erfordernis einer Beurteilung der angemeldeten Marke in ihrer Gesamtheit nicht beachtet.[41] Unzulässig ist auch das erstmalige Vorbringen der Rechtsmittelführerin, dass die von der Gegenseite im Verfahren vor dem Amt eingereichten Benutzungsunterlagen in Wirklichkeit die Benutzung einer anderen Marke beträfen.[42] Insoweit handelt es sich um ein neues Angriffsmittel, das den Streitgegenstand erweitert und infolgedessen nicht erstmals im Stadium des Rechtsmittels geltend gemacht werden kann.[43]

27 **2. Entscheidung durch Beschluss.** Nach Art. 119 VerfO EuGH kann der Gerichtshof jederzeit auf Bericht des Berichterstatters nach Anhörung des Generalanwalts das Rechtsmittel ganz oder teilweise durch Beschluss, der mit Gründen zu versehen ist, zurückweisen, wenn das Rechtsmittel ganz oder teilweise offensichtlich unzulässig oder offensichtlich unbegründet ist. In den letzten Jahren hat der Gerichtshof von dieser Möglichkeit immer häufiger Gebrauch gemacht.

VI. Kosten und Kostenfestsetzung

28 Ebenso wie das Verfahren vor dem EuG ist auch das Rechtsmittelverfahren vor dem EuGH grundsätzlich **frei von Gerichtskosten** (vgl. Art. 72 VerfO EuGH).

29 Nach Art. 69 § 1 VerfO EuGH, der gemäß Art. 118 VerfO EuGH auf das Rechtsmittelverfahren anzuwenden ist, wird über die Kosten im Endurteil oder in dem Beschluss, der das Verfahren beendet, entschieden. Art. 122 Abs. 1 VerfO EuGH stellt klar, dass der Gerichtshof im Rechtsmittelverfahren dann über die Kosten entscheidet, wenn das Rechtsmittel zurückgewiesen wird oder wenn das Rechtsmittel begründet ist und der Gerichtshof den Rechtsstreit endgültig entscheidet. Im Übrigen richtet sich die Kostenverteilung nach Art. 69 VerfO EuGH. Grundsätzlich trägt die unterliegende Partei sämtliche Verfahrenskosten, sofern die Gegenseite einen entsprechenden Antrag gestellt hat (Art. 69 § 2 VerfO EuGH). Der Gerichtshof kann von diesem Grundsatz jedoch unter den Voraussetzungen des Art. 69 § 3 VerfO EuGH abweichen. Ob der Streithelfer die Kosten der Gegenseite tragen muss oder seine Kosten von der Gegenseite erstattet werden, richtet sich danach, ob die unterstützte Partei obsiegt oder nicht. In jedem Fall ist auch insoweit wieder erforderlich, dass der Streithelfer einen Antrag auf Erstattung der Kosten stellt. Selbst wenn die unterstützte Partei obsiegt, kann der Gerichtshof entscheiden, dass der Streithelfer seine eigenen Kosten trägt (Art. 69 § 3 VerfO EuGH). Im Fall der Rücknahme des Rechtsmittels bestimmt sich die Kostenverteilung nach Art. 122 Abs. 3 iVm Art. 69 § 5 VerfO EuGH. Bei Erledigung der Hauptsache entscheidet der Gerichtshof über die Kosten nach freiem Ermessen (Art. 69 § 6 VerfO EuGH).

30 Auf Antrag setzt der Gerichtshof die **festzusetzenden Kosten** in einem **Beschluss** fest (Art. 74 § 1 VerfO EuGH). Der Gerichtshof entscheidet über die Festsetzung nach freiem Ermessen.[44] Der Gerichtshof berücksichtigt insbesondere, dass das Rechtsmittelverfahren seinem Wesen nach auf Rechtsfragen beschränkt ist und keine Feststellung von Tatsachen

---

41 EuGH, 13. 1. 2011, C-92/10 P (Nr. 38) – *Best buy.*
42 EuGH, 29. 7. 2010, C-214/09 P (Nr. 99–100) – *Budweiser.*
43 Vgl. insbesondere EuGH GRUR Int. 2009, 397 (Nr. 125) – *Mobilix.*
44 Siehe oben § 6 Rdn. 123 ff.

zum Ziel hat. Außerdem zieht der Gerichtshof bei der Bestimmung der Schwierigkeit und des Arbeitsaufwands in Erwägung, dass der Rechtsstreit vor dem Rechtsmittelverfahren bereits von drei Instanzen geprüft wurde.[45]

Zum Zwecke der Vollstreckung können die Parteien eine Ausfertigung des Kostenfestset- **31** zungsbeschlusses beantragen (Art. 74 § 2 VerfO EuGH). Die Vollstreckung richtet sich nach Art. 280 AEUV iVm Art. 299 AEUV.

VII. Verfahren nach Zurückverweisung der EuGH an das EuG

Ist das Rechtsmittel begründet, der Rechtsstreit aber noch **nicht entscheidungsreif**, **32** **verweist** der Gerichtshof die Sache zur Entscheidung an das Gericht **zurück** (Art. 61 Abs. 1 Satzung EuGH). Welcher Spruchkörper zuständig ist, richtet sich nach Art. 118 VerfO EuG: Das von einer Kammer getroffene aufgehobene Urteil des Gerichts wird nicht zwangsläufig derselben Kammer zugewiesen. Vielmehr kann der Präsident des Gerichts die Sache auch einer anderen Kammer mit der gleichen Richterzahl zuweisen (Art. 118 § 1 VerfO EuG). Die Kanzlei des Gerichts fordert die Beteiligten auf, gemäß Art. 119 § 1 VerfO EuG innerhalb von zwei Monaten nach Zustellung des Urteils des Gerichtshofs ihre Schriftsätze zum weiteren Verfahren in der vorliegenden Rechtssache auf das genannte Urteil hin einzureichen. Je nach den Umständen des Einzelfalles kann das Gericht die Einreichung weiterer Schriftsätze gestatten (Art. 119 § 3 VerfO EuG). Wie im Ausgangsverfahren können neue Angriffs- und Verteidigungsmittel nur dann vorgebracht werden, wenn sie auf rechtliche oder tatsächliche Gründe gestützt werden, die erst während des Verfahrens zutage getreten sind (Art. 120 iVm Art. 48 § 2 Abs. 2 VerfO EuG).

Ist eine Person bereits im Ausgangsverfahren als Streithelfer aufgetreten, so behält sie die- **33** sen Status auch nach Rückverweisung der Rechtssache durch den EuGH (vgl. Art. 119 § 1 lit. c VerfO EuG). Demgegenüber ist ein erstmalig nach der Rückverweisung gestellter Antrag auf Zulassung als Streithelfer in diesem Verfahrensstadium unzulässig.[46]

Hat der Gerichtshof die Kostenentscheidung in seinem Urteil vorbehalten, hat das Ge- **34** richt gemäß Art. 121 VerfO EuG über die gesamten Kosten der verschiedenen Verfahren zu entscheiden.[47]

---

[45] EuGH, 16.10.2007, C-512/04 P DEP – *Vitakraft.*
[46] *Wägenbaur*, Art. 120 VerfO EuG, Rn. 2.
[47] EuG GRUR 15.6.2005, T-7/04 (Nr. 87) – *Limoncello.*

35   **VIII. Musterschriftsatz (Beispiel) – Rechtsmittel zum EuGH**

> Zu den formalen Anforderungen an die Rechtsmittelschrift,
> siehe § 6 Rdn. 35 ff. und § 7 Rdn. 7 ff.

Vorab per Telefax/E-Mail

An die
Kanzlei des Gerichthofs der Europäischen Union
Rue du Fort Niedergrünewald
L-2925 Luxemburg

[Name und Anschrift des Vertreters]

**An den Herrn Präsidenten und die Mitglieder des Gerichtshofes
der Europäischen Union**

R E C H T S M I T T E L

der [Name und Anschrift der Rechtsmittelführerin]

Rechtsmittelführerin und Klägerin im ersten Rechtszug

gegen

**das Urteil des Gerichts der Europäischen Union vom [Datum] in der Rechtssache
[Nummer der Rechtssache] wegen Zurückweisung der Gemeinschaftsmarkenanmeldung [Nummer der Anmeldung und Zeichen]**

Andere Verfahrensbeteiligte im ersten Rechtszug:
Harmonisierungsamt für den Binnenmarkt (Marken, Muster, Modelle), Avenida de Europa
4, 03008 Alicante (Spanien),

Beklagte im ersten Rechtszug.

Gemäß Artikel 256 (1) AEUV i. V. m. Artikel 56 der Satzung des Gerichtshofs legen wir hiermit namens und im Auftrag der Rechtsmittelführerin gegen das Urteil des Gerichts vom
[Datum] in der Rechtssache [Nummer] Rechtsmittel ein.

Inhaltsübersicht

    I. Formale Aspekte
   II. Vorgeschichte des Rechtsstreits
  III. Rechtlicher Rahmen
  IV. Rechtsmittelgründe
     1. Verstoß gegen Artikel 7 Abs. 1 lit. b GMV
     2. Verstoß gegen Artikel 7 Abs. 3 GMV
     3. Zusammenfassung
   V. Antrag

Rechtsmittelbegründung

I. Formale Aspekte

1. Eine Kopie des angefochtenen Urteils [Nummer der Rechtssache] des Gerichts vom [Da-
tum der Entscheidung] ist beigefügt als

Anlage.

2. Die Rechtsmittelführerin erklärt sich damit einverstanden, dass Zustellungen an den Prozessbevollmächtigten mittels Fernkopierer oder sonstiger technischer Kommunikationsmittel nach Maßgabe der Verfahrensordnung des Gerichtshofs erfolgen:

Telefax [Nummer]   E-Mail: [Adresse]

II. Vorgeschichte des Rechtsstreits

3. Mit am [Datum] bei der Beklagten eingereichter Anmeldung beantragte die Rechtsmittelführerin die Eintragung der Wortmarke [Nummer] [Zeichen] als Gemeinschaftsmarke für die folgenden Waren entsprechend der Klasseneinteilung des Abkommens von Nizza über die internationale Klassifikation von Waren und Dienstleistungen für die Eintragung von Marken vom 15. Juni 1957 in revidierter und geänderter Fassung:

Klasse[n]: [Waren/Dienstleistungen]

4. Mit Bescheid vom [Datum] wies der Prüfer die Anmeldung hinsichtlich aller angemeldeten Waren unter Hinweis auf Artikel 7 Absatz 1 Buchstabe b GMV zurück. Das angemeldete Zeichen sei originär nicht unterscheidungskräftig. Der Nachweis der Erlangung von Unterscheidungskraft durch Benutzung sei der Rechtsmittelführerin nicht gelungen.

5. Am [Datum] erhob die Rechtsmittelführerin Beschwerde gegen die Entscheidung des Prüfers.

6. Mit Entscheidung vom [Datum] wies die [Beschwerdekammer] des Amtes die Beschwerde zurück. Sie war der Ansicht, dass dem von der Gemeinschaftsmarkenanmeldung erfassten Zeichen keine originäre Unterscheidungskraft zukomme. Auch habe die Rechtsmittelführerin den Nachweis der Verkehrsdurchsetzung gemäß Art. 7 Abs. 3 GMV nicht erbracht.

7. Die Rechtmittelführerin erhob am [Datum] gegen diese Entscheidung Klage zum Gericht.

8. Das Gericht bestätigte die Entscheidung der Beschwerdekammer mit dem hier angefochtenen Urteil vom [Datum].

9. Das Gericht begründete das Urteil wie folgt: …

III. Rechtlicher Rahmen

10. Artikel 7 der Verordnung (EG) Nr. 207/2009 des Rates vom 26. Februar 2009 über die Gemeinschaftsmarke (ABl. L 78, S. 1) bestimmt

(1) Von der Eintragung ausgeschlossen sind

…

b) Marken, die keine Unterscheidungskraft haben.

(3) Die Vorschriften des Absatzes 1 Buchstaben b), c) und d) finden keine Anwendung, wenn die Marke für die Waren oder Dienstleistungen, für die die Eintragung beantragt wird, infolge ihrer Benutzung Unterscheidungskraft erlangt hat. (3) Die Vorschriften des Absatzes 1 Buchstaben b), c) und d) finden keine Anwendung, wenn die Marke für die Waren oder Dienstleistungen, für die die Eintragung beantragt wird, infolge ihrer Benutzung Unterscheidungskraft erlangt hat.

IV. Rechtsmittelgründe

11. Die Klägerin macht zwei Rechtsmittelgründe geltend, nämlich die Verletzung von Artikel 7 Abs. 1 lit. b GMV und Artikel 7 Absatz 3 GMV.

1. Verstoß gegen Artikel 7 Abs. 1 lit. b GMV

16. Die Beurteilung der fehlenden Unterscheidungskraft der angefochtenen Marke genügt nicht den rechtlichen Anforderungen des Art. 7 Abs. 1 lit. b GMV. Nach der Rechtsprechung des Europäischen Gerichtshofs weist eine Marke, die erheblich von der Branchenüblichkeit abweicht, die notwendige Unterscheidungskraft auf ...

2. Verstoß gegen Artikel 7 Abs. 3 GMV

17. Die Rechtsauffassung des Gerichts zu Art. 7 Abs. 3 GMV ist aus den folgenden Gründen zu beanstanden ...

3. Zusammenfassung

18. Das angefochtene Urteil verstößt aus den folgenden Gründen gegen Artikel 7 Abs. 1 lit. b GMV und Artikel 7 Absatz 3 GMV: ...

V. Antrag

19. Wir **beantragen** daher,
    das Urteil [Nummer der Rechtssache] des Gerichts vom [Datum des Urteils] aufzuheben (ODER: das Urteil [Nummer der Rechtssache] des Gerichts vom [Datum des Urteils] dahingehend abzuändern, dass ...)
    die Kosten der Beklagten aufzuerlegen.
[Name/Unterschrift Vertreter]
1 Original und 6 beglaubigte Kopien

ANLAGENLISTE			
Anlage	Betreff	Randnr. zur Anlage	Seitennr.
Anlage	Kopie des angefochtenen Urteils [Nummer Rechtssache] des Gerichts vom [Datum]	1	2

Anhang

Übersicht

Anhang I
Gebührenliste laut Verordnung (EG) Nr. 355/2009

Gebühr	Gebüh-rencode	Betrag
Unmittelbar an das HABM zu entrichtende Gebühren		
Grundgebühr für eine Einzelmarke (Artikel 26 (2); Regel 4 (a))	F-001	1050 €
Grundgebühr für eine Einzelmarke – e-filing	F-001	900 €
Gebühr für jede Waren- und Dienstleistungsklasse ab der vierten Klasse (Einzelmarke) (Artikel 26 (2); Regel 4 (b))	F-002	150 €
Grundgebühr für eine Kollektivmarke (Artikel 26 (2) und 66 (3); Regel 4 (a) und 42)	F-001	1800 €
Gebühr für jede Waren- oder Dienstleistungsklasse ab der vierten Klasse für eine Kollektivmarke (Artikel 26 (2) und 66 (3); Regel 4 (b) und 42)	F-002	300 €
Gebühr für nationale Recherchenberichte	F-003	132 €
Widerspruchsgebühr (Artikel 41 (3); Regel 18 (1))	F-005	350 €
Gebühr für die Änderung der Wiedergabe einer Marke (Artikel 162 (2) Nr. 1 und Artikel 44 (2); Regel 13 (2))	F-006	seit 25/07/2005 gebührenfrei
Grundgebühr für die Verlängerung einer Einzelmarke (Artikel 47 (1); Regel 30 (2) (a))	F-012	1500 €
Gebühr für eine elektronische Verlängerung („E-renewal")	F-012	1350 €

Gebühr	Gebührencode	Betrag
Gebühr für jede Waren- oder Dienstleistungsklasse ab der vierten Klasse für eine Einzelmarke (Artikel 47 (1), Regel 30 (2) (b))	F-012	400 €
Grundgebühr für die Verlängerung einer Kollektivmarke (Artikel 47 (1) und 66 (3); Regel 30 (2) (b) and 42)	F-012	3000 €
Gebühr für jede Waren- oder Dienstleistungsklasse ab der vierten Klasse für eine Kollektivmarke (Artikel 47 (1) und 66 (3); Regel 30 (2) (b) und 42)	F-012	800 €
Zuschlagsgebühr wegen verspäteter Zahlung der Verlängerungsgebühr oder wegen verspäteter Stellung des Verlängerungsantrags (Artikel 47 (3); Regel 30 (2) (c))	F-016	25 % (max. 1500 €)
Gebühr für den Antrag auf Erklärung des Verfalls oder der Nichtigkeit (Artikel 55 (2); Regel 39 (2))	F-017	700 €
Beschwerdegebühr (Artikel 60, Regel 49 (1))	F-018	800 €
Wiedereinsetzungsgebühr (Artikel 81 (3))	F-019	200 €
Umwandlungsgebühr (Artikel 113 (1), Regel 45 (2))	F-020	200 €
Gebühr für die Eintragung der teilweisen oder vollständigen Übertragung der Anmeldung einer GM (Artikel 24 und Artikel 162 (2) Nr. 4; Regel 31 (4) und (8))	F-021	seit 25/07/2005 gebührenfrei
Gebühr für die Eintragung der teilweisen oder vollständigen Übertragung der GM (Artikel 162 (2) Nr. 4; Regel 31 (4))	F-022	seit 25/07/2005 gebührenfrei
Gebühr für die Eintragung einer Lizenz oder eines anderen Rechts an einer GM (Artikel 162 (2) Nr. 5, Regel 33 (1)) bzw. an der Anmeldung einer GM (Artikel 162 (2) Nr. 6; Regel 33 (4)	F-023	200 € (max. 1000 €)
Gebühr für die Löschung der Eintragung einer Lizenz oder eines anderen Rechts (Artikel 162 (2) Nr. 7; Regel 35 (3))	F-024	200 € (max. 1000 €)
Gebühr für die Änderung einer eingetragenen GM (Artikel 162 (2) Nr. 8; Regel 25 (2))	F-025	200 € (max. 1000 €)
Gebühr für die Ausstellung von beglaubigten Kopien einer GM-Anmeldung (Artikel 162 (2) Nr. 12; Regel 89 (5)), für die Ausstellung einer Ausfertigung der Eintragungsurkunde (Artikel 162 (2) Nr. 3; Regel 24 (2), oder für einen Auszug aus dem Register (Artikel 162 (2) Nr. 9; Regel 84 (6))	F-026	unbeglaubigte Kopie oder Auszug: 10 €; beglaubigte Kopie oder Auszug: 30 €
Gebühr für die Akteneinsicht (Artikel 162 (2) Nr. 10; Regel 89 (1))	F-027	30 €
Gebühr für die Erteilung von Kopien (Artikel 162 (2) Nr. 11; Regel 89 (5))	F-028	unbeglaubigte Kopie: 10 €, beglaubigte Kopie: 30 €, zusätzlich 1 € pro Seite ab der 11. Seite
Gebühr für die Erteilung von Auskunft aus den Akten (Artikel 162 (2) Nr. 13, Regel 90))	F-029	seit 25/07/2005 nur noch 10 €

Gebühr	Gebührencode	Betrag
Gebühr für die Überprüfung der Festsetzung zu erstattender Verfahrenskosten (Artikel 162 (2) Nr. 14; Regel 94 (4))	F-030	100 €
Weiterbehandlungsgebühr (Artikel 82 (1))	F-033	400 €
Gebühr für die Erklärung der Teilung einer GM-Eintragung (Art. 49 (4)) oder einer GM-Anmeldung (Art. 44 (4)).	F-034	250 €
Gebühr für die Einreichung einer internationalen Anmeldung beim Amt (Artikel 147 Absatz 5)	F-W-001	300 €
Gebühr für die Durchführung eines Mediationsverfahren in den Geschäftsräumen des HABM in Brüssel	–	750 €

Anhang II
Anleitung für die elektronische Anmeldung
einer Gemeinschaftsmarke

Das elektronische Formular steht in allen Amtssprachen der EU zur Verfügung. Eine vorherige Registrierung ist nicht erforderlich.

Derzeit ist nur die Einreichung der Anmeldung auf elektronischem Weg möglich. Alle weiteren Dokumente müssen per Fax, auf dem Postweg oder persönlich beim HABM eingereicht werden.

Für die Anmeldung selbst muss kein zugelassener Vertreter bestellt werden, auch dann nicht, wenn der Anmelder nicht in der EU ansässig ist.

Die Anmeldung einer Gemeinschaftsmarke in **fünf Schritten**:

- Eingabe der Mindestangaben (Sprachen, Anmelder, Marke, Waren und Dienstleistungen, Gebühren, Unterschrift)
- Ggf. Hinzufügung der verlangten Anhänge
- Ausfüllung der Zahlungsmodalitäten und Unterzeichnung
- Nochmalige Überprüfung und Einreichung
- Drucken oder Speichern der am Bildschirm angezeigten Empfangsbescheinigung

Obligatorische Felder sind mit einem roten Sternchen (★) gekennzeichnet.

1. Speichern, Wiederherstellen und Drucken des Formulars

Das Anmeldeformular kann vor der Einreichung auf dem Computer gespeichert und vom Computer wiederhergestellt und ausgedruckt werden.

2. Verwendung früherer Gemeinschaftsmarke als Vorlage

Eine frühere Gemeinschaftsmarkenanmeldung oder –eintragung kann als Vorlage für die Anmeldung der neuen Gemeinschaftsmarke verwendet werden. Dazu muss die Nummer der früheren Anmeldung oder Eintragung eingegeben werden. Ist die Nummer nicht bekannt, kann die Marke in der Gemeinschaftsmarkendatenbank gesucht werden.

3. Aktenzeichen, Sprachen, Korrespondenzsprache, Übersetzung in Zweitsprache

Die Anmeldung kann in jeder der EU-Amtssprachen eingereicht werden (erste Sprache). Die zweite Sprache muss eine der fünf Sprachen des Amtes (Spanisch, Deutsch, Englisch, Französisch, Italienisch) sein und sich von der ersten Sprache unterscheiden.

Wenn der Anmelder mit dem Amt ausschließlich in der zweiten Sprache kommunizieren möchte, kann er das entsprechende Kontrollkästchen aktivieren. Dies ist nur möglich, wenn die erste Sprache nicht eine der fünf Amtssprachen des HABM ist.

Auf Wunsch kann der Anmelder seine eigene Übersetzung für die Abschnitte Beschreibung, Disclaimer, Angabe der Farben und Waren und Dienstleistungen bereitstellen. Dazu muss er das entsprechende Kontrollkästchen aktivieren.

4. Anmelder, Vertreter

Hat der Anmelder bereits eine ID-Nummer, kann er diese im Textfeld eingeben. Die gesamten Anmelderangaben werden automatisch im Formular eingefügt. Ebenso werden die Daten des Vertreters automatisch eingefügt, wenn der Vertreter seine ID-Nummer eingibt. Ansonsten müssen in dem Formular Mindestdaten zum Anmelder bzw. Vertreter gemacht werden.

Der Anmelder kann zwischen „natürliche Person", „juristische Person" und „natürliche Person: Sonderfall" wählen. Die letztgenannte Option betrifft Anmelder, die als Unternehmer unter eigenem Namen firmieren. Der Anmelder muss die Bezeichnung der Rechtsform, unter der er tätig ist, und seine Staatsangehörigkeit angeben.

Wenn ein Anmelder seinen Wohnsitz oder seinen Sitz oder eine tatsächliche und nicht nur zum Schein bestehende gewerbliche Niederlassung in der Europäischen Union hat, kann er im eigenen Namen handeln oder einen Vertreter benennen, wenn er dies wünscht.

Wichtig ist, dass der Anmelder seine Kontaktdaten bzw. die seines Vertreters so detailliert wie möglich angibt.

5. Nationale Recherche

Nationale Recherchenberichte werden nur erstellt, wenn der Anmelder das entsprechende Kontrollkästchen aktiviert. Bei einem Antrag auf Erstellung nationaler Recherchenberichte ist eine zusätzliche Gebühr zu zahlen. Die Anmeldung wird erst veröffentlicht, wenn alle Recherchenberichte erstellt und an den Anmelder übermittelt wurden.

6. Marke, Disclaimer, Gemeinschaftskollektivmarke

Der Anmelder kann die folgenden Arten von Marken anmelden: Wortmarke, Bildmarke, dreidimensionale Marke, Farbmarke per se, Hörmarke oder sonstige Marke.

Disclaimer: Hier kann der Anmelder eine Erklärung dazu eingeben, für welche Elemente der Marke keine ausschließlichen Rechte beansprucht werden.

Gemeinschaftskollektivmarke: Dieses Feld ist nur zu anzukreuzen, wenn es sich um eine Anmeldung einer Kollektivmarke handelt. In diesem Fall muss der Anmelder die Markensatzung für die Kollektivmarke und die Übersetzung dieser Satzungen in eine der fünf Amtssprachen des HABM beifügen.

Wiedergabe der Marke: Je nachdem, welche Art der Marke ausgewählt wurde, muss die Wiedergabe der Marke in dem entsprechenden Feld angegeben werden (für Wortmarken), oder eine Abbildung muss angehängt werden (für Nicht-Wortmarken).

Angabe von Farbe(n): Wird eine farbige Eintragung beantragt, muss die Wiedergabe farbig sein und die Farben, aus denen die Marke besteht, sind anzugeben. Es wird empfohlen, dabei auf einen international anerkannten Farbcode Bezug zu nehmen. Dem Anmelder steht es frei, selbst eine Beschreibung der Farben anzugeben. Dieses Feld ist obligatorisch, wenn eine Farbmarke per se oder eine Marke, die Farben enthält, angemeldet wird.

Beschreibung der Marke: In diesem Feld kann eine Beschreibung der Marke eingegeben werden.

Bei Nicht-Wortmarken muss in Form einer angehängten Datei eine Wiedergabe der Marken mitgeschickt werden. Als Anhänge dieser Art sind nur JPEG-Dateien mit je einer maximalen Größe von 2 MB zulässig. Nur eine Datei darf angehängt werden.

7. Waren und Dienstleistungen

Die Waren oder Dienstleistungen, für die die Marke geschützt werden soll, müssen angegeben werden. Waren und Dienstleistungen können manuell eingegeben werden oder über die Datenbank „EuroClass" gesucht und hinzugefügt werden.

Die Klassenüberschriften der Nizzaer Klassifikation werden standardmäßig angezeigt, wenn der Anmelder die Klasse wählt, die er in das Verzeichnis der Waren und Dienstleistungen einfügen möchte. Die einzelnen Begriffe müssen jeweils durch ein Semikolon getrennt sein.

Das Verzeichnis der Waren und Dienstleistungen muss in der ersten Anmeldesprache, die im Abschnitt „Sprachen" gewählt wurde, ausgefüllt werden.

Vor der Einreichung des GM-E-Filing-Formulars sollte der Anmelder sein Verzeichnis der Waren und Dienstleistungen anhand der EuroClass-Datenbank überprüfen lassen.

8. Priorität

Der Anmelder kann in diesem Abschnitt wählen, ob er eine Priorität jetzt oder später (innerhalb von zwei Monaten nach dem Anmeldetag) beansprucht. Will er die Priorität bei der Anmeldung beanspruchen, muss er in dem Formular die entsprechenden Felder ausfüllen. Die Priorität wird abgelehnt, wenn der „Tag der Erstanmeldung" mehr als sechs Monate vor dem heutigen Datum liegt.

Der Anmelder kann auch erklären, dass er weder zum Zeitpunkt der Anmeldung noch später einen Prioritätsanspruch geltend machen möchte. Mit dieser Option kann die Anmeldung unverzüglich der Prüfung unterzogen werden, ohne dass eine Verzögerung von zwei Monaten nach dem Anmeldetag entsteht, für den Fall, dass ein Prioritätsanspruch nach der Anmeldung geltend gemacht wird.

Das Prioritätsdokument kann (im PDF- oder JPEG-Format) angehängt werden.

9. Seniorität

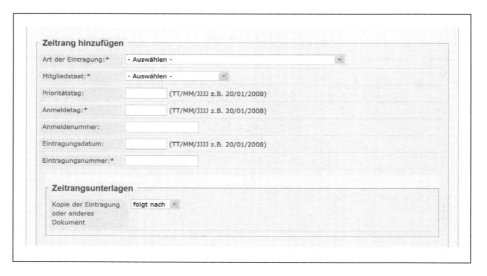

Wenn der Anmelder zum Zeitpunkt der Anmeldung einen Zeitrangsanspruch geltend machen möchte, muss er die entsprechenden Felder ausfüllen.

Das Dokument zum Nachweis der Seniorität kann (im JPEG-Format oder PDF-Format) angehängt werden.

10. Umwandlung, sonstige Anhänge, Gebühren

Umwandlung nach dem Madrider Protokoll: In diesem Abschnitt kann der Anmelder eine internationale Registrierung, in der die Europäische Union benannt ist, in eine Gemeinschaftsmarkenanmeldung umwandeln.

Gebühren: Dieser obligatorische Abschnitt ist erforderlich, um den fälligen Betrag zu berechnen und die Zahlung zu ermöglichen. Das E-Filing-System berechnet automatisch den zu zahlenden Gesamtbetrag. Eine Zahlung ist möglich durch Überweisung, Kreditkarte oder Abbuchung vom laufenden Konto des Amtes.

11. Unterschrift, Überprüfung des Entwurfs, Einreichung und Bestätigung

Das elektronische Anmeldeformular wird „unterschrieben", indem der Anmelder seinen Vor- und Nachnamen in dem entsprechenden Feld im elektronischen Formular eingibt. Der Anmelder kann einen zweiten Unterzeichner hinzufügen, indem er „Zweiten Unterzeichner hinzufügen" wählt.

Das Anmeldeformular wird auf unzulässige Daten und nicht ausgefüllte Abschnitte überprüft. Um die Daten in einem Abschnitt (z.B. Priorität) zu überprüfen, kann der Anmelder auf die Schaltfläche „Speichern" im entsprechenden Abschnitt des Anmeldeformulars klicken. Um alle Daten im Anmeldeformular zu überprüfen, klickt der Anmelder auf die Schaltfläche „Weiter".

Sobald die Anmeldung erfolgreich überprüft wurde, kann der Anmelder den Entwurf der Anmeldung ausdrucken, die Daten zu überprüfen und gegebenenfalls ändern, bevor er die Anmeldung definitiv bestätigt. Dem Anmelder ist zu empfehlen, das Anmeldeformular sorgfältig zu überprüfen, bevor die Anmeldung endgültig eingereicht wird.

Nach Einreichung der Anmeldung erhält der Anmelder eine Bestätigung, dass der Prozess erfolgreich abgeschlossen wurde. Die GM-Anmeldenummer sowie das Datum und die Uhrzeit (Mitteleuropäische Zeit) der Einreichung der Anmeldung werden angezeigt. Es wird dringend empfohlen, die Bestätigung auszudrucken oder zu speichern. Das Amt stellt keine weiteren Exemplare der Empfangsbescheinigung aus. Nur die Nutzer des Systems „MAILBOX" erhalten eine Kopie der Empfangsbescheinigung für die Anmeldung in ihrem Posteingang.

Anhang III
Verordnung (EG) Nr. 207/2009 des Rates
über die Gemeinschaftsmarke

Vom 26. Februar 2009
(ABl. EU Nr. L 78 S. 1)

(Text von Bedeutung für den EWR)

DER RAT DER EUROPÄISCHEN UNION –

gestützt auf den Vertrag zur Gründung der Europäischen Gemeinschaft, insbesondere auf Artikel 308,

auf Vorschlag der Kommission,

nach Stellungnahme des Europäischen Parlaments[*],

in Erwägung nachstehender Gründe:

(1) Die Verordnung (EG) Nr. 40/94 des Rates vom 20. Dezember 1993 über die Gemeinschaftsmarke[**] ist mehrfach und in wesentlichen Punkten geändert worden[***]. Aus Gründen der Übersichtlichkeit und Klarheit empfiehlt es sich, die genannte Verordnung zu kodifizieren.

(2) Die harmonische Entwicklung des Wirtschaftslebens innerhalb der Gemeinschaft und eine beständige und ausgewogene Wirtschaftsausweitung sind durch die Vollendung und das reibungslose Funktionieren des Binnenmarktes zu fördern, der mit einem einzelstaatlichen Markt vergleichbare Bedingungen bietet. Um einen solchen Markt zu verwirklichen und seine Einheit zu stärken, müssen nicht nur die Hindernisse für den freien Waren- und Dienstleistungsverkehr beseitigt und ein System des unverfälschten Wettbewerbs errichtet, sondern auch rechtliche Bedingungen geschaffen werden, die es den Unternehmen ermöglichen, ihre Tätigkeiten in den Bereichen der Herstellung und der Verteilung von Waren und des Dienstleistungsverkehrs an die Dimensionen eines gemeinsamen Marktes anzupassen. Eine der besonders geeigneten rechtlichen Möglichkeiten, über die die Unternehmen zu diesem Zweck verfügen müssten, ist die Verwendung von Marken, mit denen sie ihre Waren oder Dienstleistungen in der gesamten Gemeinschaft ohne Rücksicht auf Grenzen kennzeichnen können.

(3) Für die Verwirklichung der oben erwähnten Ziele der Gemeinschaft ist ein Markensystem der Gemeinschaft erforderlich, das den Unternehmen ermöglicht, in einem einzigen Verfahren Gemeinschaftsmarken zu erwerben, die einen einheitlichen Schutz genießen und im gesamten Gebiet der Gemeinschaft wirksam sind. Der hier aufgestellte Grundsatz der

---

[*] **Amtl. Anm.:** ABl. C 146 E vom 12.6. 2008, S. 79.
[**] **Amtl. Anm.:** ABl. L 11 vom 14.1. 1994, S. 1.
[***] **Amtl. Anm.:** Siehe Anhang I.

Einheitlichkeit der Gemeinschaftsmarke sollte gelten, sofern in dieser Verordnung nichts anderes bestimmt ist.

(4) Im Wege der Angleichung der Rechtsvorschriften kann das Hindernis der territorialen Beschränkung der Rechte, die den Markeninhabern nach den Rechtsvorschriften der Mitgliedstaaten zustehen, nicht beseitigt werden. Um den Unternehmen eine unbehinderte Wirtschaftstätigkeit im gesamten Binnenmarkt zu ermöglichen, sind Marken erforderlich, die einem einheitlichen, unmittelbar in allen Mitgliedstaaten geltenden Gemeinschaftsrecht unterliegen.

(5) Da im Vertrag keine spezifischen Befugnisse für die Schaffung eines derartigen Rechtsinstruments vorgesehen sind, ist Artikel 308 EG-Vertrag heranzuziehen.

(6) Das gemeinschaftliche Markenrecht tritt jedoch nicht an die Stelle der Markenrechte der Mitgliedstaaten, denn es erscheint nicht gerechtfertigt, die Unternehmen zu zwingen, ihre Marken als Gemeinschaftsmarken anzumelden, da die innerstaatlichen Marken nach wie vor für diejenigen Unternehmen notwendig sind, die keinen Schutz ihrer Marken auf Gemeinschaftsebene wünschen.

(7) Das Recht aus der Gemeinschaftsmarke kann nur durch Eintragung erworben werden, die insbesondere dann verweigert wird, wenn die Marke keine Unterscheidungskraft besitzt, wenn sie rechtswidrig ist oder wenn ihr ältere Rechte entgegenstehen.

(8) Zweck des durch die eingetragene Marke gewährten Schutzes ist es, insbesondere die Herkunftsfunktion der Marke zu gewährleisten; dieser Schutz sollte im Falle der Identität zwischen der Marke und dem Zeichen und zwischen den Waren oder Dienstleistungen absolut sein. Der Schutz sollte sich ebenfalls auf Fälle der Ähnlichkeit von Zeichen und Marke sowie Waren und Dienstleistungen erstrecken. Der Begriff der Ähnlichkeit ist im Hinblick auf die Verwechslungsgefahr auszulegen. Die Verwechslungsgefahr sollte die spezifische Voraussetzung für den Schutz darstellen; ob sie vorliegt, hängt von einer Vielzahl von Umständen ab, insbesondere dem Bekanntheitsgrad der Marke auf dem Markt, der gedanklichen Verbindung, die das benutzte oder eingetragene Zeichen zu ihr hervorrufen kann, sowie dem Grad der Ähnlichkeit zwischen der Marke und dem Zeichen und zwischen den damit gekennzeichneten Waren oder Dienstleistungen.

(9) Aus dem Grundsatz des freien Warenverkehrs folgt, dass der Inhaber der Gemeinschaftsmarke einem Dritten die Benutzung der Marke für Waren, die in der Gemeinschaft unter der Marke von ihm oder mit seiner Zustimmung in den Verkehr gebracht worden sind, nicht untersagen kann, außer wenn berechtigte Gründe es rechtfertigen, dass der Inhaber sich dem weiteren Vertrieb der Waren widersetzt.

(10) Der Schutz der Gemeinschaftsmarke sowie jeder eingetragenen älteren Marke, die ihr entgegensteht, ist nur insoweit berechtigt, als diese Marken tatsächlich benutzt werden.

(11) Die Gemeinschaftsmarke sollte als ein von dem Unternehmen, dessen Waren oder Dienstleistungen sie bezeichnet, unabhängiger Gegenstand des Vermögens behandelt werden. Sie kann unter der Bedingung, dass das Publikum durch den Rechtsübergang nicht irregeführt wird, übertragen werden. Sie sollte außerdem an Dritte verpfändet werden oder Gegenstand von Lizenzen sein können.

(12) Das mit dieser Verordnung geschaffene Markenrecht bedarf für jede einzelne Marke des administrativen Vollzugs auf der Ebene der Gemeinschaft. Deshalb ist es erforderlich, unter Wahrung des bestehenden organisatorischen Aufbaus der Gemeinschaft und des institutionellen Gleichgewichts ein fachlich unabhängiges sowie rechtlich, organisatorisch und finanziell hinreichend selbständiges Harmonisierungsamt für den Binnenmarkt (Marken, Muster und Modelle) vorzusehen. Für dieses Harmonisierungsamt ist die Form einer Ein-

richtung der Gemeinschaft mit eigener Rechtspersönlichkeit erforderlich und geeignet, welche ihre Tätigkeit gemäß den ihr in dieser Verordnung zugewiesenen Ausführungsbefugnissen im Rahmen des Gemeinschaftsrechts und unbeschadet der von den Organen der Gemeinschaft wahrgenommenen Befugnisse ausübt.

(13) Den von den Entscheidungen des Amtes in Markensachen Betroffenen ist ein rechtlicher Schutz zu gewährleisten, welcher der Eigenart des Markenrechts voll gerecht wird. Zu diesem Zweck ist vorgesehen, dass die Entscheidungen der Prüfer und der verschiedenen Abteilungen des Amtes mit der Beschwerde anfechtbar sind. Sofern die Dienststelle, deren Entscheidung angefochten wird, der Beschwerde nicht abhilft, legt sie die Beschwerde einer Beschwerdekammer des Amtes vor, die darüber entscheidet. Die Entscheidungen der Beschwerdekammern sind ihrerseits mit der Klage beim Gerichtshof der Europäischen Gemeinschaften anfechtbar; dieser kann die angefochtene Entscheidung aufheben oder abändern.

(14) Nach Artikel 225 Absatz 1 Unterabsatz 1 EG-Vertrag ist das Gericht erster Instanz der Europäischen Gemeinschaften im ersten Rechtszug zuständig für Entscheidungen insbesondere über die in Artikel 230 EG-Vertrag genannten Klagen, mit Ausnahme derjenigen Klagen, die einer gerichtlichen Kammer übertragen werden, und der Klagen, die gemäß der Satzung dem Gerichtshof vorbehalten sind. Die dem Gerichtshof durch diese Verordnung übertragenen Befugnisse zur Aufhebung und Abänderung der Beschlüsse der Beschwerdekammern werden infolgedessen im ersten Rechtszug vom Gericht erster Instanz ausgeübt.

(15) Zum besseren Schutz der Gemeinschaftsmarken sollten die Mitgliedstaaten gemäß ihrer innerstaatlichen Regelung eine möglichst begrenzte Anzahl nationaler Gerichte erster und zweiter Instanz benennen, die für Fragen der Verletzung und der Gültigkeit von Gemeinschaftsmarken zuständig sind.

(16) Die Entscheidungen über die Gültigkeit und die Verletzung der Gemeinschaftsmarke müssen sich wirksam auf das gesamte Gebiet der Gemeinschaft erstrecken, da nur so widersprüchliche Entscheidungen der Gerichte und des Markenamtes und eine Beeinträchtigung des einheitlichen Charakters der Gemeinschaftsmarke vermieden werden können. Die Bestimmungen der Verordnung (EG) Nr. 44/2001 des Rates vom 22. Dezember 2000 über die gerichtliche Zuständigkeit und die Anerkennung und Vollstreckung von Entscheidungen in Zivil- und Handelssachen[*] sollten für alle gerichtlichen Klagen im Zusammenhang mit den Gemeinschaftsmarken gelten, es sei denn, dass die vorliegende Verordnung davon abweicht.

(17) Es soll vermieden werden, dass sich in Rechtsstreitigkeiten über denselben Tatbestand zwischen denselben Parteien voneinander abweichende Gerichtsurteile aus einer Gemeinschaftsmarke und aus parallelen nationalen Marken ergeben. Zu diesem Zweck soll, sofern Klagen in demselben Mitgliedstaat erhoben werden, sich nach nationalem Verfahrensrecht – das durch diese Verordnung nicht berührt wird – bestimmen, wie dies erreicht wird; hingegen erscheinen, sofern Klagen in verschiedenen Mitgliedstaaten erhoben werden, Bestimmungen angebracht, die sich an den Vorschriften über Rechtshängigkeit und damit im Zusammenhang stehenden Verfahren der Verordnung (EG) Nr. 44/2001 orientieren.

(18) Es wird für notwendig erachtet, dem Amt einen eigenen Haushalt zuzubilligen, um eine völlige Selbständigkeit und Unabhängigkeit zu gewährleisten. Die Einnahmen des Haushalts umfassen in erster Linie das Aufkommen an Gebühren, die von den Benutzern des Systems zu zahlen sind. Das Haushaltsverfahren der Gemeinschaft findet jedoch auf eventu-

---

[*] **Amtl. Anm.:** ABl. L 12 vom 16. 1. 2001, S. 1.

elle Zuschüsse aus dem Gesamthaushaltsplan der Europäischen Gemeinschaften Anwendung. Außerdem ist es angezeigt, dass die Überprüfung der Kontenabschlüsse vom Rechnungshof vorgenommen wird.

(19) Die zur Durchführung dieser Verordnung erforderlichen Maßnahmen sollten gemäß dem Beschluss 1999/468/EG des Rates vom 28. Juni 1999 zur Festlegung der Modalitäten für die Ausübung der der Kommission übertragenen Durchführungsbefugnisse* erlassen werden –

HAT FOLGENDE VERORDNUNG ERLASSEN:

Titel I. Allgemeine Bestimmungen

Art. 1 Gemeinschaftsmarke. (1) Die entsprechend den Voraussetzungen und Einzelheiten dieser Verordnung eingetragenen Marken für Waren oder Dienstleistungen werden nachstehend „Gemeinschaftsmarken" genannt.

(2) Die Gemeinschaftsmarke ist einheitlich. Sie hat einheitliche Wirkung für die gesamte Gemeinschaft: sie kann nur für dieses gesamte Gebiet eingetragen oder übertragen werden oder Gegenstand eines Verzichts oder einer Entscheidung über den Verfall der Rechte des Inhabers oder die Nichtigkeit sein, und ihre Benutzung kann nur für die gesamte Gemeinschaft untersagt werden. Dieser Grundsatz gilt, sofern in dieser Verordnung nichts anderes bestimmt ist.

Art. 2 Amt. Es wird ein Harmonisierungsamt für den Binnenmarkt (Marken, Muster und Modelle), nachstehend „Amt" genannt, errichtet.

Art. 3 Rechtsfähigkeit. Für die Anwendung dieser Verordnung werden Gesellschaften und andere juristische Einheiten, die nach dem für sie maßgebenden Recht die Fähigkeit haben, im eigenen Namen Träger von Rechten und Pflichten jeder Art zu sein, Verträge zu schließen oder andere Rechtshandlungen vorzunehmen und vor Gericht zu stehen, juristischen Personen gleichgestellt.

Titel II. Materielles Markenrecht

Abschnitt 1. Begriff und Erwerb der Gemeinschaftsmarke

Art. 4 Markenformen. Gemeinschaftsmarken können alle Zeichen sein, die sich grafisch darstellen lassen, insbesondere Wörter einschließlich Personennamen, Abbildungen, Buchstaben, Zahlen und die Form oder Aufmachung der Ware, soweit solche Zeichen geeignet sind, Waren oder Dienstleistungen eines Unternehmens von denjenigen anderer Unternehmen zu unterscheiden.

Art. 5 Inhaber von Gemeinschaftsmarken. Inhaber von Gemeinschaftsmarken können alle natürlichen oder juristischen Personen, einschließlich Körperschaften des öffentlichen Rechts sein.

Art. 6 Erwerb der Gemeinschaftsmarke. Die Gemeinschaftsmarke wird durch Eintragung erworben.

---

* **Amtl. Anm.:** ABl. L 184 vom 17.7. 1999, S. 23.

Art. 7 Absolute Eintragungshindernisse. (1) Von der Eintragung ausgeschlossen sind

a) Zeichen, die nicht unter Artikel 4 fallen;

b) Marken, die keine Unterscheidungskraft haben;

c) Marken, die ausschließlich aus Zeichen oder Angaben bestehen, welche im Verkehr zur Bezeichnung der Art, der Beschaffenheit, der Menge, der Bestimmung, des Wertes, der geografischen Herkunft oder der Zeit der Herstellung der Ware oder der Erbringung der Dienstleistung oder zur Bezeichnung sonstiger Merkmale der Ware oder Dienstleistung dienen können;

d) Marken, die ausschließlich aus Zeichen oder Angaben zur Bezeichnung der Ware oder Dienstleistung bestehen, die im allgemeinen Sprachgebrauch oder in den redlichen und ständigen Verkehrsgepflogenheiten üblich geworden sind;

e) Zeichen, die ausschließlich bestehen

i) aus der Form, die durch die Art der Ware selbst bedingt ist;

ii) aus der Form der Ware, die zur Erreichung einer technischen Wirkung erforderlich ist;

iii) aus der Form, die der Ware einen wesentlichen Wert verleiht;

f) Marken, die gegen die öffentliche Ordnung oder gegen die guten Sitten verstoßen;

g) Marken, die geeignet sind, das Publikum zum Beispiel über die Art, die Beschaffenheit oder die geografische Herkunft der Ware oder Dienstleistung zu täuschen;

h) Marken, die mangels Genehmigung durch die zuständigen Stellen gemäß Artikel 6ter der Pariser Verbandsübereinkunft zum Schutz des gewerblichen Eigentums, nachstehend „Pariser Verbandsübereinkunft", zurückzuweisen sind;

i) Marken, die nicht unter Artikel 6ter der Pariser Verbandsübereinkunft fallende Abzeichen, Embleme und Wappen, die von besonderem öffentlichem Interesse sind, enthalten, es sei denn, dass die zuständigen Stellen ihrer Eintragung zugestimmt haben,

j) Marken, die eine geografische Angabe enthalten oder aus ihr bestehen, durch die Weine gekennzeichnet werden, oder Marken, die eine geografische Angabe enthalten oder aus ihr bestehen, durch die Spirituosen gekennzeichnet werden, in Bezug auf Weine oder Spirituosen, die diesen Ursprung nicht haben;

k) Marken, die eine gemäß der Verordnung (EG) Nr. 510/2006 des Rates vom 20. März 2006 zum Schutz von geografischen Angaben und Ursprungsbezeichnungen für Agrarerzeugnisse und Lebensmittel* eingetragene Ursprungsbezeichnung oder geografische Angabe enthalten oder aus einer solchen bestehen und auf die einer der in Artikel 13 der genannten Verordnung aufgeführten Tatbestände zutrifft und die die gleiche Art von Erzeugnis betreffen, wenn der Antrag auf Eintragung der Marke nach dem Zeitpunkt der Einreichung des Antrags auf Eintragung der Ursprungsbezeichnung oder der geografischen Angabe bei der Kommission eingereicht wird.

(2) Die Vorschriften des Absatzes 1 finden auch dann Anwendung, wenn die Eintragungshindernisse nur in einem Teil der Gemeinschaft vorliegen.

(3) Die Vorschriften des Absatzes 1 Buchstaben b, c und d finden keine Anwendung, wenn die Marke für die Waren oder Dienstleistungen, für die die Eintragung beantragt wird, infolge ihrer Benutzung Unterscheidungskraft erlangt hat.

---

* **Amtl. Anm.:** ABl. L 93 vom 31. 3. 2006, S. 12.

Art. 8 Relative Eintragungshindernisse. (1) Auf Widerspruch des Inhabers einer älteren Marke ist die angemeldete Marke von der Eintragung ausgeschlossen,

a) wenn sie mit der älteren Marke identisch ist und die Waren oder Dienstleistungen, für die die Marke angemeldet worden ist, mit den Waren oder Dienstleistungen identisch sind, für die die ältere Marke Schutz genießt;

b) wenn wegen ihrer Identität oder Ähnlichkeit mit der älteren Marke und der Identität oder Ähnlichkeit der durch die beiden Marken erfassten Waren oder Dienstleistungen für das Publikum die Gefahr von Verwechslungen in dem Gebiet besteht, in dem die ältere Marke Schutz genießt; dabei schließt die Gefahr von Verwechslungen die Gefahr ein, dass die Marke mit der älteren Marke gedanklich in Verbindung gebracht wird.

(2) „Ältere Marken" im Sinne von Absatz 1 sind

a) Marken mit einem früheren Anmeldetag als dem Tag der Anmeldung der Gemeinschaftsmarke, gegebenenfalls mit der für diese Marken in Anspruch genommenen Priorität, die den nachstehenden Kategorien angehören:

    i) Gemeinschaftsmarken;

    ii) in einem Mitgliedstaat oder, soweit Belgien, Luxemburg und die Niederlande betroffen sind, beim BENELUX-Amt für geistiges Eigentum eingetragene Marken;

    iii) mit Wirkung für einen Mitgliedstaat international registrierte Marken;

    iv) aufgrund internationaler Vereinbarungen mit Wirkung in der Gemeinschaft eingetragene Marken;

b) Anmeldungen von Marken nach Buchstabe a, vorbehaltlich ihrer Eintragung;

c) Marken, die am Tag der Anmeldung der Gemeinschaftsmarke, gegebenenfalls am Tag der für die Anmeldung der Gemeinschaftsmarke in Anspruch genommenen Priorität, in einem Mitgliedstaat im Sinne des Artikels 6bis der Pariser Verbandsübereinkunft notorisch bekannt sind.

(3) Auf Widerspruch des Markeninhabers ist von der Eintragung auch eine Marke ausgeschlossen, die der Agent oder Vertreter des Markeninhabers ohne dessen Zustimmung auf seinen eigenen Namen anmeldet, es sei denn, dass der Agent oder Vertreter seine Handlungsweise rechtfertigt.

(4) Auf Widerspruch des Inhabers einer nicht eingetragenen Marke oder eines sonstigen im geschäftlichen Verkehr benutzten Kennzeichenrechts von mehr als lediglich örtlicher Bedeutung ist die angemeldete Marke von der Eintragung ausgeschlossen, wenn und soweit nach dem für den Schutz des Kennzeichens maßgeblichen Recht der Gemeinschaft oder des Mitgliedstaats

a) Rechte an diesem Kennzeichen vor dem Tag der Anmeldung der Gemeinschaftsmarke, gegebenenfalls vor dem Tag der für die Anmeldung der Gemeinschaftsmarke in Anspruch genommenen Priorität, erworben worden sind;

b) dieses Kennzeichen seinem Inhaber das Recht verleiht, die Benutzung einer jüngeren Marke zu untersagen.

(5) Auf Widerspruch des Inhabers einer älteren Marke im Sinne des Absatzes 2 ist die angemeldete Marke auch dann von der Eintragung ausgeschlossen, wenn sie mit der älteren Marke identisch ist oder dieser ähnlich ist und für Waren oder Dienstleistungen eingetragen werden soll, die nicht denen ähnlich sind, für die die ältere Marke eingetragen ist, wenn es sich im Falle einer älteren Gemeinschaftsmarke um eine in der Gemeinschaft bekannte Marke und im Falle einer älteren nationalen Marke um eine in dem betreffenden Mitgliedstaat bekannte Marke handelt und die Benutzung der angemeldeten Marke die Unterscheidungskraft oder die Wertschätzung der älteren Marke ohne rechtfertigenden Grund in unlauterer Weise ausnutzen oder beeinträchtigen würde.

Abschnitt 2. Wirkungen der Gemeinschaftsmarke

Art. 9 Recht aus der Gemeinschaftsmarke. (1) Die Gemeinschaftsmarke gewährt ihrem Inhaber ein ausschließliches Recht. Dieses Recht gestattet es dem Inhaber, Dritten zu verbieten, ohne seine Zustimmung im geschäftlichen Verkehr

a) ein mit der Gemeinschaftsmarke identisches Zeichen für Waren oder Dienstleistungen zu benutzen, die mit denjenigen identisch sind, für die sie eingetragen ist;

b) ein Zeichen zu benutzen, wenn wegen der Identität oder Ähnlichkeit des Zeichens mit der Gemeinschaftsmarke und der Identität oder Ähnlichkeit der durch die Gemeinschaftsmarke und das Zeichen erfassten Waren oder Dienstleistungen für das Publikum die Gefahr von Verwechslungen besteht; dabei schließt die Gefahr von Verwechslungen die Gefahr ein, dass das Zeichen mit der Marke gedanklich in Verbindung gebracht wird;

c) ein mit der Gemeinschaftsmarke identisches oder ihr ähnliches Zeichen für Waren oder Dienstleistungen zu benutzen, die nicht denen ähnlich sind, für die die Gemeinschaftsmarke eingetragen ist, wenn diese in der Gemeinschaft bekannt ist und die Benutzung des Zeichens die Unterscheidungskraft oder die Wertschätzung der Gemeinschaftsmarke ohne rechtfertigenden Grund in unlauterer Weise ausnutzt oder beeinträchtigt.

(2) Sind die Voraussetzungen des Absatzes 1 erfüllt, so kann insbesondere verboten werden,

a) das Zeichen auf Waren oder deren Aufmachung anzubringen;

b) unter dem Zeichen Waren anzubieten, in den Verkehr zu bringen oder zu den genannten Zwecken zu besitzen oder unter dem Zeichen Dienstleistungen anzubieten oder zu erbringen;

c) Waren unter dem Zeichen einzuführen oder auszuführen;

d) das Zeichen in den Geschäftspapieren und in der Werbung zu benutzen.

(3) Das Recht aus der Gemeinschaftsmarke kann Dritten erst nach der Veröffentlichung der Eintragung der Marke entgegengehalten werden. Jedoch kann eine angemessene Entschädigung für Handlungen verlangt werden, die nach Veröffentlichung der Anmeldung einer Gemeinschaftsmarke vorgenommen werden und die nach Veröffentlichung der Eintragung aufgrund der Gemeinschaftsmarke verboten wären. Das angerufene Gericht darf bis zur Veröffentlichung der Eintragung keine Entscheidung in der Hauptsache treffen.

Art. 10 Wiedergabe der Gemeinschaftsmarke in Wörterbüchern. Erweckt die Wiedergabe einer Gemeinschaftsmarke in einem Wörterbuch, Lexikon oder ähnlichen Nachschlagewerk den Eindruck, als sei sie eine Gattungsbezeichnung der Waren oder Dienstleistungen, für die sie eingetragen ist, so stellt der Verleger des Werkes auf Antrag des Inhabers der Gemeinschaftsmarke sicher, dass der Wiedergabe der Marke spätestens bei einer Neuauflage des Werkes der Hinweis beigefügt wird, dass es sich um eine eingetragene Marke handelt.

Art. 11 Untersagung der Benutzung der Gemeinschaftsmarke, die für einen Agenten oder Vertreter eingetragen ist. Ist eine Gemeinschaftsmarke für einen Agenten oder Vertreter dessen, der Inhaber der Marke ist, ohne Zustimmung des Markeninhabers eingetragen worden, so ist der Markeninhaber berechtigt, sich dem Gebrauch seiner Marke durch seinen Agenten oder Vertreter zu widersetzen, wenn er diesen Gebrauch nicht gestattet hat, es sei denn, dass der Agent oder Vertreter seine Handlungsweise rechtfertigt.

Art. 12 Beschränkung der Wirkungen der Gemeinschaftsmarke. Die Gemeinschaftsmarke gewährt ihrem Inhaber nicht das Recht, einem Dritten zu verbieten,

a) seinen Namen oder seine Anschrift

b) Angaben über die Art, die Beschaffenheit, die Menge, die Bestimmung, den Wert, die geografische Herkunft oder die Zeit der Herstellung der Ware oder der Erbringung der Dienstleistung oder über andere Merkmale der Ware oder Dienstleistung

c) die Marke, falls dies notwendig ist, als Hinweis auf die Bestimmung einer Ware, insbesondere als Zubehör oder Ersatzteil, oder einer Dienstleistung, im geschäftlichen Verkehr

zu benutzen, sofern die Benutzung den anständigen Gepflogenheiten in Gewerbe oder Handel entspricht.

Art. 13 Erschöpfung des Rechts aus der Gemeinschaftsmarke. (1) Die Gemeinschaftsmarke gewährt ihrem Inhaber nicht das Recht, einem Dritten zu verbieten, die Marke für Waren zu benutzen, die unter dieser Marke von ihm oder mit seiner Zustimmung in der Gemeinschaft in den Verkehr gebracht worden sind.

(2) Absatz 1 findet keine Anwendung, wenn berechtigte Gründe es rechtfertigen, dass der Inhaber sich dem weiteren Vertrieb der Waren widersetzt, insbesondere wenn der Zustand der Waren nach ihrem Inverkehrbringen verändert oder verschlechtert ist.

Art. 14 Ergänzende Anwendung des einzelstaatlichen Rechts bei Verletzung. (1) Die Wirkung der Gemeinschaftsmarke bestimmt sich ausschließlich nach dieser Verordnung. Im Übrigen unterliegt die Verletzung einer Gemeinschaftsmarke dem für die Verletzung nationaler Marken geltenden Recht gemäß den Bestimmungen des Titels X.

(2) Diese Verordnung lässt das Recht unberührt, Klagen betreffend eine Gemeinschaftsmarke auf innerstaatliche Rechtsvorschriften insbesondere über die zivilrechtliche Haftung und den unlauteren Wettbewerb zu stützen.

(3) Das anzuwendende Verfahrensrecht bestimmt sich nach den Vorschriften des Titels X.

Abschnitt 3. Benutzung der Gemeinschaftsmarke

Art. 15 Benutzung der Gemeinschaftsmarke. (1) Hat der Inhaber die Gemeinschaftsmarke für die Waren oder Dienstleistungen, für die sie eingetragen ist, innerhalb von fünf Jahren, gerechnet von der Eintragung an, nicht ernsthaft in der Gemeinschaft benutzt, oder hat er eine solche Benutzung während eines ununterbrochenen Zeitraums von fünf Jahren ausgesetzt, so unterliegt die Gemeinschaftsmarke den in dieser Verordnung vorgesehenen Sanktionen, es sei denn, dass berechtigte Gründe für die Nichtbenutzung vorliegen.

Folgendes gilt ebenfalls als Benutzung im Sinne des Unterabsatzes 1:

a) die Benutzung der Gemeinschaftsmarke in einer Form, die von der Eintragung nur in Bestandteilen abweicht, ohne dass dadurch die Unterscheidungskraft der Marke beeinflusst wird;

b) das Anbringen der Gemeinschaftsmarke auf Waren oder deren Aufmachung in der Gemeinschaft ausschließlich für den Export.

(2) Die Benutzung der Gemeinschaftsmarke mit Zustimmung des Inhabers gilt als Benutzung durch den Inhaber.

Abschnitt 4. Die Gemeinschaftsmarke als Gegenstand des Vermögens

Art. 16 Gleichstellung der Gemeinschaftsmarke mit der nationalen Marke. (1) Soweit in den Artikeln 17 bis 24 nichts anderes bestimmt ist, wird die Gemeinschaftsmarke als Gegenstand des Vermögens im Ganzen und für das gesamte Gebiet der Gemeinschaft wie eine nationale Marke behandelt, die in dem Mitgliedstaat eingetragen ist, in dem nach dem Gemeinschaftsmarkenregister

a) der Inhaber zum jeweils maßgebenden Zeitpunkt seinen Wohnsitz oder Sitz hat;

b) wenn Buchstabe a nicht anwendbar ist, der Inhaber zum jeweils maßgebenden Zeitpunkt eine Niederlassung hat.

(2) Liegen die Voraussetzungen des Absatzes 1 nicht vor, so ist der nach Absatz 1 maßgebende Mitgliedstaat der Staat, in dem das Amt seinen Sitz hat.

(3) Sind mehrere Personen als gemeinsame Inhaber in das Gemeinschaftsmarkenregister eingetragen, so ist für die Anwendung des Absatzes 1 der zuerst genannte gemeinsame Inhaber maßgebend; liegen die Voraussetzungen des Absatzes 1 für diesen Inhaber nicht vor, so ist der jeweils nächstgenannte gemeinsame Inhaber maßgebend. Liegen die Voraussetzungen des Absatzes 1 für keinen der gemeinsamen Inhaber vor, so ist Absatz 2 anzuwenden.

Art. 17 Rechtsübergang. (1) Die Gemeinschaftsmarke kann, unabhängig von der Übertragung des Unternehmens, für alle oder einen Teil der Waren oder Dienstleistungen, für die sie eingetragen ist, Gegenstand eines Rechtsübergangs sein.

(2) Die Übertragung des Unternehmens in seiner Gesamtheit erfasst die Gemeinschaftsmarke, es sei denn, dass in Übereinstimmung mit dem auf die Übertragung anwendbaren Recht etwas anderes vereinbart ist oder eindeutig aus den Umständen hervorgeht. Dies gilt entsprechend für die rechtsgeschäftliche Verpflichtung zur Übertragung des Unternehmens.

(3) Vorbehaltlich der Vorschriften des Absatzes 2 muss die rechtsgeschäftliche Übertragung der Gemeinschaftsmarke schriftlich erfolgen und bedarf der Unterschrift der Vertragsparteien, es sei denn, sie beruht auf einer gerichtlichen Entscheidung; anderenfalls ist sie nichtig.

(4) Ergibt sich aus den Unterlagen über den Rechtsübergang in offensichtlicher Weise, dass die Gemeinschaftsmarke aufgrund des Rechtsübergangs geeignet ist, das Publikum insbesondere über die Art, die Beschaffenheit oder die geografische Herkunft der Waren oder Dienstleistungen, für die die Marke eingetragen ist, irrezuführen, so weist das Amt die Eintragung des Rechtsübergangs zurück, sofern der Rechtsnachfolger nicht damit einverstanden ist, die Eintragung der Gemeinschaftsmarke auf Waren und Dienstleistungen zu beschränken, hinsichtlich deren sie nicht irreführend ist.

(5) Der Rechtsübergang wird auf Antrag eines Beteiligten in das Register eingetragen und veröffentlicht.

(6) Solange der Rechtsübergang nicht in das Register eingetragen ist, kann der Rechtsnachfolger seine Rechte aus der Eintragung der Gemeinschaftsmarke nicht geltend machen.

(7) Sind gegenüber dem Amt Fristen zu wahren, so können, sobald der Antrag auf Eintragung des Rechtsübergangs beim Amt eingegangen ist, die entsprechenden Erklärungen gegenüber dem Amt von dem Rechtsnachfolger abgegeben werden.

(8) Alle Dokumente, die gemäß Artikel 79 der Zustellung an den Inhaber der Gemeinschaftsmarke bedürfen, sind an den als Inhaber Eingetragenen zu richten.

Art. 18 Übertragung einer Agentenmarke. Ist eine Gemeinschaftsmarke für den Agenten oder Vertreter dessen, der Inhaber der Marke ist, ohne Zustimmung des Markeninhabers eingetragen worden, so ist der Markeninhaber berechtigt, die Übertragung der Eintragung zu seinen Gunsten zu verlangen, es sei denn, dass der Agent oder Vertreter seine Handlungsweise rechtfertigt.

Art. 19 Dingliche Rechte. (1) Die Gemeinschaftsmarke kann unabhängig vom Unternehmen verpfändet werden oder Gegenstand eines sonstigen dinglichen Rechts sein.

(2) Die in Absatz 1 genannten Rechte werden auf Antrag eines Beteiligten in das Register eingetragen und veröffentlicht.

Art. 20 Zwangsvollstreckung. (1) Die Gemeinschaftsmarke kann Gegenstand von Maßnahmen der Zwangsvollstreckung sein.

(2) Für die Zwangsvollstreckungsmaßnahmen sind die Gerichte und Behörden des nach Artikel 16 maßgebenden Mitgliedstaats ausschließlich zuständig.

(3) Die Zwangsvollstreckungsmaßnahmen werden auf Antrag eines Beteiligten in das Register eingetragen und veröffentlicht.

Art. 21 Insolvenzverfahren. (1) Eine Gemeinschaftsmarke kann nur dann von einem Insolvenzverfahren erfasst werden, wenn dieses in dem Mitgliedstaat eröffnet wird, in dessen Hoheitsgebiet der Schuldner den Mittelpunkt seiner Interessen hat.

Ist der Schuldner jedoch ein Versicherungsunternehmen oder ein Kreditinstitut im Sinne der Richtlinie 2001/17/EG des Europäischen Parlaments und des Rates vom 19. März 2001 über die Sanierung und Liquidation von Versicherungsunternehmen[*] bzw. der Richtlinie 2001/24/EG des Europäischen Parlaments und des Rates vom 4. April 2001 über die Sanierung und Liquidation von Kreditinstituten[**] so kann eine Gemeinschaftsmarke nur dann von einem Insolvenzverfahren erfasst werden, wenn dieses in dem Mitgliedstaat eröffnet wird, in dem dieses Unternehmen bzw. dieses Institut zugelassen ist.

(2) Absatz 1 ist im Fall der Mitinhaberschaft an einer Gemeinschaftsmarke auf den Anteil des Mitinhabers entsprechend anzuwenden.

(3) Wird die Gemeinschaftsmarke von einem Insolvenzverfahren erfasst, so wird dies auf Antrag der zuständigen nationalen Stelle in das Register eingetragen und in dem Blatt für Gemeinschaftsmarken gemäß Artikel 89 veröffentlicht.

Art. 22 Lizenz. (1) Die Gemeinschaftsmarke kann für alle oder einen Teil der Waren oder Dienstleistungen, für die sie eingetragen ist, und für das gesamte Gebiet oder einen Teil der Gemeinschaft Gegenstand von Lizenzen sein. Eine Lizenz kann ausschließlich oder nicht ausschließlich sein.

(2) Der Inhaber einer Gemeinschaftsmarke kann die Rechte aus der Gemeinschaftsmarke gegen einen Lizenznehmer geltend machen, der hinsichtlich des Folgenden gegen eine Bestimmung des Lizenzvertrags verstößt:

a) der Dauer der Lizenz;

b) der von der Eintragung erfassten Form, in der die Marke verwendet werden darf;

c) der Art der Waren oder Dienstleistungen, für die die Lizenz erteilt wurde;

d) des Gebiets, in dem die Marke angebracht werden darf;

e) der Qualität der vom Lizenznehmer hergestellten Waren oder erbrachten Dienstleistungen.

(3) Unbeschadet der Bestimmungen des Lizenzvertrags kann der Lizenznehmer ein Verfahren wegen Verletzung einer Gemeinschaftsmarke nur mit Zustimmung ihres Inhabers abhängig machen. Jedoch kann der Inhaber einer ausschließlichen Lizenz ein solches Verfahren anhängig machen, wenn der Inhaber der Gemeinschaftsmarke nach Aufforderung nicht selber innerhalb einer angemessenen Frist die Verletzungsklage erhoben hat.

---

[*] **Amtl. Anm.:** ABl. L 110 vom 20.4. 2001, S. 28.
[**] **Amtl. Anm.:** ABl. L 125 vom 5.5. 2001, S. 15.

(4) Jeder Lizenznehmer kann einer vom Inhaber der Gemeinschaftsmarke erhobenen Verletzungsklage beitreten, um den Ersatz seines eigenen Schadens geltend zu machen.

(5) Die Erteilung oder der Übergang einer Lizenz an einer Gemeinschaftsmarke wird auf Antrag eines Beteiligten in das Register eingetragen und veröffentlicht.

Art. 23 Wirkung gegenüber Dritten. (1) Die in den Artikeln 17, 19 und 22 bezeichneten Rechtshandlungen hinsichtlich einer Gemeinschaftsmarke haben gegenüber Dritten in allen Mitgliedstaaten erst Wirkung, wenn sie eingetragen worden sind. Jedoch kann eine Rechtshandlung, die noch nicht eingetragen ist, Dritten entgegengehalten werden, die Rechte an der Marke nach dem Zeitpunkt der Rechtshandlung erworben haben, aber zum Zeitpunkt des Erwerbs dieser Rechte von der Rechtshandlung wussten.

(2) Absatz 1 ist nicht in Bezug auf eine Person anzuwenden, die die Gemeinschaftsmarke oder ein Recht an der Gemeinschaftsmarke im Wege des Rechtsübergangs des Unternehmens in seiner Gesamtheit oder einer anderen Gesamtrechtsnachfolge erwirbt.

(3) Die Wirkung einer in Artikel 20 bezeichneten Rechtshandlung gegenüber Dritten richtet sich nach dem Recht des nach Artikel 16 maßgebenden Mitgliedstaats.

(4) Bis zum Inkrafttreten gemeinsamer Vorschriften für die Mitgliedstaaten betreffend das Konkursverfahren richtet sich die Wirkung eines Konkursverfahrens oder eines konkursähnlichen Verfahrens gegenüber Dritten nach dem Recht des Mitgliedstaats, in dem nach seinen Rechtsvorschriften oder nach den geltenden einschlägigen Übereinkünften das Verfahren zuerst eröffnet wird.

Art. 24 Die Anmeldung der Gemeinschaftsmarke als Gegenstand des Vermögens. Die Artikel 16 bis 23 gelten entsprechend für die Anmeldungen von Gemeinschaftsmarken.

Titel III. Die Anmeldung der Gemeinschftsmarke

Abschnitt 1. Einreichung und Erfordernisse der Anmeldung

Art. 25 Einreichung der Anmeldung. (1) Die Anmeldung der Gemeinschaftsmarke kann nach Wahl des Anmelders eingereicht werden:
a) beim Amt;
b) bei der Zentralbehörde für den gewerblichen Rechtsschutz eines Mitgliedstaats oder beim BENELUX-Amt für geistiges Eigentum. Eine in dieser Weise eingereichte Anmeldung hat dieselbe Wirkung, wie wenn sie an demselben Tag beim Amt eingereicht worden wäre.

(2) Wird die Anmeldung bei der Zentralbehörde für den gewerblichen Rechtsschutz eines Mitgliedstaats oder beim BENELUX-Amt für geistiges Eigentum eingereicht, so trifft diese Behörde oder dieses Amt für geistiges Eigentum alle erforderlichen Maßnahmen, damit die Anmeldung binnen zwei Wochen nach Einreichung an das Amt weitergeleitet wird. Die Zentralbehörde beziehungsweise das BENELUX-Amt für geistiges Eigentum kann vom Anmelder eine Gebühr erheben, die die Verwaltungskosten für Entgegennahme und Weiterleitung der Anmeldung nicht übersteigen darf.

(3) Anmeldungen nach Absatz 2, die beim Amt nach Ablauf einer Frist von zwei Monaten nach ihrer Einreichung eingehen, gelten als zu dem Datum eingereicht, an dem die Anmeldung beim Amt eingegangen ist.

(4) Zehn Jahre nach Inkrafttreten der Verordnung (EG) Nr. 40/94 erstellt die Kommission einen Bericht über das Funktionieren des Systems zur Einreichung von Anmeldungen für Gemeinschaftsmarken und unterbreitet etwaige Vorschläge zur Änderung dieses Systems.

Art. 26 Erfordernisse der Anmeldung. (1) Die Anmeldung der Gemeinschaftsmarke muss Folgendes enthalten:

a) einen Antrag auf Eintragung einer Gemeinschaftsmarke;

b) Angaben, die es erlauben, die Identität des Anmelders festzustellen;

c) ein Verzeichnis der Waren oder Dienstleistungen, für die die Eintragung begehrt wird;

d) eine Wiedergabe der Marke.

(2) Für die Anmeldung der Gemeinschaftsmarke sind die Anmeldegebühr und gegebenenfalls eine oder mehrere Klassengebühren zu entrichten.

(3) Die Anmeldung der Gemeinschaftsmarke muss den in der Durchführungsverordnung nach Artikel 162 Absatz 1, nachstehend „Durchführungsverordnung" genannt, vorgesehenen Erfordernissen entsprechen.

Art. 27 Anmeldetag. Der Anmeldetag einer Gemeinschaftsmarke ist der Tag, an dem die die Angaben nach Artikel 26 Absatz 1 enthaltenden Unterlagen vom Anmelder beim Amt oder, wenn die Anmeldung bei der Zentralbehörde für den gewerblichen Rechtsschutz eines Mitgliedstaats oder beim BENELUX-Amt für geistiges Eigentum eingereicht worden ist, bei der Zentralbehörde beziehungsweise beim BENELUX-Amt für geistiges Eigentum eingereicht worden sind, sofern binnen eines Monats nach Einreichung der genannten Unterlagen die Anmeldegebühr gezahlt wird.

Art. 28 Klassifizierung. Die Waren und Dienstleistungen, für die Gemeinschaftsmarken angemeldet werden, werden nach der in der Durchführungsverordnung festgelegten Klassifizierung klassifiziert.

Abschnitt 2. Priorität

Art. 29 Prioritätsrecht. (1) Jedermann, der in einem oder mit Wirkung für einen Vertragsstaat der Pariser Verbandsübereinkunft oder des Übereinkommens zur Errichtung der Welthandelsorganisation eine Marke vorschriftsmäßig angemeldet hat, oder sein Rechtsnachfolger genießt hinsichtlich der Anmeldung derselben Marke als Gemeinschaftsmarke für die Waren oder Dienstleistungen, die mit denen identisch sind, für welche die Marke angemeldet ist, oder die von diesen Waren oder Dienstleistungen umfasst werden, während einer Frist von sechs Monaten nach Einreichung der ersten Anmeldung ein Prioritätsrecht.

(2) Als prioritätsbegründend wird jede Anmeldung anerkannt, der nach dem innerstaatlichen Recht des Staates, in dem sie eingereicht worden ist, oder nach zwei- oder mehrseitigen Verträgen die Bedeutung einer vorschriftsmäßigen nationalen Anmeldung zukommt.

(3) Unter vorschriftsmäßiger nationaler Anmeldung ist jede Anmeldung zu verstehen, die zur Festlegung des Tages ausreicht, an dem sie eingereicht worden ist, wobei das spätere Schicksal der Anmeldung ohne Bedeutung ist.

(4) Als die erste Anmeldung, von deren Einreichung an die Prioritätsfrist läuft, wird auch eine jüngere Anmeldung angesehen, die dieselbe Marke und dieselben Waren oder Dienstleistungen betrifft wie eine erste ältere in demselben oder für denselben Staat eingereichte Anmeldung, sofern diese ältere Anmeldung bis zur Einreichung der jüngeren Anmeldung zurückgenommen, fallengelassen oder zurückgewiesen worden ist, und zwar bevor sie öf-

fentlich ausgelegt worden ist und ohne dass Rechte bestehen geblieben sind; ebenso wenig darf diese ältere Anmeldung schon Grundlage für die Inanspruchnahme des Prioritätsrechts gewesen sein. Die ältere Anmeldung kann in diesem Fall nicht mehr als Grundlage für die Inanspruchnahme des Prioritätsrechts dienen.

(5) Ist die erste Anmeldung in einem Staat eingereicht worden, der nicht zu den Vertragsstaaten der Pariser Verbandsübereinkunft oder des Übereinkommens zur Errichtung der Welthandelsorganisation gehört, so finden die Vorschriften der Absätze 1 bis 4 nur insoweit Anwendung, als dieser Staat gemäß einer veröffentlichten Feststellung aufgrund einer ersten Anmeldung beim Amt ein Prioritätsrecht gewährt, und zwar unter Voraussetzungen und mit Wirkungen, die denen dieser Verordnung vergleichbar sind.

Art. 30 Inanspruchnahme der Priorität. Der Anmelder, der die Priorität einer früheren Anmeldung in Anspruch nehmen will, hat eine Prioritätserklärung und eine Abschrift der früheren Anmeldung einzureichen. Ist die frühere Anmeldung nicht in einer der Sprachen des Amtes abgefasst, so hat der Anmelder eine Übersetzung der früheren Anmeldung in einer dieser Sprachen einzureichen.

Art. 31 Wirkung des Prioritätsrechts. Das Prioritätsrecht hat die Wirkung, dass für die Bestimmung des Vorrangs von Rechten der Prioritätstag als Tag der Anmeldung der Gemeinschaftsmarke gilt.

Art. 32 Wirkung einer nationalen Hinterlegung der Anmeldung. Die Anmeldung der Gemeinschaftsmarke, deren Anmeldetag feststeht, hat in den Mitgliedstaaten die Wirkung einer vorschriftsmäßigen nationalen Hinterlegung, gegebenenfalls mit der für die Anmeldung der Gemeinschaftsmarke in Anspruch genommenen Priorität.

Abschnitt 3. Ausstellungspriorität

Art. 33 Ausstellungspriorität. (1) Hat der Anmelder der Gemeinschaftsmarke Waren oder Dienstleistungen unter der angemeldeten Marke auf einer amtlichen oder amtlich anerkannten internationalen Ausstellung im Sinne des am 22. November 1928 in Paris unterzeichneten und zuletzt am 30. November 1972 revidierten Übereinkommens über internationale Ausstellungen zur Schau gestellt, kann er, wenn er die Anmeldung innerhalb einer Frist von sechs Monaten seit der erstmaligen Zurschaustellung der Waren oder Dienstleistungen unter der angemeldeten Marke einreicht, von diesem Tag an ein Prioritätsrecht im Sinne des Artikels 31 in Anspruch nehmen.

(2) Der Anmelder, der die Priorität gemäß Absatz 1 in Anspruch nehmen will, hat gemäß den in der Durchführungsverordnung geregelten Einzelheiten Nachweise für die Zurschaustellung der Waren oder Dienstleistungen unter der angemeldeten Marke einzureichen.

(3) Eine Ausstellungspriorität, die in einem Mitgliedstaat oder einem Drittland gewährt wurde, verlängert die Prioritätsfrist des Artikels 29 nicht.

Abschnitt 4. Inanspruchnahme des Zeitrangs einer nationalen Marke

Art. 34 Inanspruchnahme des Zeitrangs einer nationalen Marke. (1) Der Inhaber einer in einem Mitgliedstaat, einschließlich des Benelux-Gebiets, oder einer mit Wirkung für einen Mitgliedstaat international registrierten älteren Marke, der eine identische Marke zur Eintragung als Gemeinschaftsmarke für Waren oder Dienstleistungen anmeldet, die mit denen identisch sind, für welche die ältere Marke eingetragen ist, oder die von diesen

Waren oder Dienstleistungen umfasst werden, kann für die Gemeinschaftsmarke den Zeitrang der älteren Marke in Bezug auf den Mitgliedstaat, in dem oder für den sie eingetragen ist, in Anspruch nehmen.

(2) Der Zeitrang hat nach dieser Verordnung die alleinige Wirkung, dass dem Inhaber der Gemeinschaftsmarke, falls er auf die ältere Marke verzichtet oder sie erlöschen lässt, weiter dieselben Rechte zugestanden werden, die er gehabt hätte, wenn die ältere Marke weiterhin eingetragen gewesen wäre.

(3) Der für die Gemeinschaftsmarke in Anspruch genommene Zeitrang erlischt, wenn die ältere Marke, deren Zeitrang in Anspruch genommen worden ist, für verfallen oder für nichtig erklärt wird oder wenn auf sie vor der Eintragung der Gemeinschaftsmarke verzichtet worden ist.

Art. 35 Inanspruchnahme des Zeitrangs nach Eintragung der Gemeinschaftsmarke. (1) Der Inhaber einer Gemeinschaftsmarke, der Inhaber einer in einem Mitgliedstaat, einschließlich des Benelux-Gebiets, oder einer mit Wirkung für einen Mitgliedstaat international registrierten identischen älteren Marke für Waren oder Dienstleistungen ist, die mit denen identisch sind, für welche die ältere Marke eingetragen ist, oder die von diesen Waren oder Dienstleistungen umfasst werden, kann den Zeitrang der älteren Marke in Bezug auf den Mitgliedstaat, in dem oder für den sie eingetragen ist, in Anspruch nehmen.

(2) Artikel 34 Absätze 2 und 3 sind entsprechend anzuwenden.

Titel IV. Eintragungsverfahren

Abschnitt 1. Prüfung der Anmeldung

Art. 36 Prüfung der Anmeldungserfordernisse. (1) Das Amt prüft, ob

a) die Anmeldung der Gemeinschaftsmarke den Erfordernissen für die Zuerkennung eines Anmeldetages nach Artikel 27 genügt;

b) die Anmeldung der Gemeinschaftsmarke den in dieser Verordnung und in der Durchführungsverordnung vorgesehenen Erfordernissen genügt;

c) gegebenenfalls die Klassengebühren innerhalb der vorgeschriebenen Frist entrichtet worden sind.

(2) Entspricht die Anmeldung nicht den in Absatz 1 genannten Erfordernissen, so fordert das Amt den Anmelder auf, innerhalb der vorgeschriebenen Frist die festgestellten Mängel zu beseitigen oder die ausstehende Zahlung nachzuholen.

(3) Werden innerhalb dieser Fristen die nach Absatz 1 Buchstabe a festgestellten Mängel nicht beseitigt oder wird die nach Absatz 1 Buchstabe a festgestellte ausstehende Zahlung nicht nachgeholt, so wird die Anmeldung nicht als Anmeldung einer Gemeinschaftsmarke behandelt. Kommt der Anmelder der Aufforderung des Amtes nach, so erkennt das Amt der Anmeldung als Anmeldetag den Tag zu, an dem die festgestellten Mängel beseitigt werden oder die festgestellte ausstehende Zahlung nachgeholt wird.

(4) Werden innerhalb der vorgeschriebenen Fristen die nach Absatz 1 Buchstabe b festgestellten Mängel nicht beseitigt, so weist das Amt die Anmeldung zurück.

(5) Wird die nach Absatz 1 Buchstabe c festgestellte ausstehende Zahlung nicht innerhalb der vorgeschriebenen Fristen nachgeholt, so gilt die Anmeldung als zurückgenommen, es sei denn, dass eindeutig ist, welche Waren- oder Dienstleistungsklassen durch den gezahlten Gebührenbetrag gedeckt werden sollen.

(6) Wird den Vorschriften über die Inanspruchnahme der Priorität nicht entsprochen, so erlischt der Prioritätsanspruch für die Anmeldung.

(7) Sind die Voraussetzungen für die Inanspruchnahme des Zeitrangs einer nationalen Marke nicht erfüllt, so kann deren Zeitrang für die Anmeldung nicht mehr beansprucht werden.

Art. 37 Prüfung auf absolute Eintragungshindernisse. (1) Ist die Marke nach Artikel 7 für alle oder einen Teil der Waren oder Dienstleistungen, für die die Gemeinschaftsmarke angemeldet worden ist, von der Eintragung ausgeschlossen, so wird die Anmeldung für diese Waren oder Dienstleistungen zurückgewiesen.

(2) Enthält die Marke einen Bestandteil, der nicht unterscheidungskräftig ist, und kann die Aufnahme dieses Bestandteils in die Marke zu Zweifeln über den Schutzumfang der Marke Anlass geben, so kann das Amt als Bedingung für die Eintragung der Marke verlangen, dass der Anmelder erklärt, dass er an dem Bestandteil kein ausschließliches Recht in Anspruch nehmen wird. Diese Erklärung wird mit der Anmeldung oder gegebenenfalls mit der Eintragung der Gemeinschaftsmarke veröffentlicht.

(3) Die Anmeldung kann nur zurückgewiesen werden, wenn dem Anmelder zuvor Gelegenheit gegeben worden ist, die Anmeldung zurückzunehmen, zu ändern oder eine Stellungnahme einzureichen.

Abschnitt 2. Recherche

Art. 38 Recherche. (1) Hat das Amt für die Anmeldung einer Gemeinschaftsmarke einen Anmeldetag festgelegt, so erstellt es einen Gemeinschaftsrecherchenbericht, in dem diejenigen ermittelten älteren Gemeinschaftsmarken oder Anmeldungen von Gemeinschaftsmarken aufgeführt werden, die gemäß Artikel 8 gegen die Eintragung der angemeldeten Gemeinschaftsmarke geltend gemacht werden können.

(2) Beantragt der Anmelder bei der Anmeldung einer Gemeinschaftsmarke, dass auch von den Zentralbehörden für den gewerblichen Rechtsschutz der Mitgliedstaaten ein Recherchenbericht erstellt wird, und wurde die entsprechende Recherchengebühr innerhalb der für die Zahlung der Anmeldegebühr vorgesehenen Frist entrichtet, so übermittelt das Amt, sobald für die Anmeldung der Gemeinschaftsmarke ein Anmeldetag festgelegt wurde, der Zentralbehörde für den gewerblichen Rechtsschutz aller Mitgliedstaaten, die dem Amt ihre Entscheidung mitgeteilt haben, für Anmeldungen von Gemeinschaftsmarken in ihren eigenen Markenregistern eine Recherche durchzuführen, eine Abschrift dieser Anmeldung.

(3) Jede Zentralbehörde für den gewerblichen Rechtsschutz gemäß Absatz 2 übermittelt dem Amt innerhalb von zwei Monaten ab dem Tag, an dem die Anmeldung einer Gemeinschaftsmarke bei ihr eingegangen ist, einen Recherchenbericht, in dem entweder die von ihr ermittelten älteren Marken oder Markenanmeldungen aufgeführt sind, die gemäß Artikel 8 gegen die Eintragung der angemeldeten Gemeinschaftsmarke geltend gemacht werden können, oder in dem mitgeteilt wird, dass solche Rechte bei der Recherche nicht festgestellt wurden.

(4) Der Recherchenbericht gemäß Absatz 3 wird unter Verwendung eines Standardformulars verfasst, das vom Amt nach Anhörung des in Artikel 126 Absatz 1 genannten Verwaltungsrats, nachstehend „Verwaltungsrat" genannt, erstellt wird. Die wesentlichen Bestandteile dieses Formulars werden in der Durchführungsverordnung festgelegt.

(5) Das Amt zahlt jeder Zentralbehörde für den gewerblichen Rechtsschutz einen Betrag für jeden Recherchenbericht, den diese Behörde gemäß Absatz 3 vorlegt. Dieser Betrag, der für jede Zentralbehörde gleich hoch zu sein hat, wird vom Haushaltsausschuss durch mit Dreiviertelmehrheit der Vertreter der Mitgliedstaaten gefassten Beschluss festgesetzt.

(6) Das Amt übermittelt dem Anmelder der Gemeinschaftsmarke unverzüglich den Gemeinschaftsrecherchenbericht sowie auf Antrag die innerhalb der Frist nach Absatz 3 eingegangenen nationalen Recherchenberichte.

(7) Bei der Veröffentlichung der Anmeldung einer Gemeinschaftsmarke, die erst nach Ablauf von einem Monat ab dem Tag, an dem das Amt dem Anmelder die Recherchenberichte übermittelt hat, vorgenommen werden darf, unterrichtet das Amt die Inhaber älterer Gemeinschaftsmarken oder Anmeldungen von Gemeinschaftsmarken, die in dem Gemeinschaftsrecherchenbericht genannt sind, von der Veröffentlichung der Anmeldung der Gemeinschaftsmarke.

Abschnitt 3. Veröffentlichung der Anmeldung

Art. 39 Veröffentlichung der Anmeldung. (1) Sind die Erfordernisse für die Anmeldung der Gemeinschaftsmarke erfüllt und ist die Frist des Artikels 38 Absatz 7 verstrichen, so wird die Anmeldung veröffentlicht, soweit sie nicht gemäß Artikel 37 zurückgewiesen wird.

(2) Wird die Anmeldung nach ihrer Veröffentlichung gemäß Artikel 37 zurückgewiesen, so wird die Entscheidung über die Zurückweisung veröffentlicht, sobald sie unanfechtbar geworden ist.

Abschnitt 4. Bemerkungen Dritter und Widerspruch

Art. 40 Bemerkungen Dritter. (1) Natürliche oder juristische Personen sowie die Verbände der Hersteller, Erzeuger, Dienstleistungsunternehmer, Händler und Verbraucher können beim Amt nach der Veröffentlichung der Anmeldung der Gemeinschaftsmarke schriftliche Bemerkungen mit der Begründung einreichen, dass die Marke von Amts wegen und insbesondere nach Artikel 7 von der Eintragung auszuschließen ist. Sie sind an dem Verfahren vor dem Amt nicht beteiligt.

(2) Die in Absatz 1 genannten Bemerkungen werden dem Anmelder mitgeteilt, der dazu Stellung nehmen kann.

Art. 41 Widerspruch. (1) Innerhalb einer Frist von drei Monaten nach Veröffentlichung der Anmeldung der Gemeinschaftsmarke kann gegen die Eintragung der Gemeinschaftsmarke Widerspruch mit der Begründung erhoben werden, dass die Marke nach Artikel 8 von der Eintragung auszuschließen ist; der Widerspruch kann erhoben werden

a) in den Fällen des Artikels 8 Absätze 1 und 5 von den Inhabern der in Artikel 8 Absatz 2 genannten älteren Marken sowie von Lizenznehmern, die von den Inhabern dieser Marken hierzu ausdrücklich ermächtigt worden sind;

b) in den Fällen des Artikels 8 Absatz 3 von den Inhabern der dort genannten Marken;

c) in den Fällen des Artikels 8 Absatz 4 von den Inhabern der dort genannten älteren Marken oder Kennzeichenrechte sowie von den Personen, die nach dem anzuwendenden nationalen Recht berechtigt sind, diese Rechte geltend zu machen.

(2) Gegen die Eintragung der Marke kann unter den Voraussetzungen des Absatzes 1 ebenfalls Widerspruch erhoben werden, falls eine geänderte Anmeldung gemäß Artikel 43 Absatz 2 Satz 2 veröffentlicht worden ist.

(3) Der Widerspruch ist schriftlich einzureichen und zu begründen. Er gilt erst als erhoben, wenn die Widerspruchsgebühr entrichtet worden ist. Der Widerspruch kann innerhalb einer vom Amt bestimmten Frist zur Stützung des Widerspruchs Tatsachen, Beweismittel und Bemerkungen vorbringen.

Art. 42 Prüfung des Widerspruchs. (1) Bei der Prüfung des Widerspruchs fordert das Amt die Beteiligten so oft wie erforderlich auf, innerhalb einer von ihm zu bestimmenden Frist eine Stellungnahme zu seinen Bescheiden oder zu den Schriftsätzen anderer Beteiligter einzureichen.

(2) Auf Verlangen des Anmelders hat der Inhaber einer älteren Gemeinschaftsmarke, der Widerspruch erhoben hat, den Nachweis zu erbringen, dass er innerhalb der letzten fünf Jahre vor der Veröffentlichung der Anmeldung der Gemeinschaftsmarke die ältere Gemeinschaftsmarke in der Gemeinschaft für die Waren oder Dienstleistungen, für die sie eingetragen ist und auf die er sich zur Begründung seines Widerspruchs beruft, ernsthaft benutzt hat, oder dass berechtigte Gründe für die Nichtbenutzung vorliegen, sofern zu diesem Zeitpunkt die ältere Gemeinschaftsmarke seit mindestens fünf Jahren eingetragen ist. Kann er diesen Nachweis nicht erbringen, so wird der Widerspruch zurückgewiesen. Ist die ältere Gemeinschaftsmarke nur für einen Teil der Waren oder Dienstleistungen, für die sie eingetragen ist, benutzt worden, so gilt sie zum Zwecke der Prüfung des Widerspruchs nur für diese Waren oder Dienstleistungen als eingetragen.

(3) Absatz 2 ist auf ältere nationale Marken im Sinne von Artikel 8 Absatz 2 Buchstabe a mit der Maßgabe entsprechend anzuwenden, dass an die Stelle der Benutzung in der Gemeinschaft die Benutzung in dem Mitgliedstaat tritt, in dem die ältere Marke geschützt ist.

(4) Das Amt kann die Beteiligten ersuchen, sich zu einigen, wenn es dies als sachdienlich erachtet.

(5) Ergibt die Prüfung, dass die Marke für alle oder einen Teil der Waren oder Dienstleistungen, für die die Gemeinschaftsmarke beantragt worden ist, von der Eintragung ausgeschlossen ist, so wird die Anmeldung für diese Waren oder Dienstleistungen zurückgewiesen. Ist die Marke von der Eintragung nicht ausgeschlossen, so wird der Widerspruch zurückgewiesen.

(6) Die Entscheidung über die Zurückweisung der Anmeldung wird veröffentlicht, sobald sie unanfechtbar geworden ist.

Abschnitt 5. Zurücknahme, Einschränkung, Änderung und Teilung der Anmeldung

Art. 43 Zurücknahme, Einschränkung und Änderung der Anmeldung. (1) Der Anmelder kann seine Anmeldung jederzeit zurücknehmen oder das in der Anmeldung enthaltene Verzeichnis der Waren und Dienstleistungen einschränken. Ist die Anmeldung bereits veröffentlicht, so wird auch die Zurücknahme oder Einschränkung veröffentlicht.

(2) Im Übrigen kann die Anmeldung der Gemeinschaftsmarke auf Antrag des Anmelders nur geändert werden, um Name und Adresse des Anmelders, sprachliche Fehler, Schreibfehler oder offensichtliche Unrichtigkeiten zu berichtigen, soweit durch eine solche Berichtigung der wesentliche Inhalt der Marke nicht berührt oder das Verzeichnis der Waren oder Dienstleistungen nicht erweitert wird. Betreffen die Änderungen die Wiedergabe der Marke oder das Verzeichnis der Waren oder Dienstleistungen und werden sie nach Veröffentlichung der Anmeldung vorgenommen, so wird die Anmeldung in der geänderten Fassung veröffentlicht.

Art. 44 Teilung der Anmeldung. (1) Der Anmelder kann die Anmeldung teilen, indem er erklärt, dass ein Teil der in der ursprünglichen Anmeldung enthaltenen Waren oder Dienstleistungen Gegenstand einer oder mehrerer Teilanmeldungen sein soll. Die Waren oder Dienstleistungen der Teilanmeldung dürfen sich nicht mit den Waren oder Dienstleistungen der ursprünglichen Anmeldung oder anderen Teilanmeldungen überschneiden.

(2) Die Teilungserklärung ist nicht zulässig:

a) wenn gegen die ursprüngliche Anmeldung Widerspruch eingelegt wurde und die Teilungserklärung eine Teilung der Waren oder Dienstleistungen, gegen die sich der Widerspruch richtet, bewirkt, bis die Entscheidung der Widerspruchsabteilung unanfechtbar geworden ist oder das Widerspruchsverfahren eingestellt wird;

b) während der in der Durchführungsverordnung festgelegten Zeiträume.

(3) Die Teilungserklärung muss den Bestimmungen der Durchführungsverordnung entsprechen.

(4) Die Teilungserklärung ist gebührenpflichtig. Sie gilt als nicht abgegeben, solange die Gebühr nicht entrichtet ist.

(5) Die Teilung wird an dem Tag wirksam, an dem sie in der vom Amt geführten Akte der ursprünglichen Anmeldung vermerkt wird.

(6) Alle vor Eingang der Teilungserklärung beim Amt für die ursprüngliche Anmeldung eingereichten Anträge und gezahlten Gebühren gelten auch als für die Teilanmeldungen eingereicht oder gezahlt. Gebühren für die ursprüngliche Anmeldung, die wirksam vor Eingang der Teilungserklärung beim Amt entrichtet wurden, werden nicht erstattet.

(7) Die Teilanmeldung genießt den Anmeldetag sowie gegebenenfalls den Prioritätstag und den Zeitrang der ursprünglichen Anmeldung.

Abschnitt 6. Eintragung

Art. 45 Eintragung. Entspricht die Anmeldung den Vorschriften dieser Verordnung und wurde innerhalb der Frist gemäß Artikel 41 Absatz 1 kein Widerspruch erhoben oder wurde ein Widerspruch rechtskräftig zurückgewiesen, so wird die Marke als Gemeinschaftsmarke eingetragen, sofern die Gebühr für die Eintragung innerhalb der vorgeschriebenen Frist entrichtet worden ist. Wird die Gebühr nicht innerhalb dieser Frist entrichtet, so gilt die Anmeldung als zurückgenommen.

Titel V. Dauer, Verlängerung, Änderung und Teilung der Gemeinschaftsmarke

Art. 46 Dauer der Eintragung. Die Dauer der Eintragung der Gemeinschaftsmarke beträgt zehn Jahre, gerechnet vom Tag der Anmeldung an. Die Eintragung kann gemäß Artikel 47 um jeweils zehn Jahre verlängert werden.

Art. 47 Verlängerung. (1) Die Eintragung der Gemeinschaftsmarke wird auf Antrag des Inhabers oder einer hierzu ausdrücklich ermächtigten Person verlängert, sofern die Gebühren entrichtet worden sind.

(2) Das Amt unterrichtet den Inhaber der Gemeinschaftsmarke und die im Register eingetragenen Inhaber von Rechten an der Gemeinschaftsmarke rechtzeitig vor dem Ablauf der Eintragung. Das Amt haftet nicht für unterbliebene Unterrichtung.

(3) Der Antrag auf Verlängerung ist innerhalb eines Zeitraums von sechs Monaten vor Ablauf des letzten Tages des Monats, in dem die Schutzdauer endet, einzureichen. Innerhalb

dieses Zeitraums sind auch die Gebühren zu entrichten. Der Antrag und die Gebühren können noch innerhalb einer Nachfrist von sechs Monaten nach Ablauf des in Satz 1 genannten Tages eingereicht oder gezahlt werden, sofern innerhalb dieser Nachfrist eine Zuschlagsgebühr entrichtet wird.

(4) Beziehen sich der Antrag auf Verlängerung oder die Entrichtung der Gebühren nur auf einen Teil der Waren oder Dienstleistungen, für die die Marke eingetragen ist, so wird die Eintragung nur für diese Waren oder Dienstleistungen verlängert.

(5) Die Verlängerung wird am Tag nach dem Ablauf der Eintragung wirksam. Sie wird eingetragen.

Art. 48 Änderung. (1) Die Gemeinschaftsmarke darf weder während der Dauer der Eintragung noch bei ihrer Verlängerung im Register geändert werden.

(2) Enthält jedoch die Gemeinschaftsmarke den Namen und die Adresse ihres Inhabers, so kann die Änderung dieser Angaben, sofern dadurch die ursprünglich eingetragene Marke in ihrem wesentlichen Inhalt nicht beeinträchtigt wird, auf Antrag des Inhabers eingetragen werden.

(3) Die Veröffentlichung der Eintragung der Änderung enthält eine Wiedergabe der geänderten Gemeinschaftsmarke. Innerhalb einer Frist von drei Monaten nach Veröffentlichung können Dritte, deren Rechte durch die Änderung beeinträchtigt werden können, die Eintragung der Änderung der Marke anfechten.

Art. 49 Teilung der Eintragung. (1) Der Inhaber einer Gemeinschaftsmarke kann die Eintragung teilen, indem er erklärt, dass ein Teil der in der ursprünglichen Eintragung enthaltenen Waren oder Dienstleistungen Gegenstand einer oder mehrerer Teileintragungen sein soll. Die Waren oder Dienstleistungen der Teileintragung dürfen sich nicht mit den Waren oder Dienstleistungen der ursprünglichen Eintragung oder anderer Teileintragungen überschneiden.

(2) Die Teilungserklärung ist nicht zulässig,

a) wenn beim Amt ein Antrag auf Erklärung des Verfalls oder der Nichtigkeit gegen die ursprüngliche Eintragung eingereicht wurde und die Teilungserklärung eine Teilung der Waren oder Dienstleistungen, gegen die sich der Antrag auf Erklärung des Verfalls oder der Nichtigkeit richtet, bewirkt, bis die Entscheidung der Nichtigkeitsabteilung unanfechtbar geworden oder das Verfahren anderweitig erledigt ist;

b) wenn vor einem Gemeinschaftsmarkengericht eine Widerklage auf Erklärung des Verfalls oder der Nichtigkeit anhängig ist und die Teilungserklärung eine Teilung der Waren oder Dienstleistungen, gegen die sich die Widerklage richtet, bewirkt, bis der Hinweis auf die Entscheidung des Gemeinschaftsmarkengerichts gemäß Artikel 100 Absatz 6 im Register eingetragen ist.

(3) Die Teilungserklärung muss den Bestimmungen der Durchführungsverordnung entsprechen.

(4) Die Teilungserklärung ist gebührenpflichtig. Sie gilt als nicht abgegeben, solange die Gebühr nicht entrichtet ist.

(5) Die Teilung wird an dem Tag wirksam, an dem sie im Register eingetragen wird.

(6) Alle vor Eingang der Teilungserklärung beim Amt für die ursprüngliche Eintragung eingereichten Anträge und gezahlten Gebühren gelten auch als für die Teileintragungen eingereicht oder gezahlt. Gebühren für die ursprüngliche Eintragung, die wirksam vor Eingang der Teilungserklärung beim Amt entrichtet wurden, werden nicht erstattet.

(7) Die Teileintragung genießt den Anmeldetag sowie gegebenenfalls den Prioritätstag und den Zeitrang der ursprünglichen Eintragung.

Titel VI. Verzicht, Verfall und Nichtigkeit

Abschnitt 1. Verzicht

Art. 50 Verzicht. (1) Die Gemeinschaftsmarke kann Gegenstand eines Verzichts für alle oder einen Teil der Waren oder Dienstleistungen sein, für die sie eingetragen ist.

(2) Der Verzicht ist vom Markeninhaber dem Amt schriftlich zu erklären. Er wird erst wirksam, wenn er eingetragen ist.

(3) Ist im Register eine Person als Inhaber eines Rechts eingetragen, so wird der Verzicht nur mit Zustimmung dieser Person eingetragen. Ist eine Lizenz im Register eingetragen, so wird der Verzicht erst eingetragen, wenn der Markeninhaber glaubhaft macht, dass er den Lizenznehmer von seiner Verzichtsabsicht unterrichtet hat; die Eintragung wird nach Ablauf der in der Durchführungsverordnung vorgeschriebenen Frist vorgenommen.

Abschnitt 2. Verfallsgründe

Art. 51 Verfallsgründe. (1) Die Gemeinschaftsmarke wird auf Antrag beim Amt oder auf Widerklage im Verletzungsverfahren für verfallen erklärt,

a) wenn die Marke innerhalb eines ununterbrochenen Zeitraums von fünf Jahren in der Gemeinschaft für die Waren oder Dienstleistungen, für die sie eingetragen ist, nicht ernsthaft benutzt worden ist und keine berechtigten Gründe für die Nichtbenutzung vorliegen; der Verfall der Rechte des Inhabers kann jedoch nicht geltend gemacht werden, wenn nach Ende dieses Zeitraums und vor Antragstellung oder vor Erhebung der Widerklage die Benutzung der Marke ernsthaft begonnen oder wieder aufgenommen worden ist; wird die Benutzung jedoch innerhalb eines nicht vor Ablauf des ununterbrochenen Zeitraums von fünf Jahren der Nichtbenutzung beginnenden Zeitraums von drei Monaten vor Antragstellung oder vor Erhebung der Widerklage begonnen oder wieder aufgenommen, so bleibt sie unberücksichtigt, sofern die Vorbereitungen für die erstmalige oder die erneute Benutzung erst stattgefunden haben, nachdem der Inhaber Kenntnis davon erhalten hat, dass der Antrag gestellt oder die Widerklage erhoben werden könnte;

b) wenn die Marke infolge des Verhaltens oder der Untätigkeit ihres Inhabers im geschäftlichen Verkehr zur gebräuchlichen Bezeichnung einer Ware oder einer Dienstleistung, für die sie eingetragen ist, geworden ist;

c) wenn die Marke infolge ihrer Benutzung durch den Inhaber oder mit seiner Zustimmung für Waren oder Dienstleistungen, für die sie eingetragen ist, geeignet ist, das Publikum insbesondere über die Art, die Beschaffenheit oder die geografische Herkunft dieser Waren oder Dienstleistungen irrezuführen.

(2) Liegt ein Verfallsgrund nur für einen Teil der Waren oder Dienstleistungen vor, für die die Gemeinschaftsmarke eingetragen ist, so wird sie nur für diese Waren oder Dienstleistungen für verfallen erklärt.

Abschnitt 3. Nichtigkeitsgründe

Art. 52 Absolute Nichtigkeitsgründe. (1) Die Gemeinschaftsmarke wird auf Antrag beim Amt oder auf Widerklage im Verletzungsverfahren für nichtig erklärt,

a) wenn sie entgegen den Vorschriften des Artikels 7 eingetragen worden ist;

b) wenn der Anmelder bei der Anmeldung der Marke bösgläubig war.

(2) Ist die Gemeinschaftsmarke entgegen Artikel 7 Absatz 1 Buchstabe b, c oder d eingetragen worden, kann sie nicht für nichtig erklärt werden, wenn sie durch Benutzung im Verkehr Unterscheidungskraft für die Waren oder Dienstleistungen, für die sie eingetragen ist,
erlangt hat.

(3) Liegt ein Nichtigkeitsgrund nur für einen Teil der Waren oder Dienstleistungen vor,
für die die Gemeinschaftsmarke eingetragen ist, so kann sie nur für diese Waren oder Dienstleistungen für nichtig erklärt werden.

Art. 53 Relative Nichtigkeitsgründe. (1) Die Gemeinschaftsmarke wird auf Antrag
beim Amt oder auf Widerklage im Verletzungsverfahren für nichtig erklärt,

a) wenn eine in Artikel 8 Absatz 2 genannte ältere Marke besteht und die Voraussetzungen
   der Absätze 1 oder 5 des genannten Artikels erfüllt sind;

b) wenn eine in Artikel 8 Absatz 3 genannte Marke besteht und die Voraussetzungen des genannten Absatzes erfüllt sind;

c) wenn ein in Artikel 8 Absatz 4 genanntes älteres Kennzeichenrecht besteht und die Voraussetzungen des genannten Absatzes erfüllt sind.

(2) Die Gemeinschaftsmarke wird auf Antrag beim Amt oder auf Widerklage im Verletzungsverfahren ebenfalls für nichtig erklärt, wenn ihre Benutzung aufgrund eines sonstigen
älteren Rechts gemäß dem für dessen Schutz maßgebenden Gemeinschaftsrecht oder nationalen Recht untersagt werden kann insbesondere eines

a) Namensrechts;

b) Rechts an der eigenen Abbildung;

c) Urheberrechts;

d) gewerblichen Schutzrechts.

(3) Die Gemeinschaftsmarke kann nicht für nichtig erklärt werden, wenn der Inhaber eines der in Absatz 1 oder 2 genannten Rechte der Eintragung der Gemeinschaftsmarke vor
der Stellung des Antrags auf Nichtigerklärung oder der Erhebung der Widerklage ausdrücklich zustimmt.

(4) Hat der Inhaber eines der in Absatz 1 oder 2 genannten Rechts bereits einen Antrag
auf Nichtigerklärung der Gemeinschaftsmarke gestellt oder im Verletzungsverfahren Widerklage erhoben, so darf er nicht aufgrund eines anderen dieser Rechte, das er zur Unterstützung seines ersten Begehrens hätte geltend machen können, einen neuen Antrag auf Nichtigerklärung stellen oder Widerklage erheben.

(5) Artikel 52 Absatz 3 ist entsprechend anzuwenden.

Art. 54 Verwirkung durch Duldung. (1) Hat der Inhaber einer Gemeinschaftsmarke
die Benutzung einer jüngeren Gemeinschaftsmarke in der Gemeinschaft während eines Zeitraums von fünf aufeinander folgenden Jahren in Kenntnis dieser Benutzung geduldet, so
kann er für die Waren oder Dienstleistungen, für die die jüngere Marke benutzt worden ist,
aufgrund dieser älteren Marke weder die Nichtigerklärung dieser jüngeren Marke verlangen
noch sich ihrer Benutzung widersetzen, es sei denn, dass die Anmeldung der jüngeren Gemeinschaftsmarke bösgläubig vorgenommen worden ist.

(2) Hat der Inhaber einer in Artikel 8 Absatz 2 genannten älteren nationalen Marke oder
eines in Artikel 8 Absatz 4 genannten sonstigen älteren Kennzeichenrechts die Benutzung einer jüngeren Gemeinschaftsmarke in dem Mitgliedstaat, in dem diese ältere Marke oder dieses sonstige ältere Kennzeichenrecht geschützt ist, während eines Zeitraums von fünf aufeinander folgenden Jahren in Kenntnis dieser Benutzung geduldet, so kann er für die Waren
oder Dienstleistungen, für die die jüngere Gemeinschaftsmarke benutzt worden ist, aufgrund

dieser älteren Marke oder dieses sonstigen älteren Kennzeichenrechts weder die Nichtigerklärung der Gemeinschaftsmarke verlangen noch sich ihrer Benutzung widersetzen, es sei denn, dass die Anmeldung der jüngeren Gemeinschaftsmarke bösgläubig vorgenommen worden ist.

(3) In den Fällen der Absätze 1 und 2 kann der Inhaber der jüngeren Gemeinschaftsmarke sich der Benutzung des älteren Rechts nicht widersetzen, obwohl dieses Recht gegenüber der jüngeren Gemeinschaftsmarke nicht mehr geltend gemacht werden kann.

Abschnitt 4 Wirkungen des Verfalls und der Nichtigkeit

Art. 55 Wirkungen des Verfalls und der Nichtigkeit. (1) Die in dieser Verordnung vorgesehenen Wirkungen der Gemeinschaftsmarke gelten in dem Umfang, in dem die Marke für verfallen erklärt wird, als von dem Zeitpunkt der Antragstellung oder der Erhebung der Widerklage an nicht eingetreten. In der Entscheidung kann auf Antrag einer Partei ein früherer Zeitpunkt, zu dem einer der Verfallsgründe eingetreten ist, festgesetzt werden.

(2) Die in dieser Verordnung vorgesehenen Wirkungen der Gemeinschaftsmarke gelten in dem Umfang, in dem die Marke für nichtig erklärt worden ist, als von Anfang an nicht eingetreten.

(3) Vorbehaltlich der nationalen Rechtsvorschriften über Klagen auf Ersatz des Schadens, der durch fahrlässiges oder vorsätzliches Verhalten des Markeninhabers verursacht worden ist, sowie vorbehaltlich der nationalen Rechtsvorschriften über ungerechtfertigte Bereicherung berührt die Rückwirkung des Verfalls oder der Nichtigkeit der Marke nicht:
a) Entscheidungen in Verletzungsverfahren, die vor der Entscheidung über den Verfall oder die Nichtigkeit rechtskräftig geworden und vollstreckt worden sind;
b) vor der Entscheidung über den Verfall oder die Nichtigkeit geschlossene Verträge insoweit, als sie vor dieser Entscheidung erfüllt worden sind; es kann jedoch verlangt werden, dass in Erfüllung des Vertrags gezahlte Beträge aus Billigkeitsgründen insoweit zurückerstattet werden, als die Umstände dies rechtfertigen.

Abschnitt 5. Verfahren zur Erklärung des Verfalls oder der Nichtigkeit vor dem Amt

Art. 56 Antrag auf Erklärung des Verfalls oder der Nichtigkeit. (1) Ein Antrag auf Erklärung des Verfalls oder der Nichtigkeit der Gemeinschaftsmarke kann beim Amt gestellt werden:
a) in den Fällen der Artikel 51 und 52 von jeder natürlichen oder juristischen Person sowie jedem Interessenverband von Herstellern, Erzeugern, Dienstleistungsunternehmen, Händlern oder Verbrauchern, der nach dem für ihn maßgebenden Recht prozessfähig ist;
b) in den Fällen des Artikels 53 Absatz 1 von den in Artikel 41 Absatz 1 genannten Personen;
c) in den Fällen des Artikels 53 Absatz 2 von den Inhabern der dort genannten älteren Rechte sowie von den Personen, die nach dem anzuwendenden nationalen Recht berechtigt sind, diese Rechte geltend zu machen.

(2) Der Antrag ist schriftlich einzureichen und zu begründen. Er gilt erst als gestellt, wenn die Gebühr entrichtet worden ist.

(3) Der Antrag auf Erklärung des Verfalls oder der Nichtigkeit ist unzulässig, wenn das Gericht eines Mitgliedstaats über einen Antrag wegen desselben Anspruchs zwischen denselben Parteien bereits rechtskräftig entschieden hat.

Art. 57 Prüfung des Antrags. (1) Bei der Prüfung des Antrags auf Erklärung des Verfalls oder der Nichtigkeit fordert das Amt die Beteiligten so oft wie erforderlich auf, innerhalb einer von ihm zu bestimmenden Frist eine Stellungnahme zu seinen Bescheiden oder zu den Schriftsätzen der anderen Beteiligten einzureichen.

(2) Auf Verlangen des Inhabers der Gemeinschaftsmarke hat der Inhaber einer älteren Gemeinschaftsmarke, der am Nichtigkeitsverfahren beteiligt ist, den Nachweis zu erbringen, dass er innerhalb der letzten fünf Jahre vor Stellung des Antrags auf Erklärung der Nichtigkeit die ältere Gemeinschaftsmarke in der Gemeinschaft für die Waren oder Dienstleistungen, für die sie eingetragen ist und auf die er sich zur Begründung seines Antrags beruft, ernsthaft benutzt hat oder dass berechtigte Gründe für die Nichtbenutzung vorliegen, sofern zu diesem Zeitpunkt die ältere Gemeinschaftsmarke seit mindestens fünf Jahren eingetragen ist. War die ältere Gemeinschaftsmarke am Tag der Veröffentlichung der Anmeldung der Gemeinschaftsmarke bereits mindestens fünf Jahre eingetragen, so hat der Inhaber der älteren Gemeinschaftsmarke auch den Nachweis zu erbringen, dass die in Artikel 42 Absatz 2 genannten Bedingungen an diesem Tage erfüllt waren. Kann er diesen Nachweis nicht erbringen, so wird der Antrag auf Erklärung der Nichtigkeit zurückgewiesen. Ist die ältere Gemeinschaftsmarke nur für einen Teil der Waren oder Dienstleistungen, für die sie eingetragen ist, benutzt worden, so gilt sie zum Zwecke der Prüfung des Antrags auf Erklärung der Nichtigkeit nur für diesen Teil der Waren oder Dienstleistungen als eingetragen.

(3) Absatz 2 ist auf ältere nationale Marken im Sinne des Artikels 8 Absatz 2 Buchstabe a mit der Maßgabe entsprechend anzuwenden, dass an die Stelle der Benutzung in der Gemeinschaft die Benutzung in dem Mitgliedstaat tritt, in dem die ältere Marke geschützt ist.

(4) Das Amt kann die Beteiligten ersuchen, sich zu einigen, wenn es dies als sachdienlich erachtet.

(5) Ergibt die Prüfung des Antrags auf Erklärung des Verfalls oder der Nichtigkeit, dass die Marke für alle oder einen Teil der Waren oder Dienstleistungen, für die sie eingetragen ist, von der Eintragung ausgeschlossen ist, so wird die Marke für diese Waren oder Dienstleistungen für verfallen oder für nichtig erklärt. Ist die Marke von der Eintragung nicht ausgeschlossen, so wird der Antrag zurückgewiesen.

(6) In das Register wird ein Hinweis auf die Entscheidung des Amtes über einen Antrag auf Erklärung des Verfalls oder der Nichtigkeit eingetragen, sobald sie unanfechtbar geworden ist.

Titel VII. Beschwerdeverfahren

Art. 58 Beschwerdefähige Entscheidungen. (1) Die Entscheidungen der Prüfer, der Widerspruchsabteilungen, der Markenverwaltungs- und Rechtsabteilung und der Nichtigkeitsabteilungen sind mit der Beschwerde anfechtbar. Die Beschwerde hat aufschiebende Wirkung.

(2) Eine Entscheidung, die ein Verfahren gegenüber einem Beteiligten nicht abschließt, ist nur zusammen mit der Endentscheidung anfechtbar, sofern nicht in der Entscheidung die gesonderte Beschwerde zugelassen ist.

Art. 59 Beschwerdeberechtigte und Verfahrensbeteiligte. Die Beschwerde steht denjenigen zu, die an einem Verfahren beteiligt waren, das zu einer Entscheidung geführt hat, soweit sie durch die Entscheidung beschwert sind. Die übrigen an diesem Verfahren Beteiligten sind am Beschwerdeverfahren beteiligt.

Art. 60 Frist und Form. Die Beschwerde ist innerhalb von zwei Monaten nach Zustellung der Entscheidung schriftlich beim Amt einzulegen. Die Beschwerde gilt erst als eingelegt, wenn die Beschwerdegebühr entrichtet worden ist. Innerhalb von vier Monaten nach Zustellung der Entscheidung ist die Beschwerde schriftlich zu begründen.

Art. 61 Abhilfe in einseitigen Verfahren. (1) Ist der Beschwerdeführer der einzige Verfahrensbeteiligte und erachtet die Stelle, deren Entscheidung angefochten wird, die Beschwerde als zulässig und begründet, so hat sie ihr abzuhelfen.

(2) Wird der Beschwerde nicht binnen eines Monats nach Eingang der Beschwerdebegründung abgeholfen, so ist die Beschwerde unverzüglich ohne sachliche Stellungnahme der Beschwerdekammer vorzulegen.

Art. 62 Abhilfe in mehrseitigen Verfahren. (1) Steht dem Beschwerdeführer ein anderer Verfahrensbeteiligter gegenüber und erachtet die Stelle, deren Entscheidung angefochten wird, die Beschwerde als zulässig und begründet, so hat sie ihr abzuhelfen.

(2) Der Beschwerde kann nur abgeholfen werden, wenn die Stelle, deren Entscheidung angefochten wird, dem anderen Verfahrensbeteiligten mitgeteilt hat, dass sie der Beschwerde abhelfen will, und wenn dieser der Abhilfe innerhalb von zwei Monaten nach Eingang der Mitteilung zustimmt.

(3) Stimmt der andere Verfahrensbeteiligte nicht innerhalb von zwei Monaten nach Eingang der Mitteilung nach Absatz 2 der Abhilfe der Beschwerde zu und gibt er eine entsprechende Erklärung ab oder gibt er innerhalb der vorgesehenen Frist keine Erklärung ab, so ist die Beschwerde unverzüglich ohne sachliche Stellungnahme der Beschwerdekammer vorzulegen.

(4) Erachtet die Stelle, deren Entscheidung angefochten wird, die Beschwerde jedoch nicht binnen eines Monats nach Eingang der Beschwerdebegründung als zulässig und begründet, so ergreift sie nicht die in den Absätzen 2 und 3 vorgesehenen Maßnahmen, sondern legt die Beschwerde unverzüglich ohne sachliche Stellungnahme der Beschwerdekammer vor.

Art. 63 Prüfung der Beschwerde. (1) Ist die Beschwerde zulässig, so prüft die Beschwerdekammer, ob die Beschwerde begründet ist.

(2) Bei der Prüfung der Beschwerde fordert die Beschwerdekammer die Beteiligten so oft wie erforderlich auf, innerhalb einer von ihr zu bestimmenden Frist eine Stellungnahme zu ihren Bescheiden oder zu den Schriftsätzen der anderen Beteiligten einzureichen.

Art. 64 Entscheidung über die Beschwerde. (1) Nach der Prüfung, ob die Beschwerde begründet ist, entscheidet die Beschwerdekammer über die Beschwerde. Die Beschwerdekammer wird entweder im Rahmen der Zuständigkeit der Dienststelle tätig, die die angefochtene Entscheidung erlassen hat, oder verweist die Angelegenheit zur weiteren Entscheidung an diese Dienststelle zurück.

(2) Verweist die Beschwerdekammer die Angelegenheit zur weiteren Entscheidung an die Dienststelle zurück, die die angefochtene Entscheidung erlassen hat, so ist diese Dienststelle durch die rechtliche Beurteilung der Beschwerdekammer, die der Entscheidung zugrunde gelegt ist, gebunden, soweit der Tatbestand derselbe ist.

(3) Die Entscheidungen der Beschwerdekammern werden erst mit Ablauf der in Artikel 65 Absatz 5 vorgesehenen Frist oder, wenn innerhalb dieser Frist eine Klage beim Gerichtshof eingelegt worden ist, mit deren Abweisung wirksam.

Art. 65 Klage beim Gerichtshof. (1) Die Entscheidungen der Beschwerdekammern, durch die über eine Beschwerde entschieden wird, sind mit der Klage beim Gerichtshof anfechtbar.

(2) Die Klage ist zulässig wegen Unzuständigkeit, Verletzung wesentlicher Formvorschriften, Verletzung des EG-Vertrags, dieser Verordnung oder einer bei ihrer Durchführung anzuwendenden Rechtsnorm oder wegen Ermessensmissbrauchs.

(3) Der Gerichtshof kann die angefochtene Entscheidung aufheben oder abändern.

(4) Die Klage steht den an dem Verfahren vor der Beschwerdekammer Beteiligten zu, soweit sie durch die Entscheidung beschwert sind.

(5) Die Klage ist innerhalb von zwei Monaten nach Zustellung der Entscheidung der Beschwerdekammer beim Gerichtshof einzulegen.

(6) Das Amt hat die Maßnahmen zu ergreifen, die sich aus dem Urteil des Gerichtshofs ergeben.

Titel VIII. Gemeinschaftskollektivmarken

Art. 66 Gemeinschaftskollektivmarken. (1) Eine Gemeinschaftskollektivmarke ist eine Gemeinschaftsmarke, die bei der Anmeldung als solche bezeichnet wird und dazu dienen kann, Waren und Dienstleistungen der Mitglieder des Verbands, der Markeninhaber ist, von denen anderer Unternehmen zu unterscheiden. Verbände von Herstellern, Erzeugern, Dienstleistungserbringern oder Händlern, die nach dem für sie maßgebenden Recht die Fähigkeit haben, im eigenen Namen Träger von Rechten und Pflichten jeder Art zu sein, Verträge zu schließen oder andere Rechtshandlungen vorzunehmen und vor Gericht zu stehen, sowie juristische Personen des öffentlichen Rechts können Gemeinschaftskollektivmarken anmelden.

(2) Abweichend von Artikel 7 Absatz 1 Buchstabe c können Gemeinschaftskollektivmarken im Sinne des Absatzes 1 des vorliegenden Artikels aus Zeichen oder Angaben bestehen, die im Verkehr zur Bezeichnung der geografischen Herkunft der Waren oder der Dienstleistungen dienen können. Die Gemeinschaftskollektivmarke gewährt ihrem Inhaber nicht das Recht, einem Dritten zu verbieten, solche Zeichen oder Angaben im geschäftlichen Verkehr zu benutzen, sofern die Benutzung den anständigen Gepflogenheiten in Gewerbe oder Handel entspricht; insbesondere kann eine solche Marke einem Dritten, der zur Benutzung einer geografischen Bezeichnung berechtigt ist, nicht entgegengehalten werden.

(3) Auf Gemeinschaftskollektivmarken sind die Vorschriften dieser Verordnung anzuwenden, soweit in den Artikeln 67 bis 74 nicht etwas anderes bestimmt ist.

Art. 67 Markensatzung. (1) Der Anmelder einer Gemeinschaftskollektivmarke muss innerhalb der vorgeschriebenen Frist eine Satzung vorlegen.

(2) In der Satzung sind die zur Benutzung der Marke befugten Personen, die Voraussetzungen für die Mitgliedschaft im Verband und gegebenenfalls die Bedingungen für die Benutzung der Marke, einschließlich Sanktionen, anzugeben. Die Satzung einer Marke nach Artikel 66 Absatz 2 muss es jeder Person, deren Waren oder Dienstleistungen aus dem betreffenden geografischen Gebiet stammen, gestatten, Mitglied des Verbandes zu werden, der Inhaber der Marke ist.

Art. 68 Zurückweisung der Anmeldung. (1) Über die in den Artikeln 36 und 37 genannten Gründe für die Zurückweisung der Anmeldung der Gemeinschaftsmarke hinaus wird die Anmeldung für eine Gemeinschaftskollektivmarke zurückgewiesen, wenn den Vorschriften der Artikel 66 oder 67 nicht Genüge getan ist oder die Satzung gegen die öffentliche Ordnung oder die guten Sitten verstößt.

(2) Die Anmeldung einer Gemeinschaftskollektivmarke wird außerdem zurückgewiesen, wenn die Gefahr besteht, dass das Publikum über den Charakter oder die Bedeutung der Marke irregeführt wird, insbesondere wenn diese Marke den Eindruck erwecken kann, als wäre sie etwas anderes als eine Kollektivmarke.

(3) Die Anmeldung wird nicht zurückgewiesen, wenn der Anmelder aufgrund einer Änderung der Markensatzung die Erfordernisse der Absätze 1 und 2 erfüllt.

Art. 69 Bemerkungen Dritter. Außer in den Fällen des Artikels 40 können die in Artikel 40 genannten Personen und Verbände beim Amt auch schriftliche Bemerkungen mit der Begründung einreichen, dass die Anmeldung der Gemeinschaftskollektivmarke gemäß Artikel 68 zurückzuweisen ist.

Art. 70 Benutzung der Marke. Die Benutzung der Gemeinschaftskollektivmarke durch eine hierzu befugte Person genügt den Vorschriften dieser Verordnung, sofern die übrigen Bedingungen, denen die Benutzung der Gemeinschaftsmarke aufgrund dieser Verordnung zu entsprechen hat, erfüllt sind.

Art. 71 Änderung der Markensatzung. (1) Der Inhaber der Gemeinschaftskollektivmarke hat dem Amt jede Änderung der Satzung zu unterbreiten.

(2) Auf die Änderung wird im Register nicht hingewiesen, wenn die geänderte Satzung den Vorschriften des Artikels 67 nicht entspricht oder einen Grund für eine Zurückweisung nach Artikel 68 bildet.

(3) Artikel 69 gilt für geänderte Satzungen.

(4) Zum Zwecke der Anwendung dieser Verordnung wird die Satzungsänderung erst ab dem Zeitpunkt wirksam, zu dem der Hinweis auf die Änderung ins Register eingetragen worden ist.

Art. 72 Erhebung der Verletzungsklage. (1) Die Vorschriften des Artikels 22 Absätze 3 und 4 über die Rechte der Lizenznehmer gelten für jede zur Benutzung einer Gemeinschaftskollektivmarke befugte Person.

(2) Der Inhaber der Gemeinschaftskollektivmarke kann im Namen der zur Benutzung der Marke befugten Personen Ersatz des Schadens verlangen, der diesen Personen aus der unberechtigten Benutzung der Marke entstanden ist.

Art. 73 Verfallsgründe. Außer aus den in Artikel 51 genannten Verfallsgründen wird die Gemeinschaftskollektivmarke auf Antrag beim Amt oder auf Widerklage im Verletzungsverfahren für verfallen erklärt, wenn

a)	ihr Inhaber keine angemessenen Maßnahmen ergreift, um eine Benutzung der Marke zu verhindern, die nicht im Einklang stünde mit den Benutzungsbedingungen, wie sie in der Satzung vorgesehen sind, auf deren Änderung gegebenenfalls im Register hingewiesen worden ist;

b)	die Art der Benutzung der Marke durch ihren Inhaber bewirkt hat, dass die Gefahr besteht, dass das Publikum im Sinne von Artikel 68 Absatz 2 irregeführt wird;

c)	entgegen den Vorschriften von Artikel 71 Absatz 2 im Register auf eine Änderung der Satzung hingewiesen worden ist, es sei denn, dass der Markeninhaber aufgrund einer erneuten Satzungsänderung den Erfordernissen des Artikels 71 Absatz 2 genügt.

Art. 74 Nichtigkeitsgründe. Außer aus den in den Artikeln 52 und 53 genannten Nichtigkeitsgründen wird die Gemeinschaftskollektivmarke auf Antrag beim Amt oder auf Widerklage im Verletzungsverfahren für nichtig erklärt, wenn sie entgegen den Vorschriften des Artikels 68 eingetragen worden ist, es sei denn, dass der Markeninhaber aufgrund einer Satzungsänderung den Erfordernissen des Artikels 68 genügt.

Titel IX. Verfahrensvorschriften

Abschnitt 1. Allgemeine Vorschriften

Art. 75 Begründung der Entscheidungen. Die Entscheidungen des Amtes sind mit Gründen zu versehen. Sie dürfen nur auf Gründe gestützt werden, zu denen die Beteiligten sich äußern konnten.

Art. 76 Ermittlung des Sachverhalts von Amts wegen. (1) In dem Verfahren vor dem Amt ermittelt das Amt den Sachverhalt von Amts wegen. Soweit es sich jedoch um Verfahren bezüglich relativer Eintragungshindernisse handelt, ist das Amt bei dieser Ermittlung auf das Vorbringen und die Anträge der Beteiligten beschränkt.

(2) Das Amt braucht Tatsachen und Beweismittel, die von den Beteiligten verspätet vorgebracht werden, nicht zu berücksichtigen.

Art. 77 Mündliche Verhandlung. (1) Das Amt ordnet von Amts wegen oder auf Antrag eines Verfahrensbeteiligten eine mündliche Verhandlung an, sofern es dies für sachdienlich erachtet.

(2) Die mündliche Verhandlung vor den Prüfern, vor der Widerspruchsabteilung und vor der Markenverwaltungs- und Rechtsabteilung ist nicht öffentlich.

(3) Die mündliche Verhandlung, einschließlich der Verkündung der Entscheidung, ist vor der Nichtigkeitsabteilung und den Beschwerdekammern öffentlich, sofern die angerufene Dienststelle nicht in Fällen anderweitig entscheidet, in denen insbesondere für eine am Verfahren beteiligte Partei die Öffentlichkeit des Verfahrens schwerwiegende und ungerechtfertigte Nachteile zur Folge haben könnte.

Art. 78 Beweisaufnahme. (1) In den Verfahren vor dem Amt sind insbesondere folgende Beweismittel zulässig:

a) Vernehmung der Beteiligten;

b) Einholung von Auskünften;

c) Vorlegung von Urkunden und Beweisstücken;

d) Vernehmung von Zeugen;

e) Begutachtung durch Sachverständige;

f) schriftliche Erklärungen, die unter Eid oder an Eides statt abgegeben werden oder nach den Rechtsvorschriften des Staates, in dem sie abgegeben werden, eine ähnliche Wirkung haben.

(2) Die befasste Dienststelle kann eines ihrer Mitglieder mit der Durchführung der Beweisaufnahme beauftragen.

(3) Hält das Amt die mündliche Vernehmung eines Beteiligten, Zeugen oder Sachverständigen für erforderlich, so wird der Betroffene zu einer Vernehmung vor dem Amt geladen.

(4) Die Beteiligten werden von der Vernehmung eines Zeugen oder eines Sachverständigen vor dem Amt benachrichtigt. Sie sind berechtigt, an der Zeugenvernehmung teilzunehmen und Fragen an den Zeugen oder Sachverständigen zu richten.

Art. 79 Zustellung. Das Amt stellt von Amts wegen alle Entscheidungen und Ladungen sowie die Bescheide und Mitteilungen zu, durch die eine Frist in Lauf gesetzt wird oder die nach anderen Vorschriften dieser Verordnung oder nach der Durchführungsverordnung zuzustellen sind oder für die der Präsident des Amtes die Zustellung vorgeschrieben hat.

Art. 80 Löschung oder Widerruf. (1) Nimmt das Amt eine Eintragung ins Register vor oder trifft es eine Entscheidung, so löscht es diese Eintragung oder widerruft diese Entscheidung, wenn die Eintragung oder die Entscheidung offensichtlich mit einem dem Amt anzulastenden Verfahrensfehler behaftet ist. Gibt es nur einen einzigen Verfahrensbeteiligten und berührt die Eintragung oder der Vorgang dessen Rechte, so werden die Löschung bzw. der Widerruf auch dann angeordnet, wenn der Fehler für den Beteiligten nicht offenkundig war.

(2) Die Löschung oder der Widerruf gemäß Absatz 1 werden von Amts wegen oder auf Antrag eines der Verfahrensbeteiligten von derjenigen Stelle angeordnet, die die Eintragung vorgenommen oder die Entscheidung erlassen hat. Die Löschung oder der Widerruf werden binnen sechs Monaten ab dem Datum der Eintragung in das Register oder dem Erlass der Entscheidung nach Anhörung der Verfahrensbeteiligten sowie der möglichen Inhaber der Rechte an der betreffenden Gemeinschaftsmarke, die im Register eingetragen sind, angeordnet.

(3) Dieser Artikel gilt unbeschadet des Rechts der Beteiligten, gemäß den Artikeln 58 und 65 Beschwerde einzulegen, sowie der Möglichkeit, nach den in der Durchführungsverordnung festgelegten Verfahren und Bedingungen sprachliche Fehler, Schreibfehler und offensichtliche Fehler in Entscheidungen des Amtes sowie solche Fehler bei der Eintragung der Marke oder bei der Veröffentlichung der Eintragung, die dem Amt anzulasten sind, zu berichtigen.

Art. 81 Wiedereinsetzung in den vorigen Stand. (1) Der Anmelder, der Inhaber der Gemeinschaftsmarke oder jeder andere an einem Verfahren vor dem Amt Beteiligte, der trotz Beachtung aller nach den gegebenen Umständen gebotenen Sorgfalt verhindert worden ist, gegenüber dem Amt eine Frist einzuhalten, wird auf Antrag wieder in den vorigen Stand eingesetzt, wenn die Verhinderung nach dieser Verordnung den Verlust eines Rechts oder eines Rechtsmittels zur unmittelbaren Folge hat.

(2) Der Antrag ist innerhalb von zwei Monaten nach Wegfall des Hindernisses schriftlich einzureichen. Die versäumte Handlung ist innerhalb dieser Frist nachzuholen. Der Antrag ist nur innerhalb eines Jahres nach Ablauf der versäumten Frist zulässig. Ist der Antrag auf Verlängerung der Eintragung nicht eingereicht worden oder sind die Verlängerungsgebühren nicht entrichtet worden, so wird die in Artikel 47 Absatz 3 Satz 3 vorgesehene Frist von sechs Monaten in die Frist von einem Jahr eingerechnet.

(3) Der Antrag ist zu begründen, wobei die zur Begründung dienenden Tatsachen glaubhaft zu machen sind. Er gilt erst als gestellt, wenn die Wiedereinsetzungsgebühr entrichtet worden ist.

(4) Über den Antrag entscheidet die Dienststelle, die über die versäumte Handlung zu entscheiden hat.

(5) Dieser Artikel ist nicht auf die in Absatz 2 sowie in Artikel 41 Absätze 1 und 3 und Artikel 82 genannten Fristen anzuwenden.

(6) Wird dem Anmelder oder dem Inhaber der Gemeinschaftsmarke die Wiedereinsetzung in den vorigen Stand gewährt, so kann er Dritten gegenüber, die in der Zeit zwischen dem Eintritt des Rechtsverlusts an der Anmeldung oder der Gemeinschaftsmarke und der

Bekanntmachung des Hinweises auf die Wiedereinsetzung in den vorigen Stand unter einem mit der Gemeinschaftsmarke identischen oder ihr ähnlichen Zeichen gutgläubig Waren in den Verkehr gebracht oder Dienstleistungen erbracht haben, keine Rechte geltend machen.

(7) Dritte, die sich auf Absatz 6 berufen können, können gegen die Entscheidung über die Wiedereinsetzung des Anmelders oder des Inhabers der Gemeinschaftsmarke in den vorigen Stand binnen zwei Monaten nach dem Zeitpunkt der Bekanntmachung des Hinweises auf die Wiedereinsetzung in den vorigen Stand Drittwiderspruch einlegen.

(8) Dieser Artikel lässt das Recht eines Mitgliedstaats unberührt, Wiedereinsetzung in den vorigen Stand in Bezug auf Fristen zu gewähren, die in dieser Verordnung vorgesehen und den Behörden dieses Staats gegenüber einzuhalten sind.

Art. 82 Weiterbehandlung. (1) Dem Anmelder, dem Inhaber einer Gemeinschaftsmarke oder einem anderen an einem Verfahren vor dem Amt Beteiligten, der eine gegenüber dem Amt einzuhaltende Frist versäumt hat, kann auf Antrag Weiterbehandlung gewährt werden, wenn mit dem Antrag die versäumte Handlung nachgeholt wird. Der Antrag auf Weiterbehandlung ist nur zulässig, wenn er innerhalb von zwei Monaten nach Ablauf der versäumten Frist gestellt wird. Der Antrag gilt erst als gestellt, wenn die Weiterbehandlungsgebühr gezahlt worden ist.

(2) Dieser Artikel gilt weder für die in Artikel 25 Absatz 3, Artikel 27, Artikel 29 Absatz 1, Artikel 33 Absatz 1, Artikel 36 Absatz 2, Artikel 41, Artikel 42, Artikel 47 Absatz 3, Artikel 60, Artikel 62, Artikel 65 Absatz 5, Artikel 81 und Artikel 112 genannten noch für die in diesem Artikel und für die in der Durchführungsverordnung vorgesehenen Fristen, um nach der Anmeldung eine Priorität gemäß Artikel 30, eine Ausstellungspriorität gemäß Artikel 33 oder einen Zeitrang gemäß Artikel 34 in Anspruch zu nehmen.

(3) Über den Antrag entscheidet die Stelle, die über die versäumte Handlung zu entscheiden hat.

(4) Gibt das Amt dem Antrag statt, so gelten die mit Fristversäumnis verbundenen Folgen als nicht eingetreten.

(5) Weist das Amt den Antrag zurück, so wird die Gebühr erstattet.

Art. 83 Heranziehung allgemeiner Grundsätze. Soweit diese Verordnung, die Durchführungsverordnung, die Gebührenordnung oder die Verfahrensordnung der Beschwerdekammern Vorschriften über das Verfahren nicht enthält, berücksichtigt das Amt die in den Mitgliedstaaten im Allgemeinen anerkannten Grundsätze des Verfahrensrechts.

Art. 84 Beendigung von Zahlungsverpflichtungen. (1) Ansprüche des Amts auf Zahlung von Gebühren erlöschen nach vier Jahren nach Ablauf des Kalenderjahres, in dem die Gebühr fällig geworden ist.

(2) Ansprüche gegen das Amt auf Rückerstattung von Gebühren oder von Geldbeträgen, die bei der Entrichtung einer Gebühr zu viel gezahlt worden sind, erlöschen nach vier Jahren nach Ablauf des Kalenderjahres, in dem der Anspruch entstanden ist.

(3) Die in Absatz 1 vorgesehene Frist wird durch eine Aufforderung zur Zahlung der Gebühr und die Frist des Absatzes 2 durch eine schriftliche Geltendmachung des Anspruchs unterbrochen. Diese Frist beginnt mit der Unterbrechung erneut zu laufen und endet spätestens sechs Jahre nach Ablauf des Jahres, in dem sie ursprünglich zu laufen begonnen hat, es sei denn, dass der Anspruch gerichtlich geltend gemacht worden ist; in diesem Fall endet die Frist frühestens ein Jahr nach der Rechtskraft der Entscheidung.

Abschnitt 2. Kosten

Art. 85 Kostenverteilung. (1) Der im Widerspruchsverfahren, im Verfahren zur Erklärung des Verfalls oder der Nichtigkeit oder im Beschwerdeverfahren unterliegende Beteiligte trägt die von dem anderen Beteiligten zu entrichtenden Gebühren sowie – unbeschadet des Artikels 119 Absatz 6 – alle für die Durchführung der Verfahren notwendigen Kosten, die dem anderen Beteiligten entstehen, einschließlich der Reise- und Aufenthaltskosten und der Kosten der Bevollmächtigten, Beistände und Anwälte im Rahmen der Tarife, die für jede Kostengruppe gemäß der Durchführungsverordnung festgelegt werden.

(2) Soweit jedoch die Beteiligten jeweils in einem oder mehreren Punkten unterliegen oder soweit es die Billigkeit erfordert, beschließt die Widerspruchsabteilung, die Nichtigkeitsabteilung oder die Beschwerdekammer eine andere Kostenverteilung.

(3) Der Beteiligte, der ein Verfahren dadurch beendet, dass er die Anmeldung der Gemeinschaftsmarke, den Widerspruch, den Antrag auf Erklärung des Verfalls oder der Nichtigkeit oder die Beschwerde zurücknimmt oder die Eintragung der Gemeinschaftsmarke nicht verlängert oder auf diese verzichtet, trägt die Gebühren sowie die Kosten der anderen Beteiligten gemäß den Absätzen 1 und 2.

(4) Im Falle der Einstellung des Verfahrens entscheidet die Widerspruchsabteilung, die Nichtigkeitsabteilung oder die Beschwerdekammer über die Kosten nach freiem Ermessen.

(5) Vereinbaren die Beteiligten vor der Widerspruchsabteilung, der Nichtigkeitsabteilung oder der Beschwerdekammer eine andere als die in den vorstehenden Absätzen vorgesehene Kostenregelung, so nimmt die betreffende Abteilung diese Vereinbarung zur Kenntnis.

(6) Die Widerspruchsabteilung, die Nichtigkeitsabteilung oder die Beschwerdekammer setzt den Betrag der nach den vorstehenden Absätzen zu erstattenden Kosten fest, wenn sich diese Kosten auf die an das Amt gezahlten Gebühren und die Vertretungskosten beschränken. In allen anderen Fällen setzt die Geschäftsstelle der Beschwerdekammer oder ein Mitarbeiter der Widerspruchsabteilung oder der Nichtigkeitsabteilung auf Antrag den zu erstattenden Betrag fest. Der Antrag ist nur innerhalb einer Frist von zwei Monaten zulässig, die mit dem Tag beginnt, an dem die Entscheidung, für die die Kostenfestsetzung beantragt wird, unanfechtbar wird. Gegen die Kostenfestsetzung ist der fristgerechte Antrag auf Überprüfung durch die Widerspruchsabteilung, die Nichtigkeitsabteilung oder die Beschwerdekammer zulässig.

Art. 86 Vollstreckung der Entscheidungen, die Kosten festsetzen. (1) Jede Entscheidung des Amtes, die Kosten festsetzt, ist ein vollstreckbarer Titel.

(2) Die Zwangsvollstreckung erfolgt nach den Vorschriften des Zivilprozessrechts des Staates, in dessen Hoheitsgebiet sie stattfindet. Die Vollstreckungsklausel wird nach einer Prüfung, die sich lediglich auf die Echtheit des Titels erstrecken darf, von der staatlichen Behörde erteilt, welche die Regierung jedes Mitgliedstaats zu diesem Zweck bestimmt und dem Amt und dem Gerichtshof benennt.

(3) Sind diese Formvorschriften auf Antrag der die Vollstreckung betreibenden Partei erfüllt, so kann diese Zwangsvollstreckung nach innerstaatlichem Recht betreiben, indem sie die zuständige Stelle unmittelbar anruft.

(4) Die Zwangsvollstreckung kann nur durch eine Entscheidung des Gerichtshofs ausgesetzt werden. Für die Prüfung der Ordnungsmäßigkeit der Vollstreckungsmaßnahmen sind jedoch die Rechtsprechungsorgane des betreffenden Staates zuständig.

Abschnitt 3. Unterrichtung der Öffentlichkeit und der Behörden der Mitgliedstaaten

Art. 87 Register für Gemeinschaftsmarken. Das Amt führt ein Register mit der Bezeichnung „Register für Gemeinschaftsmarken", in dem alle Angaben vermerkt werden, deren Eintragung oder Angabe in dieser Verordnung oder der Durchführungsverordnung vorgeschrieben ist. Jedermann kann in das Register Einsicht nehmen.

Art. 88 Akteneinsicht. (1) Einsicht in die Akten von Anmeldungen für Gemeinschaftsmarken, die noch nicht veröffentlicht worden sind, wird nur mit Zustimmung des Anmelders gewährt.

(2) Wer nachweist, dass der Anmelder behauptet hat, dass die Gemeinschaftsmarke nach ihrer Eintragung gegen ihn geltend gemacht werden würde, kann vor der Veröffentlichung dieser Anmeldung und ohne Zustimmung des Anmelders Akteneinsicht verlangen.

(3) Nach der Veröffentlichung der Anmeldung der Gemeinschaftsmarke wird auf Antrag Einsicht in die Akten der Anmeldung und der darauf eingetragenen Marke gewährt.

(4) Im Falle einer Akteneinsicht entsprechend Absatz 2 oder 3 können Teile der Akten jedoch gemäß der Durchführungsverordnung von der Einsicht ausgeschlossen werden.

Art. 89 Regelmäßig erscheinende Veröffentlichungen. Das Amt gibt regelmäßig folgende Veröffentlichungen heraus:

a) ein Blatt für Gemeinschaftsmarken, das die Eintragungen in das Register für Gemeinschaftsmarken wiedergibt sowie sonstige Angaben enthält, deren Veröffentlichung in dieser Verordnung oder in der Durchführungsverordnung vorgeschrieben ist;

b) ein Amtsblatt, das allgemeine Bekanntmachungen und Mitteilungen des Präsidenten des Amtes sowie sonstige diese Verordnung und ihre Anwendung betreffende Veröffentlichungen enthält.

Art. 90 Amtshilfe. Das Amt und die Gerichte oder Behörden der Mitgliedstaaten unterstützen einander auf Antrag durch die Erteilung von Auskünften oder die Gewährung von Akteneinsicht, soweit nicht Vorschriften dieser Verordnung oder des nationalen Rechts dem entgegenstehen. Gewährt das Amt Gerichten, Staatsanwaltschaften oder Zentralbehörden für den gewerblichen Rechtsschutz Akteneinsicht, so unterliegt diese nicht den Beschränkungen des Artikels 88.

Art. 91 Austausch von Veröffentlichungen. (1) Das Amt und die Zentralbehörden für den gewerblichen Rechtsschutz der Mitgliedstaaten übermitteln einander auf entsprechendes Ersuchen kostenlos für ihre eigenen Zwecke ein oder mehrere Exemplare ihrer Veröffentlichungen.

(2) Das Amt kann Vereinbarungen über den Austausch oder die Übermittlung von Veröffentlichungen treffen.

Abschnitt 4. Vertretung

Art. 92 Allgemeine Grundsätze der Vertretung. (1) Vorbehaltlich des Absatzes 2 ist niemand verpflichtet, sich vor dem Amt vertreten zu lassen.

(2) Unbeschadet des Absatzes 3 Satz 2 müssen natürliche oder juristische Personen, die weder Wohnsitz noch Sitz noch eine tatsächliche und nicht nur zum Schein bestehende gewerbliche oder Handelsniederlassung in der Gemeinschaft haben, in jedem durch diese Verordnung geschaffenen Verfahren mit Ausnahme der Einreichung einer Anmeldung für eine

Gemeinschaftsmarke gemäß Artikel 93 Absatz 1 vor dem Amt vertreten sein; in der Durchführungsverordnung können weitere Ausnahmen zugelassen werden.

(3) Natürliche oder juristische Personen mit Wohnsitz oder Sitz oder einer tatsächlichen und nicht nur zum Schein bestehenden gewerblichen oder Handelsniederlassung in der Gemeinschaft können sich vor dem Amt durch einen ihrer Angestellten vertreten lassen. Angestellte einer juristischen Person im Sinne dieses Absatzes können auch andere juristische Personen, die mit der erstgenannten Person wirtschaftlich verbunden sind, vertreten, selbst wenn diese anderen juristischen Personen weder Wohnsitz noch Sitz noch eine tatsächliche und nicht nur zum Schein bestehende gewerbliche oder Handelsniederlassung in der Gemeinschaft haben.

(4) Die Durchführungsverordnung regelt, ob und unter welchen Bedingungen ein Angestellter beim Amt eine unterzeichnete Vollmacht zu den Akten einzureichen hat.

Art. 93 Zugelassene Vertreter. (1) Die Vertretung natürlicher oder juristischer Personen vor dem Amt kann nur wahrgenommen werden

a) durch einen Rechtsanwalt, der in einem der Mitgliedstaaten zugelassen ist und seinen Geschäftssitz in der Gemeinschaft hat, soweit er in diesem Staat die Vertretung auf dem Gebiet des Markenwesens ausüben kann;

b) durch zugelassene Vertreter, die in einer beim Amt geführten Liste eingetragen sind. Die Durchführungsverordnung regelt, ob und unter welchen Bedingungen Vertreter, die vor dem Amt auftreten, beim Amt eine unterzeichnete Vollmacht zu den Akten einzureichen haben.

Die vor dem Amt auftretenden Vertreter haben eine unterzeichnete Vollmacht zu den Akten einzureichen; die entsprechenden Einzelheiten sind in der Durchführungsverordnung geregelt.

(2) In die Liste der zugelassenen Vertreter kann jede natürliche Person eingetragen werden, die folgende Voraussetzungen erfüllt:

a) Sie muss die Staatsangehörigkeit eines Mitgliedstaats besitzen;

b) sie muss ihren Geschäftssitz oder Arbeitsplatz in der Gemeinschaft haben;

c) sie muss befugt sein, natürliche oder juristische Personen auf dem Gebiet des Markenwesens vor der Zentralbehörde für den gewerblichen Rechtsschutz eines Mitgliedstaats zu vertreten. Unterliegt in diesem Staat die Befugnis nicht dem Erfordernis einer besonderen beruflichen Befähigung, so muss die Person, die die Eintragung in die Liste beantragt, die Vertretung auf dem Gebiet des Markenwesens vor der Zentralbehörde für den gewerblichen Rechtsschutz dieses Staates mindestens fünf Jahre lang regelmäßig ausgeübt haben. Die Voraussetzung der Berufsausübung ist jedoch nicht erforderlich für Personen, deren berufliche Befähigung, natürliche oder juristische Personen auf dem Gebiet des Markenwesens vor der Zentralbehörde für den gewerblichen Rechtsschutz eines Mitgliedstaats zu vertreten, nach den Vorschriften dieses Staates amtlich festgestellt worden ist.

(3) Die Eintragung erfolgt auf Antrag, dem eine Bescheinigung der Zentralbehörde für den gewerblichen Rechtsschutz des betreffenden Mitgliedstaats beizufügen ist, aus der sich die Erfüllung der in Absatz 2 genannten Voraussetzungen ergibt.

(4) Der Präsident des Amtes kann Befreiung erteilen

a) vom Erfordernis nach Absatz 2 Buchstabe c Satz 2, wenn der Antragsteller nachweist, dass er die erforderliche Befähigung auf andere Weise erworben hat;

b) in besonders gelagerten Fällen vom Erfordernis nach Absatz 2 Buchstabe a.

(5) In der Durchführungsverordnung wird festgelegt, unter welchen Bedingungen eine Person von der Liste der zugelassenen Vertreter gestrichen werden kann.

Titel X. Zuständigkeit und Vefahren für Klagen, die Gemeinschaftsmarken betreffen

Abschnitt 1. Anwendung der Verordnung (EG) Nr. 44/2001

Art. 94 Anwendung der Verordnung (EG) Nr. 44/2001. (1) Soweit in dieser Verordnung nichts anderes bestimmt ist, ist die Verordnung (EG) Nr. 44/2001 auf Verfahren betreffend Gemeinschaftsmarken und Anmeldungen von Gemeinschaftsmarken sowie auf Verfahren, die gleichzeitige oder aufeinander folgende Klagen aus Gemeinschaftsmarken und aus nationalen Marken betreffen, anzuwenden.

(2) Auf Verfahren, welche durch die in Artikel 96 genannten Klagen und Widerklagen anhängig gemacht werden,

a) sind Artikel 2, Artikel 4, Artikel 5 Nummern 1, 3, 4 und 5 sowie Artikel 31 der Verordnung (EG) Nr. 44/2001 nicht anzuwenden;

b) sind Artikel 23 und 24 der Verordnung (EG) Nr. 44/2001 vorbehaltlich der Einschränkungen in Artikel 97 Absatz 4 dieser Verordnung anzuwenden;

c) sind die Bestimmungen des Kapitels II der Verordnung (EG) Nr. 44/2001, die für die in einem Mitgliedstaat wohnhaften Personen gelten, auch auf Personen anzuwenden, die keinen Wohnsitz, jedoch eine Niederlassung in einem Mitgliedstaat haben.

Abschnitt 2. Streitigkeiten über die Verletzung und Rechtsgültigkeit der Gemeinschaftsmarken

Art. 95 Gemeinschaftsmarkengerichte. (1) Die Mitgliedstaaten benennen für ihr Gebiet eine möglichst geringe Anzahl nationaler Gerichte erster und zweiter Instanz, nachstehend „Gemeinschaftsmarkengerichte" genannt, die die ihnen durch diese Verordnung zugewiesenen Aufgaben wahrnehmen.

(2) Jeder Mitgliedstaat übermittelt der Kommission innerhalb von drei Jahren ab Inkrafttreten der Verordnung (EG) Nr. 40/94 eine Aufstellung der Gemeinschaftsmarkengerichte mit Angabe ihrer Bezeichnungen und örtlichen Zuständigkeit.

(3) Änderungen der Anzahl, der Bezeichnung oder der örtlichen Zuständigkeit der Gerichte, die nach der in Absatz 2 genannten Übermittlung der Aufstellung eintreten, teilt der betreffende Mitgliedstaat unverzüglich der Kommission mit.

(4) Die in den Absätzen 2 und 3 genannten Angaben werden von der Kommission den Mitgliedstaaten notifiziert und im Amtsblatt der Europäischen Union veröffentlicht.

(5) Solange ein Mitgliedstaat die in Absatz 2 vorgesehene Übermittlung nicht vorgenommen hat, sind Verfahren, welche durch die in Artikel 96 genannten Klagen und Widerklagen anhängig gemacht werden und für die die Gerichte dieses Mitgliedstaats nach Artikel 97 zuständig sind, vor demjenigen Gericht dieses Mitgliedstaats anhängig zu machen, das örtlich und sachlich zuständig wäre, wenn es sich um Verfahren handeln würde, die eine in diesem Staat eingetragene nationale Marke betreffen.

Art. 96 Zuständigkeit für Verletzung und Rechtsgültigkeit. Die Gemeinschaftsmarkengerichte sind ausschließlich zuständig

a) für alle Klagen wegen Verletzung und – falls das nationale Recht dies zulässt – wegen drohender Verletzung einer Gemeinschaftsmarke;

b) für Klagen auf Feststellung der Nichtverletzung, falls das nationale Recht diese zulässt;

c) für Klagen wegen Handlungen im Sinne des Artikels 9 Absatz 3 Satz 2;

d) für die in Artikel 100 genannten Widerklagen auf Erklärung des Verfalls oder der Nichtigkeit der Gemeinschaftsmarke.

Art. 97 Internationale Zuständigkeit. (1) Vorbehaltlich der Vorschriften dieser Verordnung sowie der nach Artikel 94 anzuwendenden Bestimmungen der Verordnung (EG) Nr. 44/2001 sind für die Verfahren, welche durch eine in Artikel 96 genannte Klage oder Widerklage anhängig gemacht werden, die Gerichte des Mitgliedstaats zuständig, in dem der Beklagte seinen Wohnsitz oder – in Ermangelung eines Wohnsitzes in einem Mitgliedstaat – eine Niederlassung hat.

(2) Hat der Beklagte weder einen Wohnsitz noch eine Niederlassung in einem der Mitgliedstaaten, so sind für diese Verfahren die Gerichte des Mitgliedstaats zuständig, in dem der Kläger seinen Wohnsitz oder – in Ermangelung eines Wohnsitzes in einem Mitgliedstaat – eine Niederlassung hat.

(3) Hat weder der Beklagte noch der Kläger einen Wohnsitz oder eine Niederlassung in einem der Mitgliedstaaten, so sind für diese Verfahren die Gerichte des Mitgliedstaats zuständig, in dem das Amt seinen Sitz hat.

(4) Ungeachtet der Absätze 1, 2 und 3 ist

a) Artikel 23 der Verordnung (EG) Nr. 44/2001 anzuwenden, wenn die Parteien vereinbaren, dass ein anderes Gemeinschaftsmarkengericht zuständig sein soll,

b) Artikel 24 der Verordnung (EG) Nr. 44/2001 anzuwenden, wenn der Beklagte sich auf das Verfahren vor einem anderen Gemeinschaftsmarkengericht einlässt.

(5) Die Verfahren, welche durch die in Artikel 96 genannten Klagen und Widerklagen anhängig gemacht werden – ausgenommen Klagen auf Feststellung der Nichtverletzung einer Gemeinschaftsmarke –, können auch bei den Gerichten des Mitgliedstaats anhängig gemacht werden, in dem eine Verletzungshandlung begangen worden ist oder droht oder in dem eine Handlung im Sinne des Artikels 9 Absatz 3 Satz 2 begangen worden ist.

Art. 98 Reichweite der Zuständigkeit. (1) Ein Gemeinschaftsmarkengericht, dessen Zuständigkeit auf Artikel 97 Absätze 1 bis 4 beruht, ist zuständig für:

a) die in einem jeden Mitgliedstaat begangenen oder drohenden Verletzungshandlungen;

b) die in einem jeden Mitgliedstaat begangenen Handlungen im Sinne des Artikels 9 Absatz 3 Satz 2.

(2) Ein nach Artikel 97 Absatz 5 zuständiges Gemeinschaftsmarkengericht ist nur für die Handlungen zuständig, die in dem Mitgliedstaat begangen worden sind oder drohen, in dem das Gericht seinen Sitz hat.

Art. 99 Vermutung der Rechtsgültigkeit; Einreden. (1) Die Gemeinschaftsmarkengerichte haben von der Rechtsgültigkeit der Gemeinschaftsmarke auszugehen, sofern diese nicht durch den Beklagten mit einer Widerklage auf Erklärung des Verfalls oder der Nichtigkeit angefochten wird.

(2) Die Rechtsgültigkeit einer Gemeinschaftsmarke kann nicht durch eine Klage auf Feststellung der Nichtverletzung angefochten werden.

(3) Gegen Klagen gemäß Artikel 96 Buchstaben a und c ist der Einwand des Verfalls oder der Nichtigkeit der Gemeinschaftsmarke, der nicht im Wege der Widerklage erhoben wird, insoweit zulässig, als sich der Beklagte darauf beruft, dass die Gemeinschaftsmarke wegen mangelnder Benutzung für verfallen oder wegen eines älteren Rechts des Beklagten für nichtig erklärt werden könnte.

Art. 100 Widerklage. (1) Die Widerklage auf Erklärung des Verfalls oder der Nichtigkeit kann nur auf die in dieser Verordnung geregelten Verfalls- oder Nichtigkeitsgründe gestützt werden.

(2) Ein Gemeinschaftsmarkengericht weist eine Widerklage auf Erklärung des Verfalls oder der Nichtigkeit ab, wenn das Amt über einen Antrag wegen desselben Anspruchs zwischen denselben Parteien bereits eine unanfechtbar gewordene Entscheidung erlassen hat.

(3) Wird die Widerlage in einem Rechtsstreit erhoben, in dem der Markeninhaber noch nicht Partei ist, so ist er hiervon zu unterrichten und kann dem Rechtsstreit nach Maßgabe des nationalen Rechts beitreten.

(4) Das Gemeinschaftsmarkengericht, bei dem Widerklage auf Erklärung des Verfalls oder der Nichtigkeit einer Gemeinschaftsmarke erhoben worden ist, teilt dem Amt den Tag der Erhebung der Widerklage mit. Das Amt vermerkt diese Tatsache im Register für Gemeinschaftsmarken.

(5) Die Vorschriften des Artikels 57 Absätze 2 bis 5 sind anzuwenden.

(6) Ist die Entscheidung des Gemeinschaftsmarkengerichts über eine Widerklage auf Erklärung des Verfalls oder der Nichtigkeit rechtskräftig geworden, so wird eine Ausfertigung dieser Entscheidung dem Amt zugestellt. Jede Partei kann darum ersuchen, von der Zustellung unterrichtet zu werden. Das Amt trägt nach Maßgabe der Durchführungsverordnung einen Hinweis auf die Entscheidung im Register für Gemeinschaftsmarken ein.

(7) Das mit einer Widerklage auf Erklärung des Verfalls oder der Nichtigkeit befasste Gemeinschaftsmarkengericht kann auf Antrag des Inhabers der Gemeinschaftsmarke nach Anhörung der anderen Parteien das Verfahren aussetzen und den Beklagten auffordern, innerhalb einer zu bestimmenden Frist beim Amt die Erklärung des Verfalls oder der Nichtigkeit zu beantragen. Wird der Antrag nicht innerhalb der Frist gestellt, wird das Verfahren fortgesetzt; die Widerklage gilt als zurückgenommen. Die Vorschriften des Artikels 104 Absatz 3 sind anzuwenden.

Art. 101 Anwendbares Recht. (1) Die Gemeinschaftsmarkengerichte wenden die Vorschriften dieser Verordnung an.

(2) In allen Fragen, die nicht durch diese Verordnung erfasst werden, wenden die Gemeinschaftsmarkengerichte ihr nationales Recht einschließlich ihres internationalen Privatrechts an.

(3) Soweit in dieser Verordnung nichts anderes bestimmt ist, wendet das Gemeinschaftsmarkengericht die Verfahrensvorschriften an, die in dem Mitgliedstaat, in dem es seinen Sitz hat, auf gleichartige Verfahren betreffend nationale Marken anwendbar sind.

Art. 102 Sanktionen. (1) Stellt ein Gemeinschaftsmarkengericht fest, dass der Beklagte eine Gemeinschaftsmarke verletzt hat oder zu verletzen droht, so verbietet es dem Beklagten, die Handlungen, die die Gemeinschaftsmarke verletzen oder zu verletzen drohen, fortzusetzen, sofern dem nicht besondere Gründe entgegenstehen. Es trifft ferner nach Maßgabe seines innerstaatlichen Rechts die erforderlichen Maßnahmen, um sicherzustellen, dass dieses Verbot befolgt wird.

(2) In Bezug auf alle anderen Fragen wendet das Gemeinschaftsmarkengericht das Recht des Mitgliedstaats, einschließlich dessen internationalen Privatrechts, an, in dem die Verletzungshandlungen begangen worden sind oder drohen.

Art. 103 Einstweilige Maßnahmen einschließlich Sicherungsmaßnahmen.
(1) Bei den Gerichten eines Mitgliedstaats – einschließlich der Gemeinschaftsmarkenge-

richte – können in Bezug auf eine Gemeinschaftsmarke oder die Anmeldung einer Gemeinschaftsmarke alle einstweiligen Maßnahmen einschließlich Sicherungsmaßnahmen beantragt werden, die in dem Recht dieses Staates für eine nationale Marke vorgesehen sind, auch wenn für die Entscheidung in der Hauptsache aufgrund dieser Verordnung ein Gemeinschaftsmarkengericht eines anderen Mitgliedstaats zuständig ist.

(2) Ein Gemeinschaftsmarkengericht, dessen Zuständigkeit auf Artikel 97 Absätze 1, 2, 3 oder 4 beruht, kann einstweilige Maßnahmen einschließlich Sicherungsmaßnahmen anordnen, die vorbehaltlich des gegebenenfalls gemäß Titel III der Verordnung (EG) Nr. 44/2001 erforderlichen Anerkennungs- und Vollstreckungsverfahrens in einem jeden Mitgliedstaat anwendbar sind. Hierfür ist kein anderes Gericht zuständig.

Art. 104 Besondere Vorschriften über im Zusammenhang stehende Verfahren.

(1) Ist vor einem Gemeinschaftsmarkengericht eine Klage im Sinne des Artikels 96 – mit Ausnahme einer Klage auf Feststellung der Nichtverletzung – erhoben worden, so setzt es das Verfahren, soweit keine besonderen Gründe für dessen Fortsetzung bestehen, von Amts wegen nach Anhörung der Parteien oder auf Antrag einer Partei nach Anhörung der anderen Parteien aus, wenn die Rechtsgültigkeit der Gemeinschaftsmarke bereits vor einem anderen Gemeinschaftsmarkengericht im Wege der Widerklage angefochten worden ist oder wenn beim Amt bereits ein Antrag auf Erklärung des Verfalls oder der Nichtigkeit gestellt worden ist.

(2) Ist beim Amt ein Antrag auf Erklärung des Verfalls oder der Nichtigkeit gestellt worden, so setzt es das Verfahren, soweit keine besonderen Gründe für dessen Fortsetzung bestehen, von Amts wegen nach Anhörung der Parteien oder auf Antrag einer Partei nach Anhörung der anderen Parteien aus, wenn die Rechtsgültigkeit der Gemeinschaftsmarke im Wege der Widerklage bereits vor einem Gemeinschaftsmarkengericht angefochten worden ist. Das Gemeinschaftsmarkengericht kann jedoch auf Antrag einer Partei des bei ihm anhängigen Verfahrens nach Anhörung der anderen Parteien das Verfahren aussetzen. In diesem Fall setzt das Amt das bei ihm anhängige Verfahren fort.

(3) Setzt das Gemeinschaftsmarkengericht das Verfahren aus, kann es für die Dauer der Aussetzung einstweilige Maßnahmen einschließlich Sicherungsmaßnahmen treffen.

Art. 105 Zuständigkeit der Gemeinschaftsmarkengerichte zweiter Instanz; weitere Rechtsmittel. (1) Gegen Entscheidungen der Gemeinschaftsmarkengerichte erster Instanz über Klagen und Widerklagen nach Artikel 96 findet die Berufung bei den Gemeinschaftsmarkengerichten zweiter Instanz statt.

(2) Die Bedingungen für die Einlegung der Berufung bei einem Gemeinschaftsmarkengericht zweiter Instanz richten sich nach dem nationalen Recht des Mitgliedstaats, in dem dieses Gericht seinen Sitz hat.

(3) Die nationalen Vorschriften über weitere Rechtsmittel sind auf Entscheidungen der Gemeinschaftsmarkengerichte zweiter Instanz anwendbar.

Abschnitt 3. Sonstige Streitigkeiten über Gemeinschaftsmarken

Art. 106 Ergänzende Vorschriften über die Zuständigkeit der nationalen Gerichte, die keine Gemeinschaftsmarkengerichte sind. (1) Innerhalb des Mitgliedstaats, dessen Gerichte nach Artikel 94 Absatz 1 zuständig sind, sind andere als die in Artikel 96 genannten Klagen vor den Gerichten zu erheben, die örtlich und sachlich zuständig wären, wenn es sich um Klagen handeln würde, die eine in diesem Staat eingetragene nationale Marke betreffen.

(2) Ist nach Artikel 94 Absatz 1 und Absatz 1 des vorliegenden Artikels kein Gericht für die Entscheidung über andere als die in Artikel 96 genannten Klagen, die eine Gemeinschaftsmarke betreffen, zuständig, so kann die Klage vor den Gerichten des Mitgliedstaats erhoben werden, in dem das Amt seinen Sitz hat.

Art. 107 Bindung des nationalen Gerichts. Das nationale Gericht, vor dem eine nicht unter Artikel 96 fallende Klage betreffend eine Gemeinschaftsmarke anhängig ist, hat von der Rechtsgültigkeit der Gemeinschaftsmarke auszugehen.

Abschnitt 4. Übergangsbestimmung

Art. 108 Übergangsbestimmung betreffend die Anwendung der Verordnung (EG) Nr. 44/2001. Die Vorschriften der Verordnung (EG) Nr. 44/2001, die aufgrund der vorstehenden Artikel anwendbar sind, gelten für einen Mitgliedstaat nur in der Fassung der genannten Verordnung, die für diesen Staat jeweils in Kraft ist.

Titel XI. Auswirkungen auf das Recht der Mitgliedstaaten

Abschnitt 1. Zivilrechtliche Klagen aufgrund mehrerer Marken

Art. 109 Gleichzeitige und aufeinander folgende Klagen aus Gemeinschaftsmarken und aus nationalen Marken. (1) Werden Verletzungsklagen zwischen denselben Parteien wegen derselben Handlungen bei Gerichten verschiedener Mitgliedstaaten anhängig gemacht, von denen das eine Gericht wegen Verletzung einer Gemeinschaftsmarke und das andere Gericht wegen Verletzung einer nationalen Marke angerufen wird,

a) so hat sich das später angerufene Gericht von Amts wegen zugunsten des zuerst angerufenen Gerichts für unzuständig zu erklären, wenn die betreffenden Marken identisch sind und für identische Waren oder Dienstleistungen gelten. Das Gericht, das sich für unzuständig zu erklären hätte, kann das Verfahren aussetzen, wenn der Mangel der Zuständigkeit des anderen Gerichts geltend gemacht wird;

b) so kann das später angerufene Gericht das Verfahren aussetzen, wenn die betreffenden Marken identisch sind und für ähnliche Waren oder Dienstleistungen gelten oder wenn sie ähnlich sind und für identische oder ähnliche Waren oder Dienstleistungen gelten.

(2) Das wegen Verletzung einer Gemeinschaftsmarke angerufene Gericht weist die Klage ab, falls wegen derselben Handlungen zwischen denselben Parteien ein rechtskräftiges Urteil in der Sache aufgrund einer identischen nationalen Marke für identische Waren oder Dienstleistungen ergangen ist.

(3) Das wegen Verletzung einer nationalen Marke angerufene Gericht weist die Klage ab, falls wegen derselben Handlungen zwischen denselben Parteien ein rechtskräftiges Urteil in der Sache aufgrund einer identischen Gemeinschaftsmarke für identische Waren oder Dienstleistungen ergangen ist.

(4) Die Absätze 1, 2 und 3 gelten nicht für einstweilige Maßnahmen einschließlich solcher, die auf eine Sicherung gerichtet sind.

Abschnitt 2. Anwendung des einzelstaatlichen Rechts zum Zweck der Untersagung der Benutzung von Gemeinschaftsmarken

Art. 110 Untersagung der Benutzung von Gemeinschaftsmarken. (1) Diese Verordnung lässt, soweit nichts anderes bestimmt ist, das nach dem Recht der Mitgliedstaaten bestehende Recht unberührt, Ansprüche wegen Verletzung älterer Rechte im Sinne des Artikels 8 oder des Artikels 53 Absatz 2 gegenüber der Benutzung einer jüngeren Gemeinschaftsmarke geltend zu machen. Ansprüche wegen Verletzung älterer Rechte im Sinne des Artikels 8 Absätze 2 und 4 können jedoch nicht mehr geltend gemacht werden, wenn der Inhaber des älteren Rechts nach Artikel 54 Absatz 2 nicht mehr die Nichtigerklärung der Gemeinschaftsmarke verlangen kann.

(2) Diese Verordnung lässt, soweit nichts anderes bestimmt ist, das Recht unberührt, aufgrund des Zivil-, Verwaltungs- oder Strafrechts eines Mitgliedstaats oder aufgrund von Bestimmungen des Gemeinschaftsrechts Klagen oder Verfahren zum Zweck der Untersagung der Benutzung einer Gemeinschaftsmarke anhängig zu machen, soweit nach dem Recht dieses Mitgliedstaats oder dem Gemeinschaftsrecht die Benutzung einer nationalen Marke untersagt werden kann.

Art. 111 Ältere Rechte von örtlicher Bedeutung. (1) Der Inhaber eines älteren Rechts von örtlicher Bedeutung kann sich der Benutzung der Gemeinschaftsmarke in dem Gebiet, in dem dieses ältere Recht geschützt ist, widersetzen, sofern dies nach dem Recht des betreffenden Mitgliedstaats zulässig ist.

(2) Absatz 1 findet keine Anwendung, wenn der Inhaber des älteren Rechts die Benutzung der Gemeinschaftsmarke in dem Gebiet, in dem dieses ältere Recht geschützt ist, während fünf aufeinander folgender Jahre in Kenntnis dieser Benutzung geduldet hat, es sei denn, dass die Anmeldung der Gemeinschaftsmarke bösgläubig vorgenommen worden ist.

(3) Der Inhaber der Gemeinschaftsmarke kann sich der Benutzung des in Absatz 1 genannten älteren Rechts nicht widersetzen, auch wenn dieses ältere Recht gegenüber der Gemeinschaftsmarke nicht mehr geltend gemacht werden kann.

Abschnitt 3. Umwandlung in eine Anmeldung für eine nationale Marke

Art. 112 Antrag auf Einleitung des nationalen Verfahrens. (1) Der Anmelder oder Inhaber einer Gemeinschaftsmarke kann beantragen, dass seine Anmeldung oder seine Gemeinschaftsmarke in eine Anmeldung für eine nationale Marke umgewandelt wird,

a) soweit die Anmeldung der Gemeinschaftsmarke zurückgewiesen wird oder zurückgenommen worden ist oder als zurückgenommen gilt;

b) soweit die Gemeinschaftsmarke ihre Wirkung verliert.

(2) Die Umwandlung findet nicht statt,

a) wenn die Gemeinschaftsmarke wegen Nichtbenutzung für verfallen erklärt worden ist, es sei denn, dass in dem Mitgliedstaat, für den die Umwandlung beantragt wird, die Gemeinschaftsmarke benutzt worden ist und dies als eine ernsthafte Benutzung im Sinne der Rechtsvorschriften dieses Mitgliedstaats gilt;

b) wenn Schutz in einem Mitgliedstaat begehrt wird, in dem gemäß der Entscheidung des Amtes oder des einzelstaatlichen Gerichts der Anmeldung oder der Gemeinschaftsmarke ein Eintragungshindernis oder ein Verfalls- oder Nichtigkeitsgrund entgegensteht.

(3) Die nationale Anmeldung, die aus der Umwandlung einer Anmeldung oder einer Gemeinschaftsmarke hervorgeht, genießt in dem betreffenden Mitgliedstaat den Anmeldetag oder den Prioritätstag der Anmeldung oder der Gemeinschaftsmarke sowie gegebenenfalls den nach Artikel 34 oder Artikel 35 beanspruchten Zeitrang einer Marke dieses Staates.

(4) Für den Fall, dass die Anmeldung der Gemeinschaftsmarke als zurückgenommen gilt, teilt das Amt dies dem Anmelder mit und setzt ihm dabei für die Einreichung eines Umwandlungsantrags eine Frist von drei Monaten nach dieser Mitteilung.

(5) Wird die Anmeldung der Gemeinschaftsmarke zurückgenommen oder verliert die Gemeinschaftsmarke ihre Wirkung, weil ein Verzicht eingetragen oder die Eintragung nicht verlängert wurde, so ist der Antrag auf Umwandlung innerhalb von drei Monaten nach dem Tag einzureichen, an dem die Gemeinschaftsmarke zurückgenommen wurde oder die Eintragung der Gemeinschaftsmarke ihre Wirkung verloren hat.

(6) Wird die Anmeldung der Gemeinschaftsmarke durch eine Entscheidung des Amtes zurückgewiesen oder verliert die Gemeinschaftsmarke ihre Wirkung aufgrund einer Entscheidung des Amtes oder eines Gemeinschaftsmarkengerichts, so ist der Umwandlungsantrag innerhalb von drei Monaten nach dem Tag einzureichen, an dem diese Entscheidung rechtskräftig geworden ist.

(7) Die in Artikel 32 genannte Wirkung erlischt, wenn der Antrag nicht innerhalb der vorgeschriebenen Zeit eingereicht wurde.

Art. 113 Einreichung, Veröffentlichung und Übermittlung des Umwandlungsantrags. (1) Der Umwandlungsantrag ist beim Amt zu stellen; im Antrag sind die Mitgliedstaaten zu bezeichnen, in denen die Einleitung des Verfahrens zur Eintragung einer nationalen Marke gewünscht wird. Der Antrag gilt erst als gestellt, wenn die Umwandlungsgebühr entrichtet worden ist.

(2) Falls die Anmeldung der Gemeinschaftsmarke veröffentlicht worden ist, wird ein Hinweis auf den Eingang des Antrags im Register für Gemeinschaftsmarken eingetragen und der Antrag veröffentlicht.

(3) Das Amt überprüft, ob der Umwandlungsantrag den Erfordernissen dieser Verordnung, insbesondere Artikel 112 Absätze 1, 2, 4, 5 und 6 sowie Absatz 1 des vorliegenden Artikels entspricht und die formalen Erfordernisse der Durchführungsverordnung erfüllt. Sind diese Bedingungen erfüllt, so übermittelt das Amt den Umwandlungsantrag den Behörden für den gewerblichen Rechtsschutz der im Antrag bezeichneten Mitgliedstaaten.

Art. 114 Formvorschriften für die Umwandlung. (1) Jede Zentralbehörde für den gewerblichen Rechtsschutz, der der Umwandlungsantrag übermittelt worden ist, kann vom Amt alle ergänzenden Auskünfte bezüglich dieses Antrags erhalten, die für sie bei der Entscheidung über die nationale Marke, die aus der Umwandlung hervorgeht, sachdienlich sein können.

(2) Eine Anmeldung bzw. Gemeinschaftsmarke, die nach Artikel 113 übermittelt worden ist, darf nicht solchen Formerfordernissen des nationalen Rechts unterworfen werden, die von denen abweichen, die in der Verordnung oder in der Durchführungsverordnung vorgesehen sind, oder über sie hinausgehen.

(3) Die Zentralbehörde für den gewerblichen Rechtsschutz, der der Umwandlungsantrag übermittelt worden ist, kann verlangen, dass der Anmelder innerhalb einer Frist, die nicht weniger als zwei Monate betragen darf,

a) die nationale Anmeldegebühr entrichtet;

b) eine Übersetzung – in einer der Amtssprachen des betreffenden Staats – des Umwandlungsantrags und der ihm beigefügten Unterlagen einreicht;

c) eine Anschrift angibt, unter der er in dem betreffenden Staat zu erreichen ist;

d) in der von dem betreffenden Staat genannten Anzahl eine bildliche Darstellung der Marke übermittelt.

Titel XII. Das Amt

Abschnitt 1. Allgemeine Bestimmungen

Art. 115 Rechtsstellung. (1) Das Amt ist eine Einrichtung der Gemeinschaft und besitzt Rechtspersönlichkeit.

(2) Es besitzt in jedem Mitgliedstaat die weitestgehende Rechts- und Geschäftsfähigkeit, die juristischen Personen nach dessen Rechtsvorschriften zuerkannt ist; es kann insbesondere bewegliches und unbewegliches Vermögen erwerben oder veräußern und vor Gericht auftreten.

(3) Das Amt wird von seinem Präsidenten vertreten.

Art. 116 Personal. (1) Die Vorschriften des Statuts der Beamten der Europäischen Gemeinschaften, nachstehend „Statut" genannt, der Beschäftigungsbedingungen für die sonstigen Bediensteten der Europäischen Gemeinschaften und der von den Organen der Europäischen Gemeinschaften im gegenseitigen Einvernehmen erlassenen Regelungen zur Durchführung dieser Vorschriften gelten für das Personal des Amtes unbeschadet der Anwendung des Artikels 136 auf die Mitglieder der Beschwerdekammern.

(2) Das Amt übt unbeschadet der Anwendung des Artikels 125 die der Anstellungsbehörde durch das Statut und die Beschäftigungsbedingungen für die sonstigen Bediensteten übertragenen Befugnisse gegenüber seinem Personal aus.

Art. 117 Vorrechte und Immunitäten. Das Protokoll über die Vorrechte und Befreiungen der Europäischen Gemeinschaften gilt für das Amt.

Art. 118 Haftung. (1) Die vertragliche Haftung des Amtes bestimmt sich nach dem Recht, das auf den betreffenden Vertrag anzuwenden ist.

(2) Der Gerichtshof der Europäischen Gemeinschaften ist für Entscheidungen aufgrund einer Schiedsklausel zuständig, die in einem vom Amt abgeschlossenen Vertrag enthalten ist.

(3) Im Bereich der außervertraglichen Haftung ersetzt das Amt den durch seine Dienststellen oder Bediensteten in Ausübung ihrer Amtstätigkeit verursachten Schaden nach den allgemeinen Rechtsgrundsätzen, die den Rechtsordnungen der Mitgliedstaaten gemeinsam sind.

(4) Der Gerichtshof ist für Streitsachen über den in Absatz 3 vorgesehenen Schadensersatz zuständig.

(5) Die persönliche Haftung der Bediensteten gegenüber dem Amt bestimmt sich nach den Vorschriften ihres Statuts oder der für sie geltenden Beschäftigungsbedingungen.

Art. 119 Sprachen. (1) Anmeldungen von Gemeinschaftsmarken sind in einer der Amtssprachen der Europäischen Gemeinschaft einzureichen.

(2) Die Sprachen des Amtes sind Deutsch, Englisch, Französisch, Italienisch und Spanisch.

(3) Der Anmelder hat eine zweite Sprache, die eine Sprache des Amtes ist, anzugeben, mit deren Benutzung als möglicher Verfahrenssprache er in Widerspruchs-, Verfalls- und Nichtigkeitsverfahren einverstanden ist.

Ist die Anmeldung in einer Sprache, die nicht eine Sprache des Amtes ist, eingereicht worden, so sorgt das Amt dafür, dass die in Artikel 26 Absatz 1 vorgesehene Anmeldung in die vom Anmelder angegebene Sprache übersetzt wird.

(4) Ist der Anmelder der Gemeinschaftsmarke in einem Verfahren vor dem Amt der einzige Beteiligte, so ist Verfahrenssprache die Sprache, in der die Anmeldung der Gemeinschaftsmarke eingereicht worden ist. Ist die Anmeldung in einer Sprache, die nicht eine Sprache des Amtes ist, eingereicht worden, so kann das Amt für schriftliche Mitteilungen an den Anmelder auch die zweite Sprache wählen, die dieser in der Anmeldung angegeben hat.

(5) Widersprüche und Anträge auf Erklärung des Verfalls oder der Nichtigkeit sind in einer der Sprachen des Amtes einzureichen.

(6) Ist die nach Absatz 5 gewählte Sprache des Widerspruchs oder des Antrags auf Erklärung des Verfalls oder der Nichtigkeit die Sprache, in der die Anmeldung der Gemeinschaftsmarke eingereicht wurde, oder die bei der Einreichung dieser Anmeldung angegebene zweite Sprache, so ist diese Sprache Verfahrenssprache.

Ist die nach Absatz 5 gewählte Sprache des Widerspruchs oder des Antrags auf Erklärung des Verfalls oder der Nichtigkeit weder die Sprache, in der die Anmeldung der Gemeinschaftsmarke eingereicht wurde, noch die bei der Einreichung der Anmeldung angegebene zweite Sprache, so hat der Widersprechende oder derjenige, der einen Antrag auf Erklärung des Verfalls oder der Nichtigkeit gestellt hat, eine Übersetzung des Widerspruchs oder des Antrags auf eigene Kosten entweder in der Sprache, in der die Anmeldung der Gemeinschaftsmarke eingereicht wurde – sofern sie eine Sprache des Amtes ist –, oder in der bei der Einreichung der Anmeldung der Gemeinschaftsmarke angegebenen zweiten Sprache vorzulegen. Die Übersetzung ist innerhalb der in der Durchführungsverordnung vorgesehenen Frist vorzulegen. Die Sprache, in der die Übersetzung vorliegt, wird dann Verfahrenssprache.

(7) Die an den Widerspruchs-, Verfalls-, Nichtigkeits- oder Beschwerdeverfahren Beteiligten können vereinbaren, dass eine andere Amtssprache der Europäischen Gemeinschaft als Verfahrenssprache verwendet wird.

Art. 120 Veröffentlichung, Eintragung. (1) Die in Artikel 26 Absatz 1 beschriebene Anmeldung der Gemeinschaftsmarke und alle sonstigen Informationen, deren Veröffentlichung in dieser Verordnung oder in der Durchführungsverordnung vorgeschrieben ist, werden in allen Amtssprachen der Europäischen Gemeinschaft veröffentlicht.

(2) Sämtliche Eintragungen in das Gemeinschaftsmarkenregister werden in allen Amtssprachen der Europäischen Gemeinschaft vorgenommen.

(3) In Zweifelsfällen ist der Wortlaut in der Sprache des Amtes maßgebend, in der die Anmeldung der Gemeinschaftsmarke eingereicht wurde. Wurde die Anmeldung in einer Amtssprache der Europäischen Gemeinschaft eingereicht, die nicht eine Sprache des Amtes ist, so ist der Wortlaut in der vom Anmelder angegebenen zweiten Sprache verbindlich.

Art. 121 [Übersetzungen]. Die für die Arbeit des Amtes erforderlichen Übersetzungen werden von der Übersetzungszentrale für die Einrichtungen der Europäischen Union angefertigt.

Art. 122 Rechtsaufsicht. (1) Die Kommission überwacht die Rechtmäßigkeit derjenigen Handlungen des Präsidenten des Amtes, über die im Gemeinschaftsrecht keine Rechtsaufsicht durch ein anderes Organ vorgesehen ist, sowie der Handlungen des nach Artikel 138 beim Amt eingesetzten Haushaltsausschusses.

(2) Sie verlangt die Änderung oder Aufhebung von Handlungen nach Absatz 1, die das Recht verletzen.

(3) Jede ausdrückliche oder stillschweigende Handlung nach Absatz 1 kann von jedem Mitgliedstaat oder jeder dritten Person, die hiervon unmittelbar und individuell betroffen ist, zur Kontrolle ihrer Rechtmäßigkeit vor die Kommission gebracht werden. Die Kommission muss innerhalb eines Monats nach dem Zeitpunkt, zu dem der Beteiligte von der betreffenden Handlung erstmals Kenntnis erlangt hat, damit befasst werden. Die Kommission trifft innerhalb von drei Monaten eine Entscheidung. Wird innerhalb dieser Frist keine Entscheidung getroffen, so gilt dies als Ablehnung.

Art. 123 Zugang zu den Dokumenten. (1) Die Verordnung (EG) Nr. 1049/2001 des Europäischen Parlaments und des Rates vom 30. Mai 2001 über den Zugang der Öffentlichkeit zu Dokumenten des Europäischen Parlaments, des Rates und der Kommission[*] findet Anwendung auf die Dokumente des Amtes.

(2) Der Verwaltungsrat erlässt in Bezug auf die vorliegende Verordnung die praktischen Durchführungsbestimmungen für die Verordnung (EG) Nr. 1049/2001.

(3) Gegen die Entscheidungen, die das Amt gemäß Artikel 8 der Verordnung (EG) Nr. 1049/2001 trifft, kann Beschwerde beim Bürgerbeauftragten oder Klage beim Gerichtshof nach Maßgabe von Artikel 195 bzw. 230 EG-Vertrag erhoben werden.

Abschnitt 2. Leitung des Amtes

Art. 124 Befugnisse des Präsidenten. (1) Das Amt wird von einem Präsidenten geleitet.

(2) Zu diesem Zweck hat der Präsident insbesondere folgende Aufgaben und Befugnisse:
a) Er trifft alle für die Tätigkeit des Amtes zweckmäßigen Maßnahmen, einschließlich des Erlasses interner Verwaltungsvorschriften und der Veröffentlichung von Mitteilungen;
b) er kann der Kommission Entwürfe für Änderungen dieser Verordnung, der Durchführungsverordnung, der Verfahrensordnung der Beschwerdekammern und der Gebührenordnung sowie jeder anderen Regelung betreffend die Gemeinschaftsmarke vorlegen, nachdem er den Verwaltungsrat sowie zu der Gebührenordnung und den Haushaltsvorschriften dieser Verordnung den Haushaltsausschuss angehört hat;
c) er stellt den Voranschlag der Einnahmen und Ausgaben des Amtes auf und führt den Haushaltsplan des Amtes aus;
d) er legt der Kommission, dem Europäischen Parlament und dem Verwaltungsrat jedes Jahr einen Tätigkeitsbericht vor;
e) er übt gegenüber dem Personal die in Artikel 116 Absatz 2 vorgesehenen Befugnisse aus;
f) er kann seine Befugnisse übertragen.

(3) Der Präsident wird von einem oder mehreren Vizepräsidenten unterstützt. Ist der Präsident abwesend oder verhindert, so wird er nach dem vom Verwaltungsrat festgelegten Verfahren vom Vizepräsidenten oder von einem der Vizepräsidenten vertreten.

Art. 125 Ernennung hoher Beamter. (1) Der Präsident des Amtes wird anhand einer Liste von höchstens drei Kandidaten, die der Verwaltungsrat aufstellt, vom Rat ernannt. Er wird auf Vorschlag des Verwaltungsrates vom Rat entlassen.

---

[*] **Amtl. Anm.:** ABl. L 145 vom 31.5. 2001, S. 43.

(2) Die Amtszeit des Präsidenten beläuft sich auf höchstens fünf Jahre. Wiederernennung ist zulässig.

(3) Der oder die Vizepräsidenten des Amtes werden nach Anhörung des Präsidenten entsprechend dem Verfahren nach Absatz 1 ernannt und entlassen.

(4) Der Rat übt die Disziplinargewalt über die in den Absätzen 1 und 3 genannten Beamten aus.

Abschnitt 3. Verwaltungsrat

Art. 126 Errichtung und Befugnisse. (1) Beim Amt wird ein Verwaltungsrat errichtet. Unbeschadet der Befugnisse, die dem Haushaltsausschuss im fünften Abschnitt – Haushalt und Finanzkontrolle – übertragen werden, übt er die nachstehend bezeichneten Befugnisse aus.

(2) Der Verwaltungsrat stellt die in Artikel 125 genannte Liste von Kandidaten auf.

(3) Er berät den Präsidenten im Zuständigkeitsbereich des Amtes.

(4) Er wird vor der Genehmigung von Richtlinien für die vom Amt durchgeführte Prüfung sowie in den übrigen in dieser Verordnung vorgesehenen Fällen gehört.

(5) Soweit er es für notwendig erachtet, kann er Stellungnahmen abgeben und den Präsidenten und die Kommission um Auskunft ersuchen.

Art. 127 Zusammensetzung. (1) Der Verwaltungsrat besteht aus je einem Vertreter jedes Mitgliedstaats und einem Vertreter der Kommission sowie aus je einem Stellvertreter.

(2) Die Mitglieder des Verwaltungsrates können nach Maßgabe seiner Geschäftsordnung Berater oder Sachverständige hinzuziehen.

Art. 128 Vorsitz. (1) Der Verwaltungsrat wählt aus seinen Mitgliedern einen Präsidenten und einen Vizepräsidenten. Der Vizepräsident tritt im Falle der Verhinderung des Präsidenten von Amts wegen an dessen Stelle.

(2) Die Amtszeit des Präsidenten und des Vizepräsidenten beträgt drei Jahre. Wiederwahl ist zulässig.

Art. 129 Tagungen. (1) Der Verwaltungsrat wird von seinem Präsidenten einberufen.

(2) Der Präsident des Amtes nimmt an den Beratungen teil, sofern der Verwaltungsrat nicht etwas anderes beschließt.

(3) Der Verwaltungsrat hält jährlich eine ordentliche Tagung ab; außerdem tritt er auf Veranlassung seines Präsidenten oder auf Antrag der Kommission oder eines Drittels der Mitgliedstaaten zusammen.

(4) Der Verwaltungsrat gibt sich eine Geschäftsordnung.

(5) Der Verwaltungsrat fasst seine Beschlüsse mit der einfachen Mehrheit der Vertreter der Mitgliedstaaten. Beschlüsse, zu denen der Verwaltungsrat nach Artikel 125 Absätze 1 und 3 befugt ist, bedürfen jedoch der Dreiviertelmehrheit der Vertreter der Mitgliedstaaten. In beiden Fällen verfügt jeder Mitgliedstaat über eine Stimme.

(6) Der Verwaltungsrat kann Beobachter zur Teilnahme an den Tagungen einladen.

(7) Die Sekretariatsgeschäfte des Verwaltungsrates werden vom Amt wahrgenommen.

Abschnitt 4. Durchführung der Verfahren

Art. 130 Zuständigkeit. Für Entscheidungen im Zusammenhang mit den in dieser Verordnung vorgeschriebenen Verfahren sind zuständig:

a) die Prüfer;

b) die Widerspruchsabteilungen;

c) die Markenverwaltungs- und Rechtsabteilung;

d) die Nichtigkeitsabteilungen;

e) die Beschwerdekammern.

Art. 131 Prüfer. Die Prüfer sind zuständig für namens des Amtes zu treffende Entscheidungen im Zusammenhang mit einer Anmeldung einer Gemeinschaftsmarke, einschließlich der in den Artikeln 36, 37 und 68 genannten Angelegenheiten, sofern nicht eine Widerspruchsabteilung zuständig ist.

Art. 132 Widerspruchsabteilungen. (1) Die Widerspruchsabteilungen sind zuständig für Entscheidungen im Zusammenhang mit Widersprüchen gegen eine Anmeldung einer Gemeinschaftsmarke.

(2) Die Widerspruchsabteilungen entscheiden in der Besetzung von drei Mitgliedern. Mindestens ein Mitglied muss rechtskundig sein. In bestimmten in der Durchführungsverordnung geregelten Fällen kann die Entscheidung durch ein Mitglied getroffen werden.

Art. 133 Markenverwaltungs- und Rechtsabteilung. (1) Die Markenverwaltungs- und Rechtsabteilung ist zuständig für Entscheidungen aufgrund dieser Verordnung, die nicht in die Zuständigkeit eines Prüfers, einer Widerspruchs- oder einer Nichtigkeitsabteilung fallen. Sie ist insbesondere zuständig für Entscheidungen über Eintragungen und Löschungen von Angaben im Register für Gemeinschaftsmarken.

(2) Die Markenverwaltungs- und Rechtsabteilung ist ferner zuständig für die Führung der in Artikel 93 genannten Liste der zugelassenen Vertreter.

(3) Entscheidungen der Abteilung ergehen durch eines ihrer Mitglieder.

Art. 134 Nichtigkeitsabteilungen. (1) Die Nichtigkeitsabteilungen sind zuständig für Entscheidungen im Zusammenhang mit einem Antrag auf Erklärung des Verfalls oder der Nichtigkeit einer Gemeinschaftsmarke.

(2) Die Nichtigkeitsabteilungen entscheiden in der Besetzung von drei Mitgliedern. Mindestens ein Mitglied muss rechtskundig sein. In bestimmten in der Durchführungsverordnung geregelten Fällen kann die Entscheidung durch ein Mitglied getroffen werden.

Art. 135 Beschwerdekammern. (1) Die Beschwerdekammern sind zuständig für Entscheidungen über Beschwerden gegen Entscheidungen der Prüfer, der Widerspruchsabteilungen, der Markenverwaltungs- und Rechtsabteilung und der Nichtigkeitsabteilungen.

(2) Die Beschwerdekammern entscheiden in der Besetzung von drei Mitgliedern. Mindestens zwei Mitglieder müssen rechtskundig sein. Bestimmte Fälle werden in der Besetzung einer erweiterten Kammer unter dem Vorsitz des Präsidenten der Beschwerdekammern oder durch ein Mitglied entschieden, das rechtskundig sein muss.

(3) Bei der Festlegung der Fälle, in denen eine erweiterte Kammer entscheidungsbefugt ist, sind die rechtliche Schwierigkeit, die Bedeutung des Falles und das Vorliegen besonderer Umstände zu berücksichtigen. Solche Fälle können an die erweiterte Kammer verwiesen werden

a) durch das Präsidium der Beschwerdekammern, das gemäß der in Artikel 162 Absatz 3 genannten Verfahrensordnung der Beschwerdekammern eingerichtet ist;

b) durch die Kammer, die mit der Sache befasst ist.

(4) Die Zusammensetzung der erweiterten Kammer und die Einzelheiten ihrer Anrufung werden gemäß der in Artikel 162 Absatz 3 genannten Verfahrensordnung der Beschwerdekammern geregelt.

(5) Bei der Festlegung der Fälle, in denen ein Mitglied allein entscheidungsbefugt ist, wird berücksichtigt, dass es sich um rechtlich oder sachlich einfache Fragen oder um Fälle von begrenzter Bedeutung handelt und dass keine anderen besonderen Umstände vorliegen. Die Entscheidung, einen Fall einem Mitglied allein zu übertragen, wird von der den Fall behandelnden Kammer getroffen. Weitere Einzelheiten werden in der in Artikel 162 Absatz 3 genannten Verfahrensordnung der Beschwerdekammern geregelt.

Art. 136 Unabhängigkeit der Mitglieder der Beschwerdekammern. (1) Der Präsident der Beschwerdekammern und die Vorsitzenden der einzelnen Kammern werden nach dem in Artikel 125 für die Ernennung des Präsidenten des Amtes vorgesehenen Verfahren für einen Zeitraum von fünf Jahren ernannt. Sie können während ihrer Amtszeit nicht ihres Amtes enthoben werden, es sei denn, dass schwerwiegende Gründe vorliegen und der Gerichtshof auf Antrag des Organs, das sie ernannt hat, einen entsprechenden Beschluss fasst. Die Amtszeit des Präsidenten der Beschwerdekammern und der Vorsitzenden der einzelnen Kammern kann jeweils um fünf Jahre oder bis zu ihrem Eintritt in den Ruhestand verlängert werden, sofern sie das Ruhestandsalter während ihrer neuen Amtsperiode erreichen.

Der Präsident der Beschwerdekammern ist unter anderem für Verwaltungs- und Organisationsfragen zuständig, insbesondere dafür,

a) dem Präsidium der Beschwerdekammern vorzusitzen, das in der in Artikel 162 Absatz 3 genannten Verfahrensordnung vorgesehen und damit beauftragt ist, die Regeln und die Organisation der Aufgaben der Kammern festzulegen;

b) die Durchführung der Entscheidungen dieses Präsidiums sicherzustellen;

c) die Fälle aufgrund der vom Präsidium der Beschwerdekammern festgelegten objektiven Kriterien einer Kammer zuzuteilen;

d) dem Präsidenten des Amtes den Ausgabenbedarf der Kammern zu übermitteln, damit der entsprechende Ausgabenplan erstellt werden kann.

Der Präsident der Beschwerdekammern führt den Vorsitz der erweiterten Kammer.

Weitere Einzelheiten werden in der in Artikel 162 Absatz 3 genannten Verfahrensordnung der Beschwerdekammern geregelt.

(2) Die Mitglieder der Beschwerdekammern werden vom Verwaltungsrat für einen Zeitraum von fünf Jahren ernannt. Ihre Amtszeit kann jeweils um fünf Jahre oder bis zum Eintritt in den Ruhestand verlängert werden, sofern sie das Ruhestandsalter während ihrer neuen Amtszeit erreichen.

(3) Die Mitglieder der Beschwerdekammern können ihres Amtes nicht enthoben werden, es sei denn, dass schwerwiegende Gründe vorliegen und der Gerichtshof, der auf Vorschlag des Präsidenten der Beschwerdekammern nach Anhörung des Vorsitzenden der Kammer, der das betreffende Mitglied angehört, vom Verwaltungsrat angerufen wurde, einen entsprechenden Beschluss fasst.

(4) Der Präsident der Beschwerdekammern sowie die Vorsitzenden und die Mitglieder der einzelnen Kammern genießen Unabhängigkeit. Bei ihren Entscheidungen sind sie an keinerlei Weisung gebunden.

(5) Der Präsident der Beschwerdekammern sowie die Vorsitzenden und die Mitglieder der einzelnen Kammern dürfen weder Prüfer sein noch einer Widerspruchsabteilung, der Marken- und Musterverwaltungs- und Rechtsabteilung oder einer Nichtigkeitsabteilung angehören.

Art. 137 Ausschließung und Ablehnung. (1) Die Prüfer, die Mitglieder der im Amt gebildeten Abteilungen und die Mitglieder der Beschwerdekammern dürfen nicht an der Erledigung einer Sache mitwirken, an der sie ein persönliches Interesse haben oder in der sie vorher als Vertreter eines Beteiligten tätig gewesen sind. Zwei der drei Mitglieder einer Widerspruchsabteilung dürfen nicht bei der Prüfung der Anmeldung mitgewirkt haben. Die Mitglieder der Nichtigkeitsabteilungen dürfen nicht an der Erledigung einer Sache mitwirken, wenn sie an deren abschließender Entscheidung im Verfahren zur Eintragung der Marke oder im Widerspruchsverfahren mitgewirkt haben. Die Mitglieder der Beschwerdekammern dürfen nicht an einem Beschwerdeverfahren mitwirken, wenn sie an der abschließenden Entscheidung in der Vorinstanz mitgewirkt haben.

(2) Glaubt ein Mitglied einer Abteilung oder einer Beschwerdekammer, aus einem der in Absatz 1 genannten Gründe oder aus einem sonstigen Grund an einem Verfahren nicht mitwirken zu können, so teilt es dies der Abteilung oder der Kammer mit.

(3) Die Prüfer und die Mitglieder der Abteilungen oder einer Beschwerdekammer können von jedem Beteiligten aus einem der in Absatz 1 genannten Gründe oder wegen Besorgnis der Befangenheit abgelehnt werden. Die Ablehnung ist nicht zulässig, wenn der Beteiligte im Verfahren Anträge gestellt oder Stellungnahmen abgegeben hat, obwohl er bereits den Ablehnungsgrund kannte. Die Ablehnung kann nicht mit der Staatsangehörigkeit der Prüfer oder der Mitglieder begründet werden.

(4) Die Abteilungen und die Beschwerdekammern entscheiden in den Fällen der Absätze 2 und 3 ohne Mitwirkung des betreffenden Mitglieds. Bei dieser Entscheidung wird das Mitglied, das sich der Mitwirkung enthält oder das abgelehnt worden ist, durch seinen Vertreter ersetzt.

Abschnitt 5. Haushalt und Finanzkontrolle

Art. 138 Haushaltsausschuss. (1) Beim Amt wird ein Haushaltsausschuss eingesetzt. Der Haushaltsausschuss übt die Befugnisse aus, die ihm in diesem Abschnitt sowie in Artikel 38 Absatz 4 übertragen werden.

(2) Artikel 126 Absatz 6, die Artikel 127 und 128, sowie Artikel 129 Absätze 1 bis 4 und Absätze 6 und 7 finden auf den Haushaltsausschuss entsprechend Anwendung.

(3) Der Haushaltsausschuss fasst seine Beschlüsse mit der einfachen Mehrheit der Vertreter der Mitgliedstaaten. Beschlüsse, zu denen der Haushaltsausschuss nach Artikel 38 Absatz 4, Artikel 140 Absatz 3 und Artikel 143 befugt ist, bedürfen jedoch der Dreiviertelmehrheit der Vertreter der Mitgliedstaaten. In beiden Fällen verfügen die Mitgliedstaaten über je eine Stimme.

Art. 139 Haushalt. (1) Alle Einnahmen und Ausgaben des Amtes werden für jedes Haushaltsjahr veranschlagt und in den Haushaltsplan des Amtes eingesetzt. Haushaltsjahr ist das Kalenderjahr.

(2) Der Haushaltsplan ist in Einnahmen und Ausgaben auszugleichen.

(3) Die Einnahmen des Haushalts umfassen unbeschadet anderer Einnahmen das Aufkommen an Gebühren, die aufgrund der Gebührenordnung zu zahlen sind, das Aufkommen an

Gebühren, die aufgrund des Madrider Protokolls gemäß Artikel 140 dieser Verordnung für eine internationale Registrierung, in der die Europäische Gemeinschaft benannt ist, zu zahlen sind und sonstige Zahlungen an Vertragsparteien des Madrider Protokolls, das Aufkommen an Gebühren, die aufgrund der Genfer Akte gemäß Artikel 106c der Verordnung (EG) Nr. 6/2002 des Rates vom 12. Dezember 2001 über das Gemeinschaftsgeschmacksmuster* für eine internationale Eintragung, in der die Europäische Gemeinschaft benannt ist, zu zahlen sind und sonstige Zahlungen an die Vertragsparteien der Genfer Akte, und, soweit erforderlich, einen Zuschuss, der in den Gesamthaushaltsplan der Europäischen Gemeinschaften, Einzelplan Kommission, unter einer besonderen Haushaltslinie eingesetzt wird.

Art. 140 Feststellung des Haushaltsplans. (1) Der Präsident stellt jährlich für das folgende Haushaltsjahr einen Vorschlag der Einnahmen und Ausgaben des Amtes auf und übermittelt ihn sowie einen Stellenplan spätestens am 31. März jedes Jahres dem Haushaltsausschuss.

(2) Ist in den Haushaltsvoranschlägen ein Gemeinschaftszuschuss vorgesehen, so übermittelt der Haushaltsausschuss den Voranschlag bezüglich der Kommission, die ihn an die Haushaltsbehörde der Gemeinschaften weiterleitet. Die Kommission kann diesem Voranschlag eine Stellungnahme mit abweichenden Voranschlägen beifügen.

(3) Der Haushaltsausschuss stellt den Haushaltsplan fest, der auch den Stellenplan des Amtes umfasst. Enthalten die Haushaltsvoranschläge einen Zuschuss zu Lasten des Gesamthaushaltsplans der Gemeinschaften, so wird der Haushaltsplan des Amtes gegebenenfalls angepasst.

Art. 141 Rechnungsprüfung und Kontrolle. (1) Beim Amt wird die Funktion eines Internen Prüfers eingerichtet, die unter Einhaltung der einschlägigen internationalen Normen ausgeübt werden muss. Der von dem Präsidenten benannte Interne Prüfer ist diesem gegenüber für die Überprüfung des ordnungsgemäßen Funktionierens der Systeme und der Vollzugsverfahren des Amtshaushalts verantwortlich.

(2) Der Interne Prüfer berät den Präsidenten in Fragen der Risikokontrolle, indem er unabhängige Stellungnahmen zur Qualität der Verwaltungs- und Kontrollsysteme und Empfehlungen zur Verbesserung der Bedingungen für die Abwicklung der Vorgänge sowie zur Förderung einer wirtschaftlichen Haushaltsführung abgibt.

(3) Der Anweisungsbefugte führt interne Kontrollsysteme und -verfahren ein, die für die Ausführung seiner Aufgaben geeignet sind.

Art. 142 Rechnungsprüfung. (1) Der Präsident übermittelt der Kommission, dem Europäischen Parlament, dem Haushaltsausschuss und dem Rechnungshof spätestens am 31. März jedes Jahres die Rechnung für alle Einnahmen und Ausgaben des Amtes im abgelaufenen Haushaltsjahr. Der Rechnungshof prüft die Rechnung nach Artikel 248 EG-Vertrag.

(2) Der Haushaltsausschuss erteilt dem Präsidenten des Amtes Entlastung zur Ausführung des Haushaltsplans.

Art. 143 Finanzvorschriften. Der Haushaltsausschuss erlässt nach Stellungnahme der Kommission und des Rechnungshofs der Europäischen Gemeinschaften die internen Finanzvorschriften, in denen insbesondere die Einzelheiten der Aufstellung und Ausführung des Haushaltsplans des Amtes festgelegt werden. Die Finanzvorschriften lehnen sich, soweit

---

* **Amtl. Anm.:** ABl. L 3 vom 5.1. 2002, S. 1.

dies mit der Besonderheit des Amtes vereinbar ist, an die Haushaltsordnungen anderer von der Gemeinschaft geschaffener Einrichtungen an.

Art. 144 Gebührenordnung. (1) Die Gebührenordnung bestimmt insbesondere die Höhe der Gebühren und die Art und Weise, wie sie zu entrichten sind.

(2) Die Höhe der Gebühren ist so zu bemessen, dass die Einnahmen hieraus grundsätzlich den Ausgleich des Haushaltsplans des Amtes gewährleisten.

(3) Die Gebührenordnung wird nach dem in Artikel 163 Absatz 2 genannten Verfahren angenommen und geändert.

Titel XIII. Internationale Registrierung von Marken

Abschnitt 1. Allgemeine Bestimmungen

Art. 145 Anwendung der Bestimmungen. Sofern in diesem Titel nichts anderes bestimmt ist, gelten die vorliegende Verordnung und ihre Durchführungsverordnungen für Anträge auf internationale Registrierung nach dem am 27. Juni 1989 in Madrid unterzeichneten Protokoll zum Madrider Abkommen über die internationale Registrierung von Marken (nachstehend „internationale Anmeldungen" bzw. „Madrider Protokoll" genannt), die sich auf die Anmeldung einer Gemeinschaftsmarke oder auf eine Gemeinschaftsmarke stützen, und für Markeneintragungen im internationalen Register des Internationalen Büros der Weltorganisation für geistiges Eigentum (nachstehend „internationale Registrierungen" bzw. „Internationales Büro" genannt), deren Schutz sich auf die Europäische Gemeinschaft erstreckt.

Abschnitt 2. Internationale Registrierung auf der Grundlage einer Anmeldung einer Gemeinschaftsmarke oder einer Gemeinschaftsmarke

Art. 146 Einreichung einer internationalen Anmeldung. (1) Internationale Anmeldungen gemäß Artikel 3 des Madrider Protokolls, die sich auf eine Anmeldung einer Gemeinschaftsmarke oder auf eine Gemeinschaftsmarke stützen, werden beim Amt eingereicht.

(2) Wird eine internationale Registrierung beantragt, bevor die Marke, auf die sich die internationale Registrierung stützen soll, als Gemeinschaftsmarke eingetragen ist, so muss der Anmelder angeben, ob die internationale Registrierung auf der Grundlage einer Anmeldung einer Gemeinschaftsmarke oder auf der Grundlage der Eintragung als Gemeinschaftsmarke erfolgen soll. Soll sich die internationale Registrierung auf eine Gemeinschaftsmarke stützen, sobald diese eingetragen ist, so gilt für den Eingang der internationalen Anmeldung beim Amt das Datum der Eintragung der Gemeinschaftsmarke.

Art. 147 Form und Inhalt der internationalen Anmeldung. (1) Die internationale Anmeldung wird mittels eines vom Amt bereitgestellten Formblatts in einer der Amtssprachen der Europäischen Gemeinschaft eingereicht. Gibt der Anmelder auf diesem Formblatt bei der Einreichung der internationalen Anmeldung nichts anderes an, so korrespondiert das Amt mit dem Anmelder in der Sprache der Anmeldung in standardisierter Form.

(2) Wird die internationale Anmeldung in einer anderen Sprache als den Sprachen eingereicht, die nach dem Madrider Protokoll zulässig sind, so muss der Anmelder eine zweite

Sprache aus dem Kreis dieser Sprachen angeben. Das Amt legt die internationale Anmeldung dem Internationalen Büro in dieser zweiten Sprache vor.

(3) Wird die internationale Anmeldung in einer anderen Sprache als den Sprachen eingereicht, die nach dem Madrider Protokoll für die Einreichung internationaler Anmeldungen zulässig sind, so kann der Anmelder eine Übersetzung der Liste der Erzeugnisse oder Dienstleistungen in der Sprache vorlegen, in der die internationale Anmeldung dem Internationalen Büro gemäß Absatz 2 vorgelegt werden soll.

(4) Das Amt übermittelt die internationale Anmeldung so rasch wie möglich dem Internationalen Büro.

(5) Für die Einreichung einer internationalen Anmeldung wird eine an das Amt zu entrichtende Gebühr verlangt. In den in Artikel 146 Absatz 2 Satz 2 genannten Fällen wird diese Gebühr zum Zeitpunkt der Eintragung der Gemeinschaftsmarke fällig. Die Anmeldung gilt erst als eingereicht, wenn die Gebühr gezahlt worden ist.

(6) Die internationale Anmeldung muss den einschlägigen Bedingungen genügen, die in der Durchführungsverordnung vorgesehen sind.

Art. 148 Eintragung in die Akte und in das Register. (1) Tag und Nummer einer auf der Grundlage einer Anmeldung einer Gemeinschaftsmarke beantragten internationalen Registrierung werden in die Akte der betreffenden Anmeldung eingetragen. Wird im Anschluss an die Anmeldung eine Gemeinschaftsmarke eingetragen, so werden Tag und Nummer der internationalen Registrierung in das Register eingetragen.

(2) Tag und Nummer einer auf der Grundlage einer Gemeinschaftsmarke beantragten internationalen Registrierung werden in das Register eingetragen.

Art. 149 Antrag auf territoriale Ausdehnung des Schutzes im Anschluss an die internationale Registrierung. Ein Antrag auf territoriale Ausdehnung des Schutzes im Anschluss an die internationale Registrierung gemäß Artikel 3ter Absatz 2 des Madrider Protokolls kann über das Amt gestellt werden. Der Antrag muss in der Sprache eingereicht werden, in der die internationale Anmeldung gemäß Artikel 147 eingereicht wurde.

Art. 150 Internationale Gebühren. Alle an das Internationale Büro aufgrund des Madrider Protokolls zu entrichtenden Gebühren sind unmittelbar an das Internationale Büro zu zahlen.

Abschnitt 3. Internationale Registrierungen, in denen die Europäische Gemeinschaft benannt ist

Art. 151 Wirkung internationaler Registrierungen, in denen die Europäische Gemeinschaft benannt ist. (1) Eine internationale Registrierung, in der die Europäische Gemeinschaft benannt ist, hat vom Tage der Registrierung gemäß Artikel 3 Absatz 4 des Madrider Protokolls oder vom Tage der nachträglichen Benennung der Europäischen Gemeinschaft gemäß Artikel 3ter Absatz 2 des Madrider Protokolls an dieselbe Wirkung wie die Anmeldung einer Gemeinschaftsmarke.

(2) Wurde keine Schutzverweigerung gemäß Artikel 5 Absätze 1 und 2 des Madrider Protokolls mitgeteilt oder wurde eine solche Verweigerung widerrufen, so hat die internationale Registrierung einer Marke, in denen die Europäische Gemeinschaft benannt wird, von dem in Absatz 1 genannten Tag an dieselbe Wirkung wie die Eintragung einer Marke als Gemeinschaftsmarke.

(3) Für die Zwecke der Anwendung des Artikels 9 Absatz 3 tritt die Veröffentlichung der in Artikel 152 Absatz 1 genannten Einzelheiten der internationalen Registrierung, in der die Europäische Gemeinschaft benannt wird, an die Stelle der Veröffentlichung der Anmeldung einer Gemeinschaftsmarke, und die Veröffentlichung gemäß Artikel 152 Absatz 2 tritt an die Stelle der Veröffentlichung der Eintragung einer Gemeinschaftsmarke.

Art. 152 Veröffentlichung. (1) Das Amt veröffentlicht das Datum der Eintragung einer Marke, in der die Europäische Gemeinschaft benannt ist, gemäß Artikel 3 Absatz 4 des Madrider Protokolls oder das Datum der nachträglichen Benennung der Europäischen Gemeinschaft gemäß Artikel 3ter Absatz 2 des Madrider Protokolls, die Sprache, in der die internationale Anmeldung eingereicht worden ist, und die zweite Sprache, die vom Anmelder angegeben wurde, die Nummer der internationalen Registrierung und das Datum der Veröffentlichung dieser Registrierung in dem vom Internationalen Büro herausgegebenen Blatt, eine Wiedergabe der Marke und die Nummern der Erzeugnis- oder Dienstleistungsklassen, für die ein Schutz in Anspruch genommen wird.

(2) Wurde für eine internationale Registrierung, in der die Europäische Gemeinschaft benannt ist, gemäß Artikel 5 Absätze 1 und 2 des Madrider Protokolls keine Schutzverweigerung mitgeteilt oder wurde eine solche Verweigerung widerrufen, so veröffentlicht das Amt diese Tatsache gleichzeitig mit der Nummer der internationalen Registrierung und gegebenenfalls das Datum der Veröffentlichung dieser Registrierung in dem vom Internationalen Büro herausgegebenen Blatt.

Art. 153 Zeitrang. (1) Der Anmelder einer internationalen Registrierung, in der die Europäische Gemeinschaft benannt ist, kann in der internationalen Anmeldung gemäß Artikel 34 den Zeitrang einer älteren Marke in Anspruch nehmen, die in einem Mitgliedstaat, einschließlich des Benelux-Gebiets, oder gemäß internationaler Regelungen mit Wirkung für einen Mitgliedstaat registriert ist.

(2) Der Inhaber einer internationalen Registrierung, in der die Europäische Gemeinschaft benannt ist, kann ab dem Datum der Veröffentlichung der Wirkungen der Registrierung im Sinne von Artikel 152 Absatz 2 beim Amt gemäß Artikel 35 den Zeitrang einer älteren Marke in Anspruch nehmen, die in einem Mitgliedstaat, einschließlich des Benelux-Gebiets, oder gemäß internationaler Regelungen mit Wirkung für einen Mitgliedstaat registriert ist. Das Amt setzt das Internationale Büro davon in Kenntnis.

Art. 154 Prüfung auf absolute Eintragungshindernisse. (1) Internationale Registrierungen, in denen die Europäische Gemeinschaft benannt ist, werden ebenso wie Anmeldungen von Gemeinschaftsmarken auf absolute Eintragungshindernisse geprüft.

(2) Der Schutz aus einer internationalen Registrierung darf nicht verweigert werden, bevor dem Inhaber der internationalen Registrierung Gelegenheit gegeben worden ist, auf den Schutz in der Europäischen Gemeinschaft zu verzichten, diesen einzuschränken oder eine Stellungnahme einzureichen.

(3) Die Schutzverweigerung tritt an die Stelle der Zurückweisung einer Anmeldung einer Gemeinschaftsmarke.

(4) Wird der Schutz einer internationalen Registrierung aufgrund dieses Artikels durch eine unanfechtbare Entscheidung verweigert oder hat der Inhaber einer internationalen Registrierung auf den Schutz in der Europäischen Gemeinschaft gemäß Absatz 2 verzichtet, so erstattet das Amt dem Inhaber der internationalen Registrierung einen Teil der individuellen Gebühr, die in der Durchführungsverordnung festzulegen ist.

Art. 155 Recherche. (1) Hat das Amt die Mitteilung einer internationalen Registrierung erhalten, in der die Europäische Gemeinschaft benannt ist, erstellt es gemäß Artikel 38 Absatz 1 einen Gemeinschaftsrecherchenbericht.

(2) Sobald das Amt die Mitteilung einer internationalen Registrierung erhalten hat, in der die Europäische Gemeinschaft benannt ist, übermittelt es der Zentralbehörde für den gewerblichen Rechtsschutz eines jeden Mitgliedstaats, die dem Amt mitgeteilt hat, dass sie in ihrem eigenen Markenregister eine Recherche durchführt, gemäß Artikel 38 Absatz 2 ein Exemplar der internationalen Registrierung.

(3) Artikel 38 Absätze 3 bis 6 gilt entsprechend.

(4) Das Amt unterrichtet die Inhaber älterer Gemeinschaftsmarken oder Anmeldungen von Gemeinschaftsmarken, die in dem Gemeinschaftsrecherchenbericht genannt sind, von der in Artikel 152 Absatz 1 vorgesehenen Veröffentlichung der internationalen Registrierung, in der die Europäische Gemeinschaft benannt ist.

Art. 156 Widerspruch. (1) Gegen internationale Registrierungen, in denen die Europäische Gemeinschaft benannt ist, kann ebenso Widerspruch erhoben werden wie gegen veröffentlichte Anmeldungen von Gemeinschaftsmarken.

(2) Der Widerspruch ist innerhalb einer Frist von drei Monaten zu erheben, die sechs Monate nach dem Datum der Veröffentlichung gemäß Artikel 152 Absatz 1 beginnt. Er gilt erst als erhoben, wenn die Widerspruchsgebühr entrichtet worden ist.

(3) Die Schutzverweigerung tritt an die Stelle der Zurückweisung einer Anmeldung einer Gemeinschaftsmarke.

(4) Wird der Schutz einer internationalen Registrierung aufgrund einer gemäß diesem Artikel ergangenen unanfechtbaren Entscheidung verweigert oder hat der Inhaber einer internationalen Registrierung auf den Schutz in der Europäischen Gemeinschaft vor einer gemäß diesem Artikel ergangenen unanfechtbaren Entscheidung verzichtet, so erstattet das Amt dem Inhaber der internationalen Registrierung einen Teil der individuellen Gebühr, die in der Durchführungsverordnung festzulegen ist.

Art. 157 Ersatz einer Gemeinschaftsmarke durch eine internationale Registrierung. Das Amt trägt auf Antrag in das Register ein, dass eine Gemeinschaftsmarke als durch eine internationale Registrierung gemäß Artikel 4bis des Madrider Protokolls ersetzt anzusehen ist.

Art. 158 Nichtigerklärung der Wirkung einer internationalen Registrierung. (1) Die Wirkung einer internationalen Registrierung, in der die Europäische Gemeinschaft benannt ist, kann für nichtig erklärt werden.

(2) Der Antrag auf Nichtigerklärung der Wirkung einer internationalen Registrierung, in der die Europäische Gemeinschaft benannt ist, tritt an die Stelle eines Antrags auf Erklärung des Verfalls gemäß dem Artikel 51 oder der Nichtigkeit gemäß Artikel 52 oder 53.

Art. 159 Umwandlung einer im Wege einer internationalen Registrierung erfolgten Benennung der Europäischen Gemeinschaft in eine nationale Markenanmeldung oder in eine Benennung von Mitgliedstaaten. (1) Wurde eine Benennung der Europäischen Gemeinschaft im Wege einer internationalen Registrierung zurückgewiesen oder hat sie ihre Wirkung verloren, so kann der Inhaber der internationalen Registrierung beantragen, dass die Benennung der Europäischen Gemeinschaft umgewandelt wird, und zwar

a) gemäß den Artikeln 112, 113 und 114 in eine Anmeldung für eine nationale Marke;

b) in eine Benennung eines Mitgliedstaats, der Vertragspartei des Madrider Protokolls oder des am 14. April 1891 in Madrid unterzeichneten Madrider Abkommens über die internationale Registrierung von Marken in seiner revidierten und geänderten Fassung (nachstehend das „Madrider Abkommen" genannt) ist, sofern die direkte Benennung dieses Mitgliedstaats auf der Grundlage des Madrider Protokolls oder des Madrider Abkommens zum Zeitpunkt des Antrags auf Umwandlung möglich war. Die Artikel 112, 113 und 114 finden Anwendung.

(2) Die nationale Markenanmeldung oder die Benennung eines Mitgliedstaats, der Vertragspartei des Madrider Protokolls oder des Madrider Abkommens ist, die sich aus der Umwandlung der Benennung der Europäischen Gemeinschaft im Wege einer internationalen Registrierung ergibt, erhält in dem betreffenden Mitgliedstaat das Datum der internationalen Eintragung gemäß Artikel 3 Absatz 4 des Madrider Protokolls oder das Datum der Ausdehnung auf die Europäische Gemeinschaft gemäß Artikel 3ter Absatz 2 des Madrider Protokolls, wenn diese Ausdehnung nach der internationalen Registrierung erfolgte, oder den Prioritätstag dieser Eintragung sowie gegebenenfalls den nach Artikel 153 beanspruchten Zeitrang einer Marke dieses Staates.

(3) Der Umwandlungsantrag wird veröffentlicht.

Art. 160 Benutzung einer Marke, die Gegenstand einer internationalen Registrierung ist. Für die Zwecke der Anwendung der Artikel 15 Absatz 1, Artikel 42 Absatz 2, Artikel 51 Absatz 1 Buchstabe a und Artikel 57 Absatz 2 tritt zur Festlegung des Datums, ab dem die Marke, die Gegenstand einer internationalen Registrierung mit Benennung der Europäischen Gemeinschaft ist, ernsthaft in der Gemeinschaft benutzt werden muss, das Datum der Veröffentlichung gemäß Artikel 152 Absatz 2 an die Stelle des Datums der Eintragung.

Art. 161 Umwandlung. (1) Vorbehaltlich des Absatzes 2 gelten die für Anmeldungen von Gemeinschaftsmarken anwendbaren Vorschriften entsprechend für Anträge auf Umwandlung einer internationalen Registrierung in eine Anmeldung einer Gemeinschaftsmarke gemäß Artikel 9quinquies des Madrider Protokolls.

(2) Betrifft der Umwandlungsantrag eine internationale Registrierung, in der die Europäische Gemeinschaft benannt ist und deren Einzelheiten gemäß Artikel 152 Absatz 2 veröffentlicht worden sind, so sind die Artikel 37 bis 42 nicht anwendbar.

Titel XIV. Schlussbestimmungen

Art. 162 Gemeinschaftliche Durchführungsvorschriften. (1) Die Einzelheiten der Anwendung dieser Verordnung werden in einer Durchführungsverordnung geregelt.

(2) Außer den in den vorstehenden Artikeln vorgesehenen Gebühren werden Gebühren für die nachstehend aufgeführten Tatbestände nach Maßgabe der Durchführungsverordnung erhoben:

a) verspätete Zahlung der Eintragungsgebühr;

b) Ausstellung einer Ausfertigung der Eintragungsurkunde;

c) Eintragung einer Lizenz oder eines anderen Rechts an einer Gemeinschaftsmarke;

d) Eintragung einer Lizenz oder eines anderen Rechts an der Anmeldung einer Gemeinschaftsmarke;

e) Löschung der Eintragung einer Lizenz oder eines anderen Rechts;

f) Änderung einer eingetragenen Gemeinschaftsmarke;

g) Erteilung eines Auszugs aus dem Register;

h) Einsicht in die Akten;

i) Erteilung von Kopien;

j) Ausstellung von beglaubigten Kopien der Anmeldung;

k) Auskunft aus den Akten;

l) Überprüfung der Festsetzung zu erstattender Verfahrenskosten.

(3) Die Durchführungsverordnung und die Verfahrensordnung der Beschwerdekammern werden nach dem in Artikel 163 Absatz 2 genannten Verfahren angenommen und geändert.

Art. 163 Einsetzung eines Ausschusses und Verfahren für die Annahme der Durchführungsvorschriften. (1) Die Kommission wird von einem Ausschuss, dem „Ausschuss für Gebühren, Durchführungsvorschriften und das Verfahren der Beschwerdekammern des Harmonisierungsamtes für den Binnenmarkt (Marken, Muster und Modelle)", unterstützt.

(2) Wird auf diesen Absatz Bezug genommen, so gelten die Artikel 5 und 7 des Beschlusses 1999/468/EG.

Der Zeitraum nach Artikel 5 Absatz 6 des Beschlusses 1999/468/EG wird auf drei Monate festgesetzt.

Art. 164 Vereinbarkeit mit anderen Bestimmungen des Gemeinschaftsrechts. Die Verordnung (EG) Nr. 510/2006 und insbesondere deren Artikel 14 bleibt von der vorliegenden Verordnung unberührt.

Art. 165 Bestimmungen über die Erweiterung der Gemeinschaft. (1) Ab dem Tag des Beitritts Bulgariens, der Tschechischen Republik, Estlands, Zyperns, Lettlands, Litauens, Ungarns, Maltas, Polens Rumäniens, Sloweniens und der Slowakei, nachstehend „neuer Mitgliedstaat" oder „neue Mitgliedstaaten" wird eine gemäß dieser Verordnung vor dem Tag des jeweiligen Beitritts eingetragene oder angemeldete Gemeinschaftsmarke auf das Hoheitsgebiet dieser Mitgliedstaaten erstreckt, damit sie dieselbe Wirkung in der gesamten Gemeinschaft hat.

(2) Die Eintragung einer Gemeinschaftsmarke, die am Tag des Beitritts bereits angemeldet war, darf nicht aufgrund der in Artikel 7 Absatz 1 aufgeführten absoluten Eintragungshindernisse abgelehnt werden, wenn diese Hindernisse lediglich durch den Beitritt eines neuen Mitgliedstaats entstanden sind.

(3) Wird eine Gemeinschaftsmarke während der sechs Monate vor dem Tag des Beitritts angemeldet, so kann gemäß Artikel 41 Widerspruch erhoben werden, wenn eine ältere Marke oder ein sonstiges älteres Recht im Sinne von Artikel 8 in einem neuen Mitgliedstaat vor dem Beitritt erworben wurde, sofern der Erwerb gutgläubig war und das Anmeldedatum oder gegebenenfalls das Prioritätsdatum oder das Datum der Erlangung der älteren Marke bzw. des sonstigen älteren Rechts im neuen Mitgliedstaat vor dem Anmeldedatum oder gegebenenfalls vor dem Prioritätsdatum der angemeldeten Gemeinschaftsmarke liegt.

(4) Eine Gemeinschaftsmarke im Sinne von Absatz 1 kann nicht für nichtig erklärt werden

a) gemäß Artikel 52, wenn die Nichtigkeitsgründe lediglich durch den Beitritt eines neuen Mitgliedstaats entstanden sind;

b) gemäß Artikel 53 Absätze 1 und 2, wenn das ältere innerstaatliche Recht in einem neuen Mitgliedstaat vor dem Tag des Beitritts eingetragen, angemeldet oder erworben wurde.

(5) Die Benutzung einer Gemeinschaftsmarke im Sinne von Absatz 1 kann gemäß Artikel 110 und Artikel 111 untersagt werden, wenn die ältere Marke oder das sonstige ältere Recht in dem neuen Mitgliedstaat vor dem Tag des Beitritts dieses Staates eingetragen, an-

gemeldet oder gutgläubig erworben wurde oder gegebenenfalls ein Prioritätsdatum hat, das vor dem Tag des Beitritts dieses Staates liegt.

Art. 166 Aufhebung. Die Verordnung (EG) Nr. 40/94 in der durch die in Anhang I angegebenen Rechtsakte geänderten Fassung wird aufgehoben.

Bezugnahmen auf die aufgehobene Verordnung gelten als Bezugnahmen auf die vorliegende Verordnung und sind nach Maßgabe der Entsprechungstabelle in Anhang II zu lesen.

Art. 167 Inkrafttreten. (1) Diese Verordnung tritt am zwanzigsten Tag nach ihrer Veröffentlichung im Amtsblatt der Europäischen Union in Kraft.

(2) Die Mitgliedstaaten treffen die nach den Artikeln 95 und 114 erforderlichen Maßnahmen innerhalb einer Frist von drei Jahren nach Inkrafttreten der Verordnung (EG) Nr. 40/94.

Diese Verordnung ist in allen ihren Teilen verbindlich und gilt unmittelbar in jedem Mitgliedstaat.

Anhang I

(nicht abgedruckt)

Anhang II
Entsprechungstabelle

Verordnung (EG) Nr. 40/94	Vorliegende Verordnung
Artikel 1 bis 14	Artikel 1 bis 14
Artikel 15 Absatz 1	Artikel 15 Absatz 1 Unterabsatz 1
Artikel 15 Absatz 2, einleitende Worte	Artikel 15 Absatz 1 Unterabsatz 2, einleitende Worte
Artikel 15 Absatz 2 Buchstabe a	Artikel 15 Absatz 1 Unterabsatz 2 Buchstabe a
Artikel 15 Absatz 2 Buchstabe b	Artikel 15 Absatz 1 Unterabsatz 2 Buchstabe b
Artikel 15 Absatz 3	Artikel 15 Absatz 2
Artikel 16 bis 36	Artikel 16 bis 36
Artikel 37	–
Artikel 38	Artikel 37
Artikel 39	Artikel 38
Artikel 40	Artikel 39
Artikel 41	Artikel 40
Artikel 42	Artikel 41
Artikel 43	Artikel 42
Artikel 44	Artikel 43
Artikel 44a	Artikel 44
Artikel 45 bis 48	Artikel 45 bis 48
Artikel 48a	Artikel 49
Artikel 49	Artikel 50
Artikel 50	Artikel 51
Artikel 51	Artikel 52
Artikel 52	Artikel 53
Artikel 53	Artikel 54

Verordnung (EG) Nr. 40/94	Vorliegende Verordnung
Artikel 54	Artikel 55
Artikel 55	Artikel 56
Artikel 56	Artikel 57
Artikel 57	Artikel 58
Artikel 58	Artikel 59
Artikel 59	Artikel 60
Artikel 60	Artikel 61
Artikel 60a	Artikel 62
Artikel 61	Artikel 63
Artikel 62	Artikel 64
Artikel 63	Artikel 65
Artikel 64	Artikel 66
Artikel 65	Artikel 67
Artikel 66	Artikel 68
Artikel 67	Artikel 69
Artikel 68	Artikel 70
Artikel 69	Artikel 71
Artikel 70	Artikel 72
Artikel 71	Artikel 73
Artikel 72	Artikel 74
Artikel 73	Artikel 75
Artikel 74	Artikel 76
Artikel 75	Artikel 77
Artikel 76	Artikel 78
Artikel 77	Artikel 79
Artikel 77a	Artikel 80
Artikel 78	Artikel 81
Artikel 78a	Artikel 82
Artikel 79	Artikel 83
Artikel 80	Artikel 84
Artikel 81	Artikel 85
Artikel 82	Artikel 86
Artikel 83	Artikel 87
Artikel 84	Artikel 88
Artikel 85	Artikel 89
Artikel 86	Artikel 90
Artikel 87	Artikel 91
Artikel 88	Artikel 92
Artikel 89	Artikel 93
Artikel 90	Artikel 94
Artikel 91	Artikel 95
Artikel 92	Artikel 96
Artikel 93	Artikel 97
Artikel 94 Absatz 1, einleitende Worte	Artikel 98 Absatz 1, einleitende Worte

Verordnung (EG) Nr. 40/94	Vorliegende Verordnung
Artikel 94 Absatz 1 erster Gedankenstrich	Artikel 98 Absatz 1 Buchstabe a
Artikel 94 Absatz 1 zweiter Gedankenstrich	Artikel 98 Absatz 1 Buchstabe b
Artikel 94 Absatz 2	Artikel 98 Absatz 2
Artikel 95	Artikel 99
Artikel 96	Artikel 100
Artikel 97	Artikel 101
Artikel 98	Artikel 102
Artikel 99	Artikel 103
Artikel 100	Artikel 104
Artikel 101	Artikel 105
Artikel 102	Artikel 106
Artikel 103	Artikel 107
Artikel 104	Artikel 108
Artikel 105	Artikel 109
Artikel 106	Artikel 110
Artikel 107	Artikel 111
Artikel 108	Artikel 112
Artikel 109	Artikel 113
Artikel 110	Artikel 114
Artikel 111	Artikel 115
Artikel 112	Artikel 116
Artikel 113	Artikel 117
Artikel 114	Artikel 118
Artikel 115	Artikel 119
Artikel 116	Artikel 120
Artikel 117	Artikel 121
Artikel 118	Artikel 122
Artikel 118a	Artikel 123
Artikel 119	Artikel 124
Artikel 120	Artikel 125
Artikel 121 Absätze 1 und 2	Artikel 126 Absätze 1 und 2
Artikel 121 Absatz 3	–
Artikel 121 Absatz 4	Artikel 126 Absatz 3
Artikel 121 Absatz 5	Artikel 126 Absatz 4
Artikel 121 Absatz 6	Artikel 126 Absatz 5
Artikel 122	Artikel 127
Artikel 123	Artikel 128
Artikel 124	Artikel 129
Artikel 125	Artikel 130
Artikel 126	Artikel 131
Artikel 127	Artikel 132
Artikel 128	Artikel 133
Artikel 129	Artikel 134
Artikel 130	Artikel 135

Verordnung (EG) Nr. 40/94	Vorliegende Verordnung
Artikel 131	Artikel 136
Artikel 132	Artikel 137
Artikel 133	Artikel 138
Artikel 134	Artikel 139
Artikel 135	Artikel 140
Artikel 136	Artikel 141
Artikel 137	Artikel 142
Artikel 138	Artikel 143
Artikel 139	Artikel 144
Artikel 140	Artikel 145
Artikel 141	Artikel 146
Artikel 142	Artikel 147
Artikel 143	Artikel 148
Artikel 144	Artikel 149
Artikel 145	Artikel 150
Artikel 146	Artikel 151
Artikel 147	Artikel 152
Artikel 148	Artikel 153
Artikel 149	Artikel 154
Artikel 150	Artikel 155
Artikel 151	Artikel 156
Artikel 152	Artikel 157
Artikel 153	Artikel 158
Artikel 154	Artikel 159
Artikel 155	Artikel 160
Artikel 156	Artikel 161
Artikel 157 Absatz 1	Artikel 162 Absatz 1
Artikel 157 Absatz 2, einleitende Worte	Artikel 162 Absatz 2, einleitende Worte
Artikel 157 Absatz 2 Nummer 2	Artikel 162 Absatz 2 Buchstabe a
Artikel 157 Absatz 2 Nummer 3	Artikel 162 Absatz 2 Buchstabe b
Artikel 157 Absatz 2 Nummer 5	Artikel 162 Absatz 2 Buchstabe c
Artikel 157 Absatz 2 Nummer 6	Artikel 162 Absatz 2 Buchstabe d
Artikel 157 Absatz 2 Nummer 7	Artikel 162 Absatz 2 Buchstabe e
Artikel 157 Absatz 2 Nummer 8	Artikel 162 Absatz 2 Buchstabe f
Artikel 157 Absatz 2 Nummer 9	Artikel 162 Absatz 2 Buchstabe g
Artikel 157 Absatz 2 Nummer 10	Artikel 162 Absatz 2 Buchstabe h
Artikel 157 Absatz 2 Nummer 11	Artikel 162 Absatz 2 Buchstabe i
Artikel 157 Absatz 2 Nummer 12	Artikel 162 Absatz 2 Buchstabe j
Artikel 157 Absatz 2 Nummer 13	Artikel 162 Absatz 2 Buchstabe k
Artikel 157 Absatz 2 Nummer 14	Artikel 162 Absatz 2 Buchstabe l
Artikel 157 Absatz 3	Artikel 162 Absatz 3
Artikel 158	Artikel 163
Artikel 159	Artikel 164
Artikel 159a Absätze 1, 2 und 3	Artikel 165 Absätze 1, 2 und 3

Verordnung (EG) Nr. 40/94	Vorliegende Verordnung
Artikel 159a Absatz 4, einleitende Worte	Artikel 165 Absatz 4, einleitende Worte
Artikel 159a Absatz 4 erster Gedankenstrich	Artikel 165 Absatz 4 Buchstabe a
Artikel 159a Absatz 4 zweiter Gedankenstrich	Artikel 165 Absatz 4 Buchstabe b
Artikel 159a Absatz 5	Artikel 165 Absatz 5
–	Artikel 166
Artikel 160 Absatz 1	Artikel 167 Absatz 1
Artikel 160 Absatz 2	Artikel 167 Absatz 2
Artikel 160 Absätze 3 und 4	–
–	Anhang I
–	Anhang II

Anhang IV
Verordnung (EG) Nr. 2868/95 der Kommission zur Durchführung der Verordnung (EG) Nr. 40/94[1] des Rates über die Gemeinschaftsmarke*

Vom 13. Dezember 1995
(ABl. EG Nr. L 303 S. 1, geändert durch VO (EG) Nr. 782/2004, ABl. EG Nr. L 123 S. 88,
VO (EG) Nr. 1041/2005, ABl. EG Nr. L 172 S. 4 und VO (EG) Nr. 355/2009,
ABl. EG Nr. L 109 S. 3)

DIE KOMMISSION DER EUROPÄISCHEN GEMEINSCHAFTEN –

gestützt auf den Vertrag zur Gründung der Europäischen Gemeinschaft,

gestützt auf die Verordnung (EG) Nr. 40/94 des Rates vom 20. Dezember 1993 über die Gemeinschaftsmarke[2], geändert durch die Verordnung (EG) Nr. 3288/94[3], insbesondere auf Artikel 140 **(nunmehr Artikel 162)**,

in Erwägung nachstehender Gründe: Durch die Verordnung (EG) Nr. 40/94, nachstehend „die Verordnung" genannt, wird ein neues Markensystem geschaffen, das es ermöglicht, aufgrund einer Anmeldung beim Harmonisierungsamt für den Binnenmarkt (Marken, Muster und Modelle), nachstehend „das Amt" genannt, eine Marke mit Wirkung für das gesamte Gebiet der Gemeinschaft zu erlangen.

Zu diesem Zweck enthält die Verordnung insbesondere die notwendigen Vorschriften für ein Verfahren, das zur Eintragung einer Gemeinschaftsmarke führt, für die Verwaltung der Gemeinschaftsmarken, für ein Beschwerdeverfahren gegen die Entscheidungen des Amtes sowie für ein Verfahren zur Erklärung des Verfalls oder der Nichtigkeit einer Gemeinschaftsmarke.

In Artikel 140 **(nunmehr Artikel 162)** der Verordnung ist festgelegt, daß die Einzelheiten der Anwendung der Verordnung in einer Durchführungsverordnung geregelt werden.

Die Durchführungsverordnung wird gemäß dem in Artikel 141 **(nunmehr Artikel 163)** der Verordnung festgelegten Verfahren erlassen.

Diese Durchführungsverordnung sollte deshalb diejenigen Bestimmungen enthalten, die zur Durchführung der Vorschriften der Verordnung erforderlich sind.

Diese Bestimmungen sollen den reibungslosen und effizienten Ablauf der Markenverfahren vor dem Amt gewährleisten.

Gemäß Artikel 116 Absatz 1 **(nunmehr Artikel 120 Absatz 1)** der Verordnung sollten sämtliche in Artikel 26 Absatz 1 der Verordnung aufgeführten Bestandteile der Anmeldung

---

* Erläuterte Fassung. Lesarten und interpretierende Hinweise im Text und in den Fußnoten sind solche des HABM (Quelle: http://oami.europa.eu/ows/rw/pages/ctm/legalReferences/regulations.de.do).

[1] Nunmehr VO (EG) Nr. 207/2009.

[2] ABl. Nr. L 11 vom 14.1. 1994, S. 1.

[3] ABl. Nr. L 349 vom 31.12. 1994, S. 83.

einer Gemeinschaftsmarke und alle sonstigen Informationen, deren Veröffentlichung in dieser Durchführungsverordnung vorgeschrieben ist, in allen Amtssprachen der Gemeinschaft veröffentlicht werden.

Die Marke selbst, Namen, Anschriften, Zeitangaben und ähnliche Angaben sind jedoch nicht zur Übersetzung und Veröffentlichung in allen Amtssprachen der Gemeinschaft geeignet.

Das Amt sollte für die Verfahren vor dem Amt Formulare in allen Amtssprachen zur Verfügung stellen.

Die in dieser Verordnung vorgesehenen Maßnahmen entsprechen der Stellungnahme des gemäß Artikel 141 **(nunmehr Artikel 163)** der Verordnung eingesetzten Ausschusses –

HAT FOLGENDE VERORDNUNG ERLASSEN:

Artikel 1

Die Einzelheiten der Anwendung der Verordnung werden wie folgt geregelt:

Titel I. Anmeldeverfahren

Regel 1 Inhalt der Anmeldung.   (1) Die Anmeldung für eine Gemeinschaftsmarke muß enthalten:

a) einen Antrag auf Eintragung einer Gemeinschaftsmarke;

b) den Namen, die Anschrift und die Staatsangehörigkeit sowie den Staat des Wohnsitzes, des Sitzes oder der Niederlassung des Anmelders. Bei natürlichen Personen sind Familienname und Vornamen anzugeben. Bei juristischen Personen sowie bei Gesellschaften und anderen in den Anwendungsbereich des Artikels 3 der Verordnung fallenden juristischen Einheiten sind die amtliche Bezeichnung und die Rechtsform anzugeben, wobei deren gewöhnliche Abkürzung ausreicht. Telefon- und Telefaxnummern, E-Mail-Adressen sowie Einzelheiten zu sonstigen Datenkommunikationsmitteln, über die der Anmelder Mitteilungen entgegennehmen möchte, können angegeben werden. Für jeden Anmelder soll grundsätzlich nur eine Anschrift angegeben werden. Werden mehrere Anschriften angegeben, so wird nur die zuerst genannte Anschrift berücksichtigt, es sei denn, der Anmelder benennt eine Anschrift als Zustellanschrift;[4]

c) gemäß Regel 2 ein Verzeichnis der Waren und Dienstleistungen, für welche die Marke eingetragen werden soll, oder ein Verweis[5] auf das Verzeichnis der Waren und Dienstleistungen einer früheren Gemeinschaftsmarkenanmeldung,[6]

d) gemäß Regel 3 eine Wiedergabe der Marke;

e) falls ein Vertreter bestellt ist, seinen Namen und seine Geschäftsanschrift gemäß Buchstabe b). Hat der Vertreter mehrere Geschäftsanschriften oder wurden zwei oder mehr Vertreter mit verschiedenen Geschäftsanschriften bestellt, so ist die Anschrift anzugeben, die als Zustellanschrift gelten soll. Ohne diese Angabe wird nur die zuerst genannte Anschrift als Zustellanschrift berücksichtigt;

---

[4] Geändert durch Verordnung (EG) Nr. 1041/2005 der Kommission vom 29. 6. 2005.
[5] Zutreffend: „Bezugnahme".
[6] Geändert durch Verordnung (EG) Nr. 1041/2005 der Kommission vom 29. 6. 2005.

f) falls die Priorität einer früheren Anmeldung gemäß Artikel 30 der Verordnung in Anspruch genommen wird, eine entsprechende Erklärung, in der der Tag dieser Anmeldung und der Staat angegeben sind, in dem oder für den sie eingereicht worden ist;

g) falls die Priorität der Zurschaustellung auf einer Ausstellung gemäß Artikel 33 der Verordnung in Anspruch genommen wird, eine entsprechende Erklärung, in der der Name der Ausstellung und der Tag der ersten Zurschaustellung der Waren oder Dienstleistungen angegeben sind;

h) falls der Zeitrang einer oder mehrerer älterer in einem Mitgliedstaat eingetragener Marken, einschließlich einer im Benelux-Gebiet oder einer mit Wirkung für einen Mitgliedstaat international registrierten Marke (nachstehend „eingetragene ältere Marke gemäß Artikel 34 der Verordnung") gemäß Artikel 34 der Verordnung in Anspruch genommen wird, eine entsprechende Erklärung, in der der Mitgliedstaat oder die Mitgliedstaaten, in denen oder für die diese Marken eingetragen sind, der Zeitpunkt des Beginns des Schutzes dieser Marken und die Nummern der Eintragungen sowie die eingetragenen Waren und Dienstleistungen angegeben sind;

i) gegebenenfalls eine Erklärung, daß die Eintragung als Gemeinschaftskollektivmarke gemäß Artikel 64 **(nunmehr Artikel 66)** der Verordnung beantragt wird;

j) die Angabe der Sprache, in der die Anmeldung eingereicht wurde, und einer zweiten Sprache gemäß Artikel 115 Absatz 3 **(nunmehr Artikel 119 Absatz 3)** der Verordnung;

k) die Unterschrift des Anmelders oder Vertreters gemäß Regel 79,[7]

l) gegebenenfalls die Anforderung eines Recherchenberichts nach Artikel 39 Absatz 2 **(nunmehr Artikel 38 Absatz 2)** der Verordnung.[8]

(2) Die Anmeldung einer Gemeinschaftskollektivmarke kann die Satzung enthalten.

(3) Die Anmeldung kann eine Erklärung des Anmelders enthalten, daß er das ausschließliche Recht an einem von ihm anzugebenden Bestandteil der Marke, der nicht unterscheidungskräftig ist, nicht in Anspruch nimmt.

(4) Im Fall mehrerer Anmelder sollte die Anmeldung die Bezeichnung eines Anmelders oder Vertreters als gemeinsamer Vertreter enthalten.

Regel 2 Verzeichnis der Waren und Dienstleistungen. (1) Die Klassifizierung der Waren und Dienstleistungen richtet sich nach der gemeinsamen Klassifikation des Artikels 1 des geänderten Nizzaer Abkommens vom 15. Juni 1957 über die internationale Klassifikation von Waren und Dienstleistungen für die Eintragung von Marken.

(2) Das Verzeichnis der Waren und Dienstleistungen ist so zu formulieren, daß sich die Art der Waren und Dienstleistungen klar erkennen läßt und es die Klassifizierung der einzelnen Waren und Dienstleistungen in nur jeweils einer Klasse der Nizzaer Klassifikation gestattet.

(3) Die Waren und Dienstleistungen sollten möglichst nach den Klassen der Nizzaer Klassifikation zusammengefaßt werden. Dabei wird jeder Gruppe von Waren und Dienstleistungen die Nummer der einschlägigen Klasse in der Reihenfolge dieser Klassifikation vorangestellt.

(4) Die Klassifikation der Waren und Dienstleistungen dient ausschließlich Verwaltungszwecken. Daher dürfen Waren und Dienstleistungen nicht deswegen als ähnlich angesehen

---

[7] Geändert durch Verordnung (EG) Nr. 1041/2005 der Kommission vom 29.6. 2005.

[8] Eingefügt durch Verordnung (EG) Nr. 1041/2005 der Kommission vom 29.6. 2005. Anwendbar ab dem 10. März 2008.

werden, weil sie in derselben Klasse der Nizzaer Klassifikation genannt werden, und dürfen Waren und Dienstleistungen nicht deswegen als verschieden angesehen werden, weil sie in verschiedenen Klassen der Nizzaer Klassifikation genannt werden.

Regel 3 Wiedergabe der Marke. (1) Beansprucht der Anmelder keine besondere graphische Darstellung oder Farbe, so ist die Marke in üblicher Schreibweise, insbesondere zum Beispiel durch maschinenschriftliches Aufdrucken der Buchstaben, Zahlen und Zeichen in der Anmeldung wiederzugeben. Der Gebrauch von Klein- und Großbuchstaben ist zulässig und wird entsprechend bei den Veröffentlichungen der Marke und bei der Eintragung durch das Amt übernommen.

(2) In allen anderen als den in Absatz 1 genannten Fällen, außer bei elektronischer Anmeldung, ist die Marke auf einem gesonderten Blatt, getrennt vom Textblatt der Anmeldung, wiederzugeben. Das gesonderte Blatt darf nicht größer als Format DIN A4 (29,7 cm hoch, 21 cm breit) und die für die Wiedergabe benutzte Fläche (Satzspiegel) nicht größer als 26,2 cm × 17 cm sein. Vom linken Seitenrand ist ein Randabstand von mindestens 2,5 cm einzuhalten. Die richtige Stellung der Marke ist durch Hinzufügen des Wortes ‚oben' auf jeder Wiedergabe anzugeben, soweit sich diese nicht von selbst ergibt. Die Wiedergabe der Marke muss von einer Qualität sein, die die Verkleinerung oder Vergrößerung auf das Format für die Veröffentlichung im Blatt für Gemeinschaftsmarken von höchstens 8 cm in der Breite und 16 cm in der Höhe zulässt.[9]

(3) Wird die Eintragung gemäß Absatz 2 beantragt, so muß die Anmeldung eine entsprechende Angabe enthalten. Die Anmeldung kann eine Beschreibung der Marke enthalten.

(4) Wird die Eintragung einer dreidimensionalen Marke beantragt, muß die Anmeldung eine entsprechende Angabe enthalten. Die Wiedergabe muß aus einer fotografischen Darstellung oder einer graphischen Wiedergabe der Marke bestehen. Es können bis zu sechs verschiedene Perspektiven der Marke wiedergegeben werden.

(5) Wird die Eintragung in Farbe beantragt, so muss die Wiedergabe der Marke gemäß Absatz 2 farbig sein. Zusätzlich sind die Farben, aus denen sich die Marke zusammensetzt, in Worten anzugeben, wobei die Benennung der Farben anhand eines anerkannten Farbcodes beigefügt werden kann.[10]

(6) Wenn eine Hörmarke angemeldet wird, besteht die Wiedergabe der Marke aus einer grafischen Wiedergabe der Klangfolge, vornehmlich in Form einer Notenschrift; bei elektronischer Anmeldung kann eine elektronische Datei beigefügt werden, die die klangliche Wiedergabe enthält. Der Präsident des Amtes bestimmt die zulässigen Formate und die maximale Größe der elektronischen Datei.[11]

Regel 4 Anmeldegebühren[12]. Für die Anmeldung sind folgende Gebühren zu entrichten:

a) eine Grundgebühr;

b) eine Klassengebühr ab der vierten Klasse für jede zusätzlich beanspruchte Waren- oder Dienstleistungsklasse nach Regel 2;

c) gegebenenfalls eine Recherchengebühr.

---

[9] Geändert durch Verordnung (EG) Nr. 1041/2005 der Kommission vom 29.6. 2005.

[10] Geändert durch Verordnung (EG) Nr. 1041/2005 der Kommission vom 29.6. 2005.

[11] Geändert durch Verordnung (EG) Nr. 1041/2005 der Kommission vom 29.6. 2005.

[12] Geändert durch Verordnung (EG) Nr. 1041/2005 der Kommission vom 29.6. 2005. Absatz c) anwendbar ab dem 10. März 2008.

Regel 5 Einreichung der Anmeldung. (1) Das Amt vermerkt auf den Unterlagen der Anmeldung den Tag ihres Eingangs und das Aktenzeichen der Anmeldung. Es übermittelt dem Anmelder unverzüglich eine Empfangsbescheinigung, die mindestens das Aktenzeichen, eine Wiedergabe, eine Beschreibung oder sonstige Identifizierung der Marke, die Art und Zahl der Unterlagen und den Tag ihres Eingangs enthält.

(2) Wird die Anmeldung gemäß Artikel 25 der Verordnung bei einer Zentralbehörde für den gewerblichen Rechtsschutz eines Mitgliedstaates oder beim Benelux-Markenamt eingereicht, so numeriert diese Behörde alle Blätter der Anmeldung mit arabischen Zahlen. Sie vermerkt auf den Unterlagen, aus denen sich die Anmeldung zusammensetzt, vor ihrer Weiterleitung das Eingangsdatum und die Zahl der Blätter. Sie übermittelt dem Anmelder unverzüglich eine Empfangsbescheinigung, in der mindestens die Art und Zahl der Unterlagen und der Tag ihres Eingangs angegeben werden.

(3) Hat das Amt eine Anmeldung durch Vermittlung einer Zentralbehörde für den gewerblichen Rechtsschutz eines Mitgliedstaats oder des Benelux-Markenamtes erhalten, so vermerkt es auf der Anmeldung das Eingangsdatum und das Aktenzeichen und übermittelt dem Anmelder unverzüglich eine Empfangsbescheinigung gemäß Absatz 1 Satz 2 unter Angabe des Tages des Eingangs beim Amt.

Regel 5a Recherchenbericht[13]. Die Recherchenberichte sind anhand eines Standardformulars zu verfassen, das mindestens folgende Informationen enthält:
a) die Bezeichnung der Zentralbehörde für den gewerblichen Rechtsschutz, die die Recherche durchgeführt hat;
b) das Aktenzeichen der im Recherchenbericht aufgeführten Markenanmeldungen oder die Nummer der Markeneintragungen, die Gegenstand des Recherchenberichts sind;
c) den Anmeldetag und gegebenenfalls Prioritätstag der im Recherchenbericht aufgeführten Markenanmeldungen oder eintragungen;
d) den Tag der Eintragung der im Recherchenbericht aufgeführten Marken;
e) den Namen und die Kontaktadresse des Inhabers der im Recherchenbericht aufgeführten Markenanmeldungen oder eintragungen;
f) eine Wiedergabe der im Recherchenbericht aufgeführten angemeldeten oder eingetragenen Marken;
g) die Angabe der Klassen gemäß der Nizzaer Klassifikation, für die die älteren nationalen Marken angemeldet oder eingetragen wurden, oder der Waren und Dienstleistungen, für die die Marken, die Gegenstand des Recherchenberichts sind, angemeldet oder eingetragen wurden.

Regel 6 Inanspruchnahme der Priorität. (1) Wird in der Anmeldung die Priorität einer oder mehrerer früherer Anmeldungen gemäß Artikel 30 der Verordnung in Anspruch genommen, so muß der Anmelder innerhalb einer Frist von drei Monaten nach dem Anmeldetag das Aktenzeichen der früheren Anmeldung angeben und eine Abschrift von ihr einreichen. Die Abschrift muß von der Behörde, bei der die frühere Anmeldung eingereicht worden ist, als mit der früheren Anmeldung übereinstimmend beglaubigt sein; der Abschrift ist eine Bescheinigung dieser Behörde über den Tag der Einreichung der früheren Anmeldung beizufügen. Falls es sich bei der älteren Anmeldung um eine Gemeinschaftsmarkenanmel-

---

[13] Eingefügt durch Verordnung (EG) Nr. 1041/2005 der Kommission vom 29.6. 2005. Anwendbar ab dem 10. März 2008.

dung handelt, fügt das Amt von Amts wegen eine Abschrift der älteren Gemeinschaftsmarkenanmeldung bei.[14]

(2) Möchte der Anmelder die Priorität einer oder mehrerer früherer Anmeldungen gemäß Artikel 30 der Verordnung nach Einreichung der Anmeldung in Anspruch nehmen, so ist die Prioritätserklärung unter Angabe des Datums, an dem, und des Landes, in dem die frühere Anmeldung erfolgt ist, innerhalb einer Frist von zwei Monaten nach dem Anmeldetag vorzulegen. Die in Absatz 1 verlangten Angaben und Unterlagen sind dem Amt innerhalb einer Frist von drei Monaten nach Empfang der Prioritätserklärung vorzulegen.

(3) Ist die frühere Anmeldung nicht in einer der Sprachen des Amtes abgefaßt, so fordert das Amt den Anmelder auf, innerhalb einer vom Amt festgesetzten Frist von mindestens drei Monaten eine Übersetzung der früheren Anmeldung in einer dieser Sprachen vorzulegen.

(4) Der Präsident des Amtes kann bestimmen, daß der Anmelder weniger als die gemäß Absatz 1 zu erbringenden Nachweise vorzulegen hat, wenn die erforderliche Information dem Amt aus anderen Quellen zur Verfügung steht.

Regel 7 Ausstellungspriorität. (1) Wird die Ausstellungspriorität gemäß Artikel 33 der Verordnung in der Anmeldung in Anspruch genommen, so muß der Anmelder innerhalb einer Frist von drei Monaten nach dem Anmeldetag eine Bescheinigung einreichen, die während der Ausstellung von der für den Schutz des gewerblichen Eigentums auf dieser Ausstellung zuständigen Stelle erteilt worden ist. Diese Bescheinigung muß bestätigen, daß die Marke für die entsprechenden Waren oder Dienstleistungen tatsächlich benutzt worden ist, und sie muß außerdem den Tag der Eröffnung der Ausstellung und, wenn die erste öffentliche Benutzung nicht mit dem Eröffnungstag der Ausstellung zusammenfällt, den Tag der ersten öffentlichen Benutzung angeben. Der Bescheinigung ist eine Darstellung über die tatsächliche Benutzung der Marke beizufügen, die mit einer Bestätigung der vorerwähnten Stelle versehen ist.

(2) Will der Anmelder eine Ausstellungspriorität nach Einreichung der Anmeldung in Anspruch nehmen, so ist die Prioritätserklärung unter Angabe der Ausstellung und des Datums der ersten Zurschaustellung der Waren und Dienstleistungen innerhalb einer Frist von zwei Monaten nach dem Anmeldetag vorzulegen. Die gemäß Absatz 1 erforderlichen Angaben und Nachweise sind dem Amt innerhalb einer Frist von drei Monaten nach Empfang der Prioritätserklärung vorzulegen.

Regel 8 Inanspruchnahme des Zeitrangs einer nationalen Marke. (1) Wird der Zeitrang einer oder mehrerer eingetragener älterer Marken gemäß Artikel 34 der Verordnung in der Anmeldung in Anspruch genommen, so hat der Anmelder innerhalb einer Frist von drei Monaten nach dem Anmeldetag eine Abschrift der diesbezüglichen Eintragung vorzulegen. Die Abschrift muß von der zuständigen Stelle als die genaue Abschrift der Eintragung beglaubigt sein.

(2) Will der Anmelder den Zeitrang einer oder mehrerer eingetragener älterer Marken gemäß Artikel 34 der Verordnung nach Einreichung der Anmeldung in Anspruch nehmen, so ist die Erklärung über den Zeitrang unter Angabe des Mitgliedstaates oder der Mitgliedstaaten, in denen oder für die die Marke eingetragen ist, der Nummer und des Anmeldetags der entsprechenden Eintragung sowie der Waren und Dienstleistungen, für die die Marke eingetragen ist, innerhalb einer Frist von zwei Monaten nach dem Anmeldetag vorzulegen. Der in

---

[14] Geändert durch Verordnung (EG) Nr. 1041/2005 der Kommission vom 29.6. 2005.

Absatz 1 verlangte Nachweis ist dem Amt innerhalb einer Frist von drei Monaten nach Empfang der Erklärung über den Zeitrang vorzulegen.[15]

(3) Das Amt unterrichtet die für den gewerblichen Rechtsschutz zuständige Zentralbehörde des betreffenden Mitgliedstaats und das Benelux-Markenamt über die wirksame Inanspruchnahme des Zeitrangs.

(4) Der Präsident des Amtes kann bestimmen, daß der Anmelder weniger als die gemäß Absatz 1 zu erbringenden Nachweise vorzulegen hat, wenn die erforderliche Information dem Amt aus anderen Quellen zur Verfügung steht.

Regel 9 Prüfung der Erfordernisse in bezug auf den Anmeldetag und die Anmeldung. (1) Erfüllt die Anmeldung die Erfordernisse für die Zuerkennung eines Anmeldetages nicht, weil

a) die Anmeldung folgendes nicht enthält:
   i) einen Antrag auf Eintragung einer Gemeinschaftsmarke,
   ii) Angaben, die es erlauben, die Identität des Anmelders festzustellen,
   iii) ein Verzeichnis der Waren oder Dienstleistungen, für die die Marke eingetragen werden soll,
   iv) eine Wiedergabe der Marke; oder

b) die Grundgebühr für die Anmeldung nicht innerhalb eines Monats nach der Anmeldung beim Amt oder, im Fall der Anmeldung bei der für den gewerblichen Rechtsschutz zuständigen Zentralbehörde eines Mitgliedstaates oder beim Benelux-Markenamt, bei diesem Amt entrichtet worden ist, so teilt das Amt dem Anmelder mit, daß aufgrund dieser Mängel kein Anmeldetag zuerkannt werden kann.

(2) Werden die in Absatz 1 erwähnten Mängel innerhalb einer Frist von zwei Monaten nach Empfang der Mitteilung behoben, so ist für den Anmeldetag der Tag maßgeblich, an dem alle Mängel beseitigt sind. Werden die Mängel nicht fristgemäß behoben, so wird die Anmeldung nicht als Anmeldung einer Gemeinschaftsmarke behandelt. In diesem Fall werden alle bereits entrichteten Gebühren erstattet.

(3) Ergibt die Prüfung trotz der Zuerkennung eines Anmeldetages, daß

a) die Erfordernisse der Regeln 1, 2 und 3 oder die anderen formalen Anmeldeerfordernisse der Verordnung oder dieser Regeln nicht erfüllt sind,

b) die gemäß Regel 4 Buchstabe b) in Verbindung mit der Verordnung (EG) Nr. 2868/95[16] der Kommission, nachstehend Gebührenordnung genannt, zu zahlende Klassengebühr nicht in voller Höhe beim Amt eingegangen ist,

c) im Fall der Inanspruchnahme der Priorität gemäß der Regeln 6 und 7 entweder in der Anmeldung oder innerhalb von zwei Monaten nach dem Anmeldetag die übrigen Erfordernisse der betreffenden Regeln nicht erfüllt sind, oder

d) im Fall der Inanspruchnahme des Zeitrangs gemäß Regel 8 entweder in der Anmeldung oder innerhalb von zwei Monaten nach dem Anmeldetag die übrigen Erfordernisse der Regel 8 nicht erfüllt sind,

so fordert das Amt den Anmelder auf, die festgestellten Mängel innerhalb einer vom Amt festgelegten Frist abzustellen.

(4) Werden die in Absatz 3 Buchstabe a) erwähnten Mängel nicht fristgemäß beseitigt, so weist das Amt die Anmeldung zurück.

---

[15] Geändert durch Verordnung (EG) Nr. 1041/2005 der Kommission vom 29.6. 2005.
[16] Lies: „Nr. 2869/95".

(5) Werden die ausstehenden Klassengebühren nicht fristgemäß entrichtet, so gilt die Anmeldung als zurückgenommen, es sei denn, daß eindeutig ist, welche Waren- oder Dienstleistungsklassen durch den gezahlten Gebührenbetrag gedeckt werden sollen. Liegen keine anderen Kriterien vor, um zu bestimmen, welche Klassen durch den gezahlten Gebührenbetrag gedeckt werden sollen, so trägt das Amt den Klassen in der Reihenfolge der Klassifikation Rechnung. Die Anmeldung gilt für diejenigen Klassen als zurückgenommen, für die die Klassengebühren nicht oder nicht in voller Höhe gezahlt worden sind.

(6) Betreffen die in Absatz 3 erwähnten Mängel die Inanspruchnahme der Priorität, so erlischt der Prioritätsanspruch für die Anmeldung.

(7) Betreffen die in Absatz 3 erwähnten Mängel die Inanspruchnahme des Zeitrangs, so kann der Zeitrang für diese Anmeldung nicht mehr in Anspruch genommen werden.

(8) Betreffen die in Absatz 3 erwähnten Mängel lediglich einige Waren und Dienstleistungen, so weist das Amt die Anmeldung nur in bezug auf diese Waren oder Dienstleistungen zurück, oder es erlischt der Anspruch in bezug auf die Priorität oder den Zeitrang nur in bezug auf diese Waren und Dienstleistungen.

Regel 10 Recherchen durch die Zentralbehörden der Mitgliedstaaten[17].
(1) Wird bei der Anmeldung einer Gemeinschaftsmarke kein Recherchenbericht gemäß Artikel 39 Absatz 2 **(nunmehr Artikel 38 Absatz 2)** der Verordnung angefordert oder wird die Recherchengebühr gemäß Regel 4 Buchstabe c nicht innerhalb der für die Zahlung der Grundgebühr für die Anmeldung vorgesehenen Frist entrichtet, so erfolgt keine Recherche durch die Zentralbehörden für den gewerblichen Rechtsschutz der Mitgliedstaaten.

(2) Im Falle einer internationalen Registrierung, in der die Europäische Gemeinschaft benannt ist, erfolgt keine Recherche durch die Zentralbehörden für den gewerblichen Rechtsschutz der Mitgliedstaaten, wenn innerhalb eines Monats ab dem Tag, an dem das Internationale Büro dem Amt die internationale Registrierung mitteilt, kein Recherchenbericht gemäß Artikel 39 Absatz 2 **(nunmehr Artikel 38 Absatz 2)** der Verordnung angefordert wird oder die Recherchengebühr nicht innerhalb dieses Zeitraums entrichtet wurde.

Regel 11 Prüfung auf absolute Eintragungshindernisse. (1) Ist die Marke gemäß Artikel 7 der Verordnung für alle oder einen Teil der Waren oder Dienstleistungen, für die sie angemeldet ist, von der Eintragung ausgeschlossen, so teilt das Amt dem Anmelder mit, welche Hindernisse der Eintragung entgegenstehen. Das Amt setzt dem Anmelder eine Frist zur Zurücknahme oder Änderung der Anmeldung oder zur Abgabe einer Stellungnahme.

(2) Wird die Eintragung der Gemeinschaftsmarke gemäß Artikel 38 Absatz 2 **(nunmehr Artikel 37 Absatz 2)** der Verordnung von der Erklärung des Anmelders abhängig gemacht, daß er ein ausschließliches Recht an nicht unterscheidungskräftigen Bestandteilen der Marke nicht in Anspruch nimmt, so teilt das Amt dies dem Anmelder unter Angabe der Gründe mit und fordert ihn auf, die entsprechende Erklärung innerhalb einer vom Amt festgelegten Frist abzugeben.

(3) Beseitigt der Anmelder die der Eintragung entgegenstehenden Hindernisse oder erfüllt er die in Absatz 2 genannte Bedingung nicht fristgemäß, so weist das Amt die Anmeldung ganz oder teilweise zurück.

---

[17] Geändert durch Verordnung (EG) Nr. 1041/2005 der Kommission vom 29.6. 2005. Anwendbar ab 10. März 2008.

Regel 12 Veröffentlichung der Anmeldung. Die Veröffentlichung der Anmeldung enthält:

a) den Namen und die Anschrift des Anmelders;

b) gegebenenfalls den Namen und die Geschäftsanschrift des vom Anmelder bestellten Vertreters, soweit es kein Vertreter im Sinne des Artikels 88 Absatz 3 Satz 1 **(nunmehr Artikel 92 Absatz 3 Satz 1)** der Verordnung ist; bei mehreren Vertretern mit derselben Geschäftsanschrift werden nur Name und Geschäftsanschrift des zuerst genannten Vertreters, gefolgt von den Worten „und andere", veröffentlicht; bei mehreren Vertretern mit verschiedenen Geschäftsanschriften wird nur die Zustellanschrift gemäß Regel 1 Absatz 1 Buchstabe e) angegeben; im Fall eines Zusammenschlusses von Vertretern gemäß Regel 76 Absatz 9 werden nur Name und Geschäftsanschrift des Zusammenschlusses veröffentlicht;

c) die Wiedergabe der Marke mit Angaben und Beschreibungen gemäß Regel 3; ist die Wiedergabe der Marke farbig oder enthält sie Farben, erfolgt die Veröffentlichung farbig unter Angabe der Farbe(n), aus der (denen) sich die Marke zusammensetzt, sowie gegebenenfalls des angegebenen Farbcodes;[18]

d) das Verzeichnis der in Übereinstimmung mit den Klassen der Nizzaer Klassifikation in Gruppen zusammengefaßten Waren und Dienstleistungen, wobei jeder Gruppe die Zahl der einschlägigen Klasse in der Reihenfolge der Klassifikation vorangestellt wird;

e) den Anmeldetag und das Aktenzeichen;

f) gegebenenfalls Angaben über die Inanspruchnahme einer Priorität gemäß Artikel 30 der Verordnung;

g) gegebenenfalls Angaben über die Inanspruchnahme der Ausstellungspriorität gemäß Artikel 33 der Verordnung;

h) gegebenenfalls Angaben über die Inanspruchnahme des Zeitranges gemäß Artikel 34 der Verordnung;

i) gegebenenfalls eine Angabe, daß die Marke gemäß Artikel 7 Absatz 3 der Verordnung durch ihre Benutzung Unterscheidungskraft erlangt hat;

j) gegebenenfalls eine Erklärung, daß die Anmeldung für eine Gemeinschaftskollektivmarke erfolgt;

k) gegebenenfalls die Erklärung des Anmelders, daß er das ausschließliche Recht an einem Bestandteil der Marke gemäß Regel 1 Absatz 3 oder Regel 11 Absatz 2 nicht in Anspruch nimmt;

l) die Sprache, in der die Anmeldung eingereicht wurde, und die zweite Sprache, die der Anmelder in seiner Anmeldung gemäß Artikel 115 Absatz 3 **(nunmehr Artikel 119 Absatz 3)** der Verordnung angegeben hat;

m) gegebenenfalls die Erklärung, dass die Anmeldung sich aus der Umwandlung einer internationalen Registrierung, in der die Europäische Gemeinschaft benannt ist, gemäß Artikel 156 **(nunmehr Artikel 161)** der Verordnung ergibt, sowie den Tag der internationalen Registrierung gemäß Artikel 3 Absatz 4 des Madrider Protokolls oder den Tag der Eintragung der territorialen Ausdehnung auf die Europäische Gemeinschaft im Anschluss an die internationale Registrierung gemäß Artikel 3ter Absatz 2 des Madrider Protokolls und das Prioritätsdatum der internationalen Registrierung.[19]

---

[18] Geändert durch Verordnung (EG) Nr. 1041/2005 der Kommission vom 29. 6. 2005.
[19] Eingefügt durch Verordnung (EG) Nr. 782/2004 der Kommission vom 26. 4. 2004.

Regel 13 Änderung der Anmeldung. (1) Der Antrag auf Änderung der Anmeldung gemäß Artikel 44 **(nunmehr Artikel 43)** der Verordnung muß folgende Angaben enthalten:

a) das Aktenzeichen der Anmeldung;

b) den Namen und die Anschrift des Anmelders gemäß Regel 1 Absatz 1 Buchstabe b);

c) [gestrichen][20]

d) den Teil der Anmeldung, der berichtigt oder geändert werden soll, und denselben Teil in seiner berichtigten oder geänderten Fassung;

e) betrifft die Änderung die Wiedergabe der Marke, die Wiedergabe der geänderten Marke gemäß Regel 3.

(2) [gestrichen][21]

(3) Sind die Erfordernisse für den Antrag auf Änderung der Anmeldung nicht erfüllt, so teilt das Amt dem Anmelder den Mangel mit. Wird der Mangel nicht innerhalb einer vom Amt festgelegten Frist behoben, so weist es den Antrag auf Änderung der Anmeldung zurück.

(4) Wird die Änderung gemäß Artikel 44 Absatz 2 **(nunmehr Artikel 43 Absatz 2)** der Verordnung veröffentlicht, so gelten die Regeln 15 bis 22 entsprechend.

(5) Für die Änderung desselben Bestandteils in zwei oder mehreren Anmeldungen desselben Anmelders kann ein einziger Änderungsantrag gestellt werden. Muß im Zusammenhang mit dem Änderungsantrag eine Gebühr gezahlt werden, so ist diese für jede einzelne zu ändernde Anmeldung zu zahlen.

(6) Die Absätze 1 bis 5 gelten entsprechend für Anträge auf Berichtigung des Namens oder der Geschäftsanschrift eines vom Anmelder bestellten Vertreters. Diese Anträge sind nicht gebührenpflichtig.

Regel 13a Teilung der Anmeldung[22]. (1) Eine Erklärung der Teilung der Anmeldung gemäß Artikel 44a **(nunmehr Artikel 44)** der Verordnung muss folgende Angaben enthalten:

a) das Aktenzeichen der Anmeldung;

b) den Namen und die Anschrift des Anmelders gemäß Regel 1 Absatz 1 Buchstabe b;

c) das Verzeichnis der Waren und Dienstleistungen, die Gegenstand der Teilanmeldung sind, oder, falls die Teilung in mehr als eine Teilanmeldung angestrebt wird, das Verzeichnis der Waren und Dienstleistungen für jede Teilanmeldung;

d) das Verzeichnis der Waren und Dienstleistungen, die Gegenstand der ursprünglichen Anmeldung bleiben.

(2) Stellt das Amt fest, dass die Auflagen in[23] Absatz 1 nicht erfüllt sind oder das Verzeichnis der Waren und Dienstleistungen, die Gegenstand der Teilanmeldung sind, sich mit dem Verzeichnis der Waren und Dienstleistungen überschneidet, die Gegenstand der ursprünglichen Anmeldung bleiben, fordert das Amt den Anmelder auf, die festgestellten Mängel innerhalb einer vom Amt festgelegten Frist zu beseitigen.

Werden die Mängel nicht fristgerecht beseitigt, so weist das Amt die Teilungserklärung als unzulässig[24] zurück.

---

[20] Gestrichen durch Verordnung (EG) Nr. 1041/2005 der Kommission vom 29.6. 2005.

[21] Gestrichen durch Verordnung (EG) Nr. 1041/2005 der Kommission vom 29.6. 2005.

[22] Eingefügt durch Verordnung (EG) Nr. 1041/2005 der Kommission vom 29.6. 2005.

[23] Anmerkung: Lies: „die Erfordernisse nach".

[24] Anmerkung: Die Worte „als unzulässig" sind unzutreffend.

(3) Die Zeiträume, während denen die Teilungserklärung nach Artikel 44a Absatz 2 Buchstabe b **(nunmehr Artikel 44 Absatz 2 Buchstabe b)** der Verordnung nicht zulässig ist, sind:

a) die Zeit[25] bis zur Zuerkennung eines Anmeldetages;

b) die Frist von drei Monaten nach Veröffentlichung der Anmeldung gemäß Artikel 42 Absatz 1 **(nunmehr Artikel 41 Absatz 1)** der Verordnung;

c) [gestrichen][26]

(4) Stellt das Amt fest, dass die Teilungserklärung gemäß Artikel 44a **(nunmehr Artikel 44)** der Verordnung oder gemäß Absatz 3 Buchstaben a und b nicht zulässig ist, so weist es die Teilungserklärung als unzulässig[27] zurück.

(5) Das Amt legt für die Teilanmeldung eine getrennte Akte an, die eine vollständige Abschrift der Akte der ursprünglichen Anmeldung sowie die Teilungserklärung und den diesbezüglichen Schriftwechsel beinhaltet. Das Amt erteilt außerdem ein neues Aktenzeichen für die Teilanmeldung.

(6) Betrifft die Teilungserklärung eine Anmeldung, die bereits gemäß Artikel 40 **(nunmehr Artikel 39)** der Verordnung veröffentlicht wurde, so wird die Teilung im Blatt für Gemeinschaftsmarken veröffentlicht. Die Teilanmeldung wird veröffentlicht; die Veröffentlichung beinhaltet die in Regel 12 aufgeführten Angaben. Die Veröffentlichung setzt keine neue Widerspruchsfrist in Gang.

Regel 14 Berichtigung von Fehlern in Veröffentlichungen. (1) Enthält die Veröffentlichung der Anmeldung einen dem Amt zuzuschreibenden Fehler, so berichtigt das Amt den Fehler von Amts wegen oder auf Antrag des Anmelders.

(2) Stellt der Anmelder einen solchen Antrag, so gilt Regel 13 entsprechend. Dieser Antrag ist gebührenfrei.

(3) Die aufgrund dieser Regel vorgenommenen Berichtigungen werden veröffentlicht.

(4) Betrifft die Berichtigung das Verzeichnis der Waren oder Dienstleistungen oder die Wiedergabe der Marke, so gelten Artikel 42 Absatz 2 **(nunmehr Artikel 41 Absatz 2)** der Verordnung und die Regeln 15 bis 22 entsprechend.

Titel II. Widerspruchsverfahren und Benutzungsnachweis

Regel 15 Widerspruchsschrift[28]. (1) Widerspruch kann aufgrund einer oder mehrerer älterer Marken im Sinne des Artikels 8 Absatz 2 der Verordnung („ältere Marken") und/oder eines oder mehrerer sonstiger älterer Rechte im Sinne des Artikels 8 Absatz 4 der Verordnung („ältere Rechte") erhoben werden, sofern alle älteren Marken oder Rechte demselben Inhaber bzw. denselben Inhabern gehören. Gehört eine ältere Marke und/oder ein älteres Recht mehr als einem Eigentümer (Miteigentum), so kann der Widerspruch von einem, mehreren oder allen Eigentümern eingelegt werden.

(2) Die Widerspruchsschrift muß enthalten:

a) das Aktenzeichen der Anmeldung, gegen die Widerspruch eingelegt wird, ferner den Namen des Anmelders der Gemeinschaftsmarke;

---

[25] Anmerkung: Lies „der Zeitraum".

[26] Gestrichen durch Verordnung (EG) Nr. 355/2009 der Kommission vom 31.3. 2009.

[27] Anmerkung: Die Worte „als unzulässig" sind unzutreffend.

[28] Regeln 15 bis 20 geändert durch Verordnung (EG) Nr. 1041/2005 der Kommission vom 29.6. 2005.

b) eine eindeutige Angabe der älteren Marke oder des älteren Rechts wie folgt:

   i) wird der Widerspruch auf eine ältere Marke im Sinne von Artikel 8 Absatz 2 Buchstabe a oder b oder auf Artikel 8 Absatz 3 der Verordnung gestützt, so ist das Aktenzeichen der Anmeldung oder die Eintragungsnummer der älteren Marke anzugeben, oder[29] ob diese ältere Marke eingetragen oder angemeldet ist, außerdem sind die Mitgliedstaaten einschließlich der Benelux-Staaten zu nennen, in denen oder für die die ältere Marke geschützt ist, oder es ist gegebenenfalls anzugeben, dass es sich um eine Gemeinschaftsmarke handelt;

   ii) wird der Widerspruch auf eine ältere Marke gestützt, die im Sinne des Artikels 8 Absatz 2 Buchstabe c der Verordnung notorisch bekannt ist, so ist anzugeben, in welchem Mitgliedstaat die ältere Marke notorisch bekannt ist, zusätzlich sind entweder die Angaben nach Ziffer i oder eine Wiedergabe der Marke erforderlich;

   iii) wird der Widerspruch auf ein älteres Recht im Sinne von Artikel 8 Absatz 4 gestützt, so ist anzugeben, um was für ein Recht es sich handelt, ferner ist eine Wiedergabe des älteren Rechts erforderlich sowie die Angabe, ob dieses ältere Recht in der gesamten Gemeinschaft oder in einem oder mehreren Mitgliedstaaten besteht, und wenn Letzteres der Fall ist, in welchen Mitgliedstaaten;

c) die Gründe, auf die sich der Widerspruch stützt, also eine Erklärung, dass die jeweiligen Erfordernisse nach Artikel 8 Absätze 1, 3, 4 und 5 der Verordnung erfüllt sind;

d) den Anmeldetag und, soweit bekannt, den Eintragungstag sowie den Prioritätstag der älteren Marke, sofern es sich nicht um eine nicht eingetragene notorisch bekannte Marke handelt;

e) eine Wiedergabe der älteren Marke, so wie sie eingetragen oder angemeldet wurde; ist die ältere Marke farbig, muss die Wiedergabe farbig sein;

f) die Waren und Dienstleistungen, auf die sich der Widerspruch stützt,

g) wird der Widerspruch auf eine ältere Marke gestützt, die im Sinne des Artikels 8 Absatz 5 der Verordnung Wertschätzung genießt bzw. Bekanntheit besitzt,[30] die Angabe, in welchem Mitgliedstaat und für welche Waren und Dienstleistungen die Marke Wertschätzung genießt bzw. bekannt ist;[31]

h) in Bezug auf den Widersprechenden,

   i) den Namen und die Anschrift des Widersprechenden gemäß Regel 1 Absatz 1 Buchstabe b;

   ii) hat der Widersprechende einen Vertreter bestellt, den Namen und die Geschäftsanschrift des Vertreters gemäß Regel 1 Absatz 1 Buchstabe e;

   iii) wird der Widerspruch von einem Lizenznehmer eingelegt oder von einer Person, die nach den einschlägigen nationalen Bestimmungen zur Ausübung eines älteren Rechts befugt ist, eine diesbezügliche Erklärung mit Angaben zur Bevollmächtigung oder Befugnis zur Einlegung des Widerspruchs.

(3) Die Widerspruchsschrift soll[32] enthalten:

a) die Angabe der Waren und Dienstleistungen, gegen die sich der Widerspruch richtet; in Ermangelung dieser Angabe wird davon ausgegangen, dass sich der Widerspruch auf alle

---

[29] Anmerkung: lies „und".

[30] Anmerkung: Lies: „die eine im Sinne des Artikels 8 Absatz 5 der Verordnung bekannte Marke ist".

[31] Anmerkung: Lies: „... die Marke bekannt ist;".

[32] Lies: „kann".

Waren und Dienstleistungen bezieht, die Gegenstand der beanstandeten Gemeinschaftsmarkenanmeldung sind;[33]

b) eine Begründung mit den wesentlichen Fakten und Argumenten, auf die sich der Widerspruch stützt, sowie die entsprechenden Beweismittel.

(4) Beruht der Widerspruch auf mehr als einer älteren Marke oder mehr als einem älteren
Recht, gelten die Absätze 2 und 3 für jedes dieser Rechte.

Regel 16 Sprachen der Widerspruchsschrift. (1) Die Frist nach Artikel 115 Absatz 6 **(nunmehr Artikel 119 Absatz 6)** der Verordnung, innerhalb der der Widersprechende eine Übersetzung seines Widerspruchs einzureichen hat, beträgt einen Monat nach
Ablauf der Widerspruchsfrist.

(2) Unterrichtet der Widersprechende oder der Anmelder das Amt vor dem Tag, an dem
das Widerspruchsverfahren nach Regel 18 Absatz 1 beginnt, davon, dass sich beide Parteien
nach Artikel 115 Absatz 7 **(nunmehr Artikel 119 Absatz 7)** der Verordnung auf eine andere Verfahrenssprache geeinigt haben, so muss der Widersprechende, wenn die Widerspruchsschrift nicht in dieser Sprache vorgelegt worden war, innerhalb eines Monats nach
dem besagten Tag eine Übersetzung der Widerspruchsschrift in dieser Sprache einreichen.
Wird die Übersetzung nicht oder nicht rechtzeitig vorgelegt, bleibt es bei der ursprünglichen
Verfahrenssprache.

Regel 16a Benachrichtigung des Anmelders. Die Widerspruchsschriften[34] und die
vom Widersprechenden vorgelegten Unterlagen sowie die Mitteilungen des Amts an eine
der Parteien vor Ablauf der in Regel 18 aufgeführten Frist werden der Gegenpartei vom
Amt[35] übermittelt.

Regel 17 Zulässigkeitsprüfung. (1) Wird die Widerspruchsgebühr nicht innerhalb
der Widerspruchsfrist entrichtet, so gilt der Widerspruch als nicht erhoben. Wird die Widerspruchsgebühr nach Ablauf der Widerspruchsfrist entrichtet, wird sie dem Widersprechenden erstattet

(2) Wird die Widerspruchsschrift nicht innerhalb der Widerspruchsfrist vorgelegt[36] oder
lässt die Widerspruchsschrift nicht eindeutig nach Regel 15 Absatz 2 Buchstaben a und b erkennen, gegen welche Anmeldung Widerspruch erhoben wird oder auf welche ältere Marke
oder welches ältere Recht sich der Widerspruch gründet[37], oder enthält die Widerspruchsschrift keine Widerspruchsbegründung gemäß Regel 15 Absatz 2 Buchstabe c und werden
diese Mängel nicht vor Ablauf der Widerspruchsfrist beseitigt, so weist das Amt den Widerspruch als unzulässig zurück.

(3) Reicht der Widersprechende die nach Regel 16 Absatz 1 erforderliche Übersetzung
nicht ein, wird der Widerspruch als unzulässig zurückgewiesen. Reicht der Widersprechende eine unvollständige Übersetzung ein, bleibt der nicht übersetzte Teil der Widerspruchsschrift bei der Zulässigkeitsprüfung unberücksichtigt.

(4) Wird die Widerspruchsschrift den sonstigen Bestimmungen von Regel 15 nicht gerecht, so benachrichtigt das Amt den Widersprechenden und fordert ihn auf, die festgestell-

---

[33] Anmerkung: Lies: „in Ermangelung dieser Angabe gilt der Widerspruch als gegen alle Waren und
Dienstleistungen gerichtet, die Gegenstand der angefochtenen Gemeinschaftsmarkenanmeldung sind".
[34] Anmerkung: Lies: „Der Widerspruch".
[35] Anmerkung: Es fehlen die Worte „zur Information"; vgl. englische Fassung.
[36] Lies: „eingereicht".
[37] Anmerkung: Lies: „stützt".

ten Mängel binnen zwei Monaten zu beseitigen. Werden die Mängel nicht fristgerecht beseitigt, so weist das Amt den Widerspruch als unzulässig zurück.

(5) Die Feststellung gemäß Absatz 1, dass die Widerspruchsschrift[38] als nicht eingereicht gilt, und die Entscheidung gemäß den Absätzen 2, 3 oder 4, einen Widerspruch als unzulässig zurückzuweisen, wird dem Anmelder mitgeteilt.

Regel 18 Beginn des Widerspruchsverfahrens. (1) Gilt der Widerspruch gemäß Regel 17 als zulässig[39], so teilt das Amt den Parteien mit, dass das Widerspruchsverfahren zwei Monate nach Empfang dieser Mitteilung beginnt. Diese Frist kann um höchstens 24 Monate verlängert werden, wenn beide Parteien vor Ablauf der Frist eine derartige Verlängerung beantragen.

(2) Wird die Anmeldung innerhalb der in Absatz 1 genannten Frist zurückgenommen oder auf Waren und Dienstleistungen eingeschränkt, die nicht Gegenstand des Widerspruchs sind,[40] oder wird dem Amt mitgeteilt, dass sich die Parteien gütlich geeinigt haben, oder wird die Anmeldung in einem Parallelverfahren zurückgewiesen, dann wird das Widerspruchsverfahren eingestellt.

(3) Wenn der Anmelder die Anmeldung innerhalb der in Absatz 1 genannten Frist einschränkt, indem auf die Beanspruchung bestimmter Waren und Dienstleistungen verzichtet, die Gegenstand des Widerspruchs sind, so fordert das Amt den Widersprechenden auf, innerhalb einer vom Amt festgelegten Frist zu erklären, ob er den Widerspruch aufrechterhält und bejahendenfalls auf welche der verbleibenden Waren und Dienstleistungen er sich bezieht.[41] Nimmt der Widersprechende den Widerspruch aufgrund der Einschränkung zurück, wird das Widerspruchsverfahren eingestellt.

(4) Wird das Widerspruchsverfahren gemäß Absatz 2 oder 3 vor Ablauf der in Absatz 1 genannten Frist eingestellt, wird keine Kostenentscheidung getroffen.

(5) Wird das Widerspruchsverfahren vor Ablauf der in Absatz 1 genannten Frist wegen der Zurücknahme oder Einschränkung der Anmeldung oder gemäß Absatz 3 eingestellt, wird die Widerspruchsgebühr erstattet.

Regel 19 Substanziierung des Widerspruchs. (1) Das Amt gibt dem Widersprechenden Gelegenheit, die Tatsachen, Beweismittel und Bemerkungen zur Stützung seines Widerspruchs vorzubringen oder Tatsachen, Beweismittel und Bemerkungen zu ergänzen, die bereits nach Regel 15 Absatz 3 vorgelegt wurden; dazu setzt das Amt eine Frist von mindestens zwei Monaten ab dem Tag der Eröffnung des Widerspruchsverfahrens nach Regel 18 Absatz 1.

(2) Innerhalb der in Absatz 1 genannten Frist muss der Widersprechende außerdem einen Nachweis über die Existenz, die Gültigkeit und den Schutzumfang seiner älteren Marke oder seines älteren Rechts einreichen und den Nachweis erbringen, dass er zur Einlegung des Widerspruchs befugt ist. Im Besonderen muss der Widersprechende folgende Beweismittel vorlegen:

a) wird der Widerspruch auf eine Marke gestützt, die keine Gemeinschaftsmarke ist, so ist ihre Anmeldung oder Eintragung wie folgt zu belegen:

---

[38] Anmerkung: Lies: „der Widerspruch".
[39] Anmerkung: Lies: „Wird der Widerspruch gemäß Regel 17 für zulässig befunden".
[40] Anmerkung: Lies: „gegen die sich der Widerspruch nicht richtet".
[41] Anmerkung: Lies: „gegen welche der verbleibenden Waren und Dienstleistungen er sich weiter richtet".

i) wenn die Marke noch nicht eingetragen ist, durch eine Abschrift der Anmeldebescheinigung oder eines gleichwertigen Schriftstücks der Stelle, bei der die Anmeldung eingereicht wurde; oder

ii) wenn die Marke eingetragen ist, durch eine Abschrift der Eintragungsurkunde oder der jüngsten Verlängerungsurkunde, aus der hervorgeht, dass die Schutzdauer der Marke über die in Absatz 1 genannte Frist und ihre etwaige Verlängerung hinausgeht, oder durch gleichwertige Schriftstücke der Stelle[42], die die Markeneintragung vorgenommen hat;

b) beruht der Widerspruch auf einer Marke, die im Sinne des Artikels 8 Absatz 2 Buchstabe c der Verordnung notorisch bekannt ist, so ist der Nachweis zu erbringen, dass diese Marke in dem betreffenden Gebiet notorisch bekannt ist;

c) wird der Widerspruch auf eine ältere Marke gestützt, die im Sinne des Artikels 8 Absatz 5 der Verordnung Wertschätzung genießt bzw. bekannt ist,[43] ist dies zusätzlich zu dem in Buchstabe a aufgeführten Nachweis zu belegen; ferner sind Beweismittel und Bemerkungen vorzubringen, dass die Benutzung der angemeldeten Marke die Unterscheidungskraft oder die Wertschätzung der älteren Marke ohne rechtfertigenden Grund in unlauterer Weise ausnutzen oder beeinträchtigen würde;

d) wird der Widerspruch auf ein älteres Recht im Sinne des Artikels 8 Absatz 4 der Verordnung gestützt, ist der Erwerb, der Fortbestand und der Schutzumfang dieses Rechts nachzuweisen;

e) wird der Widerspruch auf Artikel 8 Absatz 3 der Verordnung gestützt, so ist das Eigentum des Widersprechenden sowie die Art seines Rechtsverhältnisses zum Agenten oder Vertreter zu belegen.

(3) Die Auskünfte und Nachweise nach Absatz 1 und 2 müssen in der Verfahrenssprache verfasst sein, andernfalls muss ihnen eine Übersetzung beiliegen. Die Übersetzung ist innerhalb der Frist für die Einreichung der Originalunterlagen vorzulegen.

(4) Das Amt lässt schriftliche Vorlagen oder Unterlagen oder Teile davon unberücksichtigt, die nicht innerhalb der vom Amt gesetzten Frist vorgelegt oder in die Verfahrenssprache übersetzt wurden.

Regel 20 Prüfung des Widerspruchs. (1) Belegt der Widersprechende nicht innerhalb der in Regel 19 Absatz 1 genannten Frist die Existenz, die Gültigkeit und den Schutzumfang seiner älteren Marke oder seines älteren Rechts sowie seine Befugnis zur Einlegung des Widerspruchs, wird der Widerspruch als unbegründet abgewiesen.

(2) Wird der Widerspruch nicht gemäß Absatz 1 abgewiesen, so übermittelt das Amt die Vorlagen des Widersprechenden an den Anmelder und fordert ihn auf, innerhalb einer vom Amt gesetzten Frist dazu Stellung zu nehmen.

(3) Gibt der Anmelder keine Stellungnahme ab, so entscheidet das Amt anhand der vorliegenden Beweismittel über den Widerspruch.

(4) Die Stellungnahme des Anmelders wird dem Widersprechenden mitgeteilt, der nötigenfalls vom Amt aufgefordert wird, sich innerhalb einer vom Amt gesetzten Frist dazu zu äußern.

(5) Regel 18 Absätze 2 und 3 gelten entsprechend ab Eröffnung des Widerspruchsverfahrens.

---

[42] Anmerkung: Lies: „ausgestellt von der Behörde".

[43] Anmerkung: Lies: die eine im Sinne des Artikels 8 Absatz 5 der Verordnung bekannte Marke ist".

(6) Je nach Sachlage kann das Amt die Parteien auffordern, ihre Stellungnahmen auf bestimmte Fragen zu beschränken; in diesem Fall erhalten die Parteien Gelegenheit, die sonstigen Fragen zu einem späteren Verfahrenszeitpunkt zu erörtern. Das Amt ist nicht verpflichtet, die Parteien darauf hinzuweisen, welche Tatsachen oder Beweismittel vorgebracht werden sollten oder nicht vorgebracht wurden.

(7) Das Amt kann ein Widerspruchsverfahren wie folgt aussetzen:

a) wenn der Widerspruch auf einer Anmeldung gemäß Artikel 8 Absatz 2 Buchstabe b der Verordnung gestützt wird, bis zu einer abschließenden Entscheidung in dem betreffenden Verfahren;

b) wenn der Widerspruch auf einer Anmeldung einer geografischen Angabe oder Ursprungsbezeichnung gemäß der Verordnung (EWG) Nr. 2081/92[44] des Rates beruht, bis zu einer abschließenden Entscheidung in dem betreffenden Verfahren, oder

c) wenn die Aussetzung den Umständen entsprechend zweckmäßig ist.

Regel 21 Mehrfache Widersprüche. (1) Wurden mehrere Widersprüche gegen dieselbe Anmeldung einer Gemeinschaftsmarke erhoben, so kann das Amt diese im Rahmen desselben Verfahrens behandeln. Das Amt kann anschließend beschließen, anders zu verfahren.

(2) Ergibt eine Vorprüfung, daß die angemeldete Gemeinschaftsmarke für alle oder einen Teil der Waren oder Dienstleistungen, für die die Eintragung beantragt worden ist, aufgrund eines oder mehrerer Widersprüche möglicherweise von der Eintragung ausgeschlossen ist, so kann das Amt die anderen Widerspruchsverfahren aussetzen. Das Amt unterrichtet die verbleibenden Widersprechenden über jede sie betreffende Entscheidung, die in den Verfahren ergeht, die fortgeführt werden.

(3) Sobald eine Entscheidung über die Zurückweisung der Anmeldung rechtskräftig geworden ist, gelten die Widersprüche, über die eine Entscheidung gemäß Absatz 2 zurückgestellt wurde, als erledigt. Die Widersprechenden werden hiervon in Kenntnis gesetzt. Eine derartige Erledigung wird als eine Einstellung des Verfahrens im Sinne des Artikels 81 Absatz 4 **(nunmehr Artikel 85 Absatz 4)** der Verordnung angesehen.

(4) Das Amt erstattet jedem Widersprechenden, dessen Widerspruch gemäß den vorstehenden Absätzen als erledigt angesehen wird, 50% der von ihm entrichteten Widerspruchsgebühr.

Regel 22 Benutzungsnachweis[45]. (1) Die Benutzung gemäß Artikel 43 Absätze 2 oder 3 **(nunmehr Artikel 42 Absätze 2 oder 3)** der Verordnung ist nur dann nachzuweisen, wenn der Anmelder diesen Nachweis innerhalb der vom Amt nach Regel 20 Absatz 2 gesetzten Frist verlangt

(2) Hat der Widersprechende den Nachweis der Benutzung zu erbringen oder den Nachweis, dass berechtigte Gründe für die Nichtbenutzung vorliegen, so fordert das Amt ihn auf, die erforderlichen Beweismittel innerhalb einer vom Amt gesetzten Frist vorzulegen. Legt der Widersprechende diese Beweismittel nicht fristgemäß vor, so weist das Amt den Widerspruch zurück.

---

[44] ABl. L 208 vom 24.7. 1992, S. 1.
[45] Geändert durch Verordnung (EG) Nr. 1041/2005 der Kommission vom 29.6. 2005.

(3) Zum Nachweis der Benutzung dienen[46] Angaben über Ort, Zeit, Umfang und Art der Benutzung der Widerspruchsmarke für die Waren und Dienstleistungen, für die sie eingetragen wurde und auf die der Widerspruch gestützt wird, sowie diesbezügliche Beweismittel gemäß Absatz 4.

(4) Die Beweismittel sind gemäß den Regeln 79 und 79a einzureichen und beschränken sich grundsätzlich auf die Vorlage von Urkunden und Beweisstücken, wie Verpackungen, Etiketten, Preislisten, Katalogen, Rechnungen, Fotografien, Zeitungsanzeigen und auf die in Artikel 76 Absatz 1 Buchstabe f **(nunmehr Artikel 78 Absatz 1 Buchstabe f)** der Verordnung genannten schriftlichen Erklärungen.

(5) Die Aufforderung zum Nachweis der Benutzung setzt nicht voraus, dass gleichzeitig der Widerspruch begründet wird. Derartige Begründungen können zusammen mit den Erwiderungen auf den Benutzungsnachweis vorgelegt werden.[47]

(6) Werden die Beweismittel nicht in der Sprache des Widerspruchsverfahrens vorgelegt, so kann das Amt den Widersprechenden auffordern, eine Übersetzung der Beweismittel in diese Sprache innerhalb einer vom Amt gesetzten Frist vorzulegen.

Titel III. Eintragungsverfahren

Regel 23 Eintragung der Marke. [Fassung vor in Kraft treten der Verordnung (EG) Nr. 355/2009 der Kommission vom 31 März 2009]:

(1) Die Eintragungsgebühr gemäß Artikel 45 der Verordnung setzt sich zusammen aus
a) einer Grundgebühr
und
b) einer Klassengebühr ab der vierten Klasse für jede Klasse, für die die Marke eingetragen werden soll.

(2) Ist kein Widerspruch erhoben worden oder hat sich ein erhobener Widerspruch durch Zurücknahme, Zurückweisung oder auf andere Weise endgültig erledigt, so fordert das Amt den Anmelder auf, die Eintragungsgebühr innerhalb von zwei Monaten nach Zugang der Aufforderung zu entrichten.

(3) Wird die Eintragungsgebühr nicht rechtzeitig entrichtet, so kann sie noch innerhalb einer Frist von zwei Monaten nach Zustellung einer Mitteilung, in der auf die Fristüberschreitung hingewiesen wird, rechtswirksam entrichtet werden, sofern innerhalb dieser Frist die in der Gebührenordnung festgelegte zusätzliche Gebühr entrichtet wird.

(4) Nach Eingang der Eintragungsgebühr wird die angemeldete Marke mit den in Regel 84 Absatz 2 genannten Angaben in das Register für Gemeinschaftsmarken eingetragen.

(5) Die Eintragung wird im Blatt für Gemeinschaftsmarken veröffentlicht.

(6) Die Eintragungsgebühr wird erstattet, wenn die angemeldete Marke nicht eingetragen wird.

---

[46] Anmerkung: Der englische Text wurde nicht geändert. Deshalb lies: „Die Angaben und Beweismittel zum Nachweis der Benutzung bestehen aus".

[47] Anmerkung: Sinnentstellende Übersetzung: Lies: „Die Aufforderung zum Nachweis der Benutzung kann mit oder ohne gleichzeitige Stellungnahme in der Sache erfolgen. Eine derartige Stellungnahme kann noch zusammen mit der Antwort auf den Benutzungsnachweis eingereicht werden".

[Fassung nach in Kraft treten der Verordnung (EG) Nr. 355/2009 der Kommission vom 31 März 2009]:[48]

(1) Ist kein Widerspruch erhoben worden oder hat sich ein erhobener Widerspruch durch Zurücknahme, Zurückweisung oder auf andere Weise endgültig erledigt, wird die angemeldete Marke mit den in Regel 84 Absatz 2 genannten Angaben in das Register für Gemeinschaftsmarken eingetragen.

(2) Die Eintragung wird im Blatt für Gemeinschaftsmarken veröffentlicht.

Regel 24 Eintragungsurkunde. (1) Das Amt stellt dem Markeninhaber eine Eintragungsurkunde aus, die alle in Regel 84 Absatz 2 vorgesehenen Eintragungen in das Register und die Erklärung enthält, daß die betreffenden Angaben in das Register eingetragen worden sind.

(2) Das Amt liefert gegen Entrichtung einer Gebühr beglaubigte oder unbeglaubigte Abschriften der Eintragungsurkunde.[49]

Regel 25 Änderung der Eintragung. (1) Der Antrag auf Änderung der Eintragung gemäß Artikel 48 Absatz 2 der Verordnung muß enthalten:
a) die Nummer der Eintragung;
b) den Namen und die Anschrift des Markeninhabers gemäß Regel 1 Absatz 1 Buchstabe b);
c) [gestrichen][50]
d) die Angabe des zu ändernden Bestandteils der Wiedergabe der Marke und denselben Bestandteil in seiner geänderten Fassung;
e) eine Wiedergabe der geänderten Marke gemäß Regel 3.

(2) Der Antrag gilt erst als gestellt, wenn die diesbezügliche Gebühr gezahlt worden ist. Wird die Gebühr nicht oder nicht vollständig entrichtet, so teilt das Amt dies dem Antragsteller mit.

(3) Sind die Erfordernisse für den Antrag auf Änderung der Eintragung nicht erfüllt, so teilt das Amt dem Antragsteller den Mangel mit. Wird der Mangel nicht innerhalb einer vom Amt festgelegten Frist behoben, so weist es den Antrag zurück.

(4) Wird die Eintragung der Änderung gemäß Artikel 48 Absatz 3 der Verordnung angefochten, so gelten die in der Verordnung und in diesen Regeln vorgesehenen Vorschriften für den Widerspruch entsprechend.

(5) Für die Änderung desselben Bestandteils in zwei oder mehreren Eintragungen desselben Markeninhabers kann ein einziger Änderungsantrag gestellt werden. Die diesbezügliche Gebühr muß für jede zu ändernde Eintragung entrichtet werden.

Regel 25a Teilung der Eintragung[51]. (1) Eine Erklärung der Teilung einer Eintragung gemäß Artikel 48a **(nunmehr Artikel 49)** der Verordnung muss folgende Angaben enthalten:

---

[48] Gemeinschaftsmarkenanmeldungen, bei denen bereits vor dem Zeitpunkt des Inkrafttretens der Verordnung (EG) Nr. 355/2009 der Kommission vom 31.3. 2009 eine Aufforderung entsprechend Regel 23 Absatz 2 der Verordnung (EG) Nr. 2868/95 in der vor diesem Zeitpunkt geltenden Fassung versandt wurde, unterliegen weiterhin der Verordnung (EG) Nr. 2868/95 und der Verordnung (EG) Nr. 2869/95 in der jeweils vor Inkrafttreten der Verordnung (EG) Nr. 355/2009 der Kommission vom 31.3. 2009 geltenden Fassung.

[49] Geändert durch Verordnung (EG) Nr. 1041/2005 der Kommission vom 29.6. 2005.

[50] Gestrichen durch Verordnung (EG) Nr. 1041/2005 der Kommission vom 29.6. 2005.

[51] Eingefügt durch Verordnung (EG) Nr. 1041/2005 der Kommission vom 29.6. 2005.

a) die Nummer der Eintragung;

b) den Namen und die Anschrift des Markeninhabers gemäß Regel 1 Absatz 1 Buchstabe b;

c) das Verzeichnis der Waren und Dienstleistungen, die Gegenstand der Teileintragung sind, oder, falls die Teilung in mehr als eine Teileintragung angestrebt wird, das Verzeichnis der Waren und Dienstleistungen für jede Teileintragung;

d) das Verzeichnis der Waren und Dienstleistungen, die Gegenstand der ursprünglichen Eintragung bleiben.

(2) Stellt das Amt fest, dass die Bedingungen in[52] Absatz 1 nicht erfüllt sind oder das Verzeichnis der Waren und Dienstleistungen, die Gegenstand der Teileintragung sind, sich mit dem Verzeichnis der Waren und Dienstleistungen überschneidet, die Gegenstand der ursprünglichen Eintragung bleiben, fordert das Amt den Anmelder auf, die festgestellten Mängel innerhalb einer vom Amt festgelegten Frist zu beseitigen.

Werden die Mängel nicht fristgerecht beseitigt, so weist das Amt die Teilungserklärung als unzulässig zurück.

(3) Stellt das Amt fest, dass die Teilungserklärung gemäß Artikel 48a **(nunmehr Artikel 49)** der Verordnung unzulässig ist, so weist das Amt die Teilungserklärung zurück.

(4) Das Amt legt für die Teileintragung eine getrennte Akte an, die eine vollständige Abschrift der Akte der ursprünglichen Eintragung sowie die Teilungserklärung und den diesbezüglichen Schriftwechsel beinhaltet. Das Amt erteilt außerdem eine neue Eintragungsnummer für die Teilanmeldung.

Regel 26 Änderung des Namens oder der Anschrift des Inhabers der Gemeinschaftsmarke oder seines eingetragenen Vertreters.

(1) Eine Änderung des Namens oder der Anschrift des Inhabers der Gemeinschaftsmarke, die nicht die Änderung einer Eintragung gemäß Artikel 48 Absatz 2 der Verordnung darstellt und nicht die Folge eines völligen oder teilweisen Übergangs der eingetragenen Marke ist, wird auf Antrag des Inhabers in das Register eingetragen.

(2) Ein Antrag auf Änderung des Namens oder der Anschrift des Inhabers der eingetragenen Marke muß folgende Angaben enthalten:

a) die Nummer der Eintragung der Marke;

b) den Namen und die Anschrift des Markeninhabers, wie sie im Register stehen;

c) die Änderung des Namens und der Anschrift des Markeninhabers gemäß Regel 1 Absatz 1 Buchstabe b);

d) [gestrichen][53]

(3) Der Antrag ist gebührenfrei.

(4) Für die Änderung des Namens oder der Anschrift in bezug auf zwei oder mehrere Eintragungen desselben Markeninhabers genügt ein einziger Antrag.

(5) Sind die Voraussetzungen für die Eintragung einer Änderung nicht erfüllt, teilt das Amt dem Antragsteller den Mangel mit. Wird dieser Mangel nicht innerhalb einer vom Amt festgesetzten Frist beseitigt, so weist das Amt den Antrag zurück.

(6) Die Absätze 1 bis 5 gelten entsprechend für eine Änderung des Namens oder der Anschrift des eingetragenen Vertreters.

(7) Die Absätze 1 bis 6 gelten entsprechend für Anmeldungen von Gemeinschaftsmarken. Die Änderung wird in der vom Amt geführten Anmeldungsakte vermerkt.

---

[52] Anmerkung: Lies: „die Erfordernisse nach".

[53] Gestrichen durch Verordnung (EG) Nr. 1041/2005 der Kommission vom 29.6. 2005.

Regel 27 Berichtigung von Fehlern im Register und in der Veröffentlichung der Eintragung. (1) Enthält die Eintragung der Marke oder die Veröffentlichung der Eintragung einen dem Amt zuzuschreibenden Fehler, so berichtigt das Amt den Fehler von Amts wegen oder auf Antrag des Markeninhabers.

(2) Stellt der Markeninhaber einen solchen Antrag, so gilt Regel 26 entsprechend. Der Antrag ist gebührenfrei.

(3) Das Amt veröffentlicht die aufgrund dieser Regel vorgenommenen Berichtigungen.

Regel 28 Inanspruchnahme des Zeitrangs nach Eintragung der Gemeinschafts-marke. (1) Ein gemäß Artikel 35 der Verordnung gestellter Antrag auf Inanspruchnahme des Zeitrangs einer oder mehrerer registrierter älterer Marken gemäß Artikel 34 der Verordnung muß folgende Angaben enthalten:

a) die Nummer der Eintragung der Gemeinschaftsmarke;

b) den Namen und die Anschrift des Inhabers der Gemeinschaftsmarke gemäß Regel 1 Absatz 1 Buchstabe b);

c) [gestrichen][54]

d) die Angabe des Mitgliedstaates oder der Mitgliedstaaten, in denen oder für die die ältere Marke eingetragen ist, der Nummer und des Anmeldetags der entsprechenden Eintragung sowie der Waren und Dienstleistungen, für die die ältere Marke eingetragen ist; [55]

e) die Angabe der Waren und Dienstleistungen, für die der Zeitrang in Anspruch genommen wird;

f) eine Abschrift der betreffenden Eintragung; die Abschrift muß von der zuständigen Stelle als die genaue Abschrift der nationalen Eintragung beglaubigt werden.

(2) Sind die Erfordernisse für den Antrag auf Inanspruchnahme des Zeitrangs nicht erfüllt, so teilt das Amt dem Antragsteller den Mangel mit. Wird der Mangel nicht innerhalb einer vom Amt festgesetzten Frist beseitigt, so weist es den Antrag zurück.

(3) Das Amt unterrichtet die für den gewerblichen Rechtsschutz zuständige Zentralbehörde des betreffenden Mitgliedstaats und das Benelux-Markenamt über die wirksame Inanspruchnahme des Zeitrangs.

(4) Der Präsident des Amtes kann bestimmen, daß der Anmelder weniger als die gemäß Absatz 1 Buchstabe f) zu erbringenden Nachweise vorzulegen hat, wenn die erforderliche Information dem Amt aus anderen Quellen zur Verfügung steht.

Titel IV. Verlängerung

Regel 29 Unterrichtung vor Ablauf. Mindestens sechs Monate vor Ablauf der Eintragung unterrichtet das Amt den Inhaber der Gemeinschaftsmarke und die Inhaber von im Register eingetragenen Rechten an der Gemeinschaftsmarke, einschließlich von Lizenzen, von den[56] bevorstehenden Ablauf der Eintragung. Unterbleibt die Unterrichtung, so beeinträchtigt dies nicht den Ablauf der Eintragung.

Regel 30 Verlängerung der Eintragung[57]. (1) Der Antrag auf Verlängerung muß folgende Angaben enthalten:

---

[54] Gestrichen durch Verordnung (EG) Nr. 1041/2005 der Kommission vom 29.6.2005.
[55] Geändert durch Verordnung (EG) Nr. 1041/2005 der Kommission vom 29.6.2005.
[56] Lies: „dem".
[57] Geändert durch Verordnung (EG) Nr. 1041/2005 der Kommission vom 29.6.2005.

a) den Namen der Person, die die Verlängerung beantragt;

b) die Eintragungsnummer der zu verlängernden Gemeinschaftsmarke;

c) wird die Verlängerung nur für einen Teil der Waren und Dienstleistungen beantragt, für die die Marke eingetragen ist, die Angabe der Klassen oder der Waren und Dienstleistungen, für die die Verlängerung beantragt wird, oder der Klassen oder der Waren und Dienstleistungen, für die die Verlängerung nicht beantragt wird; zu diesem Zweck sind die Waren und Dienstleistungen gemäß den Klassen der Nizzaer Klassifikation in Gruppen zusammenzufassen, ferner ist jeder Gruppe die Nummer der einschlägigen Klasse in der Reihenfolge dieser Klassifikation voranzustellen.

(2) Die gemäß Artikel 47 der Verordnung für die Verlängerung einer Gemeinschaftsmarke zu entrichtenden Gebühren sind:

a) eine Grundgebühr;

b) eine Klassengebühr ab der vierten Klasse für jede Klasse, für die eine Verlängerung beantragt wird; ferner

c) gegebenenfalls eine Zuschlagsgebühr laut Gebührenordnung für die verspätete Zahlung der Verlängerungsgebühr oder die verspätete Einreichung des Verlängerungsantrags gemäß Artikel 47 Absatz 3 der Verordnung.

(3) Werden die in Absatz 2 genannten Gebühren mittels einer in Artikel 5 Absatz 1 der Gebührenordnung genannten Zahlungsart entrichtet, so gilt dies als Verlängerungsantrag, sofern die Angaben nach Absatz 1 Buchstaben a und b dieser Regel und nach Artikel 7 Absatz 1 der Gebührenordnung gemacht werden.

(4) Wird der Verlängerungsantrag zwar innerhalb der in Artikel 47 Absatz 3 der Verordnung vorgesehenen Fristen gestellt, sind aber die sonstigen in Artikel 47 der Verordnung und in diesen Regeln genannten Voraussetzungen für den Verlängerungsantrag nicht erfüllt, so teilt das Amt dem Antragsteller die festgestellten Mängel mit.

(5) Wird ein Verlängerungsantrag nicht oder erst nach Ablauf der Frist gemäß Artikel 47 Absatz 3 Satz 3 der Verordnung gestellt oder werden die Gebühren nicht oder erst nach Ablauf dieser Frist entrichtet oder werden die festgestellten Mängel nicht fristgemäß beseitig, so stellt das Amt fest, dass die Eintragung abgelaufen ist, und teilt dies dem Inhaber der Gemeinschaftsmarke mit.

Reichen die entrichteten Gebühren nicht für alle Klassen von Waren und Dienstleistungen aus, für die die Verlängerung beantragt wird, so erfolgt keine derartige Feststellung, wenn eindeutig ist, auf welche Klassen sich die Gebühren beziehen. Liegen keine anderen Kriterien vor, so trägt das Amt den Klassen in der Reihenfolge der Klassifikation Rechnung.

(6) Ist die Feststellung des Amtes gemäß Absatz 5 rechtskräftig, so löscht das Amt die Marke im Register. Die Löschung wird am Tag nach Ablauf der Eintragung wirksam.

(7) Wenn die Verlängerungsgebühren gemäß Absatz 2 zwar entrichtet wurden, die Eintragung aber nicht verlängert wird, so werden diese Gebühren erstattet.

(8) Für zwei und mehr Marken kann ein einziger Verlängerungsantrag gestellt werden, sofern für jede Marke die erforderlichen Gebühren entrichtet werden und es sich bei dem Markeninhaber bzw. dem Vertreter um dieselbe Person handelt.

Titel V. Rechtsübergang, Lizenzen und andere Rechte, Änderungen

Regel 31 Rechtsübergang. (1) Der Antrag auf Eintragung eines Rechtsübergangs gemäß Artikel 17 der Verordnung muß folgende Angaben enthalten:

a) die Nummer der Eintragung der Gemeinschaftsmarke;

b) Angaben über den neuen Inhaber gemäß Regel 1 Absatz 1 Buchstabe b);

c) die Angabe der eingetragenen Waren und Dienstleistungen, auf die sich der Rechtsübergang bezieht, falls nicht alle eingetragenen Waren und Dienstleistungen Gegenstand des Rechtsübergangs sind;

d) Unterlagen, aus denen sich der Rechtsübergang gemäß Artikel 17 Absätze 2 und 3 der Verordnung ergibt.

(2) Der Antrag kann gegebenenfalls den Namen und die Geschäftsanschrift des Vertreters des neuen Markeninhabers gemäß Regel 1 Absatz 1 Buchstabe e) enthalten.

(3) [gestrichen][58]

(4) [gestrichen][59]

(5) Als Beweis für den Rechtsübergang im Sinne von Absatz 1 Buchstabe d) reicht aus, daß

a) der Antrag auf Eintragung des Rechtsübergangs vom eingetragenen Markeninhaber oder seinem Vertreter und vom Rechtsnachfolger oder seinem Vertreter unterschrieben ist,

b) der Antrag, falls er vom Rechtsnachfolger gestellt wird, mit einer vom eingetragenen Markeninhaber oder seinem Vertreter unterzeichneten Erklärung einhergeht, die besagt, daß der eingetragene Markeninhaber der Eintragung des Rechtsnachfolgers zustimmt,

c) dem Antrag ein ausgefülltes Formblatt oder Dokument gemäß Regel 83 Absatz 1 Buchstabe d) beigefügt ist. Der Antrag[60] muß vom eingetragenen Markeninhaber oder seinem Vertreter und vom Rechtsnachfolger oder seinem Vertreter unterzeichnet sein.

(6) Sind die Voraussetzungen für den Antrag auf Eintragung des Rechtsübergangs gemäß Artikel 17 Absätze 1 bis 4 der Verordnung und der obigen Absätze 1 bis 4 sowie der sonstigen Regeln für einen solchen Antrag nicht erfüllt, so teilt das Amt dem Antragsteller den Mangel mit. Wird der Mangel nicht innerhalb einer vom Amt festgelegten Frist beseitigt, so weist es den Antrag auf Eintragung des Rechtsübergangs zurück.

(7) Für zwei oder mehrere Marken kann ein einziger Antrag auf Eintragung eines Rechtsübergangs gestellt werden, sofern der eingetragene Markeninhaber und der Rechtsnachfolger in jedem Fall dieselbe Person ist.

(8) Die Absätze 1 bis 7 gelten entsprechend für Anmeldungen von Gemeinschaftsmarken. Der Rechtsübergang wird in der vom Amt geführten Anmeldungsakte eingetragen.

Regel 32 Teilweiser Rechtsübergang. (1) Betrifft der Antrag auf Eintragung eines Rechtsübergangs nur einige Waren und Dienstleistungen, für die die Marke eingetragen ist, so sind im Antrag die Waren und Dienstleistungen anzugeben, die Gegenstand des teilweisen Rechtsübergangs sind.

(2) Die Waren und Dienstleistungen der ursprünglichen Eintragung sind auf die restliche und die neue Eintragung so zu verteilen, daß sich die Waren und Dienstleistungen der restlichen und der neuen Eintragung nicht überschneiden.

(3) Regel 31 gilt entsprechend für Anträge auf Eintragung eines teilweisen Rechtsübergangs.

(4) Das Amt legt für die neue Eintragung eine getrennte Akte an, die eine vollständige Abschrift der Akte der ursprünglichen Eintragung sowie den Antrag auf Eintragung des teil-

---

[58] Gestrichen durch Verordnung (EG) Nr. 1041/2005 der Kommission vom 29.6. 2005.

[59] Gestrichen durch Verordnung (EG) Nr. 1041/2005 der Kommission vom 29.6. 2005.

[60] Lies: „Das Formblatt oder Dokument".

weisen Rechtsübergangs und den diesbezüglichen Schriftwechsel beinhaltet. Das Amt erteilt außerdem eine neue Eintragungsnummer für die neue Eintragung.[61]

(5) Ein Antrag des ursprünglichen Markeninhabers, über den in bezug auf die ursprüngliche Eintragung noch nicht entschieden ist, gilt in bezug auf die verbleibende Eintragung und die neue Eintragung als noch nicht erledigt. Müssen für einen solchen Antrag Gebühren gezahlt werden und hat der ursprüngliche Markeninhaber diese Gebühren entrichtet, so ist der neue Inhaber nicht verpflichtet, zusätzliche Gebühren für diesen Antrag zu entrichten.

Regel 33 Eintragung von Lizenzen und anderen Rechten. (1) Regel 31 Absätze 1, 2, 5 und 7 gelten mit folgenden Einschränkungen entsprechend für die Eintragung einer Lizenz, für die Übertragung einer Lizenz, für ein dingliches Recht, für die Übertragung eines dinglichen Rechts, für eine Zwangsvollstreckungsmaßnahme oder ein Insolvenzverfahren:

a) Regel 31 Absatz 1 Buchstabe c gilt nicht für einen Antrag auf Eintragung eines dinglichen Rechts, einer Zwangsvollstreckungsmaßnahme oder eines Insolvenzverfahrens;

b) Regel 31 Absatz 1 Buchstabe d und Absatz 5 gilt nicht, wenn der Antrag vom Inhaber der Gemeinschaftsmarke gestellt wurde.[62]

(2) Der Antrag auf Eintragung einer Lizenz, der Übertragung einer Lizenz, eines dinglichen Rechts, der Übertragung eines dinglichen Rechts oder einer Zwangsvollstreckungsmaßnahme gilt erst als gestellt, wenn die diesbezügliche Gebühr entrichtet worden ist.[63]

(3) Werden die Erfordernisse für den Antrag einer Eintragung gemäß Artikeln 19 bis 22 der Verordnung und gemäß obigem Absatz 1 sowie Regel 34 Absatz 2 für einen solchen Antrag nicht erfüllt, so teilt das Amt dem Antragsteller den Mangel mit. Wird der Mangel nicht innerhalb einer vom Amt festgelegten Frist abgestellt, so weist es den Eintragungsantrag zurück.[64]

(4) Die Absätze 1 und 3 gelten entsprechend für Anmeldungen von Gemeinschaftsmarken. Lizenzen, dingliche Rechte, Insolvenzverfahren und Zwangsvollstreckungsmaßnahmen werden in der beim Amt geführten Anmeldungsakte vermerkt.[65]

Regel 34 Besondere Angaben bei der Eintragung von Lizenzen[66]. (1) Mit dem Antrag auf Eintragung einer Lizenz kann beantragt werden, dass die Lizenz wie folgt im Register eingetragen wird:

a) als ausschließliche Lizenz;

b) als Unterlizenz, wenn sie von einem Lizenznehmer erteilt wird, dessen Lizenz im Register eingetragen ist;

c) als Teillizenz, die sich auf einen Teil der Waren und Dienstleistungen beschränkt, für die Marke eingetragen ist;

d) als Teillizenz, die sich auf einen Teil der Gemeinschaft beschränkt;

e) als zeitlich begrenzte Lizenz.

(2) Wird der Antrag gestellt, die Lizenz nach Absatz 1 Buchstabe c, d oder e zu führen, so ist im Antrag auf Lizenzeintragung anzugeben, für welche Waren und Dienstleistungen, für welchen Teil der Gemeinschaft und für welchen Zeitraum die Lizenz gewährt wird.

---

[61] Geändert durch Verordnung (EG) Nr. 1041/2005 der Kommission vom 29.6. 2005.
[62] Geändert durch Verordnung (EG) Nr. 1041/2005 der Kommission vom 29.6. 2005.
[63] Geändert durch Verordnung (EG) Nr. 1041/2005 der Kommission vom 29.6. 2005.
[64] Geändert durch Verordnung (EG) Nr. 1041/2005 der Kommission vom 29.6. 2005.
[65] Geändert durch Verordnung (EG) Nr. 1041/2005 der Kommission vom 29.6. 2005.
[66] Geändert durch Verordnung (EG) Nr. 1041/2005 der Kommission vom 29.6. 2005.

Regel 35 Löschung oder Änderung der Eintragung von Lizenzen und anderen Rechten. (1) Die Eintragung gemäß Regel 33 Absatz 1 wird auf Antrag eines der Beteiligten gelöscht.

(2) Der Antrag muß folgende Angaben enthalten:

a) die Nummer der Eintragung der Gemeinschaftsmarke

und

b) die Bezeichnung des Rechts, dessen Eintragung gelöscht werden soll.

(3) Der Antrag auf Löschung einer Lizenz, eines dinglichen Rechts oder einer Zwangsvollstreckungsmaßnahme gilt erst als gestellt, wenn die diesbezügliche Gebühr entrichtet worden ist.[67]

(4) Dem Antrag sind Urkunden beizufügen, aus denen hervorgeht, daß das eingetragene Recht nicht mehr besteht, oder eine Erklärung des Lizenznehmers oder des Inhabers eines anderen Rechts, daß er in die Löschung der Eintragung einwilligt.

(5) Werden die Erfordernisse für den Antrag auf Löschung der Eintragung nicht erfüllt, so teilt das Amt dem Antragsteller den Mangel mit. Wird der Mangel nicht innerhalb einer vom Amt festgelegten Frist beseitigt, so weist es den Antrag auf Löschung der Eintragung zurück.

(6) Die Absätze 1, 2, 4 und 5 gelten entsprechend für einen Antrag auf Änderung einer Eintragung gemäß Regel 33 Absatz 1.

(7) Die Absätze 1 bis 6 gelten entsprechend für Vermerke, die gemäß Regel 33 Absatz 4 in die Akte aufgenommen werden.

Titel VI. Verzicht

Regel 36 Verzicht. (1) Eine Verzichtserklärung gemäß Artikel 49 **(nunmehr Artikel 50)** der Verordnung muß folgende Angaben enthalten:

a) die Nummer der Eintragung der Gemeinschaftsmarke;

b) den Namen und die Anschrift des Markeninhabers gemäß Regel 1 Absatz 1 Buchstabe b);

c) [gestrichen][68]

d) wird der Verzicht nur für einen Teil der Waren und Dienstleistungen, für die die Marke eingetragen ist, erklärt, die Bezeichnung der Waren und Dienstleistungen, für die der Verzicht erklärt wird, oder der Waren und Dienstleistungen, für die die Marke weiterhin eingetragen ist.

(2) Ist im Register ein Recht eines Dritten an der Gemeinschaftsmarke eingetragen, so reicht als Beweis für seine Zustimmung zu dem Verzicht, daß der Inhaber dieses Rechts oder sein Vertreter eine schriftliche Zustimmung zu dem Verzicht unterzeichnet. Ist eine Lizenz im Register eingetragen, so wird der Verzicht drei Monate nach dem Tag eingetragen, an dem der Inhaber der Gemeinschaftsmarke gegenüber dem Amt glaubhaft gemacht hat, daß er den Lizenznehmer von seiner Verzichtsabsicht unterrichtet hat. Weist der Inhaber vor Ablauf dieser Frist dem Amt die Zustimmung des Lizenznehmers nach, so wird der Verzicht sofort eingetragen.

(3) Sind die Voraussetzungen für den Verzicht nicht erfüllt, so teilt das Amt dem Markeninhaber den Mangel mit. Wird dieser Mangel nicht innerhalb einer vom Amt festgesetzten Frist beseitigt, so lehnt das Amt die Eintragung des Verzichts in das Register ab.

---

[67] Geändert durch Verordnung (EG) Nr. 1041/2005 der Kommission vom 29.6. 2005.

[68] Gestrichen durch Verordnung (EG) Nr. 1041/2005 der Kommission vom 29.6. 2005.

Titel VII. Verfall und Nichtigkeit

Regel 37 Antrag auf Erklärung des Verfalls oder der Nichtigkeit. Der Antrag beim Amt auf Erklärung des Verfalls oder der Nichtigkeit einer Gemeinschaftsmarke gemäß Artikel 55 **(nunmehr Artikel 56)** der Verordnung muß folgende Angaben enthalten:

a) hinsichtlich der Eintragung, für die eine Verfalls- oder Nichtigkeitserklärung beantragt wird,

    i) die Nummer der Eintragung der Gemeinschaftsmarke, für die eine Verfalls- oder Nichtigkeitserklärung beantragt wird;

    ii) den Namen und die Anschrift des Inhabers der Gemeinschaftsmarke, für die eine Verfalls- oder Nichtigkeitserklärung beantragt wird;

    iii) eine Erklärung darüber, für welche eingetragenen Waren und Dienstleistungen die Verfalls- oder die Nichtigkeitserklärung beantragt wird;

b) hinsichtlich der Gründe für den Antrag,

    i) bei Anträgen gemäß Artikel 50 oder 51 **(nunmehr Artikel 51 oder 52)** der Verordnung die Angabe der Verfalls- oder Nichtigkeitsgründe, auf die sich der Antrag stützt;

    ii) bei Anträgen gemäß Artikel 52 Absatz 1 **(nunmehr Artikel 53 Absatz 1)** der Verordnung Angaben, aus denen hervorgeht, auf welches Recht sich der Antrag auf Erklärung der Nichtigkeit stützt, und erforderlichenfalls Angaben, die belegen, daß der Antragsteller berechtigt ist, das ältere Recht als Nichtigkeitsgrund geltend zu machen;

    iii) bei Anträgen gemäß Artikel 52 Absatz 2 **(nunmehr Artikel 53 Absatz 2)** der Verordnung Angaben, aus denen hervorgeht, auf welches Recht sich der Antrag auf Erklärung der Nichtigkeit stützt, und Angaben, die beweisen, daß der Antragsteller Inhaber eines in Artikel 52 Absatz 2 **(nunmehr Artikel 53 Absatz 2)** der Verordnung genannten älteren Rechts ist oder daß er nach einschlägigem nationalen Recht berechtigt ist, dieses Recht geltend zu machen;

    iv) die Angabe der zur Begründung vorgebrachten Tatsachen, Beweismittel und Bemerkungen;

c) hinsichtlich des Antragstellers

    i) seinen Namen und seine Anschrift gemäß Regel 1 Absatz 1 Buchstabe b);

    ii) hat der Antragsteller einen Vertreter bestellt, den Namen und die Geschäftsanschrift dieses Vertreters gemäß Regel 1 Absatz 1 Buchstabe e).

Regel 38 Sprachenregelung im Verfalls- oder Nichtigkeitsverfahren. (1) Die Frist nach Artikel 115 Absatz 6 **(nunmehr Artikel 119 Absatz 6)** der Verordnung, innerhalb der eine Übersetzung des Antrags auf Feststellung[69] des Verfalls oder der Nichtigkeit einzureichen ist, beträgt einen Monat ab Einreichung des Antrags; wird die Übersetzung nicht innerhalb dieser Frist eingereicht, wird der Antrag als unzulässig zurückgewiesen.[70]

(2) Werden die zur Begründung des Antrags vorgebrachten Beweismittel nicht in der Sprache des Verfalls- oder des Nichtigkeitsverfahrens eingereicht, so muß der Antragsteller eine Übersetzung der betreffenden Beweismittel in dieser Sprache innerhalb einer Frist von zwei Monaten nach Einreichung der Beweismittel vorlegen.

(3) Teilt der Antragsteller auf Erklärung des Verfalls oder der Nichtigkeit oder der Inhaber der Gemeinschaftsmarke dem Amt vor Ablauf einer Frist von zwei Monaten nach Empfang

---

[69] Anmerkung: Lies: „Erklärung".
[70] Geändert durch Verordnung (EG) Nr. 1041/2005 der Kommission vom 29.6. 2005.

der in Regel 40 Absatz 1 erwähnten Mitteilung durch den Markeninhaber mit, daß sich beide gemäß Artikel 115 Absatz 7 **(nunmehr Artikel 119 Absatz 7)** der Verordnung auf eine andere Verfahrenssprache geeinigt haben, so muß der Antragsteller in den Fällen, wo der Antrag nicht in der betreffenden Sprache gestellt wurde, innerhalb einer Frist von einem Monat nach dem besagten Zeitpunkt eine Übersetzung des Antrags in dieser Sprache einreichen. Wird die Übersetzung nicht oder nicht rechtzeitig vorgelegt, bleibt es bei der ursprünglichen Verfahrenssprache.[71]

Regel 39 Zurückweisung des Antrags auf Feststellung des Verfalls oder der Nichtigkeit als unzulässig[72]. (1) Stellt das Amt fest, dass die Gebühr nicht entrichtet wurde, so fordert es den Antragsteller auf, die Gebühr innerhalb der vom Amt gesetzten Frist zu entrichten. Wird die Gebühr nicht innerhalb der vom Amt gesetzten Frist entrichtet, so teilt das Amt dem Antragsteller mit, dass der Antrag auf Verfalls- oder Nichtigkeitserklärung als nicht gestellt gilt. Wird die Gebühr nach Ablauf der gesetzten Frist entrichtet, wird sie dem Antragsteller erstattet.

(2) Wird die nach Regel 38 Absatz 1 erforderliche Übersetzung nicht innerhalb der vorgeschriebenen Frist vorgelegt, weist das Amt den Antrag auf Feststellung[73] des Verfalls oder der Nichtigkeit als unzulässig zurück.

(3) Stellt das Amt fest, dass der Antrag nicht den Anforderungen der Regel 37 entspricht, so fordert es den Anmelder auf, die festgestellten Mängel innerhalb einer vom Amt gesetzten Frist zu beseitigen. Werden die Mängel nicht fristgemäß beseitigt, so weist das Amt den Antrag als unzulässig zurück.

(4) Jede Entscheidung, durch die ein Antrag auf Feststellung[74] des Verfalls oder der Nichtigkeit gemäß Absatz 2 oder 3 zurückgewiesen wird, wird dem Antragsteller und dem Inhaber der Gemeinschaftsmarke mitgeteilt.

Regel 40 Prüfung des Antrags auf Erklärung des Verfalls oder der Nichtigkeit.
(1) Jeder angenommene Antrag auf Feststellung des Verfalls oder der Nichtigkeit[75] wird dem Inhaber der Gemeinschaftsmarke mitgeteilt. Hat das Amt den Antrag als zulässig erklärt, fordert es den Inhaber der Gemeinschaftsmarke zur Stellungnahme innerhalb einer vom Amt gesetzten Frist auf.[76]

(2) Gibt der Inhaber der Gemeinschaftsmarke keine Stellungnahme ab, so kann das Amt anhand der ihm vorliegenden Beweismittel über den Verfall oder die Nichtigkeit entscheiden.

(3) Das Amt teilt die Stellungnahme des Inhabers der Gemeinschaftsmarke dem Antragsteller mit und fordert ihn erforderlichenfalls auf, sich hierzu innerhalb einer vom Amt festgesetzten Frist zu äußern.

(4) Sofern Regel 69 nichts anderes bestimmt, werden alle von den Parteien vorgelegten Stellungnahmen der Gegenpartei übermittelt.[77]

---

[71] Geändert durch Verordnung (EG) Nr. 1041/2005 der Kommission vom 29.6. 2005.
[72] Geändert durch Verordnung (EG) Nr. 1041/2005 der Kommission vom 29.6. 2005.
[73] Anmerkung: Lies: „Erklärung".
[74] Anmerkung: Lies: „Erklärung".
[75] Anmerkung: Lies: „Jeder Antrag auf Erklärung des Verfalls oder der Nichtigkeit, der als gestellt gilt,".
[76] Geändert durch Verordnung (EG) Nr. 1041/2005 der Kommission vom 29.6. 2005.
[77] Geändert durch Verordnung (EG) Nr. 1041/2005 der Kommission vom 29.6. 2005.

(5) Im Falle eines Antrags auf Verfallserklärung gemäß Artikel 50 Absatz 1 Buchstabe a **(nunmehr Artikel 51 Absatz 1 Buchstabe a)** der Verordnung setzt das Amt dem Inhaber der Gemeinschaftsmarke eine Frist, innerhalb der er den Nachweis der ernsthaften Benutzung der Marke zu führen hat. Wird der Nachweis nicht innerhalb der gesetzten Frist geführt, verfällt die Gemeinschaftsmarke. Regel 22 Absätze 2, 3 und 4 gilt entsprechend.[78]

(6) Hat der Antragsteller gemäß Artikel 56 Absatz 2 oder 3 **(nunmehr Artikel 57 Absatz 2 oder 3)** der Verordnung den Nachweis der Benutzung oder den Nachweis zu erbringen, dass berechtigte Gründe für die Nichtbenutzung vorliegen, setzt das Amt dem Antragsteller eine Frist, innerhalb der er den Nachweis der ernsthaften Benutzung der Marke zu führen hat. Wird der Nachweis nicht innerhalb der gesetzten Frist geführt, wird der Antrag auf Feststellung[79] der Nichtigkeit zurückgewiesen. Regel 22 Absätze 2, 3 und 4 gilt entsprechend.[80]

Regel 41 Mehrere Anträge auf Erklärung des Verfalls oder der Nichtigkeit.

(1) Das Amt kann mehrere bei ihm anhängige Anträge auf Erklärung des Verfalls oder der Nichtigkeit, die dieselbe Gemeinschaftsmarke betreffen, innerhalb desselben Verfahrens bearbeiten. Das Amt kann anschließend entscheiden, die Anträge wieder getrennt zu bearbeiten.

(2) Regel 21 Absätze 2, 3 und 4 gilt entsprechend.

Titel VIII. Gemeinschaftskollektivmarke

Regel 42 Anwendbare Vorschriften. Vorbehaltlich der Regel 43 gelten für Gemeinschaftskollektivmarken die Vorschriften dieser Regeln.

Regel 43 Satzung für die Gemeinschaftskollektivmarke. (1) Enthält die Anmeldung einer Gemeinschaftskollektivmarke nicht die für ihre Benutzung maßgebliche Satzung gemäß Artikel 65 **(nunmehr Artikel 67)** der Verordnung, so muß diese Satzung dem Amt innerhalb einer Frist von zwei Monaten nach dem Anmeldetag vorgelegt werden.

(2) Die Satzung für die Gemeinschaftskollektivmarke muß folgende Angaben enthalten:
a) den Namen des Anmelders und die Anschrift seiner (eingetragenen) Niederlassung;
b) den Zweck des Verbandes oder den Gründungszweck der juristischen Person des öffentlichen Rechts;
c) die zur Vertretung des Verbandes oder der juristischen Person befugten Organe;
d) die Voraussetzungen für die Mitgliedschaft;
e) die zur Benutzung der Marke befugten Personen;
f) gegebenenfalls die Bedingungen für die Benutzung der Marke, einschließlich Sanktionen;
g) gegebenenfalls die Möglichkeit gemäß Artikel 65 Absatz 2 Satz 2 **(nunmehr Artikel 67 Absatz 2 Satz 2)** der Verordnung, Mitglied des Verbandes zu werden.

Titel IX. Umwandlung

Regel 44 Umwandlungsantrag[81]. (1) Der Antrag auf Umwandlung einer Gemeinschaftsmarkenanmeldung oder einer eingetragenen Gemeinschaftsmarke in eine nationale

---

[78] Geändert durch Verordnung (EG) Nr. 1041/2005 der Kommission vom 29.6. 2005.
[79] Anmerkung: Lies: „Erklärung".
[80] Eingefügt durch Verordnung (EG) Nr. 1041/2005 der Kommission vom 29.6. 2005.
[81] Geändert durch Verordnung (EG) Nr. 1041/2005 der Kommission vom 29.6. 2005.

Markenanmeldung gemäß Artikel 108 **(nunmehr Artikel 112)** der Verordnung muss folgende Angaben enthalten:

a) den Namen und die Anschrift des Antragstellers der Umwandlung gemäß Regel 1 Absatz 1 Buchstabe b;

b) das Aktenzeichen der Anmeldung oder die Eintragungsnummer der Gemeinschaftsmarke;

c) die Gründe für die Umwandlung gemäß Artikel 108 Absatz 1 Buchstabe a oder b **(nunmehr Artikel 112 Absatz 1 Buchstabe a oder b)** der Verordnung;

d) die Angabe des Mitgliedstaats oder der Mitgliedstaaten, für die die Umwandlung beantragt wird;

e) betrifft der Antrag nicht alle Waren und Dienstleistungen, für die die Anmeldung eingereicht oder die Marke eingetragen wurde, müssen in der Anmeldung[82] die Waren und Dienstleistungen angegeben werden, für die die Umwandlung beantragt wird; wird die Umwandlung für mehrere Mitgliedstaaten beantragt und ist das Verzeichnis der Waren und Dienstleistungen nicht für alle Mitgliedstaaten gleich, sind die jeweiligen Waren und Dienstleistungen für die einzelnen Mitgliedstaaten anzugeben;

f) wird die Umwandlung gemäß Artikel 108 Absatz 6 **(nunmehr Artikel 112 Absatz 6)** der Verordnung beantragt, muss die Anmeldung[83] das Datum enthalten, an dem die Entscheidung des nationalen Gerichts rechtskräftig geworden ist, ferner eine Abschrift dieser Entscheidung; diese Abschrift kann in der Sprache vorgelegt werden, in der die Entscheidung getroffen wurde.

(2) Der Umwandlungsantrag muss innerhalb der in Artikel 108 Absätze 4, 5 oder 6 **(nunmehr Artikel 112 Absätze 4, 5 oder 6)** der Verordnung bestimmten Frist eingereicht werden. Wird die Umwandlung nach erfolglosem Antrag auf Verlängerung der Eintragung beantragt,[84] beginnt die in Artikel 108 Absatz 5 **(nunmehr Artikel 112 Absatz 5)** der Verordnung bestimmte Dreimonatsfrist am Folgetag des Tages, an dem der Verlängerungsantrag gemäß Artikel 47 Absatz 3 der Verordnung spätestens zu stellen ist.

Regel 45 Prüfung des Umwandlungsantrags[85]. (1) Erfüllt der Umwandlungsantrag nicht die Voraussetzungen des Artikels 108 Absätze 1 oder 2 **(nunmehr Artikel 112 Absätze 1 oder 2)**der Verordnung, oder wird er nicht innerhalb der vorgeschriebenen Dreimonatsfrist eingereicht oder steht er nicht im Einklang mit Regel 44 der Durchführungsverordnung, so teilt das Amt dies dem Antragsteller mit und setzt ihm eine Frist, innerhalb der er den Antrag abändern oder die fehlenden Angaben nachreichen kann.

(2) Wird die Umwandlungsgebühr nicht innerhalb einer Frist von drei Monaten gezahlt, so teilt das Amt dem Antragsteller mit, daß der Umwandlungsantrag als nicht gestellt gilt.

(3) Werden die fehlenden Angaben nicht innerhalb der vom Amt gesetzten Frist nachgereicht, weist das Amt den Antrag zurück.

Findet Artikel 108 Absatz 2 **(nunmehr Artikel 112 Absatz 2)** der Verordnung Anwendung, so weist das Amt den Widerspruch[86] nur für die Mitgliedstaaten als unzulässig zurück, für die die Umwandlung nach diesen Bestimmungen ausgeschlossen ist.

(4) Hat das Amt oder ein Gemeinschaftsmarkengericht wegen absoluter Eintragungshindernisse bezüglich der Sprache eines Mitgliedstaats die Gemeinschaftsmarkenanmeldung zu-

---

[82] Anmerkung: Die Worte „in der Anmeldung" sind unzutreffend.
[83] Anmerkung: Lies: „der Antrag".
[84] Anmerkung: Lies: „nachdem die Eintragung nicht verlängert wurde".
[85] Geändert durch Verordnung (EG) Nr. 1041/2005 der Kommission vom 29.6. 2005.
[86] Anmerkung: Lies: „den Umwandlungsantrag".

rückgewiesen oder die Gemeinschaftsmarke für nichtig erklärt, so ist die Umwandlung nach Artikel 108 Absatz 2 **(nunmehr Artikel 112 Absatz 2)** der Verordnung für alle Mitgliedstaaten unzulässig, in denen die betreffende Sprache Amtssprache ist. Hat das Amt oder ein Gemeinschaftsmarkengericht wegen absoluter, für die gesamte Gemeinschaft geltender Eintragungshindernisse oder aufgrund einer älteren Gemeinschaftsmarke oder eines sonstigen gemeinschaftsrechtlichen gewerblichen Schutzrechts die Gemeinschaftsmarkenanmeldung zurückgewiesen oder die Gemeinschaftsmarke für nichtig erklärt, so ist die Umwandlung nach Artikel 108 Absatz 2 **(nunmehr Artikel 112 Absatz 2)** der Verordnung für alle Mitgliedstaaten unzulässig.

Regel 46 Veröffentlichung des Umwandlungsantrags. (1) Betrifft der Umwandlungsantrag eine Anmeldung, die bereits im Blatt für Gemeinschaftsmarken gemäß Artikel 40 **(nunmehr Artikel 39)** der Verordnung veröffentlicht worden ist, oder betrifft der Umwandlungsantrag eine Gemeinschaftsmarke, so wird der Umwandlungsantrag im Blatt für Gemeinschaftsmarken veröffentlicht.

(2) Die Veröffentlichung des Umwandlungsantrags enthält:

a) das Aktenzeichen oder die Eintragungsnummer der Marke, für die die Umwandlung beantragt wird;

b) einen Hinweis auf die frühere Veröffentlichung der Anmeldung oder der Eintragung im Blatt für Gemeinschaftsmarken;

c) die Angabe des Mitgliedstaates oder der Mitgliedstaaten, für die die Umwandlung beantragt worden ist;

d) betrifft der Antrag nicht alle Waren und Dienstleistungen, für die die Anmeldung eingereicht oder die Marke eingetragen wurde, die Angabe der Waren und Dienstleistungen, für die die Umwandlung beantragt wird;

e) wird die Umwandlung für mehrere Mitgliedstaaten beantragt und ist das Verzeichnis der Waren und Dienstleistungen nicht für alle Mitgliedstaaten dasselbe Verzeichnis, die Angabe der jeweiligen Waren und Dienstleistungen für die einzelnen Mitgliedstaaten;

f) das Datum des Umwandlungsantrags.

Regel 47 Übermittlung des Antrags an die Zentralbehörden für den gewerblichen Rechtsschutz der Mitgliedstaaten[87]. Erfüllt der Umwandlungsantrag die Voraussetzungen der Verordnung und der vorliegenden Regeln, so übermittelt das Amt den Umwandlungsantrag und die in Regel 48 Absatz 2 genannten Daten an die Zentralbehörden für den gewerblichen Rechtsschutz der Mitgliedstaaten, einschließlich des Benelux-Markenamts, für die der Antrag als zulässig erklärt wurde. Das Amt teilt dem Antragsteller das Datum der Weiterleitung seines Antrags mit.

Titel X. Beschwerdeverfahren

Regel 48 Inhalt der Beschwerdeschrift. (1) Die Beschwerdeschrift muß folgende Angaben enthalten:

a) den Namen und die Anschrift des Beschwerdeführers gemäß Regel 1 Absatz 1 Buchstabe b);

b) hat der Beschwerdeführer einen Vertreter bestellt, den Namen und die Geschäftsanschrift dieses Vertreters gemäß Regel 1 Absatz 1 Buchstabe e);

---

[87] Geändert durch Verordnung (EG) Nr. 1041/2005 der Kommission vom 29.6. 2005.

c) eine Erklärung, in der die angefochtene Entscheidung und der Umfang genannt werden, in dem ihre Änderung oder Aufhebung begehrt wird.

(2) Die Beschwerdeschrift muß in der Verfahrenssprache eingereicht werden, in der die Entscheidung, die Gegenstand der Beschwerde ist, ergangen ist.

Regel 49 Zurückweisung der Beschwerde als unzulässig. (1) Entspricht die Beschwerde nicht den Artikeln 57 bis 59 **(nunmehr Artikel 58 bis 60)** der Verordnung sowie Regel 48 Absatz 1 Buchstabe c) und Absatz 2, so weist die Beschwerdekammer sie als unzulässig zurück, sofern der Mangel nicht bis zum Ablauf der gemäß Artikel 59 **(nunmehr Artikel 60)** der Verordnung festgelegten Frist beseitigt worden ist.

(2) Stellt die Beschwerdekammer fest, daß die Beschwerde sonstigen Vorschriften der Verordnung oder sonstigen Vorschriften dieser Regeln und insbesondere Regel 48 Absatz 1 Buchstaben a) und b) nicht entspricht, so teilt sie dies dem Beschwerdeführer mit und fordert ihn auf, die festgestellten Mängel innerhalb einer von ihr festgelegten Frist zu beseitigen. Werden die Mängel nicht fristgemäß beseitigt, so weist die Beschwerdekammer die Beschwerde als unzulässig zurück.

(3) Wurde die Beschwerdegebühr nach Ablauf der Frist für die Einlegung der Beschwerde gemäß Artikel 59 **(nunmehr Artikel 60)** der Verordnung entrichtet, so gilt die Beschwerde als nicht eingelegt und wird dem Beschwerdeführer die Gebühr erstattet.

Regel 50 Prüfung der Beschwerde. (1) Die Vorschriften für das Verfahren vor der Dienststelle, die die mit der Beschwerde angefochtene Entscheidung erlassen hat, sind im Beschwerdeverfahren entsprechend anwendbar, soweit nichts anderes vorgesehen ist.

In dem besonderen Fall, dass sich[88] die Beschwerde gegen eine in einem Widerspruchsverfahren getroffene Entscheidung richtet, ist Artikel 78a **(nunmehr Artikel 82)** der Verordnung nicht auf die Fristen anwendbar, die nach Artikel 61 Absatz 2 **(nunmehr Artikel 63 Absatz 2)** der Verordnung gesetzt werden.

Richtet sich die Beschwerde gegen die Entscheidung einer Widerspruchsabteilung, so beschränkt die Beschwerdekammer die Prüfung der Beschwerde auf die Sachverhalte und Beweismittel, die innerhalb der von der Widerspruchsabteilung nach Maßgabe der Verordnung und dieser Regeln festgesetzten Frist[89] vorgelegt werden, sofern die Beschwerdekammer nicht der Meinung ist, dass zusätzliche oder ergänzende Sachverhalte und Beweismittel gemäß Artikel 74 Absatz 2 **(nunmehr Artikel 76 Absatz 2)** der Verordnung berücksichtigt werden sollten.[90]

(2) Die Entscheidung der Beschwerdekammer muß enthalten:

a) die Feststellung, daß sie von der Beschwerdekammer erlassen ist;

b) das Datum, an dem die Entscheidung erlassen worden ist;

c) die Namen des Vorsitzenden und der übrigen Mitglieder der Beschwerdekammer, die bei der Entscheidung mitgewirkt haben;

d) die Namen des zuständigen Bediensteten der Geschäftsstelle;

e) die Namen der Beteiligten und ihrer Vertreter;

f) die Anträge der Beteiligten;

g) eine kurze Darstellung des Sachverhalts;

---

[88] Anmerkung: Lies: „Wenn sich".
[89] Anmerkung: Lies: „Fristen", vgl. englische Fassung.
[90] Geändert durch Verordnung (EG) Nr. 1041/2005 der Kommission vom 29.6.2005.

h) die Entscheidungsgründe;

i) den Tenor der Entscheidung der Beschwerdekammer, einschließlich – soweit erforderlich – der Entscheidung über die Kosten.

(3) Die Entscheidung wird vom Vorsitzenden und den anderen Mitgliedern der Beschwerdekammer und von dem Bediensteten der Geschäftsstelle der Beschwerdekammer unterschrieben.

Regel 51 Erstattung[91] **der Beschwerdegebühr**[92]. Die Beschwerdegebühr wird nur auf Anordnung einer der folgenden Stellen erstattet:[93]

a) der Dienststelle, deren Entscheidung angefochten wurde, wenn sie der Beschwerde nach Artikel 60 Absatz 1 **(nunmehr Artikel 61 Absatz 1)** oder Artikel 60a **(nunmehr Artikel 62)** der Verordnung abhilft,

b) der Beschwerdekammer, wenn sie der Beschwerde stattgibt und zu der Auffassung gelangt, dass die Rückzahlung wegen eines wesentlichen Verfahrensmangels der Billigkeit entspricht.

Titel XI. Allgemeine Bestimmungen

Teil A. Entscheidungen, Bescheide und Mitteilungen des Amtes

Regel 52 Form der Entscheidungen. (1) Entscheidungen des Amtes werden schriftlich abgefaßt und begründet. Findet eine mündliche Verhandlung vor dem Amt statt, so können die Entscheidungen verkündet werden. Anschließend werden sie schriftlich abgefaßt und den Beteiligten zugestellt.

(2) Die Entscheidungen des Amtes, die mit der Beschwerde angefochten werden können, sind mit einer schriftlichen Belehrung darüber zu versehen, daß die Beschwerdeschrift beim Amt innerhalb von zwei Monaten nach dem Datum der Zustellung der Entscheidung, von dem ab die Beschwerde eingelegt werden muß, schriftlich eingereicht werden muß. In der Belehrung sind die Beteiligten auch auf Artikel 57, 58 und 59 **(nunmehr Artikel 58, 59 und 60)** der Verordnung aufmerksam zu machen. Die Beteiligten können aus der Unterlassung der Rechtsmittelbelehrung keine Ansprüche herleiten.

Regel 53 Berichtigung von Fehlern in Entscheidungen[94]. Stellt das Amt von Amts wegen oder auf Betreiben eines Verfahrensbeteiligten einen sprachlichen Fehler, einen Schreibfehler oder einen offensichtlichen Fehler in einer Entscheidung fest, so sorgt es dafür, dass der Irrtum oder Fehler von der zuständigen Dienststelle oder Abteilung korrigiert wird.

Regel 53a Widerruf einer Entscheidung, Löschung einer Registereintragung[95].

(1) Stellt das Amt von Amts wegen oder auf entsprechende Hinweise der Verfahrensbeteiligten fest, dass die Voraussetzungen für den Widerruf einer Entscheidung oder die Löschung einer Registereintragung nach Artikel 77a **(nunmehr Artikel 80)** der Verordnung gegeben sind, unterrichtet es die betroffene Partei von dem beabsichtigten Widerruf bzw. der beabsichtigten Löschung.

---

[91] Anmerkung: Lies: „Rückzahlung".

[92] Geändert durch Verordnung (EG) Nr. 1041/2005 der Kommission vom 29. 6. 2005.

[93] Anmerkung: Lies: „zurückgezahltt".

[94] Geändert durch Verordnung (EG) Nr. 1041/2005 der Kommission vom 29. 6. 2005.

[95] Eingefügt durch Verordnung (EG) Nr. 1041/2005 der Kommission vom 29. 6. 2005.

(2) Die betroffene Partei kann innerhalb einer vom Amt gesetzten Frist Stellung zu dem beabsichtigten Widerruf bzw. der beabsichtigten Löschung nehmen.

(3) Stimmt die betroffene Partei dem beabsichtigten Widerruf bzw. der beabsichtigten Löschung zu oder nimmt sie innerhalb der Frist nicht dazu Stellung, kann das Amt die Entscheidung widerrufen bzw. den Eintrag löschen. Stimmt die betroffene Partei dem beabsichtigten Widerruf bzw. der beabsichtigten Löschung nicht zu, so entscheidet das Amt.

(4) Die Absätze 1, 2 und 3 gelten entsprechend, wenn der Widerruf bzw. die Löschung voraussichtlich mehrere Parteien betrifft. In diesen Fällen wird die Stellungnahme einer Partei gemäß Absatz 3 der anderen Partei bzw. den anderen Parteien mit der Aufforderung zur Stellungnahme übermittelt.

(5) Hat der Widerruf oder die Löschung Auswirkungen auf eine bereits veröffentlichte Entscheidung bzw. Registereintragung, wird der Widerruf bzw. die Löschung ebenfalls veröffentlicht.

(6) Zuständig für den Widerruf bzw. die Löschung nach Absatz 1 bis 4 ist die Dienststelle oder Abteilung, die die Entscheidung erlassen hat."

Regel 54 Feststellung eines Rechtsverlustes. (1) Stellt das Amt fest, daß ein Rechtsverlust aufgrund der Verordnung oder dieser Regeln eingetreten ist, ohne daß eine Entscheidung ergangen ist, so teilt es dies dem Betroffenen gemäß Artikel 77 **(nunmehr Artikel 79)** der Verordnung mit und macht ihn auf den wesentlichen Inhalt des Absatzes 2 dieser Regeln aufmerksam.

(2) Ist der Betroffene der Auffassung, daß die Feststellung des Amtes nicht zutrifft, so kann er innerhalb von zwei Monaten nach Zustellung der Mitteilung gemäß Absatz 1 eine diesbezügliche Entscheidung des Amtes beantragen. Eine solche Entscheidung wird nur erlassen, wenn das Amt die Auffassung des Antragstellers nicht teilt; anderenfalls berichtigt das Amt seine Feststellung und unterrichtet den Antragsteller.

Regel 55 Unterschrift, Name, Dienstsiegel. (1) Alle Entscheidungen, Mitteilungen oder Bescheide des Amtes geben die zuständige Dienststelle oder Abteilung des Amtes sowie die Namen der zuständigen Bediensteten an. Sie werden von den Bediensteten unterzeichnet oder statt dessen mit einem vorgedruckten oder aufgestempelten Dienstsiegel des Amtes versehen.

(2) Der Präsident des Amtes kann beschließen, daß andere Mittel zur Feststellung der zuständigen Dienststelle oder Abteilung des Amtes und der Namen der zuständigen Bediensteten oder eine andere Identifizierung als das Siegel verwendet werden können, wenn Entscheidungen, Mitteilungen oder Bescheide durch Fernkopierer oder andere technische Kommunikationsmittel übermittelt werden.

Teil B. Mündliche Verhandlung und Beweisaufnahme

Regel 56 Ladung zur mündlichen Verhandlung. (1) Die Beteiligten werden unter Hinweis auf Absatz 3 zur mündlichen Verhandlung gemäß Artikel 75 **(nunmehr Artikel 77)** der Verordnung geladen. Die Ladungsfrist beträgt mindestens einen Monat, sofern die Beteiligten nicht mit einer kürzeren Frist einverstanden sind.

(2) Mit der Ladung weist das Amt auf die Fragen hin, die seiner Ansicht nach im Hinblick auf die Entscheidung erörterungsbedürftig sind.

(3) Ist ein zu einer mündlichen Verhandlung ordnungsgemäß geladener Beteiligter vor dem Amt nicht erschienen, so kann das Verfahren ohne ihn fortgesetzt werden.

Regel 57 Beweisaufnahme durch das Amt. (1) Hält das Amt die Vernehmung von Beteiligten, Zeugen oder Sachverständigen oder eine Augenscheinseinnahme für erforderlich, so erläßt es eine entsprechende Entscheidung, in der das betreffende Beweismaterial, die rechtserheblichen Tatsachen sowie Tag, Uhrzeit und Ort angegeben werden. Hat ein Beteiligter die Vernehmung von Zeugen oder Sachverständigen beantragt, so ist in der Entscheidung des Amtes die Frist festzusetzen, in der der antragstellende Beteiligte dem Amt Name und Anschrift der Zeugen und Sachverständigen mitteilen muß, die er vernehmen zu lassen wünscht.

(2) Die Frist zur Ladung von Beteiligten, Zeugen und Sachverständigen zur Beweisaufnahme beträgt mindestens einen Monat, sofern diese nicht mit einer kürzeren Frist einverstanden sind. Die Ladung muß enthalten:

a) einen Auszug aus der in Absatz 1 genannten Entscheidung, aus der insbesondere Tag, Uhrzeit und Ort der angeordneten Beweisaufnahme sowie die Tatsachen hervorgehen, über die die Beteiligten, Zeugen und Sachverständigen vernommen werden sollen;

b) die Namen der am Verfahren Beteiligten sowie die Ansprüche, die den Zeugen und Sachverständigen gemäß Regel 59 Absätze 2 bis 5 zustehen.

Regel 58 Beauftragung von Sachverständigen. (1) Das Amt entscheidet, in welcher Form das Gutachten des von ihm beauftragten Sachverständigen zu erstatten ist.

(2) Der Auftrag an den Sachverständigen muß enthalten:

a) die genaue Beschreibung des Auftrags;

b) die Frist für die Erstattung des Gutachtens;

c) die Namen der am Verfahren Beteiligten;

d) einen Hinweis auf die Ansprüche, die er gemäß Regel 59 Absätze 2, 3 und 4 geltend machen kann.

(3) Die Beteiligten erhalten eine Abschrift des schriftlichen Gutachtens.

(4) Die Beteiligten können den Sachverständigen wegen Unfähigkeit oder aus denselben Gründen ablehnen, die zur Ablehnung eines Prüfers oder Mitglieds einer Abteilung oder Beschwerdekammer gemäß Artikel 132 Absätze 1 und 3 **(nunmehr Artikel 137 Absätze 1 und 3)** der Verordnung berechtigen. Über die Ablehnung entscheidet die zuständige Dienststelle des Amtes.

Regel 59 Kosten der Beweisaufnahme. (1) Das Amt kann die Beweisaufnahme davon abhängig machen, daß der Beteiligte, der sie beantragt hat, beim Amt einen Vorschuß hinterlegt, dessen Höhe nach den voraussichtlichen Kosten bestimmt wird.

(2) Zeugen und Sachverständige, die vom Amt geladen worden sind und vor diesem erscheinen, haben Anspruch auf Erstattung angemessener Reise- und Aufenthaltskosten. Das Amt kann ihnen einen Vorschuß auf diese Kosten gewähren. Satz 1 ist auch auf Zeugen und Sachverständige anwendbar, die ohne Ladung vor dem Amt erscheinen und als Zeugen oder Sachverständige vernommen werden.

(3) Zeugen, denen gemäß Absatz 2 ein Erstattungsanspruch zusteht, haben Anspruch auf eine angemessene Entschädigung für Verdienstausfall; Sachverständige haben Anspruch auf Vergütung ihrer Tätigkeit. Diese Entschädigung oder Vergütung wird den Zeugen und Sachverständigen gezahlt, nachdem sie ihrer Pflicht oder ihrem Auftrag genügt haben, wenn sie das Amt aus eigener Initiative geladen hat.

(4)[96] Die gemäß Absatz 1, 2 und 3 zahlbaren Beträge und Kostenvorschüsse werden vom Präsidenten des Amtes festgelegt und im Amtsblatt des Amtes veröffentlicht. Die Beträge

---

[96] Geändert durch Verordnung (EG) Nr. 1041/2005 der Kommission vom 29.6. 2005.

werden auf der Grundlage der einschlägigen Bestimmungen im Statut der Beamten der Europäischen Gemeinschaften und dessen Anhang VII berechnet.

(5) Für die aufgrund der vorstehenden Absätze geschuldeten oder gezahlten Beträge haftet ausschließlich

a) das Amt in den Fällen, in denen es aus eigener Initiative Zeugen oder Sachverständige zur Vernehmung geladen hat,

oder

b) der Beteiligte in den Fällen, in denen er die Vernehmung von Zeugen oder Sachverständigen beantragt hat, vorbehaltlich der Entscheidung über die Kostenverteilung und Kostenfestsetzung gemäß Artikel 81 und 82 **(nunmehr Artikel 85 und 86)** der Verordnung und Regel 94. Der Beteiligte erstattet dem Amt alle ordnungsgemäß gezahlten Vorschüsse.

Regel 60 Niederschrift über mündliche Verhandlungen[97]. (1) Über die mündliche Verhandlung oder die Beweisaufnahme wird eine Niederschrift angefertigt, die Folgendes beinhaltet:

a) den Tag der Verhandlung;

b) die Namen der zuständigen Bediensteten des Amts, der Parteien und ihrer Vertreter sowie der Zeugen und Sachverständigen, die bei der Verhandlung anwesend sind;

c) die Anträge der Parteien;

d) die Beweismittel;

e) gegebenenfalls die Anordnungen oder die Entscheidung des Amtes.

(2) Die Niederschrift wird Bestandteil der betreffenden Gemeinschaftsmarkenanmeldung oder eintragung. Die Beteiligten erhalten eine Abschrift der Niederschrift.

(3) Werden Zeugen, Sachverständige oder Parteien gemäß Artikel 76 Absatz 1 Buchstaben a oder d **(nunmehr Artikel 78 Absatz 1 Buchstaben a oder d)** der Verordnung oder gemäß Regel 59 Absatz 2 vernommen, werden ihre Erklärungen in der Niederschrift festgehalten.[98]

Teil C. Zustellungen

Regel 61 Allgemeine Vorschriften über Zustellungen. (1) In den Verfahren vor dem Amt werden Mitteilungen des Amtes mittels Originalschriftstück, unbeglaubigter Abschrift dieses Schriftstücks oder Computerausdruck gemäß Regel 55, Schriftstücke der Beteiligten mittels Zweitschrift oder unbeglaubigter Abschrift zugestellt.[99]

(2) Die Zustellung erfolgt:

a) durch die Post gemäß Regel 62;

b) durch eigenhändige Übergabe gemäß Regel 63;

c) durch Hinterlegung im Abholfach beim Amt gemäß Regel 64;

d) durch Fernkopierer oder andere technische Kommunikationsmittel gemäß Regel 65;

e) durch öffentliche Zustellung gemäß Regel 66.

(3) Hat der Empfänger seine Telefaxnummer oder andere technische Kommunikationsmittel angegeben, kann das Amt zwischen diesen Mitteln und der Postzustellung wählen.[100]

---

[97] Geändert durch Verordnung (EG) Nr. 1041/2005 der Kommission vom 29.6. 2005.
[98] Anmerkung: Lies: „auf Tonband aufgenommen".
[99] Geändert durch Verordnung (EG) Nr. 1041/2005 der Kommission vom 29.6. 2005.
[100] Eingefügt durch Verordnung (EG) Nr. 1041/2005 der Kommission vom 29.6. 2005.

Regel 62 Zustellung durch die Post. (1) Entscheidungen, durch die eine Beschwerdefrist in Lauf gesetzt wird, Ladungen und andere vom Präsidenten des Amtes bestimmte Schriftstücke werden durch eingeschriebenen Brief mit Rückschein zugestellt. Alle anderen Mitteilungen[101] erfolgen durch gewöhnlichen Brief.[102]

(2) Zustellungen an Empfänger, die weder Wohnsitz noch Sitz oder eine Niederlassung in der Gemeinschaft haben und einen Vertreter gemäß Artikel 88 Absatz 2 **(nunmehr Artikel 92 Absatz 2)** der Verordnung nicht bestellt haben, werden dadurch bewirkt, daß das zuzustellende Schriftstück als gewöhnlicher Brief unter der dem Amt bekannten letzten Anschrift des Empfängers zur Post gegeben wird. (gestrichen)[103]

(3) Bei der Zustellung durch eingeschriebenen Brief mit oder ohne Rückschein gilt dieser mit dem zehnten Tag nach der Aufgabe zur Post als zugestellt, es sei denn, daß das zuzustellende Schriftstück nicht oder an einem späteren Tag eingegangen ist; im Zweifel hat das Amt den Zugang des Schriftstücks und gegebenenfalls den Tag des Zugangs nachzuweisen.

(4) Die Zustellung durch eingeschriebenen Brief mit oder ohne Rückschein gilt auch dann als bewirkt, wenn der Empfänger die Annahme des Briefes verweigert.

(5) Eine Mitteilung durch gewöhnlichen Brief gilt zehn Tage nach Aufgabe zur Post als zugestellt.[104]

Regel 63 Zustellung durch eigenhändige Übergabe. Die Zustellung kann in den Dienstgebäuden des Amtes durch eigenhändige Übergabe des Schriftstücks an den Empfänger bewirkt werden, der dabei den Empfang zu bescheinigen hat.

Regel 64 Zustellung durch Hinterlegung im Abholfach beim Amt. Die Zustellung an Empfänger, denen beim Amt ein Abholfach eingerichtet worden ist, kann dadurch erfolgen, daß das Schriftstück im Abholfach des Empfängers hinterlegt wird. Über die Hinterlegung ist eine schriftliche Mitteilung zu den Akten zu geben. Auf dem Schriftstück ist zu vermerken, an welchem Tag es hinterlegt worden ist. Die Zustellung gilt am fünften Tag nach Hinterlegung im Abholfach als bewirkt.

Regel 65 Zustellung durch Fernkopierer oder andere technische Kommunikationsmittel. (1) Die Zustellung durch Fernkopierer erfolgt durch Übermittlung des Originalschriftstücks oder einer Abschrift dieses Schriftstücks gemäß Regel 61 Absatz 1. Eine Mitteilung gilt als an dem Tag zugestellt, an dem sie auf dem Fernkopierer des Empfängers eingetroffen ist.[105]

(2) Die Zustellung durch andere technische Kommunikationsmittel wird vom Präsidenten des Amtes geregelt.

Regel 66 Öffentliche Zustellung. (1) Ist die Anschrift des Empfängers nicht feststellbar oder hat sich eine Zustellung gemäß Regel 62 nach wenigstens einem Versuch des Amtes als unmöglich erwiesen, so wird die Mitteilung öffentlich zugestellt.[106]

(2) Der Präsident des Amtes bestimmt, in welcher Weise die öffentliche Bekanntmachung erfolgt und wann die Frist von einem Monat zu laufen beginnt, nach deren Ablauf das Schriftstück als zugestellt gilt.

---

[101] Lies: „Zustellungen".
[102] Geändert durch Verordnung (EG) Nr. 1041/2005 der Kommission vom 29.6. 2005.
[103] Geändert durch Verordnung (EG) Nr. 1041/2005 der Kommission vom 29.6. 2005.
[104] Geändert durch Verordnung (EG) Nr. 1041/2005 der Kommission vom 29.6. 2005.
[105] Geändert durch Verordnung (EG) Nr. 1041/2005 der Kommission vom 29.6. 2005.
[106] Geändert durch Verordnung (EG) Nr. 1041/2005 der Kommission vom 29.6. 2005.

Regel 67 Zustellung an Vertreter. (1) Ist ein Vertreter bestellt worden oder gilt der zuerst genannte Anmelder bei einer gemeinsamen Anmeldung als der gemeinsame Vertreter gemäß Regel 75 Absatz 1, so erfolgen Zustellungen an den bestellten oder an den gemeinsamen Vertreter.

(2) Sind mehrere Vertreter für einen Beteiligten bestellt worden, so genügt die Zustellung an einen von ihnen, sofern eine bestimmte Zustellanschrift gemäß Regel 1 Absatz 1 Buchstabe e) angegeben worden ist.

(3) Haben mehrere Beteiligte einen gemeinsamen Vertreter bestellt, so genügt die Zustellung nur eines Schriftstücks an den gemeinsamen Vertreter.

Regel 68 Zustellungsmängel. Hat der Adressat das Schriftstück erhalten, obwohl das Amt nicht nachweisen kann, daß es ordnungsgemäß zugestellt wurde oder die Zustellungsvorschriften befolgt wurden, so gilt das Schriftstück als an dem Tag zugestellt, den das Amt als Tag des Zugangs nachweist.

Regel 69 Zustellung von Schriftstücken bei mehreren Beteiligten. Von den Beteiligten eingereichte Schriftstücke, die Sachanträge oder die Erklärung der Rücknahme eines Sachantrags enthalten, sind den übrigen Beteiligten von Amts wegen zuzustellen. Von der Zustellung kann abgesehen werden, wenn das Schriftstück kein neues Vorbringen enthält und die Sache entscheidungsreif ist.

Teil D. Fristen

Regel 70 Berechnung der Fristen. (1) Die Fristen werden nach vollen Jahren, Monaten, Wochen oder Tagen berechnet.

(2) Bei der Fristberechnung wird mit dem Tag begonnen, der auf den Tag folgt, an dem das Ereignis eingetreten ist, aufgrund dessen der Fristbeginn festgestellt wird; dieses Ereignis kann eine Handlung oder der Ablauf einer früheren Frist sein. Besteht die Handlung in einer Zustellung, so ist das maßgebliche Ereignis der Zugang des zugestellten Schriftstücks, sofern nichts anderes bestimmt ist.

(3) Ist als Frist ein Jahr oder eine Anzahl von Jahren bestimmt, so endet die Frist in dem maßgeblichen folgenden Jahr in dem Monat und an dem Tag, die durch ihre Benennung oder Zahl dem Monat oder Tag entsprechen, an denen das Ereignis eingetreten ist; hat der betreffende nachfolgende Monat keinen Tag mit der entsprechenden Zahl, so läuft die Frist am letzten Tag dieses Monats ab.

(4) Ist als Frist ein Monat oder eine Anzahl von Monaten bestimmt, so endet die Frist in dem maßgeblichen folgenden Monat an dem Tag, der durch seine Zahl dem Tag entspricht, an dem das Ereignis eingetreten ist. War der Tag, an dem das Ereignis eingetreten ist, der letzte Tag des Monats oder hat der betreffende nachfolgende Monat keinen Tag mit der entsprechenden Zahl, so läuft die Frist am letzten Tag dieses Monats ab.

(5) Ist als Frist eine Woche oder eine Anzahl von Wochen bestimmt, so endet die Frist in der maßgeblichen Woche an dem Tag, der durch seine Benennung dem Tag entspricht, an dem das Ereignis eingetreten ist.

Regel 71 Dauer der Fristen. (1) Ist in der Verordnung oder in diesen Regeln eine Frist vorgesehen, die vom Amt festzulegen ist, so beträgt diese Frist, wenn der Beteiligte seinen Wohnsitz oder seinen Hauptgeschäftssitz oder eine Niederlassung in der Gemeinschaft hat, nicht weniger als einen Monat oder, wenn diese Bedingungen nicht vorliegen, nicht weniger als zwei Monate und nicht mehr als sechs Monate. Das Amt kann, wenn dies unter den gegebenen Umständen angezeigt ist, eine bestimmte Frist verlängern, wenn der Beteiligte dies beantragt und der betreffende Antrag vor Ablauf der ursprünglichen Frist gestellt wird.

(2) Bei zwei oder mehreren Beteiligten kann das Amt die Verlängerung einer Frist von der Zustimmung der anderen Beteiligten abhängig machen.

Regel 72 Fristablauf in besonderen Fällen. (1) Läuft eine Frist an einem Tag ab, an dem das Amt zur Entgegennahme von Schriftstücken nicht geöffnet ist oder an dem gewöhnliche Postsendungen aus anderen als den in Absatz 2 genannten Gründen am Sitz des Amtes nicht zugestellt werden, so erstreckt sich die Frist auf den nächstfolgenden Tag, an dem das Amt zur Entgegennahme von Schriftstücken geöffnet ist und an dem gewöhnliche Postsendungen zugestellt werden. Vor Beginn eines jeden Kalenderjahres werden die in Satz 1 genannten Tage durch den Präsidenten des Amtes festgelegt.[107]

(2) Läuft eine Frist an einem Tag ab, an dem die Postzustellung in dem Mitgliedstaat, in dem das Amt seinen Sitz hat, allgemein unterbrochen ist, oder, sofern der Präsident des Amtes die elektronische Zustellung gemäß Regel 82 zugelassen hat, an dem der Zugang des Amtes zu den elektronischen Kommunikationsmitteln gestört ist, so erstreckt sich die Frist auf den ersten Tag nach Beendigung der Unterbrechung oder Störung, an dem das Amt wieder Schriftstücke entgegennimmt und an dem gewöhnliche Postsendungen zugestellt werden. Der Präsident des Amtes stellt die Dauer der Unterbrechung oder Störung fest.[108]

(3) Die Absätze 1 und 2 gelten entsprechend für die Fristen, die in der Verordnung oder in diesen Regeln für Handlungen bei der zuständigen Behörde im Sinne des Artikels 25 Absatz 1 Buchstabe b) der Verordnung vorgesehen sind.

(4) Wird die Kommunikation zwischen den Verfahrensbeteiligten und dem Amt durch ein nicht vorhersehbares Ereignis, zum Beispiel eine Naturkatastrophe oder einen Streik, unterbrochen oder gestört, kann der Präsident des Amtes für die Beteiligten, die in dem betreffenden Staat ihren Wohnsitz oder Sitz haben oder einen Vertreter mit Geschäftssitz in diesem Staat bestellt haben, alle normalerweise am oder nach dem Tag des von ihm festgestellten Ereigniseintritts ablaufenden Fristen bis zu einem von ihm festzulegenden Tag verlängern. Ist der Sitz des Amtes von dem Ereignis betroffen, stellt der Präsident fest, dass die Fristverlängerung für alle Verfahrensbeteiligten gilt.[109]

Teil E. Unterbrechung des Verfahrens

Regel 73 Unterbrechung des Verfahrens. (1) Das Verfahren vor dem Amt wird unterbrochen:

a) im Fall des Todes oder der Geschäftsunfähigkeit des Anmelders oder Inhabers der Gemeinschaftsmarke oder der Person, die nach nationalem Recht zu dessen Vertretung berechtigt ist. Solange die genannten Ereignisse die Vertretungsbefugnis eines gemäß Artikel 89 **(nunmehr Artikel 93)** der Verordnung bestellten Vertreters nicht berühren, wird das Verfahren jedoch nur auf Antrag dieses Vertreters unterbrochen;

b) wenn der Anmelder oder Inhaber der Gemeinschaftsmarke aufgrund eines gegen sein Vermögen gerichteten Verfahrens aus rechtlichen Gründen verhindert ist, das Verfahren vor dem Amt fortzusetzen;

---

[107] ABl. HABM 1995, 486; 2005, 8.
[108] Geändert durch Verordnung (EG) Nr. 1041/2005 der Kommission vom 29.6. 2005.
[109] Geändert durch Verordnung (EG) Nr. 1041/2005 der Kommission vom 29.6. 2005.

c) wenn der Vertreter des Anmelders oder Inhabers der Gemeinschaftsmarke stirbt, seine Geschäftsfähigkeit verliert oder aufgrund eines gegen sein Vermögen gerichteten Verfahrens aus rechtlichen Gründen verhindert ist, das Verfahren vor dem Amt fortzusetzen.

(2) Wird dem Amt bekannt, wer in den Fällen des Absatzes 1 Buchstaben a) und b) die Berechtigung erlangt hat, das Verfahren vor dem Amt fortzusetzen, so teilt es dieser Person und gegebenenfalls den übrigen Beteiligten mit, daß das Verfahren nach Ablauf einer von ihm festgesetzten Frist wiederaufgenommen wird.

(3) In dem in Absatz 1 Buchstabe c) genannten Fall wird das Verfahren wiederaufgenommen, wenn dem Amt die Bestellung eines neuen Vertreters des Anmelders angezeigt wird oder das Amt die Anzeige über die Bestellung eines neuen Vertreters des Inhabers der Gemeinschaftsmarke den übrigen Beteiligten zugestellt hat. Hat das Amt drei Monate nach Beginn der Unterbrechung des Verfahrens noch keine Anzeige über die Bestellung eines neuen Vertreters erhalten, so teilt es dem Anmelder oder Inhaber der Gemeinschaftsmarke folgendes mit:

a) im Falle der Anwendung des Artikels 88 Absatz 2 **(nunmehr Artikel 92 Absatz 2)** der Verordnung, daß die Anmeldung der Gemeinschaftsmarke als zurückgenommen gilt, wenn die Anzeige nicht innerhalb von zwei Monaten nach Zustellung dieser Mitteilung erfolgt, oder

b) im Falle der Nichtanwendung des Artikels 88 Absatz 2 **(nunmehr Artikel 92 Absatz 2)** der Verordnung, daß das Verfahren vom Tag der Zustellung dieser Mitteilung an mit dem Anmelder oder Inhaber der Gemeinschaftsmarke wiederaufgenommen wird.

(4) Die am Tag der Unterbrechung für den Anmelder oder Inhaber der Gemeinschaftsmarke laufenden Fristen, mit Ausnahme der Frist für die Entrichtung der Verlängerungsgebühren, beginnen an dem Tag von neuem zu laufen, an dem das Verfahren wiederaufgenommen wird.

Teil F. Verzicht auf Beitreibung

Regel 74 Verzicht auf Beitreibung. Der Präsident des Amtes kann davon absehen, geschuldete Geldbeträge beizutreiben, wenn der beizutreibende Betrag unbedeutend oder die Beitreibung zu ungewiß ist.

Teil G. Vertretung

Regel 75 Bestellung eines gemeinsamen Vertreters. (1) Wird eine Gemeinschaftsmarke von mehreren Personen angemeldet, und kein gemeinsamer Vertreter bezeichnet, so gilt der Anmelder, der in der Anmeldung als erster genannt ist, als gemeinsamer Vertreter. Ist einer der Anmelder jedoch verpflichtet, einen zugelassenen Vertreter zu bestellen, so gilt dieser Vertreter als gemeinsamer Vertreter, sofern nicht der in der Anmeldung an erster Stelle genannte Anmelder einen zugelassenen Vertreter bestellt hat. Entsprechendes gilt für gemeinsame Inhaber von Gemeinschaftsmarken und mehrere Personen, die gemeinsam Widerspruch erheben oder einen Antrag auf Erklärung des Verfalls oder der Nichtigkeit stellen.

(2) Erfolgt im Laufe des Verfahrens ein Rechtsübergang auf mehrere Personen und haben diese Personen keinen gemeinsamen Vertreter bezeichnet, so gilt Absatz 1 entsprechend. Ist eine entsprechende Anwendung nicht möglich, so fordert das Amt die genannten Personen auf, innerhalb von zwei Monaten einen gemeinsamen Vertreter zu bestellen. Wird dieser Aufforderung nicht entsprochen, so bestimmt das Amt den gemeinsamen Vertreter.

Regel 76 Vollmacht[110]. (1) Rechtsanwälte und zugelassenen[111] Vertreter, die gemäß Artikel 89 Absatz 2 **(nunmehr Artikel 93 Absatz 2)** der Verordnung in die Liste der zugelassenen Vertreter eingetragen sind, müssen nur auf ausdrückliches Verlangen des Amtes oder bei mehreren Verfahrensbeteiligten auf ausdrückliches Verlangen der Gegenpartei eine unterzeichnete Vollmacht zu den Akten geben.

(2) Angestellte, die gemäß Artikel 88 Absatz 3 **(nunmehr Artikel 92 Absatz 3)** der Verordnung eine natürliche oder juristische Person vertreten, müssen dem Amt eine unterzeichnete Vollmacht zu den Akten geben.

(3) Die Vollmacht kann in jeder Amtssprache der Gemeinschaft vorgelegt werden. Sie kann sich auf eine oder mehrere Markenanmeldungen oder -eintragungen erstrecken oder als allgemeine Vollmacht zur Vertretung in sämtlichen Verfahren vor dem Amt berechtigen, an denen der Vollmachtgeber beteiligt ist.

(4) Ist eine unterzeichnete Vollmacht gemäß Absatz 1 oder 2 zu den Akten zu geben, setzt das Amt eine Vorlagefrist fest. Wird die Vollmacht nicht fristgemäß vorgelegt, so wird das Verfahren mit dem Vertretenen fortgesetzt. Die Handlungen des Vertreters mit Ausnahme der Einreichung der Anmeldung gelten als nicht erfolgt, wenn der Vertretene sie nicht innerhalb einer vom Amt gesetzten Frist genehmigt. Artikel 88 Absatz 2 **(nunmehr Artikel 92 Absatz 2)** der Verordnung bleibt unberührt.

(5) Die Absätze 1, 2 und 3 gelten entsprechend für Schriftstücke über den Widerruf von Vollmachten.

(6) Der Vertreter, dessen Vollmacht erloschen ist, wird weiter als Vertreter angesehen, bis dem Amt das Erlöschen der Vollmacht angezeigt worden ist.

(7) Sofern in der Vollmacht nichts anderes vorgesehen ist, erlischt diese gegenüber dem Amt nicht mit dem Tod des Vollmachtgebers.

(8) Wird dem Amt ein bestellter Vertreter[112] mitgeteilt, sind sein Name und seine Geschäftsanschrift gemäß Regel 1 Absatz 1 Buchstabe e anzugeben. Wird ein bereits bestellter Vertreter vor dem Amt tätig, muss er seinen Namen und vorzugsweise seine ihm vom Amt zugeteilte Kennnummer angeben. Hat ein Beteiligter mehrere Vertreter bestellt, so sind diese ungeachtet anders lautender Vollmachten[113] berechtigt, sowohl gemeinschaftlich als auch einzeln zu handeln.

(9) Die Bestellung oder Bevollmächtigung eines Zusammenschlusses von Vertretern gilt als Bestellung oder Bevollmächtigung jedes einzelnen Vertreters, der in diesem Zusammenschluss tätig ist.

Regel 77 Vertretung. Alle Zustellungen oder anderen Mitteilungen des Amtes an den ordnungsgemäß bevollmächtigten Vertreter haben dieselbe Wirkung, als wären sie an die vertretene Person gerichtet. Alle Mitteilungen des ordnungsgemäß bevollmächtigten Vertreters an das Amt haben dieselbe Wirkung, als wären sie von der vertretenen Person an das Amt gerichtet.

Regel 78 Änderung in der Liste der zugelassenen Vertreter. (1) Die Eintragung des zugelassenen Vertreters in der Liste der zugelassenen Vertreter gemäß Artikel 89 **(nunmehr Artikel 93)** der Verordnung wird auf dessen Antrag gelöscht.

---

[110] Geändert durch Verordnung (EG) Nr. 1041/2005 der Kommission vom 29. 6. 2005.
[111] Lies: „zugelassene".
[112] Anmerkung: Lies: „die Bestellung eines Vertreters".
[113] Anmerkung: Lies: „ungeachtet einer abweichenden Bestimmung in der Vollmacht".

(2) Die Eintragung in der Liste der zugelassenen Vertreter wird von Amts wegen gelöscht:

a) im Fall des Todes oder der Geschäftsunfähigkeit des zugelassenen Vertreters;

b) wenn der zugelassene Vertreter nicht mehr die Staatsangehörigkeit eines Mitgliedstaates besitzt, sofern der Präsident des Amtes nicht eine Befreiung gemäß Artikel 89 Absatz 4 Buchstabe b) **(nunmehr Artikel 93 Absatz 4 Buchstabe b))** der Verordnung erteilt hat;

c) wenn der zugelassene Vertreter seinen Geschäftssitz oder Arbeitsplatz nicht mehr in der Gemeinschaft hat;

d) wenn der zugelassene Vertreter die Befugnis gemäß Artikel 89 Absatz 2 Buchstabe c) Satz 1 **(nunmehr Artikel 93 Absatz 2 Buchstabe c) Satz 1)** der Verordnung nicht mehr besitzt.

(3) Die Eintragung eines zugelassenen Vertreters wird auf Antrag des Amtes gestrichen, wenn dessen Befugnis zur Vertretung einer natürlichen oder juristischen Person vor der Zentralbehörde für den gewerblichen Rechtsschutz des Mitgliedstaates gemäß Artikel 89 Absatz 2 Buchstabe c) Satz 1 **(nunmehr Artikel 93 Absatz 2 Buchstabe c) Satz 1)** der Verordnung aufgehoben wurde.

(4) Eine Person, deren Eintragung gelöscht worden ist, wird auf Antrag gemäß Artikel 89 Absatz 3 **(nunmehr Artikel 93 Absatz 3)** der Verordnung in die Liste der zugelassenen Vertreter wieder eingetragen, wenn die Voraussetzungen für die Löschung nicht mehr gegeben sind.

(5) Das Benelux-Markenamt und die betreffende Zentralbehörde für den gewerblichen Rechtsschutz des Mitgliedstaates teilen dem Amt unverzüglich alle in den Absätzen 2 und 3 erwähnten Vorkommnisse mit, soweit sie ihnen bekannt sind.

(6) Die Änderungen der Liste der zugelassenen Vertreter werden im Amtsblatt des Amtes veröffentlicht.

Teil H. Schriftliche Mitteilungen und Formblätter

Regel 79 Schriftliche und andere Übermittlungen[114]. Anmeldungen einer Gemeinschaftsmarke sowie alle anderen in der Verordnung vorgesehenen Anträge und Mitteilungen sind dem Amt wie folgt zu übermitteln:

a) durch Einreichung des unterzeichneten Originalschriftstücks beim Amt beispielsweise per Post, durch eigenhändige Übergabe oder auf andere Weise;

b) durch Einsendung[115] eines Schriftstücks per Fernkopierer gemäß Regel 80;

c) [gestrichen]

d) durch Übertragung des Inhalts auf elektronischem Wege gemäß Regel 82.

Regel 79a Anlagen zu schriftlichen Übermittlungen[116]. Legt eine Partei ein Schriftstück oder ein Beweismittel gemäß Regel 79 Buchstabe a in einem Verfahren mit mehreren Beteiligten vor, so sind das Schriftstück oder Beweismittel und alle etwaigen Anlagen des Schriftstücks in so vielen Exemplaren vorzulegen, wie es Verfahrensbeteiligte gibt.

Regel 80 Übermittlung durch Fernkopierer. (1) Wird dem Amt eine Markenanmeldung durch Fernkopierer übermittelt und enthält die Anmeldung eine Wiedergabe der

---

[114] Geändert durch Verordnung (EG) Nr. 1041/2005 der Kommission vom 29.6.2005.

[115] Anmerkung: Lies: „durch Übermittlung".

[116] Eingefügt durch Verordnung (EG) Nr. 1041/2005 der Kommission vom 29.6.2005.

Marke, die die Voraussetzungen von Regel 3 Absatz 2 nicht erfüllt, so ist die erforderliche, veröffentlichungsfähige Wiedergabe dem Amt gemäß Regel 79 Buchstabe a vorzulegen. Erhält das Amt die Wiedergabe innerhalb eines Monats nach Empfang der Fernkopie, so gilt die Wiedergabe als am Empfangstag der Fernkopie eingegangen.[117]

(2) Ist eine durch Fernkopierer erhaltene Mitteilung unvollständig oder unleserlich oder hat das Amt ernste Zweifel in bezug auf die Richtigkeit der Übermittlung, so teilt das Amt dies dem Absender mit und fordert ihn auf, innerhalb einer vom Amt festgelegten Frist das Originalschriftstück durch Fernkopierer nochmals zu übermitteln oder das Originalschriftstück gemäß Regel 79 Buchstabe a) vorzulegen. Wird dieser Aufforderung fristgemäß nachgekommen, so gilt der Tag des Eingangs der nochmaligen Übermittlung oder des Originalschriftstücks als der Tag des Eingangs der ursprünglichen Mitteilung, wobei jedoch die Vorschriften über den Anmeldetag angewandt werden, wenn der Mangel die Zuerkennung eines Anmeldetags betrifft. Wird der Aufforderung nicht fristgemäß nachgekommen, so gilt die Mitteilung als nicht eingegangen.

(3) Jede dem Amt durch Fernkopierer übermittelte Mitteilung gilt als ordnungsgemäß unterzeichnet, wenn die Wiedergabe der Unterschrift auf dem Ausdruck des Fernkopierers erscheint. Wird eine Mitteilung elektronisch durch Fernkopierer übermittelt, gilt die Namensangabe des Absenders als Unterschrift.[118]

(4) [gestrichen][119]

Regel 81 *(gestrichen)*[120]

Regel 82 Übermittlung durch elektronische Mittel. (1) Der Präsident des Amtes bestimmt, in welchem Umfang und unter welchen technischen Voraussetzungen Mitteilungen elektronisch an das Amt übermittelt werden können.[121]

(2) Wird eine Mitteilung elektronisch übermittelt, so gilt Regel 80 Absatz 2 entsprechend.

(3) Wird dem Amt eine Mitteilung elektronisch übermittelt, so ist die Angabe des Namens des Absenders gleichbedeutend mit der Unterschrift.

(4) [gestrichen][122]

Regel 83 Formblätter[123]. (1) Das Amt stellt gebührenfrei Formblätter für folgende Fälle zur Verfügung:

a) Anmeldung einer Gemeinschaftsmarke, gegebenenfalls samt Anforderung des Recherchenberichts;

b) Erhebung eines Widerspruchs;

c) Antrag auf Feststellung[124] des Verfalls oder der Nichtigkeit;

d) Antrag auf Eintragung eines Rechtsübergangs sowie das Formblatt und die Urkunde des Rechtsübergangs gemäß Regel 31 Absatz 5;

e) Antrag auf Eintragung einer Lizenz;

---

[117] Geändert durch Verordnung (EG) Nr. 1041/2005 der Kommission vom 29.6. 2005.
[118] Geändert durch Verordnung (EG) Nr. 1041/2005 der Kommission vom 29.6. 2005.
[119] Gestrichen durch Verordnung (EG) Nr. 1041/2005 der Kommission vom 29.6. 2005.
[120] Gestrichen durch Verordnung (EG) Nr. 1041/2005 der Kommission vom 29.6. 2005.
[121] Geändert durch Verordnung (EG) Nr. 1041/2005 der Kommission vom 29.6. 2005.
[122] Gestrichen durch Verordnung (EG) Nr. 1041/2005 der Kommission vom 29.6. 2005.
[123] Geändert durch Verordnung (EG) Nr. 1041/2005 der Kommission vom 29.6. 2005.
[124] Anmerkung: Lies: „Erklärung".

f) Antrag auf Verlängerung einer Gemeinschaftsmarke;

g) Einlegung einer Beschwerde;

h) Bevollmächtigung eines Vertreters in Form einer Spezial-[125] oder einer allgemeinen Vollmacht;

i) internationale Anmeldung oder eine anschließende Benennung[126] gemäß dem Madrider Protokoll.

(2) Die an einem Verfahren vor dem Amt Beteiligten können darüber hinaus folgende Formblätter verwenden:

a) Formblätter nach dem Vertrag über das Markenrecht[127] oder gemäß den Empfehlungen der Versammlung des Pariser Verbands zum Schutz des gewerblichen Eigentums;

b) mit Ausnahme des in Absatz 1 Buchstabe i genannten Formulars Formblätter desselben Inhalts und Formats.

(3) Das Amt stellt die in Absatz 1 genannten Formblätter in allen Amtssprachen der Gemeinschaft zur Verfügung.

Teil I. Unterrichtung der Öffentlichkeit

Regel 84 Register für Gemeinschaftsmarken. (1) Das Register für Gemeinschaftsmarken kann in Form einer elektronischen Datenbank geführt werden.

(2) In das Register für Gemeinschaftsmarken sind einzutragen:

a) der Anmeldetag;

b) das Aktenzeichen der Anmeldung;

c) der Tag der Veröffentlichung der Anmeldung;

d) Name und Anschrift des Anmelders;[128]

e) der Name und die Geschäftsanschrift des Vertreters, soweit es sich nicht um einen Vertreter im Sinne des Artikels 88 Absatz 3 Satz 1 **(nunmehr Artikel 92 Absatz 3 Satz 1)** der Verordnung handelt; bei mehreren Vertretern werden nur Name und Geschäftsanschrift des zuerst genannten Vertreters, gefolgt von den Worten „und andere", eingetragen; im Fall eines Zusammenschlusses von Vertretern werden nur Name und Anschrift des Zusammenschlusses eingetragen;

f) die Wiedergabe der Marke mit Angaben über ihren Charakter, sofern die Marke nicht in den Anwendungsbereich der Regel 3 Absatz 1 fällt; bei Eintragung der Marke in Farbe der Vermerk „farbig" und die Angabe der Farben, aus denen sich die Marke zusammensetzt; gegebenenfalls eine Beschreibung der Marke;

g) die Bezeichnung der in Gruppen in Übereinstimmung mit den Klassen der Nizzaer Klassifikation zusammengefaßten Waren und Dienstleistungen; jeder Gruppe wird die Nummer der einschlägigen Klasse in der Reihenfolge der Klassifikation vorangestellt;

h) Angaben über die Inanspruchnahme einer Priorität gemäß Artikel 30 der Verordnung;

i) Angaben über die Inanspruchnahme einer Ausstellungspriorität gemäß Artikel 33 der Verordnung;

j) Angaben über die Inanspruchnahme des Zeitrangs einer eingetragenen älteren Marke gemäß Artikel 34 der Verordnung;

---

[125] Anmerkung: Lies: „Einzel-".
[126] Anmerkung: Lies: „nachträgliche Schutzerstreckung".
[127] Anmerkung: Lies: „Markenrechtsvertrag".
[128] Geändert durch Verordnung (EG) Nr. 1041/2005 der Kommission vom 29.6.2005.

k) die Erklärung, daß die Marke gemäß Artikel 7 Absatz 3 der Verordnung infolge ihrer Benutzung Unterscheidungskraft erlangt hat;

l) die Erklärung des Anmelders, daß er das ausschließliche Recht an einem Bestandteil der Marke gemäß Artikel 38 Absatz 2 **(nunmehr Artikel 37 Absatz 2)** der Verordnung nicht in Anspruch nehmen wird;

m) die Angabe, daß es sich um eine Gemeinschaftskollektivmarke handelt;

n) die Sprache, in der die Anmeldung eingereicht wurde, und die zweite Sprache, die der Anmelder in seiner Anmeldung gemäß Artikel 115 Absatz 3 **(nunmehr Artikel 119 Absatz 3)** der Verordnung angegeben hat;

o) der Tag der Eintragung der Anmeldung in das Register und die Nummer der Eintragung;

p) die Erklärung, dass die Anmeldung sich aus der Umwandlung einer internationalen Registrierung, in der die Europäische Gemeinschaft benannt ist, gemäß Artikel 156 **(nunmehr Artikel 161)** der Verordnung ergibt, sowie der Tag der internationalen Registrierung gemäß Artikel 3 Absatz 4 des Madrider Protokolls oder der Tag der Eintragung der territorialen Ausdehnung auf die Europäische Gemeinschaft im Anschluss an die internationale Registrierung gemäß Artikel 3ter Absatz 2 des Madrider Protokolls und das Prioritätsdatum der internationalen Registrierung.[129]

(3) In das Register für Gemeinschaftsmarken sind außerdem unter Angabe des Tages der jeweiligen Eintragung einzutragen:

a) Änderungen des Namens, der Anschrift, der Staatsangehörigkeit oder des Staates des Wohnsitzes, des Sitzes oder der Niederlassung des Inhabers der Gemeinschaftsmarke;

b) Änderungen des Namens oder der Geschäftsanschrift des Vertreters, soweit es sich nicht um einen Vertreter im Sinne des Artikels 88 Absatz 3 Satz 1 **(nunmehr Artikel 92 Absatz 3 Satz 1)** der Verordnung handelt;

c) wird ein neuer Vertreter bestellt, den Namen und die Geschäftsanschrift dieses Vertreters;

d) Änderungen der Marke gemäß Artikel 48 der Verordnung und Berichtigungen von Fehlern;

e) der Hinweis auf die Änderungen der Satzung gemäß Artikel 69 **(nunmehr Artikel 71)** der Verordnung;

f) Angaben über die Inanspruchnahme des Zeitrangs einer eingetragenen älteren Marke nach Artikel 34 der Verordnung gemäß Artikel 35 der Verordnung;

g) der vollständige oder teilweise Rechtsübergang gemäß Artikel 17 der Verordnung;

h) die Begründung oder Übertragung eines dinglichen Rechts gemäß Artikel 19 der Verordnung und die Art des dinglichen Rechts;

i) Zwangsvollstreckungsmaßnahmen gemäß Artikel 20 der Verordnung sowie Insolvenzverfahren gemäß Artikel 21 der Verordnung;[130]

j) die Erteilung oder Übertragung einer Lizenz gemäß Artikel 22 der Verordnung und gegebenenfalls die Art der Lizenz gemäß Regel 34;

k) die Verlängerung einer Eintragung gemäß Artikel 47 der Verordnung und der Tag, an dem sie wirksam wird, sowie etwaige Einschränkungen gemäß Artikel 47 Absatz 4 der Verordnung;

l) ein Vermerk über die Feststellung des Ablaufs der Eintragung gemäß Artikel 47 der Verordnung;

---

[129] Eingefügt durch Verordnung (EG) Nr. 782/2004 der Kommission vom 26.4.2004.
[130] Geändert durch Verordnung (EG) Nr. 1041/2005 der Kommission vom 29.6.2005.

m) die Erklärung des Verzichts des Markeninhabers gemäß Artikel 49 **(nunmehr Artikel 50)** der Verordnung;

n) der Tag der Stellung eines Antrags gemäß Artikel 55 **(nunmehr Artikel 56)** der Verordnung oder der Erhebung einer Widerklage auf Erklärung des Verfalls oder der Nichtigkeit gemäß Artikel 96 Absatz 4 **(nunmehr Artikel 100 Absatz 4)** der Verordnung;

o) der Tag und der Inhalt der Entscheidung über den Antrag oder die Widerklage gemäß Artikel 56 Absatz 6 **(nunmehr Artikel 57 Absatz 6)** oder Artikel 96 Absatz 6 Satz 3 **(nunmehr Artikel 100 Absatz 6 Satz 3)** der Verordnung;

p) ein Hinweis auf den Eingang des Umwandlungsantrags gemäß Artikel 109 Absatz 2 **(nunmehr Artikel 113 Absatz 2)** der Verordnung;

q) die Löschung des gemäß Absatz 2 Buchstabe e) eingetragenen Vertreters;

r) die Löschung des Zeitranges einer eingetragenen älteren Marke;

s) die Änderung oder die Löschung der nach den Buchstaben h), i) und j) eingetragenen Angaben.

t) der Ersatz der Gemeinschaftsmarke durch eine internationale Registrierung gemäß Artikel 152 **(nunmehr Artikel 157)** der Verordnung;[131]

u) der Tag und die Nummer einer internationalen Registrierung auf der Grundlage der Anmeldung der Gemeinschaftsmarke, die zur Eintragung einer Gemeinschaftsmarke geführt hat, gemäß Artikel 143 Absatz 1 **(nunmehr Artikel 148 Absatz 1)** der Verordnung;[132]

v) der Tag und die Nummer einer internationalen Registrierung auf der Grundlage der Gemeinschaftsmarke gemäß Artikel 143 Absatz 2 **(nunmehr Artikel 148 Absatz 2)** der Verordnung;[133]

w) die Teilung der Eintragung gemäß Artikel 48a **(nunmehr Artikel 49)** der Verordnung und Regel 25a mit den Angaben nach Absatz 2 bezüglich der Teileintragung sowie die geänderte Liste der Waren und Dienstleistungen der ursprünglichen Eintragung;[134]

x) der Widerruf einer Entscheidung oder die Löschung einer Registereintragung gemäß Artikel 77a **(nunmehr Artikel 80)** der Verordnung, wenn der Widerruf bzw. die Löschung eine bereits veröffentlichte Entscheidung bzw. Eintragung betrifft.[135]

(4) Der Präsident des Amtes kann bestimmen, daß noch andere als die in den Absätzen 2 und 3 vorgesehenen Angaben eingetragen werden.

(5) Der Markeninhaber erhält über jede Änderung im Register eine Mitteilung.

(6) Das Amt liefert auf Antrag gegen Entrichtung einer Gebühr beglaubigte oder unbeglaubigte Auszüge aus dem Register.

Teil J. Blatt für Gemeinschaftsmarken und Amtsblatt des Amtes

Regel 85 Blatt für Gemeinschaftsmarken. (1) Aufmachung und Periodizität des Blattes für Gemeinschaftsmarken werden vom Präsidenten des Amtes bestimmt.[136]

(2) Das Blatt für Gemeinschaftsmarken enthält Veröffentlichungen der Anmeldungen und Eintragungen in das Register sowie andere Angaben im Zusammenhang mit Anmeldungen oder Eintragungen, deren Veröffentlichung die Verordnung oder diese Regeln vorschreiben.

---

[131] Eingefügt durch Verordnung (EG) Nr. 782/2004 der Kommission vom 26. 4. 2004.
[132] Eingefügt durch Verordnung (EG) Nr. 782/2004 der Kommission vom 26. 4. 2004.
[133] Eingefügt durch Verordnung (EG) Nr. 782/2004 der Kommission vom 26. 4. 2004.
[134] Eingefügt durch Verordnung (EG) Nr. 1041/2005 der Kommission vom 29. 6. 2005.
[135] Eingefügt durch Verordnung (EG) Nr. 1041/2005 der Kommission vom 29. 6. 2005.
[136] Geändert durch Verordnung (EG) Nr. 1041/2005 der Kommission vom 29. 6. 2005.

(3) Werden Angaben, deren Veröffentlichung die Verordnung oder diese Regeln vorschreiben, im Blatt für Gemeinschaftsmarken veröffentlicht, so ist das auf dem Blatt angegebene Datum der Ausgabe des Blatts als das Datum der Veröffentlichung der Angaben anzusehen.

(4) Beinhalten die Eintragungen im Zusammenhang mit der Eintragung einer Marke keine Änderungen im Vergleich zu der Veröffentlichung der Anmeldung, so werden diese Eintragungen unter Hinweis auf die in der Veröffentlichung der Anmeldung enthaltenen Angaben veröffentlicht.

(5) Die Bestandteile der Anmeldung einer Gemeinschaftsmarke gemäß Artikel 26 Absatz 1 der Verordnung sowie gegebenenfalls jede weitere Angabe, deren Veröffentlichung nach Regel 12 vorgeschrieben ist, werden in allen Amtssprachen der Gemeinschaft veröffentlicht.

(6) Das Amt trägt jeder vom Anmelder vorgelegten Übersetzung Rechnung. Ist die Sprache der Anmeldung nicht eine der Sprachen des Amtes, so wird die Übersetzung dem Anmelder in der von ihm angegebenen zweiten Sprache mitgeteilt. Der Anmelder kann Änderungen an der Übersetzung innerhalb einer vom Amt festzulegenden Frist vorschlagen. Bleibt eine Antwort des Anmelders innerhalb dieser Frist aus oder vertritt das Amt die Auffassung, daß die vorgeschlagenen Änderungen unangebracht sind, so wird die vom Amt vorgeschlagene Übersetzung veröffentlicht.

Regel 86 Amtsblatt des Amtes. (1) Das Amtsblatt des Amtes wird in regelmäßigen Ausgaben veröffentlicht. Das Amt kann der Öffentlichkeit das Amtsblatt auf CD-ROM oder in einer anderen maschinenlesbaren Form zur Verfügung stellen.

(2) Das Amtsblatt wird in den Sprachen des Amtes veröffentlicht. Der Präsident des Amtes kann festlegen, daß bestimmte Mitteilungen in allen Amtssprachen der Gemeinschaft veröffentlicht werden.

Regel 87 Datenbank. (1) Das Amt unterhält eine elektronische Datenbank mit Angaben über die Anmeldungen von Gemeinschaftsmarken und Eintragungen in das Register. Das Amt kann den Inhalt dieser Datenbank auch auf CD-ROM oder in einer anderen maschinenlesbaren Form zur Verfügung stellen.

(2) Der Präsident des Amtes legt die Bedingungen für den Zugang zur Datenbank und die Art und Weise fest, in der der Inhalt dieser Datenbank in maschinenlesbarer Form bereitgestellt werden kann, einschließlich der Preise für diese Leistungen.

Teil K. Akteneinsicht und Aufbewahrung der Akten

Regel 88 Von der Einsicht ausgeschlossene Aktenteile. Von der Akteneinsicht sind gemäß Artikel 84 Absatz 4 **(nunmehr Artikel 88 Absatz 4)** der Verordnung folgende Aktenteile ausgeschlossen:

a) Vorgänge über die Frage der Ausschließung oder Ablehnung gemäß Artikel 132 **(nunmehr Artikel 137)** der Verordnung;

b) Entwürfe zu Entscheidungen und Bescheiden sowie alle sonstigen inneramtlichen Schriftstücke, die der Vorbereitung von Entscheidungen und Bescheiden dienen;

c) Aktenteile, an deren Geheimhaltung der Beteiligte vor der Stellung des Antrags auf Akteneinsicht ein besonderes Interesse dargelegt hat, sofern die Einsicht in diese Aktenteile nicht durch vorrangig berechtigte Interessen der um Einsicht nachsuchenden Partei begründet wird.

Regel 89 Durchführung der Akteneinsicht. (1) Die Einsicht in die Akten angemeldeter und eingetragener Gemeinschaftsmarken wird in die Originalschriftstücke oder in Abschriften davon oder in die elektronischen Datenträger gewährt, wenn die Akten in dieser Weise gespeichert sind. Die Art der Einsichtnahme wird vom Präsidenten des Amtes bestimmt.[137]

Bei einer Akteneinsicht gemäß den Absätzen 3, 4 und 5 gilt der Antrag auf Einsichtnahme erst als gestellt, wenn die diesbezügliche Gebühr entrichtet worden ist. Die Online-Einsichtnahme in elektronische Datenträger ist gebührenfrei.

(2) Wird die Einsicht in die Akten einer Gemeinschaftsmarkenanmeldung beantragt, die noch nicht gemäß Artikel 40 **(nunmehr Artikel 39)** der Verordnung veröffentlicht wurde, so muss der Antrag den Nachweis enthalten, dass der Anmelder der Einsichtnahme zugestimmt oder aber erklärt hat, dass er nach Eintragung der Marke seine Rechte aus der Marke gegen die um Akteneinsicht nachsuchende Partei geltend machen wird.[138]

(3) Die Akteneinsicht findet im Dienstgebäude des Amtes statt.

(4) Die Akteneinsicht wird auf Antrag durch Erteilung von Kopien gewährt. Diese Kopien sind gebührenpflichtig.

(5) Das Amt erteilt auf Antrag gegen Entrichtung einer Gebühr beglaubigte oder unbeglaubigte Kopien der Anmeldung der Gemeinschaftsmarke oder des Akteninhalts gemäß Absatz 4.

(6) Die vom Amt geführten Akten über internationale Registrierungen, in denen die Europäische Gemeinschaft benannt ist, können vorbehaltlich der Regel 88 auf Antrag ab dem Tag der Veröffentlichung gemäß Artikel 147 Absatz 1 **(nunmehr Artikel 152 Absatz 1)** der Verordnung unter den in Absatz 1, 3 und 4 festgelegten Bedingungen eingesehen werden.[139]

Regel 90 Auskunft aus den Akten. Das Amt kann vorbehaltlich der in Artikel 84 **(nunmehr Artikel 88)** der Verordnung und Regel 88 vorgesehenen Beschränkungen auf Antrag und gegen Entrichtung einer Gebühr Auskünfte aus den Akten angemeldeter oder eingetragener Gemeinschaftsmarken erteilen. Das Amt kann jedoch verlangen, daß von der Möglichkeit der Akteneinsicht Gebrauch gemacht wird, wenn dies im Hinblick auf den Umfang der zu erteilenden Auskünfte zweckmäßig erscheint.

Regel 91 Aufbewahrung der Akten[140]. (1) Der Präsident des Amtes bestimmt, in welcher Form die Akten aufbewahrt werden.

(2) Bei elektronischer Speicherung werden die Akten, oder Sicherungskopien davon, auf unbestimmte Zeit aufbewahrt. Die Originalschriftstücke der Verfahrensbeteiligten, die vom Amt entgegengenommen und elektronisch gespeichert wurden, werden nach Ablauf einer vom Präsidenten des Amtes bestimmten Frist vernichtet.

(3) Werden Akten oder Teile davon in nicht-elektronischer Form aufbewahrt, gilt für die dazugehörigen Schriftstücke oder Beweismittel eine Aufbewahrungsfrist von mindestens fünf Jahren ab dem Ende des Jahres, in dem:

a) die Anmeldung zurückgewiesen oder zurückgenommen worden ist oder als zurückgenommen gilt oder

---

[137] Geändert durch Verordnung (EG) Nr. 1041/2005 der Kommission vom 29. 6. 2005.
[138] Geändert durch Verordnung (EG) Nr. 1041/2005 der Kommission vom 29. 6. 2005.
[139] Eingefügt durch Verordnung (EG) Nr. 782/2004 der Kommission vom 26. 4. 2004.
[140] Geändert durch Verordnung (EG) Nr. 1041/2005 der Kommission vom 29. 6. 2005.

b) die Gemeinschaftsmarke gemäß Artikel 47 der Verordnung vollständig erloschen[141] ist oder

c) der vollständige Verzicht auf die Gemeinschaftsmarke gemäß Artikel 49 **(nunmehr Artikel 50)** der Verordnung eingetragen worden ist oder

d) die Gemeinschaftsmarke aufgrund von Artikel 56 Absatz 6 **(nunmehr Artikel 57 Absatz 6)** oder Artikel 96 Absatz 6 **(nunmehr Artikel 100 Absatz 6)** der Verordnung vollständig im Register gelöscht worden ist.

Teil L. Amtshilfe

Regel 92 Gegenseitige Unterrichtung und Verkehr des Amtes mit Behörden der Mitgliedstaaten. (1) Das Amt und die Zentralbehörden für den gewerblichen Rechtsschutz der Mitgliedstaaten sowie das Benelux-Markenamt übermitteln einander auf Ersuchen sachdienliche Angaben über Anmeldungen von Gemeinschaftsmarken oder nationalen Marken und über Verfahren, die diese Anmeldungen und die darauf eingetragenen Marken betreffen. Diese Übermittlungen von Angaben unterliegen nicht den Beschränkungen des Artikels 84 **(nunmehr Artikel 88)** der Verordnung.

(2) Bei Mitteilungen, die sich aus der Anwendung der Verordnung oder dieser Regeln ergeben, verkehren das Amt und die Gerichte oder Behörden der Mitgliedstaaten unmittelbar miteinander. Diese Unterrichtungen können auch durch die Zentralbehörden für den gewerblichen Rechtsschutz der Mitgliedstaaten und das Benelux-Markenamt erfolgen.

(3) Ausgaben, die durch die in den Absätzen 1 und 2 genannten Mitteilungen entstehen, sind von der Behörde zu tragen, die die Mitteilung gemacht hat; diese Mitteilungen sind gebührenfrei.

Regel 93 Akteneinsicht durch Gerichte und Behörden der Mitgliedstaaten oder durch deren Vermittlung. (1) Die Einsicht in die Akten einer angemeldeten oder eingetragenen Gemeinschaftsmarke durch Gerichte und Behörden der Mitgliedstaaten wird in das Originalschriftstück oder in eine Kopie gewährt; ansonsten findet Regel 89 keine Anwendung.

(2) Gerichte und Staatsanwaltschaften der Mitgliedstaaten können in Verfahren, die bei ihnen anhängig sind, Dritten Einsicht in die vom Amt übermittelten Akten oder Kopien gewähren. Diese Akteneinsicht unterliegt Artikel 84 **(nunmehr Artikel 88)** der Verordnung. Das Amt erhebt für diese Akteneinsicht keine Gebühr.

(3) Das Amt weist die Gerichte und Staatsanwaltschaften der Mitgliedstaaten bei der Übermittlung der Akten oder Kopien der Akten auf die Beschränkungen hin, denen die Gewährung der Einsicht in die Akten einer angemeldeten oder eingetragenen Gemeinschaftsmarke gemäß Artikel 84 **(nunmehr Artikel 88)** der Verordnung und Regel 88 unterliegt.

Teil M. Kosten

Regel 94 Kostenverteilung und Kostenfestsetzung. (1) Die Kostenverteilung gemäß Artikel 81 Absätze 1 und 2 **(nunmehr Artikel 85 Absätze 1 und 2)** der Verordnung wird in der Entscheidung über den Widerspruch, in der Entscheidung über den Antrag auf Erklärung des Verfalls oder der Nichtigkeit einer Gemeinschaftsmarke oder in der Entscheidung über die Beschwerde angeordnet.

---

[141] Anmerkung: Lies: „abgelaufen".

(2) Die Kostenverteilung gemäß Artikel 81 Absätze 3 und 4 **(nunmehr Artikel 85 Absätze 3 und 4)** der Verordnung wird in einer Kostenentscheidung der Widerspruchsabteilung, der Nichtigkeitsabteilung oder der Beschwerdekammer angeordnet.

(3) Werden keine Kosten gemäß Artikel 81 Absatz 6 Satz 1 **(nunmehr Artikel 85 Absatz 6 Satz 1)** der Verordnung festgesetzt, sind dem Antrag auf Kostenfestsetzung eine Kostenaufstellung und entsprechende Belege beizufügen. Für die in Absatz 7 Buchstabe d genannten Vertretungskosten genügt eine Zusicherung des Vertreters, dass die Kosten entstanden sind. Für sonstige Kosten genügt, dass sie nachvollziehbar dargelegt[142] werden. Werden die Kosten gemäß Artikel 81 Absatz 6 Satz 1 **(nunmehr Artikel 85 Absatz 6 Satz 1)** der Verordnung festgesetzt, so werden Vertretungskosten gemäß Absatz 7 Buchstabe d unabhängig davon erstattet, ob sie tatsächlich angefallen sind.[143]

(4) Der Antrag gemäß Artikel 81 Absatz 6 Satz 3 **(nunmehr Artikel 85 Absatz 6 Satz 3)** der Verordnung auf Überprüfung der Entscheidung über die Kostenfestsetzung der Geschäftsstelle ist innerhalb eines Monats nach Zustellung der Kostenfestsetzung beim Amt einzureichen und zu begründen. Der Antrag gilt erst als gestellt, wenn die Gebühr für die Überprüfung der Kostenfestsetzung entrichtet worden ist.[144]

(5) Die Widerspruchsabteilung, die Nichtigkeitsabteilung oder die Beschwerdekammer entscheidet über den in Absatz 4 genannten Antrag ohne mündliche Verhandlung.

(6) Die gemäß Artikel 81 Absatz 1 **(nunmehr Artikel 85 Absatz 1)** der Verordnung von dem unterliegenden Beteiligten zu tragenden Gebühren beschränken sich auf die vom anderen Beteiligten entrichtete Gebühr für den Widerspruch, für den Antrag auf Erklärung des Verfalls oder der Nichtigkeit der Gemeinschaftsmarke und für die Beschwerde.

(7) Vorbehaltlich Absatz 3 trägt die unterliegende Partei nach Artikel 81 Absatz 1 **(nunmehr Artikel 85 Absatz 1)** der Verordnung die der obsiegenden Partei tatsächlich entstandenen und für die Durchführung des Verfahrens notwendigen Kosten im Rahmen der folgenden Höchstsätze:

a) sofern die Partei nicht vertreten wird, die folgenden Reise- und Aufenthaltskosten für eine Person für die Hin- und Rückfahrt zwischen dem Wohnort oder dem Geschäftsort und dem Ort der mündlichen Verhandlung gemäß Regel 56:

   i) Beförderungskosten in Höhe des Eisenbahnfahrpreises 1. Klasse einschließlich der üblichen Zuschläge, falls die Gesamtentfernung nicht mehr als 800 Eisenbahnkilometer beträgt;

   ii) Beförderungskosten in Höhe des Flugpreises der Touristenklasse, falls die Gesamtentfernung mehr als 800 Eisenbahnkilometer beträgt oder der Seeweg benutzt werden muss;

   iii) Aufenthaltskosten gemäß Artikel 13 des Anhangs VII zum Statut der Beamten der Europäischen Gemeinschaften;

b) die Reisekosten für Vertreter im Sinne des Artikels 89 Absatz 1 **(nunmehr Artikel 93 Absatz 1)** der Verordnung nach Maßgabe von Buchstabe a Ziffern i und ii;

c) die Reise und Aufenthaltskosten, Verdienstausfallentschädigungen und Vergütungen, die den Zeugen und Sachverständigen gemäß Regel 59 Absätze 2, 3 oder 4 zustehen, sofern eine der Parteien gemäß Regel 59 Absatz 5 Buchstabe b dafür aufzukommen hat;

---

[142] Anmerkung: Lies: „glaubhaft gemacht".
[143] Geändert durch Verordnung (EG) Nr. 1041/2005 der Kommission vom 29. 6. 2005.
[144] Geändert durch Verordnung (EG) Nr. 1041/2005 der Kommission vom 29. 6. 2005.

d) die Vertretungskosten im Sinne des Artikels 89 Absatz 1 **(nunmehr Artikel 93 Absatz 1)** der Verordnung
    i) des Widersprechenden im Widerspruchsverfahren:
    300 Euro;
    ii) des Anmelders im Widerspruchsverfahren:
    300 Euro;
    iii) des Antragstellers im Verfahren zur Feststellung[145] des Verfalls oder der Nichtigkeit der Gemeinschaftsmarke:
    450 Euro;
    iv) des Markeninhabers im Verfahren zur Feststellung[146] des Verfalls oder der Nichtigkeit der Gemeinschaftsmarke:
    450 Euro;
    v) des Beschwerdeführers im Beschwerdeverfahren:
    550 Euro;
    vi) des Beklagten im Beschwerdeverfahren:
    550 Euro;
    vii) sofern eine mündliche Verhandlung stattgefunden hat, zu der die Parteien gemäß Regel 56 geladen wurden, erhöht sich der unter den Ziffern i) bis vi) genannte Betrag um 400 Euro;

e) sofern mehrere Personen Anmelder oder Miteigentümer der Gemeinschaftsmarke sind oder mehrere Personen gemeinsam als Widersprechende oder als Antragsteller auf Feststellung des Verfalls oder der Nichtigkeit auftreten, trägt die unterliegende Partei die in Buchstabe a genannten Kosten lediglich für eine dieser Personen;

f) ist die obsiegende Partei von mehreren Vertretern im Sinne des Artikels 89 Absatz 1 **(nunmehr Artikel 93 Absatz 1)** der Verordnung vertreten worden, so hat die unterliegende Partei die in den Buchstaben b und d genannten Kosten lediglich für einen Vertreter zu tragen;

g) andere als die in den Buchstaben a bis f genannten Kosten, Aufwendungen oder Honorare hat die unterliegende Partei der obsiegenden Partei nicht zu erstatten.[147]

Teil N. Sprachenregelung

Regel 95 Anträge und Anmeldungen[148]. Unbeschadet der Anwendung des Artikels 115 Absatz 5 **(nunmehr Artikel 119 Absatz 5)** der Verordnung
a) können alle Anträge oder Erklärungen, die sich auf die Anmeldung einer Gemeinschaftsmarke beziehen, in der Sprache der Anmeldung der Gemeinschaftsmarke oder in der vom Anmelder in seiner Anmeldung angegebenen zweiten Sprache gestellt werden;
b) können alle Anträge oder Erklärungen, die sich auf eine eingetragene Gemeinschaftsmarke beziehen, in einer Sprache des Amtes gestellt bzw. abgegeben werden. Wird für den Antrag jedoch eines der vom Amt gemäß Regel 83 bereitgestellten Formblätter verwendet, so genügen die Formblätter in einer der Amtssprachen der Gemeinschaft, vorausgesetzt, daß das Formblatt, soweit es Textbestandteile betrifft, in einer der Sprachen des Amtes ausgefüllt ist.

---

[145] Anmerkung: Lies: „zur Erklärung".
[146] Anmerkung: Lies: „zur Erklärung".
[147] Geändert durch Verordnung (EG) Nr. 1041/2005 der Kommission vom 29. 6. 2005.
[148] Lies „Erklärungen"; vgl. Text der R. 95.

Regel 96 Schriftliche Verfahren. (1) Unbeschadet Artikel 115 Absätze 4 und 7 **(nunmehr Artikel 119 Absätze 4 und 7)** der Verordnung und sofern diese Regeln nichts anderes vorsehen, kann jeder Beteiligte im schriftlichen Verfahren vor dem Amt jede Sprache des Amtes benutzen. Ist die von einem Beteiligten gewählte Sprache nicht die Verfahrenssprache, so legt dieser innerhalb eines Monats nach Vorlage des Originalschriftstücks eine Übersetzung in der Verfahrenssprache vor. Ist der Anmelder einer Gemeinschaftsmarke der einzige Beteiligte an einem Verfahren vor dem Amt und ist die für die Anmeldung der Gemeinschaftsmarke benutzte Sprache keine Sprache des Amtes, so kann die Übersetzung auch in der vom Anmelder in seiner Anmeldung angegebenen zweiten Sprache vorgelegt werden.

(2) Sofern diese Regeln nichts anderes vorsehen, können Schriftstücke, die in Verfahren vor dem Amt verwendet werden sollen, in jeder Amtssprache der Gemeinschaft eingereicht werden. Soweit die Schriftstücke nicht in der Verfahrenssprache abgefaßt sind, kann das Amt jedoch verlangen, daß eine Übersetzung innerhalb einer von ihm festgelegten Frist in dieser Verfahrenssprache oder nach der Wahl des Beteiligten in einer der Sprachen des Amtes nachgereicht wird.

Regel 97 Mündliche Verfahren. (1) Jeder an einem mündlichen Verfahren vor dem Amt Beteiligte kann anstelle der Verfahrenssprache eine der anderen Amtssprachen der Gemeinschaft benutzen, sofern er für die Übersetzung in die Verfahrenssprache sorgt. Findet das mündliche Verfahren im Zusammenhang mit der Anmeldung einer Gemeinschaftsmarke statt, so kann der Anmelder entweder die Sprache der Anmeldung oder die von ihm angegebene zweite Sprache verwenden.

(2) Im mündlichen Verfahren betreffend die Anmeldung einer Gemeinschaftsmarke kann das Amtspersonal entweder die Sprache der Anmeldung oder die vom Anmelder angegebene zweite Sprache benutzen. In allen anderen Verfahren kann das Amtspersonal anstelle der Verfahrenssprache eine der anderen Sprachen des Amtes verwenden, sofern die am Verfahren Beteiligten hiermit einverstanden sind.

(3) In der Beweisaufnahme können sich die zu vernehmenden Beteiligten, Zeugen oder Sachverständigen, die sich in der Verfahrenssprache nicht hinlänglich ausdrücken können, jeder Amtssprache der Gemeinschaft bedienen. Ist die Beweisaufnahme auf Antrag eines Beteiligten angeordnet worden, so werden die zu vernehmenden Beteiligten, Zeugen oder Sachverständigen mit Erklärungen, die sie in einer anderen Sprache als der Verfahrenssprache abgeben, nur gehört, sofern der antragstellende Beteiligte selbst für die Übersetzung in die Verfahrenssprache sorgt. In Verfahren betreffend die Anmeldung einer Gemeinschaftsmarke kann anstelle der Sprache der Anmeldung die vom Anmelder angegebene zweite Sprache verwendet werden. In allen Verfahren mit nur einem Beteiligten kann das Amt auf Antrag des Beteiligten Abweichungen von dieser Regel gestatten.

(4) Mit Einverständnis aller Beteiligten und des Amtes kann jede Amtssprache der Gemeinschaft verwendet werden.

(5) Falls notwendig, trifft das Amt auf eigene Kosten Vorkehrungen für die Übersetzung in die Verfahrenssprache oder in eine andere Sprache des Amtes, sofern diese Übersetzung nicht einem der Verfahrensbeteiligten obliegt.

(6) Erklärungen der Bediensteten des Amtes, der Beteiligten, Zeugen und Sachverständigen in einem mündlichen Verfahren, die in einer Sprache des Amtes abgegeben werden, werden in dieser Sprache in die Niederschrift aufgenommen. Erklärungen, die in einer anderen Sprache abgegeben werden, werden in der Verfahrenssprache in die Niederschrift auf-

genommen. Änderungen am Text der Anmeldung einer Gemeinschaftsmarke oder einer eingetragenen Gemeinschaftsmarke werden in der Verfahrenssprache in die Niederschrift aufgenommen.

Regel 98 Übersetzungen[149]. (1) Ist die Übersetzung eines Schriftstücks einzureichen, so muss sie auf das Originalschriftstück Bezug nehmen und die Struktur und den Inhalt des Originalschriftstücks wiedergeben. Das Amt kann innerhalb einer von ihm zu setzenden Frist eine Beglaubigung darüber verlangen, dass die Übersetzung mit dem Urtext übereinstimmt. Der Präsident des Amtes bestimmt, wie Übersetzungen zu beglaubigen sind.

(2) Sofern die Verordnung oder die vorliegenden Regeln nichts anderes bestimmen, gilt ein Schriftstück, für das eine Übersetzung einzureichen ist, als nicht beim Amt eingegangen, wenn:

a) die Übersetzung nach Ablauf der Frist für die Einreichung des Originalschriftstücks oder der Übersetzung eingeht;

b) wenn die Beglaubigung gemäß Absatz 1 nicht innerhalb der gesetzten Frist eingereicht wird.

Regel 99 Glaubwürdigkeit der Übersetzung. Das Amt kann, sofern nicht der Beweis des Gegenteils erbracht wird, davon ausgehen, daß eine Übersetzung mit dem jeweiligen Urtext übereinstimmt.

Teil O. Organisation des Amtes

Regel 100 Entscheidungen eines einzelnen Mitglieds[150]. Folgende Entscheidungen dürfen gemäß Artikel 127 Absatz 2 **(nunmehr Artikel 132 Absatz 2)** oder Artikel 129 Absatz 2 **(nunmehr Artikel 134 Absatz 2)** der Verordnung von einem einzelnen Mitglied der Widerspruchs oder Nichtigkeitsabteilung getroffen werden:

a) Entscheidungen über die Kostenverteilung;

b) Kostenfestsetzungsentscheidungen gemäß Artikel 81 Absatz 6 Satz 1 **(nunmehr Artikel 85 Absatz 6 Satz 1)** der Verordnung;

c) Entscheidungen, das Verfahren einzustellen;

d) Entscheidungen, einen Widerspruch vor Ablauf der in Regel 18 Absatz 1 genannten Frist als unzulässig zurückzuweisen;

e) Entscheidungen über die Aussetzung des Verfahrens;

f) Entscheidungen über die Verbindung oder Trennung von Widersprüchen gemäß Regel 21 Absatz 1.

Titel XII. Gegenseitigkeit

Regel 101 Veröffentlichung der Gegenseitigkeit[151]. (1) Falls erforderlich, beantragt der Präsident des Amtes bei der Kommission die Prüfung, ob ein Staat, der nicht Vertragspartei der Pariser Verbandsübereinkunft oder des Abkommens zur Errichtung der Welthandelsorganisation ist, im Sinne des Artikels 29 Absatz 5 der Verordnung Gegenseitigkeit gewährt.

---

[149] Geändert durch Verordnung (EG) Nr. 1041/2005 der Kommission vom 29.6. 2005.
[150] Geändert durch Verordnung (EG) Nr. 1041/2005 der Kommission vom 29.6. 2005.
[151] Absätze 1 bis 3 geändert durch Verordnung (EG) Nr. 1041/2005 der Kommission vom 29.6. 2005.

(2) Stellt die Kommission fest, dass die Gegenseitigkeit nach Absatz 1 gewährt wird, so veröffentlicht sie eine entsprechende Mitteilung im Amtsblatt der Europäischen Union.

(3) Artikel 29 Absatz 5 der Verordnung findet ab dem Tag der Veröffentlichung der in Absatz 2 erwähnten Mitteilung im Amtsblatt der Europäischen Union Anwendung, es sei denn, in der Mitteilung ist ein früheres Gültigkeitsdatum angegeben. Die Anwendbarkeit erlischt mit dem Tag, an dem die Kommission im Amtsblatt der Europäischen Union eine Mitteilung über die Aberkennung der Gegenseitigkeit veröffentlicht, es sei denn, in der Mitteilung ist ein früheres Gültigkeitsdatum angegeben.

(4) Mitteilungen im Rahmen der Absätze 2 und 3 werden auch im Amtsblatt des Amtes veröffentlicht.

Titel XIII. Verfahren betreffend die internationale Registrierung von Marken[152]

Teil A. Internationale Registrierung auf der Grundlage einer Anmeldung einer Gemeinschaftsmarke oder einer Gemeinschaftsmarke

Regel 102 Einreichung einer internationalen Anmeldung. (1) Das Formblatt, das das Amt für die Einreichung einer internationalen Anmeldung gemäß Artikel 142 Absatz 1 **(nunmehr Artikel 147 Absatz 1)** der Verordnung bereitstellt, lehnt sich an das vom Internationalen Büro bereitgestellte Formblatt an; es hat dasselbe Format, sieht jedoch zusätzliche Angaben und Bestandteile vor, die gemäß diesen Regeln erforderlich oder angebracht sind. Die Anmelder können auch das vom Internationalen Büro bereitgestellte offizielle Formblatt verwenden.

(2) Absatz 1 gilt entsprechend für das Formblatt zur Beantragung der territorialen Ausdehnung des Schutzes im Anschluss an die internationale Registrierung gemäß Artikel 144 **(nunmehr Artikel 149)** der Verordnung.

(3) Das Amt teilt dem Anmelder, der eine internationale Registrierung beantragt hat, den Tag mit, an dem die Unterlagen, aus denen die internationale Anmeldung besteht, beim Amt eingegangen sind.

(4) Wird die internationale Anmeldung in einer Amtssprache der Europäischen Gemeinschaft eingereicht, die nicht nach dem Madrider Protokoll für die Einreichung internationaler Anmeldungen zugelassen ist, und enthält die internationale Anmeldung keine Übersetzung des Verzeichnisses der Waren und Dienstleistungen und der sonstigen Textbestandteile, die Bestandteil der internationalen Anmeldung sind, in die Sprache, in der die Anmeldung gemäß Artikel 142 Absatz 2 **(nunmehr Artikel 147 Absatz 2)** der Verordnung beim Internationalen Büro eingereicht werden soll, so hat der Anmelder das Amt zu ermächtigen, der internationalen Anmeldung eine Übersetzung des betreffenden Verzeichnisses der Waren und Dienstleistungen und der sonstigen Textbestandteile, die Bestandteil der internationalen Anmeldung sind, in die Sprache, in der die Anmeldung gemäß Artikel 142 Absatz 2 **(nunmehr Artikel 147 Absatz 2)** der Verordnung beim Internationalen Büro eingereicht werden soll, beizufügen. Ist noch keine solche Übersetzung im Laufe des Verfahrens für die Eintragung der Gemeinschaftsmarke, auf die sich die internationale Anmeldung stützt, erstellt worden, so veranlasst das Amt unverzüglich die Übersetzung.

---

[152] Titel XIII (Regeln 102–126) eingefügt durch Verordnung (EG) Nr. 782/2004 der Kommission vom 26. 4. 2004.

Regel 103 Prüfung internationaler Anmeldungen. (1) Geht beim Amt eine internationale Anmeldung ein, für die die in Artikel 142 Absatz 5 **(nunmehr Artikel 147 Absatz 5)** der Verordnung erwähnte Gebühr noch nicht entrichtet wurde, teilt das Amt dem Anmelder mit, dass die internationale Anmeldung erst als eingereicht gilt, wenn die Gebühr gezahlt ist.

(2) Ergibt die Prüfung der internationalen Anmeldung, dass diese einen bzw. mehrere der folgenden Mängel aufweist, so fordert das Amt den Anmelder auf, die festgestellten Mängel innerhalb einer vom Amt festgelegten Frist zu beseitigen:

a) die internationale Anmeldung ist nicht auf einem der in Regel 102 Absatz 1 vorgesehenen Formblätter eingereicht worden und enthält nicht alle in diesem Formblatt geforderten Angaben und Informationen;

b) das Verzeichnis der Waren und Dienstleistungen in der internationalen Anmeldung ist nicht durch das Verzeichnis der Waren und Dienstleistungen in der zugrunde liegenden Anmeldung oder Eintragung der Gemeinschaftsmarke gedeckt;

c) die Marke, auf die sich die internationale Anmeldung bezieht, ist nicht mit der Marke, die Gegenstand der Basisanmeldung oder Basiseintragung der Gemeinschaftsmarke ist, identisch;

d) eine die Marke betreffende Angabe in der internationalen Anmeldung mit Ausnahme einer Erklärung gemäß Artikel 38 Absatz 2 **(nunmehr Artikel 37 Absatz 2)** der Verordnung oder eines Farbanspruchs, ist nicht in der Basisanmeldung oder Basiseintragung der Gemeinschaftsmarke enthalten;

e) in der internationalen Anmeldung wird Farbe als unterscheidendes Merkmal der Marke beansprucht, aber die Basisanmeldung oder Basiseintragung der Gemeinschaftsmarke ist nicht in denselben Farben, oder

f) der Anmelder ist den Angaben auf dem internationalen Formblatt zufolge nicht gemäß Artikel 2 Absatz 1 Ziffer ii) des Madrider Protokolls berechtigt, eine internationale Anmeldung über das Amt einzureichen.

(3) Hat der Anmelder es versäumt, das Amt gemäß Regel 102 Absatz 4 zu ermächtigen, eine Übersetzung beizufügen, oder ist unklar, welches Verzeichnis von Waren und Dienstleistungen der internationalen Anmeldung zugrunde gelegt werden soll, fordert das Amt den Anmelder auf, diese Angaben innerhalb einer vom Amt festgelegten Frist nachzuliefern.

(4) Werden die in Absatz 2 erwähnten Mängel nicht beseitigt oder die erforderlichen Angaben gemäß Absatz 3 nicht innerhalb der vom Amt gesetzten Frist vorgelegt, beschließt das Amt, die Weiterleitung der internationalen Anmeldung an das Internationale Büro zu verweigern.

Regel 104 Weiterleitung der internationalen Anmeldung. Das Amt leitet die internationale Anmeldung zusammen mit der in Artikel 3 Absatz 1 des Madrider Protokolls vorgesehenen Bescheinigung an das Internationale Büro weiter, sobald die internationale Anmeldung die Anforderungen der Regeln 102 und 103 sowie der Artikel 141 und 142 **(nunmehr Artikel 146 und 147)** der Verordnung erfüllt.

Regel 105 Territoriale Ausdehnung im Anschluss an die internationale Registrierung. (1) Wird gemäß Artikel 144 **(nunmehr Artikel 149)** der Verordnung im Anschluss an die internationale Registrierung beim Amt ein Antrag auf territoriale Ausdehnung des Schutzes gestellt, so fordert das Amt den Antragsteller gegebenenfalls auf, folgende Mängel innerhalb einer von ihm festgelegten Frist zu beseitigen:

a) der Antrag auf territoriale Ausdehnung ist nicht auf einem der in Regel 102 Absätze 1 und 2 vorgesehenen Formblatt eingereicht worden und enthält nicht alle in diesem Formblatt geforderten Angaben und Informationen;

b) im Antrag auf territoriale Ausdehnung ist die Nummer der internationalen Registrierung, auf die er sich bezieht, nicht angegeben;

c) das Verzeichnis der Waren und Dienstleistungen ist nicht von dem in der internationalen Registrierung enthaltenen Verzeichnis der Waren und Dienstleistungen gedeckt; oder

d) der Antragsteller ist den Angaben auf dem internationalen Formblatt zufolge nicht gemäß Artikel 2 Absatz 1 Ziffer ii und Artikel 3ter Absatz 2 des Madrider Protokolls berechtigt, über das Amt einen Antrag auf territoriale Ausdehnung im Anschluss an die internationale Registrierung zu stellen.

(2) Werden die in Absatz 1 erwähnten Mängel nicht vor Ablauf der vom Amt gesetzten Frist beseitigt, beschließt das das Amt, die Weiterleitung des im Anschluss an die internationale Registrierung gestellten Antrags auf territoriale Ausdehnung an das Internationale Büro zu verweigern.

(3) Das Amt teilt dem Antragsteller den Tag mit, an dem der Antrag auf territoriale Ausdehnung beim Amt eingegangen ist.

(4) Das Amt leitet den im Anschluss an die internationale Registrierung gestellten Antrag auf territoriale Ausdehnung an das Internationale Büro weiter, sobald die in Absatz 1 erwähnten Mängel beseitigt und die in Artikel 144 **(nunmehr Artikel 149)** der Verordnung festgelegten Anforderungen erfüllt sind.

Regel 106 Abhängigkeit der internationalen Registrierung von der Basisanmeldung oder Basiseintragung. (1) Das Amt unterrichtet das Internationale Büro, wenn innerhalb von fünf Jahren ab dem Tag der internationalen Registrierung,

a) die Anmeldung der Gemeinschaftsmarke, die der internationalen Registrierung zugrunde lag, zurückgenommen worden ist, als zurückgenommen gilt oder durch eine unanfechtbare Entscheidung zurückgewiesen worden ist;

b) die Gemeinschaftsmarke, die der internationalen Registrierung zugrunde lag, ihre Wirkung verloren hat, weil darauf verzichtet wurde, weil ihre Eintragung nicht verlängert wurde, weil sie für verfallen erklärt worden ist oder weil sie durch eine unanfechtbare Entscheidung des Amtes oder auf Grund einer Widerklage in einem Verletzungsverfahren von einem Gemeinschaftsmarkengericht für nichtig erklärt worden ist;

c) die Anmeldung oder Eintragung der Gemeinschaftsmarke, die der internationalen Registrierung zugrunde lag, in zwei Anmeldungen oder Eintragungen geteilt worden ist.

(2) Die in Absatz 1 erwähnte Mitteilung enthält:

a) die Nummer der internationalen Registrierung;

b) den Namen des Inhabers der internationalen Registrierung;

c) die Tatsachen und Entscheidungen, die die Basisanmeldung oder Basiseintragung berühren, sowie den Zeitpunkt, an dem diese Tatsachen eingetreten sind und diese Entscheidungen getroffen wurden;

d) in den in Absatz 1 Buchstabe a) oder b) aufgeführten Fällen den Antrag auf Löschung der internationalen Registrierung;

e) wenn im Falle des Absatzes 1 Buchstabe a) oder b) die Basisanmeldung oder Basiseintragung nur in Bezug auf einen Teil der Waren und Dienstleistungen betroffen ist, die Waren und Dienstleistungen, die betroffen sind, oder die Waren und Dienstleistungen, die nicht betroffen sind;

f) im Falle des Absatzes 1 Buchstabe c) die Nummer der betroffenen Anmeldungen oder Eintragungen von Gemeinschaftsmarken.

(3) Das Amt unterrichtet das Internationale Büro, wenn bei Ablauf einer Frist von fünf Jahren ab dem Tag der internationalen Registrierung:

a) eine Beschwerde gegen eine Entscheidung des Prüfers gemäß Artikel 38 **(nunmehr Artikel 37)** der Verordnung auf Zurückweisung der Anmeldung der Gemeinschaftsmarke, die der internationalen Registrierung zugrunde lag, anhängig ist;

b) ein Widerspruch gegen die Anmeldung der Gemeinschaftsmarke, die der internationalen Registrierung zugrunde lag, anhängig ist;

c) ein Antrag auf Erklärung des Verfalls oder der Nichtigkeit der Gemeinschaftsmarke anhängig ist, die der internationalen Registrierung zugrunde lag;

d) im Register für Gemeinschaftsmarken ein Hinweis darauf eingetragen ist, dass bei einem Gemeinschaftsmarkengericht Widerklage auf Erklärung des Verfalls oder der Nichtigkeit der Gemeinschaftsmarke, die der internationalen Registrierung zugrunde lag, erhoben worden ist, das Register jedoch noch keinen Eintragung über die Entscheidung des Gerichtes über die Widerklage enthält.

(4) Sind die in Absatz 3 erwähnten Verfahren durch eine unanfechtbare Entscheidung oder eine Eintragung in das Register abgeschlossen worden, so teilt das Amt dies gemäß Absatz 2 dem Internationalen Büro mit.

(5) Jede Bezugnahme auf eine Gemeinschaftsmarke, die der internationalen Registrierung zugrunde lag, in Absatz 1 und 3 gilt auch als Bezugnahme auf eine Eintragung einer Gemeinschaftsmarke aufgrund einer Anmeldung einer Gemeinschaftsmarke, die der internationalen Anmeldung zugrunde lag.

Regel 107 Erneuerung. Die Erneuerung einer internationalen Registrierung ist unmittelbar beim Internationalen Büro vorzunehmen.

TEIL B. Internationale Registrierungen, in denen die Europäische Gemeinschaft benannt ist

Regel 108 Beanspruchung des Zeitrangs in einer internationalen Anmeldung.

(1) Ist der Zeitrang einer oder mehrerer älterer Gemeinschaftsmarken nach Artikel 34 der Verordnung in einer internationalen Anmeldung gemäß Artikel 148 Absatz 1 **(nunmehr Artikel 153 Absatz 1)** der Verordnung beansprucht worden, so muss der Anmelder innerhalb von drei Monaten ab dem Tag, an dem das Amt die Mitteilung des Internationalen Büros über die internationale Registrierung erhält, eine Abschrift der betreffenden Eintragung vorlegen. Die Abschrift muss von der zuständigen Behörde als genaue Abschrift der Eintragung beglaubigt sein.

(2) Muss der Inhaber der internationalen Registrierung im Verfahren vor dem Amt gemäß Artikel 88 Absatz 2 **(nunmehr Artikel 92 Absatz 2)** der Verordnung vertreten sein, so muss die in Absatz 1 erwähnte Mitteilung die Bestellung eines Vertreters im Sinne des Artikels 89 Absatz 1 **(nunmehr Artikel 93 Absatz 1)** der Verordnung enthalten.

(3) Der Präsident des Amtes kann bestimmen, dass der Anmelder weniger als die gemäß Absatz 1 zu erbringenden Nachweise vorzulegen hat, wenn die erforderliche Information dem Amt aus anderen Quellen zur Verfügung steht.

Regel 109 Prüfung des Zeitrangs. (1) Stellt das Amt fest, dass die Beanspruchung des Zeitrangs nach Regel 108 Absatz 1 nicht die Anforderungen des Artikels 34 der Verordnung erfüllt oder die weiteren Anforderungen der Regel 108 nicht erfüllt, so fordert es den Inhaber auf, die festgestellten Mängel innerhalb einer vom Amt festgelegten Frist zu beseitigen.

(2) Werden die Anforderungen gemäß Absatz 1 nicht fristgerecht erfüllt, so erlischt der Anspruch auf den Zeitrang für die betreffende internationale Registrierung. Betreffen die Mängel lediglich einige Waren und Dienstleistungen, so erlischt der Anspruch nur in Bezug auf diese Waren und Dienstleistungen.

(3) Das Amt unterrichtet das Internationale Büro über jede Erklärung des Verlustes des Anspruchs auf den Zeitrang gemäß Absatz 2 sowie über jede Rücknahme oder Einschränkung des Anspruchs auf den Zeitrang.

(4) Das Amt unterrichtet das Benelux-Markenamt oder die Zentralbehörde für den gewerblichen Rechtsschutz des betreffenden Mitgliedstaates über die Beanspruchung des Zeitrangs, sofern Erlöschen des Anspruchs auf den Zeitrang gemäß Absatz 2 festgestellt wurde.

Regel 110 Beanspruchung des Zeitrangs beim Amt. (1) Der Inhaber einer internationalen Registrierung, in der die Europäische Gemeinschaft benannt ist, kann nach Artikel 148 Absatz 2 **(nunmehr Artikel 153 Absatz 2)** der Verordnung unmittelbar beim Amt den Zeitrang einer oder mehrerer älterer Marken gemäß Artikel 35 der Verordnung beanspruchen, und zwar ab dem Tag, an dem das Amt gemäß Artikel 147 Absatz 2 **(nunmehr Artikel 152 Absatz 2)** der Verordnung die Tatsache veröffentlicht hat, dass keine Schutzverweigerung für die internationale Registrierung, in der die Europäische Gemeinschaft benannt ist, mitgeteilt wurde oder dass eine solche Verweigerung widerrufen wurde.

(2) Wird die Inanspruchnahme des Zeitrangs beim Amt vor dem in Absatz 1 angegebenen Zeitpunkt beantragt, so gilt der Antrag als an dem in Absatz 1 angegebenen Tag beim Amt eingegangen.

(3) Ein Antrag auf Inanspruchnahme des Zeitrangs gemäß Absatz 1 und Artikel 148 Absatz 2 **(nunmehr Artikel 153 Absatz 2)** der Verordnung muss enthalten:

a) den Hinweis, dass die Inanspruchnahme des Zeitrangs für eine internationale Registrierung nach dem Madrider Protokoll beantragt wird;

b) die Nummer der internationalen Registrierung;

c) den Namen und die Anschrift des Inhabers der internationalen Registrierung gemäß Regel 1 Absatz 1 Buchstabe b;

d) falls der Markeninhaber einen Vertreter bestellt hat, den Namen und die Geschäftsanschrift dieses Vertreters gemäß Regel 1 Absatz 1 Buchstabe e;

e) die Angabe des Mitgliedstaates oder der Mitgliedstaaten, in denen oder für die die ältere Marke eingetragen ist, des Tags, ab dem die entsprechende Eintragung wirksam war, der Nummer dieser Eintragung sowie der Waren und Dienstleistungen, für die die ältere Marke eingetragen ist;

f) falls der Zeitrang nicht für alle Waren und Dienstleistungen der älteren Eintragung beansprucht wird, die Angabe der Waren und Dienstleistungen, für die der Zeitrang beansprucht wird;

g) eine Abschrift der betreffenden Eintragung; die Abschrift muss von der zuständigen Behörde als mit der früheren Anmeldung übereinstimmend beglaubigt sein;

h) falls der Inhaber der internationalen Registrierung im Verfahren vor dem Amt gemäß Artikel 88 Absatz 2 **(nunmehr Artikel 92 Absatz 2)** der Verordnung vertreten sein muss, die Bestellung eines Vertreters im Sinne des Artikels 89 Absatz 1 **(nunmehr Artikel 93 Absatz 1)** der Verordnung.

(4) Sind die Erfordernisse für die Inanspruchnahme des Zeitrangs nicht erfüllt, so teilt das Amt dem Inhaber der internationalen Registrierung den Mangel mit. Wird der Mangel nicht innerhalb einer vom Amt festgelegten Frist beseitigt, so weist das Amt den Antrag zurück.

(5) Hat das Amt den Antrag auf Inanspruchnahme des Zeitrangs angenommen, teilt es dies dem Internationalen Büro mit unter Angabe

a) der Nummer der betreffenden internationalen Registrierung,

b) der Mitgliedstaaten, in denen oder für die die ältere Marke eingetragen ist,

c) der Nummer der betreffenden Eintragung und

d) des Zeitpunkts des Beginns des Schutzes dieser Marke.

(6) Das Amt unterrichtet die die Zentralbehörde für den gewerblichen Rechtsschutz des betreffenden Mitgliedstaats oder das Benelux-Markenamt, wenn es einen Antrag auf Inanspruchnahme des Zeitrangs angenommen hat.

(7) Der Präsident des Amtes kann bestimmen, dass der Inhaber der internationalen Registrierung weniger als die gemäß Absatz 1 Buchstabe g zu erbringenden Nachweise vorzulegen hat, wenn die erforderliche Information dem Amt aus anderen Quellen zur Verfügung steht.

Regel 111 Entscheidungen, die den Zeitrang betreffen. Wird ein gemäß Artikel 148 Absatz 1 **(nunmehr Artikel 153 Absatz 1)** der Verordnung in Anspruch genommener Zeitrang oder eine gemäß Regel 110 Absatz 5 mitgeteilte Beanspruchung eines Zeitrangs vom Amt gelöscht, teilt das Amt dies dem Internationalen Büro mit.

Regel 112 Prüfung auf absolute Eintragungshindernisse. (1) Stellt das Amt bei der Prüfung gemäß Artikel 149 Absatz 1 **(nunmehr Artikel 154 Absatz 1)** der Verordnung fest, dass die Marke, für die die territoriale Ausdehnung auf die Europäische Gemeinschaft beantragt wird, nach Artikel 38 Absatz 2 **(nunmehr Artikel 37 Absatz 2)** der Verordnung für alle oder einen Teil der Waren oder Dienstleistungen, für die sie vom Internationalen Büro registriert worden ist, von der Eintragung ausgeschlossen ist, so übermittelt das Amt gemäß Artikel 5 Abätze 1 und 2 des Madrider Protokolls und Regel 17 Absatz 1 der Gemeinsamen Ausführungsordnung dem Internationalen Büro eine Mitteilung über eine vorläufige Schutzverweigerung von Amts wegen.

Muss der Inhaber der internationalen Registrierung im Verfahren vor dem Amt gemäß Artikel 88 Absatz 1 **(nunmehr Artikel 92 Absatz 1)** der Verordnung vertreten sein, so enthält die Mitteilung eine Aufforderung zur Bestellung eines Vertreters im Sinne des Artikels 89 Absatz 1 **(nunmehr Artikel 93 Absatz 1)** der Verordnung.

Die Mitteilung über die vorläufige Schutzverweigerung hat die Gründe, auf die sich die Schutzverweigerung stützt, zu enthalten sowie eine Frist anzugeben, innerhalb derer der Inhaber der internationalen Registrierung eine Stellungnahme abgeben kann und gegebenenfalls einen Vertreter bestellen muss.

Die Frist beginnt an dem Tag, an dem die vorläufige Schutzverweigerung durch das Amt ergeht.

(2) Stellt das Amt bei der Prüfung gemäß Artikel 149 Absatz 1 **(nunmehr Artikel 154 Absatz 1)** fest, dass die Eintragung der Marke nach Artikel 38 Absatz 2 **(nunmehr Artikel 37 Absatz 2)** der Verordnung an die Bedingung geknüpft ist, dass der Anmelder den Verzicht auf die Inanspruchnahme des ausschließlichen Rechts an einem nicht unterscheidungskräftigen Bestandteil erklärt, so ist in der Mitteilung gemäß Absatz 1 über die vorläufige Schutzverweigerung von Amts wegen darauf hinzuweisen, dass der Schutz aus der in-

ternationalen Registrierung verweigert wird, wenn diese Erklärung nicht innerhalb der gesetzten Frist eingereicht wird.

(3) Stellt das Amt bei der Prüfung gemäß Artikel 149 Absatz 1 **(nunmehr Artikel 154 Absatz 1)** fest, dass in der internationalen Anmeldung, in der die Europäische Gemeinschaft benannt ist, keine zweite Sprache gemäß Regel 126 und Regel 9 Absatz 5 Buchstabe g) Ziffer ii) der Gemeinsamen Ausführungsordnung angegeben ist, übermittelt das Amt dem Internationalen Büro eine Mitteilung über eine vorläufige Schutzverweigerung von Amts wegen gemäß Artikel 5 Absätze 1 und 2 des Madrider Protokolls und Regel 17 Absatz 1 der Gemeinsamen Ausführungsordnung. Es gilt Absatz 1, Sätze 2, 3 und 4.

(4) Hat der Inhaber der internationalen Registrierung nicht fristgerecht die der Eintragung entgegenstehenden Hindernisse beseitigt oder die in Absatz 2 festgelegte Bedingung erfüllt oder, sofern erforderlich, einen Vertreter bestellt oder eine zweite Sprache angegeben, erlässt das Amt eine Entscheidung, durch der Schutz für alle oder einen Teil der Waren und Dienstleistungen, für die die internationale Registrierung erfolgt ist, verweigert wird. Die Entscheidung kann gemäß Artikel 57 bis 63 **(nunmehr Artikel 58 bis 65)** angefochten werden.

(5) Hat das Amt bis zum Beginn der Widerspruchsfrist gemäß Artikel 151 Absatz 2 **(nunmehr Artikel 156 Absatz 2)** der Verordnung keine Mitteilung über eine vorläufige Schutzverweigerung von Amts wegen gemäß Absatz 1 übermittelt, übermittelt es dem Internationalen Büro eine Erklärung über die Gewährung des Schutzes, in der es angibt, dass die Prüfung auf absolute Eintragungshindernisse gemäß Artikel 38 **(nunmehr Artikel 37)** der Verordnung abgeschlossen ist, dass gegen die internationale Registrierung noch immer Widersprüche eingelegt oder Bemerkungen Dritter eingereicht werden können.

Regel 113 Mitteilung über die vorläufige Schutzverweigerung von Amts wegen an das Internationale Büro.
(1) Die Mitteilung über die vorläufige Schutzverweigerung von Amts wegen für die internationale Registrierung oder einen Teil davon gemäß Regel 112 wird dem Internationalen Büro übermittelt und enthält:

a) die Nummer der internationalen Registrierung;

b) alle Gründe, auf die sich die vorläufige Schutzverweigerung stützt, mit einem Verweis auf die einschlägigen Bestimmungen der Verordnung;

c) den Hinweis, dass die vorläufige Schutzverweigerung durch eine Entscheidung des Amtes bestätigt werden wird, wenn der Inhaber der internationalen Registrierung nicht innerhalb von zwei Monaten ab dem Tag, an dem die vorläufige Schutzverweigerung ergeht, die Eintragungshindernisse mit einer Stellungnahme gegenüber dem Amt beseitigt;

d) falls die vorläufige Schutzverweigerung nur einen Teil der Waren und Dienstleistungen betrifft, die Angabe dieser Waren und Dienstleistungen.

(2) Zu jeder Mitteilung über eine vorläufige Schutzverweigerung von Amts wegen gemäß Absatz 1 teilt das Amt dem Internationalen Büro Folgendes mit, sofern die Widerspruchsfrist abgelaufen ist und keine vorläufige Schutzverweigerung aufgrund eines Widerspruchs gemäß Regel 115 Absatz 1 ausgesprochen wurde:

a) falls das Verfahren vor dem Amt zur Rücknahme der vorläufigen Schutzverweigerung geführt hat, dass die Marke in der Europäischen Union geschützt ist;

b) falls eine Entscheidung über die Schutzverweigerung für die Marke, gegebenenfalls nach einer Beschwerde gemäß Artikel 57 **(nunmehr Artikel 58)** oder einer Klage gemäß Artikel 63 **(nunmehr Artikel 65)** der Verordnung rechtskräftig geworden ist, dass der Schutz der Marke in der Europäischen Gemeinschaft verweigert wird;

c) falls die Schutzverweigerung gemäß Buchstabe a) oder b) nur einen Teil der Waren und Dienstleistungen betrifft, die Waren und Dienstleistungen, für die die Marke in der Europäischen Gemeinschaft geschützt ist.

Regel 114 Widerspruchsverfahren. (1) Wird gegen eine internationale Registrierung, in der die Europäische Gemeinschaft benannt ist, gemäß Artikel 151 **(nunmehr Artikel 156)** der Verordnung Widerspruch eingelegt, muss die Widerspruchsschrift Folgendes enthalten:

a) die Nummer der internationalen Registrierung, gegen die sich der Widerspruch richtet;

b) die Angabe der in der internationalen Registrierung enthaltenen Waren und Dienstleistungen, gegen die sich der Widerspruch richtet;

c) den Namen des Inhabers der internationalen Registrierung;

d) die in Regel 15 Absatz 2 Buchstaben b) bis h) aufgeführten Angaben und Bestandteile.[153]

(2) Regel 15 Absätze 1, 3 und 4 und Regel 16 bis 22 sind mit folgender Maßgabe anwendbar:[154]

a) jede Bezugnahme auf die Anmeldung einer Gemeinschaftsmarke gilt als Bezugnahme auf eine internationale Registrierung;

b) jede Bezugnahme auf die Zurücknahme der Anmeldung einer Gemeinschaftsmarke gilt als Bezugnahme auf den Verzicht auf die internationale Registrierung für die Europäische Gemeinschaft;

c) jede Bezugnahme auf den Anmelder gilt als Bezugnahme auf den Inhaber der internationalen Registrierung.

(3) Wird die Widerspruchsschrift vor Ablauf der Sechsmonatsfrist nach Artikel 151 Absatz 2 **(nunmehr Artikel 156 Absatz 2)** der Verordnung eingereicht, so gilt sie als am ersten Tag der Dreimonatsfrist nach Ablauf der Sechsmonatsfrist eingereicht. Die Anwendung des Artikels 42 Absatz 3 Satz 2 **(nunmehr Artikel 41 Absatz 3 Satz 2)** der Verordnung bleibt unberührt.

(4) Muss der Inhaber der internationalen Registrierung im Verfahren vor dem Amt gemäß Artikel 88 Absatz 2 **(nunmehr Artikel 92 Absatz 2)** der Verordnung vertreten sein und hat er noch keinen Vertreter im Sinne des Artikels 89 Absatz 1 **(nunmehr Artikel 93 Absatz 1)** der Verordnung bestellt, so enthält die Mitteilung des Widerspruchs an den Inhaber der internationalen Registrierung gemäß Regel 19 die Aufforderung, innerhalb von zwei Monaten ab dem Tag der Zustellung der Mitteilung einen Vertreter im Sinne des Artikels 89 Absatz 1 **(nunmehr Artikel 93 Absatz 1)** der Verordnung zu bestellen.

(5) Bestellt der Inhaber der internationalen Registrierung innerhalb dieser Frist keinen Vertreter, beschließt das Amt den Schutz für die internationale Registrierung zu verweigern.

(6) Das Widerspruchsverfahren wird ausgesetzt, wenn eine vorläufige Schutzverweigerung von Amts wegen gemäß Regel 112 erfolgt oder bereits erfolgt ist. Hat die vorläufige Schutzverweigerung von Amts wegen zu einer unanfechtbaren Entscheidung auf Verweigerung des Schutzes der Marke geführt, stellt das Amt das Verfahren ein und erstattet die Widerspruchsgebühr; in diesem Fall ergeht keine Kostenentscheidung.

Regel 115 Mitteilung einer vorläufigen Schutzverweigerung, die auf einen Widerspruch gestützt ist. (1) Wenn ein Widerspruch gegen eine internationale Registrierung beim Amt gemäß Artikel 151 Absatz 2 **(nunmehr Artikel 156 Absatz 2)** der Verord-

---

[153] Geändert durch Verordnung (EG) Nr. 1041/2005 der Kommission vom 29.6. 2005.

[154] Geändert durch Verordnung (EG) Nr. 1041/2005 der Kommission vom 29.6. 2005.

nung eingereicht wird oder gemäß Regel 114 Absatz 3 als eingereicht gilt, übermittelt das Amt dem Internationalen Büro eine Mitteilung über eine vorläufige Schutzverweigerung, die auf einen Widerspruch gestützt ist.

(2) Die Mitteilung über eine vorläufige Schutzverweigerung, die auf einen Widerspruch gestützt ist, enthält:

a) die Nummer der internationalen Registrierung;

b) den Hinweis, dass die Schutzverweigerung sich darauf stützt, dass Widerspruch eingereicht wurde, und den Verweis auf die Bestimmungen des Artikels 8, auf die sich der Widerspruch stützt;

c) den Namen und die Anschrift des Widersprechenden.

(3) Falls sich der Widerspruch auf die Anmeldung oder Eintragung einer Marke stützt, enthält die Mitteilung gemäß Absatz 2 folgende Angaben:

  i) den Anmeldetag, den Eintragungstag und, soweit zutreffend, den Prioritätstag,

 ii) die Nummer der Anmeldung und, sofern sie davon abweicht, die Nummer der Eintragung,

iii) den Namen und die Anschrift des Inhabers,

iv) eine Wiedergabe der Marke und

 v) ein Verzeichnis der Waren und Dienstleistungen, auf die sich der Widerspruch stützt.

(4) Falls die vorläufige Schutzverweigerung nur einen Teil der Waren und Dienstleistungen betrifft, sind diese in der Mitteilung gemäß Absatz 2 anzugeben.

(5) Das Amt teilt dem Internationalen Büro Folgendes mit:

a) wenn das Widerspruchsverfahren zur Rücknahme der vorläufigen Schutzverweigerung führt, dass die Marke in der Europäischen Gemeinschaft geschützt ist;

b) wenn eine Entscheidung über die Schutzverweigerung für die Marke, gegebenenfalls nach einer Beschwerde gemäß Artikel 57 **(nunmehr Artikel 58)** oder einer Klage gemäß Artikel 63 **(nunmehr Artikel 65)** der Verordnung, rechtskräftig geworden ist, dass der Schutz der Marke in der Europäischen Gemeinschaft verweigert wird;

c) wenn die Schutzverweigerung gemäß Buchstabe a) oder b) nur einen Teil der Waren und Dienstleistungen betrifft, die Waren und Dienstleistungen, für die die Marke in der Europäischen Gemeinschaft geschützt ist.

(6) Ist für dieselbe internationale Registrierung mehr als eine vorläufige Schutzverweigerung gemäß Absatz 1 oder Regel 112 Absätze 1 und 2 ergangen, so bezieht sich die Mitteilung nach Absatz 5 auf die vollständige oder teilweise Schutzverweigerung für die Marke, so wie sie sich als Ergebnis sämtlicher Verfahren nach Artikel 149 und 151 **(nunmehr Artikel 154 und 156)** der Verordnung ergibt.

Regel 116 Erklärung über die Schutzgewährung. (1) Hat das Amt keine Mitteilung über eine vorläufige Schutzverweigerung von Amts wegen gemäß Regel 112 übermittelt und ist innerhalb der Widerspruchsfrist beim Amt keine Widerspruch gemäß Artikel 151 Absatz 2 **(nunmehr Artikel 156 Absatz 2)** eingegangen, übermittelt das Amt dem Internationalen Büro eine weitere Erklärung über die Schutzgewährung, in der mitgeteilt wird, dass die Marke in der Europäischen Gemeinschaft geschützt ist.

(2) Für die Zwecke des Artikels 146 Absatz 2 **(nunmehr Artikel 151 Absatz 2)** der Verordnung hat die weitere Erklärung über die Schutzgewährung gemäß Absatz 1 dieselbe Wirkung wie eine Erklärung des Amtes über die Rücknahme einer Schutzverweigerung.

Regel 117 Mitteilung über die Ungültigerklärung an das Internationale Büro. (1) Ist gemäß Artikel 56 oder 96 **(nunmehr Artikel 57 und 100)** und Artikel 153 **(nun-**

mehr Artikel 153) der Verordnung die Wirkung einer internationalen Registrierung, in der die Europäische Gemeinschaft benannt ist, für ungültig erklärt worden und ist diese Entscheidung rechtskräftig geworden, so teilt das Amt dies dem Internationalen Büro mit.

(2) Die Mitteilung muss datiert sein und Folgendes enthalten:

a) den Hinweis, dass die Ungültigerklärung durch das Amt erfolgt ist, oder die Angabe des Gemeinschaftsmarkengerichts, das die Nichtigerklärung ausgesprochen hat;

b) Angaben darüber, ob die Ungültigerklärung in Form einer Erklärung des Verfalls der Rechte des Inhabers der internationalen Registrierung oder einer Erklärung der Nichtigkeit der Marke aufgrund absoluter Nichtigkeitsgründe oder einer Erklärung der Nichtigkeit der Marke aufgrund relativer Nichtigkeitsgründe erfolgt ist;

c) den Hinweis, dass die Ungültigerklärung nicht mehr einem Rechtsmittel unterliegt;

d) die Nummer der internationalen Registrierung;

e) den Namen des Inhabers der internationalen Registrierung;

f) falls die Ungültigerklärung nur einen Teil der Waren und Dienstleistungen betrifft, die Angabe derjenigen Waren und Dienstleistungen, für die die Ungültigerklärung ausgesprochen worden ist oder für die sie nicht ausgesprochen worden ist, und

g) den Tag, an dem die Ungültigerklärung ausgesprochen worden ist und die Angabe, ob sie an diesem Tag oder rückwirkend wirksam wurde.

Regel 118 Rechtswirkung der Eintragung eines Rechtsüberganges. Für die Zwecke des Artikels 17 der Verordnung, auch in Verbindung mit Artikel 23 Absatz 1 oder 2 und Artikel 24 der Verordnung, tritt die Eintragung einer Änderung des Inhabers der internationalen Registrierung im Internationalen Register an die Stelle der Eintragung eines Rechtsüberganges im Register für Gemeinschaftsmarken.

Regel 119 Rechtswirkung der Eintragung von Lizenzen und anderen Rechten. Für die Zwecke der Artikel 19, 20, 21 und 22 der Verordnung, auch in Verbindung mit Artikel 23 und Artikel 24 der Verordnung, tritt die Eintragung einer Lizenz oder einer Einschränkung des Verfügungsrechts des Inhabers einer internationalen Registrierung im internationalen Register an die Stelle der Eintragung einer Lizenz, eines dinglichen Rechts, einer Zwangsvollstreckungsmaßnahme oder eines Insolvenzverfahrens im Register für Gemeinschaftsmarken.

Regel 120 Prüfung von Anträgen auf Eintragung eines Rechtsüberganges, einer Lizenz oder einer Einschränkung des Verfügungsrechts des Inhabers. (1) Wird von einer anderen Person als dem Inhaber der internationalen Registrierung über das Amt die Eintragung einer Änderung des Inhabers, einer Lizenz oder einer Einschränkung des Verfügungsrechts des Inhabers beantragt, so verweigert das Amt die Weiterleitung des Antrags an das Internationale Büro, wenn dem Antrag kein Nachweis des Rechtsüberganges, der Lizenz oder der Einschränkung des Verfügungsrechts des Inhabers beigefügt ist.

(2) Wird vom Inhaber der internationalen Registrierung über das Amt ein Antrag auf Eintragung einer Änderung oder Löschung einer Lizenz oder einer Aufhebung einer Einschränkung des Verfügungsrechts des Inhabers gestellt, so verweigert das Amt die Weiterleitung des Antrags an das Internationale Büro, wenn dem Antrag kein Nachweis darüber beigefügt ist, dass die Lizenz nicht mehr besteht oder geändert worden ist oder dass die Einschränkung des Verfügungsrechts aufgehoben worden ist.

Regel 121 Kollektivmarken. (1) Ist in der internationalen Registrierung vermerkt, dass sie auf einer Anmeldung oder Eintragung basiert, die sich auf eine Kollektivmarke, Garantiemarke oder Gewährleistungsmarke bezieht, wird die internationale Registrierung, in der die Europäische Gemeinschaft benannt ist, als Gemeinschaftskollektivmarke behandelt.

(2) Der Inhaber der internationalen Registrierung muss die Markensatzung gemäß Artikel 65 **(nunmehr Artikel 67)** der Verordnung und Regel 43 innerhalb von zwei Monaten, gerechnet ab dem Tag der Benachrichtigung durch das Amt, unmittelbar beim Amt vorlegen.

(3) Eine Mitteilung über die vorläufige Schutzverweigerung von Amts wegen gemäß Regel 112 ergeht auch:

a) wenn einer der Zurückweisungsgründe gemäß Artikel 66 Absatz 1 oder 2 **(nunmehr Artikel 68 Absatz 1 oder 2)** der Verordnung, gegebenenfalls in Verbindung mit Artikel 66 Absatz 3 **(nunmehr Artikel 68 Absatz 3)** der Verordnung, vorliegt;

b) wenn die Markensatzung nicht gemäß Absatz 2 vorgelegt worden ist.

Es gelten Regel 112 Absätze 2 und 3 und Regel 113.

(4) Mitteilungen über die Änderung der Markensatzung gemäß Artikel 69 **(nunmehr Artikel 71)** werden im Blatt für Gemeinschaftsmarken veröffentlicht.

Regel 122 Umwandlung einer internationalen Registrierung in eine nationale Anmeldung. (1) Ein Antrag auf Umwandlung einer internationalen Registrierung, in der die Europäische Gemeinschaft benannt ist, in eine Anmeldung einer nationalen Marke gemäß Artikel 108 und 154 **(nunmehr Artikel 112 und 159)** der Verordnung muss Folgendes enthalten:

a) die Nummer der internationalen Registrierung;

b) den Tag der internationalen Registrierung oder den Tag der Benennung der Europäischen Gemeinschaft, wenn diese gemäß Artikel 3ter Absatz 2 des Madrider Protokolls im Anschluss an die internationale Registrierung erfolgt ist, und gegebenenfalls Angaben zur Beanspruchung des Prioritätsdatums der internationalen Registrierung gemäß Artikel 154 Absatz 2 **(nunmehr Artikel 159 Absatz 2)** der Verordnung sowie Angaben über die Beanspruchung des Zeitrangs gemäß Artikel 34, 35 und 148 **(nunmehr Artikel 34, 35 und 153)** der Verordnung;

c) die in Regel 44 Absatz 1 Buchstaben a), c), d), e) und f) aufgeführten Angaben und Bestandteile.[155]

(2) Falls die Umwandlung gemäß Artikel 108 Absatz 5 **(nunmehr Artikel 112 Absatz 5)** und Artikel 154 **(nunmehr Artikel 159)** der Verordnung beantragt wird, nachdem die internationale Registrierung nicht erneuert wurde, muß die Anmeldung gemäß Absatz 1einen entsprechenden Hinweis und den Tag, an dem der Schutz abgelaufen ist, enthalten. Die in Artikel 108 Absatz 5 **(nunmehr Artikel 112 Absatz 5)** der Verordnung vorgesehene Dreimonatsfrist beginnt an dem Tag, der auf den letzten Tag folgt, an dem die Erneuerung gemäß Artikel 7 Absatz 4 des Madrider Protokolls möglich ist;

(3) Regel 45, 46 Absatz 2 Buchstaben a und c und 47 gelten entsprechend.

Regel 123 Umwandlung einer internationalen Registrierung in die Benennung eines Mitgliedstaates, der Vertragspartei des Madrider Protokolls oder des Madrider Abkommens ist. (1) Ein Antrag auf Umwandlung einer internationalen Registrierung, in der die Europäische Gemeinschaft benannt ist, in die Benennung eines Mitgliedstaates, der Vertragspartei des Madrider Protokolls oder des Madrider Abkommens ist, gemäß

---

[155] Geändert durch Verordnung (EG) Nr. 1041/2005 der Kommission vom 29.6. 2005.

Artikel 154 **(nunmehr Artikel 159)** der Verordnung muss die in Regel 122 Absatz 1 aufgeführten Angaben und Bestandteile enthalten.

(2) Regel 45 gilt entsprechend. Das Amt weist den Umwandlungsantrag auch dann zurück, wenn die Voraussetzungen für die Benennung des Mitgliedstaates, der Vertragspartei des Madrider Protokolls oder des Madrider Abkommens ist, nicht sowohl am Tag der internationalen Registrierung als auch am Tag, an dem der Umwandlungsantrag eingegangen ist oder gemäß Artikel 109 Absatz 1 Satz 2 **(nunmehr Artikel 113 Absatz 1 Satz 2)** der Verordnung als eingegangen gilt, erfüllt war.

(3) Regel 46 Absatz 2 Buchstaben a) und c) gilt entsprechend. Die Veröffentlichung des Umwandlungsantrags enthält auch den Hinweis, dass die Umwandlung in die Benennung eines Mitgliedstaates, der Vertragspartei des Madrider Protokolls oder des Madrider Abkommens ist, gemäß Artikel 154 **(nunmehr Artikel 159)** der Verordnung beantragt wurde.

(4) Erfüllt der Umwandlungsantrag die Anforderungen der Verordnung und dieser Regeln, so übermittelt das Amt ihn unverzüglich an das Internationale Büro. Das Amt teilt dem Inhaber der internationalen Registrierung den Tag der Übermittlung mit.

Regel 124 Umwandlung einer internationalen Registrierung, in der die Europäische Gemeinschaft benannt ist, in eine Anmeldung einer Gemeinschaftsmarke.

(1) Damit die Anmeldung einer Gemeinschaftsmarke als Umwandlung einer internationalen Registrierung gilt, die gemäß Artikel 9quinquies des Madrider Protokolls und Artikel 156 **(nunmehr Artikel 161)** der Verordnung vom Internationalen Büro auf Antrag der Ursprungsbehörde gelöscht worden ist, muss sie einen entsprechenden Hinweis enthalten. Dieser Hinweis muss bei der Einreichung der Anmeldung erfolgen.

(2) Die Anmeldung muss neben den in Regel 1 aufgeführten Angaben und Bestandteilen Folgendes enthalten:

a) die Angabe der Nummer der internationalen Registrierung, die gelöscht worden ist;

b) den Tag, an dem die internationale Registrierung vom Internationalen Büro gelöscht wurde;

c) den Tag der internationalen Registrierung gemäß Artikel 3 Absatz 4 des Madrider Protokolls oder den Tag der Eintragung der territorialen Ausdehnung auf die Europäische Gemeinschaft im Anschluss an die internationale Registrierung gemäß Artikel 3ter Absatz 2 des Madrider Protokolls;

d) gegebenenfalls das in der internationalen Anmeldung in Anspruch genommene und in das vom Internationalen Büro geführte internationale Register eingetragene Prioritätsdatum.

(3) Stellt das Amt bei der Prüfung nach Regel 9 Absatz 3 fest, dass die Anmeldung nicht innerhalb von drei Monaten nach dem Tag der Löschung der internationalen Registrierung durch das Internationale Büro eingereicht wurde, oder dass die Waren und Dienstleistungen, für die die Gemeinschaftsmarke eingetragen werden soll, nicht in dem Verzeichnis der Waren und Dienstleistungen enthalten sind, für die die internationale Registrierung mit Wirkung für die Europäische Gemeinschaft erfolgte, so fordert das Amt den Anmelder auf, die festgestellten Mängel innerhalb einer vom Amt festgelegten Frist zu beseitigen und insbesondere das Verzeichnis der Waren und Dienstleistungen auf diejenigen Waren und Dienstleistungen zu beschränken, die im Verzeichnis der Waren und Dienstleistungen, für die die internationale Registrierung mit Wirkung für die Europäische Gemeinschaft erfolgte, enthalten waren.

(4) Werden die in Absatz 3 aufgeführten Mängel nicht fristgerecht beseitigt, so erlischt der Anspruch auf das Datum der internationalen Registrierung oder der territorialen Ausdehnung und das Prioritätsdatum der internationalen Registrierung.

TEIL C. Übermittlungen

Regel 125 Übermittlungen an das Internationale Büro und elektronische Formblätter. (1) Übermittlungen an das Internationale Büro erfolgt in der Form und unter Verwendung der Formate, die zwischen dem Internationalen Büro und dem Amt vereinbart werden, vorzugsweise auf elektronischem Weg.

(2) Jede Bezugnahme auf Formblätter schließt in elektronischer Form bereitgestellte Formblätter ein.

Regel 126 Sprachen. Für die Zwecke der Anwendung der Verordnung und dieser Regeln auf internationale Registrierungen, in denen die Europäische Gemeinschaft benannt ist, gilt die Sprache der internationalen Anmeldung als Verfahrenssprache im Sinne des Artikels 115 Absatz 4 **(nunmehr Artikel 119 Absatz 4)** der Verordnung und die in der internationalen Anmeldung angegebene zweite Sprache als zweite Sprache im Sinne des Artikels 115 Absatz 3 **(nunmehr Artikel 119 Absatz 3)** der Verordnung.

Artikel 2. Übergangsbestimmungen

(1) Anmeldungen von Gemeinschaftsmarken, die innerhalb von drei Monaten vor dem gemäß Artikel 143 Absatz 3[156] der Verordnung festgelegten Tag eingereicht werden, werden vom Amt mit dem gemäß dieser Vorschrift festgelegten Anmeldetag oder dem tatsächlichen Datum des Eingangs der Anmeldung versehen.

(2) Die in Artikel 29 und 33 der Verordnung vorgesehene Prioritätsfrist von sechs Monaten wird bei einer derartigen Anmeldung von dem gemäß Artikel 143 Absatz 3[157] der Verordnung festgelegten Tag an gerechnet.

(3) Das Amt kann dem Anmelder vor dem gemäß Artikel 143 Absatz 3[158] der Verordnung festgelegten Tag eine Empfangsbestätigung übermitteln.

(4) Das Amt kann derartige Anmeldungen vor dem gemäß Artikel 143 Absatz 3[159] der Verordnung festgelegten Tag prüfen und sich mit dem Anmelder in Verbindung setzen, um etwaige Mängel vor diesem Tag zu beseitigen. Entscheidungen in bezug auf derartige Anmeldung können nur nach diesem Tag erlassen werden.

(5) Das Amt führt für eine derartige Anmeldung, gleich ob für sie eine Priorität gemäß Artikel 29 oder 33 der Verordnung in Anspruch genommen wurde oder nicht, keine Recherche gemäß Artikel 39 Absatz 1 **(nunmehr Artikel 38 Absatz 1)** der Verordnung durch.

---

[156] Artikel 143 Absatz 3 wurde durch Inkrafttreten der Verordnung (EG) Nr. 207/2009 des Rates vom 26. Februar 2009 über die Gemeinschaftsmarke abgeschafft.

[157] Artikel 143 Absatz 3 wurde durch Inkrafttreten der Verordnung (EG) Nr. 207/2009 des Rates vom 26. Februar 2009 über die Gemeinschaftsmarke abgeschafft.

[158] Artikel 143 Absatz 3 wurde durch Inkrafttreten der Verordnung (EG) Nr. 207/2009 des Rates vom 26. Februar 2009 über die Gemeinschaftsmarke abgeschafft.

[159] Artikel 143 Absatz 3 wurde durch Inkrafttreten der Verordnung (EG) Nr. 207/2009 des Rates vom 26. Februar 2009 über die Gemeinschaftsmarke abgeschafft.

(6) Liegt der Tag des Eingangs der Anmeldung einer Gemeinschaftsmarke beim Amt, der Zentralbehörde für den gewerblichen Rechtsschutz eines Mitgliedstaats oder beim Benelux-Markenamt vor dem Beginn der Dreimonatsfrist des Artikels 143 Absatz 4[160] der Verordnung, so gilt die Anmeldung als nicht eingereicht. Der Anmelder wird hiervon unterrichtet und erhält die Anmeldeunterlagen zurück.

Artikel 3. Inkrafttreten

Diese Verordnung tritt am siebten Tag nach ihrer Veröffentlichung im Amtsblatt der Europäischen Gemeinschaften in Kraft.[161]

Diese Verordnung ist in allen ihren Teilen verbindlich und gilt unmittelbar in jedem Mitgliedstaat.

---

[160] Artikel 143 Absatz 4 wurde durch Inkrafttreten der Verordnung (EG) Nr. 207/2009 des Rates vom 26. Februar 2009 über die Gemeinschaftsmarke abgeschafft.

[161] Tag des Inkrafttretens: 22. 12. 1995.

Sachverzeichnis

Die **halbfett** gedruckten Zahlen geben den Paragraphen des Buches an,
die mager gedruckten Zahlen nach dem Komma die jeweiligen Randnummern. **E** bedeutet Einleitung.